GUNDA SCHOLDT

ESOTERISCHE ASTROLOGIE

DAS PRAXISBUCH

GUNDA SCHOLDT

ESOTERISCHE ASTROLOGIE

DAS PRAXISBUCH

Bibliografische Information der Deutschen Nationalbibliothek:

Die Deutsche Nationalbibliothek verzeichnet diese Publikation
in der Deutschen Nationalbibliothek;
detaillierte bibliografische Daten sind im Internet über
http://dnb.dnb.de abrufbar.

1. Auflage 1996
6. Auflage 2017
© 2017 Gunda Scholdt
Herstellung und Verlag:
BoD – Books on Demand, Norderstedt

ISBN: 978-3-7431-8098-7

Inhalt

Der Sinn dieses Buches 11

I. Grundlegende Betrachtungen zur wissenschaftlichen Esoterik 15
Was ist Astrologie? 17
Grundlegende Thesen zeitloser Weisheit, die diesem Buch zugrunde liegen 23
Was ist Geheimwissen? 26
    Das Gesetz der Analogie als Grundlage ganzheitlichen Denkens 34
Symbolik als Schlüssel zum Verständnis des Universums ... 37
    Die Kosmogenesis in der Symbolsprache der Zahlen 41
    Die Grundlage kabbalistischer Zahlenmystik 45
    Die Geometrie als Ausdruck der Schöpfungsordnung 50
    Die Zahlen 3 und 4 als Grundlage der Astrologie 51

II. Grundlagen der Esoterischen Psychologie 55
Die Einheit des Universums – Der Äther des Raumes 57
Der Aufbau des Makrokosmos – Die göttliche Trinität 62
    Leben oder Geist – Das Prinzip des Willens – Vater 65
    Seele oder Bewußtsein – Das Prinzip der Liebe – Sohn 65
    Materie oder Form – Das Prinzip der Intelligenz – Hl. Geist 68
    Die qualifizierenden Energien und Kräfte des Universums 70
    (Tabelle)
Der Aufbau des Mikrokosmos – Die menschliche Trinität ... 71
    Der Geist oder das Leben des Menschen 71
    Die Seele oder das Bewußtsein des Menschen 71
    Die Formnatur oder die vier Körper des Menschen 72
    Die menschliche Persönlichkeit als Synthese der vier Körper ... 74
    Die geistige Anatomie des Menschen (Tabelle) 76
Die Entwicklung des Bewußtseins 77
    Das Bewußtsein des Universums – Die Weltseele 77
    Das Bewußtsein des Menschen – Die individuelle Seele 78
    Die Stufen menschlicher Bewußtseinsentwicklung 81
Die siebenfältige Natur des Menschen 84
    Die sieben Energiezentren des Menschen – Die Chakras 87
    Die Erweckung der ätherischen Zentren 91

Die Transformationsvorgänge in den Energiezentren 93
Die sieben Bewußtseinszentren (Tabelle) 94
Die vier wesentlichen Entwicklungsstadien
in bezug zu den Chakras 95

III. Grundlagen der Esoterischen Astrologie 97
Das kosmische Wirkungsfeld unseres Planeten 99
Die Entstehung des tropischen Tierkreises 102
Der Tierkreis als Urbild des Lebens 109
Die Ordnung des Tierkreises 110
Die geistige Bedeutung des Tierkreises 117
   Der Tierkreis als Ganzes – Die Ebene der Eins 117
   Der Tierkreis als Pfad des Bewußtseins 119
   Männliche und weibliche Zeichen – Die Ebene der Zwei 129
   Die drei Kreuze – Die Ebene der Drei 132
   Die vier Elemente – Die Ebene der Vier 135
   Die Gegensatzpaare der Tierkreiszeichen 142

IV. Die zwölf Grundtypen des Tierkreises 147
Die Wirkung der 12 Tierkreiszeichen auf den Einzelnen 149
   Die Symbole der Tierkreiszeichen (Tabelle) 153
Widder 154
   Typische Verhaltensmerkmale 154
   Die drei Entwicklungsebenen im Widder 159
   Die esoterische Bedeutung des Widderzeichens 161
Stier 164
   Typische Verhaltensmerkmale 164
   Die drei Entwicklungsebenen im Stier 169
   Die esoterische Bedeutung des Stierzeichens 171
Zwillinge 175
   Typische Verhaltensmerkmale 175
   Die drei Entwicklungsebenen in den Zwillingen 179
   Die esoterische Bedeutung des Zwillingezeichens 182
Krebs 185
   Typische Verhaltensmerkmale 185
   Die drei Entwicklungsebenen im Krebs 190
   Die esoterische Bedeutung des Krebszeichens 192
Löwe 196
   Typische Verhaltensmerkmale 196
   Die drei Entwicklungsebenen im Löwen 201
   Die esoterische Bedeutung des Löwezeichens 203
Jungfrau 207

	Typische Verhaltensmerkmale	207
	Die drei Entwicklungsebenen in der Jungfrau	211
	Die esoterische Bedeutung des Jungfrauzeichens	214
Waage		218
	Typische Verhaltensmerkmale	218
	Die drei Entwicklungsebenen in der Waage	223
	Die esoterische Bedeutung des Waagezeichens	225
Skorpion		229
	Typische Verhaltensmerkmale	229
	Die drei Entwicklungsebenen im Skorpion	234
	Die esoterische Bedeutung des Skorpionzeichens	237
Schütze		241
	Typische Verhaltensmerkmale	241
	Die drei Entwicklungsebenen im Schützen	246
	Die esoterische Bedeutung des Schützezeichens	249
Steinbock		252
	Typische Verhaltensmerkmale	252
	Die drei Entwicklungsebenen im Steinbock	256
	Die esoterische Bedeutung des Steinbockzeichens	259
Wassermann		263
	Typische Verhaltensmerkmale	263
	Die drei Entwicklungsebenen im Wassermann	267
	Die esoterische Bedeutung des Wassermannzeichens	269
Fische		273
	Typische Verhaltensmerkmale	273
	Die drei Entwicklungsebenen in den Fischen	278
	Die esoterische Bedeutung des Fischezeichens	281

V.	DIE PLANETEN ALS VERMITTLER DER TIERKREISENERGIEN	285
	Die Grundsymbole der Planeten und ihre Bedeutung	287
	Sonne als Quelle des Bewußtseins	291
	Die esoterische Bedeutung der Sonne	292
	Die Zuordnung der Sonne zu den Tierkreiszeichen	294
	Mond als Nicht-Selbst	295
	Die esoterische Bedeutung des Mondes	297
	Die Zuordnung des Mondes zu den Tierkreiszeichen	299
	Mars als dynamische Lebenskraft	302
	Die esoterische Bedeutung des Mars	304
	Die Zuordnung des Mars zu den Tierkreiszeichen	305
	Merkur als intellektuelles Verstehen	308
	Die esoterische Bedeutung des Merkur	309
	Die Zuordnung des Merkur zu den Tierkreiszeichen	311

Venus als Liebesfähigkeit 315
　Die esoterische Bedeutung der Venus 317
　Die Zuordnung der Venus zu den Tierkreiszeichen 319
Jupiter als ganzheitliches Verstehen 322
　Die esoterische Bedeutung des Jupiter 324
　Die Zuordnung des Jupiter zu den Tierkreiszeichen 326
Saturn als »Hüter der Schwelle« 328
　Die esoterische Bedeutung des Saturn 332
　Die Zuordnung des Saturn zu den Tierkreiszeichen 334
Neptun als mystisches Einheitsempfinden 336
　Die esoterische Bedeutung des Neptun 338
　Die Zuordnung des Neptun zu den Tierkreiszeichen 340
Uranus als bewußtseinserweiternde Kraft 342
　Die esoterische Bedeutung des Uranus 344
　Die Zuordnung des Uranus zu den Tierkreiszeichen 347
Pluto als atomare Urkraft des Lebens 349
　Die esoterische Bedeutung des Pluto 351
　Die Zuordnung des Pluto zu den Tierkreiszeichen 354
Vulkan als »Gestalter der Seele« 356
　Die esoterische Bedeutung des Vulkan 357
　Die Zuordnung des Vulkan zu den Tierkreiszeichen 358
Erde als Ort der Erfahrung 360
　Die esoterische Bedeutung der Erde 361
　Die Zuordnung der Erde zu den Tierkreiszeichen 362
Das psychologische Grundmodell der Planeten (Plan) 364
Die Planeten als bewußtseinsgestaltende Kräfte 365

VI. Die zwölf astrologischen Häuser 371
　Die Problematik der unterschiedlichen Häusersysteme 373
　– ungleiche und gleiche Häuser –

VII. Das Horoskop als Bewusstseinsraum des Menschen ... 389
　Die Geometrie des Horoskops 391
　Die Ebenen des Horoskops 393
　Die Bedeutung der vier Quadranten 395
　Die Bedeutung der zwölf Häuser 396
　Der esoterische Hintergrund der Quadranten und Häuser 398

VIII. Die Praxis der Horoskopdeutung 403
　Wie erstelle ich ein persönliches Horoskop? 405
　Die Dreiheit Aszendent, Sonne und Mond im Horoskop 411

	Die Grundregeln der esoterischen Horoskopdeutung	413
	Arbeitsblätter für die Praxis	419
	Die esoterische Deutung eines Beispielhoroskops	425
IX.	ASTROLOGISCHE ASPEKTE	443
	Die Geometrie der Aspekte und ihr musikalisches Intervall	445
	Die Wirkung der Aspekte	453
	Die transformatorischen Aspekte	455
	Saturn-Aspekte	460
	Aspekte mit Saturn in Stichworten	465
	Neptun-Aspekte	468
	Aspekte mit Neptun in Stichworten	471
	Uranus-Aspekte	475
	Aspekte mit Uranus in Stichworten	477
	Pluto-Aspekte	481
X.	DIE ZEITLICHE DIMENSION DES HOROSKOPS	485
	Transite	487
	Die Wirkung der Transite in Stichworten	490
	Die wichtigsten Entwicklungszyklen	493
XI.	SCHLUSSBETRACHTUNGEN	499
	Spirituelle astrologische Beratung	501
	Die zeitgemäße Deutung antiken zeitlosen Wissens	505

Die Autorin 509

Literaturverzeichnis 511

Alles, was existiert, ist der Ausdruck eines geistigen Bewußtseins, das durch innewohnende Lebenskräfte alle materiellen Formen vergeistigt. Alles ist Gottheit in Manifestation. Alles ist eine Ausdrucksform von Bewußtsein.

Die Geschichte der Evolution der Menschheit ist die Geschichte der Evolution des Bewußtseins mit seinem Prinzip des zunehmenden Bewußtwerdens.

Das Ziel des Menschen ist Selbst-Bewußtsein.

Alle astrologischen Einflüsse dienen der Stimulierung dieses Bewußtseins.

Djwhal Khul

Der Sinn dieses Buches

Was mich zu diesem Buch veranlaßt hat, ist der Wunsch, die Astrologie in ihrer geistigen Dimension zu betrachten, die uns das Wesen des menschlichen Bewußtseins offenbart. Dieses Buch richtet sich nicht an Anfänger der Astrologie, die sich nur mal informieren wollen oder in der Astrologie einen Unterhaltungswert suchen. Ich wende mich vielmehr an jene, die tiefer in die Esoterik einsteigen wollen und die Astrologie als einen ernsthaften Forschungsbereich begreifen, in dem es noch vieles zu überprüfen und vieles zu entdecken gilt, um diese esoterische Wissenschaft zu einer »Psychologie der Seele« zu machen, in der das Wesen des Menschseins und die Entwicklung des menschlichen Bewußtseins erkennbar wird.

Das in diesem Buch vorgestellte System ist das Ergebnis jahrzehntelanger Meditation, die in mir eine intuitive Wahrnehmung entstehen ließ, sowie einer langjährigen praktischen Erfahrung in Gruppenarbeit und Einzelberatungen, durch die mir ein tiefer Einblick in die menschliche Psyche und die Bewußtseinsentwicklung des Menschen möglich wurde.

Die Grundlage für die esoterische Betrachtung des Menschen bildet das Gesamtwerk von Alice Bailey, das neben der Geheimlehre von H.P. Blavatsky wohl das umfassendste und tiefste esoterische Wissen enthält, das bis heute in schriftlicher Form vorliegt. Es wurde der Autorin durch den Meister Djwhal Khul, den »Tibeter«, übermittelt und enthält im Rahmen einer *Abhandlung über die Sieben Strahlen* auch einen Band über *Esoterische Astrologie*. Dieses Buch gibt jedoch keine Hinweise auf eine im Praktischen anwendbare Astrologie, denn es ist eine Abhandlung über die Bewußtseinsentwicklung des Menschen, aber nicht über astrologische Deutung, wie wir sie im allgemeinen verstehen.

Das Werk von Alice Bailey ist größtenteils schwer verständlich, weil es einen Bewußtseinsbereich umfaßt, der unsere Wahrnehmung bei weitem übersteigt. Es kann daher auch nur den geistigen Rahmen für eine Astrologie bilden, die sich langsam wieder der Ursprünge dieser ältesten aller Wissenschaften bewußt wird und bereit ist, liebgewordene, weit verbreitete Pauschalaussagen auf ihre Zuverlässigkeit und ihren Wahrheitsgehalt zu überprüfen. Denn wie der »Tibeter« uns wissen läßt, steckt unser Verständnis der Astrologie noch in den Kinderschuhen, und unser astrologisches Wissen umfaßt bisher nur den »äußeren Saum« dessen, was einmal erkannt werden wird. Und so kann sich die moderne Astrologie auch erst zu einer wirklich bedeutsamen Wissenschaft entwickeln, wenn die Intuition in der Menschheit erwacht ist.

> *»Es ist die intuitive Astrologie, welche schließlich die heutige sogenannte Astrologie verdrängen muß und so eine Kenntnis von jener uralten Wissenschaft wiederbringt, die die Sternbilder und unser Sonnensystem zueinander in Beziehung gebracht, die Aufmerksamkeit auf das Wesen des Tierkreises gelenkt und die Menschheit über die grundlegenden Beziehungen unterrichtet hat, welche die Welt der Erscheinungen und die subjektive Welt beherrschen und bestimmen.«* Alice Bailey: Esoterische Astrologie

Über viele Jahre war es mein Bemühen, den Weg zum Ursprung astrologischen Wissens zurückzuverfolgen, um zum Kern der Astrologie vorzudringen, zumal ich schon lange mit einem gewissen Unbehagen die vielen unterschiedlichen Häuser- und Deutungssysteme miteinander verglichen hatte und viele Widersprüche und Ungereimtheiten feststellen mußte. Ich wollte ein praktisch anwendbares astrologisches Deutungssystem finden, das mit der »Zeitlosen Weisheit« vereinbar ist und der esoterischen Sicht astrologischer Zusammenhänge Rechnung trägt. Das war nicht leicht, und zunächst erschien es mir geradezu unmöglich, die herkömmlichen astrologischen Systeme mit den esoterischen Betrachtungen des »Tibeters« in Einklang zu bringen. Es gibt schon zu viele etablierte astrologische Systeme, die empirisch entwickelt wurden und inzwischen so weit verbreitet sind, daß sie einen allgemeinen Konsens in astrologischen Kreisen erlangt haben. So habe ich auch über viele Jahre mit verschiedenen Systemen gearbeitet, doch stets versucht, genügend kritische Distanz zu wahren, um sie in praktischer Erprobung auf ihre Zuverlässigkeit zu überprüfen. Und vieles, was ich gelernt hatte und was mir als allgemeingültiges astrologisches Wissen vertraut war, hielt praktischer Überprüfung einfach nicht stand.

Dies hat mich veranlaßt, die Astrologie als eine »Wissenschaft vom Wesen des Menschen« zu begreifen, in der noch vieles durch Versuch und Irrtum erforscht werden muß. Und es hat viele Jahre intensiven Nachdenkens und anhaltender Forschung bedurft, um die universellen

Weisheitslehren mit einer praktischen Horoskopie zu verbinden, in die beide Ebenen einfließen: die Entwicklung des Bewußtseins und die äußeren Ereignisse des Lebens, die nur das Symbol oder die Spiegelung eines inneren Prozesses sind.

Ich bin mir bewußt, daß der Inhalt dieses Buches sehr komplex ist und daß es in einigen Teilen der gängigen Auffassung von psychologischer Astrologie widerspricht, die gerne vom »Schatten« spricht, den es zu integrieren gilt, um ganz zu werden. Diese Auffassung teilt die Esoterische Astrologie nur bedingt, denn der Schatten, von dem hier die Rede ist, ist ja nichts anderes als ein verzerrtes Abbild unseres wirklichen Selbst, das sich im Zuge einer langen Reihe von Inkarnationen immer mehr vom Urbild – dem höheren Selbst – entfernt hat. Der Schatten ist das niedere Selbst, der nur nebelhaft erkennbare Widerschein des wahren Menschen, und diesen gilt es nicht nur zu integrieren, sondern auch zu transformieren, damit er sich dem Urbild oder dem höheren Selbst wieder angleicht. So liegt der wesentliche Unterschied in der Interpretation auch in der genauen Vorstellung einer Entwicklungsordnung, die das Bewußtsein des Menschen durchläuft und die im System der esoterischen Astrologie erkennbar wird.

In dieser Einführung geht es vor allem darum, die Astrologie als Teil der Geheimwissenschaft zu beschreiben, die den Menschen in seiner kosmischen Bedeutung erfaßt. Es war mir wichtig, den esoterischwissenschaftlichen Hintergrund der Astrologie und die Ganzheitlichkeit des astrologischen Systems deutlich herauszustellen. Denn auf diese Weise wird die geistige Dimension des Menschen sichtbar, der »gekreuzigt in Raum und Zeit« seine Bewußtseinsreise durch den Tierkreis antritt, um sich vom unbewußten Urmenschen zum geistigen Menschen zu wandeln.

Dem praktischen astrologischen Teil wurde deshalb eine Einführung in die Grundlagen esoterischen Wissens vorangestellt, die uns anhand eines Zahlenschlüssels den Aufbau des Kosmos, die Entwicklungsstufen des Bewußtseins und die »geistige Anatomie« des Menschen erklärt. Wesentlich für die esoterische Astrologie ist das Grundverständnis des Menschen als einem physischen Wesen, ausgestattet mit einem Bewußtsein, das sich ständig weiterentwickelt, um zu umfassender Selbsterkenntnis zu gelangen. Denn der Mensch ist eingebunden in ein kosmisches Geschehen, das zu immer größerer Vollkommenheit strebt und das auch ihn – als Teil des Ganzen – in diese Entwicklung zum Höheren und Vollkommeneren einbezieht.

I

GRUNDLEGENDE BETRACHTUNGEN ZUR WISSENSCHAFTLICHEN ESOTERIK

Was ist Astrologie?

*Was oben ist, ist wie das, was unten ist,
und was unten ist, ist wie das, was oben ist.*
Hermes Trismegistos

Hinter allem Geschehen der äußeren Welt wirkt ein ewiges zeitloses Gesetz, und seine Wirkung zeigt sich auf allen Ebenen des Universums bis ins kleinste Atom. Dieses Gesetz ist das Gesetz des Rhythmus, der sich in Form von Schwingungen auf alle Lebensformen überträgt und die sichtbare Welt zu einem einheitlichen harmonischen Ganzen ordnet. Die Griechen nannten dieses Gesetz Logos, was im übertragenen Sinne Schöpfer oder Gott bedeutet, denn es stellt den »Pulsschlag des Lebens« dar, der die Vielfalt von Energien und Kräften lenkt, die hinter der sichtbaren Welt wirken und alle Formen der physischen Welt hervorbringen.

Wollen wir das Geheimnis des Lebens entdecken oder das, was die Welt im Innersten bewegt, so müssen wir die Rhythmik untersuchen, der alles irdische Leben unterliegt. Diese wird uns durch die Beobachtung des gestirnten Himmels offenbart, der uns als Spiegelung irdischer Angelegenheiten dienen kann, wenn wir die Bewegungen der Gestirne zur Bewegung der Erde in Beziehung setzen, die durch Drehung um die eigene Achse unsere Zeit bedingt. Denn Zeit entsteht durch Bewegung, durch die Eigendrehung der Planeten und ihr Kreisen um eine zentrale Sonne, die die Quelle materiellen Lebens bildet. Aber auch die zentrale Sonne bewegt sich ihrerseits um den Zentralstern einer Galaxie, der ihre Sonne bildet, und so ihren größeren Rhythmus oder ihre Zeit bedingt.

Leben ist also Rhythmus, und jedes kleinere Leben ist eingebunden in einen größeren Rhythmus, der wiederum alle kleineren Rhythmen harmonisch zu einem umfassenderen einheitlichen Ganzen ordnet. Alles Leben ist ein Schwingen und Kreisen um einen zentralen Kern, der sich im Rhythmus des jeweils größeren Lebens bewegt. Dieses Prinzip finden wir im großen wie im kleinen, und so kann das Atom auch als ein Abbild des Sonnensystems betrachtet werden, denn die Elektronen umkreisen den Atomkern wie die Planeten die Sonne.

Aber auch der Mensch kreist um einen Kern, seine »geistige Sonne«, die das Zentrum seines Lebens bildet. Und dies ist es, was uns im okkulten System der Astrologie als ewiges Vermächtnis erhalten ist, denn sie bewahrt das Wissen über die Vielzahl von qualifizierenden Energien und Kräften, die in Raum und Zeit auf den Menschen einwirken und seine Entwicklung bedingen. Sie lehrt uns, daß alles Wirken im Physischen eine Entsprechung in einem höheren Schöpfungsplan hat, der uns im Tierkreis als dem »Urkreis des Lebens« offenbart wird. Dieser Tierkreis, der sich seit altersher in allen Kulturkreisen unabhängig voneinander erhalten hat, bewahrt in seiner Symbolik eine zeitlose und ewige Schöpfungsordnung, die durch die rhythmische Bewegung der Planeten eine Zeitqualität erhält, die auf alles physische Leben einwirkt.

So stellt die Astrologie in ihrer Symbolik ein umfassendes, sehr komplexes Wissen über die geistigen Entwicklungsgesetze irdischen Lebens dar. Sie ist Teil des Ur-Wissens der Menschheit, das als »Geheimwissen« gehütet wurde und alle Zeitalter überdauert hat. Doch leider wurde sie im Laufe der letzten zweitausend Jahre immer mehr verweltlicht und zum Teil so verändert und profanisiert, daß sie von vielen nur noch als Wahrsagerei verstanden wird, was die Mehrzahl der Intellektuellen und Wissenschaftler, die sich für kritisch und aufgeklärt halten, heute veranlaßt, sich verächtlich von diesem »Aberglauben« zu distanzieren. Diese Haltung ist angesichts der lächerlichen Rubriken in Illustrierten und anderer mehr oder weniger banaler Publikationen durchaus verständlich, doch diese haben mit Astrologie in ihrer ursprünglichen Bedeutung ja auch nicht das mindeste zu tun.

In ihrer ursprünglichen Form ist die Astrologie eine Wissenschaft, die uns in symbolisch-verschlüsselter Form den geistigen Hintergrund des Lebens erschließt. Sie gründet auf dem Wissen, daß Makrokosmos und Mikrokosmos nach analogen Prinzipien funktionieren und der ganze Kosmos ein Ordnungsgefüge ist, das nach einem einheitlichen Gesetz aufgebaut ist. Denn jeder Teil entspricht dem größeren Ganzen im Prinzip und ist eingebunden in eine höhere Ordnung sowie einen einheitlichen Schöpfungsplan, der eine zeitlich abgestufte Entwicklung vorsieht. Und diese wird uns durch die Astrologie offenbart.

Es gibt jedoch zwei Arten von Astrologie: die *exoterische* und die *esoterische*. Die *exoterische* Astrologie beschäftigt sich vorwiegend mit der Persönlichkeit des Menschen und mit den äußeren Ereignissen seines Lebens, und sie versucht, mit verschiedenen Deutungs- und Prognosesystemen das Schicksal des Menschen zu entschlüsseln und vorauszusagen. Diese eher persönliche Interpretation einer universellen Symbolik hat im Laufe der Jahrhunderte viele unterschiedliche astrologische Berechnungs- und Deutungssysteme hervorgebracht, die nicht selten spekulativ sind und ernsthafter Überprüfung nicht immer standhalten, weil sie die unterschiedlichen Entwicklungsebenen des Menschen außer acht lassen. So müssen sich zwangsläufig Fehleinschätzungen einstellen, denn der Mensch gewinnt mit zunehmender Bewußtseinsentwicklung eine größere Freiheit, die dazu führt, daß Planeten, die den unentwickelten Menschen in ein Schicksal zwingen, vom entwickelten als willkommene Lernschritte erkannt und gemeistert werden, ohne daß sich äußere Ereignisse zeigen.

In der *esoterischen* Astrologie geht es weniger um äußere Ereignisse, als vielmehr um die Entwicklung des Bewußtseins, die uns der Tierkreis offenbart, wenn wir seine tiefere geistige Dimension verstehen. Durch sie wird ein tiefgreifendes Verständnis der schöpferischen Kräfte und Energien möglich, die unser Bewußtsein prägen, und wenn wir dies mit unserem physischen Leben in Beziehung bringen, wird sich unsere Weltsicht verändern. Dies ist aber nicht möglich ohne Ehrfurcht vor der Schöpfung und ohne eine Haltung der Bescheidenheit, die sich automatisch einstellt, wenn wir ehrlich forschen und bereit sind zu akzeptieren, daß die Erforschung des Bewußtseins erst am Anfang steht und die Astrologie eine sich noch entwickelnde Wissenschaft ist, *»die erst in ihrer ursprünglichen Schönheit und Wahrheit wieder hergestellt werden muß ...«* (Alice Bailey). Dennoch ist es wichtig und sinnvoll, sich mit Astrologie zu beschäftigen, weil sie die einzige Wissenschaft ist, die uns die Möglichkeit gibt, unser Sein zu begreifen und uns als Teil einer Gesamtschöpfung wiederzufinden. Ihr System zu verstehen bedeutet, eine neue Dimension des Daseins zu entdecken, die uns ohne sie verschlossen bliebe. Sie zeigt uns das Wesen unseres Menschseins, den Aufbau und die Entwicklung unseres Bewußtseins, aber auch die hervorgehobenen Charaktereigenschaften und Erfahrungsbereiche unseres Lebens.

Wer esoterische Astrologie erlernen will, sollte sich aber darüber im klaren sein, daß sie ein profundes Studium erfordert, das uns Stufe um Stufe erkennen läßt, wer wir sind und was uns zu dem macht, was wir sind. Denn erst mit zunehmendem Verständnis für das Wirken und Werden des ewigen Schöpfungsprozesses begreifen wir, daß nur ehrliches Streben nach Wahrheit und Weisheit die Tore des wahren Wissens öffnet und uns eindringen läßt in ein umfassenderes Verständnis der Schöpfungsordnung, die sich dem Intellekt und dem konkreten Verstand niemals erschließt. Wer sich jedoch ernsthaft auf die geistige Dimension der Astrologie einläßt, wächst mit ihr. Sein Bewußtsein und sein Denken werden sich verändern, und er wird sein Leben nie mehr als sinn- oder ziellos empfinden, da er nie wieder vergessen wird, daß er Teil eines größeren Ganzen ist, das als ewige Schöpfungsordnung auch sein Leben durchdringt.

Die moderne Wissenschaft blickt im allgemeinen verächtlich auf die Astrologie herab, da sie sich ihren Kriterien nicht unterordnen läßt und anscheinend jedes Beweises entbehrt. Doch diese Auffassung beruht nur auf der Tatsache, daß es sich hier um etwas noch Unerforschtes handelt, das sich der vordergründigen Betrachtung entzieht und nicht mit materiellen Kriterien erfaßt werden kann. Denn in der Esoterik geht es um das Bewußtsein, das hinter allen sichtbaren Formen verborgen ist und die Evolution der physischen Welt bewirkt, und Bewußtsein läßt sich eben nicht mit den Methoden der exakten Wissenschaft messen. Für die Esoterik müssen also logischerweise andere Wissenschaftskriterien gelten. Sie hat ihre eigenen Gesetze, ihre eigene Terminologie und ihre eigene Methodik, die sich jedoch als ebenso zuverlässig erweisen, sobald man ihre Grundlagen beherrscht. Astrologie kann sich daher nicht auf statistische Untersuchungen stützen, die nicht in der Lage sind, das Wesen des Menschen zu erfassen. Der Versuch, astrologische Aussagen statistisch zu beweisen – eine Methode, die der exakten Naturwissenschaft entlehnt wurde –, ist für die tiefere Bedeutung der Astrologie von geringem Wert, da fließende Grenzen und unterschiedliche Entwicklungsebenen außer acht gelassen werden und so die Ganzheit und Einmaligkeit eines Horoskops nicht erfaßt werden kann.

Wenn wir uns aber die Mühe machen, die Grundlagen dieses esoterischen Wissensgebietes zu erlernen, werden wir feststellen, daß Esoterik keineswegs etwas Mystisches oder Unbestimmtes ist. Sie ist in ihrer wahren Form die »*Wissenschaft von der Seele aller Dinge*«, die als belebendes Bewußtsein überall in der Natur vorhanden ist. Sie beschreibt die Gesetze, die jeglicher Entwicklung zugrunde liegen, sei es ein Tier, eine Pflanze, ein Mensch, ein Planet oder ein Sonnensystem, und sie läßt uns erkennen, daß alles nach einem übergeordneten Gesetz funktioniert, durch das die Teile stets zu einem größeren Ganzen geordnet werden. Denn hinter allem Sichtbaren steht ein einheitlicher großer Plan, der sich durch den Rhythmus der Planeten auf die gesamte materielle Formwelt überträgt, und diesen zu entdecken, ist die eigentliche Aufgabe des Menschen, der nach Erweiterung seines Bewußtseins strebt.

Ein Esoteriker ist also ein Mensch, der über das Materielle hinausblickt und nach dem Geheimnis dessen sucht, *»was die Welt im Innersten zusammenhält«* und dem Evolutionsprozeß zugrunde liegt. Er wendet seine Aufmerksamkeit von der Substanz- oder Formseite des Daseins ab, um die Quelle zu entdecken, die die physische Existenz hervorbringt. Zu diesem Zweck muß er in sich selbst die nötige Empfänglichkeit und Sensitivität für die Qualität oder das Bewußtsein entwickeln, das jeden physischen Körper beherrscht. Er kennt das Gesetz von Ursache und Wirkung und weiß, daß Ereignisse, Umstände, Geschehnisse und physikalische Phänomene jeder Art nichts anderes sind als Symbole eines Geschehens in den inneren Welten, und in diese Welten versucht der Esoteriker einzudringen, soweit es sein Wahrnehmungsvermögen erlaubt.

Für den Bereich der esoterischen Wissenschaften, zu dem die Astrologie in ihrer wahren Form gehört, müssen deshalb andere Kriterien gelten, Kriterien, die in dem hermetischen Grundsatz *»Wie oben, so unten«* zum Ausdruck kommen. Diesem Grundprinzip der Metaphysik entsprechend, werden Makrokosmos und Mikrokosmos als analoge Prinzipien verstanden. Das winzigste Atom ist dem Prinzip nach ein genaues Abbild des Sonnensystems. Die gigantische Geschichte des Sonnensystems hat ihre Entsprechung im kleinsten Atom. Das Erkennen dieser Entsprechung und das Begreifen, daß alles Sichtbare nur ein Gleichnis der Wirklichkeit ist, bilden das Fundament der esoterischen Astrologie. Denn zwischen Atom und Sonnensystem steht der Mensch mit seiner Fähigkeit, sich gedanklich auf beide Ebenen zu projizieren und dabei durch Begreifen der kosmischen Gesetzmäßigkeiten seine innere Bedeutung zu erkennen.

Die esoterische Forschung wird grundsätzlich von einer synthetischen Haltung bestimmt. Vom Allgemeinen zum Spezifischen ist ihr Grundprinzip, und dies stellt auch den entscheidenden Unterschied zur materiell-wissenschaftlichen Forschung dar, die versucht, vom Besonderen auf das Allgemeine zu schließen, wobei nur allzu oft die Tatsache übersehen wird, daß das Ganze mehr ist als die Summe seiner Teile. So gilt eine Erkenntnis in der Esoterik auch nur dann als bewiesen und wahr, wenn ein bekanntes oder vermutetes Gesetz auf allen Ebenen der Existenz nachgewiesen werden kann und nicht nur auf der physischen Ebene – innerhalb eines vom Menschen geschaffenen isolierten Denkmodells – wie in der Naturwissenschaft. Denn diese gewinnt ihre Exaktheit ja nur dadurch, daß sie auf die Erforschung der Seele oder des Bewußtseins sowie des Ursprungs des Lebens völlig verzichtet.

Die Astrologie, die *»Königin der Wissenschaften«*, wie sie in archaischen Zeiten genannt wurde, kann jedoch so lange ebenfalls keine Wahrheit vermitteln, wie sie darauf beschränkt bleibt, Planeten zu berechnen, Tendenzen abzuschätzen und Voraussagen für das Leben zu machen. Erst wenn sie als Schlüssel zum ganzheitlichen Verstehen des Menschen betrachtet wird, gewinnt sie ihre wahre Bedeutung zurück, eine Wissenschaft zu sein, die die kosmische Dimension des Menschen erklärt.

»Astrologie (ist) ihrem innersten Wesen entsprechend die reinste Darstellung okkulter Wahrheit in der heutigen Welt, denn sie ist die Wissenschaft, die sich mit jenen bestimmenden und herrschenden Energien und Kräften beschäftigt, die durch und auf das ganze Feld des Raumes und auf alles, was in diesem Raum ist, einwirken.«

Alice Bailey: Esoterische Astrologie

Wenn wir uns diese Tatsache bewußt machen und uns daran gewöhnen, stärker in Begriffen von Energien und Kräften, Kraftlinien und Energiebeziehungen zu denken, werden wir in die Welt der Ursachen eindringen und die Beziehungen zwischen Makro- und Mikrokosmos erkennen, die uns bisher verschlossen waren. Um diese Beziehungen aber wirklich zu verstehen, wollen wir zunächst die Grundlagen der universellen Weisheitslehren betrachten, die als »Geheimwissen« alle Zeitalter überdauert haben und uns den Schlüssel liefern für das Verstehen kosmischer Zusammenhänge und den Ursprung astrologischen Wissens.

Grundlegende Thesen zeitloser Weisheit, die diesem Buch zugrunde liegen

I. Unser Universum ist die Wesensäußerung eines großen Lebens, das die Quelle der verschiedenen Formen und der vielfältigen Hierarchie empfindender Wesen ist. Es durchdringt alle Lebensformen, die Ausdrucksmittel einer zentralen universellen Energie in Raum und Zeit sind. Diese These ist die Grundlage des Monismus: »Gott ist eins«.

II. Das Eine Leben bringt in seinem schöpferischen Aspekt Existenz hervor und ist daher die Ursache der Dualität. Diese Dualität äußert sich als Geist (das Verborgene) und Materie (das Objektive, das in Erscheinung tritt).

III. Das Leben, das sich durch die Materie offenbart, erzeugt eine dritte Kraft: das Bewußtsein oder die Seele. Dieses Bewußtsein, das aus der Vereinigung der beiden Pole Geist und Materie hervorgeht, ist die Seele aller Dinge. Diese Seele, die wir auch als »Allseele« bezeichnen, durchdringt jegliche Substanz und liegt allen Formen zugrunde: einem Atom, dem Körper eines Menschen, der Form eines Planeten oder eines Sonnensystems.

IV. Das Eine Leben offenbart sich in der Vielheit und bleibt doch stets eine Einheit, da alles Existierende über den Äther des Raumes zu einer Wesenheit verbunden bleibt.

V. Der Zweck des physischen Lebens ist es, Bewußtsein zu entfalten oder die Seele zu offenbaren. Das Ziel der Evolution ist eine stufenweise Offenbarung von Licht. Mit fortschreitender Evolution wird die Materie ein immer besserer Leiter für Licht.

VI. Alle Lebewesen manifestieren sich zyklisch. Reinkarnation ist das Mittel der Erfahrung, durch das die Seele zur Vollendung gelangt.

VII. Auch der Mensch, das »Ebenbild Gottes«, entfaltet sein Bewußtsein durch die Methode der Wiedergeburt, bis er zu vollendetem geistigem Bewußtsein erwacht ist. Dieser geistig erwachte Mensch wird dann zum Vermittler von Licht für die übrige Natur, denn er ist der, der Erleuchtung bringt, sobald er sich wieder als Teil eines größeren Ganzen versteht, das die Quelle seines Lebens ist.

Diese grundlegenden Thesen werden im folgenden ausführlich erläutert, da sie den Kern aller universellen Weisheitslehren bilden, die hinter den verschiedenen Religionssystemen verborgen sind. Denn Religionen vermitteln keine Wahrheit, solange wir nicht fähig sind, hinter den Worten und rituellen Handlungen das Eine zu erkennen, das allem gemeinsam ist: das göttliche Gesetz, das sich auf allen Ebenen der Existenz durch vielfältige Formen offenbart. Die verschiedenen Religionen der Menschheit sind stets nur »zeitgebundene Offenbarungen«, wie Alice Bailey es nennt; sie kommen und gehen mit dem Geist der Zeit. Doch was bleibt, ist der Kern oder die innere Wahrheit, die hinter diesen zeitgebundenen Formen verborgen liegt. Diese Wahrheit ist zeitlos und hat zu allen Zeiten im Verborgenen als »Geheimwissen« existiert, um von den Menschen entdeckt zu werden, deren Intuition erwacht war.

So hat es auch zu allen Zeiten große Meister der Weisheit gegeben, die dem Zerrspiegel der Religionen nicht mehr unterlagen und die sich der universellen Schöpfungsprinzipien voll bewußt waren. Es waren aber immer nur einige herausragende Gestalten, weil Intuition, die sich im Menschen als Weisheit zeigt, erst in einem relativ späten Entwicklungsstadium erwacht, wenn ein Mensch sich seiner selbst als Seele bewußt wird. Intuition, die das Denken der Seele kennzeichnet, so wie der Intellekt dem Denken der Persönlichkeit entspricht, sollte deshalb nicht mit unserer instinktiven Wahrnehmung »aus dem Bauch« verwechselt werden, die häufig auch als Intuition bezeichnet wird. Was hier gemeint ist, ist keine instinktive Reaktion, sondern eine erweiterte intellektuelle Wahrnehmung, die uns die Lebensgesetze und die Ganzheit menschlichen Lebens erkennen läßt.

Intuition ist umfassender und ganzheitlicher als der Intellekt, denn sie läßt uns hinter den vielfältigen Formen menschlichen Denkens das Universell-Gültige erkennen, das den Ursprung physischen Lebens bildet und das in Form von geistigen Gesetzen auf das physische Leben einwirkt. Das Erwachen der Intuition ist folglich auch ein Zeichen, daß ein Mensch beginnt, sich des geistigen Ursprungs seines Lebens bewußt zu werden und sich für das Nicht-Sichtbare zu interessieren, das der physischen Welt zugrunde liegt. Dieses Nicht-Sichtbare, das den Hintergrund und die Ordnung unseres Lebens bildet, wird uns in der Geheimwissenschaft offenbart, die die geistigen Gesetze irdischen

Lebens über Jahrtausende hinter Symbolen verborgen hat, um sie nur dem zugänglich zu machen, der reif war, ihre geheime Botschaft zu verstehen.

Sie wird folglich auch nur jene ansprechen, die schon ein gewisses Maß an intuitiver Wahrnehmung besitzen und sich der Grenzen intellektuell-analytischer Betrachtung bewußt sind. Denn nur wer unvoreingenommen und ohne wissenschaftlichen Dogmatismus an die Geheimwissenschaft herangeht, wird offen und empfänglich sein für den untrennbaren Zusammenhang zwischen Geist und Stoff, der uns die Wahrheit hinter den Phänomenen der Welt erkennen läßt, die sich durch jede physische Form offenbart.

Was ist Geheimwissen?

Horchet in euch selbst und blicket in die Unendlichkeit des Raumes und der Zeit. Von da erklingen der Gesang der Sterne, die Sprache der Zahlen und die Harmonien der Sphären ... Was tun die Sterne? Was sagen die Zahlen? Was offenbaren die Sphären? O ihr Seelen, sie sagen, sie singen, sie offenbaren euer Schicksal.

Hermes Trismegistos

Die Grundlage der Geheimwissenschaft, die als universelle Weisheitslehre alle Zeitalter überdauert hat, bildet das Wissen um die transzendentale Harmonie und Ordnung des Kosmos, als deren Spiegelung die Welt erscheint. Sie enthüllt das Ordnungsprinzip, nach dem der Kosmos funktioniert, und dieses Prinzip wird uns durch die Geheimwissenschaft der Zahlen, der geometrischen Figuren und der Gestirne offenbart, die das Grundgerüst des universellen kosmischen Urwissens der Menschheit bilden.

Mit Beginn unserer Zeitrechnung wurde dieses Wissen, das sich bis in sumerische Zeiten zurückverfolgen läßt, aber nicht mehr verstanden und daher weitgehend verdrängt, bis es schließlich nur noch in den Mythen vieler Völker der Erde in symbolischer Form erhalten blieb und vom rationalen Verstand wissenschaftlich aufgeklärter Menschen in das Reich der Fabel verbannt wurde.

Doch in jüngster Zeit erlebt das Interesse für esoterisches Wissen eine Renaissance, und man beginnt, sich des großen Weisheitslehrers Ägyptens zu erinnern, des Hermes Trismegistos, der in Ägypten als Gott Thot verehrt wurde und allgemein als der Begründer der hermetischen Wissenschaften gilt. Ihm wird ein Gesamtwerk von über 40 Bänden zugeschrieben, von dem aber nur noch weniges erhalten ist. Doch seine Weisheit lebte in vielen großen Denkern, Wissenschaftlern und Philosophen des antiken Griechenland weiter, von denen wir wissen, daß sie noch in die Mysterienwissenschaft eingeweiht waren.

So hat es in antiker Zeit die Trennung zwischen Religion und Naturwissenschaft auch noch nicht gegeben, und ein Astronom war zugleich ein Astrologe. Die Trennung zwischen Naturwissenschaft und Geisteswissenschaft beginnt erst mit zunehmender Objektivierung des Denkens, die mit Aristoteles ihren Anfang nahm und in unserer Zeit eine erschreckende Einseitigkeit erreicht hat, wodurch der innere Zusammenhang von Geist und Stoff nicht mehr erfaßt wird. Wollen wir also den Sinn menschlichen Lebens wiederentdecken, müssen wir zurückfinden zu den Quellen geistigen Wissens, das im Altertum in Mysterien- und Einweihungsschulen übermittelt wurde.

Von Pythagoras, einem der herausragendsten abendländischen Weisheitslehrer der Antike, wissen wir, daß er sich in Ägypten und Babylonien zum Priester weihen ließ. Er wurde in beiden Ländern in die Mysterien universeller Weisheitslehren eingeweiht, und dieses Wissen, das uns vor allem durch Platon und andere seiner geistigen Schüler überliefert wurde – da er selbst aufgrund des Gebotes der Geheimhaltung nichts Schriftliches hinterlassen hat –, ist bis in unsere Tage lebendig geblieben. Es bildet die Grundlage zum Verständnis aller esoterischen Wissenschaften, die seit dem vermeintlichen Siegeszug der Naturwissenschaft von Wissenschaftlern in den Hintergrund gedrängt oder der Lächerlichkeit preisgegeben wurden. Doch es ist nie ganz verlorengegangen, weil der Kern dieses Geheimwissens in symbolisch-verschlüsselter Form weitergegeben wurde, den nur der verstand, der die Sprache der Symbolik zu deuten wußte und der offen war für die intuitive Erkenntnis eines geistigen Zusammenhangs zwischen allem Lebendigen.

Pythagoras lehrte, daß die grundlegenden Prinzipien, nach denen das Universum funktioniert, im System der rationalen Zahlen zu finden sind, in denen sich die Strukturen des Makrokosmos wie auch des Mikrokosmos spiegeln. Im Zentrum seiner Weisheitslehren steht das Postulat der Einheit des Universums, in dessen Bauplan ein Zahlenschlüssel enthalten ist, der den musikalischen Harmonien entspricht und der alle Lebensvorgänge steuert. Er war sich bewußt, daß ein einziges Gesetz alle im Kosmos pulsierenden Energien regiert, das sich auf allen Ebenen der Existenz analog auswirkt. Und dieses Gesetz erkannte er in den rationalen Zahlen, die alle sichtbaren physischen Phänomene beherrschen. Seine gesamte Kosmologie basiert deshalb auf der Analogie zwischen den Zahlenverhältnissen des Weltaufbaus und denen der Musik. So bewegen sich Sonne und Planeten auch nicht auf beliebigen Umlaufbahnen, sondern die Längen dieser Bahnen sind so aufeinander abgestimmt, daß sie den musikalischen Harmonien entsprechen. Als Demonstration dieses kosmischen Vorgangs benutzte er eine Lyra, mit der er bewies, daß eine Saite die Noten der Tonleiter hervorbringt, wenn man ihre Längenverhältnisse so zueinander abstimmt, daß sie als Quotienten ganzer Zahlen ausgedrückt werden können.

So erklingt die Oktave des Grundtones bei der Hälfte der Saitenlänge, die Quinte bei zwei Dritteln, die Quart bei drei Vierteln etc., wie dies in der folgenden Tabelle verdeutlicht wird:

Oktave	1 : 2
Quinte	2 : 3
Quarte	3 : 4
Große Sexte	3 : 5
Große Terz	4 : 5
Kleine Terz	5 : 6
Kleine Sexte	5 : 8

Dabei fällt sofort eine Grundregel auf: je niedriger die Zahlenverhältnisse, um so harmonischer ist der Zusammenklang. Und dies ist – wie wir noch sehen werden – nicht nur eine musikalische, sondern eine kosmische Grundregel, denn der Höherentwicklung alles Lebendigen liegt das Streben nach Harmonie zugrunde. Folgen wir dieser Grunderkenntnis, daß alles Lebendige musikalisch-harmonisch geordnet und strukturiert ist, dann läßt sich das Wesen unseres Universums auch am Bild einer schwingenden Tonsaite erklären. Wenn eine Saite schwingt – das Urbild aller Klangerzeugung, dem auch unsere menschlichen Stimmbänder entsprechen –, dann schwingt nicht nur die ganze Saite im Grundton, sondern es schwingt zwangsläufig auch die halbe Saite als nächsthöhere Oktave mit, aber auch das Drittel der Saite, die Quinte usw. Somit erklingen alle Töne der Tonleiter als Obertöne mit, wenn ein Grundton angestimmt wird. Die Obertonreihe kann folglich auch als Modell des Weltalls betrachtet werden, denn in jedem Ton sind potentiell alle Töne enthalten, so wie in jedem Atom prinzipiell das ganze Weltall enthalten ist.

Die Grundidee der gesamten pythagoräischen Philosophie beruht daher auf dem Wissen um die musikalisch-harmonische Ordnung des Weltalls. Sie ergibt sich aus der Beziehung von Zahlen und Klängen, die wiederum als Symbole einer zentralen geistigen Idee betrachtet werden können. So bildet die Korrespondenz zwischen den Zahlen und den Mechanismen der Natur auch das grundlegende Ordnungsprinzip, das sich auf allen Ebenen der Existenz analog auswirkt. Daraus ergibt sich logisch, daß die Umlaufbahnen der Planeten auch nicht beliebig sein können, sondern ebenfalls musikalischen Harmonien entsprechen müssen, da auch sie Teil dieses harmonisch-geordneten Klanggefüges sind.

Diese Idee wurde von Johannes Kepler – einem geistigen Schüler des Pythagoras – wieder aufgenommen und bestätigt. Er konnte beweisen, daß die Abstände zwischen den Ellipsen der Planetenbahnen des Sonnensystems mit den Abständen der Obertonreihe vergleichbar sind und daß Geschwindigkeiten wie auch Umlaufzeiten der Planeten so zueinander in Beziehung stehen, daß sie musikalischen Harmonien entsprechen. Dies wurde inzwischen durch die moderne Wissenschaft zweifelsfrei bestätigt.[1] Doch nicht nur das. Kepler war sich auch bewußt, daß Klänge, Zahlen und geometrische Formen im Raum eine Beziehung zueinander haben und die Grundlage des Weltalls sind.

»Die Geometrie ist einzig und ewig, ein Widerschein aus dem Geiste Gottes. Daß die Menschen an ihr teilhaben, ist eine Ursache dafür, daß der Mensch ein Ebenbild Gottes ist.«
Johannes Kepler

Bereits seit Platon war bekannt, daß es nur fünf nach drei Richtungen des Raumes symmetrische Körper (Polyeder) gibt, die einen gemeinsamen Mittelpunkt aufweisen. Und diese werden aus regelmäßigen Dreiecken, Vierecken und Fünfecken gebildet.

Oktaeder	– aus 8 Dreiecken –	Achtflächner
Ikosaeder	– aus 20 Dreiecken –	Zwanzigflächner
Dodekaeder	– aus 12 Fünfecken –	Zwölfflächner (Diamant)
Tetraeder	– aus 4 Dreiecken –	Dreieckspyramide
Hexaeder	– aus 6 Quadraten –	Würfel

Und wenn *»Gott immer Geometrie treibt«*, wie Platon sich ausdrückte, mußten diese fünf Polyeder als Urbild der Vollkommenheit auch dem Aufbau unseres Sonnensystems zugrunde liegen.

Deshalb baute Kepler ein Modell des Weltaufbaus, indem er diese fünf geometrischen Körper ineinanderstellte und jeder Figur zwei Kugeln gab: eine Innenkugel, auf der die Mittelpunkte sämtlicher Körperflächen liegen, und eine Außenkugel, auf der sämtliche Körperecken

---

[1] Der Wiener Privatgelehrte Dr. Ernst Müller hat in *Harmonik des Planetensystems* mit besonderer mathematischer Exaktheit beweisen können, daß unser Planetensystem in musikalischen Grundintervallen erklingt.

liegen. So erhielt er in und um die fünf Körper sechs Kugeln. Und betrachtet man nun diese, die Körper umgebenden und sie ausfüllenden Kugeln, so entspricht das Verhältnis ihrer Radien tatsächlich dem der Planetenbahnen von Merkur bis Saturn.

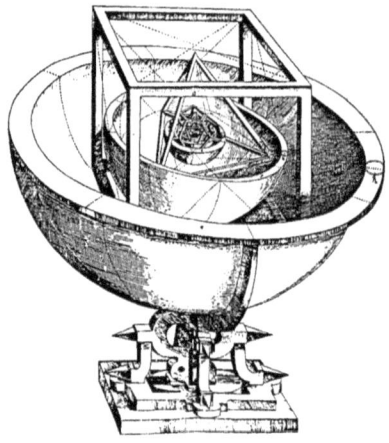

Keplers Modell des Weltgebäudes

Aufgrund dieses Bauplanes kam Kepler zu dem Schluß, daß es zwischen Jupiter und Mars einen unbekannten Planeten geben müsse, denn die Planetenabstände weisen eine genaue Zahlenreihe auf, wenn man für den Abstand des Planeten Saturn von der Sonne 100 einsetzt:

4	(4+3)	(4+6)	(4+12)	(4+24)	(4+48)	$(4+96)^2$
Merkur	Venus	Erde	Mars	...	Jupiter	Saturn

Etwa 170 Jahre später entdeckte man hier die sogenannten Planetoiden, die Überreste eines zerborstenen Planeten. Und dies sollte materialistisch-wissenschaftlichem Denken zufolge ein Zufall sein? Dies zu glauben fällt schwer, denn jüngste wissenschaftliche Entdeckungen der harmonikalen Forschung bestätigen, daß in der gesamten Natur, von den chemischen Elementen angefangen bis zum Menschen, harmonikale Gesetze nachgewiesen werden können.[3]

---

[2] Bekannt als Titius-Bodesche Reihe

[3] Sowohl für die Botanik als auch für die Zoologie (und für den Menschen) gelten die nach ihrem Entdecker Gregor Mendel (1822-1884) benannten Mendelschen Vererbungsgesetze. Untersucht man deren komplizierten Zahlenmechanismus näher, so

Die Anordnung aller Körper im Raum erweist sich demnach nicht als beliebig, sondern als ein nach genauen musikalischen Gesetzen abgestimmtes Ganzes, das sich wiederum in Zahlenformeln und geometrischen Formen ausdrücken läßt. Die gleiche musikalisch-harmonische Ordnung finden wir in der Anordnung der Planeten, aber auch in den Atomen wieder, deren Spin-Zahlen den Intervall-Verhältnissen der Musik entsprechen, denn die Energie der Teilchen im Atom verändert sich nicht gleitend, sondern in ganzzahligen Sprüngen.[4]

So bestätigt die heutige harmonikale Forschung auch in der Mikrowelt musikalische Gesetze[5], und die antike Vorstellung von der Harmonie der Sphären erweist sich damit als Tatsache. Thomas Michael Schmidt schreibt dazu:

»Die antike Vorstellung, daß die irdische Musik nur Abglanz und gleichsam Stellvertreterin der Harmonie des Himmels sei, erhält (...) einen konkreten Sinn, denn hier wie dort sind es die gleichen mathematischen Verhältnisse, die einerseits den Tönen, andererseits den Planetenbewegungen zugrunde liegen. Lange bevor hier auf der Erde menschliche Musik ertönte, strahlten die mathematischen Urbilder der Töne in wahrhaft kosmischen Dimensionen vom Himmel. Den akustischen Verhältnissen ist deshalb ein universaler Charakter zu eigen. Als Ordnungsprinzipien gestalten sie sowohl die Planetenwelt, den Makrokosmos, als auch die menschlich-irdische Musik ...

entdeckt man lauter ganzzahlige Proportionen bei den Ergebnissen von Kreuzungen in jeder Generation, und außerdem sind die Mengen von Exemplaren zusammengehöriger Kreuzungsgruppen stets Zweierpotenzen, so daß sich gleichsam ein Rahmen analog der Oktavgesetzlichkeit in der Akustik ergibt.
In der Botanik sind die Blattstellungszahlen eines der wichtigsten mathematisch erfaßbaren Naturgesetze. Bei den wechselständigen Pflanzen, bei denen jeweils nur ein Stengelblatt aus einem Knoten entspringt, verteilen sich diese Blätter nach der sogenannten Hauptreihe der Blattstellungszahlen. Diese gibt Winkelzuordnungen der Blätter an und drückt diese in Teilen des Vollkreises wie folgt aus: 1/2, 1/3, 2/5, 3/8, usw. Solche Brüche, die natürlich auch als Proportionen geschrieben werden können, kommen ebenfalls bei der Anordnung der Schuppen von Coniferenzapfen vor.
Ganz wesentlich ist auch der Mensch durch harmonikale Gesetze bestimmt, wie Anthropologie und Medizin nachgewiesen haben. Man könnte vereinfacht sagen, daß der Mensch räumlich und zeitlich harmonikal organisiert ist.
Entnommen aus: *Pythagoras, Weisheitslehrer des Abendlandes*, Inge von Wedemeyer

[4] Die sog. Plancksche Konstante
[5] Nachzulesen in: *Nada Brahma* von Joachim Ernst Berendt

So offenbart sich durch die universale Geltung der Tonverhältnisse ein umfassender kosmischer Zusammenhang ...«[6]

Die antike Idee von der Sphärenmusik kann folglich nicht mehr als poetisches Bild abgetan werden. Sie ist vielmehr die Beschreibung der Tatsache, daß die Harmoniegesetze der irdischen Musik den universellen Harmoniegesetzen des Kosmos entsprechen und damit zugleich die universellen Gesetze des Lebens darstellen, da ein Tongefüge zum anderen stets in Resonanz steht.

»Man vergesse nicht, daß der Schall alle Formen durchdringt; der Planet selbst hat seine eigene Note oder seinen eigenen Ton; auch jedes winzige Atom hat seinen Ton; jede Form kann in Musik umgesetzt werden und jedes Menschenwesen hat seinen besonderen Akkord; und alle Akkorde tragen zur großen Symphonie bei, die von der Hierarchie und der Menschheit gespielt wird.«
Alice Bailey: Briefe über okkulte Meditation

Grundlage der Geheimwissenschaft bildet also die Erkenntnis, daß der gesamte Kosmos ein Klangkörper ist, in dem es aufgrund der harmonikalen Beziehungen aller Lebensformen eine Übereinstimmung zwischen Makro- und Mikrokosmos gibt, da jeder Teil mit dem Ganzen in Resonanz steht.

Diese holistische Vorstellung vom Weltall, als einem bis ins kleinste Atom harmonikal-geordneten Ganzen, wird in jüngster Zeit auch in fortschrittlichen Kreisen der Wissenschaft zunehmend akzeptiert, in dem Maße wie sich das mechanistisch-materielle Weltbild als unhaltbar erweist. Und an seine Stelle wird notwendigerweise die Wiederentdeckung des geheimen Ur-Wissens der Menschheit treten, das im wesentlichen auf drei Säulen beruht:

1. **Die Zahlenphilosophie oder Zahlenmystik**
   Ihre Quellen reichen bis in babylonische Zeiten zurück und sind uns in der Kabbala überliefert. Der Kern dieser Geheimlehre bezieht sich auf die Schöpfung und ihre geheimnisvollen Gesetze, die sich im System der Zahlen ausdrücken lassen, da sie der Bildung aller Formen und aller sichtbaren und unsichtbaren Strukturen des Universums zugrunde liegen. Sie offenbaren uns das Geheimnis des schöpferischen Werdegangs unseres Planeten. Denn Zahlen haben nicht nur eine rationale, sondern auch eine symbolische und

---

[6] Zitiert aus: Joachim Ernst Berendt, *Nada Brahma*

eine geistige Bedeutung, und wenn wir ihr Wesen verstehen, besitzen wir den Schlüssel zur geistigen Welt.

2. **Die esoterische Geometrie**
   Sie spiegelt sich in der kosmischen Architektur der Sonnensysteme und Gestirne am Himmel. Diese zeigen uns in ihrer Raumgeometrie die Energiebeziehungen, die im Physischen ihre Entsprechung haben.

3. **Die esoterische Astrologie**
   Sie vereint in ihrem System diese beiden Wissensbereiche und trägt zudem noch dem Phänomen der Zeit Rechnung. Denn sie ist die »Wissenschaft vom Wesen des Menschen«, der sein Bewußtsein in der Dimension von Raum und Zeit entwickelt. Durch sie wird die Analogie zwischen dem Rhythmus des irdischen Lebens und dem kosmischen Rhythmus offenbar, der eine Zeitqualität auf die Erde reflektiert, die sich in Form von Ereignissen und Bewußtseinsprozessen auswirkt.

Diese rhythmische Bewegung, die alle Lebensformen im Kosmos einem einheitlichen Gesetz unterstellt, gilt es zu entdecken, um der zyklischen Entwicklung der Welt und des Menschen auf die Spur zu kommen. Es ist der Rhythmus, der das aktive Bindeglied zwischen dem größeren Ganzen und seinen Teilen darstellt. Denn alles bewegt sich durch die Magie der kosmischen Rhythmen, die in Tag und Nacht, in den Jahreszeiten, im Biorhythmus des Körpers oder in Ebbe und Flut zum Ausdruck kommen. Und jeder Rhythmus weist eine Frequenz oder Schwingung auf, und diese kann wiederum in Zahlen ausgedrückt werden. Dabei ist hervorzuheben, daß Harmonie auf allen Ebenen stets Ausdruck einfacher Zahlenbeziehungen ist, sowohl dessen, »was oben ist, wie auch dessen, was unten ist«.

Die Voraussetzung für ganzheitliche Erkenntnis bildet daher die Grundthese, daß es aufgrund der harmonikalen Beziehungen aller Lebensformen im Kosmos eine Übereinstimmung zwischen Makro- und Mikrokosmos gibt. Daraus ergibt sich als logischer Schluß, daß das Prinzip der Analogie, das die Basis esoterischer Forschung bildet, an die Stelle der linearen Kausalität treten muß, wenn es um ganzheitliche Erkenntnis geht. Denn das winzigste Atom ist dem Prinzip nach ein genaues Abbild des Sonnensystems, und dazwischen steht der Mensch, dessen Bewußtsein beide Ebenen in Deckung bringen muß, um Wahrheit zu erkennen.

Das Gesetz der Analogie als Grundlage ganzheitlichen Denkens

Unser Universum ist sicher nur eines innerhalb einer Reihe von Universen, deren Ausmaß und Anzahl das menschliche Fassungsvermögen bei weitem übersteigt. Der Versuch, immer größere Teleskope zu bauen, um in immer größeren Entfernungen Sterne, Planeten und Galaxien zu entdecken, dient zwar der Zunahme objektiven Wissens, doch werden wir dadurch mehr über uns und über den Ursprung der Schöpfung wissen? Der Intellekt wird niemals in der Lage sein, den Weltenraum zu begreifen, und dennoch trägt der Mensch in sich latent die Fähigkeit, sich und Gott zu erkennen. Ist sein Bewußtsein doch ein Teil des Kosmos, und jeder Teil des Ganzen enthält das Ganze im Prinzip. Diese holistische Betrachtung der Welt ist die Grundlage aller esoterischen Wissenschaften, und der Beweis für die Richtigkeit dieses Prinzips wird uns inzwischen auch von der Naturwissenschaft geliefert, deren neueste Ergebnisse das zeitlose Wissen der Esoterik bestätigen.

Nach den Erkenntnissen der Quantenphysik müssen wir uns in der Tat von dem materialistischen Weltbild verabschieden, das auf letzten unzerstörbaren Bausteinen der Materie beruht, denn die Physiker haben uns inzwischen zweifelsfrei bewiesen, daß es Elementarteilchen im »naiven« Sinne von Newton gar nicht gibt. Sie sind deshalb dabei, eine andere Basis für die Naturerklärung festzulegen, und diese glauben sie in den »Kräften« gefunden zu haben. Diese Kräfte bilden inzwischen die alles bestimmenden Elemente für die Beschreibung der Natur, denn sie verursachen nicht nur ihren Wandel, sondern aus ihrer Struktur lassen sich auch die Eigenschaften der Elementarteilchen ableiten. So geht man heute davon aus, daß es vier Kräfte in der Natur gibt: die starke Kernkraft, die elektromagnetische Kraft, die schwache Kernkraft und die Gravitation.

Doch was ist Kraft überhaupt? Diese Frage hat die Wissenschaft bisher kaum interessiert, denn sie begnügt sich im allgemeinen damit, Wirkungen festzustellen. In jüngster Zeit ist das Interesse jedoch gewachsen, das Ordnungsprinzip zu finden, dem die Natur gehorcht, da man entdeckt hat, daß es noch ein den Kräften übergeordnetes Prinzip gibt, und das sind die Symmetrien unserer Raum-Zeit-Struktur. In fortschrittlichen Kreisen der Wissenschaft nimmt man inzwischen an, daß es die Eigenschaften von Raum und Zeit sind, die die Eigenschaften der Kräfte und über diese auch die Eigenschaften der Elementarteilchen bestimmen. Unverkennbar befinden wir uns also in einer Zeit des Wandels, in der die Naturbeschreibung ein neues Element bekommen hat: das der Symmetrie. Und diese Symmetrie, die die Kräfte steuert, entspricht dem fundamentalen Grundsatz der Esoterik: *»Wie oben, so unten.«*

Aufgrund der jüngsten Entdeckungen der Physik können wir unser altes materialistisches Weltbild also nicht mehr aufrechterhalten, sondern müssen es durch ideelle Begriffe ersetzen, womit sich die Wissenschaft den esoterischen Erkenntnissen zunehmend wieder annähert. Prof. Herwig Schopper schreibt dazu in *Naturherrschaft*[7]:

»Wir finden uns an der Stelle eines neuen wichtigen Paradigmawechsels. ... Als ›first principle‹, als letztes Ordnungsprinzip der Naturerklärung schält sich immer mehr der Begriff der Symmetrie heraus. Was ist Symmetrie? Unter Symmetrie verstehen wir den Umstand, daß bei einer Symmetrieoperation, zum Beispiel bei Vertauschung von negativer mit positiver Ladung, oder bei Raumspiegelungen die Naturgesetze sich nicht ändern. Wir glauben heute, daß die Symmetrie der Raum-Zeit-Struktur und ihre Verletzung (Symmetriebrechung) letztlich die Eigenschaften der Kräfte und diese wiederum das Teilchenspektrum bestimmen.«

Es gibt aber noch eine weitere interessante Übereinstimmung zwischen den neuesten wissenschaftlichen Erkenntnissen und den uralten Thesen zeitloser Weisheit: Durch das Ergebnis vieler Untersuchungen mit Teilchenbeschleunigern und komplizierten Detektoren ist die Wissenschaft heute der Meinung, daß Materie überall auf der Erde, aber auch im Weltall, aus zwölf Teilchen besteht. Man hat zwei Familien entdeckt: die sechs Quarks und die sechs Leptonen, und diese lassen sich wiederum in drei Paare von Leptonen und aus Gründen der Symmetrie auch in drei Paare von Quarks einteilen. Ist es nicht erstaunlich, daß es gerade drei sind, wo doch die Drei die geheime Schlüsselzahl der Esoterik ist? Und die Zwölf? Es gibt nur zwölf Elementarteilchen, und Zwölf ist die Zahl der schöpferischen Tierkreisenergien, die die Grundlage der Astrologie bilden.

---

[7] Hans Thomas (Hg.): *Naturherrschaft*

Es läßt sich also eine klare zahlenmäßige Struktur im Aufbau der Materie feststellen, und diese entspricht der Zahl der Tierkreiszeichen, die die Esoterik als zeitlose Schöpfungsprinzipien begreift. Folglich gibt es ein der Naturwissenschaft noch unbekanntes Gesetz, nämlich das Gesetz der Zahl oder des Rhythmus, das alle physischen Lebensvorgänge steuert. Dieses Gesetz zu entdecken, ist die Aufgabe esoterischer Forschung und zunehmend auch der exoterischen Wissenschaft, die ja mit der Quantenphysik an die Grenze materieller Betrachtung gestoßen ist. Es scheint daher nur konsequent, daß die neuesten Bestrebungen der Wissenschaftler sich darauf richten, in der Vielfalt der Erscheinungen eine Einheit zu finden, um die Urkraft zu entdecken, die die vier Grundkräfte der Natur zu einer einzigen zusammenfaßt. So erleben wir gegenwärtig eine deutliche Annäherung zwischen Wissenschaft und Esoterik. Denn in dem Maße, wie die Naturwissenschaft an die Grenzen ihres bisherigen Verständnisses von Materie stößt und feststellen muß, daß es den kleinsten Baustein der Materie gar nicht gibt, sondern daß Materie in letzter Konsequenz nur eine Form von Energie ist, kann auch die Naturwissenschaft nicht mehr ausschließlich durch rein materielle Elemente bestimmt werden. So wird der Graben zwischen Naturwissenschaft und Esoterik zunehmend kleiner, denn schon heute besitzt die Physik durch die neuesten Entdeckungen einen metaphysischen Hintergrund. Will sie Wahrheit erkennen, muß sie sich daher transzendentaler Wahrnehmung wieder öffnen. Diese Erkenntnis finden wir auch bei bahnbrechenden Naturwissenschaftlern wie Einstein, was in folgendem Zitat zum Ausdruck kommt:

»Das schönste und tiefste Gefühl, das wir empfinden können, ist das mystische. Es ist der Keim jeder wahren Wissenschaft. Jeder, der dieses Gefühl nicht kennt, der nicht fähig ist, sich zu wundern oder tiefste Achtung zu empfinden, ist, als ob er tot wäre. Meine Religion besteht in einer demütigen Bewunderung des erhabenen und unbegrenzten Geistes, der sich in den winzigsten Phänomenen, die wir mit unseren schwachen und unvollkommenen Sinnen ermitteln können, offenbart. Meine tiefe Überzeugung eines unbegrenzten und erhabenen Geistes, dessen Vorsehung das unverständliche Universum bezeugt, ist meine Vorstellung von Gott.«

Symbolik als Schlüssel zum Verständnis des Universums

*Alles Vergängliche
ist nur ein Gleichnis ...*
Goethe: Faust II

Zu allen Zeiten hat es zwei Wissensbereiche gegeben: das objektive Wissen, das die Phänomene der physischen Welt zu erkennen und zu systematisieren versucht, und das Geheimwissen, das in der Antike noch in Mysterien- oder Einweihungsschulen übermittelt wurde, um dem Menschen die verborgene Seite oder den Ursprung des Lebens zu offenbaren.

Durch das Übergewicht, das Naturwissenschaft und Intellekt in den letzten Jahrhunderten zunehmend bekommen haben, ist das Verständnis für den Sinnzusammenhang aller Naturphänomene aber weitgehend verlorengegangen. Wir befinden uns daher in einer Zeit wachsender innerer Ratlosigkeit und Verwahrlosung, da Rationalität und Wissenschaftlichkeit an die Stelle der Religion getreten sind und eine Macht über das Leben erhalten haben, die den Sinn und die innere Bedeutung menschlichen Lebens kaum noch erkennen lassen. Verwirrung und Verblendung machen sich allenthalben breit, wo der gesunde Menschenverstand weit mehr erreichen könnte als sogenanntes Expertenwissen, das Einzelphänomene unter dem Gesichtspunkt der Ökonomie und der Nutzbarkeit betrachtet, ohne das jeweilige Problem in einen globalen Zusammenhang zu stellen. Beziehungs- und Orientierungslosigkeit müssen sich zwangsläufig einstellen, wenn der Mensch die objektive Wahrnehmung als letztgültiges Kriterium der Wahrheitsfindung ansieht, denn die objektive phänomenale Welt ist ein Spiegel und damit ein seitenverkehrtes und zuweilen grob verzerrtes Abbild der Wirklichkeit. Unsere Sicht der Welt stellt folglich eine grobe Täuschung dar, solange wir nur das glauben, was unsere fünf Sinne uns vermitteln.

Die moderne Quantenphysik hat ja inzwischen entdeckt, daß es Materie in der von uns wahrgenommenen Form gar nicht gibt, sondern daß es sich dabei um schwingende, sich ständig wandelnde Energiefelder handelt, die wir aber mit unseren fünf Sinnen als feste undurchdringliche Körper erfassen. Wie steht es also um unsere objektive Wahrnehmung? Wir sehen feste Körperformen, obwohl uns die Physik inzwischen bewiesen hat, daß unser Körper ein Energiefeld ist, in dem Milliarden von Elementarteilchen schwingen, die wiederum abwechselnd als Teilchen oder als Welle erscheinen. Objektiv betrachtet bedeutet dies, daß sie in schnellem Wechsel einmal physisch konkret und dann wieder als Energie vorhanden sind, und dennoch sehen wir einen konstant festen Körper mit festen Konturen. Der Satz: »Ich glaube nur, was ich sehe«, der von hart gesottenen Materialisten häufig als Beweis ihres Realitätssinns angeführt wird, gewinnt im Licht dieser neuen Erkenntnisse nun eine völlig neue Bedeutung. Ist er doch das unbeabsichtigte Eingeständnis einer Täuschung, denn was wir sehen, ist objektiv gar nicht vorhanden. Wer also nur glaubt, was er sieht, lebt zwangsläufig in einer Illusion, weil wir nicht das sehen, was wirklich ist, sondern eine Form, die – wie wir später noch sehen werden – eine symbolische Bedeutung hat. Dies mag uns nicht unmittelbar einsichtig sein, deshalb soll es anhand eines Beispiels erläutert werden.

Wo immer wir gehen, sehen wir über uns eine blaue Himmelskuppel und einen uns umschließenden Kreis, den wir als Horizont bezeichnen. Dies hat die Menschen in der Antike glauben lassen, daß die Welt eine Scheibe sei, um deren Zentrum die Sonne kreist (das geozentrische Weltbild). Inzwischen hat die Wissenschaft die objektiven Phänomene der physischen Welt erforscht. Sie hat die Erde als Kugel erkannt, die sich um sich selber dreht und die Sonne als Mittelpunkt umkreist (das heliozentrische Weltbild). Doch was ist mit unserer Wahrnehmung? Wo immer wir gehen, ist der Himmel eine blaue Kuppel über uns, der Horizont ein uns umschließender Kreis und der Betrachter sein geometrisches Zentrum. Die Wissenschaft bezeichnet dies als Sinnestäuschung und hat daraus auch den voreiligen Schluß gezogen, daß nicht der Mensch, sondern nur Maschinen, Apparate und Meßinstrumente die Wahrheit über die Welt erkennen können. Doch wer hat diese Maschinen konstruiert? Ist es nicht eben jener Mensch, dessen Wahrnehmung so unzuverlässig ist? Ist das nicht ein Widerspruch in sich? Der Mensch, der Schöpfer dieser Apparate, sieht nicht die objektive Wirklichkeit, sondern illusionäre Formen, während die von ihm konstruierten Maschinen »richtig sehen«? Das kann nicht die ganze Wahrheit sein, und es drängt sich daher die Frage auf: Gibt es nicht vielleicht doch eine Erklärung für unser Sehen, das objektiv eine Täuschung ist? Was sehen wir, wenn es schon nicht die objektive Realität ist?

In der Esoterik geht man davon aus, daß es zwei Ebenen der Wirklichkeit und des Erkennens gibt: eine subjektive und eine objektive. Die objektive Welt, die Welt der physischen Phänomene oder der Formen ist für den Esoteriker eine Welt der Spiegelungen, ein Abbild der Wirklichkeit, und alles, was wir um uns herum wahrnehmen, ist nur ein Gleichnis dessen, was wirklich ist. Die Welt mit all ihren Phänomenen ist eine Welt der Wirkungen, ein Abbild oder ein Symbol der geistigen Wirklichkeit. Dies ist für uns aber erst erkennbar, wenn sich unsere mentale Wahrnehmung erweitert und wir beginnen, hinter den begrifflichen Formen menschlichen Denkens die Bedeutung der Dinge zu erforschen, die in ihrer Symbolik erkennbar wird. Unser bereits erwähntes Beispiel soll dies nochmals verdeutlichen.

Wenn wir den Horizont um uns betrachten, erkennen wir, daß dieser Horizont in einem relativen Verhältnis zum jeweiligen Betrachter steht, denn dieser bildet stets sein Zentrum, und Himmel und Erde scheinen sich entlang des Horizontkreises zu treffen. In Wirklichkeit kommen sie nicht zusammen, aber vom Standpunkt der inneren Wahrheit aus treffen sie sich, um ein Symbol zu formen, durch das der Mensch zu Weisheit gelangen kann, wenn er die Symbolik versteht. Denn das Auge eines Lebewesens nimmt immer nur das wahr, was dem jeweiligen Bewußtsein entspricht. Ein Tier sieht die gleiche Welt, und dennoch sieht es etwas ganz anderes als wir, weil es nur ein Bewußtsein über seine Umgebung hat, nicht aber über sich selbst. So unterscheidet sich der Mensch vom Tier auch durch die latente Fähigkeit, sich selbst zu erkennen. Er ist eine Dualität aus physischer Existenz und Bewußtsein, und dieses Bewußtsein bildet seinen geistigen Horizont, der wiederum seine Weltsicht bedingt. Mit der Geburt wird der Mensch in eine Bewußtseins- oder Einflußsphäre gestellt, die nur einen winzigen Teil des gesamten Wahrnehmungsspektrums ausmacht, und in den Grenzen dieser Einflußsphäre bleibt er so lange eingeschlossen, bis er durch Erkenntnis und Bewußtwerdung seiner selbst seinen einschließenden Horizont oder Grenzring durchbricht. Jeder Mensch sieht deshalb auch immer nur einen Ausschnitt der Wahrheit, und dieser Ausschnitt entspricht der Größe seines Bewußtseinskreises. Das äußere Symbol enthält also eine innere Wahrheit, die sich dem Menschen aber nur offenbart, wenn er sein Leben als Gleichnis der Wahrheit betrachtet. Denn die physische Welt, in der wir unser Dasein haben, ist voller Symbolik und kann uns als lebendige Anschauung der Wirklichkeit dienen, sobald wir ihre Botschaft verstehen.

Wollen wir also den Sinn unseres Lebens begreifen, so können wir uns nicht allein auf unseren Intellekt verlassen, weil dieser ja nur der Orientierung in der physischen Welt dient. Doch die innere Welt, die Welt der Ursachen oder der Bedeutung, erschließt sich uns erst, wenn unser Blick die physischen Formen durchdringt und wir gelernt haben, in dem Phänomen unseres Sehens, das objektiv betrachtet eine Täuschung darstellt, ein »stellvertretendes Geheimnis« zu sehen, das uns die Schöpfung offenbart.

Die Suche nach Wahrheit setzt daher die grundsätzliche Bereitschaft voraus, die Oberfläche der Phänomene zu verlassen, die der konkrete Verstand erfaßt, und uns über das Studium der Symbolik eine höhere Wahrnehmung zu erschließen, die ich als Intuition bezeichnen möchte. Auf diese Weise werden wir entdecken, daß in den geheimen, symbolisch-verschlüsselten Überlieferungen antiker Hochkulturen, wie der Sumerer, Chaldäer, Ägypter u.a., Wahrheiten verborgen liegen, die uns die innere Bedeutung der Welt erkennen lassen. Diese Fähigkeit zu intuitiver Wahrnehmung ist in uns allen angelegt, doch sie erwacht erst mit zunehmender Entwicklung, wenn wir uns unserer Seele bewußt werden, die das All-Wissen besitzt, da sie ein lebendiger Teil des kosmischen Bewußtseins ist. Intuition ist dem Verstand überlegen, weil sie die Fähigkeit der Seele einschließt, durch die illusionären physischen Formen hindurchzusehen und das Wesen der Dinge zu begreifen, das nur als Ganzheit erfaßt werden kann.

Wer Intuition erlangt, wird zunehmend erkennen, daß Wahrheit jenseits der menschlichen Glaubensvorstellungen liegt, denn es gibt eine universelle Ordnung des Kosmos, die sich in den vielfältigen Formen des Lebens offenbart, sobald wir die Form als Symbol der Wirklichkeit erkennen und nicht als die Wirklichkeit selbst. Dadurch werden wir entdecken, daß die geometrischen Symbole der Welt einen Zahlenschlüssel enthalten, der uns den Zusammenhang zwischen Geist und Stoff offenbart, und daß das Wesen der Dinge in der Zahl zu finden ist, die die Grundlage aller übrigen Symbole bildet. So wollen wir auch zunächst die Ursymbolik betrachten, die die Sprache des Geheimwissens ist und uns die Ordnung des Kosmos verstehen läßt, die allen schöpferischen Prozessen zugrunde liegt.

Die Kosmogenesis in der Symbolsprache der Zahlen

Alles, was die Natur offenbart, scheint sich sowohl in Teilen als auch im Ganzen den Zahlen anzupassen. Sie veranschaulichen den Sinn, wie auch die Ordnung, die den Gedanken dessen erschließen, der alles schuf.

Nicomakus von Gerasia

Die Sprache der Symbole kennt Zahlen, geometrische Figuren, Farben und Bilder. Doch von allen genannten Symbolen stellen die Zahlen die kosmischen Prinzipien in reinster Form dar. In ihnen drückt sich die Qualität oder das Bewußtsein aus, das im Physischen verkörpert ist. Das geheime Wissen der Zahlen, das als Kabbala bekannt ist, gilt als jüdische Überlieferung, doch in Wahrheit ist es viel älter und läßt sich bis in sumerisch-babylonische Zeiten zurückverfolgen. Hier liegen auch die Quellen des geistigen Ur-Wissens der Menschheit, das uns heute noch zugänglich ist, wenn wir die symbolische Sprache der Zahlen verstehen. Sie bilden den Hintergrund aller Schöpfungsmythen, denn in den Ur-Sprachen, zu denen auch das Hebräische gehört, enthält ein Buchstabe sowohl ein symbolisches Bild als auch ein Zahlensymbol, aus dem sich die Bedeutung des Ganzen ergibt. So bilden Zahlen als Symbole auch die Grundlage der Schöpfungsgeschichte unserer Bibel. Dies wird heute kaum noch verstanden, weil die Entsprechung von hebräischen Buchstaben und Zahlen in den Übersetzungen nicht vermittelt werden kann und das Verständnis für diesen Zusammenhang weitgehend verlorenging. Um den Ursprung der Welt und ihre Entwicklungsgesetze zu begreifen, müssen wir daher die esoterische Bedeutung der Zahlen wiederentdecken. Wenn es uns gelingt, ihr Wesen zu erfassen, dringen wir in das Geheimnis der Weltentstehung ein, denn Zahlen sind die Formeln, nach denen das Universum erbaut wurde. Sie stellen den *Bauplan des Lebens*[8] dar, der sich durch

---

[8] Das Wissen über die Zahlen als Bauplan der Schöpfung ist im System des Tarot überliefert, das mehr als ein Kartenspiel ist, denn in seiner Zahlensymbolik ist das Geheimnis des menschlichen Einweihungsweges enthalten.

die esoterische Betrachtung der Reihe der Zahlen unserem Bewußtsein erschließt. Dies soll im folgenden kurz dargestellt werden, weil die universelle Ordnung des astrologischen Systems, seine Harmonie und seine Logik ebenfalls auf der esoterischen Bedeutung der Zahlen beruht.

Die Null

Beginnen wir mit der Null, die eine Nicht-Zahl ist. Sie ist das Symbol der Einheit vor der Welterschaffung, das »Alles/Nichts«. Die Null ist die geheimnisvolle Leere, die der Schöpfung vorausgeht, in der nichts existiert, jedoch alles als Möglichkeit vorhanden ist.

Es ist die absolute Schöpferkraft in ihrer Potentialität, die sich selbst weder vermehrt noch vermindert, jedoch »alles was ist« verzehnfacht, verhundertfacht, vertausendfacht, ja bis ins Unendliche potenziert, ohne sich je selbst zu verändern. Die Null, das Nichts oder die Leere ist daher der universelle, absolute Ausdruck der unbegrenzten, unmanifestierten schöpferischen Potenz Gottes.

Die Eins

Aus Tao entsteht Eins,
Eins erzeugt Zwei,
Zwei erzeugt Drei,
und aus Drei entstehen die zehntausend Dinge.
   Tao Te King

Die erste wirkliche Zahl ist die Eins, die den Beginn der Weltoffenbarung anzeigt. Mit ihr tritt das verborgene schöpferische Leben in sichtbare Manifestation. Es ist die Einheit, die für sich »all-ein« da ist, alles umfassend, alles enthaltend, der reine Zustand des Geistes, doch ohne Möglichkeit der Selbstwahrnehmung, da diese ein Gegenüber, also Trennung voraussetzt.

Die Zwei

Um sich seiner selbst bewußt zu werden, bedarf es daher eines Spiegels, in dem das eigene Sein sich reflektieren kann. Dies ist der Schritt aus der Einheit in die Dualität. Damit entsteht die Zwei, die Trennung zwischen Schöpfer und Geschaffenem, zwischen Gott und der Welt oder – wie es in der Genesis symbolisch heißt – zwischen Himmel und Erde. Mit der Zwei entsteht die grundlegende Dualität der Welt, in der jede Kraft ihre Gegenkraft hat, was durch das Symbol des Yin und Yang ☯ bildhaft ausgedrückt wird.

Die Drei

Die Zahl Drei herrscht überall im Universum und die Monade ist ihr Prinzip.

Ein Orakel von Zoroaster

Im Augenblick des »Sich-selbst-Erkennens« entsteht etwas Drittes, nämlich das verbindende Bewußtsein zwischen den beiden Dualitäten, das die beiden dualen Kräfte als wesensgleich erkennt und so die Identität zwischen Eins und Zwei oder zwischen Geist und Materie ständig wiederherzustellen versucht. Der Versuch der Selbst-Erkenntnis setzt also einen Entwicklungsprozeß in Gang von der Einheit über die Dualität zur Dreiheit: dem Erkennenden (1), dem Erkannten (2) und dem Erkennen (3).

»Das Kräftespiel zwischen jenen drei Polen ist es, das gleichsam die Feder des Weltenuhrwerkes darstellt, dessen ewiger Gang ist: Spaltung und Wiedervereinigung – Differentiation und Integration ...
Es wird Drei so zur Schwingung, durch welche die Spaltung in die zwei entgegengesetzten Phasen unablässig ausgeglichen wird.
Drei ist die Schwingung schlechtweg, deren uns vielleicht geläufigste Form die Drehung um eine oder mehrere Achsen vorstellt ...
Alles Schwingen und Drehen ist also tatsächlich ein ›Ringen‹ um die Wiedergewinnung der Einheit und um das Erhaltenbleiben dieser Einheit. Und dieses Ringens allgemeinster Ausdruck ist wohl durch die mathematische Formel gegeben:
$y = \sin x$ *– die Sinuslinie – die Schlangenlinie.«*

Oskar Adler: Das Testament der Astrologie

Die Eins wird also automatisch zur Drei, denn in dem Moment, in dem Schöpfer und Geschaffenes sich erkennen, entsteht etwas Drittes: die Erkenntnis oder das Bewußtsein-zu-erkennen. Dies ist das Mysterium der göttlichen Trinität[9], die nicht drei Personen, sondern nur drei Aspekte der Einheit darstellt, die hinter der materiellen Welt wirken.

---

[9] In archaischen Götter-Dreiheiten ist uns die dreifache Entfaltung der Schöpfungs-Einheit als Verkörperung des schöpferischen, erhaltenden und verwirklichenden Prinzips überliefert. Dies spiegelt sich noch in der Auffassung der Kausalität bei Aristoteles (Metaph. VII.): »Alles was entsteht, entsteht durch etwas, aus etwas und als ein gewisses Etwas.« Von Hegel wurde diese Erkenntnis wieder aufgenommen als Dreischritt These-Antithese-Synthese, die er von der »Erkenntnis des Entgegengesetzten in seiner Einheit« überführte zum »Rhythmus des organischen Ganzen« der Natur und der Geschichte, wobei die durch Vereinigung des Gegensätzlichen entstandene Synthese jeweils die These einer neuen Phase von Veränderungen und Entwicklungen bildet.

Einheit — Ur-Sein
Dualität — Geist-Materie
Dreiheit — Das Bewußtsein, das beide verbindet und als wesenseins erkennt.

Diese drei Urzustände schöpferischer Aktivität bilden den Hintergrund der materiellen Entwicklung, und sie wirken als Schwingungsrhythmus auf alle materiellen Formen ein. In dieser Dreiheit von Kräften verbirgt sich das Geheimnis der Evolution aller Formen. Ist die dritte Kraft doch stets bestrebt, die materiellen Formen wieder an die Idee oder das Urbild des Geschaffenen anzugleichen, um die Welt zum Selbstausdruck des Schöpfers werden zu lassen und Ihn vollkommen widerzuspiegeln.

So wird die materielle Form im Zuge der Evolution immer mehr verfeinert, um die ihr zugrundeliegende Idee immer besser zum Ausdruck zu bringen. Dieser Prozeß, der auf allen Ebenen der Existenz unaufhörlich abläuft, bedingt die Entwicklung des Bewußtseins oder die Entstehung der Weltseele, die als empfindendes Bewußtsein jede physische Form durchdringt und ihre Eigenart und Qualität ausmacht.

Die Drei ist also die hinter der Dualität unserer Welt stehende Einheit. Sie enthält das Grundmuster des universellen Schöpfungsprozesses, der ein Prozeß der Bewußtwerdung oder Selbst-Erkenntnis ist. Denn Gott spiegelt sich in der Welt, um sich in ihr zu erkennen, und im Augenblick des Erkennens entsteht eine Verbindung oder eine Entsprechung zwischen Urbild und Abbild, und dies erzeugt Licht. Das Entstehen von Licht ist aus esoterischer Sicht das Ziel der gesamten irdischen Entwicklung, in der der Mensch als Mittler zwischen Geist und Materie eine fundamentale Rolle spielt.

Die Vier

Mit der Vier beginnt eine neue Ebene der Existenz, denn sie ist der Ausdruck der Materie. Der dreifältige Geist gewinnt eine weitere Dimension hinzu, und das ist der Beginn der materiellen Entwicklung oder, wie es in der Bibel heißt, der Fall aus dem Paradies. Dieser Fall aus dem Paradies läßt die Vier entstehen, deren Symbol das Quadrat oder das Kreuz ist, an das der »Christus in uns« geschlagen wird, um so die Erlösung der Materie zu bewirken.

Die Vier hat ihre Entsprechung in den vier Himmelsrichtungen, die symbolisch als die »vier Ecken der Welt« bezeichnet werden. Die Naturwissenschaft spricht von den vier Dimensionen des Raumes: Länge,

Breite, Höhe und Zeit, und ihnen entsprechen die vier Grundkräfte der Natur, die die Physik als die starke (Anziehungs-)Kraft, die schwache (Anziehungs-)Kraft, die Gravitation und die elektromagnetische Kraft kennt.

In der Astrologie kennen wir die vier Elemente Erde, Wasser, Feuer und Luft, denen die vier Grundbausteine des Lebens Wasserstoff, Kohlenstoff, Sauerstoff und Stickstoff entsprechen. Doch es gibt noch weitere Entsprechungen, die uns belegen, daß die Vier die Grundzahl der Materie ist. Durch die Erkenntnisse der Genforschung wissen wir, daß die DNS, die unseren genetischen Code enthält, vier Buchstaben hat, die sich stets in Form von Tripletts (Dreierkombinationen) zusammenfinden, um die Vielfalt der physischen Anlagen zu bilden.[10]

Ist es angesichts dieser Tatsache nicht erstaunlich, daß schon die Pythagoräer lehrten, in den ersten vier Zahlen sei die Entstehung der Welt dargestellt? Und in der Tat läßt sich auf der Ebene der Zahlensymbolik die Weltentstehung durch die Zahlen 1, 2, 3 und 4 ausdrücken, deren Variation und mathematische Kombination die Vielfalt der Formen entstehen läßt, die in sich aber alle wieder die gleichen Urprinzipien enthalten.

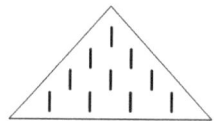

Diese Erkenntnis verbirgt sich auch hinter der pythagoräischen Tetraktys, die das Mysterium der Weltentstehung enthält und als zentrales Symbol der Zahlenphilosophie der Pythagoräer gilt. Sie stellt das Geheimnis dar, wie die Vier, die Zahl der Materie, sich zur Zehn entwickelt, die esoterisch als Zahl der Vollendung gilt.

Die Grundlage kabbalistischer Zahlenmystik

Grundlegend für das Verständnis der Zahlenmystik ist die Tatsache, daß es nur neun reine Zahlen sind, die die Grundprinzipien des Kosmos ausdrücken, denn alle anderen Zahlen können durch Reduktion oder Quersummenbildung wieder auf eine einstellige Zahl zurückgeführt werden. Und jede dieser neun reinen Zahlen, die sich auch in geometrischen Figuren darstellen lassen, entspricht wiederum einem

---

[10] Diese Kombination von drei und vier wird uns als Grundmuster in der Astrologie immer wieder begegnen, denn die zwölf Tierkreiszeichen und die sieben Strahlen entstehen durch Addition und Multiplikation von drei und vier.

geistigen Prinzip oder einem ganz bestimmten inneren Bewußtseinszustand, der Ausdruck der geistigen Entwicklungsstufe einer Lebensform ist. So entsteht eine hierarchische Schöpfungsordnung, die sich auf alle Ebenen physischen Daseins übertragen läßt, da sie auf jeder Ebene analog wieder anzutreffen ist.

Dieses Wissen ist es, das uns im System der Kabbala überliefert wurde und im Bild des Lebensbaumes symbolisch dargestellt ist.

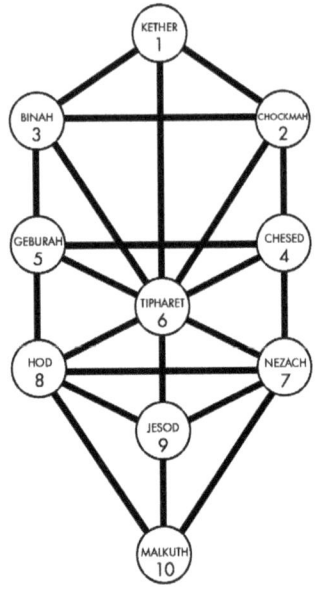

In diesem Symbol sind zehn Zahlen einander geometrisch zugeordnet, um die hierarchische Entwicklung zu zeigen, der alles irdische Leben unterliegt. Der Lebensbaum, das Ursymbol der Schöpfungsordnung, kann hier aber nicht näher erläutert werden. Er soll lediglich dazu dienen, uns bewußt zu machen, daß das Urwissen der Menschheit auf einem genauen Zahlenschlüssel beruht, der das Geheimnis schöpferischen Wirkens enthält und die Basis aller Geheimlehren der Welt bildet.

Um die kosmische Schöpfungsordnung zu verstehen, müssen wir den Symbolgehalt einer Zahl erfassen. Ist die gesamte Natur doch auf einem Zahlenschlüssel aufgebaut, der uns ihre Bedeutung erschließt, sobald wir eine Zahl nicht nur als Quantität, sondern auch als Symbol einer Qualität begreifen. So kann die esoterische Mathematik eine Brücke zwischen der esoterischen und materiellen Wissenschaft bilden. Durch sie läßt sich zeigen, daß Esoterik wissenschaftlich und mathematisch beweisbar ist und keinesfalls der Phantasie der Menschen entlehnt wurde.

Von den Pythagoräern wurde uns eine einfache Methode überliefert, um das Wesen und die Bedeutung der Zahlen zu erfassen. Man addiert alle Zahlen von Eins bis zu der Zahl, deren Sinngehalt man verstehen möchte, wobei jede mehrstellige Zahl durch Bildung der Quersumme auf eine einstellige Zahl zurückgeführt werden muß. Aus dieser Endzahl, die immer einstellig ist, läßt sich nun die Qualität einer Zahl ermitteln, und so können wir die Vielfalt des Universums qualitativ auf die Potenzen der Zahlen 1–9 reduzieren. Denn jede dieser Zahlen hat ihre ganz spezifische Qualität, die Teil des Gesamtentwicklungsprozesses ist, der in der Welt ständig abläuft. Sie symbolisiert ein ganz bestimmtes Entwicklungsstadium, das wiederum Ausdruck einer bestimmten Bewußtseinsqualität oder eines bestimmten Energiezustandes ist.

Machen wir die Probe aufs Exempel: Pythagoras lehrte, daß die Welterschaffung in den ersten vier Zahlen symbolisiert sei. Wenn wir also die Zahlen 1 + 2 + 3 + 4 addieren, so erhalten wir 10, und 10 gilt in der Esoterik als die Zahl der Vollendung, über die hinaus nur noch Variationen möglich sind, aber keine Neuschöpfung. Betrachten wir aber wiederum die Zusammensetzung der Zahl 10, so sehen wir, daß sie aus

1 (= Geist) und 0 (= Raum) besteht und 1 + 0 = 1,

womit wir wieder beim Ursprung wären. So schließt sich der Kreis, und die Entwicklung beginnt wieder von neuem auf einer höheren Runde der Spirale, was sich zahlenmystisch ebenfalls beweisen läßt.

10 = 1 + 0 = 1   11 = 1 + 1 = 2   12 = 1 + 2 = 3 ...   19 = 1 + 9 = 10

Die Bewußtseinsentwicklung beginnt also mit der 1 und endet mit der 9, um auf der Ebene der 10 (= 1 + 0) eine neue Runde der Erfahrung zu beginnen. Denn alles Leben strebt aus der Einheit in die Differenzierung, um auf einer höheren Ebene des Bewußtseins wieder zur Einheit zurückzukehren.

Ich habe mich in diesem Zusammenhang auf die symbolische Beschreibung der ersten vier Zahlen beschränkt. Denn wie Pythagoras lehrte, reichen sie aus, um die Weltentstehung zu erklären, weil jede weitere Entwicklung sich aus der Kombination dieser Zahlen ergibt.

Auch dies läßt sich esoterisch-mathematisch beweisen, da die Qualität einer Zahl nicht nur durch Quersummenbildung (Addition) erkannt werden kann, sondern auch durch andere Rechenoperationen wie Multiplikation und Potenzierung, die Aufschluß über Sinn, Zielrichtung und Qualität eines Entwicklungsvorgangs geben. So erhalten wir durch die Multiplikation von Zahlen den schöpferischen Prozeß oder Werdegang, durch Addition enthüllt sich die Qualität oder das Wesen einer Form, und die Potenzierung einer Zahl stellt die Vollendung einer Entwicklung dar.

Esoterisch-mathematischer Beweis:

Die 2 ist die Zahl der Dualität, und diese Dualität findet ihre Vollendung in der Entstehung einer materiellen Welt.

$2 \times 2 = 4$

Die materielle Welt ihrerseits findet ihre Vollendung, wenn sie sich auf siebenfältige Weise, gemäß dem Urbild der Seele offenbart, die in den Sieben Strahlen zum Ausdruck kommt (siehe Kap. II).

$4 \times 4 = 16 = \underline{1 + 6} = 7$

Doch es gibt etwas, das über die materielle Welt hinausgeht, und das ist der Mensch. Er ging aus der Verbindung von Geist und Materie hervor und findet seinen symbolischen Ausdruck in der Zahl 5. Seine materielle Entwicklung findet ihre Vollendung ebenfalls in einer siebenfältigen Natur, doch diese 7 entsteht auf andere Weise, d.h. das Kräfteverhältnis hat sich geändert. Nun steht der fünffältige Mensch einer Dualität von Kräften gegenüber, während vorher die Einheit sich von einer sechsfältigen Kräftedifferenzierung abhob, was dem Entwicklungsplan der Erde entspricht.

$5 \times 5 = 25 = \underline{2 + 5} = 7$

Dies ist aber noch nicht das Endstadium. Es gibt vielmehr etwas, das über die materielle Entwicklung des Menschen hinausgeht, und das ist die Entwicklung der Geist-Seele oder des geistigen Bewußtseins, das in den Zahlen 6-9 seinen Ausdruck findet. Sie drücken Bewußtseinszustände aus, die das rein menschliche Bewußtsein überschreiten und im »Eingeweihten-Bewußtsein« ihre Vollendung finden. Die Zahl der menschlichen Vollendung oder der »Einweihung« ist deshalb die 9.

$9 \times 9 = 81 = \underline{8 + 1} = 9$

Die Zahl 9 stellt den Endpunkt der geistigen Entwicklung des Menschen dar, die Zahl 7 den Endpunkt der physisch-seelischen Entwicklung.

Die Tatsache, daß die 9 eine Endzahl ist, läßt sich ebenfalls mathematisch beweisen: Multipliziert man 9 mit irgendeiner beliebigen Zahl, so erhalten wir durch Bildung der Quersumme wiederum 9, was beweist, daß es über die 9 hinaus nur noch Variationen gibt, aber keine Neuschöpfungen mehr, da alles in den ersten neun Zahlen schon enthalten ist.

1 x 9 = 9	6 x 9 = 54 = 5 + 4 = 9
2 x 9 = 18 = 1 + 8 = 9	7 x 9 = 63 = 6 + 3 = 9
3 x 9 = 27 = 2 + 7 = 9	8 x 9 = 72 = 7 + 2 = 9
4 x 9 = 36 = 3 + 6 = 9	9 x 9 = 81 = 8 + 1 = 9
5 x 9 = 45 = 4 + 5 = 9	

3485 x 9 = 31365 = 18 = 9

Das gleiche Ergebnis erhalten wir aber auch durch die Additionsmethode:

1 + 2 + 3 + 4 + 5 + 6 + 7 + 8 + 9 = 45;   4+5 = 9

Esoterisch gesehen ergibt sich also aus den ersten neun Zahlen und ihrer Mathematik die Hierarchie der Energien, die in der Einflußsphäre unseres Sonnensystems ihre Wirkung auf alles Leben in der physischen Welt ausüben. Wenn wir ihre qualitative Bedeutung verstehen, können wir das Rätsel des Lebens auf unserem Planeten entschlüsseln, denn Zahlen haben eine viel tiefere Bedeutung als wir normalerweise ahnen. Diese Kenntnis finden wir auch bei Goethe, was folgendes Zitat belegt:

»Du mußt verstehn!
Aus Eins mach Zehn,
Und Zwei laß gehn,
Und Drei mach gleich,
So bist du reich.
Verlier die Vier!
Aus Fünf mach Sechs,

So sagt die Hex,
Mach Sieben und Acht,
So ists vollbracht:
Und Neun ist Eins,
Und Zehn ist keins.
Das ist das Hexeneinmaleins.«
                         Goethe: Faust I

Natürlich kann das esoterische Gebiet der Zahlen hier nicht erschöpfend behandelt werden. Wir wollen uns deshalb der esoterischen Geometrie zuwenden, die ebenfalls eine Entsprechung zu den Zahlen und einen unmittelbaren Bezug zur Astrologie hat.

Die Geometrie als Ausdruck der Schöpfungsordnung

Die Geometrie hat vor der Schöpfung bestanden, ist genauso ewig wie der Geist Gottes, ist Gott selbst.
Johannes Kepler

Wie wir gesehen haben, sind Zahlen mehr als quantitative Größen, sie sind, wie Pythagoras lehrte, das »Wesen der Dinge« und finden ihren lebendigen Ausdruck im geometrischen Aufbau aller lebendigen Formen der Natur. Wollen wir also Aufbau und Struktur unseres Kosmos erkennen, so ist ein Verständnis für die Harmoniegesetze unumgänglich. Diese sind in der kosmischen Geometrie des gestirnten Himmels manifestiert, aber auch im Aufbau aller lebendigen Formen unserer Erde. Denn die Harmonie der Sphären oder der Klang der Welt entsteht durch die geometrische Anordnung aller Körper im Raum, und ihre Qualität und ihr Wesen offenbaren sich uns durch die Geometrie.

Die Vorstellung von Gott als dem »Großen Geometer« des Universums war in der Antike noch lebendig und fand ihren sichtbaren Ausdruck in den Meisterwerken antiker Baukunst, besonders in den Pyramiden, die noch heute auf den Betrachter einen magischen Reiz ausüben, da sie die Harmonien des Kosmos aufs vollkommenste widerspiegeln. Die unübertroffene Schönheit und die Anziehungskraft dieser antiken Bauten beruhen auf der Tatsache, daß ihre Bauherren sich der Zahlenverhältnisse des Kosmos und damit der Gesetze universeller Harmonie noch bewußt waren. Dies belegt u.a. eine Inschrift, die sich auf einer Säule des von Ramses III erbauten Tempels befindet: *»Dieser Tempel ist wie der Himmel in allen seinen Verhältnissen.«*

Im Altertum war man sich der Tatsache also noch bewußt, daß das Geheimnis schöpferischen Wirkens in der Mathematik zu finden ist. Und so bildet das Wissen über die Korrespondenz von Zahlen und geometrischen Figuren, die dem Formaufbau der Welt und allen Naturphänomenen zugrunde liegen, auch den Kern aller universellen Weisheitslehren. Auch in diesem Bereich erleben wir in jüngster Zeit eine Bestätigung durch die Wissenschaft. Sie hat erkannt, daß der genetische Code des Menschen das Modell eines geometrischen Gitters bildet und daß es die geometrische Anordnung der Moleküle ist, die die Informationen ermöglicht, welche Wachstum und alle übrigen Eigenschaften des sich entwickelnden Lebewesens hervorbringen. Denn jede physische Form enthält einen Zahlencode, und ihre Atome sind jeweils in einem geometrischen Gitternetz angeordnet, das ihr Wesen und ihre Eigenschaften bedingt. So ist das Phänomen der Photosynthese z.B. nur möglich, weil das Molekül des Chlorophylls ein zwölfmal symmetrisch-elliptisches Gitter aufweist. Jede andere Anordnung würde das Wunder, daß Sonnenenergie in vitale Stoffe umgewandelt wird, nicht vollbringen können.[11]

Um Sonnenenergie in Lebenskraft umzuwandeln, bedarf es also eines zwölffachen Körpers. Welch erstaunliche Feststellung! Sollte es Zufall sein, daß auch der Tierkreis zwölffach ist, der ja das Medium bildet, durch das der Mensch »Seelenlicht« empfängt, um es in Vitalität umzuwandeln? Auch hier wird das Prinzip der Analogie sichtbar, das im gesamten Naturgeschehen gefunden werden kann.

Denn »Gott offenbart sich uns durch Zahl und Form«, und dieses Wissen ist es, das auch der Astrologie zugrunde liegt und ihre Struktur bedingt. Das esoterische Gebiet der Zahlen und der geometrischen Figuren ist jedoch zu umfangreich, um es im Rahmen dieses Buches zu behandeln. Ich werde mich daher auf den Bereich beschränken, der für die Astrologie von Bedeutung ist. Auch sie basiert auf den ersten vier Zahlen, durch deren Kombination die Vielfalt der schöpferischen Energien entsteht, die unsere sichtbare Welt prägen.

Die Zahlen 3 und 4 als Grundlage der Astrologie

Wir haben die Zahl 3 als Symbol für den Geist erkannt und die Zahl 4 als Symbol für die Materie. Addieren wir nun Geist (3) + Materie (4), so erhalten wir die Zahl 7. Sie ist die Zahl der Seele oder des Bewußtseins, denn es gibt sieben Urkräfte oder Urbilder, nach denen sich die sichtbare Welt gestaltet. Wir werden ihnen im folgenden wieder begegnen als die »Sieben Strahlen« oder die Weltseele. Diese manifestiert sich in sieben Schwingungs- oder Bewußtseinszuständen, die als Bildekräfte in der Welt wirken und alles Sichtbare hervorbringen. Im Neuen Testament werden sie als die »*sieben Geister vor dem Throne Gottes*« bezeichnet; ein Beweis, daß das Wissen immer vorhanden war, jedoch unter dem Deckmantel der Symbolik nur selten erkannt wurde.

---

[11] Entnommen aus: Frédéric Lionel, *Das Vermächtnis des Pythagoras*

Multiplizieren wir aber 3 x 4, so erhalten wir die Zahl 12. Sie ist die Zahl der Sternbilder oder Tierkreisenergien, die ursächlich sind für die Zyklen und Epochen im Geschehen der Welt sowie des Einzelmenschen. Auch diese Zahl finden wir immer wieder in der Bibel als die zwölf Stämme Israels, die zwölf Söhne Jakobs, die zwölf Jünger Jesu, um nur einige zu nennen. So kann die Bibel in ihrer wahren esoterischen Bedeutung auch nur verstanden werden, wenn wir die geheimen Botschaften der Zahlen entschlüsseln, in denen der tiefere Sinn des Textes verborgen liegt. Denn die Zahl 12 steht für die grundlegenden Schöpfungsprinzipien, die den Tierkreis in seiner Entwicklungsordnung bestimmen und die als Archetypen hinter jeder sichtbaren Form wirken.

Geometrisch läßt sich dies natürlich auch wieder beweisen. Wie Johannes Kepler in seinem Werk *Schöpfungsgeheimnisse in Weltentiefen* demonstriert, ergibt sich die Zwölfteilung des Kreises, wenn man von einem Punkt des Kreises aus das regelmäßige Dreieck und vom gleichen Punkt aus das Quadrat in den Kreis konstruiert.

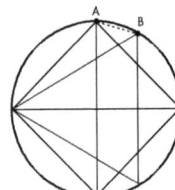
Die Strecke von A nach B beträgt 1/12 des Kreises.

Die zwölf Tierkreiszeichen sind also keine willkürliche Annahme. Sie ergeben sich geometrisch aus einem im Kreis eingeschlossenen Quadrat und Dreieck, die den Zahlen 3 und 4 entsprechen, dem Symbol für Geist (3) und Materie (4).

So kann das Grundschema des Horoskops auch als die geometrische Darstellung der ersten vier Zahlen verstanden werden, in denen die Entstehung der Welt symbolisiert wird. Denn das Horoskop stellt die Geburt eines individuellen Bewußtseins dar, das dem großen Schöpfungsvorgang vergleichbar ist. Um dies zu veranschaulichen wollen wir das Bild des Horoskops in seinen Entstehungsstufen betrachten, die im Grunddiagramm enthalten sind.

Symbolik als Schlüssel zum Verständnis des Universums 53

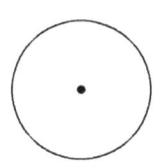
Das Grundschema des Horoskops ist der Kreis mit seinem zentralen Mittelpunkt. Es ist das Symbol der 1 und stellt die Geburt eines individuellen Bewußtseins dar, das immer durch Abgrenzung vom größeren Ganzen entsteht. Auf dieser Ebene besteht noch das Bewußtsein der Einheit; es ist der Zustand des Geistes oder des in sich selbst konzentrierten Seins.

Doch dieses in sich selbst konzentrierte Sein muß sich nach außen verlagern, um sein Schöpfungspotential zu verwirklichen und Bewußtsein über sich selbst zu erlangen.

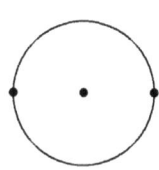
So entstehen – durch die Projektion des in einem Punkt konzentrierten schöpferischen Willens auf zwei periphere Punkte des Kreises – die drei Aspekte des einen großen Lebens. Das Zentrum teilt sich auf in drei Brennpunkte, und dennoch bleibt die Einheit bestehen. Dies ist das Mysterium der göttlichen Trinität.

Und sobald diese drei Punkte sich zu einer Linie verbinden, beginnt der große Schöpfungsakt. Es erfolgt die Teilung der Welt in Geist und Materie oder – wie es symbolisch heißt – in Himmel und Erde oder männlich und weiblich.

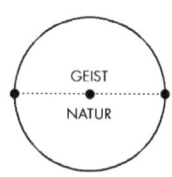
Dies ist die Potenz der Zahl 2. Es ist die Entstehung der Dualität in der Welt, die in der gesamten Schöpfung wirksam ist, denn die sichtbare Schöpfung ist die Folge dieser Teilung.
So entsteht die obere und die untere Hälfte des Horoskops, in der die Dualität des menschlichen Bewußtseins – Geist und Natur – zum Ausdruck kommt.

Dann folgt die Drehung des Durchmessers, und es ergeben sich zwei weitere Punkte, die zu einer Linie verbunden werden und sich so kreuzen, daß vier gleiche Teile entstehen.

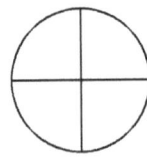 Dies ist die Geburt der Zahl 4 oder der »Wirksamkeit des Kreuzes«, das allen materiellen Angelegenheiten zugrunde liegt.
Durch die Vierteilung des Kreises werden die beiden sich rechtwinklig kreuzenden Energieströme dargestellt, die Raum und Zeit symbolisieren.

Dieser Kreis mit eingeschlossenem Kreuz – das Grundschema des Horoskops – bildet die vier Ebenen der Existenz ab, in denen sich der Mensch bewußtseinsmäßig bewegt. Sie stellen den Menschen in eine vierfältige Bewußtseinswelt, die in der Astrologie als die *vier Quadranten* bezeichnet werden.

Da allem Existierenden aber stets eine Dreiheit von Kräften zugrunde liegt, wird jeder Quadrant nochmals in drei Felder unterteilt, wodurch wir die *zwölf astrologischen Häuser* erhalten, die sich aus der Dreiteilung der vier Quadranten ergeben.

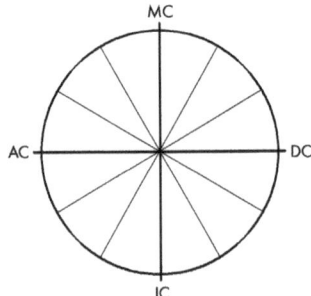

Wir können also schon aus der Geometrie des Horoskops wichtige Schlüsse ziehen, wenn wir sie in die Betrachtung einbeziehen. Denn das Grundschema des Horoskops kann als das Bewußtseinsfeld betrachtet werden, in dem der Mensch durch »Kreuzigung in Raum und Zeit« sein Bewußtsein entwickelt.

Doch bevor wir dieses Thema vertiefen, wollen wir nochmals zu den Zahlen zurückkehren. Sie stellen, wie eingangs postuliert, die Entwicklungsordnung dar, die allen natürlichen Prozessen zugrunde liegt. Sie müßten sich also im Aufbau des Universums, aber auch in der Struktur des Menschen nachweisen lassen. Und dies soll durch eine kurze Einführung in die Esoterische Psychologie deutlich werden, da sie die Voraussetzung für das Verständnis esoterisch-astrologischer Zusammenhänge bildet.

II

GRUNDLAGEN DER ESOTERISCHEN PSYCHOLOGIE

TABULA SMARAGDINA

Die geheime Arbeit des HERMES TRISMEGISTOS des Einen und Dreifachen

Es ist wahr, ohne Falschheit,
sicher und zuverlässig:
Das, was oben ist, ist wie das,
was unten ist, und das, was unten ist,
ist wie das, was oben ist, und das
betrifft dieses eine wunderbare Werk.
Wie alle Dinge ihre Existenz dem Willen
des All-Einen verdanken,
entstammen alle Dinge dem All-Einen,
dem am meisten Verborgenen,
auf Anweisung des Einen Gottes.
Der Vater des All-Einen ist die Sonne,
seine Mutter ist der Mond,
der Wind hat es in seinem Innersten
getragen; aber seine Amme ist
der Geist der Erde.
Das All-Eine ist der Vater aller Dinge
im Universum.
Seine Macht ist vollkommen,
nachdem es sich vereinigte mit dem
Geist der Erde. Trennt sanft und
sorgfältig die Erde vom Feuer,
das Grobe vom Feinen.
In großem Maße steigt es von der Erde
zum Himmel auf und steigt wieder herab,
neugeboren auf der Erde,
und das Obere und das Untere
verstärken ihre Kraft.
Dadurch habt Ihr teil am Glanze
der ganzen Welt und die Finsternis
wird von Euch weichen.
Das ist die mächtige Kraft aller Kräfte.
Damit seid Ihr in der Lage, alle Dinge
zu überwinden und alles zu verwandeln,
was fein und was grob ist.
Auf diese Weise wurde die Welt
geschaffen:
Die Anordnungen, diesem Weg zu folgen,
sind verborgen.
Aus diesem Grunde bin ich
HERMES TRISMEGISTOS
Einer im Wesen aber in drei Aspekten.
In dieser Dreiheit ist die Weisheit
der ganzen Welt verborgen.
Damit endet, was ich zu sagen habe
über die Auswirkungen der Sonne.

Zitiert nach Manley P. Hall, »Secret Teachings of the Ages«, Los Angeles 1988.

Die Einheit des Universums –
Der Äther des Raumes

*Es gibt nichts als Energie,
denn Gott ist Leben.*
Alice Bailey

Die Zeitlose Weisheit lehrt, daß der »Weltenraum eine Wesenheit ist«, und mit dem Leben dieser Wesenheit, mit den Kräften und Energien, den Rhythmen, Zyklen und Epochen beschäftigt sich die Esoterische Astrologie. Dieser Weltenraum, der uns als Himmelskuppel erscheint, ist seinem Wesen nach ätherisch[12], und sein Lebenskörper besteht aus der Gesamtheit der Ätherkörper aller darin befindlichen Sternbilder, Sonnensysteme und Planeten. Durch dieses kosmische Lebensgewebe flutet ein ständiger Kreislauf von Energien und Kräften, und dies bildet die wissenschaftliche Grundlage der astrologischen Theorien.

Dieser Gedanke ist unserer materiell-geprägten Wissenschaft schwer zugänglich, da die einigende Substanz, die das kleinste Atom mit den entferntesten Galaxien verbindet, noch nicht wissenschaftlich erforscht ist, obwohl sie den Denkern, Wissenschaftlern und Philosophen der Antike längst als Äther bekannt war und auch von einigen fortschrittlichen Wissenschaftlern unseres Jahrhunderts als Tatsache anerkannt wurde. Dennoch blieb dieser Entdeckung die allgemeine Anerkennung bisher versagt, da die Allgemeinheit noch zu stark vom überholten Begriff einer festen Materie ausgeht, der aber – wie wir gesehen haben – nicht mehr zu halten ist, da in jüngster Zeit auch wissenschaftlich bewiesen werden konnte, daß alles, was massive und solide Materie genannt wird, in Wahrheit gar nicht existiert. Wir wissen inzwischen, daß Materie sich auf den Begriff der Energie reduzieren läßt. Und so ist es nur noch eine Frage der Zeit, bis auch die Wissenschaft entdecken

---

[12] Wissenschaftler wie Gurwitch und Vernadsky haben schon Anfang dieses Jahrhunderts ein elektromagnetisches Feld nachgewiesen. Gurwitch ist der Entdecker des Lichtes aus der Zelle.
Auch Sheldrake hat diesen Gedanken unter dem Begriff der »morphogenetischen Felder« wieder aufgenommen und schlüssige Beweise für dieses bestehende Energiefeld erbracht.

wird, was die Esoterik schon seit jeher behauptet, daß es nur eine einzige Substanz im Universum gibt, die sich in der Natur in wechselnden Graden von Dichte und Schwingung manifestiert.

Der »Äther des Raumes«[13], von dem hier die Rede ist, ist also diese einzige Substanz, aus der alles Lebendige geformt ist. Er ist eine Lichtsubstanz, die alle Teile des Universums zusammenhält und mit Leben erfüllt. Er ist das Trägermedium für den Austausch aller Kräfte und Energien, die ständig hin- und herfluten und sich in unaufhörlicher Bewegung befinden, denn sie gehorchen einem höheren übergeordneten Rhythmus, der sie alle zu einem größeren Ganzen verbindet.

Für den Esoteriker ist das Universum deshalb auch ein lebendiges, einheitliches, unteilbares Ganzes, ein universeller ätherischer Körper aus frei strömenden Energien, die eine Verschmelzung aus dynamischer und magnetischer Energie darstellen, was die Wissenschaft als elektromagnetisches Feld bezeichnet. Das Einwirken dieser beiden Kräfte auf die Materie hat zur Folge, daß die Atome, aus denen jede Art von Materie besteht, an den Äther herangezogen werden und nach einem einheitlichen Prinzip funktionieren. In rein physikalischem Sinne ist der Äther das Prinzip der Integration oder die Kohäsionskraft, die die physischen Atome zusammenhält. Er ist das elektromagnetische Feld[14], das jedes Lebewesen umgibt und das inzwischen auch sichtbar gemacht werden kann.

Bezogen auf die Astrologie betrachtet die Esoterik den Äther des Raumes als das Feld, in dem und durch das Energien und Kräfte aus vielen schöpferischen Quellen wirken. Sie geht davon aus, daß er Universen, Sternbilder, unser Sonnensystem und die dazugehörigen Planeten miteinander verbindet und nach einem einheitlichen Rhythmus

---

[13] In wissenschaftlicher Terminologie entsprechen die Bio-Photonen dem Äther. Diese Photonen, durch die jeder lebendige Körper eine Lichtausstrahlung erhält, werden zur Zeit von Dr. Fritz Albert Popp wissenschaftlich erforscht. Er konnte diese Photonenausstrahlung aller lebenden Körper mit einem sog. Restlichtverstärker direkt sichtbar machen. Auch hier gibt es wiederum eine Annäherung der Naturwissenschaft an die Esoterik, denn diese Lichtausstrahlung ist nichts anderes als das, was die Esoterik als Aura bezeichnet und die von Hellsichtigen wahrgenommen werden kann.

[14] Es ist inzwischen wissenschaftlich anerkannt, daß die Körper von einem biomagnetischen Feld umgeben sind. Beweise hierfür liefert seit langem die Kirlianphotographie, mit der dieses Energiefeld sichtbar gemacht werden konnte.
Hellsichtige sind ebenfalls in der Lage, den Ätherkörper zu sehen, wie es von Autoren wie Leadbeater, Dora van Gelder-Kunz, Beesley und Tansley dokumentiert ist.

funktionieren läßt. Sie nimmt sogar eine Verbindung an zwischen dem entferntesten Himmelskörper des Weltalls und der kleinsten Lebensform unserer Erde, dem Atom, denn der Ätherraum gilt als ein riesiger, unermeßlicher, einziger Energieraum, in dem jede Form – vom Sonnensystem bis zum Atom – ihren festgelegten Platz hat.

»... Trotzdem ist dieser Ätherkörper – so ungeheuer groß und so wenig bekannt er in seinem Umfang auch ist – seinem Wesen nach begrenzt und hinsichtlich der Kapazität (relativ gesprochen) stillstehend. Wir sprechen manchmal von einem sich ausdehnenden Universum; in Wirklichkeit meinen wir ein sich ausdehnendes Bewußtsein, denn dieser Ätherkörper der Wesenheit Raum ist der Empfänger für viele Arten erfüllender und durchdringender Energien, ebenso der Bereich für die einsichtsvolle Tätigkeit der darin wohnenden großen Wesen des Universums, der vielen Sternbilder, der weit entfernten Sterne, unseres Sonnensystems und der Planeten innerhalb dieses Systems, sowie all dessen, was die Gesamtheit dieser gesonderten lebenden Form ausmacht. Der Faktor, der sie alle verbindet, ist das Bewußtsein und sonst nichts, und der Bereich bewußten Gewahrseins wird geschaffen durch das Wechselwirken aller lebendigen, intelligenten Formen innerhalb des Ätherkörpers, jenes großen Wesens, das wir Raum nennen.«

Alice Bailey: Telepathie und Ätherkörper

Der Faktor, der alle diese Formen verbindet, ist also ausschließlich das Bewußtsein, und dieses Bewußtsein wird geschaffen durch das Wechselwirken aller lebendigen, intelligenten Formen innerhalb des Ätherkörpers jenes großen Wesens, das den Weltenraum beseelt und mit Leben erfüllt. Das Leben, das durch alle sichtbaren Körper strömt und den ganzen Raum beseelt, ist also das Leben einer Wesenheit, denn es gibt nur »Ein Leben«. In allen Formen wirkt dasselbe Leben, in Raum und Zeit begrenzt durch die Ziele, die Wünsche, die Form und die Qualität des innewohnenden Bewußtseins, denn es gibt viele verschiedene Bewußtseinstypen, doch das Leben bleibt immer dasselbe und unteilbar.

Jede Form im Ätherkörper des Universums – sei es ein Sonnensystem, ein Planet oder ein Mensch – ist daher ein Brennpunkt aus Energie, um den herum eine Anhäufung aus Atomen entstanden ist; gleichzeitig ist sie aber auch ein Lebenszentrum im Ätherkörper der jeweils größeren Form, deren Bestandteil sie ist. Diese Aussage kann noch präzisiert werden: Jeder Körper in Raum und Zeit hat einen eigenen Ätherkörper, der ihn umgibt und durchdringt, der seiner Evolutionsstufe entspricht und eine individuelle Einheit bildet, aber durch Energieströme auch mit allen anderen Ätherkörpern verbunden ist.

»Da jede Form eine Anhäufung substantieller Lebewesen oder Atome darstellt, ist sie auch ein Zentrum im Ätherkörper derjenigen Form, deren Bestandteil sie ist. Sie hat als Grundlage für ihr Dasein einen lebendigen, dynamischen Kern, der die Form integriert und sie in ihrem wesensmäßigen Sein erhält. Die Form oder dieses Zentrum – sei es nun groß oder klein, ein Mensch oder ein Substanzatom – steht in Verbindung mit allen anderen Formen und bringt in dem umliegenden Raum Energien zum Ausdruck, ist für einige automatisch empfänglich und weist andere durch Nichtanerkennung zurück. Es überträgt oder übermittelt Energien, die von anderen Formen ausstrahlen, und wird so seinerseits zu einer einwirkenden Kraft.
Eine Form ist also ein Lebenszentrum in einem Aspekt des Ätherkörpers der Wesenheit Raum, soweit es sich um lebendig-beseeltes Dasein, wie etwa das eines Planeten, handelt. Dasselbe gilt auch für alle kleineren Formen, etwa für jene, die man auf und innerhalb einer Ebene findet.«

Alice Bailey: Telepathie und Ätherkörper

Der individuelle Ätherkörper des einzelnen Menschen ist also kein abgesonderter menschlicher Träger, sondern ein integraler Bestandteil des Ätherkörpers der Menschheit. Sie ist durch ihren Ätherkörper wiederum ein integraler Bestandteil des Ätherkörpers unserer Erde, und dieser bildet mit den Ätherkörpern anderer Planeten und der Sonne zusammen den Ätherkörper unseres Sonnensystems. Dieses Sonnensystem, das die Grundlage unserer Astrologie bildet, ist wiederum nicht isoliert, sondern Teil eines noch größeren Ganzen, von dem es seine Lebensenergie erhält. Diese Kette von Verbindungen ließe sich fortführen, bis wir bei jenem großen Schöpferpotential ankommen, das die Quelle allen Lebens ist: Dem *Universum*, das von einer alles durchdringenden Wesenheit belebt wird, die wir Gott nennen.

Somit stellt das sichtbare *Universum* – esoterisch betrachtet – den Körper Gottes dar. Alles hat sein Leben in diesem Körper, jede Wesenheit ist ein Funke göttlichen Seins. Alle Energien und Kräfte sind Ausstrahlungen einer einzigen »Großen Absicht«, eines einzigen Großen Planes hinter der sichtbaren Schöpfung, und dieser Plan wird durch die ständige Einwirkung von vielfältigen qualifizierenden Ener-

Die Einheit des Universums

gien auf den Äther des Raumes an alle lebendigen Organismen weitergegeben, die Teile des großen Ganzen sind. Diese Erkenntnis, die von fundamentaler Bedeutung ist, bildet die Grundlage und Begründung der Esoterischen Astrologie und ebenso die grundlegende Prämisse aller esoterischen oder geistigen Wissenschaften.

> *»Von den Lebenskräften, die nichts anderes sind als Strömungen, die durch die äußere Hülle ständig bewegten Raumäthers kreisen, gibt es viele Arten. Es ist eine der Vorstellungen, die den astrologischen Theorien zugrunde liegen, daß der Ätherkörper jeder Form einen Teil vom Ätherkörper des Sonnensystems bildet und deshalb das Mittel ist für die Übertragung von Sonnenenergien, planetarischen Kräften und von außersolaren oder kosmischen Impulsen, die esoterisch ›Atemzüge‹ genannt werden. Diese Kräfte und Energien der kosmischen Strahlen kreisen beständig und folgen bestimmten Bahnen durch den Äther des Raumes in allen Teilen; also durchströmen sie auch dauernd die Ätherkörper aller exoterischen Formen. Das ist eine grundlegende Wahrheit und muß sorgfältig berücksichtigt werden, denn die Folgerungen daraus sind vielfältig und verschiedenartig; aber alle führen zur Idee der Einheit und des Einsseins aller Schöpfung zurück, was man nur auf der subjektiven Seite erfahren und wirklich erkennen kann.«*
>
> *Alice Bailey: Weiße Magie*

Aus esoterischer Sicht gibt es also nichts Unbelebtes oder Abgetrenntes im gesamten Universum. Alles ist miteinander verbunden und beseelt von einem einzigen großen Leben, das durch alle sichtbaren Körper strömt. Alles ist Leben, und dieses Leben ist unteilbar und bleibt immer dasselbe. Doch ist es in Raum und Zeit begrenzt durch die Qualität des Bewußtseins und die zeitlich unterschiedliche Bewußtseinsentwicklung der einzelnen vielfältigen Lebensformen, die ihrerseits Teil einer jeweils größeren Lebenseinheit sind. Durch diese im Evolutionsplan festgelegte stufenweise Bewußtseinsentwicklung entsteht eine hierarchische Gliederung des Universums, die wir im folgenden näher betrachten wollen, da sie den Grundplan jeglicher Entwicklung bildet.

Der Aufbau des Makrokosmos –
Die göttliche Trinität

Materie ist das äußere Medium für das Offenbarwerden der Seele auf diesem Lebensgrund, und Seele ist das Instrument auf einer höheren Daseinsebene, damit der schöpferische Geist sich offenbaren kann. Diese drei bilden eine Dreiheit, die durch die Energie des Lebens, die sie alle durchdringt, zu einer Einheit verschmolzen ist.
H.P. Blavatsky: Geheimlehre

Die eine *Große Universelle Schöpferkraft*, die hinter dem Universum steht und die wir Gott oder Logos nennen, ist die Ursache allen Seins. Sie birgt in sich das unvergängliche ewige *Leben*, die Essenz aller Lebens- und Bewußtseinsformen. Sie ist der »Große Unaufhörliche Atem«, durch den die verschiedenen Welten in Erscheinung treten und vergehen, als Offenbarung dieser einen unvergänglichen und unbegreiflichen Wesenheit, die immer existiert und die – wie es in alten Mythen heißt – in regelmäßigen harmonischen Abständen »ein- und ausatmet«. Atmet sie aus, tritt eine Welt in sichtbare Manifestation, atmet sie ein, so vergeht eine Welt.

Auf der Stufe der sichtbaren Manifestation tritt dieses eine große Schöpferpotential als *Dreifältige Energie* in Erscheinung, und es sind diese drei Aspekte einer einzigen großen Energie, die sich hinter dem Symbol der *Göttlichen Trinität* verbergen, das wir in allen großen Ur-Religionen wiederfinden. In christlicher Terminologie nennen wir diese Trinität Vater, Sohn und Heiliger Geist, im Hinduismus Shiva, Vishnu und Brahma und im alten Ägypten Osiris, Isis und Horus. Doch auch in Griechenland spinnen die drei Moiren die Schicksalsfäden: Lachesis (die Vergangenheit), Atropos (die Zukunft), und zwischen den Gegensätzen von Vergangenheit und Zukunft steht vermittelnd Klotho (die Gegenwart). In der nordischen Götterwelt sind es die drei Nornen am Fuße der Weltenesche: Urd (das Gewordene), Verdandi (das Werdende), Skuld (das Zukünftige).[15]

Die Begriffe wechseln wie die Erscheinungsformen der Religionen, doch die Grundwahrheit ist in allen Ur-Religionen die gleiche, denn die Göttergestalten stellen nur Gleichnisse dar, die eine schwer zu begreifende energetische Tatsache sichtbar machen sollen. Was verbirgt sich also hinter diesen Symbolen und hinter den mythischen Gestalten der großen Weltreligionen? Welche Energien und Kräfte wirken auf das Weltgeschehen ein? Die Bibel beginnt mit den Worten:

»Am Anfang schuf Gott Himmel und Erde ...«   Genesis 1

Ein Märchen? Oder enthält die Bibel doch mehr Hintergrundinformation als der wissenschaftlich aufgeklärte Mensch wahrhaben möchte? Versuchen wir das Symbol zu deuten, so wird uns gesagt, daß die Entstehung der Welt durch Teilung geschieht. Die Einheit, der Ur-Zustand wird zerstört, um eine grundlegende Dualität (Geist/Materie) zu schaffen, innerhalb derer sich Entwicklung vollzieht. Geist und Materie sind demnach die beiden Seiten einer Medaille, entstanden aus dem gleichen Ur-Zustand der Einheit. Sie sind die ewig wirkenden Polaritäten in der Welt, das Verborgene und das Sichtbare, die Ursache und die Wirkung, Tag und Nacht, Licht und Finsternis. Diese grundlegende Dualität ist die Ursache jeglicher Entwicklung, denn durch das wechselseitige Einwirken dieser beiden Dualitäten aufeinander wird Bewußtsein ermöglicht. Der Geist spiegelt sich in der Materie, und die Materie reflektiert den Geist. So entsteht im Zuge der Entwicklung eine neue dritte Kraft: die *Seele* oder das *Bewußtsein*. Schöpfung, Entwicklung, Evolution geschehen also um der Seele willen, die stets das mittlere Prinzip darstellt, das »Kind des Elternpaares Geist-Materie«. Dies ist es, was uns alle Schöpfungsmythen erzählen und was sich hinter dem Mysterium der Dreifaltigkeit verbirgt, die den dreifältigen Energiezustand symbolisiert, der allem Geschaffenen zugrunde liegt und den geistigen Grundrhythmus der Welt bedingt.

Alte indische Schriften bezeichnen diese drei Rhythmen oder Schwingungszustände, die durch alle materiellen Formen hindurch wirken, als Sattwa, Rajas und Tamas.

---

[15] Weniger bekannt sind: Ormuzd, Ahriman, Mithras (Persien); Amon, Mut, Chons (Theben); Anu, Enlil, Ea (Sumer); Ometeotl, Omecihuatl, Ometicutl (Azteken); Chaos, Eros, Gaia (Griechenland); Jupiter, Juno, Vulcan (Rom); Odin, Hönir, Lodur oder Loki (Germanische Götterwelt).

Sattwa (Harmonieaspekt) — Positive Kraft — ausstrahlend oder männlich
Rajas (Aktivitätsaspekt) — Magnetische Kraft — integrierend oder neutral
Tamas (Trägheitsaspekt) — Negative Kraft — empfangend oder weiblich

Diese drei Schwingungszustände wirken unablässig auf die Materie ein und bewirken so ihre Evolution. Hinter allem Geschaffenen wirkt also eine dreifältige geistige Kraft, die uns im Bild der göttlichen Dreifaltigkeit vermittelt wird.

Dieses Mysterium läßt sich aber auch naturwissenschaftlich durch das Prinzip der Elektrizität veranschaulichen, in der das Prinzip einer dreifachen Kraft physisch sichtbar wird. Denn Elektrizität entsteht dadurch, daß ein positiver und ein negativer Pol durch einen Leiter verbunden werden. So wird eine zwischen beiden Polen oszillierende neutrale Kraft erzeugt, der elektrische Strom, mit dem wir Licht und Energie gewinnen.

Und nichts anderes geschieht auf geistiger Ebene, da alle geistigen Gesetze ihre Entsprechung in Naturgesetzen haben. Wenn sich also Geist (+) und Materie (-) verbinden, entsteht aus dieser Vereinigung ebenfalls eine dritte Kraft: die Energie der Seele (solare Elektrizität), die als Licht oder Bewußtsein im Menschen zum Ausdruck kommt. So bietet uns das Bild der Elektrizität die lebendige Anschauung der dreifältigen Gottheit, die hinter allem Sichtbaren im Verborgenen wirkt.

Diese Dreiheit von Kräften, Beziehungen, Rhythmen oder Energien – um nur einige unzureichende Umschreibungen zu nennen – bildet die Grundlage jeglicher Entwicklung, angefangen vom Sonnensystem über den Menschen bis zum Atom, denn Entwicklung vollzieht sich stets zwischen zwei entgegengesetzten Kräften, gemäß dem Prinzip der Elektrizität. Diese Erkenntnis ist von elementarer Bedeutung, und wir werden ihr im folgenden immer wieder begegnen, da sie den Ausgangspunkt jeglicher Bewußtwerdung bildet. Diese Tatsache verbirgt sich auch hinter den schillernden Mythen und symbolischen Bildern aller Ur-Religionen und tritt offen zutage, sobald wir uns vom äußeren Schein und den Dogmen verweltlichter religiöser Vorstellungen nicht mehr blenden lassen. Denn alles, was wir in der physischen Welt sehen, ist in dreifältiger Form vorhanden; die sichtbare Welt stellt nur einen Aspekt der Wirklichkeit dar, und zwar den dichtesten. Dahinter verbirgt sich das, was man auch als die Seele des Universums bezeichnen könnte, und beides wurde wiederum von dem einen großen schöpferischen Willen ins Leben gebracht, der – wenngleich der menschliche Verstand dies nicht erfaßt – als ewiger, unaufhörlicher Atem hinter allem sichtbaren Geschehen wirkt und den wir Gott nennen.

In der Esoterik gehen wir deshalb immer davon aus, daß es drei grundlegende Seinszustände im Kosmos gibt, die sich hinter jeder sichtbaren Form verbergen, sei es nun ein Sonnensystem, ein Mensch, ein Planet oder ein Atom, weil das eine Leben sich stets in einer Dreiheit von Energien offenbart, die wir als *Leben, Bewußtsein, Form* oder als *Leben, Qualität, Erscheinung* bezeichnen können.

Die griechischen Philosophen der Antike sprachen vom Logos, der sich in den drei Logoi: *Wille, Liebe-Weisheit* und *Intelligenz* offenbart. Diese Begriffe, die die Grundlage für ein esoterisches Verständnis der Welt bilden, sollen im folgenden genauer definiert werden. Denn nur wenn wir beginnen, in Begriffen von Energien und Kräften zu denken, können wir uns vom illusionären Bild einer soliden materiellen Welt lösen, das – wie wir gesehen haben – ja auch wissenschaftlich nicht mehr zu halten ist.

Leben oder Geist – Das Prinzip des Willens – Vater

Der erste Aspekt dieser Dreifaltigkeit ist die alles durchdringende und alles bestimmende Energie des Schöpferwillens. Dieser Wille wird auch als Absicht oder Schöpfungsplan bezeichnet und ist die ewig bestehende, unsichtbare und doch immer gegenwärtige Ursache aller Manifestation in Raum und Zeit. Er ist der Plan, der der Gesamtschöpfung zugrunde liegt und uns noch für lange Zeit unergründlich und unbegreifbar bleiben wird, da der Verstand ihn nicht erfaßt. Wir müssen uns deshalb damit begnügen, hypothetisch anzunehmen, daß dieser Plan existiert und über die Allseele – das Bewußtsein des Universums – an alle Lebensformen in Form von Naturgesetzen übermittelt wird, die auf der physischen Ebene gelten und für alle verbindlich sind.

Seele oder Bewußtsein – Das Prinzip der Liebe – Sohn

Der zweite Aspekt der Dreifaltigkeit ist die Universalseele oder das große beseelende Bewußtsein, das die Qualität aller Lebewesen bestimmt. Diese Universalseele durchdringt den gesamten Kosmos und belebt jedes Atom der materiellen Welt. Sie ist das empfindende Bewußtsein, das in allen Formen vorhanden ist und die gesamte Schöpfung beseelt. Dieses Bewußtsein oder die Seele ist aus der Vereinigung von Geist (Dreiheit) und Materie (Vierheit) entstanden und offenbart sich stets in einer siebenfältigen Abstufung von Bewußtsein, den *»Sieben Kosmischen Strahlen«*.

Die Sieben Strahlen sind sieben grundlegende Energieströme, die das schöpferische Bewußtsein oder die Seele des Universums verkörpern, aus dem alles Sichtbare hervorgeht. Sie gelten als die großen Baumeister oder Bildekräfte des Universums und treten durch folgende Prinzipien in Erscheinung:

Die drei Aspektstrahlen:
1. Strahl: *Das Prinzip des Willens oder der Macht*
2. Strahl: *Das Prinzip der Liebe-Weisheit*
3. Strahl: *Das Prinzip der Aktiven Intelligenz*

Die vier Attributstrahlen:
4. Strahl: *Das Prinzip der Harmonie durch Konflikt*
5. Strahl: *Das Prinzip des Konkreten Wissens*
6. Strahl: *Das Prinzip des Idealismus oder der Hingabe*
7. Strahl: *Das Prinzip der Zeremoniellen Ordnung oder Magie*

Diese Sieben Strahlen, die in der Esoterik auch als »Herz der Sonne« bezeichnet werden, bilden die Quelle des irdischen Bewußtseins, denn sie verkörpern das Licht der Seele, das sich entsprechend der sieben Spektralfarben stets in siebenfacher Abstufung manifestiert.[16]

»Zweitens gibt es Energien, die von dem ausgehen, was man esoterisch ›das Herz der Sonne‹ nennt; diese pulsieren in sieben großen Strömen durch die verschiedenen Planeten, ergießen sich in die Seele des Menschen und bringen jene Feinfühligkeit hervor, die wir Gewahrsein oder Bewußtheit nennen. Diese sieben Energiearten erzeugen die sieben Typen von Seelen oder Strahlen, und in diesem Gedanken liegt das Geheimnis der Seeleneinheit beschlossen. In der Erscheinungswelt findet man infolge der Impulse der sieben Energiearten, welche auf die Materie des Raumes einwirken, die sieben Typen von Seelen, die sieben Ausdrucksbereiche und die sieben Be-

---

[16] Es gibt auch im Bereich der Naturwissenschaft eine Entsprechung. Unsere Fernsehbilder werden durch drei Farbsignale – Rot/Blau/Grün – erzeugt, aus denen dann wiederum die vier sekundären Farben entstehen.

wußtseinsgrade und Strahlenmerkmale. Diese Differenzierungen sind, wie ihr ja wißt, gleich der Färbung, die das Prisma annimmt, wenn es den Sonnenstrahlen ausgesetzt ist, oder wie die verschnörkelten Muster, die man bei einem Spiegelbild in einem klaren Teich findet.«
Alice Bailey

Eine Entsprechung und Bestätigung für diese Tatsache finden wir auch in den sieben Tönen unserer Tonleiter. Sie lassen sich ebenfalls auf die Sieben Strahlen zurückführen, denn Farbe und Ton entsprechen sich vollkommen. Sie sind Emanationen des gleichen »göttlichen Ur-Wortes«, das sich in sieben unterschiedlichen Schwingungsfrequenzen äußert und dadurch sieben Abstufungen von Tönen, von Licht oder von Bewußtsein hervorbringt.

Die Sieben Strahlen sind also sieben Abstufungen von Energie oder Licht, die sich auf der Ebene der Farben in drei primäre und vier sekundäre unterteilen lassen.[17]

Drei primäre Farben:	1.	Rot
	2.	Blau
	3.	Grün
Vier sekundäre Farben:	4.	Gelb
	5.	Orangegelb
	6.	Rosa
	7.	Violett

Als qualifizierende Energieströme bilden sie den Hintergrund für jegliche Entwicklung im Physischen, denn sie enthalten die Information der sieben Seelen-Typen, die in Form von sieben Farben, Tönen oder Schwingungen eine siebenfältige Bewußtseinswelt entstehen lassen, in der wir unser Dasein haben.

Die Sieben Strahlen können deshalb auch als die Urbilder oder wahren Archetypen in der Welt betrachtet werden. Sie bringen sieben grundlegende Bewußtseinszustände hervor, die hinter jeder Erscheinungsform im Verborgenen wirken und die Evolution aller Formen bedingen. Denn auf jeder Ebene der Existenz – sei es nun ein Sonnensystem, ein Planet, ein Mensch oder ein Atom – finden wir ein siebenfältig abgestuftes Energiegefüge. Alles Geschaffene besteht aus sieben Qualitäten von Energie oder Bewußtsein. Dies gilt für unsere Erde ge-

---

[17] Diese Farben beziehen sich auf Lichtstrahlungen und nicht auf chemische Farben, bei denen Grün durch Mischung von Blau und Gelb entsteht.

nauso wie für den Menschen, aber auch für das gesamte Universum, weil ein kleines Energiepotential immer Bestandteil des Größeren ist und sich gemäß dem Urbilde offenbart.

»Diese ›Beherrschung der Form durch eine Siebenzahl von Energien‹ (wie es im Alten Kommentar definiert wird) ist eine unveränderliche Regel oder Norm in der inneren Regierung unseres Universums und unseres speziellen Sonnensystems, und genauso im Falle des Einzelmenschen.«
Alice Bailey: Esoterische Astrologie

Dies ist das Mysterium der »Zahl 7«[18], die eine heilige Zahl ist. Sie spielt in allen mythischen Überlieferungen und Heiligen Schriften der Welt eine hervorragende Rolle, denn sie symbolisiert die siebenfältige Abstufung von Licht, die die Sieben Strahlen auf der Erde hervorbringen und das Bewußtsein aller Lebewesen prägen. Hinter der Zahl 7, die auch in der Bibel vor allem in der *Genesis* und der *Offenbarung des Johannes* als Schlüsselzahl auftaucht, verbirgt sich daher auch das Geheimnis der Evolution.

Materie oder Form – Das Prinzip der Intelligenz – Heiliger Geist

Die sichtbare Materie entsteht durch die Wirkung der *vier Grundkräfte der Natur*: der starken Kernkraft, der schwachen Kernkraft, der elektromagnetischen Kraft und der Gravitation, die die Anordnung und den Aufbau der Elementarteilchen bedingen. Diese vier Kräfte wirken über den Äther auf alle Formen ein und gestalten so das sichtbare Universum, das der Esoteriker als die Verkörperung Gottes in der Welt betrachtet. Es umfaßt alle sichtbaren Lebensformen, Sterne, Planeten, Sonnensysteme, Mensch, Tier, Pflanze und Atom, die alle durch den gleichen Göttlichen Plan oder Willen ins Leben gebracht werden. Und alle sind von einem großen Bewußtsein – der anima mundi – beseelt, das als Liebe oder anziehende Kraft wirkt und alle Formen miteinander verbindet.

---

[18] Die Wissenschaft hat inzwischen erkannt, daß die Zellen des menschlichen Körpers sich alle sieben Jahre vollkommen erneuert haben. Auch dies ist ein Beweis für diesen Tatbestand. Der siebenfältige Rhythmus bestimmt auch die körperliche Entwicklung und ist die Schlüsselzahl der irdischen Entwicklung überhaupt. (Vgl. Kap. II »Die siebenfältige Natur des Menschen«)

Diese Lebensformen unterscheiden sich jedoch in ihrer Gestalt durch den unterschiedlichen Grad an Bewußtheit, der das Ergebnis eines unendlich langen, noch nicht abgeschlossenen Evolutionsprozesses ist. Denn die Sieben Strahlen – die geistigen Urbilder alles Geschaffenen – wirken ständig auf die vier Grundkräfte der physischen Formen ein, um sie für die Seele empfänglich zu machen. Dies bewirkt eine langsame Angleichung der physischen Formen, die zunächst ausschließlich von den physischen Kräften beherrscht werden, an das »Weltbewußtsein«. Auf diese Weise werden die physischen Formen aller Lebewesen in ihrer Schwingung so lange verändert und verfeinert, bis sie das Licht der Seele – die Farben der Sieben Strahlen – in reinster Form reflektieren und zum Ausdruck bringen können.

Aus esoterischer Sicht vollzieht sich die Evolution der Welt daher durch die ständige Einwirkung von *geistigen Energien* auf *physische Kräfte*. Denn gemäß dem Prinzip der Intelligenz, das die Formwelt regiert, passen sich alle Lebensformen ständig an veränderte Umweltbedingungen, aber auch an höhere geistige Impulse an, bis sie zum vollkommenen Reflektor des Lichtes der Sieben Strahlen geworden sind. Die Entwicklung von Licht durch Evolution der physischen Formen ist also das Ziel irdischen Lebens, und sie bildet auch den Kern aller universellen Weisheitslehren der Welt, die ihrem Wesen nach »Religionen des Lichts« sind.

Ein Symbol für die Durchlichtung und Transformation von Materie finden wir im Physischen in der Umwandlung von Kohle in einen Diamanten, der eines der faszinierendsten Entwicklungsvorgänge der Natur darstellt. In Millionen von Jahren wird ein absolut dichtes, undurchsichtiges, relativ weiches Material in das härteste, aber vollkommen transparente Material umgewandelt, welches das Licht der Sonne reflektiert. In diesem Symbol liegt das Geheimnis der irdischen Entwicklung verborgen, denn auch die Erde und der Mensch müssen sich so verwandeln, daß sie am Ende zu einem vollkommenen Leiter für Licht werden.

Die qualifizierenden Energien und Kräfte des Universums

Die Einheit: Der Äther des Raumes

Die Dreiheit: Der Geist oder die Monade

Wille – Vater
Liebe-Weisheit – Sohn
Intelligenz – Hl. Geist

Die Siebenheit: Die Universalseele

Die sieben kosmischen Strahlen:

I   Wille oder Macht
II Liebe-Weisheit
III Aktive Intelligenz
IV Harmonie durch Konflikt
V   Konkretes Wissen oder Wissenschaft
VI Hingabe oder Devotion
VII Zeremonielle Ordnung

Die Vierheit: Das physische Universum

Die vier Grundkräfte der Natur:

I   Die starke Kernkraft
II Die elektromagnetische Kraft
III Die schwache Kraft
IV Die Schwerkraft

Der Aufbau des Mikrokosmos –
Die menschliche Trinität

Auch der Mensch ist – wie alles Lebendige im Kosmos – ein dreifältiges Wesen: *Geist*, *Seele* und *Körper*.
Doch was verbirgt sich hinter diesen Bezeichnungen wirklich?

Der Geist oder das Leben des Menschen

Der Geist des Menschen ist für uns bisher nicht wahrnehmbar. Wir nehmen an, daß es ihn gibt, doch im allgemeinen haben wir keine präzise Vorstellung davon, was er wirklich ist, und so werden Geist und Denken auch häufig als Synonym gebraucht, was esoterisch falsch ist.

Esoterisch betrachtet ist der Geist der Lebensaspekt des Menschen, der einer wissenschaftlichen Erklärung bis heute noch nicht zugänglich ist. Er ist das Leben selbst, das uns durchpulst, der Atem, der bei der Geburt von einem Körper Besitz ergreift und ihn beim Tod wieder verläßt. Dieses Leben, das uns atmet, ist unser wahres »göttliches Ich«, das uns als göttlicher Lebensfunke in die Einheit der Schöpfung einbindet und den Rhythmus unserer Lebenszyklen bestimmt. Es ist der »Wille-zum-Leben«, der uns ins Dasein bringt und unsere Lebensspanne festlegt.

Die Seele oder das Bewußtsein des Menschen

Die Seele, die die Qualität eines der Sieben Strahlen[19] verkörpert und zum Ausdruck bringt, ist das wahre Selbst des Menschen. Sie ist ihrem inneren Wesen nach Licht und Liebe. Wir nehmen sie wahr als das innere Licht, das sich durch geistige Klarheit, wahres Selbst-Bewußtsein,

---

[19] Der Seelenstrahl eines Menschen bedingt seine Gruppenzugehörigkeit im geistigen Sinne, denn jeder Mensch gehört einer der sieben Gruppen von Seelen an, die jeweils eine geistige Gruppe bilden. Diese Zugehörigkeit zu einer der sieben Strahlengruppen ist die Ursache für das, was wir spontan als »Seelenverwandtschaft« zwischen Menschen spüren. (Vgl. »Die siebenfältige Natur des Menschen«)

Verantwortlichkeit und Zielgerichtetheit ausdrückt. Sie ist das Bewußtsein sowie die Fähigkeit der Selbst-Wahrnehmung und der Feinfühligkeit, die den Menschen vom Tier unterscheidet. Seele und Bewußtsein sind daher synonyme Begriffe. Beim unbewußten Menschen wirkt die Seele allerdings zunächst nur als die »Stimme des Gewissens«, beim höher entwickelten äußert sie sich als Feinfühligkeit, Empfindungsfähigkeit und Intuition; Eigenschaften, die sich im täglichen Leben als verstehende Liebe, Selbstlosigkeit, Verantwortungsbewußtsein und Weisheit äußern.

Die Formnatur oder die vier Körper des Menschen

Die Esoterik lehrt, daß der Mensch nicht nur einen physischen Körper hat, sondern auch drei feinstoffliche Körper, über die er sich als Seele mit der Umwelt in Verbindung setzt. Diese vier Körper lassen sich sehr vereinfacht wie folgt darstellen:

Der physische Körper
Er ist die Gesamtsumme aller Zellen, Organe und Organsysteme, aus denen er besteht. Diese üben die vielfältigen Funktionen aus, die die Seele befähigen, sich auf der physischen Ebene als Teil eines größeren und umfassenderen Organismus zum Ausdruck zu bringen. Der physische Körper ist der »Reaktionsapparat« der Seele und dient dazu, unser »geistiges Ich« in Verbindung zu bringen mit den Schwingungen der Erde, auf der wir unser Dasein haben und aus deren Substanz unser Körper besteht.

Der Ätherkörper
Wie alle Lebensformen im Weltraum, hat auch der Mensch einen Lebens- oder Ätherkörper[20], der dem physischen Körper und seinem umfassenden, weitverzweigten Nervensystem zugrunde liegt. Dieser Ätherkörper hat vor allem den Zweck, den physischen Körper zu beleben, zu aktivieren und ihn dadurch in den Energiekörper der Erde und des Sonnensystems einzugliedern. Als Teil jenes riesigen universellen Energienetzes, das die Grundlage für alle makro- und mikrokosmischen Formen bildet, ist er ein Gewebe von Energieströmen, von Kraftfäden

---

[20] Die Wissenschaft bezeichnet das Licht des Ätherkörpers als Biophotonen, die inzwischen auch mit Geräten gemessen und nachgewiesen werden können.

und Licht, und entlang dieser Energiefäden strömen die kosmischen Kräfte, so wie das Blut durch die Arterien und Venen fließt. Dieser ständige individuelle Kreislauf der Lebenskräfte durch die Ätherkörper aller Lebewesen ist die Grundlage für alles manifestierte Leben und ein Ausdruck für den inneren Zusammenhang alles Lebendigen.

Der Astralkörper oder Emotionalkörper
Der Gefühls- und Empfindungskörper des Menschen entsteht durch das wechselseitige Einwirken von Begierden und Gefühlsreaktionen auf das Selbst oder die Seele im Innern. Diese Wechselwirkung zwischen den Impulsen der Seele und dem Begehren, das den Astralkörper kennzeichnet, wird vom Menschen als Gefühlsregung, als Schmerz oder Lust und all die anderen Gefühlsgegensätze, wie Freude und Leid, Glück und Unglück, Liebe und Haß erlebt. Durch diesen Körper äußert sich unsere Psyche, die durch die Verbindung von Gefühlen und persönlichen Gedanken entsteht. Sie entwickelt sich im Zuge der menschlichen Bewußtwerdung zeitweilig zu einer eigenständigen, bestimmenden Kraft, die sich den Zielen der Seele widersetzt, weil die Begierde und das Ich-Gefühl im Vordergrund stehen.

In den beiden feinstofflichen Körpern – Ätherkörper und Astralkörper – liegen daher auch die häufigsten Ursachen von physischen Krankheiten und psychischen Störungen.

Der Mentalkörper
Er befähigt uns zu denken, denn er stellt jenen Anteil am »Denken Gottes« dar, den ein individueller Mensch durch sein Denkvermögen verwenden und beeindrucken kann. Durch diese Fähigkeit, selbständig zu denken, unterscheiden wir uns vom Tier und von der übrigen Natur, und dadurch gewinnen wir auch die Freiheit der eigenen Entscheidung, die uns potentiell zum Schöpfer unserer eigenen Lebensumstände macht. Denn allem Geschehen im Physischen geht ein gedanklicher Impuls voraus, und so nimmt die Freiheit des Menschen mit der Fähigkeit, selbständig zu denken, natürlich zu, aber auch die Gefahr der inneren Abspaltung vom größeren Ganzen, solange das Ganze gedanklich noch nicht erfaßt wird.

Der Mentalkörper, der uns zu konkretem, logisch-schlußfolgerndem Denken befähigt, bildet die wichtigste Voraussetzung für die Entwicklung einer integrierten, selbstbewußten Persönlichkeit, die sich durch Selbständigkeit und Selbstbestimmung auszeichnet.

Auf einer höheren Ebene stellt er aber auch die Verbindung zur Seele her, in dem Maße, wie unser Denken immer umfassender wird und zunehmend in abstrakte geistige Bereiche hineinreicht.

Diese vier Körper, die im Zuge der Persönlichkeitsentwicklung zu einer Einheit verbunden werden müssen, sind die »Verbindungswerkzeuge« der Seele mit der Welt, in der sie ihre Aufgabe zu erfüllen hat. Durch sie tritt sie in Kontakt mit den »drei Welten menschlicher Evolution«: der physisch-ätherischen Ebene, der Astralebene und der Mentalebene, die die drei Bewußtseinssphären oder Realitäten irdischen Lebens bilden.

Dieser vierfachen Körpernatur – den Kontaktorganen der Seele – entspricht auf der physischen Ebene wiederum ein vierfaches körperliches Steuerungssystem, das alle Körperfunktionen lenkt:
- das dreifache Nervensystem mit Gehirn
- das Blutsystem
- das endokrine oder hormonelle System
- das feinstoffliche Nervensystem, das System der sog. »Nadis«.[21]

Über dieses »ätherische Nervensystem« wird der gesamte Körper zu einem einheitlichen Funktionieren veranlaßt, eine Tatsache, die der Wissenschaft aber bis heute noch weitgehend unbekannt ist.

Die menschliche Persönlichkeit als Synthese der vier Körper

Die Aufgabe des Menschen ist es, sich dieser vier Körper bewußt zu werden. Über sie nimmt die Seele im Laufe einer langen Reihe von Inkarnationen Kontakt mit der Umwelt auf, um sich durch Erfahrungen in der physischen Welt zu einer eigenständigen Persönlichkeit zu entwickeln, die denken, fühlen und handeln kann. Das Ziel der Persönlichkeitsentwicklung ist es, diese drei Ebenen zu verbinden und dadurch Selbständigkeit und eine eigenständige Individualität zu erlangen. Ein Mensch, dessen Handeln und Denken noch nicht koordi-

---

[21] Eine Bestätigung für dieses ätherische Nervensystem finden wir in der fernöstlichen Medizin. Die chinesische Medizin und speziell die Akupunktur, deren Wirkung inzwischen auch im Westen unbestritten ist, basieren auf diesem ätherischen Nervensystem. Es ist ein genaues Abbild des physischen Nervensystems und leitet die Lebensenergie in den Körper.

niert sind, der sich hin- und hergerissen fühlt zwischen Gefühlen und Denken oder dessen Gefühle das Denken bei weitem dominieren, ist noch keine Persönlichkeit im eigentlichen Sinne. Erst aus der Vereinigung dieser drei Energien,
- der mentalen Energie oder dem Denkvermögen
- der astralen Energie oder der Wunschnatur
- der vitalen Energie oder der Lebenskraft

in einem physischen Körper entsteht die eigenständig denkende, fühlende und handelnde Persönlichkeit. Sie zeichnet sich dadurch aus, daß das Denken der bestimmende Faktor im Leben geworden ist und die Gefühle sie nicht mehr an der Durchsetzung ihrer Ziele hindern. Dieses Stadium der Persönlichkeit ist gekennzeichnet durch Ich-Durchsetzung und eine egozentrische Haltung, weil die Verschmelzung dieser drei Energien in uns jenes Individualitätsgefühl erzeugt, das wir als Eigenbewußtsein kennen und das uns eine eigenständige Identität verleiht. Der Mensch dieser Ebene erlebt sich als ein Einzelwesen, das von anderen getrennt ist. Ehrgeiz, Leistungsdenken und die Konkurrenz zu anderen bilden die Motivation seines Handelns.

Diese Phase der auf sich selbst konzentrierten Persönlichkeit, die vorwiegend Eigeninteressen kennt und sich als »dramatisches Ich« im Mittelpunkt des Weltgeschehens erlebt, ist aber nur ein notwendiges Zwischenstadium, über das wir mit zunehmender seelischer Reife hinauswachsen. Denn der Mensch ist eine Dualität aus physischer Existenz und Bewußtsein, und im Erkennen dieser Dualität liegt das eigentliche Ziel seines Lebens. So beginnen wir den Sinn des irdischen Lebens auch erst zu verstehen, wenn wir aufhören, uns mit unseren Körpern zu identifizieren. Ist es doch das innewohnende Bewußtsein oder die Seele, die uns antreibt, uns aus der Abhängigkeit von unserer Körpernatur zu befreien und nach Wahrheit zu suchen, um schließlich die Erleuchtung unseres Bewußtseins zu erreichen.

Die Befreiung aus der Identifikation mit der materiellen Welt ist daher das Ziel der menschlichen Entwicklung. Dieses Wissen finden wir in allen Yoga-Systemen und Weisheitslehren der Welt, denn unser wahres Wesen ist reines Bewußtsein, das unabhängig von Raum und Zeit existiert und nicht auf die Persönlichkeit einer Inkarnation begrenzt ist.

Die geistige Anatomie des Menschen

Die Dreiheit:	Geist	–	Wille
	Seele	–	Liebe-Weisheit
	Körper	–	Intelligenz
Die Vierheit:	Mentalkörper	–	Denken
	Astralkörper	–	Fühlen
	Ätherkörper	–	Vitalität
	Physischer Körper	–	Handeln

Die Entwicklung des Bewußtseins

Das Bewußtsein des Universums – Die Weltseele

Im ganzen Universum ist die Bewußtheit und Empfindungsfähigkeit der Seele das Thema des göttlichen Planes.
Alice Bailey

Zu Beginn unserer Betrachtungen stand die Erkenntnis, daß die gesamte Schöpfung und damit auch der Mensch, als Teil dieser Schöpfung, sich als eine Dualität offenbart. Diese Dualität äußert sich als Geist (das Verborgene) und Materie (die sichtbare Welt der Formen), und aus der wechselseitigen Einwirkung dieser Dualitäten aufeinander entsteht eine dritte Kraft: das »Welten-Bewußtsein«, die Seele des Universums oder in christlicher Terminologie »der Sohn«.

Die Seele ist im Makrokosmos wie im Mikrokosmos also jenes Bewußtsein, das sich entwickelt, wenn der geistige und der stoffliche Aspekt des Seins miteinander in Beziehung treten. Deshalb ist sie weder Geist noch Materie, sondern die Beziehung zwischen beiden. Sie ist das Bewußtsein, das beide Aspekte wahrnimmt und in sich vereinigt, so wie ein Kind sowohl die Eigenschaften des Vaters wie auch der Mutter in sich trägt. Und dieses Bewußtsein, das sich als Geist und Materie zugleich erkennt, ist die Kraft, die auf das ätherische Lebensgewebe aller Körper im Raum einwirkt und dieses mit seiner Empfindungsfähigkeit und Qualität ausstattet.

Die Weltseele ist daher die Empfindungsfähigkeit der atomaren Substanz selbst, die die intelligente Wirksamkeit der Natur hervorbringt, sowie die Fähigkeit, auf die Schwingungen der Umwelt zu reagieren. Um es deutlicher zu machen, könnte man diese Kraft der Seele auch als Anziehungsenergie, Zusammenhalt, Empfindungsvermögen, Lebendigkeit oder Wahrnehmungsfähigkeit bezeichnen, kurz sie ist die Qualität, die in jeder Lebensform zutage tritt. Sie ist das subtile Etwas, das ein Mineral, eine Pflanze, ein Tier oder einen Menschen in seiner Art und seinem Charakter von anderen unterscheidet und ihm seine einmalige Eigenart verleiht. Die Qualitäten, Schwingungen, Farben und Merkmale in allen Naturreichen sind daher Seeleneigenschaften. Doch jedes Naturreich bringt sie unterschiedlich zum Ausdruck, denn die Weltseele offenbart sich – entsprechend der Qualitäten der Sieben Strahlen – in jedem Naturreich auf eine andere Weise, aber ihre Funktion ist immer die gleiche.

Die Seele ist also die *Qualität des Bewußtseins* auf jeder Ebene der Existenz, und sie ist es, die alle Lebewesen vorwärtstreibt, dem Licht entgegen, denn:

> *»Im ganzen Universum ist Bewußtheit und Empfindungsfähigkeit der Seele das Thema des göttlichen Plans, und dieses sich stetig erweiternde Bewußtsein – oder die Weltseele – bringt sich durch die Evolution des Universums zum Ausdruck.«*
> Alice Bailey

Die Seele ist also die Kraft, die Evolution bewirkt. Sie ist es, die mit ihren antreibenden Impulsen eine ständige Höherentwicklung aller Lebensformen bewirkt und allen Lebewesen durch ein sich stetig erweiterndes Bewußtsein und eine ständig wachsende Einbeziehungsfähigkeit immer größere Bewußtheit und Empfindungsfähigkeit verleiht. Diese Erkenntnis ist es, die Goethe am Schluß des Faust II sagen läßt:

> *»Alles Vergängliche ist nur ein Gleichnis,*
> *Das Unzulängliche,*
> *Hier wird's Ereignis,*
> *Das Unbeschreibliche,*
> *Hier ist's getan*
> *Das Ewig-Weibliche*
> *Zieht uns hinan.«*

Das Bewußtsein des Menschen – Die individuelle Seele

> *Das Mysterium der Schöpfung enthüllt sich dem Menschen, wenn er sich selbst erforscht. Der Mikrokosmos enthüllt die Natur des Makrokosmos.*
> Alice Bailey

Auch der Mensch als Mikrokosmos muß durch das Wechselwirken von Geist und Körper etwas Drittes hervorbringen: die individuelle Seele, die sich erst im Laufe einer langen Kette von Inkarnationen entwickelt. Diese individuelle Seele ist Teil der Weltseele, so wie jedes Einzelleben stets Teil eines größeren umfassenden Ganzen ist, doch sie stellt eine Differenzierung der in der Natur wirkenden Weltseele dar, weil sie das Merkmal der *Individualität* besitzt. Die Menschheit fügt der Schöpfung also etwas hinzu, das nur sie erbringen kann, denn nur der Mensch kann Individualität und Selbstbestimmung erreichen, da nur er die freie Willensentscheidung hat. So ist die Menschheit auch das Naturreich, das Himmel und Erde wieder verbinden wird. Sie ist es, die durch bewußte Anwendung ihrer Denkkräfte ihre tierische Natur verwandeln muß, um so »die Materie in den Himmel zu heben«, wie es uns symbolisch in der Himmelfahrt der Jungfrau Maria erzählt wird.

Der Mensch ist daher ein »Wanderer zwischen zwei Welten«, der stirbt und wiedergeboren wird. Sein Bewußtsein pendelt zwischen Geburt und Tod und bildet gleichsam die Verbindung zwischen Vergangenheit und Zukunft. Denn er vereint in sich die Quintessenz des ganzen irdischen Evolutionsprozesses der Vergangenheit (Mineral, Pflanze, Tier) und hat gleichzeitig die Aufgabe, etwas Neues zu entwickeln: die menschliche Individualität, die ihn zu einem Wesen macht, das sich selbst erhalten kann und weiß, wer es ist. Dies unterscheidet den Menschen vom Tier, das keine Möglichkeit zur Selbsterkenntnis hat, da seine Reaktionen ausschließlich von Instinkten geleitet werden.

Die Individualität, die besondere Eigenschaft des Menschen, ist es daher auch, die ihm die Kraft verleiht, Ideale zu erahnen, Schönheit zu empfinden, gefühlsmäßig auf Musik zu reagieren und sich an Farben und Harmonie zu erfreuen. Sie gibt ihm die Fähigkeit zur Kreativität und läßt in ihm ein Eigenbewußtsein, ein Selbsterkennen und ein Bewußtsein von Unsterblichkeit entstehen, das ihn zum »Ebenbild Gottes« macht. Gleichzeitig befähigt sie ihn aber auch in einer Weise zu leiden, wie es kein Tier vermag. Denn durch dieses Leiden, das seinen Entwicklungsweg begleitet, gewinnt der Mensch etwas Neues hinzu: eine Denk- und Urteilskraft, die die Frucht seiner Erfahrung ist und die ihn schließlich wahrnehmen läßt, was die Seele wahrnimmt.

Doch lange Zeit hindurch macht dieses »göttliche Ich« – die Seele – den Menschen zum »verlorenen Sohn« in der Welt, der hin- und hergerissen ist zwischen der Last des irdischen Daseins und der magnetischen Anziehung der Seelenebene, der Quelle, aus der er sein Leben bezieht. Diese Verbindung aus Seele und Körper ist in der griechischen Mythologie durch die Zwillinge Castor und Pollux dargestellt, die dem Tierkreiszeichen Zwillinge entsprechen. Der Vater des Pollux ist ein

Gott, der Vater des Castor ein Mensch, der eine unsterblich, der andere sterblich. Diese grundlegende Dualität, die das Wesen des Menschen kennzeichnet, wird deutlich in den viel zitierten Versen aus Goethes Faust, der einen Menschen an der Schwelle zu Seelenbewußtsein darstellt:

> *»Zwei Seelen wohnen, ach! in meiner Brust,*
> *Die eine will sich von der anderen trennen;*
> *Die eine hält in derber Liebeslust*
> *Sich an die Welt mit klammernden Organen;*
> *Die andere hebt gewaltsam sich vom Dust*
> *Zu den Gefilden hoher Ahnen.«*

Der Mensch, das »Kind eines himmlischen Vaters und einer irdischen Mutter«, hat also die Wahl zwischen zwei Wegen:
– einem, der zurückführt in das Erbe der Vergangenheit, die Formnatur mit ihren Trieben und Begierden, die sein wahres Bewußtsein verschleiert;
– und einem, der in die Zukunft und folglich ins Licht führt, in die Welt des Geistes oder der Einheit, der Quelle, aus der alles Leben hervorgeht und seine Kraft erhält.

Dies sind die beiden Polaritäten, zwischen denen sein Bewußtsein pendelt, doch um zu Harmonie zu kommen, muß er den mittleren Weg finden, der zwischen diesen beiden Ebenen liegt. Dieser mittlere Weg ist der »Pfad der Seele« oder der »Weg des erkennenden Denkens«, mit dessen Hilfe der Mensch sich selbst als das verbindende Bewußtsein zwischen Geist und Materie entdeckt.

Um zu uns selbst zu finden, müssen wir also erkennen, daß wir nicht identisch sind mit unserem Körper, auch nicht mit unseren Gefühlen oder Gedanken, sondern mit der Seele, die Licht und Liebe ist. Sie ist unser wahres Selbst, das umgeben ist von schwingenden Körpern oder Energiehüllen. Diese schwingenden Körper sind aber lediglich Kontaktorgane, über die die Seele Eindrücke aus der äußeren Welt erhält. Doch wir selbst sind »reines Bewußtsein«, das auch außerhalb des Körpers existiert und von Zeit zu Zeit wieder eine Form annimmt, um diese mit Bewußtsein auszustatten und so ihre geistige Höherentwicklung zu bewirken.

Die menschliche Seele ist also das »sich selbst erkennende Bewußtsein«, das die stoffliche Welt und das zeitlose Sein verbindet, um die Materie zu vergeistigen. Doch dieser Prozeß der Vergeistigung der

Materie vollzieht sich über einen unendlich langen Zeitraum, und so geht der Mensch evolutionär auch durch verschiedene Stadien des »Un-Bewußtseins«, die ihn zunächst veranlassen, sich mit dem »Nicht-Selbst« oder der Formwelt zu identifizieren.

Die Stufen menschlicher Bewußtseinsentwicklung

Zu Beginn der Entwicklung fühlt sich ein Mensch mit den Begierden und Wünschen seiner Körper identisch und nimmt den Unterschied zwischen sich als Bewußtsein (Geist-Seele) und seinem Körper nicht wahr. Dies führt zu einer Reihe von Leben, in denen sein Interesse ausschließlich von Verlangen und materieller Befriedigung erfüllt ist. Seine Handlungen werden durch instinktive, unbewußte Reaktionen auf die Umwelt bestimmt.

Dieser Bewußtseinszustand verändert sich im Laufe von zahlreichen Inkarnationen allmählich in eine Empfindungsfähigkeit für Umweltbedingungen, was zu einem intensiven Wunschleben führt – so wie es heute sehr häufig der Fall ist – und zur Entwicklung schöpferischer Vorstellungskraft. Am Ende dieser Phase steht der gefühlsverhaftete Mensch, der schwärmerisch und zum Teil fanatisch nach einem Lebensideal oder einem Idol sucht, dem er sich hingeben kann, weil er seine eigene Identität noch nicht gefunden hat. Deshalb sucht er nach einer Identifikationsfigur oder einem größeren Ganzen (Heimat, Nationalität, Religion, Ideologie, Verein, Fan-Club), das ihm das Gefühl der Zugehörigkeit und damit der Gruppen-Identifikation ermöglicht. In dieser Phase ist der Mensch anfällig für Massenphänomene, denn sein Eigenbewußtsein ist noch schwach, und sein Leben wird weitgehend von seiner Wunschkraft bestimmt, die sich auf diesseitige oder jenseitige Ziele richten kann.

Von diesem Bewußtseinsstadium aus, das gekennzeichnet ist durch Lebenskraft, Empfindungen, Wünsche und Sehnsüchte nach diesseitigen oder transzendenten Idealen, entwickelt sich nun das mentale Bewußtsein: sein Merkmal ist Intelligenz, Forschungsdrang, intellektuelles Wahrnehmungsvermögen, Empfänglichkeit für Gedankenströmungen sowie eine zunehmende Fähigkeit, auf Ideen zu reagieren, die von der Ebene der Intuition kommen. Dies ist das Stadium schöpferischen Wirkens.

Auf das mentale Bewußtsein folgt das Stadium der integrierten Persönlichkeit, ein Bewußtseinszustand, in dem alle bisherigen Stufen zusammengefaßt sind und einheitlich funktionieren. Diese Persönlichkeitsintegration kann auf zwei Arten erfolgen:

– *als Ich-bezogene Persönlichkeit,*
  die in egoistischer Einstellung und Selbstbetonung nur Eigeninteressen kennt und nach Geltung strebt. Der Mensch besitzt Macht und verfolgt seine selbstsüchtigen Ziele, indem er die Welt für seine Interessen nutzt. Er ist ehrgeizig und erfolgreich, und seine Interessen richten sich primär auf materielle Dinge und auf sich selbst;

– *als seelenbewußte Persönlichkeit,*
  die die Sinnlosigkeit einer primär auf materielle Befriedigung und die eigene Person ausgerichteten Lebensweise erkannt hat. Der Mensch sucht nun nach einem nützlichen Leben, dessen Sinn sich nicht mehr auf die eigene Bedeutung beschränkt, weil er sich als Teil eines größeren übergeordneten Ganzen erlebt. Wenn dies der Fall ist, beginnt die Seele ihre Gegenwart fühlbar zu machen, und der Weg der Bewußtseinserweiterung oder der menschlichen Einweihung beginnt.

Es gibt noch ein fünftes Stadium, das des Eingeweihten oder geistigen Menschen. Mit diesem werde ich mich aber nur am Rande beschäftigen, da es bisher für die meisten Menschen nur als Idealziel menschlicher Entwicklung erfaßt werden kann, nicht aber als gelebte Realität.

Diese Stufen menschlicher Bewußtseinsentwicklung, die hier nur sehr knapp dargestellt werden können, bilden den Hintergrund für das Verständnis der Esoterischen Astrologie. Sie kennzeichnen den langen Weg der Seele, die über unendlich viele Inkarnationen den Weg der Selbsterkenntnis geht, der über verschiedene Zwischenstadien zu Seelenbewußtsein führt. In diesem Zusammenhang sei an die Worte erinnert, die über dem Eingang des Apollo-Tempels in Delphi standen: »*Mensch erkenne dein Selbst*« und im Innern des Tempels, nur lesbar für den, der ihn nach Erfüllung dieser Forderung betreten durfte, die Fortsetzung dieses Satzes: »*Und du wirst Gott erkennen*«.[22]
Selbsterkenntnis, die zu Gott-Erkenntnis führt, ist aus esoterischer Sicht also das Ziel menschlicher Entwicklung, und so hat der Mensch

---

[22] Zitiert aus: Oskar Adler, *Das Testament der Astrologie*

im Rahmen der Evolution auch einen wichtigen Platz als Mittler zwischen Himmel und Erde. Er ist ein geistiges Wesen, das einen physischen Körper belebt, und das ist seine große Chance und sein Problem zugleich. Denn die Instinkte und Begierden seines Körpers sind es, die ihn über Millionen von Jahren auf der Erde festhalten. Sie verhüllen sein wahres Bewußtsein und machen ihn zum Sklaven von Wünschen, Machtgier und Besitz bis zu dem Zeitpunkt, an dem er sich als Seele erkennt und die Identifikation mit seinen Körpern aufgibt.

Diese grundlegende Verwandlung vom unbewußten körperbetonten zum geistig erwachten Menschen ist Teil des »Göttlichen Plans«. Sie vollzieht sich durch die ständige Einwirkung der *Sieben Strahlen*, der *planetarischen Energien* und der *Tierkreis-Energien* auf die Substanz unserer Körper, die zunächst unbewußte, aber mit zunehmender Reife immer bewußtere Reaktionen hervorrufen. Und in dem Maße, wie sich ein Mensch dieser Energien bewußt wird und sie immer gezielter und positiver für seine Lebensgestaltung einsetzt, beginnt der Prozeß der Selbst-Erkenntnis, der zu Seelenbewußtsein führt. Zugleich erhöht sich aber auch die Schwingung seines Körpers, und diese Verwandlung findet ihren sichtbaren Ausdruck in der Entfaltung der sieben Chakras, die im folgenden kurz angedeutet werden, da sie Teil des esoterischen Verständnisses vom Menschen sind.

Die siebenfältige Natur des Menschen

> *So ist die Ziffer sieben, als Summe von 3 und 4, ein Element jeder antiken Religion, weil sie ein Element der Natur ist ...*
> *Das Universum ist eine Siebenheit; seine Totalität setzt sich aus Siebenergruppen zusammen – da die Wahrnehmungskraft aus sieben verschiedenen Seiten besteht, die den sieben Reichen entsprechen.*
> H.P. Blavatsky: Die Geheimlehre

Die Esoterik lehrt, daß jede physische Form durch eine Siebenzahl von Energien beherrscht wird, deren Ursprung die Sieben Strahlen sind. So tragen alle Himmelskörper – also auch Mensch und Atom – latent ein siebenfältiges Prinzip in sich, das durch den ständigen Einfluß der zyklisch wechselnden Sieben Strahlen im Laufe einer langen Entwicklung erst zur vollen Entfaltung gebracht wird. Wir können die Sieben Strahlen deshalb als sieben grundlegende Energieströme betrachten, die den Weltenplan zur Ausführung bringen, indem sie die Planeten als »Brennpunkte« benutzen, um die Materie mit ihren Qualitäten zu imprägnieren und für die Seele empfänglich zu machen. Denn das »Eine Unteilbare Leben« teilt sich auf in sieben Lichtqualitäten oder sieben Strahlen, die in zyklischer Folge durch alle Naturreiche fließen und dadurch alle Bewußtseinsgrade in allen Schöpfungsbereichen hervorbringen. Die sieben Abstufungen von Licht oder die sieben Schwingungszustände des einen großen Lebens, die sich auf jeder Ebene der Existenz wiederfinden lassen, bilden den Hintergrund jeglicher Entwicklung. So werden Epochen und Kulturen geprägt, und sie stellen auch den Menschen in eine siebenfältige Bewußtseinswelt, die er mit zunehmender Entwicklung immer bewußter wahrnehmen lernt.

Bewußtwerdung oder geistige Entwicklung bedeutet daher auch nichts anderes, als sich zunehmend der nicht-physischen Ebenen der Existenz bewußt zu werden, denn schon heute bewegen wir uns in mindestens drei Ebenen, auch wenn wir verstandesmäßig nur die physische als Realität akzeptieren. Doch jede Nacht, wenn wir träumen, erleben wir uns in einer anderen Realität als der physischen. Wir tauchen ein in ein Bewußtsein, in dem der physische Raum-Zeit-Begriff

nicht mehr existiert. Es muß also noch andere Realitäten geben, die auf unser Bewußtsein einwirken, und wenn wir uns beobachten, werden wir feststellen, daß wir uns auch im Wachbewußtsein zumindest in drei »Bewußtseinswelten« aufhalten:
- der physischen Welt, die mit unseren fünf Sinnen wahrgenommen wird,
- der astralen Welt, die unser Gefühlsleben und unser subjektives Empfinden ausmacht,
- der mentalen Welt, die unser Denken bestimmt.

Auf diesen drei Ebenen des Bewußtseins leben wir abwechselnd oder gleichzeitig, ob wir dies bewußt wahrnehmen oder nicht.

Es gibt aber noch eine vierte Ebene der Existenz, die sich oberhalb des Denkens befindet, und dies ist die Welt der Seele oder der Intuition. Sie ist uns noch wenig vertraut, da sich unser Bewußtsein im allgemeinen mit den drei Welten, der physischen, der gefühlsmäßigen und der mentalen begnügt. Doch sobald die Seele erwacht, nehmen wir zunehmend wahr, daß es diese Welt der Intuition oder des Lichtes ist, in die wir bewußtseinsmäßig eindringen müssen, um uns selbst zu erkennen, und daß wir die Möglichkeit haben, unser Bewußtsein auf höhere Ebenen der Existenz auszudehnen.

In der Esoterik sind die sieben Bewußtseinsebenen, die der Mensch im Zuge seiner Entwicklung wahrnehmen lernen muß, unter folgenden Bezeichnungen bekannt:

Die sieben Stufen irdischer Entwicklung

1.	Göttliche Ebene	Logos	Einheitsbewußtsein
2.	Monadische Ebene	Monade/Geist	Geistiges Bewußtsein
3.	Geistige Ebene		
4.	Seelenebene	Gruppenseele	Gruppenbewußtsein
5.	Höhere Mentalebene	Seelen-Persönlichkeit	Seelenbewußtsein
	Niedere Mentalebene	Persönlichkeit	Eigenbewußtsein
6.	Astralebene	Psyche	Gefühlsbewußtsein
7.	Physisch-ätherische Ebene	Körperliche Existenz	Körperbewußtsein

Diese sieben Ebenen der Existenz, die es im Zuge unserer Entwicklung zu entdecken gilt, erhalten ihre Qualität durch die Sieben Strahlen, die sieben Grundschwingungen in der Welt erzeugen, in der sich menschliches Leben vollzieht. Sie bestimmen ebenso die Qualität wie auch die Lebensäußerung des Menschen, der grundsätzlich eine siebenfältige Natur in sich trägt, die sich aber erst im Laufe der Evolution voll offenbart.

Die Entwicklungsgeschichte des Menschen ist also noch nicht abgeschlossen. Auch sie unterliegt – wie alles Leben auf Erden – einem siebenfältigen Entwicklungsplan, der im System der sieben Chakras sichtbar wird. Diese werden durch die ständige Einwirkung der Sieben Strahlen im Laufe einer unendlichen Reihe von Inkarnationen zur vollen Entfaltung gebracht.

So bilden die Sieben Strahlen auch den Hintergrund für das tiefere Verständnis unseres Wesens. Sie sind ein integraler Teil der Esoterischen Astrologie, denn jeder Mensch wird in seiner Grundstruktur von fünf Strahlen geprägt, die man bei der astrologischen Beurteilung eines Menschen eigentlich berücksichtigen müßte, um sein vielschichtiges Wesen zu erfassen. Je ein Strahl bestimmt die Eigenschaft und Qualität des physischen, des astralen und des mentalen Körpers, ein Strahl die Qualität der Seele und ein Strahl die Persönlichkeit.

Der Mensch wird also durch 5 Strahlen bestimmt:
- den Seelenstrahl,
- den Persönlichkeitsstrahl,
- den Strahl des Mentalkörpers,
- den Strahl des Astralkörpers,
- den Strahl des physischen Körpers.

Die Sieben Strahlen sind ein wichtiger Baustein für das Verständnis des menschlichen Wesens, und ohne sie bleibt auch die Astrologie ungenau und unvollkommen. Doch im Rahmen einer Einführung, bei der es vor allem um einen synthetischen Überblick der wesentlichen Grundlagen geht, kann das Gebiet der Strahlen nicht erschöpfend behandelt werden.[23] Der Hinweis auf die Sieben Strahlen, die ein kompliziertes, aber höchst faszinierendes Thema darstellen, soll an dieser Stelle deshalb nur dazu dienen, das Prinzip einer siebenfältigen Entwicklungsskala aufzuzeigen. Diese tritt – wie die Esoterik lehrt – auf jeder Ebene der Existenz in Erscheinung, was im folgenden anhand der »Sieben Chakras« veranschaulicht wird.

---

[23] Es gibt dazu ein Grundlagenwerk von Gunda Scholdt: *Das Erwachen der Seele - Einführung in die Psychologie der Sieben Strahlen*, BoD

Die sieben Energiezentren des Menschen – Die Chakras

Die äußere Entsprechung der Sieben Strahlen im Menschen sind die sieben Hauptenergiezentren, die »sieben Chakras«, wie die Inder sie nennen. Sie bedingen unser Bewußtsein und stellen die Stufenleiter unserer siebenfältigen Bewußtseinsentwicklung dar.

Diese sieben Chakras befinden sich in unserem Lebens- oder Ätherkörper, der ein Spiegel der menschlichen Seele ist. Er ist das Gegenstück und die eigentliche Form der äußeren, greifbaren Erscheinung sowie das Medium zur Übertragung von Kraft und Energie an alle Teile des menschlichen Körpers. Er bestimmt und bedingt den physischen Körper, da er selbst der Speicher und Übermittler der Energien ist, die aus den inneren Ebenen unseres Wesens, aber auch aus der Umwelt kommen, in der wir als geistiger und physischer Mensch leben.

Der Ätherkörper hat keine abgesonderten Organismen, sondern er ist ein Körper aus unbehindert strömender Kraft, die sich aus zwei in wechselnden Mengen vermischten oder vereinigten Energiearten zusammensetzt:
– aus dynamischer Energie,
– aus anziehender oder magnetischer Energie.

Diese beiden Energien, die in der Wissenschaft als elektromagnetisches Feld bekannt sind, umgeben und durchdringen jeden Körper und bilden die Grundlage physischen Lebens. Durch ihr Wirken werden die physischen Atome an den Ätherkörper aller Formen herangezogen (magnetische Kraft) und zu bestimmten Aktivitäten veranlaßt (dynamische Kraft).

Der Ätherkörper kann deshalb auch als die physische Entsprechung des inneren Lichtkörpers der Seele betrachtet werden, denn er ist gekennzeichnet durch
a) seine Lichteigenschaft,
b) seinen Schwingungsrhythmus, der immer der Entwicklungsstufe der Seele entspricht,
c) seine Zusammenhaltekraft, die jeden Teil des Körpers mit dem anderen verbindet und verknüpft.

Als Entsprechung der Sieben Strahlen hat er aber auch sieben Energie-Brennpunkte, in denen die beiden vermischten Energien sich zu sieben Zentren verdichtet haben, die als die sieben Chakras bekannt sind. Diese Chakras, die sich im Ätherkörper entlang der Wirbelsäule und im Kopf befinden, sind sieben wichtige Kraftzentren, die ihrem Wesen nach Verteilungsstellen und elektrische Batterien sind. Sie stehen in Verbindung mit den sieben endokrinen Drüsen (Hormondrüsen), die eine wichtige Steuerungsfunktion für unseren Körper haben, und sie liefern dynamische Kraft und qualitative Energie in alle Organe der Körperregionen, denen sie zugeordnet sind.

Zentren	*Drüsen*	*Körper-Organe* [24]
Kopfzentrum	*Zirbeldrüse*	*Gehirn*
Ajna-Zentrum	*Hypophyse*	*Augen, Ohren, Nase*
Kehlzentrum	*Schilddrüse*	*Sprachwerkzeuge Bronchialsystem Lungen*
Herzzentrum	*Thymusdrüse*	*Herz*
------------------------------	*Zwerchfell*	------------------------------
Solarplexuszentrum	*Bauchspeicheldrüse*	*Leber Magen Gallenblase*
Sakralzentrum	*Keimdrüsen*	*Das gesamte männliche und weibliche Reproduktionssystem*
Basiszentrum	*Nebennieren*	*Die ganze Wirbelsäule: das polare Gegenstück zum Kopfzentrum*

[24] Diese Darstellung wurde dem »Esoterischen Heilen« von Alice Bailey entnommen.

Die Funktion der Chakras geht über die körperliche Ebene jedoch weit hinaus. Sie spiegeln auch die Ebene unseres momentanen Bewußtseins, denn durch ihre Erweckung und zunehmende Aktivität kommen unsere Strahl-Tendenzen sowie die durch Lebenserfahrung erworbenen Eigenschaften und Fähigkeiten zum Ausdruck.

Die sieben Hauptchakras sind daher die Stufen einer Entwicklungsordnung, die das menschliche Bewußtsein durchläuft. Ihre Aktivität oder relative Ruhe zeigt dem Hellsichtigen an, auf welcher Ebene ein Mensch lebt und wie er folglich die Welt sieht.

Zentrum	*Energiequalität*	*Bewußtseinsstufe*
Kopfzentrum	*Geistiger Wille dynamisch*	*Einheitsbewußtsein*
Stirnzentrum	*Licht/Seelenkraft magnetisch Intuition*	*Geistig erwachte Menschen*
Herzzentrum	*Lebenskraft Gruppen-Bewußtsein Liebe*	*Seelenbewußte Persönlichkeiten*
Kehlzentrum	*Schöpferische Energie Eigenbewußtsein*	*Mental entwickelte Menschen*
Solarplexuszentrum	*Astralkraft Emotion Begierde Gefühl*	*Ich-betonte Persönlichkeit Gefühlsmenschen*
Sakralzentrum	*Lebenskraft/Vitalenergie Physische Aktivität Sexualität*	*Instinktives Bewußtsein*
Basis der Wirbelsäule	*Willensenergie Universales Leben Sitz der Kundalini*	*Urkraft des Lebens*

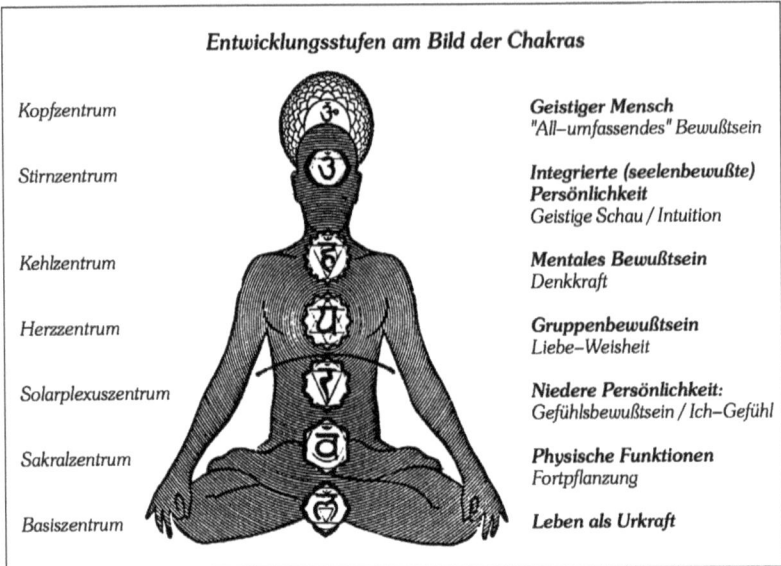

Es gibt eine grundsätzliche Teilung der Chakras in drei untere »Körper-bezogene« und vier obere »Geist-bezogene« Zentren, wobei das Zwerchfell die Grenze bildet. Diese Teilung symbolisiert die Dualität des Menschen, der zugleich göttlich und menschlich ist, denn er ist ein göttliches Wesen, das die Aufgabe hat, einen physischen Körper mit Bewußtsein auszustatten. So werden wir zum Mittler zwischen Himmel und Erde, indem wir das Energiefeld der Seele und des Körpers verschmelzen und uns beider Ebenen bewußt werden.

Doch solange ein Mensch sich primär als physisches Wesen begreift, lebt er aus der Energie der unteren drei Chakras. Diese geben ihm die Grundlebensenergie (Basiszentrum), die Fähigkeit zur Fortpflanzung und zur körperbezogenen Aktivität (Sakralzentrum) sowie als Motor des Handelns die Wunsch- und Vorstellungsenergie des Solarplexuszentrums, das die motivierende und bestimmende Kraft für die meisten Handlungen und emotionalen Reaktionen ist.

Im Zuge der Entwicklung kommt jedoch eine weitere Energie hinzu – die Denkkraft –, die das Kehlzentrum erweckt und in Bewegung setzt. Und damit beginnt der lange Weg der Bewußtwerdung, auf dem das Denken als Mittler dient, um die physischen Energien in geistige Energien zu verwandeln und den Körper sowie das Bewußtsein durch das Licht der Seele zu erleuchten.

Die Erweckung der ätherischen Zentren

Auf den Menschen bezogen sind es vor allem zwei Kräfte, die die Entwicklung der ätherischen Zentren bewirken: die Kraft der Evolution und die Kraft des Denkens.

An erster Stelle steht natürlich die Kraft der Evolution, die alle Lebensformen dazu drängt, sich zu entwickeln. Dieser Drang ist in jedem Einzelwesen angelegt und bewirkt, daß das Bewußtsein immer umfassender wird und immer mehr einbeziehen kann. So wird die ständige Veränderung der Körperformen erreicht, die sich den jeweiligen Bedingungen optimal anpassen. Diese langsame evolutionäre Entwicklung ist ein Vorgang, der sich in der gesamten Natur vollzieht und folglich auch den Körper des Menschen betrifft.

Doch der Mensch muß sich nicht ausschließlich auf die langsame Kraft der Evolution verlassen, denn er kann seine Entwicklung beschleunigen, indem er sein Bewußtsein ausdehnt, um die Kräfte, Energien und Einflüsse zu erkennen, die seinen Charakter und seine Lebensäußerung bedingen. Auf diese Weise gewinnt er ein Wissen über die Prinzipien und Gesetze, die hinter der sichtbaren Welt wirken. Und sobald er beginnt, diese auf sein Leben anzuwenden, wird er zum bewußten Gestalter des eigenen Lebens, das nun nicht mehr von außen gelenkt wird, sondern das er selber in die Hand nimmt. Vereinfacht ausgedrückt gibt es zwei Wege des Lernens in der Welt:

- der eine ist der langsame, passive, unbewußte *Weg des Leidens,* der Weg der Evolution, der am Ende auch Erfahrung und Wissen bringt, doch er ist äußerst mühsam, schmerzhaft und langsam;

- der zweite ist der schnelle, aktive *Weg des Erkennens,* der den Prozeß beschleunigt, indem wir uns als der innere Bewohner unseres Körpers erkennen und allmählich zum Beobachter des Lebens werden. Denn das erkennende, unterscheidende Denken gibt uns eine Richtung und die Kraft, das Steuer des Lebens selbst in die Hand zu nehmen. Und sobald wir uns vom Erlebenden und Erleidenden, der sich mit den Empfindungen seiner Körper verwechselt, zum wahrnehmenden Beobachter unseres eigenen Lebens gewandelt haben, wird unser Leben zielgerichtet, und wir werden eigenverantwortlich handeln und entscheiden können.

Die Entwicklung vom körperlich-emotionalen zum geistig erwachten Bewußtsein geschieht durch die stufenweise Erweiterung unserer

Wahrnehmung vom instinktiven Empfinden – über die Zwischenstufe des Intellekts – zur Intuition, einem Bewußtsein, das für das Licht der Seele und damit für Erleuchtung empfänglich ist.

1. Instinkt
Instinkt ist das Kennzeichen der automatisch arbeitenden physischen Natur, des Vital- oder Lebenskörpers und der Wunschnatur. Er liegt unter der Schwelle des Bewußtseins, doch er lenkt (unterbewußt) noch einen großen Teil unseres Gefühlslebens, die meisten Gewohnheiten und das Leben des Organismus.

Instinkt bestimmt den unbewußten Menschen; er ist ein Erbe unserer Tiernatur und wirkt durch das *Sonnengeflecht (Solarplexus)* und das *Sakralzentrum*.

2. Intellekt
Intellekt ist intelligentes Eigenbewußtsein, das über den Verstand und das Gehirn die integrierte Persönlichkeit lenkt.

Intellekt ist das Kennzeichen des mental entwickelten Menschen; er wirkt durch die Vermittlerstelle *Gehirn* sowie durch das *Stirn- und Kehlzentrum*.

3. Intuition
Intuition hat vorwiegend mit Gruppenbewußtsein zu tun. Sie ist jener »höhere Instinkt«, der den Menschen befähigt, seine Seele zu erkennen, sich ihrer Führung zu überlassen und den Eindrücken zu folgen, die sie in das Leben ausstrahlt.

Intuition ist das Kennzeichen der Seelennatur; sie wirkt durch die höheren Denkkräfte des *Herz- und Kopfzentrums*.

4. Erleuchtung
Erleuchtung ist der letzte und umfassendste Zustand der Wahrnehmung, der den geistig erwachten Menschen oder den höheren Eingeweihten kennzeichnet. Mit diesem Begriff bezeichnen wir ein übermenschliches Bewußtsein, den »göttlichen Instinkt«, der einen Menschen befähigt, das Ganze zu erkennen, von dem er ein Teil ist.

Erleuchtung wirkt sich über die Seele durch das voll entwickelte *Kopfzentrum* aus und durchflutet am Ende der Entwicklung alle Zentren mit Licht und Energie. Auf diese Weise verbindet sie den Menschen in seinem Bewußtsein mit allen entsprechenden Bereichen der Gesamtschöpfung.

Die Transformationsvorgänge in den Energiezentren

Im Zuge der Entwicklung vom instinktiven Bewußtsein des unbewußten Menschen zur intuitiven Wahrnehmung des entwickelten geistigen Menschen finden in den Energiezentren drei wichtige große Transformationsvorgänge statt, die die elementaren Kräfte der drei Zentren unterhalb des Zwerchfells in die drei Zentren oberhalb des Zwerchfells übertragen. Denn in dem Maße, wie der Mensch sich seiner Seele bewußt wird, werden die höheren Zentren erweckt und bewirken durch die Kraft ihrer magnetischen Anziehung, daß die niederen Energien nach oben steigen und mit den höheren verschmelzen.

1. Die Energie des *Sakralzentrums* strömt ins *Kehlzentrum,* denn aus der physischen Zeugungskraft entwickelt sich die gedankliche Schöpferkraft. Daraus entsteht das schöpferische Bewußtsein.

2. Die Kraft des Wunschlebens, die im *Solarplexus-Zentrum* wirkt, wird ins *Herzzentrum* emporgehoben. Aus Begierde und der persönlichen Liebesfähigkeit des Menschen entwickelt sich die allgemeine Menschenliebe oder ein altruistisches Bewußtsein, das wir als Seelenbewußtsein bezeichnen.

3. Die Energie des *Basiszentrums,* in der die Urkraft des Lebens wirkt, wird ins *Kopfzentrum* emporgehoben, und so verbinden sich Geist und Materie wieder zu einer Einheit. Dies ist der Endpunkt der menschlichen Entwicklung, an dem der geistige Mensch in Erscheinung tritt. Diese dritte Phase liegt noch in der Zukunft der meisten Menschen und wird uns deshalb im Augenblick nicht weiter beschäftigen.

Diese drei großen Transformationsvorgänge vollziehen sich im Laufe vieler Inkarnationen durch die Kraft unseres Denkens und bewirken so eine Veränderung in der Qualität der Energien, die den Charakter eines Menschen, seine Fähigkeiten und seine Schwächen ausmachen. Sie bewirken auch viele Beschwerden und Krankheiten, die oft nicht erkannt werden, da die Medizin die Existenz des Äther- oder Energiekörpers bis heute nicht anerkennt. Aber auch in der Astrologie ist das Wissen über das Energiegeschehen des Ätherkörpers oft nicht vorhanden, und so wird der Unterschied in der Entwicklung der Menschen im allgemeinen nicht genügend beachtet.

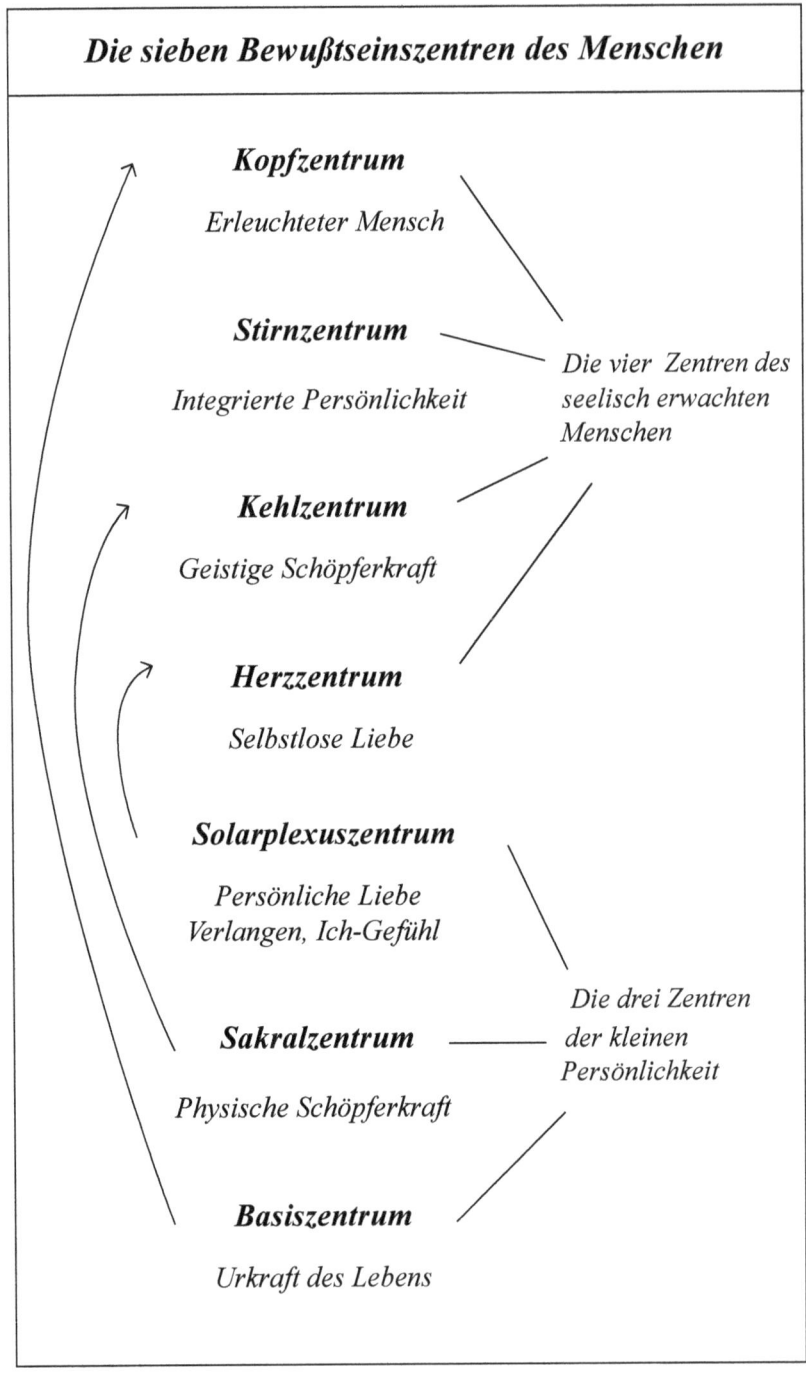

Die vier wesentlichen Entwicklungsstadien in bezug zu den Chakras

Das Ziel des Menschen ist es, sich in einer dualen Welt seines wahren Selbst bewußt zu werden, und dieser Prozeß der Selbstwahrnehmung spiegelt sich in der Entwicklung der Chakras, die uns wie auf einer Stufenleiter zu immer größerer Bewußtwerdung führen. Diese Bewußtwerdung ist durch deutliche Entwicklungsstadien gekennzeichnet, die wir bei der Deutung von Horoskopen berücksichtigen sollten.

1. Unbewußter Mensch – Instinktives Massenbewußtsein
Zu Beginn erkennt der Mensch lediglich, daß er von anderen Lebewesen getrennt ist. Diese Phase der Individualisation erlaubt ihm, in einer Welt zu leben, die etwas höher steht als die Welt der Tiere. In diesem Bewußtseinsstadium sieht er sich vor allem als Mitglied einer Großfamilie, einer Glaubensgemeinschaft, einer Interessengruppe oder einer Nation, der er sich emotional zugehörig fühlt. Durch Sinneserfahrungen und Empfindungen erfährt er die Welt; Nahrung und Schutz sind die Motive, aus denen er primär handelt.

In diesem Stadium ist die Konzentration seines Bewußtseins in den *unteren Ebenen des Solarplexus-Zentrums*.

2. Persönlichkeit – Individuelles Bewußtsein
Wenn das Bewußtsein auf der Ebene der Persönlichkeit konzentriert ist, wird das Denken durch Wünsche und bestehende Erfahrungen stimuliert. Gedanken und Gefühle vermischen sich in diesem Stadium und finden Ausdruck durch die Erfahrung von emotionalen und mentalen Beziehungen zu anderen. Das Denken und Handeln wird jedoch primär von persönlichen Wünschen und Ehrgeiz bestimmt und motiviert. So wird der Mensch zu einer auf sich selbst konzentrierten Persönlichkeit. Er fühlt seine eigene Bedeutung, ist egozentrisch und unternimmt alle Anstrengungen, um seine Interessen und Wünsche zu verwirklichen.

Diese Phase läßt sich bewußtseinsmäßig zwischen *Solarplexus und Kehlzentrum* lokalisieren.

3. Seelenbewußter Mensch (Jünger) – Gruppenbewußtsein
Während des nächsten Schrittes wird der Intellekt von persönlichen Motiven frei. Die Gedanken werden absichtslos und die Emotionen

verwandeln sich in Liebe. In diesem Stadium verlieren die unteren Zentren allmählich die Kontrolle über den Menschen, und das Bewußtsein konzentriert sich in den höheren Zentren. So verlagert sich die Identifikation des Menschen von der Persönlichkeitsebene zur Seelenebene. In diesem Zeitraum finden kleinere Einweihungen[25] statt. Die Beziehungen zu anderen werden nur noch auf der Seelen- oder Gruppenebene erlebt, weil persönliche Wünsche und Zielsetzungen nicht mehr die bestimmenden Motive des Lebens sind.

Das Bewußtsein fängt an, *Kehl-, Herz- und Stirnzentrum* in Besitz zu nehmen.

4. Geistiger Mensch (Eingeweihter) – Geistiges Bewußtsein
Im vierten Stadium beginnt die Entwicklung des geistigen Menschen. Das Bewußtsein ist jetzt im *Kopfzentrum* konzentriert, und der geistige Wille, der sich mit dem höheren oder göttlichen Willen identifiziert, wird zur zentralen Kraft im Leben.

Mit diesem Stadium werden wir uns noch nicht beschäftigen, da nur wenige Menschen dieses bisher erreicht haben.

Natürlich gibt es fließende Übergänge, und so sind die obigen Bewußtseinsstadien auch nur als allgemeine Orientierungshilfe gedacht.
Bei der Deutung von Horoskopen werden wir es im Westen vor allem mit dem zweiten und dritten Entwicklungsstadium zu tun haben. Menschen, die noch im ersten Stadium leben, interessieren sich im allgemeinen nicht ernsthaft für Astrologie, da ihr Leben noch vollkommen unbewußt verläuft. Erst wenn ein Mensch auf der Ebene der Persönlichkeit lebt, wird er beginnen, Fragen über Sinn und Schicksal des Lebens zu stellen. Im praktischen Teil wird deshalb nur zwischen der Ebene der Persönlichkeit und der Ebene des seelenbewußten Menschen unterschieden. Dieser Unterschied muß bei der Deutung von Horoskopen allerdings berücksichtigt werden, da sonst keine Genauigkeit in den Aussagen erzielt werden kann.

---

[25] Einweihungen sind Bewußtseinserweiterungen, die nach einem ganz bestimmten geistigen Entwicklungsplan vor sich gehen.

III

GRUNDLAGEN
DER
ESOTERISCHEN ASTROLOGIE

Das kosmische Wirkungsfeld unseres Planeten

Hinter allem Geschehen im Physischen wirkt eine Dreiheit von Energien (Geist-Seele-Form). Diese Dreiheit erweitert sich auf der Seelenebene zur Siebenheit (die Sieben Strahlen), um schließlich durch die Zwölf (Tierkreis) ein Energiefeld zu erzeugen, das alle sichtbaren Formen gestaltet und zur Entwicklung veranlaßt. Dies ist eine esoterische Gesetzmäßigkeit, auf der auch die Astrologie begründet ist.

Bezogen auf die Erde, dem Zentrum unseres Bewußtseins, lassen sich astrologisch folgende Entsprechungen angeben: Die drei göttlichen Urprinzipien – *Wille, Liebe-Weisheit, Aktive Intelligenz* – sind für unser Sonnensystem verkörpert in den drei großen Sternbildern:

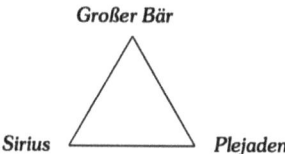

Die Energie der drei Sternbilder wird aber nicht unmittelbar von der Erde empfangen, sondern sie wird – ausgehend vom Sternbild des Großen Bären – in ein siebenfältiges Lichtspektrum oder in sieben kosmische Schwingungszustände transformiert, die als die Sieben Strahlen bezeichnet werden. Diese Sieben Strahlen können als sieben grundlegende Seelentypen betrachtet werden, die die verschiedenen Ebenen von Bewußtsein im Sonnensystem und auf der Erde hervorbringen (s. Kap. II).

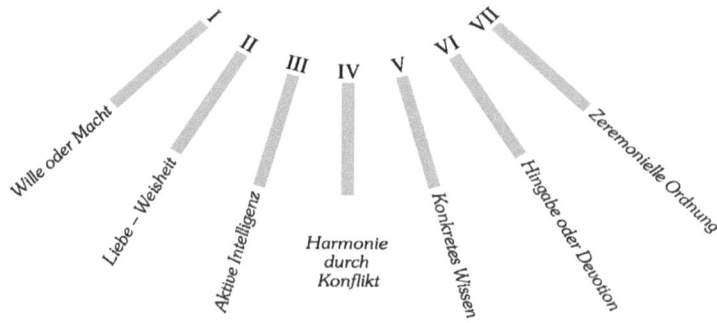

Die Sieben Strahlen werden aber nicht unmittelbar auf die Erde gestrahlt, sondern sie erreichen uns durch Vermittlung der Sonne, die die Ursache unseres Erdtierkreises ist. Durch diesen Erdtierkreis mit seinen zwölf schöpferischen Energien üben die Sieben Strahlen ihre Wirkung auf die Erde aus, wobei ein Strahl jeweils durch eine Dreiheit von Tierkreiszeichen übermittelt wird.

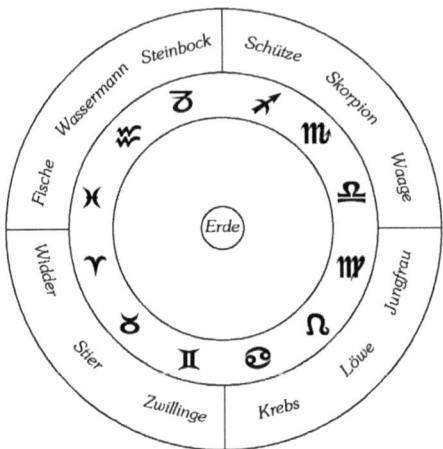

Die Wirkung der Sieben Strahlen wird von uns aber noch nicht bewußt wahrgenommen, und so werden wir sie lediglich im Zusammenhang mit den zwölf Planeten betrachten, die ihre Energiewirkung am unmittelbarsten und deutlichsten erkennbar zum Ausdruck bringen. Dabei lassen sich zwei Gruppen von Planeten unterscheiden: »heilige« und »nicht-heilige« Planeten[26], wobei die »heiligen« als die reinste Verkörperung der Sieben Strahlen betrachtet werden.

Die sieben »heiligen« Planeten:
 Venus, Merkur, Jupiter, Saturn,
 Uranus, Neptun, Vulkan (noch unentdeckt)

Die fünf »nicht-heiligen« Planeten:
 Mond, Sonne (gelten als Planeten),
 Mars, Pluto, Erde

---

[26] Die Bezeichnung »heilig« und »nicht-heilig« wurde von Alice Bailey gewählt, um die Wirkung dieser Planetengruppen auf das innere und äußere Wesen des Menschen zu unterscheiden, was in der exoterischen Astrologie ja nicht geschieht.

Die »heiligen« Planeten wirken auf die Integration von Seele und Persönlichkeit ein, die »nicht-heiligen« vor allem auf die Entwicklung der Persönlichkeit.

Es gibt also ein hierarchisch abgestuftes Wirkungsfeld, in das der Mensch auf der Erde gestellt ist. Und die Astrologie bietet uns ein esoterisch-wissenschaftliches System an, mit dessen Hilfe diese vielfältigen Einflüsse, die sich durch Verbindung der Sieben Strahlen mit den Tierkreiszeichen und Planeten auf der Erde ergeben, erkannt, unterschieden und bewußter erlebt werden können.

Dabei sollten wir wiederum beachten, daß die Wirkung der astrologischen Energien, die unser Bewußtsein und unseren Körper formen, sich verändert, denn der Mensch gewinnt erst mit zunehmender Entwicklung die Fähigkeit, diese Energien bewußt wahrzunehmen und zu nutzen.

Zu Beginn der Entwicklung werden die kosmischen Energien lediglich unvollkommen empfangen und nur teilweise wahrgenommen. Daher zeigt sich die Bewußtseinsstufe eines Menschen auch an seiner zunehmenden Resonanz- und Reaktionsfähigkeit auf die immer größer werdende Anzahl von Energieeinflüssen, die von den Strahlen, den Tierkreiszeichen und Planeten auf ihn einwirken.

Dies ist ein unveränderliches Gesetz und erklärt, daß bestimmte Planeten bisher unentdeckt geblieben sind und daher wenig mit der Evolution bis in unsere Gegenwart zu tun hatten, eben weil die Menschheit noch nicht auf sie reagieren konnte. So wird ein Planet im Physischen auch erst entdeckt, wenn eine innere Reaktion auf die Planeteneinflüsse verspürt wird. (Beispiel: Uranus 1781, Neptun 1846, Pluto 1930). Die Planeten, Energien und Kräfte waren immer vorhanden, doch sie blieben unwirksam und folglich auch unentdeckt, weil die Menschheit die dazu nötigen Reaktionsinstrumente noch nicht entwickelt hatte. Sie hatten demzufolge keine Wirkung auf das Leben und die Geschichte der Masse der Einzelmenschen, denn sie werden erst dann machtvoll und »magnetisch belebend«, wenn wir eine bestimmte Entwicklungsstufe erreicht haben und für die höheren Einflüsse feinfühlig geworden sind. Die Planeten Uranus, Neptun und Pluto haben daher so lange nur eine kollektive Wirkung, bis der Einzelne seine Persönlichkeit bis zu einem gewissen Grad entwickelt hat und bereit ist, auf feinere Schwingungen bewußt zu reagieren. Ist diese Bereitschaft vorhanden, so zeigt dies an, daß sein »Reaktionsapparat« (die dreifache Persönlichkeit) empfindungsfähiger ist als beim Durchschnittsmenschen und daß er auf einen höheren Schwingungsbereich reagieren kann als es sonst möglich wäre. Denn die Empfänglichkeit des Menschen für kosmische Einflüsse entwickelt sich stufenweise, wobei wir als Grundregel annehmen können, daß sich der wahrgenommene Einflußbereich ständig erweitert.

Zu Beginn der Entwicklung *reagiert* ein Mensch nur auf die Planeten und bewußt nur auf die »nicht-heiligen«. Später kommt der Einfluß der »heiligen« Planeten hinzu, und dies deutet ein sich entwickelndes Seelenbewußtsein an. Im nächsten Stadium wird er sich zunehmend der Tierkreisenergien bewußt, die ihre Wirkung über die Planeten an den Menschen weitergeben, und der Einfluß der Energien der Planeten selbst wird nicht mehr wahrgenommen. Am Ende reagiert ein Mensch auch auf die drei großen Sternbilder, doch dies ist heute noch sehr selten der Fall und wird deshalb nicht Gegenstand unserer Betrachtungen sein.

Im praktischen Teil des Buches werden zunächst die zwölf Tierkreiszeichen, die zwölf Häuser – eine Projektion der zwölf Tierkreiszeichen auf die Erde – und die zwölf Planeten als Grundelemente astrologischer Deutung beschrieben. Erst wenn diese genügend verstanden werden, ist es sinnvoll, die Sieben Strahlen, als Teil einer Seelenpsychologie, in die Deutung einzubeziehen.

Die Entstehung des Tropischen Tierkreises

Bevor wir den Tierkreis näher betrachten, sollen zunächst die Grundlagen deutlich werden, auf denen das astrologische System aufbaut. Es ist wichtig festzustellen, daß die Astrologie sich nicht auf die astronomischen Fixsternbilder (den siderischen Tierkreis) stützt. Sie sind zwar die Quelle der Tierkreisenergien, doch sie werden durch das Medium der Sonne – die Quelle unseres Lebens – auf die Erde herabgestrahlt und durch diese in einen entsprechenden sekundären Tierkreis übertragen, den wir als *tropischen Tierkreis* bezeichnen. Dies wird verständlicher, wenn wir uns bewußt machen, daß das System der Astrologie nicht auf astronomisch-physikalischen Tatsachen beruht, sondern auf dem geistigen Wissen über die Beziehungsverhältnisse der Gestirne und ihrer Wirkung auf die Erde.

Dies ist auch die Erklärung dafür, daß die Erde den Mittelpunkt astrologischer Betrachtung bildet und nicht die Sonne, die objektiv betrachtet das Zentrum unseres Sonnensystems ist. Doch von unserem

Standort aus erscheint die Erde als ruhender Pol, um den sich die Planeten und die Fixsterne drehen, eine Perspektive, aus der sich das antike Weltbild gestaltete. Dies ist objektiv falsch, aber gleichzeitig eine esoterische Wahrheit, denn wie eingangs erwähnt, ist unser Sehen, das objektiv betrachtet eine Täuschung darstellt, in der Lage, uns eine innere Wahrheit zu vermitteln, wenn wir das Gesehene als Symbol oder als »stellvertretendes Geheimnis« betrachten. Alice Bailey schreibt in diesem Zusammenhang:

»Ich habe häufig auf die Tatsache hingewiesen, daß die gesamte Wissenschaft der Astrologie auf einer nicht-existenten Voraussetzung beruht. Sie hat keine Grundlage in materiellen Tatsachen und ist doch ewig auf Wahrheit gegründet. Wie ihr ja wißt, ist der Tierkreis der imaginäre Pfad der Sonne am Himmel. Er ist also, vom exoterischen Gesichtspunkt aus, weitgehend eine Illusion. Andererseits aber existieren die Sternbilder, und die Energieströme, die hin- und herfließen, sich vermischen und den ganzen Raumkörper durchdringen, sind keinesfalls Illusion, sondern bringen ganz bestimmte ewige Beziehungen zum Ausdruck.«
Alice Bailey: Esoterische Astrologie

Die Astrologie basiert folglich nicht auf den physischen Gegebenheiten der Sternbilder oder Planeten, sondern auf den Energiewirkungen und Beziehungsverhältnissen dieser Himmelskörper, die die Esoterik als Lebewesen betrachtet und an deren Lebensäußerungen wir als Teil des Ganzen zwangsläufig teilhaben. Dies ist ein grundlegendes Prinzip, das wir bei der Betrachtung der Astrologie immer berücksichtigen müssen, wenn wir versuchen, durch astrologische Untersuchungen die Zeitqualität des Lebens auf der Erde zu erfassen.

In diesem Zusammenhang ist es hilfreich, uns bewußt zu machen, daß es die Zeit, so wie wir sie erleben, nur im Physischen gibt. Das Phänomen der Zeit wird ja dadurch hervorgerufen, daß wir uns auf einem Planeten befinden, der sich dreht und damit den Raum, in dem wir leben, an uns vorüberziehen läßt. Zeit entsteht also durch Bewegung, durch die Drehung der Erde und die kreisenden Bewegungen aller anderen Himmelskörper im Raum. Dadurch werden die Anordnungen und die Beziehungsverhältnisse der Himmelskörper zueinander ständig verändert, und dies wirkt sich natürlich auch auf die Erde aus, da sie ein integraler Teil des Sonnensystems ist.

So bildet das Wissen über den geistigen Ursprung zeitlicher Phänomene auch die Grundlage der astrologischen Wissenschaft, die übrigens die einzige Wissenschaft ist, die uns die Synchronizität zwischen den Konstellationen der Gestirne, ihrer Wanderung durch den Raum und den Ereignissen auf der physischen Ebene deutlich machen kann. Sie deutet und systematisiert die grundlegenden Beziehungen, die die Welt der Erscheinungen und die subjektive Welt der Energien beherrschen und bestimmen. Da diese Beziehungen aber nicht statisch sind, sondern einem ständigen Wandel unterliegen, ist sie auch in der Lage, die *Qualität einer Zeit* zu erklären, die in einem ganz bestimmten Augenblick – dem Zeitpunkt einer Geburt, einer Epoche oder eines Ereignisses – wirksam ist. Diese läßt sich an den Konstellationen der Gestirne wie auf einer Weltenuhr ablesen, weil alles nach einem einheitlichen großen Zeitplan funktioniert, der sich rhythmisch auf alle Lebewesen überträgt.

Der Zeitgeist, von dem so häufig die Rede ist, hat seinen Ursprung also im Rhythmus der Gestirne. Er beruht auf der zyklischen Veränderung der Planetenkonstellationen, die sich durch ihre unterschiedliche Umdrehungs- und Umkreisungsgeschwindigkeit ergeben. Und die Erkenntnis, daß es eine ständige Veränderung in den Beziehungsverhältnissen der Planeten gibt, ließ das Horoskop (die Stundenschau) entstehen. Somit ist das Horoskop nichts anderes als die Momentaufnahme eines Zeitpunktes, in dem die Beziehungsverhältnisse der Gestirne zueinander festgehalten werden, um aufgrund der Kenntnisse ihrer Energiequalität eine genaue Analyse der Kräfte und Energien zu erstellen, die im Leben zur Verfügung stehen. Dabei ist der Zeitpunkt der Geburt entscheidend, denn die Esoterik lehrt, daß die Qualität eines ganzen Lebens stets vom Anfang her bestimmt wird, aus dem sich der individuelle Rhythmus ableitet.

Grundlage der Astrologie bildet daher das esoterische Wissen, daß alle Lebewesen der Natur durch das Gesetz des Rhythmus in eine bestimmte Zeitqualität hineingestellt sind, und dieser große bestimmende Lebensrhythmus geht immer vom Zentralstern des Systems aus. Auf der Erde entsteht dieser Rhythmus natürlich durch die Sonne und die sie umgebenden Planeten. Doch weil das Zentrum unseres Bewußtseins sich (noch) auf der Erde befindet und nicht auf der Sonne, betrachtet die Astrologie die Bewegungen des Himmelsraumes vom geozentrischen Standpunkt aus. Deshalb stellen wir die Erde in den Mittelpunkt und nicht die Sonne, von der objektiv betrachtet der Rhythmus ausgeht. Auch steht die Erde – das Zentrum unserer Betrachtung – in Wirklichkeit ja nicht still, sondern sie dreht sich um sich selbst und um die Sonne. In der Astrologie betrachten wir sie dennoch als ruhend und übertragen die Bewegung auf eine gedachte und von uns wahrgenommene Himmelskuppel, auf der sich die Sternbilder und Planeten um unsere Erde zu drehen scheinen. Diese geozentrische Sicht bildet die Grundlage der astrologischen Betrachtung und – obwohl sie objektiv falsch ist – hat sie ihre Richtigkeit im System der Astrologie, die keine physischen Gegebenheiten erforscht, sondern die innere Zeitqualität, die sich an den jeweiligen Beziehungsverhältnissen der einzelnen Himmelskörper zueinander ablesen läßt.

Stellen wir also die Erde in den Mittelpunkt unserer Betrachtung, so sind aus dieser Perspektive im wesentlichen drei Arten von Bewegungen bedeutsam. Und wenn wir diese perspektivisch auf den Himmelsraum übertragen, scheinen sie exakt ineinanderzugreifen wie die Zahnräder eines Uhrwerkes, das den Weltenrhythmus bestimmt.

1. Der Tag
Die erste Bewegung ist die Drehung der Erde um ihre eigene Achse. Dadurch entstehen die beiden Pole und zwischen ihnen der *Erdäquator*. Die Dauer einer Erdumdrehung nennen wir *einen Tag*. Die Projektion des Erdäquators auf eine gedachte (und von uns wahrgenommene) Himmelskuppel nennen wir *Himmelsäquator*.

2. Das Jahr
Die zweite Bewegung ist die Drehung der Erde um die Sonne, die in einer kreisähnlichen Ellipse geschieht. Die Dauer einer solchen Umkreisung nennen wir *ein Jahr*. Infolge dieser zweiten Bewegung scheint die Sonne im Laufe eines Jahres eine Kreisbahn um die Erde zu ziehen. Diese Bahn der Sonne – die an den Fixsternhimmel projizierte Erdbahn – nennen wir *Ekliptik* oder *Zodiak*. Da die übrigen Planeten ebenfalls (mit einer geringen Abweichung) auf dieser Bahn zu wandern scheinen, bestimmt sie die Lage unseres Tierkreises.

Stünde die Erdachse senkrecht auf ihrer Bahnebene, so fielen Ekliptik und Himmelsäquator in einer Kreislinie zusammen. Da die Erdachse aber geneigt ist, bewegt sich die scheinbare Sonnenbahn nicht entlang des Äquators, sondern in einer Winkelabweichung von etwa 23°27', die nicht konstant ist, sondern jährlich um 0,43" kleiner wird. Aufgrund dieses Neigungswinkels entstehen zwei Schnittpunkte zwischen Äquator und Ekliptik, die als die beiden Aquinoktialpunkte bezeichnet werden und die beiden Tag- und Nachtgleichen des Jahres bilden.

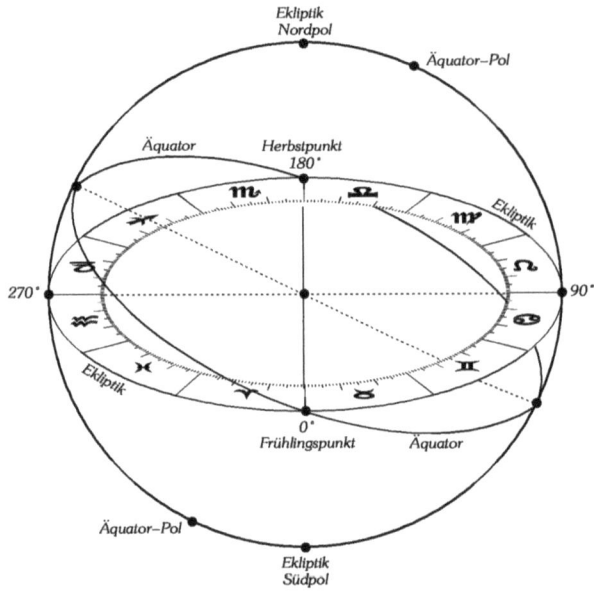

Wenn die Sonne auf ihrer Wanderung den Himmelsäquator von Süden nach Norden überquert, dann ist auf der nördlichen Halbkugel die Frühlings-Tagundnachtgleiche. Dieser Punkt heißt seit alters her *Frühlingspunkt*. Ein halbes Jahr später, wenn sie den entgegengesetzten Schnittpunkt überquert, ist die Herbst-Tagundnachtgleiche. Diesen Punkt nennen wir deshalb *Herbstpunkt*. Zwei weitere Punkte, die als die *Sonnwendpunkte* bezeichnet werden, entstehen jeweils zu Beginn des Sommers und des Winters, wenn die Sonne umkehrt und in entgegengesetzter Richtung wandert. So erhalten wir vier markante Zeitmarken, die jeweils den Beginn einer der vier Jahreszeiten kennzeichnen. Im Horoskop entsprechen sie den vier Quadranten, was später noch ausführlicher besprochen wird.

Um der Klarheit willen, fasse ich nochmals zusammen: Die Tierkreisenergien, die im astrologischen Sinne einen Menschen beeinflussen, stehen im Zusammenhang mit der Sonne, die ihre »scheinbare« Bahn durch die Himmelsräume zieht. Die Astrologie verwendet nicht die astronomischen Sternbilder (den siderischen Tierkreis), sondern die jährliche Sonnenbahn (den tropischen Tierkreis), die man sich wie einen Ring aus Energie um die Erde vorstellen kann, der durch Frühlings- und Herbstbeginn (Äquinoktien) sowie durch die beiden

Sonnwenden vier markante Zeitmarken hat. Diese scheinbare Sonnenbahn, die durch die Umkreisung der Erde um die Sonne hervorgerufen wird, bezeichnet man als *Ekliptik*. Auf ihr liegen die in der Astrologie verwendeten Tierkreiszeichen, die einen sekundären Erdtierkreis darstellen, eine Art Abbild des Ur-Tierkreises am Fixsternhimmel. Dieser Erdtierkreis ist eine zeitliche Entsprechung zu den ursprünglichen Sternbildern. Er entsteht durch die Unterteilung seiner Kreisbahn in zwölf gleiche Zeitabstände oder in zwölf Abstände von je 30°. Den Anfangspunkt dieses Erdtierkreises bildet der Frühlingspunkt (20. März), und dieser Punkt liegt immer im Widder, der – wie es seiner Grundbedeutung entspricht – stets den Beginn des Tierkreises darstellt.

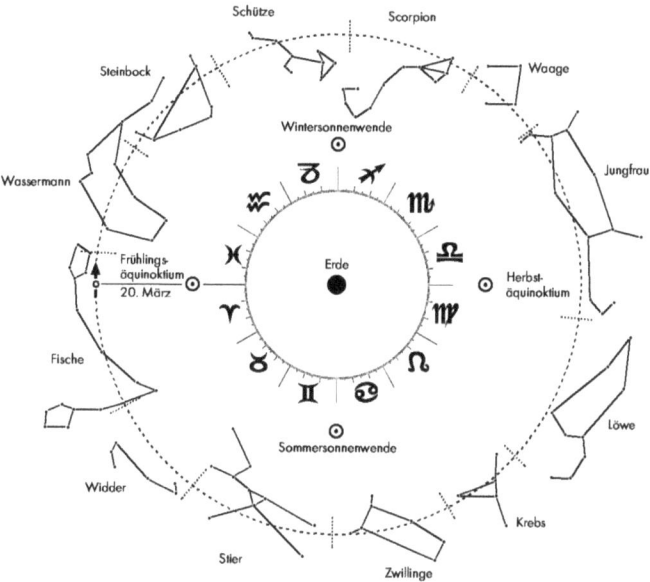

3. Das Platonische Jahr

Der Frühlings- oder Widderpunkt, mit dem der tropische Tierkreis beginnt, ist aber nicht konstant, sondern er verschiebt sich aufgrund der Dreh- und Pendelbewegung der Erdachse rückwärts, was die Äquinoktialpunkte in ca. 72 Jahren um ein Grad nach hinten wandern läßt. Diese Rückwärtsbewegung des Frühlingspunktes wird als *Präzession* bezeichnet. In einem Zyklus von ca. 25.900 Jahren (dem Platonischen Jahr) haben die Äquinoktialpunkte also wieder ihre Ausgangsposition erreicht. So befand sich der Frühlingspunkt vor etwa 2.160 Jahren bei 0° Widder, d.h. die Sternbilder und Tierkreisgrade der Sonnenbahn oder Ekliptik waren identisch. Heute besteht eine Verschiebung um fast ein (Tierkreis-)Sternbild. Doch dieser Tatbestand hat in der Astrologie keine Bedeutung, da sie ja auf dem tropischen Tierkreis beruht, der stets am 20. März mit dem Zeichen Widder beginnt. Damit wird auch der häufig geäußerten Kritik an der Astrologie der Boden entzogen, denn sie arbeitet ja nicht mit den astronomischen Sternbildern, und ihre Verschiebung hat auf das individuelle Horoskop keine Auswirkung.

Auf die Erde bezogen hat diese Wanderungsbewegung allerdings eine wichtige Bedeutung. Daher müssen wir zu den beiden Bewegungen, die die irdische Zeit erzeugen, noch eine dritte hinzufügen, nämlich die Rückwärtsbewegung des Frühlingspunktes entlang des Tierkreises. Dadurch entsteht das Platonische Jahr, das etwa 25.900 Jahre dauert, weil der Frühlingspunkt im entsprechenden Zeitraum einmal um den ganzen Tierkreis wandert. Diese Rückwärtsbewegung des Frühlingspunktes, das »Phänomen der Präzession«, wirkt sich ganz entscheidend auf die Entwicklung der Erde aus, denn sie läßt Epochen von ca. 2.160 Jahren entstehen, die jeweils eine deutliche Prägung durch ein Tierkreiszeichen haben. Gegenwärtig stehen wir an der Schwelle zum Wassermann-Zeitalter, und daraus ergeben sich viele Probleme und Umwälzungen, aber auch Chancen für ein neues Verständnis menschlichen Lebens.

Die drei beschriebenen Bewegungen oder Zeitebenen bilden die Grundlage astrologischer Betrachtungen. Sie bedingen die Qualität einer Zeit, die sich aus den rhythmischen, kreisförmigen Bewegungen der Himmelskörper in Beziehung zur Erde ergibt, und diese wirkt sich unmittelbar auf das Leben eines Einzelmenschen, der Erde und ganzer Zeitepochen aus. Denn alles ist eingebunden in den großen, alles durchdringenden kosmischen Rhythmus des Lebens, mit dem jedes kleinere Leben synchron verläuft, da alle Lebensformen mit der einen großen Schöpferkraft verbunden sind, die im Zentrum unseres Universums als der »bewegungslose Beweger« wirkt.

Der Tierkreis als Urbild des Lebens

*Bekanntlich ist »Bewußtsein« eine Form von
Energie, und »Leben« ist Energie an sich.*
Alice Bailey

Das Grundmodell des Lebens ist der Kreis als Symbol der Unendlichkeit, der weder Anfang noch Ende aufweist. Denn Leben ist Unendlichkeit, ein nie endender Strom aus Energie, der allgegenwärtig ist und niemals aufhören kann, weil er niemals begann.

Ist Leben aber Unendlichkeit, so kann individuelles Leben nur mit einer Zäsur beginnen, mit einem Einschnitt in den unendlichen Kreis des Lebens, der nun Anfang und Ende aufweist. Diese Erkenntnis versucht die Esoterik am Bild des Lebensrades auszudrücken, das auf allen Ebenen wiederkehrt. Es vermittelt die Vorstellung eines riesigen Räderwerkes, in dem sich unzählige kleinere Räder drehen, die einem jeweils analogen, aber kleineren individuellen Rhythmus folgen. So stellt der Beginn eines physischen Lebens eigentlich auch nur den Beginn eines eigenen Rhythmus dar, der einen neuen individuellen Anfangspunkt im »Urkreis des Lebens« setzt. Und dies ist der Zeitpunkt der Geburt, der Eintritt des Geistes in die physische Welt, mit dem ein neuer individueller Rhythmus beginnt, denn die Grundenergie jedes Lebens wird vom Anfangspunkt her bestimmt.

Der Tierkreis kann daher als universelle Entwicklungsordnung betrachtet werden, die im unendlichen Kreislauf des Lebens einen Anfangs- und Endpunkt setzt, der individuelles Leben ermöglicht. Denn im Ur-Tierkreis stellt Widder, als das Prinzip des Geistes und des Lebenswillens, den symbolischen Anfang des Lebenskreises dar. Er ist das Zeichen, das den Tierkreis in Bewegung setzt, um der Gestaltlosigkeit des Lichts eine Form zu geben, die sich dann über die einzelnen Stadien des Tierkreises stetig verändert, um schließlich wieder im großen Licht aufzugehen. Doch dies ist ein langer Prozeß, der sich über Äonen von Jahren erstreckt, und so erscheint der Tierkreis wie eine Geschichte, die lange zurückliegt und doch immer gegenwärtig ist. Er ist das Urbild jeglicher Entwicklung, die von Anfang an gesetzte Ordnung, die sich in Raum und Zeit entwickelt. Vom makrokosmischen bis zum mikrokosmischen Bereich findet sich eine dem Tierkreis analoge Ordnung überall dort, wo ein geschlossener Kreislauf von Geburt und Tod den Rhythmus des Lebens bestimmt. Und so können die zwölf Tierkreiszeichen auch als das Sinnbild jeglicher Entwicklung betrachtet werden. Sie sind die symbolischen Bilder einer Entwicklungsordnung in Raum und Zeit, die aus der Sprache der Astrologie – einer Sprache der Bilder und Symbole – erst in das rationale Denken übersetzt werden müssen, um in ihrem Bedeutungszusammenhang erfaßt zu werden. Jedes Tierkreiszeichen ist die notwendige Folge des vorangegangenen, denn im »Urkreis des Lebens« sind die einzelnen Bewußtseinsstadien festgehalten, die im Zusammenhang erst ein Ganzes ergeben. Wie die Glieder einer Kette folgt ein Tierkreiszeichen dem anderen. Jedes Zeichen löst das vorhergehende ab und verkörpert somit das nächste Stadium, bis die harmonische Ordnung des vollständigen Tierkreises sichtbar wird, in dem Anfang und Ende verschmelzen. Der Tierkreis birgt daher auch das Geheimnis jeglicher Entwicklung, und sein Ordnungsgefüge läßt sich auf allen Ebenen der Existenz wiederentdecken. Er erscheint als Kreislauf der Natur, wie er sich in den immer wiederkehrenden jahreszeitlichen Veränderungen zeigt, als Ablauf eines Tages, eines Jahres, eines Lebenszyklus oder aber eines noch längeren Zyklus irdischer Entwicklung.

So wird es uns nicht überraschen, daß wir im Kreis des Lebens als dem Symbol der Vollkommenheit und des Absoluten auch wieder den Zahlen 1–4 begegnen. Denn sie symbolisieren die grundlegenden schöpferischen Prinzipien der Welt, aus deren Kombination sich die innere Struktur der Lebensgesetze ablesen läßt.

Die Ordnung des Tierkreises

Der Tierkreis stellt nicht nur die Stufenfolge einer Entwicklung dar, sondern er enthält auch unterschiedliche Beziehungsketten, die einzelne Tierkreiszeichen miteinander verbinden. Diese Beziehungen entsprechen dem Urmodell des Schöpfungsvorganges, das in Kap. I beschrieben ist. Betrachten wir den Tierkreis also zunächst in seiner Tiefendimension, die uns wiederum den Zahlenschlüssel erkennen läßt, der jeglicher Schöpfung zugrunde liegt.

1. Der Tierkreis als Ganzes — Das Symbol der Eins

Im Tierkreis mit seinen zwölf schöpferischen Urprinzipien ist die Evolution des geistigen Bewußtseins dargestellt, die einer vorgegebenen Entwicklungsordnung folgt. Durch sie offenbart sich die Einheit des Geistes oder der Schöpferische Wille des Kosmos, das Leben an sich.

2. Die Polarität der Zeichen — Das Symbol der Zwei

Der Tierkreis enthält auch eine Zweiteilung in männliche oder positive und weibliche oder negative Zeichen, die sich abwechseln. Dabei werden männlich und weiblich hier in ihrer Ursymbolik als aktiv oder gebend und passiv oder empfangend verstanden, was dem chinesischen Yin und Yang entspricht. Aus dieser Polarität der Zeichen ergibt sich ebenfalls eine Entwicklungsordnung. Die männlichen Zeichen *Widder, Zwillinge, Löwe, Waage, Schütze, Wassermann* bringen die dynamisch-gestaltende, schöpferische Kraft stärker zum Ausdruck, die weiblichen Zeichen *Stier, Krebs, Jungfrau, Skorpion, Steinbock, Fische* haben bewahrenden und erhaltenden Charakter.

Auf dieser Ebene offenbart der Tierkreis die grundlegende Dualität alles Geschaffenen, den Gegensatz von Geist und Materie, der die Entwicklung von Bewußtsein erst möglich macht.

3. Die drei Kreuze — Das Symbol der Drei

Der Tierkreis enthält aber auch eine Dreiteilung: die drei Kreuze. Sie verbinden jeweils vier Tierkreiszeichen, die als *Kardinales Kreuz*, *Fixes Kreuz* und *Veränderliches Kreuz* bezeichnet werden.

In den drei astrologischen Kreuzen ist das Urbild der »Göttlichen Dreifaltigkeit« dargestellt. Sie symbolisieren die drei schöpferischen Grundprinzipien *Wille, Liebe-Weisheit, Intelligenz,* die hinter jeder Lebensform im Verborgenen wirken und erst im Zuge einer langen Evolution durch die physische Form zum Ausdruck kommen.

Auf dieser Ebene offenbart uns der Tierkreis die grundlegende Weisheit, daß allem Geschaffenen drei Urzustände schöpferischer Aktivität zugrunde liegen, die den Hintergrund der materiellen Entwicklung bilden.

Im Menschen entsprechen diese drei Kreuze den drei Aspekten seines Wesens *Geist, Seele* und *Körper*:

- Das Kardinale Kreuz – *Widder, Krebs, Waage, Steinbock* – hat eine Entsprechung zur geistigen Entwicklung des Menschen.
- Das Fixe Kreuz – *Stier, Löwe, Skorpion, Wassermann* – wirkt auf die Seelenentwicklung ein.
- Das Veränderliche Kreuz – *Zwillinge, Jungfrau, Schütze, Fische* – bewirkt die Entwicklung der Persönlichkeit.

Veränderliches Kreuz

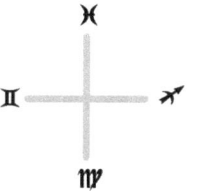

Heiliger Geist – physische Formwelt
PERSÖNLICHKEIT
Prinzip: Kosmische Intelligenz, die alle
         Vorgänge in der Natur regelt.

Fixes Kreuz

Sohn – Welt der Seele
SEELENBEWUSSTSEIN
Prinzip: Liebe-Weisheit, die alle Formen
         der Welt verbindet.

Kardinales Kreuz

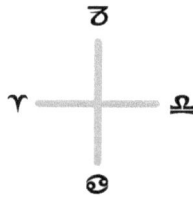

Vater – Geistige Welt
GEISTIGES BEWUSSTSEIN
Prinzip: Geistiger Wille, der durch
         die Liebe wirkt.

4. Die vier Elemente   –   Das Symbol der Vier

Der Tierkreis enthält aber auch eine Vierteilung, die vier Elemente *Feuer, Erde, Wasser, Luft*, die alten alchimistischen Anschauungen zufolge die vier Stufen des Seins symbolisieren.

Danach stellt Feuer die Mentalebene der Schöpfung dar, Erde die materielle oder physische Ebene, Luft die Ebene der Intuition und Wasser die Astralebene.

Diese vier Ebenen des Seins finden wir im Tierkreis in einer sich dreimal wiederholenden Folge der vier Elemente: Feuer, Erde, Luft und Wasser. Sie stellen die zwölf Zeichen in eine besondere Ordnung, deren tiefere Bedeutung im folgenden noch ausführlicher besprochen wird.

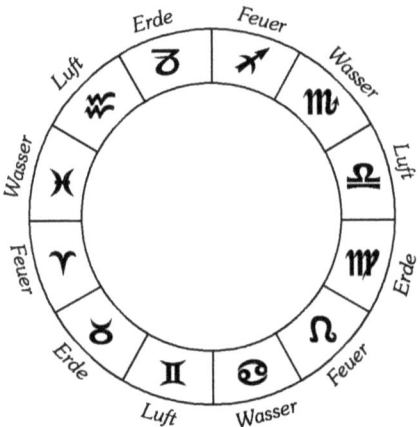

5. Die drei Zeichen eines Elements — Die Zwölf

Jedes der vier Elemente enthält wiederum drei Zeichen. Sie bilden eine hierarchische Entwicklungsordnung innerhalb des jeweiligen Elements, die den drei Aspekten Geist, Seele und Körper entsprechen.

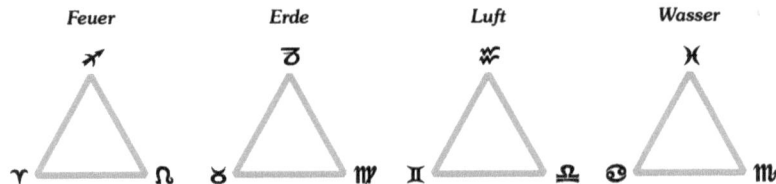

Die Zwölfteilung des Tierkreises ergibt sich also dadurch, daß jeweils drei Tierkreiszeichen mit den vier Elementen verbunden werden. So entdecken wir im Urkreis des Lebens, der das Entwicklungsschema des menschlichen Bewußtseins darstellt, auch wieder die Verbindung aus drei und vier, die jeglicher Bewußtseinsentwicklung zugrunde liegt.

Der Tierkreis als Urbild des Lebens 115

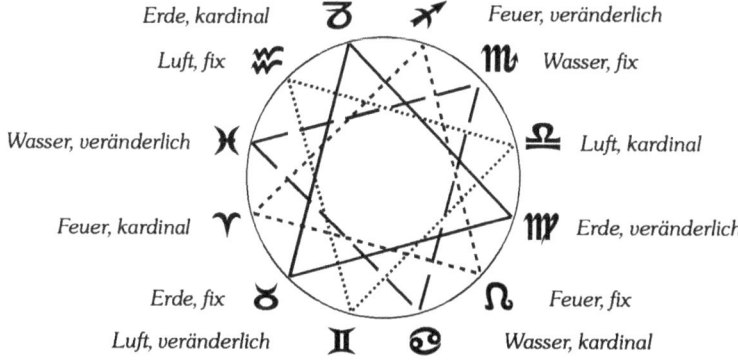

Die Ordnung des Tierkreises ist also nicht willkürlich. Sie ist esoterisch-wissenschaftlich, tiefgründig und vielschichtig, eine Einheit in der Vielheit, denn sie ist wohl durchdacht und auf jeder Ebene der Betrachtung analog und in sich stimmig. Dies soll anhand der folgenden Zusammenfassung nochmals demonstriert werden.

Die Feuerdreiheit

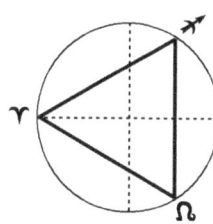

Vom Widder ausgehend haben wir zuerst das dreifache Feuer. Widder ist ein Zeichen des Kardinalen Kreuzes, Löwe des Fixen Kreuzes und Schütze des Veränderlichen Kreuzes.

Das Element Feuer bezieht sich auf die Welt des Geistes und ist seiner Natur nach dynamisch-aktiv. Deshalb ist das erste Feuerzeichen auch ein aktives oder kardinales Zeichen.

Die Erddreiheit

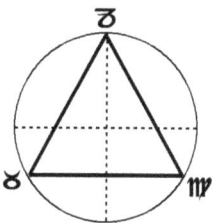

Dann kommt die Dreiergruppe der Erde, die mit dem Zeichen Stier beginnt. Stier ist ein Zeichen des Fixen Kreuzes, Jungfrau des Veränderlichen Kreuzes und Steinbock des Kardinalen Kreuzes.

Das Element Erde bezieht sich auf die physische Materie, die Form oder Stabilität gibt. Deshalb ist das erste Erdzeichen auch ein fixes Zeichen.

Die Luftdreiheit

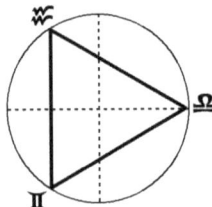

Darauf folgt die Triade der Luft, die mit Zwillinge beginnt. Zwillinge gehört zum Veränderlichen Kreuz, Waage zum Kardinalen Kreuz und Wassermann zum Fixen Kreuz.

Das Element Luft bezieht sich auf die Beweglichkeit des Denkens. Es symbolisiert die Polarität im Raum, dessen Prinzip der Wechsel von einem Zustand in einen anderen ist. Deshalb ist das erste Luftzeichen, Zwillinge, ein veränderliches Zeichen.

Die Wasserdreiheit

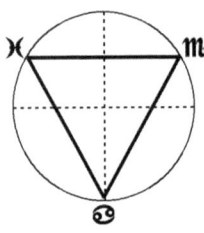

Als letztes folgt die Wasserdreiheit, die mit Krebs beginnt. Das erste Zeichen Krebs ist ein kardinales, das zweite Skorpion ein fixes und das dritte Fische ein veränderliches Zeichen.

Das Element Wasser bezieht sich auf die Welt der Gefühle, die auf der physischen Ebene Aktivität auslösen. Deshalb ist das erste Wasserzeichen Krebs auch ein kardinales Zeichen.

Wir finden im Tierkeis also eine zyklische Variation des Viererprinzips in der Dreiheit, in der sich das Geheimnis jeglicher Bewußtseinsentwicklung verbirgt.

Die geistige Bedeutung des Tierkreises

Der Tierkreis als Ganzes – Die Ebene der Eins

Betrachten wir den Tierkreis als Ganzes, so können wir darin die Stufen einer Entwicklungsordnung erkennen, die das Bewußtsein der Menschheit im Laufe einer unendlich langen Evolution vom unbewußten Urmenschen zum geistigen Menschen durchläuft.

Die Zeitlose Weisheit lehrt, daß es die Bestimmung des Menschen ist, sich seiner selbst als Seele bewußt zu werden, um dadurch Licht und Liebe in das Dunkel der Welt zu bringen. Die gesamte evolutionäre Entwicklung zielt darauf ab, den Menschen zu Selbstbewußtsein zu führen, indem er sich zunehmend als Seele im physischen Körper wahrnimmt und schließlich begreift, daß er ein geistiges Wesen ist, das latent die Fähigkeit besitzt, den physischen Körper zu beherrschen und ihn nach seinem geistigen Willen zu formen und umzugestalten. Aus diesem Grund inkarniert die Seele immer wieder in der physischen Welt, um hier – eingeschlossen von vier Körpern – zur Erkenntnis ihres wahren Selbst zu gelangen. Doch wie müssen wir uns das konkret vorstellen?

Wir haben bereits erkannt, daß der Mensch, wie alles im Kosmos, ein dreifaches Wesen ist, nämlich Geist, Seele und Körper. Wir haben außerdem gesehen, daß wir unser Entwicklungsziel nur durch fortwährende Reinkarnation erreichen, was bedeutet, daß die Körper abgelegt werden und das Bewußtsein – das wahre Selbst – weiterbesteht, um sich nach Ablauf einer gewissen Zeit wieder einen neuen Körper zu erschaffen. In diesem Zusammenhang sollten wir uns aber bewußt sein, daß nicht die Persönlichkeit wiedergeboren wird, sondern die Geist-Seele oder unser Bewußtsein, das die Erfahrungen aller Leben speichert und als Grundlage jeder neuen Inkarnation mit ins Leben bringt. Denn die Seele ist unser wahres Selbst, das sich im Physischen inkarniert. Sie ist es, die sich auf die »Reise um den Tierkreis« begibt, um sich in der Dimension von Raum und Zeit ihrer selbst bewußt zu werden. Die Esoterik spricht in diesem Zusammenhang vom »Rad des Lebens«, das sich dreht, bis der Mensch durch bewußte (Gott-) Erkenntnis Befreiung vom Kreislauf der Wiedergeburt erreicht hat. Auch dies ist wiederum nur eine Illustration des Tierkreises, dessen einzelne Zeichen jeweils eine Station auf dem »Lernpfad der Menschheitsseele« darstellen. Denn ihre Aufgabe ist es, alle Tierkreis-Energien zu erkennen, zu nutzen und immer vollkommener zum Ausdruck zu bringen.

Dies ist ein unendlich langer Prozeß, der sich natürlich nicht in einem Leben vollziehen kann, sondern nur in vielen aufeinanderfolgenden Inkarnationen, in denen diese Energien der Reihe nach immer wieder erfahren, in ihrer Zielsetzung erkannt und zunehmend bewußter eingesetzt werden. So wandert die Seele also unzählige Male um den Tierkreis – doch jeweils auf einer höheren Stufe des Bewußtseins – bis sich der Sinn ihres Daseins erfüllt hat. Zu diesem Zweck schafft sie sich in jedem Leben eine neue Persönlichkeit, die ihr auf der physischen Ebene als Werkzeug dient, denn nur über die Persönlichkeit – die Synthese der vier Körper – kann sie mit der Welt Kontakt aufnehmen. Und diese Persönlichkeit wird jedes Mal in einem anderen Zeichen des Tierkreises geboren, um der Seele die Erfahrung jedes Zeichens zu ermöglichen, bis sie alle in ihren Energiewirkungen, ihren Zielen und Möglichkeiten bewußtseinsmäßig erkannt hat und vollkommen zum Ausdruck bringen kann.

Aus diesem Grund können wir den Tierkreis auch als *Pfad des Bewußtseins* betrachten, auf dem die menschliche Seele Stufe um Stufe voranschreitet, bis das Endziel der Befreiung aus der Materie erreicht ist. Wir werden die Tierkreiszeichen daher zunächst auf globaler Ebene als die zwölf Stufen menschlicher Bewußtwerdung betrachten. So können wir versuchen, den universellen Schöpfungsplan zu verstehen, der von Anfang an feststeht und an dessen Gestaltung wir bewußt mitwirken können, sobald wir sein Geheimnis entschlüsseln.

Machen wir also einen Bewußtseinssprung, verändern wir die Perspektive und betrachten wir anhand der ewigen Tierkreisordnung die Erfahrung, die die menschliche Seele macht, wenn sie die Erde berührt und sich auf ihre Entwicklungskräfte einläßt. Versuchen wir uns einzufühlen in den gigantischen Entwicklungsplan, den das menschliche Bewußtsein noch vor sich hat und der unser aller Zukunft darstellt.

Der Tierkreis als Pfad des Bewußtseins

Die zwölf Tierkreiszeichen stellen die zwölf Stufen eines Ganzen dar, das sich aber erst im Laufe der Evolution voll entfaltet. So kann der Tierkreis auch als Entwicklungsweg betrachtet werden und – auf den Menschen bezogen – als das Urbild seines Bewußtseins, das sich erst im Laufe unzähliger Inkarnationen zur Ganzheit entwickelt und dadurch seine eigentliche Bestimmung erreicht.

Wenn wir den Erfahrungsweg der Seele um den Tierkreis betrachten, sollten wir uns bewußt sein, daß eine Inkarnation nicht nur ein physischer Vorgang ist, sondern einen Parallelvorgang auf feinstofflichen Ebenen bedingt, der der physischen Geburt vorausgeht.

Die ersten drei Zeichen des Tierkreises[27] *Widder, Stier, Zwillinge* sind innere »subjektive« Zeichen. In ihnen spiegeln sich die drei kosmischen Prinzipien *des Willens, der Liebe und der Aktiven Intelligenz*, die ein Mensch über seine drei feinstofflichen Körper durch Entwicklung immer vollkommener zum Ausdruck bringen muß. Widder, Stier, Zwillinge entsprechen symbolisch der vorgeburtlichen Phase, in der die Seele die Schwingungsmuster des Mentalkörpers, des Astralkörpers und des Ätherkörpers aufbaut, die der physischen Existenz zugrunde liegen und der jeweiligen Bewußtseinsstufe entsprechen.

1. Phase: Widder

Widder ist immer das Stadium des Beginns, der erste Schritt zur physischen Manifestation. In diesem Zeichen beginnt der Abstieg der Seele in die Materie, was – analog dem großen Schöpfungsakt – durch Gedankenkraft geschieht.

> *»Im Anfang war das Wort ...«*
> *Johannes Evangelium*
> *»Und Gott sprach, es werde Licht ...«*
> *Genesis I*

Zu diesem Zweck umgibt sich die menschliche Seele – die ihrem Wesen nach Licht ist – mit einer Hülle aus mentaler Substanz. So tritt der Mentalkörper des Menschen in Erscheinung, durch den sich der Geistaspekt oder der Wille der Schöpfung zum Ausdruck bringt.

---

[27] Diese Darstellung bezieht sich auf die Stufen menschlicher Bewußtwerdung und ist nicht identisch mit dem individuellen Horoskop, in dem Widder den Anfang des ersten Quadranten bildet.

Widder stellt daher den Beginn des nach außen drängenden Willens-zum-Leben dar, den ersten Impuls zur Manifestation einer »denkenden Seele«, die eine Differenzierung der Weltseele ist.

2. *Phase:* Stier
Stier verkörpert die Energie der Begierde oder des Verlangens, das die Seele zur Erfahrung treibt und die Anziehung an die Welt bewirkt. Zu diesem Zweck umgibt sich die menschliche Seele im Stier mit einer weiteren Hülle, dem Astralkörper, der die Bindung an die physische Ebene und das empfindungsmäßige Wahrnehmen der Welt ermöglicht. Dies ist die Entstehung der »empfindenden Seele« oder der menschlichen Liebe, die auf Begehren beruht.

In diesem Zeichen lernt die Seele, das Verlangen nach empfindendem Dasein zu leben, um es am Ende wieder aufzugeben, wenn der Kreislauf der Inkarnationen sich erschöpft hat. Denn es gibt – wie schon Buddha lehrte – keine menschliche Inkarnation ohne Wunschbindung an die Welt. Wir werden also aufgrund des eigenen Begehrens immer wieder in die Welt geboren, und hört dieses auf, so erreichen wir die Befreiung vom Rad der Wiedergeburt.

3. *Phase:* Zwillinge
Zwillinge ist das Zeichen, das die grundlegende Dualität der Schöpfung zum Ausdruck bringt. In diesem Stadium des Abstiegs in die Materie schafft sich die Seele eine dritte Hülle, den Äther- oder Energiekörper, der ein Spiegel der Seele ist und dem Menschen Vitalität verleiht. Dies ist die Entstehung der »lebendigen Seele«, denn über den Ätherkörper erhält der Mensch seine Lebensenergie, und er ist es auch, der den physischen Körper mit dem gesamten Leben des Kosmos verbindet. Im Stadium der Zwillinge liegt deshalb auch der Ursprung unseres dualen Bewußtseins, das uns zugleich göttlich und menschlich macht.

Die ersten drei Zeichen *Widder, Stier, Zwillinge,* in denen der Lebenswille, die Wunschnatur und die Vitalität des Menschen ihren Ursprung haben, symbolisieren die drei fundamentalen Antriebskräfte der menschlichen Seele, die erst im vierten Zeichen Krebs ihren materiellen »objektiven« Ausdruck finden. Um dies leichter zu verstehen, wollen wir nochmals auf die Symbolik der Bibel zurückkommen. Sie bietet uns das Bild des Gartens Eden, der der physischen Geburt oder dem »Fall aus dem Paradies« vorausgeht.

Widder entspricht Adam, dem Urbild des Menschen, dem Prinzip des Geistes oder der männlichen Seite der menschlichen Natur. *Stier* ist Eva, die andere Hälfte des Menschen, denn sie wurde aus einer Rippe oder besser aus einer Seite Adams gemacht. Sie symbolisiert die Materie oder die weibliche Seite der Natur. Widder und Stier sind daher die beiden Seiten der kosmischen Energie des Willens, die als Wille oder Begehren in Erscheinung tritt. Im Widder zeigt sich dieser Wille im Bereich der Ideen und Gedanken, im Stier durch Verlangen und intelligentes Wünschen. Diese beiden Energien bilden den Antrieb für unsere Entwicklung, denn sie bewirken in uns unbewußt ein ständiges Vorwärtsdrängen, das unsere Evolution bedingt.

Zwillinge, das dritte subjektive Zeichen, wird durch den Baum der Erkenntnis symbolisiert, der dem Menschen die Fähigkeit verleiht, zwischen »Gut und Böse« zu unterscheiden. Dies ist eine Metapher für die schöpferische Kraft des Denkens, die dem Menschen »Gott-Ähnlichkeit« verleiht. Denn im Denken liegt die Fähigkeit, Geist und Materie als die beiden Polaritäten alles Geschaffenen wahrzunehmen und im Bewußtsein auf schöpferische Weise zu einer Einheit zu verbinden. Diese Fähigkeit, Unterschiede wahrzunehmen und ihre Beziehung zu erkennen, die die Seele im Stadium Zwillinge erwirbt, bildet die Grundlage unseres Intellekts, der uns zu Selbsterkenntnis und schließlich zu Gott-Erkenntnis führt, wenn wir gelernt haben, das Göttliche in uns selbst zu entdecken und zum Ausdruck zu bringen.

Das unterscheidende Denken, das sich der Mensch ja gegen das Verbot Gottes erwarb, hat ihn aber aus dem Paradies vertrieben. Es gab ihm die Freiheit, sich gegen den Geist und für die Materie zu entscheiden, eine Freiheit, die nur der Mensch hat, denn nur er kann sich gegen Gott auflehnen. Er aß vom Baum der Erkenntnis, um *»wie Gott zu werden«* und *»da wurden ihnen die beiden Augen aufgetan, und sie wurden gewahr, daß sie nackt waren ...«* (Genesis 3). Die Fähigkeit zu denken, die uns vom Tier unterscheidet, läßt uns vorübergehend in das Bewußtsein einer dualen Welt eintauchen, denn solange wir mit den beiden physischen Augen sehen – und nicht mit dem Dritten Auge –, sehen wir nicht, daß Geist und Materie eins sind.

Die Entwicklung des menschlichen Bewußtseins beginnt daher – wie der große Schöpfungsakt – mit der Trennung zwischen Geist und Materie oder dem Ur-Männlichen und Ur-Weiblichen, das den Ursprung der sexuellen Anziehung bildet (die Schlange als Verführerin). So wird der Boden für den Fall in die physische Existenz bereitet, die sich im nächsten Zeichen Krebs ereignet. In Genesis 3,21 heißt es weiter

»Gott, der Herr, machte Adam und Eva Röcke aus Fellen und bekleidete sie damit«, was einen symbolischen Hinweis auf den Tierkörper darstellt, der evolutionsgeschichtlich den Ausgangspunkt der menschlichen Entwicklung bildet.

Denn das Verlangen nach Wissen, das durch die verbotene Frucht des »Baumes der Erkenntnis« seinen Anfang nimmt, bewirkt den Eintritt der Seele in das duale Bewußtsein der objektiven Welt, das uns die Wirklichkeit nur in Gegensätzen erkennen läßt. Diese Gegensätze werden zunächst im Physischen erlebt, bis sich unsere Wahrnehmung allmählich auch auf die geistigen Ebenen des Seins erstreckt und uns die Erkenntnis bringt, daß die Dualität ein kosmisches Prinzip ist, das auf jeder Ebene der Existenz als kosmische Sexualität existiert und die Erscheinungswelt bedingt. Und indem wir dies begreifen, wird uns bewußt, daß wirkliche Einheit nicht durch sexuelle Vereinigung mit dem anderen Geschlecht zu erreichen ist, sondern nur durch Vereinigung der männlichen und weiblichen Seite unseres eigenen Wesens, die als Seele und Körper zum Ausdruck kommen.

Die folgenden neun Zeichen – *Krebs bis Fische* – sind »objektive« Zeichen, denn Krebs stellt symbolisch den Fall aus dem Paradies dar, mit dem der lange und mühevolle Weg der Bewußtwerdung in der physischen Welt beginnt.

4. Phase: Krebs

Krebs ist das Tor zur physischen Geburt, denn hier umgibt sich die Seele mit einem weiteren Körper, dem dichten physischen. Nun tritt sie als lebendiger Akteur auf der physischen Ebene in Erscheinung und äußert sich zunächst durch ein instinktives Gefühlsbewußtsein oder als das »Wissen aus dem Bauch«, das uns oft spontan richtig handeln läßt, ohne daß wir es verstandesmäßig erklären könnten.

Dieses Bewußtsein, das aus der Verbindung von Seele und Körper entsteht, umfaßt unsere gesamte Instinktnatur, die alle unsere körperlichen Triebe und Wahrnehmungen steuert. Es äußert sich aber auch als Gefühl der Verbundenheit auf körperlicher Ebene, wie beispielsweise der Mutterliebe, die sich nicht auf den Menschen beschränkt, sondern als Instinkt auch im Tierreich vorhanden ist. Die Esoterik bezeichnet dieses Stadium der Wahrnehmung als das Empfinden der »Tierseele«, die das Erbe unserer Vergangenheit ist und uns befähigt, gefühlvoll-empfindend auf Menschen und Tiere zu reagieren.

Krebs stellt daher die erste Stufe der Seelenerfahrung in der Welt dar, das Stadium des Massenbewußtseins, in dem ein Mensch sich noch mit dem gefühlsmäßigen Erleben und Erleiden der Masse identifiziert. Dies macht ihn abhängig vom Umfeld, in dem er lebt, denn sein Bewußtsein ist noch nicht individualisiert, und so wird sein Denken auch weitgehend von Traditionen, der öffentlichen Meinung und von allgemeinen Trends bestimmt. Weil es noch keine bewußte Eigenwahrnehmung gibt, identifiziert sich der Mensch dieser Ebene noch nicht mit sich selbst, sondern mit der Nation, der Rasse, dem Verein oder der Familie, die ihm als übergeordnete Gruppe zur eigenen Identifikation dient.

5. Phase: **Löwe**
Wenn ein Mensch sich durch individuelle Entwicklung vom Massenbewußtsein im Krebs gelöst und Eigenbewußtsein gewonnen hat, erreicht er bewußtseinsmäßig das Stadium Löwe. Nun erlebt er sich als ein Selbst in Konkurrenz zu anderen und versucht, sich zu profilieren, indem er seine Einmaligkeit und Eigenständigkeit betont. Löwe stellt daher den Höhepunkt der Persönlichkeitsentwicklung dar, ein Stadium, in dem ein Mensch sich durch innere Unabhängigkeit und Führungseigenschaften auszeichnet. Sein Bewußtsein ist individuell geworden, und er hat sich zu einer Persönlichkeit entwickelt, die sich durch Selbstbewußtsein, mentale Integration, persönliche Leistungsfähigkeit und individuelle Kreativität auszeichnet.

6. Phase: **Jungfrau**
Das Stadium Jungfrau stellt die Geburtskrise der individuellen Seele dar. Durch erste schwache Impulse, ein sich entwickelndes (Umwelt-)Gewissen und in wiederholten Sinnkrisen des Lebens macht sie ihre Gegenwart fühlbar. Denn in der Entwicklung von der Ich-bezogenen Persönlichkeit, die ihren Höhepunkt im Löwen erreicht, zur seelenbewußten Persönlichkeit muß ein Mensch seine individuellen Wünsche und Bedürfnisse mit den Erfordernissen der Umwelt in Einklang bringen.

Im Stadium Jungfrau beginnt das Bewußtsein aufzukeimen, daß der Körper ein unverzichtbares Ausdrucksmittel des Seelischen ist und daher einer gewissen Rücksicht und Fürsorge bedarf. Emotionales, spontanes Handeln, das sich nur am eigenen Erleben orientiert, wird nun durch ein vorausschauendes Denken und vernünftiges Planen ersetzt, um die menschliche Existenz nicht zu gefährden. Überdies wird sich der Mensch nun zunehmend bewußt, daß er seinen Charakter formen muß, denn durch dichte, Ich-bezogene und auf persönliche Befriedigung konzentrierte Gedanken kann das innere Licht der Seele nicht nach außen scheinen. Diese Erkenntnis bildet auch den esoterischen Hintergrund des biblischen Gebotes »*Ihr sollt euer Licht nicht unter einen Scheffel stellen*« und der Geschichte von den sechs klugen und den sechs törichten Jungfrauen.

So stellt Jungfrau – das Symbol der Reinheit – im Entwicklungsprozeß des menschlichen Bewußtseins auch das Stadium einer inneren Krise dar, durch die die Persönlichkeit »geläutert« wird und der Mensch schließlich erkennt, daß die »*Vernunft der Offenbarung der Seele immer vorausgeht*« (Alice Bailey). Und wenn diese Erkenntnis auch im täglichen Leben ihren Niederschlag findet, erlebt der Mensch seine »zweite Geburt«[28], die in der Bibel erwähnt wird.

Im Stadium Jungfrau hat das emotionale Eigenbewußtsein seinen Höhepunkt erreicht, und nun beginnt die Öffnung für die Mitwelt, die erst auf der Ebene des Denkens bewußt erlebt wird.

7. Phase: **Waage**

Wenn ein Mensch das Bewußtseinsstadium Waage erreicht, beginnt er, die Dualität seines Wesens, die ihn zwischen äußeren und inneren Zielsetzungen seines Lebens schwanken läßt, zunehmend in ein ausgewogenes Verhältnis zu bringen. Sein »Ich-Bewußtsein« wandelt sich allmählich in ein »Wir-Bewußtsein«, denn in dieser Phase wird er fähig, die anderen in ihrem Selbstverständnis bewußt als anders wahrzunehmen und sie dennoch als gleichwertige Partner zu akzeptieren. Dadurch tritt das Konkurrenzdenken in den Hintergrund, und der Mensch erlebt sich nun als Teil einer Gemeinschaft, in der die divergierenden Interessen der Menschen fair und gerecht aufeinander abgestimmt werden müssen. Auf diese Weise wird ein Gleichgewicht zwischen den Zielen der Persönlichkeit und der Seele erreicht.

Die menschlichen Werte, wie Gerechtigkeit, Fairneß, Partnerschaft, treten nun deutlicher ins Bewußtsein und werden zu Leitlinien des Handelns, sobald ein Mensch gelernt hat, Persönlichkeits- und Gemeinschaftsinteressen harmonisch aufeinander abzustimmen. So werden Harmonie und gerechte Verteilung der Güter erreicht, die die Grundlage eines friedlichen Zusammenlebens zwischen Menschen bilden.

---

[28] »Jesus antwortete: ... Wenn jemand nicht von neuem geboren wird, kann er das Reich Gottes nicht sehen.« (Johannes 3,3)

8. Phase: **Skorpion**

Skorpion stellt das Stadium der Seelenentwicklung dar, in dem ein Mensch sich bewußt wird, daß spirituelle Entwicklung nur durch Transformation möglich ist. Dieses Stadium, das die Esoterik als Beginn der »Jüngerschaft« bezeichnet, ist nochmals gekennzeichnet durch Kampf und innere Konflikte, denn nun muß sich ein Mensch von seiner »Tier-Seele« befreien, die ihn an den Körper bindet. Dies bedeutet eine völlige Neu-Orientierung der Persönlichkeit, die sich zunehmend von den Begierden und Triebkräften der Körpernatur lösen soll. So muß er sich auch mit seiner Sexualität auseinandersetzen, denn durch die Umwandlung der sexuellen Energien in geistige Energien wird die Transformation des menschlichen Bewußtseins in ein geistiges Bewußtsein erreicht.

Dieses Wissen bildet den Hintergrund vieler östlicher Yoga-Systeme, mit denen versucht wird, den Vorgang der Transformation durch bewußte Energielenkung zu beschleunigen.

Das Ziel dieser Entwicklungsphase ist der Sieg des Geistes über die Materie oder die Unterwerfung der Persönlichkeit unter die Ziele der Seele. Nun muß das im Löwen erworbene Eigenbewußtsein überschritten werden, um sich für die Wahrheit zu öffnen, daß der Einzelne Teil der Menschheit ist, die seelisch ein untrennbares Ganzes bildet. Dies erfordert eine völlig neue gedankliche Haltung, die nur durch intensives Bemühen und einen entschlossenen Willen erreicht werden kann, mit dem es dem Menschen schließlich gelingt, sich aus seiner destruktiven Emotionalität und der Bindung an die Materie zu befreien.

Skorpion stellt im Evolutionsprozeß des menschlichen Bewußtseins daher eine Stufe der Entwicklung dar, die die Mehrheit noch nicht erlebt hat, denn es ist das Zeichen der Erprobungen und Prüfungen, durch die der »Saulus zum Paulus« werden muß, um für eine »Einweihung« reif zu werden.

9. Phase: **Schütze**

Wenn ein Mensch auf seinem irdischen Seelenweg im Bewußtsein des Schützen lebt, hat er durch mentale Entwicklung Gedankenkontrolle erreicht. Sein Leben wird nun von einer klaren ethischen Haltung und einer geistigen Zielsetzung bestimmt. Die materielle Welt mit ihren Verführungen und Verlockungen wird in ihrer Oberflächlichkeit durchschaut und verliert dadurch ihre Anziehung, denn der Blick des geistig erwachten Menschen ist auf das »Licht des Pfades« gerichtet, das er jetzt nicht mehr aus den Augen verliert.

Die sexuelle Energie und die Wunschkraft bilden nicht mehr die Triebfedern des Handelns, denn sie wurden durch Meditation in eine geistige Schöpferkraft umgewandelt, die dem Menschen ermöglicht, sein Leben bewußt zu gestalten und seine Berufung durch Intuition zu erfassen.

Diese Phase, die für die Mehrheit der Menschen noch in der Zukunft liegt, ist gekennzeichnet durch Konzentration, Zielgerichtetheit und die Fähigkeit, durch Gedankenkraft auf das eigene Leben und die Umwelt einzuwirken. Die Esoterik beschreibt diese Bewußtseinsstufe als »angenommene Jüngerschaft«, denn nun ist ein Mensch zum geistigen Schöpfer seines Lebens geworden und zum Anwärter auf die Einweihung, die im Steinbock erlebt wird.

Im Stadium Schütze ist die individuelle Entwicklung des Menschen vollendet, und das Bewußtsein wendet sich nun langsam wieder nach innen auf der Suche nach dem verlorenen Paradies oder der Einheit des Lebens, die im Grunde unseres Herzens als Sehnsucht und Erinnerung geblieben ist. So beginnt die Entpersönlichung des Bewußtseins, die uns am Ende unseres Erfahrungskreislaufes – bereichert durch individuelle Erfahrung – wieder in den Zustand der Einheit zurückbringt.

10. Phase: **Steinbock**

Steinbock ist das »Tor zur Einweihung« oder zur geistigen Geburt. In dieser Phase hat sich der Wille erfüllt, der im Widder seinen Anfang nimmt und den Menschen auf der Evolutionsleiter vorantreibt. Denn durch »angewandten Willen« erreicht der Mensch – über die Stadien stufenweisen ehrgeizigen Strebens um Einfluß und Macht, aber auch um Selbsterfahrung und Erkenntnis – schließlich die geistige Klarheit, den Plan der Schöpfung in seinem Bewußtsein zu erkennen. Nun weiß er, daß sein Leben eingebunden ist in einen gigantischen Schöpfungsplan, in dem es darum geht, die Materie zum Ausdrucksmittel der Seele zu machen. Er wird sich bewußt, daß die Vorstellung eines individuellen, persönlichen Lebens eine Illusion ist, denn er sieht nun klar, daß sein eigenes Leben ja nur ein winziger Teil eines größeren Lebens ist, das ihn atmet und dessen Absicht er zum Ausdruck bringt. Durch diese Erkenntnis und das stufenweise Begreifen einer »höheren Absicht«, die sein Leben lenkt, hört die Identifikation mit der Persönlichkeit auf, und der Einzelne unterstellt sich dem höheren Willen des Ganzen, den er mit zunehmender »Entpersönlichung« immer bewußter wahrnimmt.

Dieses stufenweise Erkennen des größeren Lebens (das wir Gott nennen) und die Identifikation mit seiner Absicht und Zielsetzung bewirken gleichzeitig eine stufenweise Durchlichtung oder Transformation aller Zellen des Körpers. Und wenn dieser Vorgang abgeschlossen ist, strahlt das Seelenlicht ungehindert durch den physischen Körper nach außen (Heiligenschein).

Dieses Stadium der Durchlichtung bezeichnet die Esoterik als die erste große Einweihung der Seele, bei der der physische Körper des Menschen verklärt wird. Diese Einweihung, der viele kleinere Bewußtseinserweiterungen, aber auch zahlreiche Lebenskrisen und Prüfungen vorausgehen, bildet den Abschluß der persönlichen Entwicklung, denn nun hat die Formnatur durch vollkommene Entfaltung der Chakras ihre Vollendung erreicht. In der Bibel wird dieser Vorgang durch die »Verklärung Jesu auf dem Berge« (Matth. XVII/1-8) beschrieben, ein Ereignis, das für die meisten von uns natürlich noch keine erlebte Realität sein kann, das uns allen aber in Zukunft einmal bevorsteht. Ein Mensch, der diese Einweihung erlebt hat, kennt den Schöpfungsplan, der hinter allem physischen Geschehen wirkt, und besitzt die Fähigkeit, die geistig erfaßte Wahrheit auch im Physischen zu demonstrieren.

»Einweihung ist der Beweis dafür, daß man intuitives Verstehen in zweckmäßiger Weise zum Ausdruck bringt.«
Alice Bailey

11. Phase: **Wassermann**

Das Stadium Wassermann symbolisiert das Ideal wahren Menschseins. Es stellt die Stufe des Bewußtseins dar, auf der sich der Einzelne seiner geistigen Bruderschaft mit seinen Mitmenschen wirklich bewußt wird. Er erkennt sich als Teil der Menschheit und erwacht so zum wahren Menschen, der in der *Offenbarung des Johannes* als Engel dargestellt wird.

In dieser Phase ist die Beziehung zu anderen durch Liebe und eine geistige Lebensweise gekennzeichnet, was bis heute natürlich erst wenige weit fortgeschrittene Menschen, Eingeweihte oder »Meister der Weisheit« erreicht haben. Ihr Denken und Handeln ist nicht mehr persönlich, sondern universal. Sie wirken meist unauffällig im Hintergrund des Weltgeschehens, um der Menschheit in ihrer Entwicklung zu helfen, denn erwachte Seelen, deren Wesen Licht und Liebe ist, offenbaren sich im Dienst an der Welt.

Das Ziel dieses Zeichens ist Gruppenbewußtsein und Weltdienst, ein Grundgedanke, der auch im Ur-Christentum enthalten war und den wahren Kern dieser Religion bildet, denn unmittelbar nach dem Abstieg vom Berggipfel, auf dem Jesus die Einweihung empfing, begann er wieder zu dienen durch Wort und Tat.

12. Phase: **Fische**

Fische ist das Stadium des Welterlösers, das nur wenige Auserwählte berufen sind, wirklich zu leben. Hier beweist die vollendete Einzelseele, daß sie sich durch den »Tod der Persönlichkeit« endgültig von der Formnatur befreit hat. Der Tod der Persönlichkeit bedeutet jedoch nicht den physischen Tod, sondern die vollkommene Loslösung des Bewußtseins von der Identifikation mit der Form, die die menschliche Seele viele Äonen von Jahren durch ihre Begierden und Zwänge festgehalten und in ihren Handlungen bestimmt hat.

Dieses Stadium des Bewußtseins, das noch weit in der Zukunft des Durchschnittsmenschen liegt, läßt sich am besten am Leben des Meisters Jesu demonstrieren. Sein Leben diente dem Zweck, uns den »Weg höherer Evolution« zu demonstrieren, denn alle wichtigen Ereignisse seines Lebens entsprechen Stationen auf dem menschlichen Einweihungsweg[29], den er uns symbolhaft vorgelebt hat. Diese Bewußtseinsphase, die durch vollkommene Auslöschung des persönlichen Willens gekennzeichnet ist, hat deshalb auch keine reale Bedeutung für uns, sondern sie kennzeichnet das Leben der Welterlöser oder Avatare, die in regelmäßigen Abständen auf die Erde kommen, um die Entwicklung der Menschheit auf eine neue Stufe zu heben.

Der Sinn dieses Zeichens ist das Aufgeben des Eigenwillens durch vollkommene Identifikation mit dem höheren göttlichen Willen. So wird der Mensch ein Welt-Erlöser, und dieser Bewußtseinszustand wird uns durch den Ausspruch Jesu verdeutlicht: *»Nicht mein Wille, sondern Dein Wille geschehe«.*

In diesem Satz liegt das Geheimnis der Seelenentwicklung verborgen. Auf dieser Stufe findet der Mensch das Paradies wieder, das er in ferner Vergangenheit durch das Essen vom Baum der Erkenntnis verließ, weil er wieder im Einheitsbewußtsein aufgeht.

---

[29] Dieses Thema wird von Alice Bailey ausführlich behandelt in:
Von Bethlehem nach Golgatha

Das Bewußtsein der Liebe und der Einheit mit allem Lebendigen ist also das Endziel der menschlichen Entwicklung. Und dies zeigt uns der Tierkreis in der Stufenfolge seiner symbolischen Bilder, die den inneren Erfahrungsprozeß schildern, den die menschliche Seele in ihrer Entwicklung vom instinktbegabten Urmenschen zum geistig erwachten Menschen durchläuft.

Männliche und weibliche Zeichen – Die Ebene der Zwei

Wenn wir die Ebene der Einheit verlassen, auf der jedes Tierkreiszeichen die logische Folge des vorhergehenden ist, so läßt sich wiederum zwischen jedem zweiten Zeichen eine Beziehungskette herstellen, da es eine männliche und eine weibliche Entwicklungslinie gibt.

Männliche Zeichen: Der positive Pol der Schöpfung – Geist

1. Widder:
Im Widder wird der Geist erstmals mit der Materie in Verbindung gebracht; es ist der Wille-zu-leben, der Lebensfunke, der den Tierkreis oder das Rad des Lebens in Bewegung setzt.

2. Zwillinge:
Der Geist wird im Denken als das höhere Selbst erkannt, das der Materie gegenübersteht und auf sie einwirkt. Durch Wahrnehmen dieser Wechselwirkung gelangt der Mensch zur Erkenntnis, daß er selbst eine Dualität ist, und es entsteht das Bewußtsein, eine denkende Seele zu sein, die sich als die »Beziehung zwischen beiden« erkennt.

3. Löwe:
Das geistige Selbst gelangt zu Eigenbewußtsein, und indem es sich mit dem niederen Pol – der Persönlichkeit – identifiziert, entwickeln sich Selbstbestimmung und ein intensives Ich-Gefühl.

4. Waage:
Nachdem im Löwen Eigenbewußtsein und Selbstbestimmung erlangt wurden, tritt die grundlegende Dualität des Menschseins, die in den Zwillingen erstmals erkannt wurde, wieder deutlicher ins Bewußtsein. Der Mensch identifiziert sich wechselseitig mit dem niederen und hö-

heren Pol seines Wesens, um sie durch abwägendes Denken schließlich zum Ausgleich zu bringen und so Harmonie zu erreichen.

5. Schütze:
Das erreichte emotionale Gleichgewicht dient als Basis, um die gedankliche Konzentration zu verstärken und dem Leben eine selbstgewählte geistige Ausrichtung zu geben. Der Drang nach Entwicklung verstärkt sich und führt zu geistiger Zielstrebigkeit, die ein deutliches Merkmal dieses Zeichens ist.

6. Wassermann:
Die Fähigkeit zu Konzentration, die im Schützen erlernt wurde, läßt eine intuitive Wahrnehmung entstehen, durch die der Mensch sich als Teil eines größeren Ganzen erkennt. Nun richtet sich sein Interesse nicht mehr primär auf die eigene Person, sondern er begreift sich als Teil der Menschheit und wird offen für ein globales, vernetztes Denken. Das individuelle Bewußtsein, das im Löwen beginnt, in der Waage ausgeglichen und im Schützen konzentriert wurde, findet im universellen Bewußtsein des Wassermann seine Vollendung, dessen eigentliche Berufung der Weltdienst ist.

Das Entwicklungsziel der männlichen Zeichen ist es, den Willen der Schöpfung im Denken zu erfassen und im physischen Leben aktivhandelnd zum Ausdruck zu bringen.

Weibliche Zeichen: Der negative Pol der Schöpfung – Materie

1. Stier:
Im Stier tritt das Prinzip der Begierde oder der magnetischen Anziehung in Erscheinung, das die Seele an die materielle Form bindet, um durch Verlangen nach Erfahrung und Wissen zur Erleuchtung des Bewußtseins zu gelangen.

2. Krebs:
Im Krebs gelangt die menschliche Seele an den tiefsten Punkt ihrer Erfahrung, denn sie verschmilzt mit dem Licht der Materie, das dunkel und zerstreut ist. Dadurch verliert sich das Bewußtsein allumfassender Liebe – ein Wesensmerkmal der Seele –, und der Mensch geht im Massenbewußtsein der Menschheit auf, solange er sich mit Empfindungen, Emotionen und Gefühlen identifiziert.

3. Jungfrau:
In der Jungfrau beginnt der Mensch, sich durch kritisch-analytisches Denken aus der Abhängigkeit des emotionalen Massenbewußtseins zu lösen. Klug und vorausschauend handelnd versucht er, sich von den Emotionen der Umgebung unabhängig zu machen, indem er seine Eigenständigkeit im Denken betont und seine gefühlsmäßigen Reaktionen auf die Umwelt zurückhält, sofern sie der eigenen Vernunft oder Erfahrung zuwiderlaufen.

4. Skorpion:
Im Skorpion gelangt die menschliche Persönlichkeit an einen Krisenpunkt, denn nun gilt es, die Begierde aufzugeben, die sich vor allem durch emotionales Festhalten, aber auch durch Verlangen nach Macht und Besitz ausdrückt. Es entbrennt ein Kampf zwischen den beiden Seelen des Menschen, der körpergebundenen »Tier-Seele« und der mit dem Denken verbundenen Geist-Seele, die nun die Herrschaft über die niedere Persönlichkeit erreichen soll.

5. Steinbock:
Im Steinbock dominiert das Denken die Gefühle. Hier gelangt die menschliche Seele an den Punkt ihrer stärksten Verdichtung, wenn das Denken materiell ausgerichtet ist. Es wird in diesem Zeichen aber auch größte geistige Klarheit erreicht, sobald ein Mensch sein Denken nutzt, um in geistige Bereiche einzudringen und den tieferen Sinn des Daseins bewußtseinsmäßig zu erfassen.

6. Fische:
In den Fischen wird das Prinzip der Begierde (Stier), das die Seele an die materielle Welt bindet, durch innere Loslösung schließlich in unpersönliche, selbstlose Liebe verwandelt. Denn nur durch Loslösung von allen persönlichen emotionalen Bindungen wird der Mensch frei vom Rad der Wiedergeburt und fähig zu erkennen, daß sein persönliches Leben Teil eines größeren Lebens ist, das alle individuellen physischen Formen durchdringt.

Das Entwicklungsziel der weiblichen Zeichen besteht darin, Begierde durch zunehmende Intelligenz und Loslösung von der Identifikation mit der Materie in Liebe und Weisheit zu verwandeln.

Die drei Kreuze – Die Ebene der Drei

Im Kardinalen Kreuz, im Fixen Kreuz und im Veränderlichen Kreuz offenbart sich die göttliche Dreifaltigkeit, die sich durch die drei Aspekte des Seins – *Wille*, *Liebe-Weisheit* und *Intelligenz* – zum Ausdruck bringt.

Im Menschen entsprechen diese drei Kreuze seiner dreifältigen Natur: Geist, Seele und Körper. Sie symbolisieren die drei großen Bewußtseinsstufen, die wir in unserer Entwicklung von der auf sich selbst konzentrierten Persönlichkeit – über das Stadium des Seelenbewußtseins – zum voll entwickelten geistigen Menschen durchlaufen.

1. Das Veränderliche Kreuz – Persönlichkeit

Der Beginn der menschlichen Entwicklung vom instinktiven Massenbewußtsein bis zur integrierten Persönlichkeit wird durch das Veränderliche Kreuz bestimmt. Es ist das Kreuz der weltlichen Erfahrung und der Identifikation mit der Form, durch die die Seele Erfahrungen in der physischen Welt gewinnt.

Diese Phase ist gekennzeichnet durch Unbeständigkeit, wechselnde Erfahrungen und ein Denken in Extremen und Gegensätzen, denn ein Mensch, der sich bewußtseinsmäßig auf diesem Kreuz befindet, sieht noch nichts von dem, was hinter der physischen Erscheinungswelt wirkt. Sein Leben wird von persönlichen Wünschen, Sexualität und materiellen Zielen beherrscht. Er begehrt und strebt, aber er leidet und quält sich auch und ist das vermeintliche Opfer von Umständen, weil er den Hintergrund noch nicht wahrnimmt, auf dem die Ereignisse der materiellen Welt ihren Ursprung haben. Er unterliegt häufigen Gefühlsschwankungen und pendelt zwischen Extremen, da seine Psyche noch weitgehend vom Unbewußten bestimmt wird.

So reift der Mensch durch die Erfahrungen unzähliger Reinkarnationen zu einer Persönlichkeit heran, die auf sich selbst bezogen ist und das Ziel ihres Ehrgeizes im Materiellen sucht, bis er schließlich zur Erkenntnis gelangt, daß es hinter dem Sichtbaren etwas zu geben scheint, das sein Leben lenkt und ihm eine Richtung gibt. Zwar ist er noch nicht fähig, die Vision der Seele klar zu erkennen, doch nach vielen Leben des Erfolges, aber auch des Mißerfolges und des Leidens beginnt er, sich in den höheren Plan zu fügen. Und in dem Maße, wie er das tut, wird er zum »Aspiranten«, der seine psychische Empfänglichkeit nutzt, um in das Unsichtbare einzudringen, das sein Leben lenkt.

Der Zweck des Veränderlichen Kreuzes – *Zwillinge, Jungfrau, Schütze, Fische* – ist die Entwicklung einer sensitiven Reaktion unserer vier Körper (physischer Körper, Ätherkörper, Astralkörper, Mentalkörper) auf die Impulse der Seele und die Vereinigung dieser Körper zu einer Persönlichkeit.

Die Kennzeichen dieses Kreuzes sind Unbeständigkeit, wechselnde Erfahrungen und die Suche nach Glück und Erfolg im materiellen Leben. Es umfaßt die Phase der Entwicklung, in der wir uns durch wiederholte Reinkarnationen vom instinktiven Massenmenschen zur eigenbewußten Persönlichkeit wandeln, die schließlich durch die Suche nach Erleuchtung und einem höheren Sinn des Lebens zum Aspiranten wird.

Der Übergang von einer materiell-orientierten Persönlichkeit zum Aspiranten, der das Drängen der Seele im Inneren spürt, ist gekennzeichnet durch eine tiefe Unzufriedenheit. Die Begierde hat sich erschöpft, und es stellt sich Überdruß ein. Das Erleben in der materiellen Welt befriedigt nicht mehr, denn die Bedürfnisse der physischen Natur sind nicht mehr vorherrschend. So versucht der Mensch dieser Ebene, sich aus der Welt der Gefühle (Astralebene) zu lösen. Er ist nun mental eingestellt und als wirkende Persönlichkeit wach und aktiv. Dennoch bleibt er unbefriedigt und ist sich dessen mit zunehmendem Unbehagen bewußt, bis er sich der Führung der eigenen Seele unterwirft und so zum Dienst am Nächsten und zu Selbstlosigkeit fähig wird. Dadurch wird er – esoterisch betrachtet – vom Aspiranten zum Jünger und betritt symbolisch das Fixe Kreuz.

2. Das Fixe Kreuz – Seelenbewußtsein

Wenn ein Mensch sich von der Identifikation mit der physischen Form gelöst hat und zum »dienenden Jünger« geworden ist, befindet er sich bewußtseinsmäßig auf dem Fixen Kreuz.

Er wächst über das Stadium der Aspiration hinaus, das durch Schwankungen und Unausgewogenheit gekennzeichnet ist, solange die mystische Vision oder die psychisch-mediale Wahrnehmung höherer Daseinsbereiche den Erfahrungshintergrund bildet. Nun tritt er in das Stadium des »Okkultisten« ein. Dieser ist bestrebt, sein Bewußtsein und seine Wahrnehmung durch ein geistiges Studium des Verborgenen zu erweitern, dessen Gesetze und Prinzipien er gedanklich zu erfassen und zu verstehen sucht. So gewinnt ein Mensch die geistige Schau, die ihm den höheren Sinn des irdischen Lebens enthüllt.

In dieser Phase beginnt er den Sinn und Zweck der Erfahrung auf dem Veränderlichen Kreuz zu begreifen. Er kommt zur Erkenntnis, daß es eine geistige Absicht hinter dem Leben im Physischen gibt, und so erreicht er das Stadium der Verantwortlichkeit, der Wahrnehmung seines höheren Selbst und der geistigen Zielsetzung seines Lebens. Dadurch werden Begierde und Verlangen in Selbstlosigkeit und Liebe umgewandelt, denn das Fixe Kreuz ist das Kreuz der Wandlung und des Lichtes.

Der Zweck des Fixen Kreuzes – *Stier, Löwe, Skorpion, Wassermann* – ist es, die auf dem Veränderlichen Kreuz entwickelte Persönlichkeit in die richtige Beziehung zur Seele zu bringen und den »Jünger« auf die drei Einweihungen vorzubereiten, die auf diesem Kreuz erreicht werden.

Das Kennzeichen dieses Kreuzes ist zunehmend selbstlose Liebe, ein Sinn für Gruppenbeziehungen und eine entwickelte Feinfühligkeit, die den seelenbewußten Menschen von der auf sich selbst konzentrierten Persönlichkeit unterscheidet.

3. Das Kardinale Kreuz – Geistiges Bewußtsein

Dieses Kreuz symbolisiert den »Weg der höheren Evolution«, der das Leben des geistig erwachten Menschen bestimmt. Es kennzeichnet daher den Eingeweihten, der sich als voll entwickelte Seele auf der Endstufe menschlicher Entwicklung befindet. Sein Bewußtsein hat sich von der Formseite des Lebens gelöst. Dadurch ist er in der Lage, Liebe und Weisheit durch die entwickelte Persönlichkeit zum Ausdruck zu bringen, und er beginnt nun, die Vision des Ganzen, die »Wirklichkeit hinter dem Sichtbaren«, klar zu erkennen.

Der Zweck des Kardinalen Kreuzes – *Widder, Krebs, Waage, Steinbock* – ist die Identifikation mit dem Geistaspekt des Seins oder mit dem »Einen Großen Leben«, das uns atmet und von dem jeder ein Teil ist.

Das Kennzeichen dieses Kreuzes ist Synthese und das Wahrnehmen der Einheit allen Lebens. Der persönliche Wille ist eins geworden mit dem Willen des größeren Ganzen, weil der Eingeweihte sich nun mit dem einen göttlichen Leben identifiziert, das universell und unpersönlich ist. Dies ist das Ziel der menschlichen Entwicklung, das bis heute nur von »Meistern der Weisheit« erreicht wurde und daher noch in der Zukunft der meisten Menschen liegt.

Das Thema der drei Kreuze ist für die Esoterische Astrologie grundlegend, aber auch zu esoterisch, um in dieser Kürze erschöpfend behandelt zu werden. Doch wir werden diesen drei Kreuzen indirekt in den drei Entwicklungsstufen der Tierkreiszeichen wieder begegnen, wo sie in ihrer spezifischen Charakteristik für jedes Zeichen beschrieben sind.

Das Veränderliche Kreuz entspricht der ersten Entwicklungsstufe (Persönlichkeit), das Fixe Kreuz der zweiten (Seelenbewußtsein) und das Kardinale Kreuz der dritten (Geistiger Mensch).

Die vier Elemente – Die Ebene der Vier

Feuerzeichen

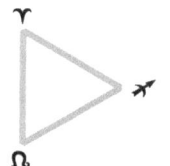

Selbst-Entfaltung
Ich-Kern, Wille

Tendenz:
aktives Tätigsein und Durchsetzungskraft, Dynamik, gestaltend, starke Willenskraft.

Esoterische Bedeutung
Die drei göttlichen Aspekte, die sich im Menschen als Geist, Seele und Körper manifestieren. Die Feuerzeichen symbolisieren die drei Stufen der Selbstwerdung oder des Ich-Bewußtseins, die den Entwicklungsweg des Menschen kennzeichnen und die seine mentale Konzentration oder seine Willenshaltung bestimmen.

Die gemeinsame Grundschwingung der drei Zeichen
Die Feuerzeichen sind gekennzeichnet durch starke Eigendynamik, Enthusiasmus und die Schnelligkeit der Bewegung. Sie sind lebensbejahend und besitzen meist eine starke Persönlichkeitsintegration. Sie haben ein großes Bedürfnis nach Freiheit und Unabhängigkeit und besitzen viel Willenskraft, einen starken Glauben an sich selbst, Stärke und viel Tatkraft. Oft sind Führungseigenschaften vorhanden, denn Feuerzeichen haben die Fähigkeit, tonangebend zu sein und Anstöße für Neuerungen zu geben.

Die drei Stufen der Selbstwerdung

1. **Widder:** Wille zum Leben, Selbst-Behauptung.
   Der Widder bezieht seine stärkste Kraft aus dem Willen, der alle seine Handlungen motiviert, denn er hat die Aufgabe, Ideen in die Welt der Gedanken zu bringen, damit diese von der Masse aufgegriffen, verstanden und gelebt werden können. Seine Betonung liegt daher auch in der Fähigkeit, Bahnbrecher und Wegbereiter für Neues zu sein. Er ist der Pionier in allen Bereichen des Lebens, der Kämpfer, der für seine Überzeugungen auch einsteht und sich mit Entschlossenheit und Mut gegen alle zeitbedingten Widerstände behauptet.

2. **Löwe:** Leben aus dem eigenen Zentrum, Selbst-Bewußtsein.
   Der Löwe ist ein Ich-betonter, eigenbewußter Mensch, denn seine Aufgabe ist es, Selbstbewußtsein zu erlangen, um so als zentrale Führernatur zum Mittelpunkt von Gruppen zu werden. Die Betonung dieses Zeichens liegt in der persönlichen Integration und persönlichen Leistungsfähigkeit, die das individuelle Bewußtsein des Menschen entstehen lassen.

3. **Schütze:** Konzentration auf das höhere Selbst.
   Das Bewußtsein des Schützen ist nicht mehr auf die eigene Individualität begrenzt, sondern es geht nun um die Erweiterung des Bewußtseins, um das Verstehen und Einschließen fremden Lebens. Die Konzentration liegt auf dem Erreichen eines jeweils höheren Zieles, dem das ganze Streben gilt und auf das sich alle Wünsche richten. Durch diese Zielstrebigkeit, die ein wesentliches Merkmal dieses Zeichens ist, erlangt der Mensch schließlich eine intuitive Wahrnehmung und erkennt, daß alles Leben sich stets weiter und höher entwickeln muß und niemals stehen bleiben kann.

Luftzeichen

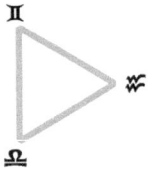

Wahrnehmen der Dualität
Erkenntnisfähigkeit

Tendenz:
vielseitig, kontaktschaffend, in allen Richtungen sich bewegend, überwiegend geistige oder intellektuelle Interessen, wandelbar.

Esoterische Bedeutung
Die drei Ebenen des Denkens, über die der Mensch die grundlegende Dualität der Schöpfung (Geist und Materie) denkend erfaßt und schließlich zur Synthese bringt. Dieses denkende Erkennen erfolgt in drei Stufen: Gegensatz (Zwillinge), Gleichgewicht (Waage) und Synthese (Wassermann). Wird diese Synthese im Denken erreicht, entsteht Licht im Bewußtsein, und der Mensch erkennt sein wahres Selbst oder die Seele, die die Verbindung zwischen Geist und Materie ist.

Die gemeinsame Grundschwingung der drei Zeichen
In den Luftzeichen kommt das universale Denken zum Ausdruck, das sich im Menschen als die Fähigkeit zeigt, sich selbst als »den Denkenden« zu erkennen, der zwischen Geist und Materie steht. Für Luftzeichen liegt der Schwerpunkt daher in der Welt der Gedanken und Ideen; Theorien und Sprache sind wichtiger als Gefühle. Sie besitzen meist wenig Bodenhaftung, sind beweglich, wechselhaft, kommunikationsfreudig und wenig gefühlvoll, denn ihre Aufgabe ist es, sich aus der Unmittelbarkeit des Erlebens zu lösen, um auf diese Weise Objektivität und ein unterscheidendes Denken zu entwickeln.

Die drei Stufen des erkennenden Denkens

1. Zwillinge: **Wahrnehmen der grundlegenden Dualität der Schöpfung.**
In den Zwillingen ist das unterscheidende Denken betont, denn der Mensch soll hier die grundlegende Dualität erkennen, die zwischen Seele und Persönlichkeit oder dem inneren und äußeren Wesen des Menschen besteht. Zwillinge leben daher stets im Bewußtsein des Gespaltenseins, ihr Denken ist intellektuell-analytisch. Sie sind schwankend-beweglich, wechselhaft, sehr flexibel und kontaktfreudig.

2. Waage: **Ausgleich der Dualitäten, der »Weg der Mitte«.**
In der Waage ist die Fähigkeit betont, die grundlegende Dualität zwischen Seele und Persönlichkeit in ein harmonisches Gleichgewicht zu bringen, in dem keine der beiden dominiert. So sind Waage-Geborene auch stets bemüht, auf jeder Ebene des Bewußtseins Disharmonien und Ungleichgewichte auszugleichen, die vor allem im Bereich der Gefühle auftreten, denn nur im Zustand des Ausgeglichenseins finden sie zu sich selbst und zu ihrer eigenen Mitte. Sie sind daher stets kompromißbereit, diplomatisch und wirken ausgleichend und harmonisierend in Beziehung mit anderen.

3. Wassermann: Aufhebung der Dualität, ganzheitliches Denken.
Im Wassermann wird die Dualität aufgehoben, denn es geht um das Erkennen der Einheit und der universellen Verbundenheit alles Geschaffenen. Das Denken wird ganzheitlich und läßt den Menschen erkennen, daß jedes individuelle Leben stets nur Teil eines größeren Ganzen ist und daß sein persönliches Wohlergehen in unmittelbarem Zusammenhang mit dem Wohlergehen der ganzen Menschheit steht. Das Zentrum des persönlichen Bewußtseins wird aufgelöst, denn es geht hier um die Hinwendung zum Universalen und zum Dienst an der Allgemeinheit, der eine logische Folge ganzheitlichen Denkens ist.

Wasserzeichen

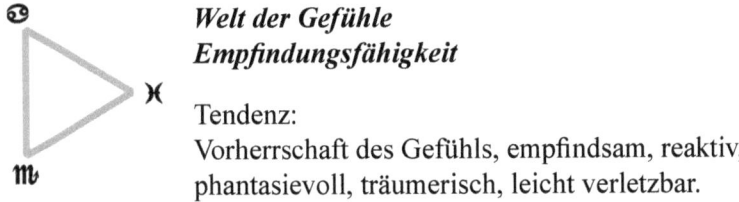

Welt der Gefühle
Empfindungsfähigkeit

Tendenz:
Vorherrschaft des Gefühls, empfindsam, reaktiv, phantasievoll, träumerisch, leicht verletzbar.

Esoterische Bedeutung
Wachstum und Entwicklung der Persönlichkeit, die dem Gesetz von Ursache und Wirkung unterliegt. Dadurch entwickelt sich die persönliche Empfindungsfähigkeit zur allgemeinen Menschenliebe.

Die gemeinsame Grundschwingung der drei Zeichen
Die Wasserzeichen symbolisieren den Prozeß der Bewußtwerdung durch langsame, aber sichere Vertiefung der Empfindungsfähigkeit. Unsichtbare Faktoren spielen eine große Rolle. Es besteht ein starker Kontakt zum Bereich der Gefühle und Empfänglichkeit für Stimmungen und Atmosphärisches. Der Schwerpunkt des Bewußtseins liegt im Bereich tiefer Emotionen und Gefühlsreaktionen, zwanghafter Leidenschaften bis hin zu überwältigenden Ängsten. Es besteht ein Hang zu dramatischen Effekten, zu Selbstmitleid, aber auch die Fähigkeit zu tiefer Hingabe und echtem Mitgefühl.

Die drei Stufen gefühlvoll-empfindenden Wahrnehmens

1. **Krebs:** Gefühlsempfänglichkeit, psychisches Empfinden.
Im Krebs liegt die Betonung auf der Ebene psychisch-empfindenden Wahrnehmens, wodurch der Mensch die Fähigkeit des Mitfühlens und psychischer Feinfühligkeit, aber auch die Fähigkeit des Leidens erwirbt. Aufgrund der großen Empfindsamkeit und Verletzlichkeit, die sich aus der starken Empfänglichkeit für die Gefühle anderer ergibt, entsteht der tiefverwurzelte Wunsch nach Schutz und Eingebundensein in ein familiäres Umfeld, das dem Menschen Liebe oder emotionale Geborgenheit geben kann. Daraus resultiert auch eine starke Abhängigkeit von der Gefühlssphäre und den Einflüssen der Umwelt, die erst endet, wenn die Intuition an die Stelle psychischer Wahrnehmung tritt.

2. **Skorpion:** Kampf zwischen dem niederen und höheren Selbst, Tod des »kleinen emotionalen Ich«.
Im Skorpion geht es um die Überwindung der im Krebs erlangten Emotionalität durch die Macht des Denkens, mit deren Hilfe er die Schleier seiner Gefühlsillusionen und seiner täuschenden Selbstwahrnehmung durchdringen muß, um das Licht der eigenen Seele zu entdecken. Die Betonung liegt auf Kampf und auf der Überwindung egozentrischer Denkgewohnheiten und emotionaler Abhängigkeiten, die die Umwandlung des emotional-gefärbten Gefühlslebens in ein mental-betontes, erkennendes Selbstbewußtsein behindern. Denn Skorpion ist das Zeichen des »Stirb-und-Werde-Prozesses«, den das menschliche Bewußtsein durchlaufen muß, um vom physisch-emotionalen zum seelenbewußten Menschen zu werden, der seinen Egoismus aufgibt und dadurch die Fähigkeit verliert zu verletzen und zu zerstören.

3. **Fische:** Mystisches Einheitsempfinden, Hingabe an das Ganze.
In den Fischen sind die Grenzen der Persönlichkeit aufgelöst, denn die Fähigkeit gefühlsmäßiger Wahrnehmung bezieht sich nicht mehr nur auf die eigene Gefühlswelt wie im Krebs oder den Kampf zwischen dem niederen und höheren Selbst wie im Skorpion, sondern auf das größere Ganze, das hinter der sichtbaren Welt liegt. Diese Grenzenlosigkeit des Empfindens bildet daher auch den Hintergrund, auf dem sich Medialität, Hingabe, die Bereitschaft zu Opfer und hingebungsvollem Dienen, aber auch Selbsttäuschung und Illusionen entwickeln, da die große Weite des Bewußtseins die

Selbstwahrnehmung erschwert. Fische sind daher aufgerufen, ihre Individualität durch Identifizierung mit dem jeweils größeren Ganzen zu erreichen, das als Hintergrund für die Entwicklung dient und dem sie sich mit ganzem Herzen und ganzer Liebe hingeben, um mit ihm zu verschmelzen.

Erdzeichen

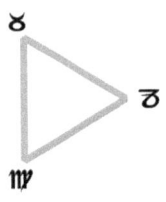

Materielle Lebensäußerung
Praktische Erfahrung

Tendenz:
Sinn für Realitäten, für das Stoffliche, Sachbindung, praktische Veranlagung, zweckmäßiges Handeln, solide, zuverlässig, geduldig-zäh.

Esoterische Bedeutung
Begehren als Antrieb menschlicher Evolution, das in geistiges Streben umgewandelt wird und so zu Erleuchtung, Seelenbewußtsein und Einweihung führt.

Die gemeinsame Grundschwingung der drei Zeichen
Erdzeichen besitzen eine unmittelbare Beziehung zur materiellen Welt. Sie sind sachbezogen und realistisch in ihren Anschauungen, und die praktische Erfahrung steht im Vordergrund. Der Schwerpunkt des Bewußtseins liegt auf der äußeren Ebene des Lebens, und so hat die praktische Vernunft auch stets Vorrang vor Gefühlen oder theoretischen Überlegungen. Die Betonung liegt im Handeln, das Wirkungen setzt und sichtbare Ergebnisse bringen soll. Die Stärken der Erdzeichen sind Geduld, Ausdauer und Beharrlichkeit. Sie sind bedächtig, vorsichtig, eher konventionell und achten stets darauf, daß sie die Früchte ihrer Arbeit auch ernten. Aufgrund ihrer praktischen Begabung ist die Lebensvorsorge im allgemeinen kein Problem, doch durch zu starkes Festhalten an der sichtbar-materiellen Welt kommt es häufiger zu Stagnationen in der Entwicklung, da der Lebensfluß angehalten wird. Erdzeichen sollten sich deshalb stärker für die Realität der unsichtbaren Welt öffnen und ihr Handeln von geistigen Zielen leiten lassen.

Die drei Stufen der materiellen Lebensäußerung

1. **Stier:** Verlangen nach sinnlicher Erfahrung und Wissen.
   Im Stier liegt die Betonung im Bereich der Begierde und der sinnlichen Wahrnehmung, die zum Ausgangspunkt der Entwicklung wird und die den Menschen an die Erde bindet. Diese Kraft der Begierde ist es, die ihn auf der Evolutionsleiter vorantreibt und ihn durch stetige Verfeinerung des Geschmacks und der sinnlichen Wahrnehmung vom dumpfen Genießer zum kulturell-interessierten, feinsinnigen Ästheten werden läßt, der nun nicht mehr nach materiellen Werten, sondern nach geistigen Erfahrungen sucht, die die »Erleuchtung« des menschlichen Denkens bewirken.

2. **Jungfrau:** Menschliche Vernunft.
   In der Jungfrau liegt die Betonung im Körper und im Denken zugleich, denn hier geht es um die Fähigkeit zu intelligentem, an die jeweiligen Bedingungen des Lebens angepaßtem Verhalten. Die Begierde, die im Stier noch die Triebkraft der Entwicklung bildet, soll hier einem intelligenten, zweckentsprechenden Handeln weichen. Jungfrau zeichnet sich daher durch Zurückhaltung, Analyse und Selbstbeobachtung aus, um dadurch zum Erkennen des Gesetzes von Ursache und Wirkung zu kommen, dem das eigene Leben unterliegt. Ist Jungfrau doch das Zeichen der Ernte, und hier wird sich der Mensch durch Selbstbeobachtung zunehmend bewußt, daß er nur das ernten kann, was er gesät hat. Das begierdenhafte, lustbetonte Vorwärtsdrängen, das den Stier bewegt und zur Entwicklung treibt, muß hier angehalten werden, um offen und empfänglich zu werden für die »innere Stimme«, die von der Seele kommt und als Stimme des Gewissens oder der höheren Vernunft wahrnehmbar ist.

3. **Steinbock:** Erkennen eines übergeordneten Gesetzes.
   Im Steinbock tritt der Wille zum Erfolg an die Stelle sinnlicher Begierde oder zweckgerichteten Handelns, denn hier geht es um eine Öffentlichkeitswirkung, die über die eigene Person hinausgeht. Im Vordergrund steht das Gefühl der Verantwortung für die Allgemeinheit. Diese erscheint entweder als Pflicht, das eigene Leben in die Hand zu nehmen, vorwärtszustreben und etwas aus sich zu machen oder auf fortgeschrittener Ebene als Verantwortung für all jene, die noch des Schutzes eines übergeordneten Gesetzes bedürfen, um das soziale Verhalten in einer Gemeinschaft zu

regeln. Geht es im Steinbock doch um »Entpersönlichung« und die Bereitschaft, das persönliche Handeln einem allgemein-gültigen Gesetz zu unterwerfen, das je nach Entwicklungsstufe ein weltliches oder geistiges Gesetz sein wird. Gilt das weltliche Gesetz als oberste Richtschnur des Handelns, so wird der Steinbock-Geborene ehrgeizig versuchen, seinen Weg zu machen und Macht und Einfluß über andere zu gewinnen, die er dann ebenfalls unter dieses Gesetz zu zwingen versucht. Ist er sich aber schon des geistigen Gesetzes bewußt, das alles kosmische Geschehen lenkt, so versucht er nicht mehr auf der Stufenleiter weltlichen Erfolges nach oben zu kommen, sondern sein Streben richtet sich nun darauf, »geistig höherzusteigen«.

Die Gegensatzpaare der Tierkreiszeichen

Die zwölf Tierkreisenergien, die die Entwicklungsordnung des Lebens darstellen, können auch als sechs Tierkreis-Paare betrachtet werden, denn die jeweils gegenüberliegenden Zeichen erscheinen unserem dualen Bewußtsein als Gegensatz, obwohl sie eigentlich nur die materielle und geistige Ausprägung des gleichen Prinzips darstellen.

Gang in die Materie	*Elemente*		*Gang aus der Materie*
Widder	Feuer	– Luft	Waage
Stier	Erde	– Wasser	Skorpion
Zwillinge	Luft	– Feuer	Schütze
Krebs	Wasser	– Erde	Steinbock
Löwe	Feuer	– Luft	Wassermann
Jungfrau	Erde	– Wasser	Fische

Auffallend ist dabei, daß nur jeweils zwei Elemente ein Gegensatzpaar bilden: Feuer und Luft oder Erde und Wasser. Feuer und Wasser oder Erde und Luft sind keine Gegensatzpaare. Die vier Elemente lassen sich daher wiederum zu zwei Gegensatzpaaren zusammenfassen, in denen die Ur-Dualität Geist/Materie symbolisiert ist: Erde-Wasser entspricht der Materie, Feuer-Luft dem Geist.

Widder – Waage
Im Widder manifestiert sich der Wille-zum-Leben, der zunächst ungestüm und impulsiv ins Leben drängt. Selbstbehauptung und Selbstdurchsetzung stehen im Vordergrund, bis ein Mensch die eigenen Ziele und die Interessen der anderen durch das abwägende und ausgleichende Denken der Waage in ein gerechtes und harmonisches Verhältnis zueinander bringt.

Gegensatz:	Ich-Bewußtsein	–	Wir-Bewußtsein
	Selbstbehauptung	–	Partnerschaft

Stier – Skorpion
Im Stier tritt das Prinzip der Begierde in Erscheinung, das den Menschen in seiner Entwicklung vorantreibt, bis er durch Übersättigung und Überdruß schließlich im Skorpion erkennt, daß er der Gefangene seiner Wünsche ist und Freiheit nur erlangen kann, wenn er sich den Zielen der Seele unterwirft und seine niedere Natur beherrscht.

Gegensatz:	Bindung an die materielle Form	–	Loslösung vom Formbewußtsein
	Verlangen nach empfindendem Dasein	–	Überwinden der Begierde (Askese)

Zwillinge – Schütze
In den Zwillingen erwacht der Intellekt des Menschen, der ihn die Welt und sich selbst in Gegensätzen wahrnehmen läßt, bis er durch Zielgerichtetheit und geistige Konzentration Intuition erlangt und die Ganzheitlichkeit der Welt im Denken erfaßt.

Gegensatz:	Unterscheidendes Denken (Intellekt)	–	Ganzheitliches Denken (Intuition)

Krebs – Steinbock
Krebs ist das Tor zur physischen Geburt, Steinbock ist das Tor zur geistigen Geburt. Im Krebs beginnt die Seele, sich als empfindendes Körperbewußtsein zu manifestieren, mit dem der Mensch sich in die Erlebniswelt seiner Mitwelt einfühlen kann. Dadurch entwickelt sich die psychische Wahrnehmung, die sich im Steinbock durch Entpersönlichung zu einer geistigen Wahrnehmung wandeln soll. Der Mensch wird sich seiner Geist-Seele bewußt, die als Gegenpol zur Psyche die Dualität seines Wesens ausmacht.

Gegensatz:	Psychisches Empfinden	– Geistige Wahrnehmung
	Psyche	– Geist-Seele

Löwe – Wassermann
Im Löwen wird der Mensch zu einer Persönlichkeit, indem er sich aus dem Massenbewußtsein löst und Individualität erlangt. Sein Bewußtsein identifiziert sich mit der eigenen Person. Im Wassermann erweitert sich dieses persönliche Bewußtsein zu einem Gruppenbewußtsein, das den Menschen seine Seelenverwandtschaft mit anderen erkennen läßt.

Gegensatz:	Persönliche Identität	–	Geistige Identität
	Auf sich selbst konzentrierte Persönlichkeit	–	Persönlichkeit, die sich als Teil eines Kollektivs erlebt

Jungfrau – Fische
Jungfrau stellt die Geburtskrise der »denkenden Seele« dar, die in der entwickelten Persönlichkeit als Vernunft und Liebe zum Ausdruck kommen muß. Die Entwicklung der Formnatur und ihre Bedürfnisse stehen daher im Vordergrund, bis der Mensch durch Einfluß der Fische so viel Losgelöstheit und Selbstlosigkeit erreicht hat, daß er sich nicht mehr mit der Persönlichkeit, sondern mit der Seele identifiziert, die nicht an Raum und Zeit gebunden ist.

Gegensatz:	Zweckgebundenheit	–	Zweckfreiheit
	Anpassung an Existenzbedingungen	–	Freiheit von Anpassungszwängen

Die Gegenzeichen sind die jeweils beiden Seiten des gleichen Prinzips, und die Entwicklung eines Menschen zeigt sich daran, inwieweit er es geschafft hat, sie anzunähern und in der Mitte zu verbinden. Denn der Geist verbindet sich mit der Materie, um sich durch sie zu offenbaren, und die Materie antwortet, indem sie auf die Impulse des Geistes immer bewußter reagiert und durch die Form zum Ausdruck bringt.

Ein fortgeschrittener Mensch zeichnet sich also dadurch aus, daß er das Prinzip seines Aszendenten oder seines Sonnenzeichens nicht mehr einseitig zum Ausdruck bringt, sondern daß er es schon mit den Qualitäten des Gegenzeichens verbunden hat und zunehmend in der

Mitte dieser gegensätzlichen Prinzipien lebt. Denn die Seele ist das mittlere Prinzip zwischen Geist und Materie, und sie entwickelt sich durch zunehmende Verbindung dieser beiden Seiten der Schöpfung.

Auf die einzelnen Tierkreiszeichen bezogen zeigt sich die Verbindung der Gegensatzpaare auf folgende Weise:

Ein unentwickelter Widder-Geborener wird viel aggressiver, rechthaberischer und einseitiger veranlagt sein als ein fortgeschrittener, der aufgrund seiner Bewußtseinsentwicklung das Gegenzeichen Waage bereits mit zum Ausdruck bringt und deshalb weit diplomatischer, rücksichtsvoller und harmoniebedürftiger ist als der, der nur die eine Seite des Widder-Waage-Paares erfaßt. Dies gilt natürlich auch für den Waage-Geborenen, der durch den zunehmenden Einfluß der Widder-Energie seine Entscheidungsschwierigkeiten, seine Unentschlossenheit, sein Zögern und seine Bequemlichkeit überwindet und zu energischem Handeln fähig ist, sobald sich beide Prinzipien anzunähern beginnen.

Ein unentwickelter Stier-Geborener ist lustbetonter und sinnenfreudiger als ein entwickelter, der durch den Einfluß des Gegenzeichens mehr nach geistiger als nach körperlicher Befriedigung sucht und zunehmend versucht, sich von der Begierde zu lösen, da sie eine zu starke Bindung an die Erde erzeugt. Auch ein Skorpion-Geborener entwickelt sich durch Annäherung an das Gegenzeichen Stier, indem er seine starke Neigung zu Abstraktion und zum Strukturieren von Lebendigem überwindet und seine Gedanken mit Leben erfüllt und an den Lebensfluß anpaßt.

Ein unentwickelter Zwillinge-Geborener wird zu Unbeständigkeit und Wechselhaftigkeit neigen, bis er durch das Gegenzeichen Schütze zunehmend Zielgerichtetheit und Konzentration lernt, die ihn tiefer in ein Problem einsteigen lassen. Aber auch der Schütze lernt durch Annäherung an das Gegenzeichen, seine intuitiv erfaßten Wahrheiten zu analysieren und gedanklich zu untermauern, was ihn vor geistigem Hochmut und Selbstüberschätzung bewahrt, die den unentwickelten Schützen kennzeichnen. Denn nur durch Verbindung des analytischen und abstrakten Denkens wird der Mensch fähig, die geistigen Gesetze des Kosmos wirklich zu verstehen und auf das physische Leben zu übertragen.

Der unentwickelte Krebs-Geborene ist ein stimmungslabiler, empfindsamer und empfindlicher Mensch, der von der Liebe und Zustimmung seiner Umwelt abhängig ist, bis er durch den Einfluß des Gegenzeichens Steinbock Disziplin, Ordnung und Ausdauer lernt, wodurch er mehr Selbstbewußtheit und Stabilität erlangt. Der unentwickelte Steinbock zeichnet sich durch Ordnung, Disziplin und Ehrgeiz aus, und es mangelt ihm meist an Einfühlungsvermögen in andere, bis er sich durch Annäherung an das Krebs-Prinzip den Empfindungen seiner Mitwelt öffnet.

Der unentwickelte Löwe-Geborene ist selbstbestimmt, egoistisch und auf die eigene Vormachtstellung konzentriert, bis sich sein Eigenbewußtsein durch Annäherung an das Gegenprinzip Wassermann zu Gruppenbewußtsein erweitert. Der Wassermann besitzt ein dezentralisiertes Bewußtsein, das ihm eine eher oberflächliche Selbstwahrnehmung verleiht, bis er durch den Einfluß des Gegenzeichens Löwe eine geistige Individualität erlangt, die ihn zu einem eigenständigen, selbstbewußten Menschen werden läßt, der seinen Wirkungskreis innerhalb einer Gruppe findet.

Der unentwickelte Jungfrau-Geborene denkt zweckgebunden und orientiert sich ausschließlich an persönlichen Nützlichkeitserwägungen, bis er durch den Einfluß der Fische zunehmend zu selbstlosem, ökologisch-bewußtem Denken und Handeln fähig wird. Der unentwickelte Fische-Geborene ist so wenig zweckorientiert und so unrealistisch, daß sein Leben meist etwas weltfremd, unorganisiert und chaotisch erscheint, bis er durch den Einfluß des Gegenzeichens Jungfrau gelernt hat, sich nicht mehr von Phantasien leiten zu lassen, sondern seine Pläne, Überlegungen und Entscheidungen an die Erfordernisse der realen Welt anzupassen.

Die Betrachtung der Gegensatzpaare ist an dieser Stelle bewußt sehr kurz gehalten, denn ihre Wechselwirkung und Bedeutung für die Entwicklung eines Menschen wird in Kap. IV für jedes Tierkreiszeichen nochmals einzeln behandelt.

IV

Die zwölf Grundtypen
des Tierkreises

Die Wirkung der zwölf Tierkreiszeichen auf den Einzelnen

Die Wirkung der astrologischen Energien auf den einzelnen Menschen sind sehr vielfältig und komplex. In der Literatur finden wir – trotz gleicher Ausgangsbasis und grundlegender Übereinstimmung – sehr unterschiedliche Beschreibungen, weil es nahezu unmöglich ist, das gesamte Wirkungsspektrum eines Tierkreiszeichens in Kurzform zu erfassen. Der Charakter und das Wesen eines Menschen bilden sich aus der Kombination einer Vielzahl von Energien, die einzigartig sind. Daher gibt es auch keinen reinen Widder- oder Skorpion-Typ, sondern immer nur eine Betonung astrologischer Energien, die den Grundlebensrhythmus bestimmen und als hervorgehobene Tendenzen im Leben erscheinen.

Dennoch ist es richtig, daß die Energien, die einen Menschen bestimmen, feststehen und es durchaus möglich ist, diese zu erkennen und zu definieren. Aus der Vielzahl von Einzelerkenntnissen ergibt sich das Gesamtbild eines Menschen, das seine Veranlagung, sein Wesen, seine Stärken, seine Schwächen sowie sein Lebensziel und seine Entwicklungsmöglichkeiten ziemlich genau erfaßt. Wir sollten uns allerdings bewußt sein, daß die »Wissenschaft der Astrologie« erst am Anfang steht und die vielen Behauptungen, Meinungen sowie die vielen Prognosesysteme noch nicht der Weisheit letzter Schluß sind. Häufig sind Interpretationen noch zu einseitig festlegend und persönlich gefärbt, und zu selten wird berücksichtigt, daß die menschliche Seele im Zuge ihrer Bewußtwerdung unterschiedlich auf die gleichen Energieeinwirkungen reagiert.

Um eine Genauigkeit in der Deutung zu erreichen, müssen wir daher beachten, daß sich die Verhaltensweisen eines Menschen aus der Fähigkeit seiner Körper ergeben, positiv oder negativ, d.h. fördernd oder hemmend auf die planetarischen Energieeinwirkungen zu reagieren. So sollte auch kein Astrologe für sich in Anspruch nehmen, das Schicksal eines Menschen voraussagen zu können und genau zu wissen, welchen Charakter dieser oder jener Mensch hat. Denn unser Charakter wird im Laufe vieler Leben gebildet, in denen wir uns vom unbewußten instinktiven Urmenschen zum geistigen Menschen wandeln, der sich durch ein vollkommen entwickeltes Denken, durch immer größere Feinfühligkeit und ein immer umfassenderes Verständnis für subtilere Daseinsebenen auszeichnet. Wichtig ist es daher, die Bewußtseinsebene eines Menschen zu berücksichtigen, bevor wir irgendwelche Aussagen über ihn treffen, weil ein und dieselbe Energie ganz unterschiedliche Wirkungen im Menschen hervorrufen kann, je nachdem ob er seine Körper beherrscht oder nicht. Trifft eine Energie auf einen unentwickelten Körper, so ruft sie Widerstand hervor und damit alle negativen Eigenschaften, die sie hervorbringen kann und die ihrer Eigenart und Charakteristik entspricht. Trifft eine Energie aber auf einen entwickelten verfeinerten Körper, so wird sie alle positiven, schöpferischen und aufbauenden Kräfte im Menschen hervorrufen, die einem Energietyp eigen sind.

Dies erklärt auch den häufig zitierten Satz: »*Die Sterne machen geneigt, aber sie zwingen nicht*«, denn es ist unsere Aufgabe, uns der kosmischen Energien, die auf uns einwirken, zunehmend bewußt zu werden, um sie schließlich zu beherrschen und in immer positiverer Weise zum Ausdruck zu bringen. Dieser Punkt ist wichtig, und nur wenn wir ihn beachten, können wir die Astrologie von ihren verzerrenden, vereinfachenden und zum Teil viel zu pauschalen Interpretationen befreien, um sie als eine geistige Wissenschaft wiederzuentdecken, die ernsthafter Forschung zugänglich wird.

Im folgenden wird deshalb der Versuch gemacht, die Tierkreisenergien auf den verschiedenen Ebenen des Bewußtseins zu beschreiben, um ein tieferes Verständnis für ihre unterschiedlichen Wirkungen zu ermöglichen.

1. Die durchschnittlichen typischen Verhaltensmerkmale

Jeder Mensch weist die für sein Tierkreiszeichen typischen Verhaltensmerkmale auf. Natürlich kann hier zunächst nur der reine Typ beschrieben werden, der nicht das gesamte Wesen eines Menschen ausmacht, denn jeder Mensch wird vorherrschend von zwei grundlegenden Energien bestimmt, dem *Sonnenzeichen* und dem *Aszendenten*, die die Ausprägung des reinen Typs verändern, abschwächen oder verstärken.

2. Die drei Entwicklungsebenen eines Tierkreiszeichens
– Persönlichkeitsbewußtsein
– Seelenbewußtsein
– Geistiges Bewußtsein
Diese drei Bewußtseinsstufen durchläuft ein Mensch im Zuge einer

unendlich langen Kette von Reinkarnationen auf unserem Planeten. Und die Esoterische Astrologie berücksichtigt diese fortschreitende Höherentwicklung des Bewußtseins, indem sie für jedes Tierkreiszeichen drei Herrscher angibt: den *exoterischen, esoterischen* und *hierarchischen Herrscher*, die symbolisch die jeweils höhere Bewußtseinsebene eines Tierkreiszeichens erkennen lassen.

Auf der persönlichen Ebene wirkt der exoterische Herrscher, auf der Seelenebene kommt der esoterische Herrscher hinzu und verändert die Ebene, auf der eine Tierkreisenergie gelebt wird. Der hierarchische Herrscher wirkt erst auf der Stufe des geistigen Bewußtseins, das für die meisten von uns noch in der Zukunft liegt. So werden wir uns in der Praxis auch nur mit den ersten beiden Entwicklungsebenen beschäftigen, der Persönlichkeit und dem seelenbewußten Menschen, die uns in der Welt im allgemeinen begegnen.

3. Die esoterische Bedeutung oder das geistige Ziel einer Tierkreisenergie
Am Schluß der esoterischen Bedeutung werden zwei Schlüsselworte von Alice Bailey zitiert, die die Zielrichtung für jedes Tierkreiszeichen angeben, je nachdem ob ein Mensch diese Energie als Seele oder als Persönlichkeit zum Ausdruck bringt. Diese Worte, die in komprimierter Form das Wesentliche eines Zeichens enthalten, sind »Worte der Kraft«, die genutzt werden können, um das in uns zu stärken, was als Latenz vorhanden ist. Wollen wir also die Energie der Seele stärker zum Ausdruck bringen, um die eigene Entwicklung zu beschleunigen, so können wir das *Schlüsselwort der Seele* des eigenen Aszendenten als Saatgedanken oder Mantra in der Meditation verwenden. Durch häufige Konzentration auf die Zielrichtung unseres Aszendenten wird sich diese Energie in uns allmählich verstärken und zur sichtbaren Realität werden.

Die Beschäftigung mit Astrologie hat deshalb nicht nur einen theoretischen Wert, sondern sie verstärkt auch unsere Möglichkeiten, auf die eigene Entwicklung Einfluß zu nehmen, denn »*dem Denken folgt Energie*«. Wenn sich also unser Selbstbild und das Verständnis für uns selbst verändern, so verändert sich auch unser physisches Leben. Folglich ist es auch entscheidend für unser Selbstverständnis, ob wir uns primär als Persönlichkeit oder als Seele begreifen. Im Sonnenzeichen sind unsere Persönlichkeitsmerkmale verkörpert, während der Aszendent die Zielrichtung der Seele oder die Entwicklungschancen unseres Lebens enthält. Dieser Punkt wird im praktischen Teil noch ausführlicher erläutert.

In der folgenden Beschreibung der einzelnen Tierkreiszeichen wird diese Unterscheidung, die sehr subtil ist, aber noch nicht berücksichtigt. Sie gelten gleichermaßen für Aszendent und Sonnenzeichen, weil es zunächst darum geht, sich das Wesenstypische einer Tierkreisenergie bewußt zu machen, die als Aszendent oder Sonnenzeichen auf den verschiedenen Ebenen des Bewußtseins in unterschiedlicher Weise erfahren wird und als Folge auch unterschiedliche Ausdrucksformen des Verhaltens mit sich bringt.

Wenn wir nun die Wirkung der Tierkreisenergien betrachten, wie sie im Leben eines Einzelnen zum Ausdruck kommen, sollten wir uns aber bewußt machen, daß diese Merkmale nicht zufällig und vereinzelt sind, sondern daß sie sich aus der Entwicklungsordnung des gesamten Tierkreises ergeben. Die Erfahrungen der vorausgegangenen Zeichen wirken in den nachfolgenden sozusagen unterbewußt mit und liefern die logische Erklärung für die typischen Verhaltensmerkmale des jeweils folgenden. Jedes Tierkreiszeichen ist die logische Folge des vorhergehenden. Es setzt die erreichten Erfahrungen aller vor ihm liegenden Zeichen voraus, ohne sie selbst noch auszudrücken, und fügt ergänzend etwas Neues hinzu, um das Ganze sinnvoll zu gestalten.

Versuchen wir also, den Sinn und Zweck der Tierkreiszeichen, ihre Charakteristik und ihre Auswirkung auf den Menschen zu verstehen, doch seien wir uns immer bewußt, daß diese Eigenschaften nur wesenstypisch und modellartig beschrieben werden können. Die folgende Beschreibung der einzelnen Zeichen kann die Ganzheit eines Menschen noch nicht erfassen, weil sich diese erst aus der Kombination der vielfältigen Einzelfaktoren eines Horoskops ergibt.

DIE SYMBOLE DER TIERKREISZEICHEN

♈	*Widder*	*20. März bis 20. April*
♉	*Stier*	*20. April bis 21. Mai*
♊	*Zwillinge*	*21. Mai bis 21. Juni*
♋	*Krebs*	*21. Juni bis 23. Juli*
♌	*Löwe*	*23. Juli bis 23. August*
♍	*Jungfrau*	*23. August bis 23. September*
♎	*Waage*	*23. September bis 23. Oktober*
♏	*Skorpion*	*23. Oktober bis 22. November*
♐	*Schütze*	*22. November bis 22. Dezember*
♑	*Steinbock*	*22. Dezember bis 20. Januar*
♒	*Wassermann*	*20. Januar bis 19. Februar*
♓	*Fische*	*19. Februar bis 20. März*

Widder

20. März – 20. April
1–30 Grad im Tierkreis
Element: Feuer
Kardinales, männliches Zeichen

Widder-Prinzip: Lebensimpuls, Initialkraft, Wille-zu-sein

Die erste Phase des Tierkreises
Am Anfang war die freie Energie, die Gestaltlosigkeit des Lichts oder der noch ungeformte »Urstoff des Geistes«, der sich über die drei Stadien *Widder-Stier-Zwillinge* (I. Quadrant) an eine Form bindet. Widder ist daher das Zeichen jeglichen Beginns wie auch des Beginns eines jeweils neuen Erfahrungszyklus, und so kommt der Wille-zu-leben in diesem Zeichen auch am unmittelbarsten zum Ausdruck.

Typische Verhaltensmerkmale
Der Widder-Geborene ist ein Mensch von großer Dynamik, voller Elan und Lebenskraft, der spontan handelt, ohne lange abzuwägen. Impulsiv seiner Eingebung folgend, versucht er, sich in der Welt durchzusetzen und seine Ideen zu verwirklichen, ohne Rücksicht auf Widerstände, die sich ihm in den Weg stellen mögen. Diplomatisches Taktieren, langatmige Vorbereitungen oder abstrakte Theorien sind seine Sache nicht. Schwierige Probleme löst er durch tatkräftiges Handeln, denn Widerstände sind da, um überwunden zu werden, an ihnen wächst er und mißt seine Stärke. Sein Mut und seine Waghalsigkeit entstehen aus seiner Unbedenklichkeit und seiner Unbefangenheit, mit der er jede Lebenslage betrachtet. Er hat eine kurze Reaktionszeit und stellt sich jeder Situation, denn spontan aus dem Augenblick heraus entscheidend, bevorzugt er Stegreifmethoden, bei denen das aufgegriffen wird, was sich gerade vorfindet. Oft scheint es, als besitze er einen untrüglichen Instinkt dafür, wo der Kern einer Sache zu finden ist, denn seine Lösungen sind stets die naheliegendsten und einfachsten. Zweifel läßt er nicht gelten, Umwege verachtet er, und so ist er oft schneller als andere, denn er folgt immer dem direkten Weg zum Ziel. Impulsiv vorwärtsdrängend und schnell in seinen Entschlüssen, ist er

stets bereit, Risiken auf sich zu nehmen, da seine leidenschaftliche Abenteuerlust und seine spontane Begeisterung stärker sind als alle Bedenken oder die möglichen Folgen seines Tuns, über die er erst gar nicht nachdenkt.

Verankert im »Hier und Jetzt«, lebt er stets gegenwartsbezogen. Zukunftsangst kennt er nicht, aber auch Vorratshaltung und Sicherheitsdenken sind bei ihm eher schwach ausgeprägt. Der Verlust von materiellen Gütern erschüttert ihn wenig, doch er reagiert sehr empfindlich auf die Einschränkungen seiner Bewegungsfreiheit und seines Handlungsspielraumes, denn er wehrt sich gegen Zwänge und angepaßtes Verhalten. Von Natur aus ein Einzelkämpfer, ist er frei von Meinungsdruck und normiertem Verhalten, und er besitzt den Mut zu unabhängigen Entscheidungen und zum bedingungslosen Eintreten für sein Tun. Sein Denken, das in Sofortlösungen die jeweils aktuelle Seite eines Problems zu erfassen versucht, nimmt keine Rücksicht auf gewohnte Begriffe oder traditionelle Verhaltensweisen. Der unbewußt verspürte Drang nach Einheit seines Wesens veranlaßt diesen Typus, sich in jeder Lebenslage zu behaupten, ohne Rücksicht auf Sicherheiten, aber zuweilen auch ohne Rücksicht auf die Interessen der anderen, die er in seinem Übereifer zu Beginn der Entwicklung nicht selten übersieht. Andererseits gewinnt er aber gerade dadurch Eigenständigkeit und Authentizität, die ihn befähigen, der Umwelt neue Impulse zu geben oder Wege zu ebnen, die vor ihm noch niemand gegangen ist. So wird er häufig zum Initiator und Neuerer, der bereit ist, Wagnisse einzugehen und für seine Ideen auch zu kämpfen.

Der Widder-Geborene ist ein Mensch, der ohne viel Worte zu machen, Hand anlegt und keine Arbeit scheut, wenn nur »die Sache in Gang kommt«. Hat er einen bahnbrechenden Einfall, so drängt er auf Verwirklichung und wird selten den Weg des geringsten Widerstandes wählen. Seine persönliche Initiative braucht Raum für selbständige Entschlüsse, und so ist er auch kein Mensch, der sich bereitwillig Autoritäten beugt. Ihm entspricht es vielmehr, Leitlinien zu setzen, die Dinge ins Rollen zu bringen, denn er will neue Entwicklungen voranbringen, und meist ist er ihnen sogar einen Schritt voraus.

Als leidenschaftliche Kämpfernatur ist er der geborene Pionier, der Vorläufer, der den Drang verspürt, alte überholte Strukturen zu zerstören, um neuen Lebensformen Platz zu machen. In seiner spontanen Begeisterung und seinem Übereifer fällt er dabei manchmal mit der Tür ins Haus, da es ihm primär nicht auf die Erreichung eines umgrenzten materiellen Ziels ankommt, sondern auf das jeweilige Prinzip, das er vehement und zuweilen mit Fanatismus vertritt. Dies sollte man bedenken, bevor man sich wieder mal über das Vorpreschen eines Widders ärgert, denn hat er gesagt, was zu sagen war, ist er wieder ausgesprochen friedlich und offen für jedes Gegenargument, das er meist erst im nachhinein abzuwägen bereit ist.

Diese Eingleisigkeit und die Direktheit, mit der er seine Ziele verfolgt, machen die Stärke, aber auch die Schwäche dieses Zeichens aus. Ohne zu zögern und unbeirrbar in seinen Zielen und Idealen ist er ein Mensch, der alles auf eine Karte setzt. So ist er auch absolut undiplomatisch, da er faule Kompromisse oder Umwege von vornherein ablehnt. Er ist offen und ehrlich, denn als »geistiges Kind« des Tierkreises hat er noch nicht gelernt, seine Impulse zurückzuhalten. Sein Temperament ist ungezügelt, und im Rausch der eigenen Begeisterung kann er andere schon mal überrollen, aber auch grenzenlos mitreißen, denn ein Widder macht niemals etwas halbherzig. Sein Handeln ist stets authentisch und gefühlsecht; er liebt keine Winkelzüge und kein Taktieren, denn er steht immer mit seiner ganzen Person hinter dem, was er sagt und tut. Deshalb erwartet er auch, daß man ihn so akzeptiert, wie er ist, und nicht selten ist er tief enttäuscht und überrascht, daß seine Offenheit und Wahrheitsliebe von anderen so gar nicht geschätzt wird.

Der Widder ist ein Mensch ohne Raffinesse und Verstellungen, der sich nicht scheut, sich so zu zeigen, wie er ist. Meist bekennt er sich freimütig zu seinen Fehlern, aber er hält auch mit Kritik bei anderen nicht zurück, denn er spricht gewöhnlich offen aus, was er denkt und zuweilen auch das, was andere mühsam zu verbergen suchen. Diese Eigenschaft trägt ihm nicht immer Sympathien ein, zumal sein Einfühlungsvermögen in die Empfindlichkeiten anderer zu Beginn der Entwicklung nur schwach ausgeprägt ist und ein Gefühl für Maß und Grenzen mitunter fehlt. Mit seiner Impulsivität und Unbedenklichkeit zerschlägt er deshalb auch so manches Porzellan, und hin und wieder steht er fassungslos vor einem Scherbenhaufen, ohne zu begreifen, wie es dazu kam. Denn so manche ausgesprochene Wahrheit, die er in seiner Vorliebe für klare Verhältnisse anspricht, kann empfindliche Gemüter so hart treffen, daß man ihm dies nur schwer verzeiht. Hier liegt das Problem des Widders, der nicht selten ein ganzes Leben braucht, um seine Impulsivität zu beherrschen und mehr Verständnis für die Empfindlichkeiten seiner Mitmenschen aufzubringen, die seine Wahrheitsliebe, seine Offenheit, aber auch sein Tempo nicht immer aushalten können. Doch hat man sich einmal an sein Tempo und seine Distanzlosigkeit gewöhnt, ist der Umgang mit ihm einfach und unkompliziert. Er ist ehrlich und direkt und verspricht selten mehr, als er zu halten bereit ist. Er mag sich hin und wieder überschätzen, aber Falschheit und bewußte Irreführung sind im allgemeinen nicht im Spiel. Wenn er erzählt, wird er zuweilen etwas übertreiben, denn oft läßt er sich von seiner eigenen Begeisterung so sehr mitreißen, daß das eine oder andere etwas gewichtiger erscheinen mag, als es ist. Solcher Art sind seine Lügen, aber im übrigen kann man ihm so ziemlich alles glauben, denn er sagt, was er denkt.

Dies gilt auch in Beziehungen, auch hier gibt es für den Widder Zwiespältigkeiten der Gefühle auf Dauer nicht. Im Zweifelsfall wird er sich schnell entscheiden, denn Unsicherheiten und Unklarheiten kann er nicht ertragen. Tritt eine Krise in der Partnerschaft auf, so wird es immer der Widder sein, der das klärende Gespräch sucht, um unterschwellige Mißverständnisse auszuräumen. Wenn er Probleme hat, wird er diese nicht mit sich selbst ausmachen oder sich zurückziehen, wie z.B. der Krebs, der in die Einsamkeit flüchtet, um seinen Kummer zu verdauen. Nein, dies würde einem Widder niemals einfallen, denn extrovertiert und auf die Auseinandersetzung mit der Umwelt angelegt, will er einem Konflikt nicht ausweichen. Zuweilen scheint er die Konfrontation direkt zu suchen, denn durch sie erfährt er seine Grenzen und findet seine Eigenständigkeit und Identität. So ist er auch niemals bereit, stillschweigend Dinge einfach hinzunehmen und zu warten, bis sich ein Problem von selber löst. In Krisenzeiten wird er vielmehr hektisch-lebendig, und er wird sich, von Ruhelosigkeit umhergetrieben, in energische Aktivität stürzen oder einen Gesprächspartner suchen, mit dem er seine Probleme ausdiskutieren kann.

Der Widder kennt nur eine Gangart, die nach vorn. So ist Geduld auch keine seiner Eigenschaften und Warten eine seiner größten Prüfungen. Seine Ausdauer ist nur kurz, und weil seine Energie stets an Herausforderungen gebunden ist, kann er nicht zusehen, wie sich Dinge entwickeln. Er muß eingreifen, ohne Rücksicht auf die Widerstände, die sich ihm in den Weg stellen mögen. Aufgrund dieser starken Willensbetonung unterliegt er oft einer zu großen Leistungsspannung, die zuweilen über die körperliche Kraft hinausgeht. Er ist äußerst zäh und neigt dazu, sich mit dem Willen zu überfordern, was zeitweilig zu körperlichen Zusammenbrüchen führen kann. Zeiten der Überaktivität wechseln mit Phasen der Neuorientierung, doch am stärksten ist immer die Anfangsenergie, der ursprüngliche gedankliche Impuls, der sofort in Handeln umgesetzt werden muß, damit die Kraft nicht nachläßt und seine Begeisterung nicht ihren mitreißenden Schwung verliert.

Sanftmut und weibliche Hingabe suchen wir in diesem Zeichen meist vergebens, denn mit kämpferisch-herausforderndem Verhalten tritt der Widder-Geborene der Umwelt gegenüber. Er weicht keiner Hürde aus, und je höher das Risiko, umso mutiger wird er sich zeigen, und nur selten wird man einem Widder seine innere Unsicherheit anmerken, denn je unsicherer er ist, umso mehr »haut er auf den Putz«. Sein Handeln wirkt zuweilen brüsk und wenig einfühlsam, doch gerade durch diese Kompromißlosigkeit und das mutige Eintreten für eine Idee gewinnt er seine Stärke, seine Widerstandskraft und sein Selbstwertgefühl, das stets an bestandene Herausforderungen gebunden ist, die es im Physischen oder im Geistigen zu bewältigen gilt.

Kriterium für Entwicklung
Mut, Stärke und Unerschrockenheit sind kein Zeichen für Fortschritt, denn sie sind auf jeder Entwicklungsstufe vorhanden. Doch während der reife Widder versucht, seinen Mitmenschen kraft seines geistigen Ideals einen neuen Weg zu öffnen, den vorher noch niemand gegangen ist, und ihn auch unter persönlichen Opfern zu verteidigen, ist der Mut des unreifen Widders nicht getragen von einem Ideal, das er in die Welt bringen möchte, sondern vom Wunsch nach Erfahrung der eigenen Kraft und Stärke und dem Ausloten der jeweiligen Grenzen. Entscheidend ist daher die Art des Ideals oder die Motivation des Handelns, die mit zunehmender Entwicklung selbstloser wird. Und es ist das Maß an Einfühlungsvermögen und die Fähigkeit zu nuancierter Betrachtungsweise, die den entwickelten Widder-Menschen besonnener, ruhiger und rücksichtsvoller werden lassen, sobald er gelernt hat, seine spontanen Reaktionen auf Umweltreize gedanklich abzufedern.

Stärken und Schwächen des Widder
Die Stärken sind Idealismus, Begeisterungsfähigkeit, Mut, schnelle Reaktionen und Entschlußkraft sowie ein Sinn für das Naheliegende und für einfache Lösungen.

Die Schwächen dieses Zeichens sind Ungeduld, überschnelle Reaktionen und mangelndes Verständnis für die Sensibilität anderer. Impulsivität, Rücksichtslosigkeit und eine gewisse unbewußte Aggressivität sind zu Beginn der Entwicklung ebenso spürbar wie die Neigung zu Übereifer und Fanatismus.

Die drei Entwicklungsebenen im Widder

Persönliches Bewußtsein:	Exoterischer Herrscher	– Mars
Seelenbewußtsein:	Esoterischer Herrscher	– Merkur
Geistiges Bewußtsein:	Hierarchischer Herrscher	– Uranus

1. Stadium: **Entwicklung der Persönlichkeit**

Zeichenherrscher: **Mars**   *Leitmotiv:* **Selbst-Behauptung**

Zu Beginn der Entwicklung – wenn Mars herrscht – richtet sich das kämpferische Temperament des Widder-Geborenen auf die physische Ebene. Draufgängerisch, abenteuerlustig und ohne Rücksicht auf sich und andere versucht er, seine Stellung im Leben zu finden, die eigenen Kräfte zu erproben und seine Grenzen auszuloten. Ziellose Impulsivität und sexueller Antrieb sind auf dieser Stufe vorherrschend; er ist streitlustig bis aggressiv-kämpferisch, wenn es darum geht, sich in der Welt zu behaupten und seine Ziele zu erreichen.

Durch Ideen oder Ideale schnell zu begeistern, neigt er zu Übertreibung und Fanatismus, sobald er für sich eine neue Aufgabe entdeckt hat. Ist er von einer Idee ergriffen und überzeugt, wird er sie vehement verfolgen und zuweilen unüberlegt seine Gesundheit aufs Spiel setzen, wenn es nur der Sache dient. Diese Haltung stärkt die Entwicklung des Willens und gibt dem Widder eine Richtung, die anfangs noch wenig eindeutig ist, da er auf unreifer Ebene einer Fülle von Ideen und Impulsen ausgeliefert ist, die er nur schwer kanalisieren kann.

Mit zunehmender Persönlichkeitsentwicklung wird sein Handeln jedoch bewußter und überlegter. Zwar wird er sich noch immer zu unüberlegten, spontanen Gefühlsreaktionen hinreißen lassen, doch sein dynamisches Vorpreschen ist nun begleitet von gedanklicher Konsequenz und dem mutigen Eintreten für unpopuläre Wahrheiten, die er schonungslos vertritt, auch wenn sie seinem Image schaden. Es drängt ihn, seine eigenen Ideen in die Welt zu bringen und sie auch dann kämpferisch zu verteidigen, wenn sie nicht im Trend der Zeit liegen. Denn ihm geht es darum, das Leben und sich selbst zu erfahren und allen Widerständen unerschrocken und konsequent die Stirn zu bieten, wenn es gilt, die eigenen Überzeugungen zu vertreten und sich durchzusetzen.

2. *Stadium:* Seelenbewußtsein

Zeichenherrscher: **Merkur**   *Leitmotiv:* **Harmonie durch Konflikt**

Auf seelisch erwachter Ebene – wenn Merkur die Wirkung des Mars verstärkt – verliert sich die Leidenschaft des Kriegers, und der Mensch erlebt und erprobt sich nun auf der Ebene des Denkens. Dadurch verliert sich sein eigenwillig-emotionales Temperament und seine Handlungen entspringen nun gedanklichen Überlegungen, die das Für und Wider einer Sache abwägen. Dies bringt zunächst widerstreitende Tendenzen im Bereich der Gefühle und Gedanken mit sich und zeigt sich in häufiger auftretenden Konflikten mit anderen, die auf seinen Widerspruchsgeist nicht selten heftig reagieren. So erprobt der Widder seine Stärke und seinen Mut jetzt im Denken, indem er sich dem notwendigen Konflikt stellt und keiner Schwierigkeit ausweicht, denn nur durch mental ausgetragene Konflikte entstehen schließlich harmonische Beziehungen mit anderen.

Auf diese Weise tritt das *Gegensatzpaar Widder-Waage* in Wechselbeziehung, und in dem Maße, wie der Widder sein Denken auch in abstrakte Bereiche erweitert, wird er sich der grundlegenden Dualität des Lebens bewußt, die durch ein vermittelndes Denken vereint werden muß. Dies veranlaßt ihn, sein Temperament und seine Impulsivität zu zügeln und das Denken zu nutzen, um Konflikte im Dialog zu lösen und Harmonie zwischen sich und der Umwelt herzustellen. So erfährt der seelisch erwachte Mensch dieselbe Läuterung des Charakters, die der unentwickelte Widder durch die »Feuer von Krieg und Kampf« auf der physischen Ebene erlebt, durch die erleuchtende Kraft des Denkens, die ihm auf dieser Ebene als Wegweiser seiner Handlungen dient.

3. *Stadium*: Geistiger Mensch

Zeichenherrscher: **Uranus**   *Leitmotiv:* **Okkultes Bewußtsein**

Wenn Uranus auf hierarchischer Ebene herrscht, ist das *Gegensatzpaar Widder-Waage* im Bewußtsein verschmolzen. In dieser Phase verliert die Persönlichkeit ihre Bedeutung als beherrschende und lenkende Kraft, und es entsteht der Wille zur Mitarbeit am großen Schöpfungsplan. Denn Uranus beherrscht den »okkulten Pfad« und entfaltet ein spirituelles Bewußtsein, mit dem der geistig erwachte Mensch die Ganzheit des Lebens erkennt. Nun dient der Wille des Widder-Geborenen nicht mehr der Erfahrung in der Welt, sondern er ist einzig darauf gerichtet, geistige Ideen in das Denken der Menschheit zu bringen, um ihren Fortschritt zu beschleunigen. So verliert der Eigenwille seine Bedeutung für den geistig erwachten Menschen, der sich bewußt ist, daß sich der höhere (göttliche) Wille im universellen Rhythmus des Lebens manifestiert, dem alle kleineren Rhythmen untergeordnet sind.

Die esoterische Bedeutung des Widderzeichens

Symbol: ♈   Zwei nach unten gedrehte Hörner.

Bedeutung: Das Eintreten der Seele in die Dualität der Erscheinungswelt; entweder der Wille zur Inkarnation oder die Rückkehr zur Ausgangsquelle.

Lichtqualität: Das Licht des Lebens selbst.

> *»Dies ist der schwache Lichtpunkt, im Mittelpunkt des Manifestationszyklus, matt und flackernd. Er ist der Scheinwerfer des Logos, der das sucht, was für die göttliche Wesensäußerung benutzt werden kann.«*
> Alice Bailey

Widder ist das Anfangs- und Endzeichen des Tierkreises, das Alpha und Omega, von dem Christus sprach. Es kennzeichnet den ersten Schritt der Seele zur Inkarnation, den Anfang der ständig wiederkehrenden Erfahrungskreisläufe sowie den Beginn jener Phase, in der die Seele ihre Zielsetzung und Methode ändert, um schließlich den Weg der geistigen Erneuerung und Einweihung zu gehen.

Im Widder manifestiert sich der Willensaspekt der Schöpfung, der Geist oder das göttliche »Ich Bin«, das den Entwicklungsprozeß des Menschen in Gang setzt. Dieser Prozeß ist dreifach:
– Zunächst tritt der Geist, das »Ich Bin« oder das höhere Selbst des Menschen in Manifestation.
– In einem weiteren Entwicklungsschritt schafft sich dieser Geist eine Form, durch die er wirken kann: die Seele.

– Und die Seele schafft sich ihrerseits einen vierfachen Körper, durch den sie in der sichtbaren Welt in Erscheinung tritt.
In dieser Tatsache drückt sich das wahre Wesen der Dreifaltigkeit oder des dreifältigen Menschen aus, dessen Lebenswille sich durch das Medium von Bewußtsein und Körper zum Ausdruck bringt.

Der Wille-zum-Leben manifestiert sich daher absteigend über die Stufen der Mentalebene, der Astralebene und der Ätherebene[30], um schließlich eine physische Form anzunehmen, die dem Menschen die vielfältigen Erfahrungen in der materiellen Welt ermöglicht.

»Widder weckt den Willen, die niederste Ebene zu erreichen und dort zu herrschen, das Äußerste kennenzulernen und so alle Erfahrungen durchzumachen.« *Alice Bailey*

Und diese Erfahrungen dienen dazu, das Leben in seinen tiefsten Tiefen zu ergründen, um schließlich das Bewußtsein wieder auf den Geist zu richten und zum Ursprung des Lebens zurückzukehren, wenn der Kreislauf der Wiedergeburten sich erschöpft hat.

Das Zeichen des Widder kann daher am besten durch die biblische Geschichte des verlorenen Sohnes illustriert werden. Er verläßt das Haus des Vaters, um die Welt kennenzulernen, und kehrt am Ende – bereichert durch persönliche Erfahrungen – zum Vater zurück.

Widder verkörpert also die Energie des Willens-zum-Leben, er ist das »Licht des Lebens selbst«, das die gesamte Lebenserfahrung des Menschen bewirkt.

Das Ziel des Widder
ist die Erfahrung der Vielfalt des Lebens in den drei Welten menschlicher Evolution, der physischen, emotionalen und mentalen Welt. Diese Erfahrung dient dazu, das eigene Willenspotential durch Reibung mit der Materie zu entwickeln. Daraus resultieren zunächst Kampf und Auseinandersetzung, sobald der eigene Wille auf Widerstand trifft, bis ein Mensch durch Entwicklung eines unterscheidenden Denkens gelernt hat, seinen persönlichen Willen in einen geistigen Willen zu verwandeln.

»Erfahrung führt zur Herrscherstellung, und in diesem Zeichen entwickelt der Mensch, in dem sich die Kraft des ersten Strahles verkörpert, die Fähigkeit zu organisieren, Kräfte zu beherrschen (beson-

---

[30] s. S. 85

ders die Energie des Todes), die Kraft der Zerstörung mit Liebe anzuwenden, Menschenmassen zu beherrschen, am Plan mitzuarbeiten und den göttlichen Willen durch gerechte und einwandfreie Leitung der planetarischen Angelegenheiten zu erfüllen.«

Alice Bailey

> Die Entwicklung des Willens, die das Ziel dieses Zeichens ist, erfolgt in drei Stufen:
> 1. Der Wille äußert sich als Überlebenstrieb, der den Menschen veranlaßt, seinen Lebensraum im (Konkurrenz-)Kampf zu erobern. Der Mensch ist hart im Nehmen und handelt impulsiv, denn der Wille begrenzt sich auf persönliche Ziele.
> 2. Der Wille äußert sich zunehmend durch ein immer klarer werdendes, reflektierendes Denken, mit dem die inspirierenden Impulse der Seele und universelle Ideen erfaßt und verstanden werden.
> 3. Der Wille wird erkannt als das höhere Selbst, das Teil eines noch größeren Lebens ist, dem ein Mensch nun seinen persönlichen Willen unterordnet.

Der Schlüssel zur Transformation
Die wichtigste Aufgabe des Widder-Geborenen ist es, Selbstkontrolle und Zurückhaltung zu üben, um sich nicht von seinen spontanen Impulsen und Ideen überwältigen zu lassen. Er muß lernen, seine Eingebungen zu verstehen und zu begründen, und er sollte sich bemühen, Harmonie in sein Leben zu bringen, indem er Gedankenkontrolle übt und seinen persönlichen Willen zügelt, um auch anderen Raum für die eigene Entfaltung zu geben. Ist diese persönliche Zurückhaltung einmal erreicht, wird sein Denken offen für höhere abstrakte Bereiche, die ihn wahrnehmen lassen, was die Seele wahrnimmt. So wird er fähig, Ideen in die Welt zu bringen und andere geistig zu inspirieren. Denn Widder ist ein mentales Zeichen, über das sich der Wille der Seele zum Ausdruck bringt, sobald sich das Zentrum des Bewußtseins ins Denken verlagert hat.

Die beiden Schlüsselworte für den Widder nach Alice Bailey
Persönlichkeit: »Möge wieder die Form begehrt werden.«
Seele: »Ich trete hervor und herrsche von der Ebene des Denkens aus.«

Stier

20. April – 21. Mai
30–60 Grad im Tierkreis
Element: Erde
Fixes, weibliches Zeichen

Stier-Prinzip: Verlangen, geistiges Streben, Erleuchtung

Die zweite Phase des Tierkreises
Dem Willen-zum-Leben, der sich im Widder als expansive Durchsetzungskraft zeigt, folgt die Phase der Abgrenzung durch die magnetische Kraft des Begehrens. Diese Kraft ist es, die die Seele an die materielle Form bindet und den Menschen auf dem Evolutionspfad vorantreibt, bis er durch Überwinden der Begierde Erleuchtung erlangt.

Typische Verhaltensmerkmale
Der Stier-Geborene ist ein Mensch von sinnlicher Anschauung, voller Natürlichkeit und Unmittelbarkeit des Empfindens, das selbst bei hochentwickelter Intelligenz vom Intellekt nicht ganz verdrängt wird. Naiv-lustbetont und mit natürlichen Maßstäben ist er ein in sich ruhender, sinnenfroher Mensch, der dem Genuß des Lebens nicht abgeneigt ist. Er liebt ein gutes Essen, eine kultivierte Lebensweise, aber auch Schönheit und Ästhetik haben eine große Anziehungskraft für ihn. Durch sie ist er, der sonst eher schwerfällig an alten Gewohnheiten des Lebens festhält, leicht zu motivieren und lenkbar. Seine Liebe gilt daher auch der Natur und der Kunst, und man wird nur selten einem Stier begegnen, der ganz ohne musische Neigung wäre. Doch für brotlose Kunst ist dieser Typus nicht zu haben, auch der Künstler weiß den realen Ertrag seines Schaffens zu schätzen, denn seinen Sinn für die Realitäten des Lebens verliert er niemals aus den Augen. Die materielle Basis des Lebens muß gesichert sein, ehe er sich kulturellen oder geistigen Dingen zuwendet. Er liebt das Leben und kann es genießen, allerdings nur im Rahmen seiner finanziellen Verhältnisse. Das Gleichgewicht zwischen Einnahmen und Ausgaben sollte gewährleistet sein, und so ist er auch stets darauf bedacht, nicht über

seine Verhältnisse zu leben, sondern eine solide ökonomische Grundlage zu schaffen, die ihm Sicherheit gibt und ihn frei macht für einen persönlichen Lebensstil. Dieser ist geprägt durch einen gemächlichen Rhythmus, einen Sinn für häusliche Atmosphäre, aber auch durch den Wunsch nach Geselligkeit und sozialer Einbindung in die Gesellschaft. Er sucht Ruhe und Beständigkeit und braucht einen stabilen Lebens- und Arbeitskreis, in dessen Ordnungsgefüge er einen sicheren Platz einnimmt, und so ist er auch stets bemüht, ein »soziales Netz« um sich zu knüpfen, das ihm als Basis gesellschaftlicher Kontakte dient. Denn von Natur aus kein Einzelgänger, ist er ein Mensch mit einem ausgeprägten Gemeinschaftssinn, und er braucht das Gefühl der Zugehörigkeit zu einer Gruppe, die ihm nach außen als Schutzraum für seine Entwicklung dient. Stiere haben daher große Angst, den Anschluß an die Gruppe zu verlieren, und sie leiden, wenn sie sich durch ihr Anderssein von der Gemeinschaft isoliert fühlen. Dies sollte man vor allem bei Kindern beachten, die sich leicht zu Taten verführen lassen, die ihnen charakterlich eigentlich fremd sind, aber Anerkennung in einer Gruppe bringen. Unter Umständen vermitteln auch Außenseitergruppen das Gefühl der Sicherheit, und um nicht ausgeschlossen zu werden, bringen Stiere oft erhebliche Opfer, damit sie das Gefühl der Gemeinsamkeit mit der Gruppe nicht verlieren.

So wird auch in Partnerschaften eine feste Bindung angestrebt, da der Stier-Geborene nur in gesicherter und vertrauter Umgebung die nötige Muße zur Selbstentfaltung findet. Stabilität, Treue und Zuverlässigkeit bilden das Fundament seiner Beziehungen; er legt sich gerne fest, weil er die Sicherung seiner Gefühle sucht. Doch gerade deshalb haben Stiere es oft nicht leicht, die von ihnen gewünschte Gemeinsamkeit und Gemeinschaft mit anderen herzustellen. Ihr Anspruch ist hoch, denn für sie ist eine Beziehung immer langfristig und auf Treue angelegt. Sie kann von ihrer Seite nicht so leicht wieder gelöst werden, da jede Bindung, die sie bewußt eingehen, für sie etwas Endgültiges hat und sie auch bereit sind, sich an diese Beziehung vollkommen hinzugeben. Dieses Bedürfnis nach dauerhafter Bindung kann dem Partner zuweilen das Gefühl vermitteln, in Besitz genommen zu werden, und den Wunsch erzeugen, sich aus der Vereinnahmung zu lösen.

Die Aufgabe des Stier-Menschen ist also nicht immer leicht, denn ausgestattet mit der Energie des Verlangens, die ihn an Dinge und Menschen bindet, muß er lernen, seine Sicherheit in sich selbst zu suchen, indem er zunehmend seinen Eigenwert entdeckt. Innerhalb seiner sozialen Umwelt muß er seine eigenen Wertmaßstäbe finden, denn es geht in diesem Zeichen um die Frage, wie der Einzelne sich mit all seinen Wünschen und Begierden im Rahmen eines Gesamtgefüges verwirklichen kann, ohne dessen Ordnung in Frage zu stellen. So ist der Stier auch stets bereit, sich zurückzunehmen und seine Ansprüche dort zu begrenzen, wo sie das Lebensrecht anderer tangieren. Nie wird er sich aggressiv in den Vordergrund drängen, denn klare und geregelte Verhältnisse in allen Lebensbereichen und ein sozial geregeltes Miteinander bilden die unerschütterlichen Grundlagen seines Lebens. Doch seinen Lebensraum und sein Recht wird er bis aufs Äußerste verteidigen. Er hat das Bedürfnis nach unumstrittenem Eigentum und einem klar abgegrenzten Wirkungskreis, in dessen Grenzen er sich gemütlich einrichtet. Werden diese Grenzen seines »Persönlichkeitsraumes« aber mißachtet, so kann er ungewohnt empfindlich und heftig reagieren. Denn von Natur aus friedfertig und gutmütig, ist er ein Mensch, der nur selten die Fassung verliert. Er ist sehr geduldig, kämpfen wird er nur in Notwehr und Kritik äußert er im Nicht-Hinhören. Ist er verletzt, wird er seine Gefühle nicht laut äußern, vielmehr schluckt er seine Enttäuschungen und reagiert meist mit demonstrativ-vorwurfsvollem Schweigen. Es muß also viel geschehen, um einen Stier aus seiner sprichwörtlichen Gutmütigkeit zu reißen. Doch wenn die Grenzen seiner Toleranz durch wiederholte Verletzungen seines Selbstwertgefühls oder faktische Übergriffe auf sein Recht einmal wirklich überschritten sind, können sich lange zurückgehaltene Affektstauungen in heftigen Gefühlsreaktionen entladen, und er stampft nieder, was sich ihm in den Weg stellt.

Ansonsten läßt er sich jedoch nur wenig in seinem gemessenen Tempo beirren, das ihn zu gleichmäßiger, aber langsamer Entwicklung bewegt. Nur keine Hektik aufkommen lassen, ist seine Devise, denn Ruhe, Sicherheit und Gemütlichkeit sind ihm zunächst wichtiger als das Erreichen lichter Höhen oder visionär erschauter Zukunftsperspektiven. Seine Lebensanschauung liegt im Realen begründet; abstrakte Begriffe oder Theorien müssen Hand und Fuß haben, bevor sie sein Interesse wecken. Was er braucht, sind keine geistigen Höhenflüge, sondern verläßliche Regeln, die sich im praktischen Leben bewähren und anwenden lassen. Doch der Stier lebt nicht vom Brot allein! Er braucht die Schönheit der äußeren Form, um sich wohlzufühlen, und so gehört ein gepflegtes Äußeres auch zum Selbstverständnis seines Lebens. Er besitzt einen ausgeprägten Sinn für die Harmonie von Farben und Formen, was ihm meist einen sicheren Geschmack verleiht, der in seiner Kleidung und Wohnung unmittelbar Ausdruck findet.

Denn trotz praktischer Begabung und Realitätsbezogenheit stehen bei ihm nicht Zweckmäßigkeit oder Nützlichkeit im Vordergrund, sondern das Ideal der Schönheit sowie alles, was das Leben angenehm, schön und anziehend macht. So ist der Stier auch kein nüchterner Pragmatiker, sondern ein Realist mit einem Sinn für die verborgene Poesie des Lebens, bei dem die Form zum Ausdrucksmittel des Seelischen wird und die formschöne, kunstvolle Gestaltung Vorrang hat vor Rationalität. Anreize zur Entwicklung bilden weniger intellektueller Ehrgeiz und Leistungsstreben als Sinnesreize, die das Auge ansprechen und Ästhetik, die ihn über die bloße Befriedigung materieller Wünsche hinweghebt.

Ein Gipfelstürmer ist der Stier-Geborene daher nicht, und einen Abenteurer oder Eroberer werden wir in diesem Zeichen nur selten finden. Sein Ehrgeiz muß sich mit einem angenehmen Leben vereinbaren lassen, das er in behaglicher Ruhe genießen möchte, denn das Grundmotiv seines Lebens ist Verlangen, entweder nach sinnlicher Erfahrung oder nach Wissen, das mit zunehmender Entwicklung die sinnliche Erfahrung verdrängt. Die Wahrung liebgewordener, persönlicher Lebensgewohnheiten ist ihm oft wichtiger als hart umkämpfte berufliche Positionen oder persönliche Erfolge. Konservativ und auf die Bewahrung des Bestehenden angelegt, werden Neuerungen nur langsam aufgegriffen, da sie sein Sicherheitsgefühl gefährden. Mehr als andere erlebt er jede Veränderung als Verlust dessen, was er besitzt und was seine Sicherheit ausmacht. So kann das Sammeln in diesem Zeichen auch zur Leidenschaft werden, solange der Mensch sich mit materiellem Besitz identifiziert und Schönheit und Harmonie nur im Äußeren gesucht werden.

Der Drang nach Sicherheit und Absicherungen sowie die Tendenz, Dinge festzuhalten und sich den notwendigen Veränderungen entgegenzustemmen, machen es dem Stier oft schwer, sich dem Fluß des Lebens anzupassen. Andererseits gewinnt er aber gerade dadurch Beständigkeit und Zuverlässigkeit, und normalerweise kann man sich bei ihm sicher sein, daß er nicht leichtfertig Versprechungen macht, die er nicht halten kann. Alles wird vorher gründlich durchdacht, und so ist er im allgemeinen auch zuverlässig und verpflichtungstreu. Schnelle und spontane Entschlüsse darf man vom Stier jedoch nicht erwarten, weil jeder Neubeginn schwerfällt. Will man ihn überzeugen und zu Neuem inspirieren, ist langsames, bedächtiges Vorgehen angesagt, denn zu starker Druck und wiederholtes Drängen lassen ihn eher mit Trotz reagieren, da er sich nur ungern aus der Ruhe und seinem gewohnten Rhythmus bringen läßt. Sein spontanes »nein« ist deshalb oft nur der Versuch, Zeit zu gewinnen und sich langsam und gründlich mit neuen Ideen oder einer neuen Situation auseinanderzusetzen. Doch hat er sich einmal zu etwas entschlossen, kann er sehr beharrlich und ausdauernd sein. Und so bekommt er auch sehr oft, was er will, denn mit seiner konzentrierten Wunsch- oder Willenskraft versucht er, sich – materiell wie geistig – das anzueignen, was begehrenswert erscheint und das Lebensgefühl erhöht.

Kriterium für Entwicklung
Das eigentliche Thema dieses Zeichens ist das »Haben oder Sein«. Solange das Haben überwiegt und der »Wille-zur-Erleuchtung« durch Festhalten an persönlichen Zielen und liebgewordenen Gewohnheiten gebremst wird, ist die Entwicklung eher langsam, und Stagnation und Verblendung sind häufiger anzutreffen. Wenn das Sein stärker ins Bewußtsein tritt, wird der Wunsch nach Wissen und Selbsterfahrung wichtiger als Sicherheiten und materielle Befriedigung, und sein Verlangen richtet sich nun darauf, das eigene »geistige Kapital« zu entdecken, das den eigentlichen Reichtum seines Lebens ausmacht. So geht es im Stier auch vor allem um die Werte des Lebens, die entweder eine geistige Zielorientierung geben und Ansporn zur Entwicklung sind oder ihn stur und zuweilen halsstarrig an persönlichen materiellen Zielen und an den Annehmlichkeiten des Lebens festhalten lassen, die er nur ungern aufgibt. Doch hat er sich einmal entschlossen, loszulassen und sich dem Fluß des Lebens nicht mehr entgegenzustemmen, wird er zu einem aufbauenden, planenden und schöpferischen Menschen, der die Kraft besitzt, Menschen zusammenzuführen und zur Zusammenarbeit zu inspirieren.

Stärken und Schwächen des Stier
Die Stärken sind seine soziale Einstellung, seine große Ausdauer und Geduld sowie ein sicheres Empfinden für Harmonie, was ihn vor Extremen jeder Art bewahrt. Die Fundamente seines Lebens sind sicher verankert, und so bildet er häufig einen Pol der Ruhe inmitten der Hektik des Alltags.
 Die Schwäche dieses Zeichens liegt im Ausweichen vor allen schnellen und überraschenden Veränderungen. Der Stier verharrt gerne in passiver Bequemlichkeit, hält an allen Sicherungen des Lebens lange fest, und diese Beharrlichkeit kann bis zu Sturheit und Halsstarrigkeit gehen. Überdies ist er leicht nachtragend, denn er »schluckt« viel und

vergißt nur langsam, und so fällt es ihm auch schwer, Gegenstände und Personen loszulassen, an die er sich gebunden hat.

Die drei Entwicklungsebenen im Stier

Persönliches Bewußtsein:	Exoterischer Herrscher	– Venus
Seelenbewußtsein:	Esoterischer Herrscher	– Vulkan
Geistiges Bewußtsein:	Hierarchischer Herrscher	– Vulkan

1. Stadium: **Entwicklung der Persönlichkeit**

Zeichenherrscher: **Venus**   *Leitmotiv:* **Begehren, Verlangen, intelligentes Wünschen**

Zu Beginn der Entwicklung – wenn Venus herrscht – ist der Stier-Geborene ein sinnenfroher Mensch mit dem Verlangen nach materieller Sicherheit und physischer Behaglichkeit. Die Merkmale seines Wesens sind Bodenständigkeit, Beharrlichkeit und Zähigkeit, die den Stier nur schwer von einem einmal eingeschlagenen Weg abweichen lassen. Da er sich nur langsam auf Neues einstellen kann, sucht er nach Verläßlichkeit und Kontinuität in seinen Beziehungen, denn er braucht das Gefühl der Zusammengehörigkeit mit anderen, um sich wohlzufühlen. Auf dieser Ebene erweist sich der Stier als ein Mensch von relativer Unbeweglichkeit und großer Anhänglichkeit an Besitz und Personen. Er sucht eine gesicherte Stellung im gesellschaftlichen Umfeld, um seinen Platz im Leben zu finden. Bereitwillig fügt er sich in die Hierarchie einer Gesellschaft ein, denn sein Selbstwertgefühl mißt sich an der gesellschaftlichen Stellung, die er innerhalb dieser Ordnung genießt.

Doch mit zunehmender Persönlichkeitsentwicklung wird der Stier-Geborene eigenständiger, und er sucht nach Stabilität und Sicherheit in sich selbst. Nun beginnt er, sich eine persönliche Lebenskultur aufzubauen, in der Schönheit und Ästhetik eine wichtige Rolle spielen, denn Venus verleiht ihm einen Sinn für Proportionen und ein Empfinden für Harmonie. So verlagern sich die sinnliche Erfahrung und das Interesse an materiellen Dingen auch zunehmend in den Bereich der Kultur, der Bildung und der Kunst, durch die er nun versucht, über das rein Materielle hinauszugelangen und dem Leben einen höheren Sinn zu verleihen. Er wird feinsinniger, und die sinnliche Erfahrung wird durch den Wunsch nach Wissen ersetzt, was den Stier veranlaßt, nach einem Lebensstil zu suchen, der beidem Rechnung trägt: seinem Bedürfnis nach materieller und emotionaler Sicherheit sowie einem regen kulturellen Leben, das Anregung und gedanklichen Austausch mit anderen bringt. Durch diesen Kontakt mit anderen gewinnt er seine Sicherheit und seinen Eigenwert, der nun zunehmend unabhängig von seiner Stellung in der Gesellschaft gesehen wird.

2. *Stadium:* Seelenbewußtsein

Zeichenherrscher: **Vulkan** *Leitmotiv:* **Verlangen wandelt sich in geistiges Streben**

Wenn die Seele deutlicher ins Bewußtsein tritt, beginnt Vulkan die Wirkung der Venus zu verstärken. Dieser noch unentdeckte Planet (der durch Merkur verhüllt wird) stimuliert den Willen des Menschen, sich aus der Bindung an die Materie zu lösen und nach geistigem Fortschritt zu streben. Denn im Zuge der Evolution muß die Wunschnatur in eine Willenskraft umgewandelt werden, die einem Menschen innere Stärke und Ausdauer verleiht, um das zu tun, was für die eigene Entwicklung notwendig ist. Und wenn diese Willenskraft erwacht, wandelt sich der Wunsch-zu-besitzen und durch die Formwelt Erfahrungen zu machen in den Wunsch-zu-wissen, um die Begierde zu überwinden, die ihm keine Erfüllung mehr bringt. Denn wie Buddha lehrte, führt die Loslösung von der Begierde zur Erleuchtung, und dieser Weg des Lichtes ist es, dem nun sein Bemühen gilt.

Dadurch tritt das *Gegensatzpaar Stier-Skorpion* in intensive Wechselbeziehung, und in dem Maße, wie sie verschmelzen, verliert die Welt der Formen, die nur ein matter Widerschein des Geistigen ist, ihre Anziehung. Nun sucht der Stier-Geborene seine Sicherheit zunehmend im Geistigen, weil er erkannt hat, daß es keine Sicherheit im Materiellen geben kann. So verlagert sich der Schwerpunkt seines Bewußtseins von der Form auf die Seele, und er setzt seine ganze Beharrlichkeit und seinen Willen ein, um das Licht zu entdecken, das jedem lebendigen Wesen innewohnt und das wir Seele nennen.

3. Stadium: **Geistiger Mensch**

Zeichenherrscher: **Vulkan**   *Leitmotiv:* **Wille-zu-erleuchten**

Wenn Vulkan auf hierarchischer Ebene herrscht, ist das *Gegensatzpaar Stier-Skorpion* im Bewußtsein verschmolzen. Nun wirkt der geistige Wille als Lebensantrieb sowohl auf die Gefühle wie auf das Denken ein, um den Körper vollkommen zu durchlichten. Der eingeweihte Mensch hat sich über die Wunschnatur erhoben und ist so zum »Alchimisten des Lebens« geworden, der – frei von Begierde – durch Liebe und Willen wirkt, um andere anzuheben und ihnen Licht zu bringen. Auf diese Weise entdeckt er die wahre Schönheit und die Kunst des Lebens, die darin besteht, zum »Gestalter von Seelen« zu werden und die Materie ins Licht zu erheben.

Die esoterische Bedeutung des Stierzeichens

Symbol: ♉   Zwei nach oben gewendete Hörner auf einem Kreis.

Bedeutung: In diesem Symbol ist das Streben des Menschen nach Erleuchtung dargestellt. Die beiden Hörner verbergen das dritte Auge oder das »Auge des Lichts«, durch das der Mensch die geistige Schau erlangt.

Lichtqualität: Das durchdringende Licht des Pfades.

>*»Das ist ein Lichtstrahl, der vom Kernpunkt im Widder ausströmt und den Bereich der Lichtherrschaft offenbart.«*
>   Alice Bailey

Stier wird das »Zeichen des Hauptlebensantriebs« genannt, des Wünschens in allen Phasen der menschlichen Entwicklung, das durch den sogenannten »Willen Gottes« ausgelöst wird. Dieser manifestiert sich im Menschen als »Wunsch-Wille«, der den eigentlichen Antrieb für Entwicklung bildet. Dieser Wunsch-Wille, die Spiegelung göttlicher Absicht, wandelt sich im Zuge der Evolution vom rein materiellen Verlangen über das geistige Streben bis hin zum Willen nach verständnisvoller Mitarbeit am großen Schöpfungsplan.

Dieser Plan ist bis heute noch wenig offenkundig, da er sich bei der Masse der Menschen als Verlangen oder Begehren äußert und erst beim seelisch entwickelten Menschen als gezielte Absicht oder geistiger Wille in Erscheinung tritt.

Die Entwicklung des Bewußtseins geschieht daher zunächst über Wünsche, Verlangen oder Begehren, durch die der Mensch Erfahrung und Wissen erlangt, die ihn aber auch lange Zeit hindurch klarer Sicht berauben und an falschen Werten festhalten lassen. Denn erst wenn das Denken an Stärke zunimmt und sich das persönliche Verlangen mit der Zeit erschöpft hat, tritt der geistige Wille an die Stelle des Begehrens, und der Mensch wird sich der Zielsetzung der Seele bewußt. Dadurch entdeckt er, daß das Licht, das sein Körper reflektiert, abhängig ist von der Art seines »Wunsch-Willens«, der
– entweder durch materielles Verlangen, persönlichen Willen und Begehren zum Ausdruck kommt
– oder als Wunsch nach geistiger Entwicklung, der zur Erleuchtung führt.

So ist Begierde auch die Basis für Entwicklung, doch sie muß überwunden werden, um dem Menschen die innere Willenskraft zu verleihen, die er braucht, um sich aus der Verhaftung an die Materie zu lösen und zu geistigem Bewußtsein zu erwachen.

Das Zeichen Stier ist daher gekennzeichnet durch einen ständigen Antrieb zur Entwicklung, der als innerer Kampf erlebt wird. Geht es hier doch um die Verwandlung des Begehrens (einer Verzerrung des Willensprinzips durch das niedere Selbst) in geistigen Willen, der als Lenkung, Fortschritt und Übereinstimmung mit dem »Göttlichen Willen« zum Ausdruck kommt.

Eine Wandlung wird im Stier erst erreicht, wenn er den »Weg des Wissens« geht, um das Wesen der Begierde zu verstehen, die ihn verblendet und für die wahren Werte des Lebens blind macht. Denn durch geistiges Wissen, das sein Bewußtsein erleuchtet, und seine praktische Anwendung im Leben verliert sich die Begierde, die ihn so lange an die materielle Form bindet, bis er sie im wahrsten Sinne des Wortes »durchschaut«. Ist dies erreicht, können die Formen der physischen Welt ihn nicht mehr blenden, sondern er betrachtet sie nur noch als Träger des inneren Lichtes, dessen er sich nun zunehmend bewußt wird. Dieses Durchschauen der Form ist der Beginn eines transzendentalen Bewußtseins, das Licht in das Dunkel des Körpers bringt, um diesen stufenweise zu erleuchten.

Und weil Stier ein Erdzeichen ist, müssen sich Verlangen und Wille auf der äußeren Ebene des Lebens erfüllen. In diesem Zeichen geht es daher auch um die Gesundheit des physischen Körpers, denn diese ist die Folge vergangenen Begehrens oder eines gegenwärtigen Idealismus, der das Maß an Licht bestimmt, das der Körper zur Steuerung seiner Funktionen zur Verfügung hat.

Das Ziel des Stier
ist die Erleuchtung des menschlichen Bewußtseins, die sich in dem Maße bemerkbar macht, wie menschliches Begehren in geistiges Streben verwandelt wird. Stier stimuliert daher auch den »Willen-zu-wissen«, mit dem Ziel des Erwachens des dritten Auges, das in der Esoterik als das Auge der Offenbarung gilt. Wenn dieses Auge erwacht, wird die Verblendung zerstreut, und der Mensch erlangt die geistige Schau, die ihn Wahrheit erkennen läßt, ohne daß es eines äußeren Beweises bedarf.

»Diese Erleuchtung enthüllt das essentielle Einssein, das auf der inneren Seite des Lebens besteht, und macht den äußeren Anschein der Getrenntheit zunichte.«   *Alice Bailey*

In der Entwicklung von der Blindheit menschlichen Begehrens zum Licht der Erleuchtung zeichnen sich drei Stufen ab:
1. Verlangen nach sinnlicher Erfahrung: In dieser Phase stehen der Lebensgenuß und materielle Ziele im Vordergrund, und das Leben wird von Wünschen aller Art bestimmt.
2. Wille-zu-wissen: Das persönliche Verlangen wandelt sich in den Wunsch nach geistiger Erkenntnis und verdrängt die materiellen Wünsche.
3. Wille-zu-erleuchten: Der Wille, dem höheren Plan zu dienen, tritt an die Stelle des geistigen Verlangens, und der Mensch wirkt nun als »Gestalter der Seelen«, um anderen Erleuchtung zu bringen.

Der Schlüssel zur Transformation
Die wichtigste Aufgabe des Stier-Geborenen ist es, sein Verlangen und vergebliches Wünschen, die sein Leiden und seinen Kampf ausmachen, aufzugeben und sich geistigen Werten zuzuwenden. Seine Entwicklung geschieht dadurch, daß persönliche Wünsche sich in geistiges Streben und strebenden Idealismus verwandeln, der in seinem

Leben praktisch zum Ausdruck kommt. Er muß seine Ideale in Worte und Taten umsetzen und bereit sein, seinen Hang zur Bequemlichkeit, seine Genußsucht und seine Sturheit aufzugeben, die den Weg ins Licht versperren. Überdies sollte er sich die Art seines Sprechens bewußt machen, denn die Sprache enthält das Geheimnis schöpferischen Wirkens. So ist *»die direkte und begründete Sprechweise in einer zurückhaltenden und erklärenden Art«* nach Alice Bailey auch der Weg für Stier-Geborene, der grundlegende Wandlungen hervorruft und sie mit dem Licht ihrer Seele verbindet.

Die beiden Schlüsselworte für den Stier nach Alice Bailey
Persönlichkeit: »Der Kampf sei unerschrocken.«
Seele: »Ich sehe, und wenn das Auge geöffnet ist, ist alles erleuchtet.«

Zwillinge

21. Mai – 21. Juni
60–90 Grad im Tierkreis
Element: Luft
Veränderliches, männliches Zeichen

Zwillinge-Prinzip: Unterscheidung, Erkennen der Dualität, Intellekt

Die dritte Phase des Tierkreises
Auf das Verlangen nach Formbildung im Stier folgt das Stadium, in dem der Mensch beginnt, die Dualität zwischen Innen- und Außenwelt wahrzunehmen. Er entdeckt sich als denkendes Wesen, das in der Lage ist, die Beziehung zwischen sich als Bewußtsein und der materiellen Welt intellektuell zu erfassen, um sich in Abgrenzung zu ihr selbst zu erkennen.

Typische Verhaltensmerkmale
Der Zwillinge-Typus ist ein Mensch von unbeständiger Vitalität, geistig-rege und sehr lebendig, denn unaufhörlich ist sein Verstand beschäftigt. Seine Realität ist die Welt der Gedanken, und lange Zeit behält er etwas Jugendliches, da seine innere Beweglichkeit ihn niemals in Situationen erstarren läßt. Weltoffen, von großer Neugier, Wißbegierde und Sensationslust beseelt, wird man ihn nur selten in ruhiger Beschaulichkeit antreffen, denn er ist immer unterwegs. Sein vielseitiges Interesse hält ihn in ständiger Bewegung, und die Leichtigkeit, mit der er Kontakte zu anderen Menschen findet, macht ihn zu einem ausgesprochen geselligen Menschen, der überall zu finden ist, aber nirgends lange bleibt. Denn unbegrenzt scheint das Spektrum von Interessen, das alle Bereiche des Lebens umfaßt und das es den Zwillingen schwermacht, Prioritäten zu setzen und sich vollständig mit einem Interessenbereich zu identifizieren. Ruhelos, von Unrast getrieben und voller Wissensdrang sind sie stets auf der Suche nach neuen unentdeckten Horizonten, denn Unbekanntes, nicht Entdecktes macht sie unruhig, und keine Strecke scheint zu weit zu sein, wenn es gilt, neue Lebensbereiche kennenzulernen oder neue Kontakte zu knüpfen.
So ist das Hauptanliegen der Zwillinge-Geborenen auch die Kom-

munikation sowie die Herstellung von Beziehungen und die Sprache ihr wichtigstes Medium. Von Natur aus sprachbegabt, sind sie gute Unterhalter, oft von großer Lebendigkeit des Ausdrucks, schnell, schlagfertig und intellektuell-beweglich. Sie sind sehr gesprächig, und das Sprechen fällt ihnen meist leichter als das Zuhören, denn Reden gehört nun mal zu ihrem Element. Frisch, lebhaft, wendig, suchen sie Kontakt, sobald sich ein Gesprächspartner einstellt, und an diesen mangelt es ihnen selten, denn sie sind offen für Menschen jeden Typs, da die Beweglichkeit ihres Denkens ein großes Spektrum an Kontakten zuläßt. Aufgeschlossen und interessiert an allem, was in ihrer Umwelt passiert, sind sie stets auf dem neuesten Stand und überall, wo etwas los ist, sind sie sogleich zur Stelle. Sie brauchen die bewegte Oberfläche, sie jagen Spannendem, Sensationellem nach, denn sie wollen Informationen austauschen und sich mitteilen. Immer auf der Suche nach neuen Erlebnissen und neuen Erfahrungen, scheint ihnen das Journalistische im Blut zu liegen, und wer einen Zwilling zu seinen Bekannten zählt, kann sicher sein, daß ihm keine Neuigkeit entgeht, da sie verläßlich dafür sorgen, daß Nachrichten auch im Umlauf bleiben. Doch diese Informationen bleiben meist an der Oberfläche, denn Gründlichkeit und Tiefe des Gefühls sind ihre Sache nicht. Sie interessiert der schnelle Gedankenaustausch, die Schlagfertigkeit und schnelle Reaktion von Mensch zu Mensch und weniger die Tiefe einer Beziehung, eines Problems oder die letzten Sinnfragen des Lebens.

Zwillinge sind daher schwankend-beweglich und auf unbewußter Ebene unzuverlässig, da sich ihr Standpunkt immer wieder verändert, abhängig von der jeweiligen Position, die sie gerade einnehmen und die durchaus im Widerspruch stehen darf zu dem, was sie noch gestern vertreten haben. Denn letzte Gewißheiten scheint es für sie lange Zeit nicht zu geben, da die seltsame Doppelnatur dieses Zeichens sie zwingt, scheinbar Widersprüchliches oder Gegensätzliches wechselseitig zum Ausdruck zu bringen. Zwillinge werden deshalb auch niemals in einer Weltanschauung erstarren; sie haben keine festgelegten Ziele oder Standpunkte, und Grundsätzlichkeit oder Prinzipientreue suchen wir in diesem Zeichen vergebens. Im ständigen Bemühen, Objektivität und Neutralität des Standpunktes zu bewahren, pendeln sie hin und her zwischen dem Für und Wider einer Sache, die für sie eben niemals eindeutig entschieden werden kann. Häufig sehen sie sich gezwungen, zwei einander entgegengesetzte Wege gleichzeitig zu gehen, da sie sich für keinen der beiden wirklich entscheiden wollen. Denn für sie gibt es noch keinen geraden Weg, der etwa in der Mitte zwischen den Gegensätzen liegt, wie es die Waage anstrebt, und so scheinen wechselnde Standpunkte ihnen lange Zeit mehr Sicherheit zu geben als Festlegungen oder eindeutige Stellungnahmen. Die Neigung, letzte Gewißheit niemals gelten zu lassen, ehe nicht die entgegengesetzte Seite auch betrachtet wurde, führt zu einer gedanklichen Distanz, mit der sie die eigenen Positionen ebenso bewerten wie die der anderen. Leicht schaffen sie es, fast alle einander widersprechenden Ansichten und Geistesrichtungen zu akzeptieren und dadurch offen zu sein für Menschen unterschiedlichster Interessen.

Die Kehrseite dieser Veranlagung liegt in der Gefahr »geistiger Charakterlosigkeit«, mit der sie heute in einer Diskussion einen Standpunkt ablehnen, der morgen mit den Argumenten des heutigen Gegners verteidigt wird. Dies kann zu einer intellektuellen Pseudo-Wirklichkeit führen mit der Tendenz, sich überall das Passende herauszusuchen, ohne eigene schöpferische Leistung und persönliche Stellungnahme. Anstelle gründlichen Wissens und wesentlicher Erkenntnisse tritt dann theoretisches Wissen ohne persönlichkeitsvertiefende Wirkung und ohne Identifizierung mit der Sache. Denn leicht beeindruckbar durch Äußerungen und Anregungen aus der Umwelt, lassen sich Zwillinge schnell umstimmen. Sie sind offen für alles, was möglich und theoretisch denkbar erscheint, und so sind ihre Stellungnahmen auch niemals als endgültig zu betrachten, denn ihr Versuch, alles zu relativieren, läßt sie jede neue Einsicht sofort wieder hinterfragen und nach anderen Erklärungen suchen. Auffallend ist dabei ihre Beweglichkeit, ihre Schlagfertigkeit und die Leichtigkeit, mit der sie sich über vieles einfach hinwegsetzen, was andere nachdenklich abwägen, denn ihnen geht es weniger um die Tiefe eines Problems, als um die Vielfalt und Vielfältigkeit möglicher Aspekte. Verschiedene Denkmöglichkeiten werden durchgespielt, emotionslos, ohne dogmatische Festlegungen und ohne persönliche Identifikation. Ihr Interesse gilt daher auch keinem Spezialgebiet, es erstreckt sich vielmehr auf alle Bereiche des Lebens, die im Denken reflektiert und auf ihre Verschiedenartigkeit untersucht werden.

So verläuft das Leben der Zwillinge auch nicht geradlinig und zielorientiert, sondern es gibt viele Umwege und häufigen Wechsel. Vieles wird begonnen und nicht zu Ende geführt, um sich stets die Möglichkeit offen zu halten, nochmals etwas Neues auszuprobieren. Durch diese Versuche, möglichst viele verschiedene Richtungen zu gehen und viele unterschiedliche Möglichkeiten kennenzulernen, entsteht die Vielseitigkeit, die ein charakteristisches Merkmal dieses Zeichens ist, aber auch Wankelmut, Unbeständigkeit und eine gewisse Oberflächlichkeit, die den Zwillinge-Geborenen lange Zeit hindert, sich tiefer auf eine Sache oder einen Menschen einzulassen.

Dies gilt auch in Partnerschaften; gerade hier erweist sich die große Offenheit für neue Kontakte und für Abwechslung zuweilen als Problem. Denn der ständige Wunsch nach einem spannenden, abwechslungsreichen Leben kann auch dazu führen, daß es zu viele oberflächliche Verbindungen gibt, die ihn den Wert einer dauerhaften Beziehung oft zu spät erkennen lassen. Und so sind die, deren ganzes Leben darauf ausgerichtet ist, Verbindungen zu schaffen, am Ende manchmal allein, denn die vielen Bekanntschaften, die sie pflegen, erlauben nicht immer, daß daraus auch tiefe Beziehungen oder verläßliche Freundschaften entstehen.

Kriterium für Entwicklung
Fortschritt zeigt sich in diesem Zeichen daran, wie konzentriert und gründlich der Zwillinge-Geborene sich einer Sache oder einem Menschen zuwendet. Zu Beginn der Entwicklung ist Konzentration ein Fremdwort für diesen Typus, der gerade im ständigen Wechsel des Standpunktes die Beweglichkeit seines Denkens erreicht. Das Bedürfnis nach objektiver Betrachtung und Neutralität führt aber auch dazu, daß er sich mit keinem seiner Argumente wirklich identifiziert und seine Meinungen sich je nach Gesprächspartner ändern. Dies erscheint manchen als Charakterlosigkeit und mangelnde Verläßlichkeit, ist aber vor allem ein Ausdruck großer innerer Flexibilität. Denn die Wechselhaftigkeit und Widersprüchlichkeit, die der Zwillinge-Geborene an sich erlebt, ist ja nur die Vorstufe eines intellektuellen Denkens, das durch Wahrnehmen und Unterscheiden der Dualitäten des Lebens schließlich zu ganzheitlicher Erkenntnis fähig wird. Und so zeichnet sich der entwickelte Zwillinge-Typ auch dadurch aus, daß er zur Zusammenschau fähig ist, weil er die jeweils gegensätzlichen Aspekte einer Sache als »die beiden Seiten einer Medaille« erkennt, während der unentwickelte nur die Veränderlichkeit eines Sachverhalts, die Zwiespältigkeit erfaßt, nicht aber das Wesen oder die Sache an sich.

Stärken und Schwächen der Zwillinge
Die Stärken sind ihre schnelle Auffassungsgabe und die große Beweglichkeit des Denkens, ihre Wißbegierde und Interessenvielfalt. Durch ihre Fähigkeit, unterschiedlichste Standpunkte ohne Kritik oder Be-

wertung gelten zu lassen, sind sie offen für die verschiedenartigsten Menschen, mit denen sie mühelos in Verbindung treten können. Sie sind objektiv und wenig voreingenommen in ihren Ansichten, da sie stets Neutralität bewahren und für keine Seite wirklich Partei ergreifen.

Die Schwäche liegt in einer denkerischen Vielseitigkeit, die in Diskussionen oft verhindert, daß der Kern einer Sache erkannt wird. Da sich Zwillinge gerne an der Oberfläche bewegen und ihre Interessen sehr breit gestreut sind, haben sie es schwer, Prioritäten zu setzen. Unzuverlässigkeit, Zerstreutheit und ständiges Wechseln des Standpunktes sind zu Beginn der Entwicklung ebenso typisch wie die Schwierigkeit, ihre Ideen und Gedanken auch praktisch zu verwirklichen, da sie sich auf nichts wirklich eindeutig konzentrieren.

Die drei Entwicklungsebenen in den Zwillingen

Persönliches Bewußtsein:	Exoterischer Herrscher	– Merkur
Seelenbewußtsein:	Esoterischer Herrscher	– Venus
Geistiges Bewußtsein:	Hierarchischer Herrscher	– Erde

1. Stadium: **Entwicklung der Persönlichkeit**

Zeichenherrscher: **Merkur**   *Leitmotiv:* **Beweglichkeit und Unbeständigkeit**

Zu Beginn der Entwicklung – wenn Merkur herrscht – ist der Zwillinge-Typus ein geselliger, kontaktfreudiger Mensch, der ständig unterwegs ist, um sich zu unterhalten und mit anderen auszutauschen. Denn die große Neugier, die sein Wesen kennzeichnet, macht ihn zu einem quirligen, sehr redseligen bis geschwätzigen Menschen, der stets den neuesten Klatsch auf Lager hat und ständig unterwegs ist, um Bekannte und Freunde zu treffen, weil er Alleinsein nicht aushält. Am liebsten wäre er an mehreren Orten zugleich; er reist gerne und oft, denn unterwegs sein bedeutet Austausch mit Menschen, und das ist es, was er sucht und was sein Leben ausmacht. Diese intensive Kontaktsuche, die weltoffene Neugier und der Wunsch, ständig Neues zu erfahren, werden durch Merkur bewirkt, der darauf ausgerichtet ist, das Gefühl für Unterschiede zu verstärken. Dies ist die Basis für intellektuelle Entwicklung, aber auch für Widersprüche, weil auf dieser Ebene die Vielfalt der Dinge im Vordergrund steht. Und solange diese unverbunden nebeneinander bestehen, fällt es dem Zwillinge-Geborenen schwer, sich für eines zu entscheiden, wo doch so viel Neues, noch Unentdecktes ständig lockt und als Reiz empfunden wird. Unkonzentriert, unbeständig und unzuverlässig neigt er dazu, sich in den vielfältigen Möglichkeiten zu verlieren, solange er seinen eigenen Standort noch nicht gefunden hat und sich durch unterschiedliche Meinungen leicht umstimmen läßt.

Doch mit zunehmender Persönlichkeitsentwicklung gewinnen Zwillinge einen größeren Überblick über die vielfältigen Aspekte des Lebens, die sich mit stärker werdendem Intellekt zu Strukturen verdichten und ihnen eine bessere Orientierung ermöglichen. Nicht selten brillieren sie nun durch Redegewandtheit; elegant können sie sich aus der Affäre ziehen und andere verbal beeindrucken. Sie sind reaktionsschnell und schlagfertig, denn die Beweglichkeit ihres Denkens und die Anpassungsfähigkeit an ihre Gesprächspartner bedeuten ihnen weit mehr als Konsequenz oder dauerhafte Überzeugungen. Der Intellekt bildet daher auch die Grundlage ihres Selbstwertgefühls und die Sprache das Mittel zur Selbstdarstellung, die sie im Kontakt mit ihrer Umwelt suchen. Und so ist die Zwillinge-Persönlichkeit auch überall dort zu finden und am richtigen Platz, wo Menschen sich begegnen und wo es darum geht, schnell zu reagieren und sich an wechselnde Situationen anzupassen.

2. Stadium: Seelenbewußtsein

***Zeichenherrscher:* Venus**   ***Leitmotiv:* Erkennen der Dualität**

Wenn die Seele deutlicher ins Bewußtsein tritt, beginnt Venus das Denken der Zwillinge zu verändern, da sie sich nun mit den eigenen Gedanken stärker identifizieren. In dieser Phase wird ihnen die Zwiespältigkeit ihres Denkens bewußt, das sich einmal mit der Persönlichkeit identifiziert, die auf sich selbst und die eigene Durchsetzung bezogen ist, und dann wieder mit der Seele, die stets im Sinne des Ganzen denkt. Denn Venus, die »liebende Kraft des Denkens«, verleiht dem Menschen die Fähigkeit, Einzelfaktoren und einzelne Phänomene der Welt in ihrem inneren seelischen Zusammenhang zu verstehen. So verliert der Intellekt seine Oberflächlichkeit, und Argumente, Lebensphilosophien oder Weltanschauungen erscheinen nicht mehr beliebig und austauschbar, sondern sie erhalten eine Bewußtseinsqualität oder einen qualitativen Wert, der sich aus dem Bezug zum größeren Ganzen ergibt.

Die zunehmende Fähigkeit, Einzelfaktoren in ihrem Sinnzusammenhang zu erkennen, bringt das *Gegensatzpaar Zwillinge-Schütze* in Wechselbeziehung. Und in dem Maße, wie ganzheitliche Gesichtspunkte erkannt und bevorzugt werden, wird das Denken fähig, nicht nur quantitative, sondern auch qualitative Gesichtspunkte zu erkennen und zu unterscheiden. So wird der Intellekt – wenn er nicht mehr als Selbstzweck oder Mittel zur Selbstdarstellung dient – zum sprachlichen Mittler oder Interpreten für höhere Ideen und intuitiv erkannte Wahrheiten, die der Menschheit Licht bringen und ihre Entwicklung fördern. Auf diese Weise wird die durch Merkur erworbene Beweglichkeit des Denkens und die Leichtigkeit sprachlichen Ausdrucks zum Diener der Seele, die sich nun durch intelligente Liebe manifestiert.

3. Stadium: **Geistiger Mensch**

Zeichenherrscher: **Erde**   *Leitmotiv:* **Erkennen des Lebensaspektes**

Wenn die Erde auf hierarchischer Ebene herrscht, hat der geistig erwachte Mensch das *Gegensatzpaar Zwillinge-Schütze* im Bewußtsein verschmolzen. Dadurch hört die wechselseitige Identifikation des Denkens mit der Seele oder der Persönlichkeit auf. Der Mensch hat sich nun selbst als das »verbindende Bewußtsein« erkannt, das die beiden großen Lebensströme der Erde (Geist und Materie) durch schöpferische Gedankenkraft in Wechselbeziehung hält, bis die physische Materie das Urbild des Geistes vollkommen widerspiegelt.

Die esoterische Bedeutung des Zwillingezeichens

Symbol: ♊︎   Oben und unten je eine Schale, die durch zwei vertikale Linien verbunden sind.

Bedeutung: Geist und Materie als grundlegende Dualität der Schöpfung, in die der Mensch als Doppelwesen Seele-Persönlichkeit gestellt ist.

Lichtqualität: Das Licht des Wechselwirkens.

> »*Dies ist eine Linie von Lichtstrahlen, die das offenbart, was einander gegenübersteht: die grundlegende Dualität der Manifestation, die Beziehung zwischen Geist und Form. Es ist das bewußte Licht dieser Beziehung.*«
> Alice Bailey

Zwillinge ist das Zeichen der grundlegenden Dualität der Schöpfung, in die der Mensch als Einzelner gestellt ist und die es zu erkennen gilt, um sich selbst zu finden. Denn auch er besitzt eine Doppelnatur, die vielbeschworenen »zwei Seelen in einer Brust« oder die *körpergebundene Seele* und die *Geist-Seele*, die er durch Entwicklung seines Denkens verschmelzen muß, um zur Einheit des Bewußtseins zu gelangen. Das Geheimnis der Zwillinge ist daher die schnelle Reaktion, die zwischen den beiden Polen des menschlichen Bewußtseins (Seele-Persönlichkeit) zunehmend bestehen sollte und die sich durch eine Zunahme der Reaktionsgeschwindigkeit des Denkens und eine immer größere Feinfühligkeit äußert. Diese Feinfühligkeit ist das Merkmal der Seele, und der entwickelte Mensch unterscheidet sich vom unentwickelten dadurch, daß er auf immer feinere Impulse und Energien reagiert und diese in seinem Bewußtsein registriert.

Diese Doppelnatur der Zwillinge findet ihre Entsprechung in der Funktion des Ätherkörpers[31], der ebenfalls einer zweifachen Entwicklung unterliegt und mit der Energie der Zwillinge verbunden ist.

– Zu Beginn der Entwicklung, beim seelisch unbewußten Menschen, ist der Ätherkörper der Übermittler von astraler und mentaler Ener-

---

[31] s. S. 72

gie, d.h. von Persönlichkeitskraft, die wir auch als Psyche bezeichnen. Diese psychische Energie versorgt den physischen Körper mit Lebenskraft und bewirkt, daß der Mensch von Gefühlen und einem Denken bestimmt wird, das die persönlichen Wünsche und Zielsetzungen in den Vordergrund stellt.
- Beim seelenbewußten Menschen wird der Ätherkörper zum Übermittler von Seelenenergie und nicht von Persönlichkeitskraft. Dadurch verringert sich die Kraft der Persönlichkeit, während die Kraft der Seele in dem Maße wächst, wie der Mensch unpersönlich und selbstlos wird.

Auf diese Weise verändern sich Absicht und Ziele des Lebens grundlegend. Der Einfluß des niederen Selbst schwindet, und der Mensch wird zum »*Bruder, der im Licht wohnt*« (Alice Bailey).

Das Ziel der Zwillinge
ist das bewußte Wahrnehmen der Dualität Seele-Persönlichkeit oder des sterblichen und unsterblichen Teils des eigenen Wesens. Diese Wahrnehmung entsteht durch Entwicklung des konkreten und abstrakten Denkvermögens, in dem sich die wesensmäßige Dualität des Menschen spiegelt. Dieses zweifache Denken befähigt ihn, sich als körpergebundenes Wesen zu erkennen, aber auch in universelle, prinzipielle und wesenhafte Dinge einzudringen, die über das eigene persönliche Leben hinausgehen. Denn wahre Selbst-Erkenntnis – die wesentliche Aufgabe der Zwillinge – ist nur möglich, wenn durch Entwicklung des Denkens der Unterschied zwischen Selbst und Nicht-Selbst, als Spiegel oder Schatten des Selbst, bewußt wahrgenommen wird. Und diese Unterscheidungsfähigkeit wird durch Entwicklung des Intellekts und schließlich durch das bewußte »In-Beziehung-Setzen« der Polaritäten des Lebens erreicht, weil das jeweils Höhere stets eine Entsprechung im jeweils Niederen hat und die ganze physische Welt einen Gegenpol zum geistigen Urbild darstellt, das es zu entdecken gilt, um die Welt und sich selbst zu erkennen.

Die Entwicklung vom intellektuell-analytischen Denken zu ganzheitlicher Erkenntnis vollzieht sich in drei Stufen:
1. Schwankende Beweglichkeit des Denkens, Unzuverlässigkeit und ständige Veränderung des Standpunktes: der Mensch nimmt die Vielfalt der Meinungen und ihre Unterschiedlichkeit wahr, ohne zwischen ihnen einen erkennbaren Bezug herzustellen.
2. Unbeständiges, analysierendes Verstehen von Menschen, Umwelt und Lebensumständen: der Mensch erkennt den Unterschied zwischen Persönlichkeit und Seele und nimmt sich selbst immer bewußter als diese Dualität wahr.
3. Die Seele wird erkannt als das eigentliche Selbst, das die beiden Ebenen des Denkens (konkret-abstrakt) in Wechselbeziehung hält und sich beider Ebenen wechselseitig bedient.

Der Schlüssel zur Transformation
Der Zwillinge-Geborene macht Fortschritte, indem er sein Denken leicht in alle Richtungen lenkt, sich aber zunehmend der Tatsache bewußt wird, daß die Erkenntnis der Welt letztendlich nicht im Wahrnehmen ihrer Gegensätzlichkeiten und Widersprüchlichkeiten gefunden wird, sondern im Erkennen des gemeinsamen Prinzips, das jede Polarität verbindet und deren Wesen ausmacht. So wird er fähig, die Vielfalt der Dinge nach Qualitäten zu unterscheiden und zu entdecken, was dem Selbst oder dem Nicht-Selbst – der Seele oder der Persönlichkeit – zuzuordnen ist. Überdies muß er lernen, sich auf wenige wichtige Dinge zu konzentrieren, um tiefer in ein Thema einzusteigen und Prioritäten im Leben zu setzen, anstatt sich in der ausufernden Vielfalt seiner Interessen zu verlieren. Denn Unbeständigkeit und Wandelbarkeit werden sich in dem Maße verlieren, wie klare Wertvorstellungen und eine Zielorientierung das Leben bestimmen, wodurch die früh entwickelte Beweglichkeit des Denkens zwar erhalten bleibt, aber die Neigung zu Unbeständigkeit und Leerlauf beherrscht werden.

Die beiden Schlüsselworte für die Zwillinge nach Alice Bailey
Persönlichkeit: »Unbeständigkeit tue ihr Werk.«
Seele: »Ich erkenne mein anderes Selbst, und indem dieses schwindet, wachse ich und erglühe.«

Krebs

21. Juni – 23. Juli
90–120 Grad im Tierkreis
Element: Wasser
Kardinales, weibliches Zeichen

Krebs-Prinzip: Gefühlsempfänglichkeit, Einfühlungsvermögen, psychische Feinfühligkeit

Die vierte Phase des Tierkreises

Krebs leitet eine neue Ebene der Erfahrung ein, denn im II. Quadranten *Krebs-Löwe-Jungfrau* beginnt die psychische Entwicklung. So ist Krebs wiederum ein Anfangszeichen, wie Widder, doch es geht hier nicht mehr um den Willen-zu-leben, sondern um das Empfinden der Seele in der Form.

Typische Verhaltensmerkmale

Der Krebs-Geborene ist ein gefühlvoller und stimmungslabiler Mensch, der sich seinen Mitmenschen verbunden fühlt, und er wird im allgemeinen auch stärker von Empfindungen und Stimmungen geleitet als von rationalen Gesichtspunkten. Er ist empfindsam, leicht beeindruckbar, und die Kraft, sich im Äußeren durchzusetzen, ist zunächst eher schwach, denn die Überfülle an Gefühlen, denen er ausgesetzt ist, machen es ihm schwer, sich zu orientieren und eine Richtung zu finden. So ist das Grundgefühl seines Lebens von früher Kindheit an auch meist ein Gefühl der Schutzlosigkeit, der Unsicherheit bis hin zur Lebensangst, die ihm nur die Sympathie seiner Mitmenschen nehmen kann. Besonders eingestimmt auf seine Umgebung, braucht er die Zuwendung seiner Umwelt, um sich geborgen und wohl zu fühlen. Die Bindung an seine Mutter, der erste Mensch, in dessen Gegenwart er Geborgenheit und Schutz erlebt hat, ist für den Krebs-Geborenen besonders prägend, und war diese gestört, so überträgt sich dies auf seine späteren Beziehungen. Denn das Bedürfnis nach Zärtlichkeit, nach Sympathie und Liebe bleibt ein Leben lang bestehen und wirkt sich unmittelbar auf seine Leistungen aus. Fühlt er sich angenommen, ist die Welt für ihn in Ordnung, wenn nicht, sinken seine Stimmung und seine Leistungen rapide. Im Krebs hat das ganz persönliche Empfinden daher ein besonderes Gewicht, und seine Einstellung zum Leben beruht sehr stark auf der Erinnerung an die Vergangenheit mit ihren Gefühlswerten, die die Quelle seiner Erfahrungen bildet. Sensibel, empfindsam und beeindruckbar wie er ist, braucht er größere Geborgenheit als andere, und so sucht der so leicht Gekränkte und Verletzte auch meist Schutz vor der Härte des Lebens in einer Partnerschaft, einem Zuhause oder in der vertrauten Umgebung von Menschen, die ihm Nähe und Wärme vermitteln. Überdies vermeidet er es, wo immer möglich, sich Konkurrenzsituationen zu stellen, bei denen er glaubt, der Unterlegene zu sein. Bevorzugt sucht er sich Menschen, die ihm unterlegen sind oder die hilfsbedürftig erscheinen, da er ihre Konkurrenz nicht zu fürchten braucht. Er wirbt förmlich um die Sympathien seiner Mitmenschen und fühlt sich zuweilen veranlaßt, gefällig zu sein, um sich der Zuneigung und Dankbarkeit anderer zu versichern. Denn oft unsicher im Ausdruck und wenig selbstbewußt, braucht er die Bestätigung von außen, und wo diese ausbleibt, sind seine Richtungsbestimmung und seine Selbstbehauptung schwach.

Aus diesem Grundgefühl schutzbedürftiger, sensibler Empfindsamkeit lassen sich auch alle weiteren Wesenszüge des Krebs-Menschen erklären. Da es ihm an Härte und Ellbogen für die Durchsetzung seiner Ziele fehlt, geht er mit Vorsicht und Scheinanpassung vor, denn durch seine große Verletzlichkeit ist er ein Mensch, der im »Glashaus sitzt«, und so wird er sich auch hüten, als erster mit Steinen zu werfen. Seine Aggressionen äußert er indirekt in Beleidigtsein, Verstimmungen und leichtem Gekränktsein, mit dem er in anderen Schuldgefühle zu erzeugen sucht, um sie unbewußt für ihr Fehlverhalten zu bestrafen, oder er zieht sich in sich selbst oder seine Phantasiewelt zurück, um sich für die häufigen Kränkungen des Lebens zu entschädigen. Doch laut wird er sich nicht zur Wehr setzen, und so sind wechselnde Gemütszustände und Launenhaftigkeit ein nie fehlendes Merkmal dieses Zeichens, denn Mißhelligkeiten zwischen sich und der Umwelt wirken sich im Krebs-Geborenen als sofortige Verstimmungen seines Gemüts aus, denen er sich nur schwer entziehen kann. Daraus resultieren zuweilen auch Instabilität und Unzuverlässigkeit. Einmal zeigt er sich unerwartet großzügig und dann wieder unverständlich kleinlich, je nach Gefühlslage, denn was heute gilt, gilt morgen nicht mehr unbedingt.

Diese Abhängigkeit von der Zustimmung und Anerkennung seiner Umwelt macht es dem Krebs-Geborenen schwer, seine eigene seelische

Mitte zu finden. So besitzt er auch viel psychische Kraft, aber wenig Zielstrebigkeit. Es fehlt ihm an Genauigkeit, Ordnung und situationsgerechtem Verhalten, und weil die rationale Seite seines Wesens vergleichsweise schwach ausgeprägt ist, fühlt er sich häufig überfordert durch die Anforderungen einer rational geordneten, phantasielosen Welt, die der seelischen Entwicklung wenig Raum läßt. Geht es dem Krebs doch vor allem darum, die Tiefen seines Wesens auszuloten und das zu finden, womit er sich seelisch identifizieren kann. Da dies aber nur selten auf Anhieb gelingt, verläuft sein Leben oft wenig geradlinig; ist die erste Begeisterung verflogen, springt er schnell wieder ab. Diese Leistungsschwankungen fallen schon bei Kindern auf, die viel Zeit mit Tagträumen und Phantasien verbringen und wenig Neigung zu diszipliniertem Arbeiten zeigen. Ihre Leistungskurve ist nicht gleichmäßig, sondern hat zyklische Höhen und Tiefen. Auch ihr Arbeitsrhythmus ist oft unausgeglichen und sehr extrem, und ohne äußeren Druck setzen sie nur selten alle Energien ein. Späte Entscheidung für einen Beruf sowie häufiger Wechsel von Interessen und Neigungen sind daher typisch, denn die Selbstfindung im Krebs braucht ihre Zeit.

Dies zeigt sich auch im Bereich der Beziehungen, denn trotz Sehnsucht nach Geborgenheit, Familie und dauerhafter Zuneigung sind wechselhafte Begegnungen und Beziehungen für dieses Zeichen durchaus typisch. Auch hier findet der Krebs erst spät zu seiner eigenen Lebensform. Trennungen und Scheidungen sind nicht selten, wobei Frauen eher dazu neigen, in der Familie ihre Erfüllung zu sehen, falls der angeborene mütterlich-pflegende Instinkt nicht in übertragenen Formen pflegender Hingabe oder schöpferischer Gestaltung gelebt wird. Männer finden oft erst relativ spät ihren natürlichen Rückhalt in einer dauerhaften Beziehung, in der sie dann aber auch ihre Erfüllung und Selbstverwirklichung sehen.

Doch zu Beginn der Entwicklung kennzeichnen Unsicherheit und mangelndes Eigenbewußtsein den Krebs-Geborenen, der seine Stabilität und Durchsetzungsfähigkeit erst mit zunehmender innerer Reife erlangt. Sein Leben ist geprägt durch wechselhafte Erfahrungen, seelische Krisen und die Schwierigkeit, den eigenen Weg zu finden. Inkonsequent in seinen Entscheidungen, erscheint sein Leben nicht selten unstet bis chaotisch, denn der Krebs schöpft aus der Tiefe seiner inneren Erlebniswelt, die er aber nur selten ergründen kann und die es ihm schwermacht, sein Eigenes zu finden. So neigt er zunächst dazu, sich auf traditionelle, ererbte Lebensstrukturen zu stützen, und auf unbewußter Ebene entsteht häufig ein Mißverhältnis zwischen übernommenen Meinungen und Maßstäben, die ihm nicht entsprechen, und einer zu großen Emotionalität, die er nicht beherrschen kann. Zudem besteht immer die Gefahr, daß er in Sentimentalitäten abrutscht und die Intensität seiner Gefühle ihn überwältigt, solange er sich der eigenen inneren Richtkraft nicht bewußt ist. Die Anteilnahme am Leben seiner Mitmenschen sowie seine Fürsorglichkeit für andere sind daher nicht immer uneigennützig. Vielmehr ist er auf seine Mitmenschen angewiesen, da er immer ein Gegenüber braucht, um sich seelisch auszudrücken und die Überfülle seiner Gefühlseindrücke zu ordnen und überschaubar zu machen. Daraus resultiert auch sein ständiges Bedürfnis, sich anderen zu erklären, sich mitzuteilen und sein Gefühlsleben zu offenbaren. In vertrauter Umgebung wird ein Krebs deshalb keine Gelegenheit auslassen, um über seine Gefühle und intimsten Erlebnisse zu sprechen, die für ihn erst durch die Sprache zu einer greifbaren Erfahrung zu werden scheinen. Alles Gesprochene und Geschriebene hat für ihn einen hohen Stellenwert, da die Sprache seiner eigenen Gefühlsgetriebenheit ein System der Ordnung entgegenstellt, das ihm hilft, sein Gefühlsleben zu strukturieren und die Erlebnisse seines Lebens zu konkretisieren und damit verständlich zu machen.

Bei unbewußten Menschen kann dieser Hang, ihr Innerstes zu offenbaren, in »seelischen Exhibitionismus« und im Extremfall in Gefühlstyrannei ausarten, wenn die eigene Empfindsamkeit bis zur Selbstverzärtelung getrieben wird und sie die Umwelt zwingen, daran teilzunehmen. Überdies erweist sich ihre mütterliche Fürsorglichkeit besonders bei freiheitsliebenden Kindern zuweilen als Problem, weil sich die so Umsorgten seelisch erdrückt und ihrer Eigenständigkeit beraubt fühlen.

Eine Wende im Leben des Krebs-Menschen tritt aber ein, wenn er sich bewußt wird, daß er für seine fürsorgliche Zuwendung an andere, die zunächst dem Wunsch nach Dankbarkeit und Gegenliebe entspringt, keine Gegenleistung erwarten darf. Denn solange seine seelische Anteilnahme an Erwartungen gebunden ist, wird er oft enttäuscht, da andere dieser Erwartung nicht immer nachkommen wollen und können. So ist »sein Weg aus dem Leid« auch der Weg vom Selbstmitleid zu echtem Mitgefühl, das in ihm den Wunsch weckt, anderen zu helfen. Mitgefühl und Feinfühligkeit kennzeichnen daher den entwickelten Krebs und bilden die Basis für soziale, seelsorgerische und andere helfende oder therapeutische Berufe. Diese liegen ihm besonders, denn er fühlt sich seinen Mitmenschen in ihrem Leid verbunden, da er selbst lange Zeit – durch Identifikation mit den eigenen Gefühlen – ein am Leben Leidender war. Seine Fähigkeiten liegen aber auch im Bereich schöpferischen Gestaltens und der Phantasie, denn sein Interesse richtet sich auf alle Bereiche des Lebens, in denen Kreativität zählt und die Identifikation mit der inneren Erlebniswelt möglich ist. Häufig finden wir in diesem Zeichen künstlerische Neigungen oder musische Begabungen, vor allem im Bereich der Musik und der Dichtung, die der innerlich erlebten Eigenwelt am unmittelbarsten Ausdruck verleihen.

Kriterium für Entwicklung
Die schöpferische Begabung des Krebs kann sich erst voll entfalten, wenn er seine Verletzlichkeit, das leichte Gekränktsein bei Mißverstandenwerden ebenso überwindet wie die Nachahmung von Fremdem aus Schwäche, Bequemlichkeit und Angst vor Liebesentzug. Denn Krebse sind leicht von außen bestimmbar und manipulierbar, solange ihr Eigenbewußtsein schwach und Selbstdisziplin für sie ein Fremdwort ist. Doch mit fortschreitender Entwicklung gewinnen sie genügend mentale Stärke, um zu sich selbst zu stehen und die eigene Empfindsamkeit zu nutzen, um anderen zu helfen, anstatt sich selbst immer wieder in den Gefühlen der anderen zu spiegeln. Und wenn sich die Vielfalt erlebter Dinge zum Symbol allgemeinmenschlicher Empfindungen verdichtet, erlangt der Krebs seine eigentliche Bestimmung und wahre Größe, die in seiner gelebten Mitmenschlichkeit liegt.

Stärken und Schwächen des Krebs
Seine Stärken sind Kreativität, Phantasie sowie ein großes Einfühlungsvermögen in das Erleben anderer Menschen. Er besitzt Fürsorglichkeit, Mitgefühl und ein Gespür für häusliche Atmosphäre.

Seine Schwächen sind Empfindlichkeit, Verletzlichkeit und große Gefühlsschwankungen, die in Gefühlstyrannei ausarten können, sowie ein gewisses Widerstreben, sich anstrengenden, langwierigen Prozessen zu unterwerfen. Mangel an Disziplin und klaren Konturen ist zu Beginn der Entwicklung ebenso typisch wie Unzuverlässigkeit, Inkonsequenz und Mitläufertum aus Unsicherheit und Angst vor Sympathieverlust.

Die drei Entwicklungsebenen im Krebs

Persönliches Bewußtsein:	Exoterischer Herrscher	– Mond
Seelenbewußtsein:	Esoterischer Herrscher	– Neptun
Geistiges Bewußtsein:	Hierarchischer Herrscher	– Neptun

1. Stadium: **Entwicklung der Persönlichkeit**

Zeichenherrscher: **Mond**   *Leitmotiv:* **Gefühlsempfänglichkeit**

Zu Beginn der Entwicklung – wenn Mond herrscht – ist der Krebs-Typus ein gefühlvoll-emotionaler Mensch, der empfindlich und leicht verletzbar ist. Wie ein Schilfrohr im Wind ist er großen Gefühlsschwankungen ausgesetzt, da er auf alles reagiert, was er aus der Umwelt aufnimmt. Daraus ergibt sich ein nie fehlendes Charaktermerkmal, das der Launenhaftigkeit, denn er reagiert auf alle feinen Stimmungs- und Sympathieänderungen sofort mit entsprechenden Ver-Stimmungen seines Gemüts. In dieser Phase krankt und leidet er an allen Unstimmigkeiten, die zwischen ihm und seiner Umgebung auftreten, in besonders empfindlicher Weise, weil er große Angst hat, sich der Umwelt ungeschützt auszuliefern. So flüchtet er auch meist in die Geborgenheit eines familiären Umfeldes, er hält fest an der Sicherheit des Heimes und an kollektiven Normen, obwohl er in sich den Drang nach Weite spürt. Denn seine Individualität ist in dieser Phase noch schwach ausgeprägt, und so fällt es ihm schwer, sich gegen die Mehrheit zu behaupten, da er geliebt werden will. Aus Unsicherheit neigt er dazu, sich an andere anzulehnen und, wenn es sein muß, »mit den Wölfen zu heulen«, denn nichts fürchtet er mehr als den Sympathieverlust seiner Umgebung, die ihm nur dann das Gefühl der Sicherheit und Geborgenheit gibt, wenn er sich mit ihr in gefühlsmäßiger Übereinstimmung befindet.

Doch mit zunehmender Persönlichkeitsentwicklung tritt der Verstand an die Stelle des Mitfühlens und Mitleidens, und nun beginnt der Krebs, eine Strategie des Überlebens zu entwickeln, die seiner inneren Unsicherheit Rechnung trägt. Nichts fürchtet er mehr als Kritik oder Blamage, und so versucht er Menschen, die ihm gefährlich werden könnten und die er als überlegen empfindet, aus seiner näheren Umgebung zu entfernen. Diese Auswahl geschieht allerdings nicht aktiv, da dies der Passivität seiner Natur widerspricht. Vielmehr behält er in seinem Umkreis nur Menschen, denen er etwas zu geben hat, weil sie der Hilfe und Unterstützung bedürfen, und deren Überlegenheit er folglich nicht zu fürchten braucht.

Seine Fürsorglichkeit und Hilfsbereitschaft sollte man deshalb nicht überbewerten; sie entspringt oft dem Wunsch, sich andere zu verpflichten, um ihrer Sympathie und Dankbarkeit sicher zu sein. Denn mit zunehmender Selbstwahrnehmung wird er sich seiner eigenen Verletzlichkeit und seiner emotionalen Abhängigkeit von anderen schmerzvoll bewußt. So versucht er, aus der Not eine Tugend zu machen, um im Schutz eines Kollektivs, das sozusagen eine »Leibgarde« bildet, seine Individualität zu entwickeln, ohne sich – allein und auf sich selbst gestellt – der harten Konkurrenz rivalisierender Interessen auszusetzen, bei der er fürchten muß, immer wieder der Unterlegene zu sein.

2. *Stadium:* **Seelenbewußtsein**

Zeichenherrscher: **Neptun**   *Leitmotiv:* **Mitgefühl**

Wenn die Seele deutlicher wahrgenommen wird, tritt Neptun an die Stelle des Mondes. Nun wird sich der Krebs seiner Verbundenheit mit seinen Mitmenschen zunehmend bewußt, und in dem Maße, wie sein Gefühlsegoismus nachläßt, verwandeln sich seine Empfindlichkeit und seine Verletzlichkeit in echtes Mitgefühl. Er erkennt, daß sich seine Hoffnung, sein Sehnen und seine Wünsche auf persönlicher Ebene nicht dauerhaft erfüllen können. Denn persönliche Gefühle sind Schwankungen unterworfen; sie bewegen sich auf und ab wie Ebbe und Flut, bis sie durch die stabilisierende Denkkraft einer verantwortlichen Kontrolle unterworfen werden. Stabilität erreicht der Krebs daher erst, wenn Zuneigung und Liebe sich auf seine Mitmenschen richten und nicht mehr auf das familiäre oder persönliche Umfeld begrenzt sind.

Dadurch tritt das *Gegensatzpaar Krebs-Steinbock* in Wechselbeziehung, und so begreift der Krebs-Geborene, daß seine persönlichen Gefühle einer disziplinierten Kontrolle unterworfen werden müssen, um nicht auszuufern. Er ist nun auch bereit, Pflichten anzuerkennen, ernst zu nehmen und sich innerlich aus dem sicheren Verbund eines (Familien-)Kollektivs zu befreien, um zu mehr Eigenständigkeit zu gelangen und Eigenverantwortung zu übernehmen. So erweitert sich seine anfängliche persönliche Fürsorge, die einem ausgeprägten Mutterinstinkt und Familiensinn entspringt, auf die Menschheit, die er nun als seine eigentliche Familie und Herkunft begreift. Dadurch verliert sich das Gefühl der Isolierung, das sein anfängliches Leiden ausmachte, und er beginnt, uneigennützig zu helfen, einfach aus dem Gefühl der Solidarität heraus, ohne Erwartung einer unmittelbaren Gegenleistung. Dies verstärkt die innere Verbundenheit mit seinen Mitmenschen, und wenn er schließlich beginnt, sie als seelenverwandt zu erleben, wird er fähig, sie wirklich zu lieben.

3. Stadium: **Geistiger Mensch**

Zeichenherrscher: **Neptun**   *Leitmotiv:*   **Allgemeine Menschenliebe**

Wenn Neptun auf hierarchischer Ebene herrscht, hat der geistig erwachte Mensch das *Gegensatzpaar Krebs-Steinbock* im Bewußtsein verschmolzen. Durch geistige Entwicklung unpersönlich geworden, richten sich seine Liebe und seine entwickelte Mitmenschlichkeit nun darauf, der Menschheit zu helfen. Durch wiederholte Reinkarnationen in einen physischen Körper, der mit jedem Leben lichtvoller und magnetischer wird, versucht er, den noch unentwickelten Menschen in ihrem Leiden und ihrer Hilflosigkeit die Gewißheit zu geben, daß sie nicht alleine sind und daß es immer Menschen geben wird, die ihnen vorangehen und ihren Weg des Leidens mit ihrer Liebe und Weisheit begleiten.

Die esoterische Bedeutung des Krebszeichens

Symbol: ♋   Die beiden Scheren des Krebs.

Bedeutung: In diesem Symbol zeigen sich die beiden Gegenpole männlich-weiblich als Ausdruck der Fruchtbarkeit der Materie.

Lichtqualität: Das Licht in der Form.

> *»Dies ist das zerstreute Licht der Substanz selbst, das ›dunkle Licht‹ der Materie, das in der ›Geheimlehre‹ erwähnt wird. Es ist das Licht, das die Stimulierung durch das Seelenlicht erwartet.«*
>
> Alice Bailey

Krebs ist das Zeichen für den weiblichen Daseinsaspekt der Natur. Es steht für Fruchtbarkeit und Mutterschaft im wörtlichen wie im übertragenen Sinne, denn hier inkarniert sich die Seele in einem physischen Körper. Krebs ist das Tor, durch das die Seele geht, um in der äußeren Erscheinungswelt eine physische Form anzunehmen. Es ist das »Tor zur physischen Geburt« im Gegensatz zum Steinbock, in dem der Mensch die »geistige Geburt« erlebt, die ihn zum Eingeweihten macht, wenn die Persönlichkeit zum vollkommenen Ausdrucksmittel der Seele geworden ist.

Im Krebs gelangt die Seele an den tiefsten Punkt ihrer Erfahrung, denn durch die Annahme einer physischen Form begibt sie sich auf die Ebene des Massenbewußtseins, der jeder Lebensform innewohnenden Intelligenz, die die gesamte physische Natur steuert. Dieser Abstieg in die Form ist das Opfer, das sie den niederen Lebewesen – der Welt der Atome – bringt, um sie zu erlösen, indem sie diese durch die magnetische Kraft ihres Bewußtseins von Inkarnation zu Inkarnation in einen immer höheren Schwingungszustand bringt, der Ausdruck eines wachsenden, immer umfassenderen Bewußtseins ist. Krebs ist daher das Zeichen der Wiedergeburt in das Menschenreich, das die Seele immer wieder zur Annahme einer physischen Form veranlaßt, bis der Körper zum vollkommenen Ausdrucksmittel der Seele geworden ist. Dies ist der eigentliche Sinn der unzähligen Inkarnationen, denn der Aufbau angemessener Formen und deren Anwendung und Beherrschung sind unentbehrlich, wenn der Mensch weise und verständnisvoll am Plan der Schöpfung mitarbeiten will.

Im Krebs steht der Bezug zur Familie oder zum persönlichen Umfeld im Vordergrund, denn sein Bewußtsein ist auf der physischen und astralen Ebene polarisiert. Es schwingt im langsamen Rhythmus des Massenlebens, wo das Bedeutsame noch im Unterbewußten liegt. Dieses Massenbewußtsein, das der Individualisierung vorangeht, findet seinen Ausdruck in der öffentlichen Meinung, die weitgehend von Emotionen und Empfindungen beeinflußt wird und daher instabil und wechselhaft ist.

Die folgenden Zeichen von Löwe bis Schütze dienen dann der Stabilisierung und Strukturierung der Gefühle und Empfindungen, bis sich dieses instinktive Massenbewußtsein – über die Zwischenstufe des Eigenbewußtseins – in Gruppenbewußtsein verwandelt hat. Diese Verwandlung vom instinktbegabten Menschen zum denkenden, in den Schöpfungsplan der Erde eingeweihten Menschen, umfaßt viele Stadien und unzählige Reinkarnationen, in denen das Leiden Teil des Entwicklungsplans ist. Denn Leiden ist der Weg, der den Menschen durchlässig macht für die Impulse der Seele, solange er noch nicht fähig ist, sein Leben bewußt zu gestalten und im höheren Sinne zu denken.

Krebs ist daher auch der Ort des Leidens, der symbolischen Einkerkerung der Seele, um die niederen Lebewesen (die Atome) zu erlösen, die, wie der Mensch, ein Teil des Göttlichen Lebens sind. So bedeutet die physische Geburt für die Seele auch stets den Verzicht auf ihre Freiheit und ihr »All-umfassendes Bewußtsein«, das sie mit der ganzen Schöpfung verbindet. Dieser zeitweilige Verzicht auf das All-Wissen ist das Opfer, das die Seele bringt, um die unbeseelte Materie zu durchlichten, denn Bewußtsein ist gleichbedeutend mit Licht. So dient das Leben jedes Menschen aus esoterischer Sicht auch stets einem höheren Zweck, weil die eigene Bewußtseinsentwicklung gleichzeitig die Bewußtseinsentwicklung der Atome bewirkt, die der Mensch mit jeder Inkarnation zum Gruppenverband seines Körpers zusammenschließt und für die er als Seele ein Leben lang verantwortlich ist.

Das Ziel des Krebs
ist es, eine Reaktion der Substanz oder der Atome des Körpers auf die Einflüsse von außen und auf Umweltgegebenheiten zu erreichen, aber auch die Entwicklung feinfühliger Reaktionen auf die Impulse und Inspirationen der innewohnenden Seele, die mit zunehmender Entwicklung immer deutlicher wahrgenommen werden.

Die Entwicklung des empfindenden Wahrnehmens erfolgt in drei Stufen:
1. Entwicklung eines psychisch-empfindenden Körpers, der auf die Impulse, Gefühle und Anregungen der Mitwelt reagiert.
2. Entwicklung eines seelischen Empfindens, das ihn feinfühlig am Erleben und Erleiden seiner Mitwelt Anteil nehmen läßt.
3. Die Menschheit wird als ein Ganzes empfunden, und der Einzelne fühlt sich ihr in selbstloser Liebe verbunden.

Der Schlüssel zur Transformation
Wenn das Denken stärker wird und an die Stelle des psychischen Empfindens seelische Feinfühligkeit tritt, wird sich der Krebs der Verbundenheit mit seinen Mitmenschen wirklich bewußt. Denn das Verlangen nach Liebe, das dieses Zeichen auf unentwickelter Ebene kennzeichnet, macht ihn abhängig von der Zuneigung seiner Umwelt, deren Anerkennung er für sein Selbstwertgefühl braucht, solange sich sein empfindendes Wahrnehmen auf den Körper und nicht auf die Seele richtet. Eine Wende tritt aber ein, wenn sich der Wunsch nach Liebe in den Wunsch wandelt, anderen Liebe und seelischen Beistand zu geben. Und in dem Maße, wie er bereit ist, selbstlos Hilfe zu leisten, anstatt um eigene »Streicheleinheiten« bemüht zu sein, wird er sich der Liebe und des Lichtes bewußt, die sein wahres Wesen kennzeichnen, und es verliert sich das Gefühl der Getrenntheit, die sein eigentliches Leiden ausmacht. Denn durch Entwicklung von Mitgefühl, Güte und Leidenschaftslosigkeit tritt das Bedürfnis, geliebt zu werden allmählich in den Hintergrund, und wenn der Krebs-Geborene diese Eigenschaften bewußt pflegt, wird er erleben, daß wahre Liebe selbstlos, aber auch grenzenlos ist und keiner unmittelbaren Erwiderung bedarf.

Die beiden Schlüsselworte für den Krebs nach Alice Bailey
Persönlichkeit: »Trennung sei die Regel, und dennoch existiert die Menge.«
Seele: »Ich baue ein erleuchtetes Haus und wohne darin.«

Löwe

23. Juli – 23. August
120–150 Grad im Tierkreis
Element: Feuer
Fixes, männliches Zeichen

Löwe-Prinzip: Selbstbestimmung, Eigenbewußtsein, Individualität

Die fünfte Phase des Tierkreises
Auf das Massenbewußtsein im Krebs folgt das Stadium des Löwen, in dem der Mensch sich als eigenständige Persönlichkeit erlebt. Er versucht, sich deutlich von der Masse zu unterscheiden, indem er seine Einzigartigkeit und individuelle Kreativität beweist.

Typische Verhaltensmerkmale
Der Löwe-Geborene ist ein lebensfroher, willensstarker Mensch voller Lebenskraft und großer Eigenständigkeit, denn das Zentrum des Bewußtseins liegt in ihm selbst. Nie würde er sein Tun einem allgemein verbindlichen Gesetz oder Plan unterwerfen, denn er ist der, der alleine steht und aus der Masse herausragen möchte. Einzigartigkeit ist sein Ziel; ihn interessiert das eigene Leben, nicht Prinzipien oder Weltanschauungen. Sein Gesichtspunkt ist stets individuell; er entscheidet aus dem unmittelbaren Lebensgefühl heraus, oft spontan oder improvisiert, denn seine volle Intensität gilt dem gelebten Augenblick, der unmittelbaren Gegenwart, aus der er seine Kraft bezieht, und er handelt ohne lange zu überlegen. »Wer nichts wagt, der nichts gewinnt« ist sein erklärtes Motto, und ganz offensichtlich gewinnt er fast immer. Denn die Selbstverständlichkeit und Lebendigkeit, mit der er alles tut, verfehlen ihre Wirkung auf die Umwelt nicht, und so ist er im Privaten wie Beruflichen auch meist sehr erfolgreich.

Typisch für den Löwen ist seine kraftvolle Vitalität, die sich selbst nicht in Frage stellt, und so erscheint ihm das Leben auch zunächst als Schauplatz zur Erprobung seiner eigenen Stärke und Leistungsfähigkeit. Sein Weltbild basiert auf der freien Initiative des Einzelnen, die dem Menschen Größe und Würde verleiht. Er haßt alles Kleinliche und Subalterne und ist für Detailprobleme und Arbeit in untergeordneter Stellung höchst ungeeignet. Über alles Theoretische und Bürokratische setzt er sich einfach hinweg, er redet nicht lange herum, sondern handelt. So ist er auch ein Mensch, der stets spontan und unmittelbar aus der Situation heraus entscheidet, und immer wird er für sich die notwendige Handlungsfreiheit fordern, denn Unabhängigkeit und Eigenständigkeit des Handelns sind ihm oberstes Gebot. An Prinzipien oder gesellschaftliche Spielregeln fühlt er sich kaum gebunden, denn was für ihn richtig ist, möchte er selbst entscheiden. Sorgsam achtet er darauf, daß seine Unabhängigkeit und Individualität gewahrt bleiben, und er reagiert empfindlich auf jede Einmischung in seine Angelegenheiten oder auf Kritik an seiner Person, die er schlicht als »Majestätsbeleidigung« empfindet. Ohne sachliche Rücksichten und ohne sich mit anderen zu vergleichen, versucht er stets, das zu tun, was er sich selbst schuldig zu sein glaubt, denn sein Selbstverständnis bezieht er aus sich selbst. Niemals wird er sich einfach an andere anlehnen oder die Hilfe anderer suchen, solange er sich selber zu helfen weiß. Sollte er dennoch einmal bei anderen Rat suchen – was selten genug der Fall ist –, so muß es sich um eine echte Notlage handeln. Doch normalerweise nimmt er alles selbst in die Hand, weil er zu sich noch immer das meiste Vertrauen hat und größten Wert darauf legt, sich nicht von außen bestimmen zu lassen. Dies zeigt sich schon bei Kindern, die sich jeder Disziplinierung von seiten der Erwachsenen widersetzen und mit Auflehnung reagieren, wenn man sie zu etwas zwingen will.

Diese innere Unabhängigkeit, die ein entscheidendes Merkmal des Löwe-Geborenen ist, macht seine Kraft und Stärke aus, aber auf unbewußter Ebene auch seine Eitelkeit und seinen Egoismus, der ihn über andere einfach hinweggehen läßt, da er sich gerne im Rampenlicht sieht. Mit der größten Selbstverständlichkeit setzt er sich auf den besten Platz, denn getragen vom Eigenwert und Kraftgefühl seiner eigenen Person, versucht er den Ton anzugeben, wo immer er auftritt. So gehört Bescheidenheit auch nicht zu seinen Tugenden, und vornehme Zurückhaltung kennt er nicht. Er will Wirkung ausstrahlen, wo immer er auftritt, sei es in einer durch ihn geschaffenen Atmosphäre der Wärme oder durch Attribute äußerer Macht und Geltung. Sein Auftreten ist offenherzig, frei, aber bestimmt in Absicht und Ausdruck, und er besitzt einen hohen Grad an Selbstbewußtheit, verbunden mit einem Gefühl für die Wichtigkeit der eigenen Person, das sich erst mit zunehmender mentaler Entwicklung relativiert und zu echtem Selbstbewußtsein führt.

Doch zu Beginn der Entwicklung erlebt sich der Löwe als Zentrum, um das sich alles dreht; er sucht die Lebensfülle, die Daseinserfüllung aus eigener Kraft sowie das Gefühl der Einzigartigkeit. Durch einen besonderen, nicht selten aufwendigen Lebensstil versucht er, seine Vormachtstellung zu erreichen, da sein Selbstwertgefühl sich am Erfolg und Ansehen mißt, das er genießt und das ihn aus der Masse seiner Mitmenschen heraushebt. So scheint ihm das Beste auch gerade gut genug, um zu zeigen, was er sich leisten kann, und es interessiert ihn wenig, was allgemein üblich ist. Dieser Hang zum Erlesenen kann bis zur Verschwendung gehen, denn der Löwe versucht zu imponieren und immer großzügig zu leben, auch wenn seine finanziellen Mittel begrenzt sind. »Leben und leben lassen« ist sein Wahlspruch, und wie könnten ihn kleinliche pekuniäre Erwägungen davon abhalten, des Lebens Annehmlichkeiten zu genießen? Er lebt jetzt und Zukunftsängste sind ihm weitgehend unbekannt. Seine Entscheidungen sind Impulssache und entspringen stets dem momentanen Lebensgefühl, der Emotion des Augenblicks, die keinerlei moralische Wertung zuläßt, denn er ist der, der alleine steht. Dieses »Alleine-Stehen« bedeutet für den Löwen aber nicht Einsamkeit, wie etwa beim Steinbock, der seinen Erfolg nicht selten durch innere Vereinsamung bezahlt, sondern vielmehr im Mittelpunkt zu stehen und bedeutender als andere zu sein.

Durch seine positive integrierende Kraft wird er oft wie selbstverständlich zum Mittelpunkt einer Gesellschaft oder einer Gruppe von Menschen, die ihm als Feld der Darstellung dienen und ihm Gelegenheit geben, die Überfülle seiner Kraft zu verbreiten. Er braucht ein Publikum, das ihm Aufmerksamkeit und Bewunderung schenkt, und durch die Art seiner Erscheinung und seines selbstsicheren Auftretens schafft er es auch fast immer, die Aufmerksamkeit der anderen auf sich zu ziehen, da sie sich von seiner natürlichen Autorität, seiner warmherzigen Art und sonnenhaften Ausstrahlung angezogen fühlen. So wird er leicht und selbstverständlich zum Führer von Gruppen, und erringt leitende Funktionen, ohne sich sonderlich anzustrengen. Versteht er es doch ausgezeichnet, Arbeiten zu delegieren – zumal es ihn nicht besonders zur Arbeit drängt – und dadurch andere durch sein Vertrauen in die eigene Kreativität und Gestaltungskraft zu Aktivität und Mitarbeit anzuspornen.

Diese Fähigkeit, andere zu motivieren und ihr Selbstbewußtsein durch das eigene Vorbild zu stärken, machen Löwe-Geborene auch zu liebevollen Vätern und Müttern, die ihre Kinder in ihrer Individualität nicht behindern, da sie selbst eigenbewußt durchs Leben gehen und dies meist auch von anderen erwarten. Im allgemeinen sind sie ausgesprochen kinderlieb und verstehen es ausgezeichnet, Kindererziehung und persönliche Bedürfnisse in Einklang zu bringen. Einer Löwe-Frau bedeuten Eheleben und Muttersein selten eine Einschränkung ihres Eigenlebens, denn sie steckt auch zu Hause ihr Reich ab, in dem ihr Wille unumschränkt herrscht und wo sie keinerlei Einmischung duldet, wobei sie bei ihren Kindern ebenfalls Freiheit und Eigenständigkeit fördert. Auch der Mann empfindet Familie und Kinder meist als lebendige Aufgabe und die Sorge für ihre Zukunft kaum als Last, solange seine Autorität unausgesprochen gilt, denn in seinem Herzen bleibt er doch immer ein Patriarch.

Diese Führungsrolle, die das Selbstverständnis des Löwen ausmacht, prägt natürlich auch seine Beziehungen und seinen Umgang mit anderen Menschen, und so scheint es ihm lange Zeit hindurch normal zu sein, daß andere ihm mit Respekt begegnen, während er sich seiner Sonderstellung bewußt ist. Nie wird er sich mit dem Mittelmaß zufriedengeben, denn in seinem Selbstverständnis steht er eben doch über den anderen. Diese Einstellung wird immer wieder deutlich in seinen Beziehungen, die zwar von Hilfsbereitschaft und Mitmenschlichkeit geprägt sind, doch unter der stillschweigenden Voraussetzung der eigenen Dominanz. Schwächeren, auch Kindern, wird er gerne ein Recht zubilligen, das er Rivalen versagt. Menschen, die ihm unterlegen oder untergeordnet sind, wird er mit Nachsicht behandeln, jedoch auf Abstand halten; respektvoll aber betrachtet er nur jene, die er für ebenbürtig hält, da sie – wie er – unabhängig sind und eben durch diese Unabhängigkeit Achtung gebieten. Doch wenn man die Hilfe eines Löwen braucht, so ist er meistens zur Stelle, denn Menschlichkeit, Großmut und die Liebe zu allem Lebendigen sind die natürlichen Attribute dieses Zeichens.

Er ist stets für andere da, wenn es um praktische Hilfe geht, mit seelischem Kummer sollte man allerdings nicht zu ihm kommen, denn hierfür fehlt ihm häufig das nötige Einfühlungsvermögen und Verständnis. Er wird nicht lange zuhören, sondern schnell auf allgemeine Themen ausweichen, weil psychische Erörterungen und Probleme anderer ihn langweilen und sein positives Lebensgefühl stören. So wird er auch stets versuchen, allem aus dem Weg zu gehen, was seine Behaglichkeit und Daseinsfreude trübt und gar nicht erst versuchen, sich in die seelischen Leiden anderer einzufühlen. Doch in Notsituationen kann man auf ihn zählen. Er wird spontan helfen und seine Unterstützung anbieten, auch wenn er seine Möglichkeiten dabei mitunter überschätzt, weil Zweifel an seinen Fähigkeiten ihn nur selten befallen.

Seine Grundstimmung ist vertrauensvoll-positiv; er ist tatkräftig, und Niederlagen hält er für ausgeschlossen, denn er ist der geborene Sieger. Sollten sich dennoch einmal Schwächen zeigen, so werden diese einfach nicht zugegeben, weil dies seiner Vorstellung von der eigenen Würde, dem Selbstwertgefühl und seiner eigenen Kraft widerspricht, zumindest solange sein Selbstbewußtsein äußerlich ist und nicht wirklich aus dem Herzen kommt.

Kriterium für Entwicklung
Fortschritt zeigt sich im Löwen daran, ob sein Selbstbewußtsein echt ist und von innen kommt oder ob er auf Privilegien und Macht setzt, die ihn auf unentwickelter Ebene als stolzen, egozentrischen, auf Dominanz angelegten Menschen erscheinen lassen, der keine Gelegenheit ausläßt, sich selbst in der Bewunderung der anderen zu sonnen und die eigene Bedeutung als ausreichenden Lebenszweck zu betrachten. Doch mit zunehmender Reife erkennt der Löwe seine Verantwortung für seine Mitmenschen, denn gerade hier wird deutlich, ob er einfach herrschen will, ohne sich selbst entwickelt und diszipliniert zu haben, oder ob er seine Berufung darin sieht, andere anzuregen, ebenfalls mehr Eigenständigkeit und Selbstbestimmung zu gewinnen. Und so bemüht er sich nun, seine Vitalität und integrative Kraft zu nutzen, um andere, die noch weniger innere Stärke besitzen und nicht auf der Sonnenseite des Lebens stehen, zu motivieren, ihr Leben selbst in die Hand zu nehmen.

Stärken und Schwächen des Löwen
Seine Stärken sind ein ausgeprägtes Bewußtsein für Unabhängigkeit, Spontaneität und ein Wille zu absoluter Selbstbestimmung. Der Löwe hat unbestrittene Führungseigenschaften, die aber erst voll zur Geltung kommen, wenn er Verantwortlichkeit gegenüber der Mitwelt gelernt hat und durch echtes Selbstbewußtsein die Bedeutung der eigenen Person nicht mehr überschätzt.

Seine Schwächen sind eine zu starke Egozentrik, Eitelkeit, Selbstherrlichkeit und ein Hang zur Verschwendung bezogen auf die eigene Person. Typisch sind zu Beginn der Entwicklung auch mangelndes Feingefühl und wenig Bereitschaft, sich anzustrengen sowie mangelnde Kritikfähigkeit.

Die drei Entwicklungsebenen im Löwen

Persönliches Bewußtsein:	Exoterischer Herrscher	– Sonne
Seelenbewußtsein:	Esoterischer Herrscher	– Sonne (Neptun)
Geistiges Bewußtsein:	Hierarchischer Herrscher	– Sonne (Uranus)

1. Stadium: **Entwicklung der Persönlichkeit**

Zeichenherrscher: **Sonne**   *Leitmotiv:* **Konzentriertes Eigeninteresse**

Zu Beginn der Entwicklung – wenn die Sonne herrscht – ist es die wichtigste Aufgabe des Löwen, eigenbewußte Aktivität, Stärke und persönliche Leistungsfähigkeit zu entwickeln. Auf dieser Ebene finden wir einen Menschen mit einer ausgesprochen egozentrischen Haltung, der primär um sein eigenes Wohlergehen bemüht ist. Lebensfreude, Selbstbejahung und die Neigung, sich das Leben so angenehm wie möglich zu machen, sind auf unentwickelter Ebene typisch, gepaart mit Eitelkeit und Stolz über die eigene Leistung, die sich nur am persönlichen Erfolg mißt, nicht aber an sachlichen Notwendigkeiten. Im Mittelpunkt steht die menschliche Persönlichkeit, die das Leben in vollen Zügen genießen will, ohne die Folgen des eigenen Handelns für andere zu bedenken. Er versucht, allen Verpflichtungen und weitreichenden Verantwortlichkeiten aus dem Weg zu gehen, denn sein Handeln ist emotional und spontan und entspringt dem Gefühl des Augenblicks, das sein unmittelbares Erleben ausmacht. Das Ich erlebt sich auf dieser Ebene als dramatischen Mittelpunkt der Welt und ist vollkommen überzeugt von der Wichtigkeit der eigenen Person, die zum Angelpunkt des Bewußtseins wird.

Doch mit zunehmender Persönlichkeitsentwicklung erwacht der Ehrgeiz des Löwen, und der Wunsch zu dominieren läßt ihn nach einer Führungsposition streben. Nun ist seine Haltung die eines egozentrischen Menschen, der nach Rang und Stellung verlangt, denn er will Einfluß gewinnen und eine Vorrangstellung einnehmen. Sein Bemühen gilt daher vor allem der Ausbildung und Stärkung seiner gedanklichen Fähigkeiten, um die eigene Leistungsfähigkeit zu erhöhen und ein unabhängiges Urteilsvermögen zu gewinnen. Er wird sich aber auch bewußt, daß er seine Wunschnatur disziplinieren muß, die bisher in der »Jagd nach Vergnügen« zum Ausdruck kam und seine angeborenen schöpferischen Fähigkeiten in ihrem Ausdruck behindert. Denn solange Triebe und Wünsche das Leben bestimmen, ist der Mensch ein »Sklave seines Körpers« und unfähig zu wirklich freier Entscheidung. So widmet sich der Löwe nun gezielt der Vervollkommnung seiner eigenen Fähigkeiten, indem er sich selbst eine gewisse Disziplin auferlegt, um die Selbständigkeit und Unabhängigkeit zu erreichen, die ihm zur Erweiterung seines Machtbereichs notwendig erscheinen.

2. *Stadium:* Seelenbewußtsein

Zeichenherrscher: **Sonne (Neptun)**   *Leitmotiv:* **Idealismus und Gruppenverantwortung**

Wenn die Seele deutlicher ins Bewußtsein tritt, wirkt Neptun über die Sonne auf die Persönlichkeit des Menschen ein. Dadurch beginnt er zu begreifen, daß er keine Sonderstellung hat, sondern Teil eines größeren Ganzen ist, in dem er eine ganz individuelle Bedeutung hat. Dies veranlaßt ihn, sein Leben einem idealen Ziel zu widmen, das immer deutlicher wahrnehmbar wird und an die Stelle seines vorwiegend persönlichen Interesses tritt. So verlagert sich der Schwerpunkt des Bewußtseins von »dem, der alleine steht« zur Umweltgruppe, und seine egoistischen Interessen weichen den Erfordernissen der Gruppe, die nun eine größere Bedeutung für sein Leben bekommt.

Auf diese Weise tritt das *Gegensatzpaar Löwe-Wassermann* in Wechselbeziehung und veranlaßt den Löwen, eine größere Verantwortung für andere zu übernehmen. Seine Empfindlichkeit und die unbewußten, unbeherrschten Reaktionen auf Einflüsse und Emotionen seines Umfeldes lassen nach, und in dem Maße, wie seine Feinfühligkeit zunimmt, wird er sich der Impulse der Seele bewußt. Dadurch gewinnt er ein echtes Selbstbewußtsein, das ihn veranlaßt, seine entwickelte Feinfühligkeit auch auf die Umwelt und seine Mitmenschen auszudehnen und ihre Bedürfnisse in die eigenen Entscheidungen einzubeziehen. Wenn dies der Fall ist, ist der Löwe-Geborene zu einer integrierten Persönlichkeit geworden, und er wird sich zunehmend seiner Seelenverwandtschaft mit anderen bewußt.

3. Stadium: **Geistiger Mensch**

Zeichenherrscher: **Sonne**   *Leitmotiv:* **Bewußtsein des »höheren**
            (Uranus)   **Selbst«**

Auf hierarchischer Ebene wirkt Uranus durch die Sonne auf den Löwen ein. In diesem Stadium hat der geistig erwachte Mensch das *Gegensatzpaar Löwe-Wassermann* im Bewußtsein verschmolzen. Die entwickelte Individualität, sein Eigenbewußtsein und seine persönliche Leistungsfähigkeit dienen jetzt ausschließlich Gruppeninteressen. Durch geistige Entwicklung hat er viele Talente und Fähigkeiten gewonnen. Er ist sich seiner Identität zutiefst bewußt (Sonne), er besitzt Feinfühligkeit (Neptun) und hat einen Zugang zu okkultem Wissen (Uranus). So wird er zum dynamischen Führer, der die Massen begeistert, zur Integrationsfigur für andere oder zum magnetischen Mittelpunkt einer Gruppe, einer Hausgemeinschaft oder eines Volkes. Denn der vollkommen entwickelte Löwe besitzt die Fähigkeit, andere im positiven Sinne zu beherrschen und sie zur Einheit zu führen, weil er die Herrschaft über sich selbst erlangt hat. Nun geht es nicht mehr um Macht, sondern ausschließlich um geistige Ziele, denn die materiellen Aspekte des Lebens haben keine Anziehungskraft mehr für einen Menschen, der sein »geistiges Ich« erkannt hat und sich mit ihm identifiziert.

Die esoterische Bedeutung des Löwezeichens

Symbol: ♌   Der Schwanz des Löwen.

Bedeutung: Dieses Symbol weist auf den »König der Tiere« hin und bedeutet menschliches Eigenbewußtsein, das zur Herrscherstellung führt.

Lichtqualität: Das Licht der Seele.

> *»Ein zurückgestrahlter Lichtpunkt des Logos oder des Göttlichen. Das im Krebs zerstreute Licht konzentriert sich und offenbart schließlich den Kern.«*
> *Alice Bailey*

Löwe ist das Zeichen der Individualität. Durch seinen Einfluß wandelt sich das instinktive Massenbewußtsein, das im Krebs noch vorherrschend war, in intelligentes Bewußtsein und intellektuelles Denkvermögen, durch das der Mensch eine eigene Identität gewinnt. Eigenbewußtsein sowie ein stark ausgeprägtes Bewußtsein von Unabhängigkeit und der Wille zur Selbstbestimmung sind daher deutliche Merkmale des Löwen.

»Aus der Masse oder Herde tritt das sich selbst genügende Einzelwesen heraus, das sich immer mehr bewußt wird seiner Identität oder Einheit, seines Alleinseins und seiner isolierten Haltung als ›der im Mittelpunkt Stehende‹ seines kleinen Kosmos.«

Alice Bailey

Löwe verkörpert die Energie, die den Menschen zu Selbstbewußtsein führt und die ihn sagen läßt: »Ich bin«. Denn der Mensch muß sich erst selbst erkennen, ehe er sein wahres Selbst und seine Mitmenschen erkennen kann.

Doch was ist echtes Selbstbewußtsein? Wir sollten es nicht mit dem Eigenwillen verwechseln, der in einem Leben zum Ausdruck kommt, das von persönlichen Wünschen beherrscht wird und wo sich ein Mensch als dramatischen Mittelpunkt seines Lebens sieht. Echtes Selbstbewußtsein entsteht durch Kontakt mit der eigenen Seele, die die Zielrichtung unseres Lebens bestimmt. Wird ein Mensch nur von Wünschen, Emotionen und Ehrgeiz bestimmt, so ist das kein Zeichen von Selbstbewußtsein, denn der wirklich selbstbewußte Mensch ist sich der Wegrichtung und des Zieles eines von ihm selbst bestimmten Lebens bewußt. Und wenn dies der Fall ist, dann ist auch mentale Wahrnehmung und ein gewisses Maß an persönlicher Integration vorhanden.

Im Löwen erreicht der Mensch daher zunächst Eigenbewußtsein und ein Verantwortungsgefühl individueller Art, um schließlich zu erkennen, daß er Teil eines größeren Ganzen ist.

»Im Löwen erwacht der Mensch zu seiner eigenen Identität. Er konzentriert seine Absichten, lernt Sinn und Nutzen der Selbstsucht kennen, um darüber zu entdecken, daß sie den Gesetzen der Seele zuwiderläuft. Zuletzt wird er von den Lebensvorgängen so in die Enge getrieben, daß er sich der Nutzlosigkeit des Eigen-Interesses bewußt wird.«

Alice Bailey

Wirkliches Selbstbewußtsein wird also erst durch den Kontakt mit der eigenen Seele erreicht, und wenn dieser Kontakt bewußt wahrgenommen wird, verlagert sich das Bewußtsein zunehmend von Eigeninteressen zu Gruppen-Erfordernissen, die nun an die Stelle persönlicher Wünsche treten. Und wenn Begierden und persönliche Wünsche durch Selbstdisziplin wahrer Selbsterkenntnis gewichen sind, wird der Mensch im Löwen zum »*herrschenden, seiner Selbst bewußt Wirkenden*« (Alice Bailey), der von äußerer Macht unbeeinflußt bleiben kann, weil er Selbstbeherrschung erreicht hat.

Das Ziel des Löwen
ist volles Eigenbewußtsein, mentale Integration und persönliche Leistungsfähigkeit sowie Feinfühligkeit gegenüber der Umwelt und später gegenüber der Seele. Die wichtigste Aufgabe des Löwen ist es, eigenbewußt zu werden und feinfühlig auf die Umwelt zu reagieren, um ein wirkliches Selbstbewußtsein sowie ein individuelles Verantwortungsgefühl zu erlangen.

Die Entwicklung eines individuellen Bewußtseins erfolgt in drei Stufen:
1. Empfindlichkeit gegenüber den Impulsen der Umwelt und Empfindungsfähigkeit gegenüber dem Willen, den Wünschen und Begierden der eigenbewußten Persönlichkeit oder des niederen Selbst.
2. Feinfühligkeit gegenüber der Seele, die zu Selbstbewußtsein, Selbstbestimmung und Gruppenverantwortung führt.
3. Spirituelle Sensitivität des seelenbewußten Menschen gegenüber der Umwelt, seinen Mitmenschen und dem höheren geistigen Selbst.

Der Schlüssel zur Transformation
Ein häufiges Hindernis in der Entwicklung des Löwen ist seine anfängliche Trägheit oder passive Lebenseinstellung, die ihn – dem vom Schicksal Verwöhnten – glauben läßt, es reiche, einfach zu leben und alles andere regele sich schon von selbst. Solange diese Einstellung besteht, gibt es in diesem Zeichen keinen wirklichen Fortschritt. Erst wenn der Löwe-Geborene die Initiative selbst ergreift und seine eigene Entwicklung bewußt vorantreibt, erreicht er Selbstdisziplin, die er

sich selbst auferlegen muß, da er sich gegen jede Einschränkung von außen energisch zur Wehr setzt. So bildet die Einsicht, daß geistiger Fortschritt ohne Selbstdisziplin nicht möglich ist, auch den Schlüssel für seine Entwicklung. Und hat er diese als Notwendigkeit erkannt und für sich erreicht, so ist sein Leben gekennzeichnet durch Selbstbestimmung, eine gute gedankliche Auffassungsgabe und einen ausgeprägten Intellekt. Es zeigt sich auch ein gewisses Maß an persönlicher Integration, die ihm zunehmend Größe und innere Autorität verleiht, in dem Maße, wie Stolz und Eitelkeit sich in ein Gefühl für Würde wandeln. Denn sobald er seine egozentrische Haltung aufgibt und sich seiner Gruppenverantwortung bewußt wird, wird er fähig, seine integrative Kraft zu nutzen, um Menschen zusammenzuführen und zu einen, ohne sie an seine Autorität zu binden.

Die beiden Schlüsselworte für den Löwen nach Alice Bailey
Persönlichkeit: »Andere Formen mögen bestehen. Ich herrsche, denn ich bin.«
Seele: »Ich bin Das, und Das bin Ich.«

»Ich bin« ist das Leitmotiv des eigenbewußten, egoistischen, individuellen Löwen. »Ich bin Das« ist das Wort des Löwe-Menschen, der Selbstbewußtsein erlangt hat und sich auf die universale Wesensäußerung im Wassermann vorbereitet.

Jungfrau

23. August – 23. September
150–180 Grad im Tierkreis
Element: Erde
Veränderliches, weibliches Zeichen

Jungfrau-Prinzip: Intelligenz, Anpassung, Vernunft

Die sechste Phase des Tierkreises
Auf die spontane Lebensfreude und kraftvolle Vitalität des Löwen folgt das bewußte Verhalten der Jungfrau, die versucht, ihre Individualität mit den Bedingungen der Existenz in Einklang zu bringen. Denn um seine Lebensfähigkeit zu erhalten, muß der Mensch lernen, vernünftig zu handeln und sich der Abhängigkeit zwischen seiner individuellen Existenz und der Umwelt bewußt werden.

Typische Verhaltensmerkmale
Jungfrau-Geborene sind sachliche, zurückhaltende, eher bedächtige Menschen, die sich nüchtern an nächstliegende Tatsachen halten. Ihr Verhalten ist geprägt von kritischer Distanz und vorsorglicher Skepsis, denn sie versuchen, die Umwelt bewußt wahrzunehmen und sich darauf einzustellen, um das Überleben zu sichern. Zu diesem Zweck besitzen sie eine gute Beobachtungsgabe und einen hohen Grad an vitaler, fast elementarer körperlicher Verbundenheit mit allem, was ihnen aus der äußeren Welt zufließt. Ihre Sinneswahrnehmung ist besonders fein und fühlt wie ein Sensor in die Umwelt hinein, um die jeweiligen Impulse aus der Umgebung aufzunehmen und angemessen auf sie zu reagieren. Eine Jungfrau zu überraschen ist daher nicht leicht, denn immer auf der Hut versucht sie, sich auf alle Eventualitäten des Lebens einzustellen. Diese permanente Reaktionsbereitschaft, dieses ständige unterschwellige Auf-dem-Sprung-Sein führt zu einem Spannungszustand zwischen äußerer Besonnenheit des Handelns und ständiger innerer Aufmerksamkeit, mit der sie alle potentiellen Bedrohungen abzuwehren sucht. Es drängt sie, das Leben berechenbar zu machen, alle Risiken durch vorausschauendes Denken auszuschalten, doch weil dies meist nicht restlos gelingt, kommt es häufig zu einem tiefen Vertrau-

ensschwund gegen das Schicksal, und das Gefühl der Bedrohung des Menschen durch das Unberechenbare ist allgegenwärtig.

Ihrem Mangel an Vertrauen in die Schöpfung versucht die Jungfrau daher durch Vorsorge und Wachsamkeit zu begegnen, mit der sie sich jeder Lage optimal anzupassen bemüht. Ihr Bedürfnis nach Sicherheit ist groß und zeigt sich in einer übertriebenen materiellen Absicherung sowie einer Vorratshaltung und Hortungstendenz, die über das Maß des wirklich Benötigten oft weit hinausgeht und zuweilen den Eindruck erweckt, daß hier das Überleben für den Ernstfall geprobt wird. Denn das Bedürfnis nach Sicherheit steht in direktem Verhältnis zur Lebensangst, die Jungfrau-Geborene beherrscht, solange die Seele noch keine Realität im Leben geworden ist, und dieser Angst versuchen sie durch materielle Absicherung zu begegnen, aber auch durch Minimierung aller Risiken. So werden sie sich auch niemals auf Unternehmungen einlassen, deren Folgen sie nicht absehen können. Wo sich andere vertrauensvoll und voller Begeisterung in Abenteuer stürzen, bewegen sie sich in Bahnen erworbener Routine, ständig nach Gelegenheiten suchend, die genutzt werden könnten. Unbekanntes, Unvorhersehbares, Nicht-Abwägbares läßt sie ängstlich zurückweichen, denn nichts fürchten sie mehr als einen Enthusiasmus, der ins Bodenlose führt. So ist ihre Freude auch meist verhalten, ihre Begeisterung nicht spontan, und nicht selten reicht eine einzige kritische Bemerkung von seiten der Jungfrau, um aufkommenden Enthusiasmus im Keim zu ersticken, denn alles, was sie tun, muß überschaubar und kalkulierbar sein. Zwar besitzen sie eine neutrale Neugierde der Welt gegenüber; sie sind stets offen für neue Möglichkeiten, die Umwelt zu nutzen, doch immer versuchen sie, die praktischen Folgen abzuschätzen, bevor sie sich auf Neues einlassen. »Sicherheit aus Skepsis« lautet ihre Formel für die Lebensbewältigung, und so haben sie in unvorhergesehenen Situationen auch oft Schwierigkeiten, einen Entschluß zu fassen. Im allgemeinen lassen sie sich nur von dem leiten, was sie »am eigenen Leibe« erfahren und erprobt haben, und zeigen wenig Neigung, dem wohlmeinenden Rat anderer zu vertrauen.

Vorsicht und Skepsis dominieren gleichermaßen ihre Beziehungen, auch hier sind sie eher zurückhaltend, denn die Angst, sich zu verlieren oder enttäuscht zu werden, ist groß. Meist erwarten sie, daß der andere den ersten Schritt tut, und wenn dies nicht geschieht, verhalten sie sich abwartend oder ziehen sich zurück. Diese Reserviertheit kann den Kontakt zu anderen Menschen erschweren, zumal Jungfrauen meist sorgsam darauf achten, ihr Eigenes zu bewahren und nicht leicht auf die Vorstellungen und Bedürfnisse anderer eingehen. Zwar suchen sie die Nähe der anderen, aber sie wollen ihre Eigenheiten und ihre Eigenständigkeit unbeeinflußt erhalten. So stoßen sie im Gemeinschaftlichen auch immer wieder an Grenzen, die sie durch äußerliche Anpassung zu überbrücken suchen, doch innerlich bleiben sie oft unbeteiligt und isoliert, denn unter sachlichen Argumenten und einer Anpassungsbereitschaft, die harte Konfrontationen zu vermeiden sucht, bleiben sie im Kern meist auf sich selbst konzentriert.

In dieser Ich-Bezogenheit liegt deshalb auch das Problem dieses Zeichens, denn solange die materialistische Natur die Oberhand hat – was zu Beginn der Entwicklung stets der Fall ist –, steht die optimale Nutzung der Lebensbedingungen für eigene Zwecke im Vordergrund. In diesem Stadium sind Jungfrau-Geborene eigenwillige, stark auf sich selbst bezogene Menschen, die viel Kraft in die Sicherung ihrer eigenen Existenz investieren und sich ihren Mitmenschen erst zuwenden, wenn sie sich selbst gesichert glauben. Denn nichts fürchten sie mehr als übergangen zu werden und bei der Verteilung der Güter des Lebens zu kurz zu kommen. So erscheint ihr Leben auch als ein ständiges Sich-Bemühen und eine permanente Anstrengung, um nicht auf der Strecke zu bleiben, wobei sie stets darauf achten, den eigenen Krafteinsatz so gering wie möglich zu halten. Bei all ihren Handlungen versuchen sie, die eigenen Kräfte sparsam und rationell einzusetzen, gemäß dem Prinzip der »Intelligenz« in der Natur, das sicherstellt, daß Energie ökonomisch genutzt wird, weil jede Verschwendung das Überleben gefährden könnte.

Dieses ökonomische, auf Nützlichkeit bezogene Denken bewirkt bei der Jungfrau eine instinktive Unterscheidung zwischen allem Nutzbringenden oder Zweckmäßigen und dem Nutzlosen oder gar Schädlichen, vor dem sie sich zu schützen sucht. Denn ihr innerer Motor ist die Gefahr, die überall zu lauern scheint und der es durch Vorsicht und vorausschauende Planung zu begegnen gilt. So gehören Gesundheitsvorsorge und methodisches Vorbeugen von Erkrankung und Schädigung sowie das Interesse am Heilen und an Körpertherapien ebenso zu diesem Zeichen wie Überempfindlichkeit gegen alle Einflüsse von außen bis hin zur Hypochondrie, wenn die Sorge um die Gesundheit bis ins Extrem getrieben wird.

Diese Abwehrreaktion gegen alles Schädliche oder Fremde erfolgt zunächst rein instinktiv, doch mit zunehmender mentaler Entwicklung wird die Unterscheidung zwischen dem Nützlichen oder Lebenserhaltenden und dem Nutzlosen oder Lebenszerstörenden immer bewußter getroffen. Und so entsteht aus dem instinktiven Wunsch zu überleben schließlich ein wissenschaftliches Interesse mit dem Drang, das Verhältnis zwischen Mensch und Natur zu erforschen und sich der Zusammenhänge zwischen beiden bewußt zu werden. Denn erst wenn die Lebensbedingungen in ihren Funktionen erfaßt und begreifbar werden, wird die Angst vor dem Unbekannten besiegt und die Unsicherheit, die ein Grundgefühl dieses Zeichens ist, in Grenzen gehalten. So streben Jungfrauen auch danach, sich die Welt verfügbar zu machen und von ihr Besitz zu ergreifen durch Erkennen der Gesetzmäßigkeiten, die sie in Begriff und Zahl benennen. Ihr Denken muß Koordinierungspunkte finden, um vernünftige eigenständige Entscheidungen zu treffen, die sich im Alltag bewähren. Ihr Bemühen um Wissen und Erkenntnis hat daher stets einen Bezug zum praktischen Leben, denn – wie bei allen Erdzeichen – steht auch in der Jungfrau die praktische Lebensbewältigung im Vordergrund, wobei hier Zweckmäßigkeit, Sachbezogenheit und vor allem die Nutzbarkeit zu Leitlinien des Handelns werden.

Jungfrauen sind realitätsnahe Empiriker, die sorgfältig prüfend von der eigenen Erfahrung ausgehen und sich niemals gläubig vertrauend auf die Meinung anderer verlassen. Ihnen geht es um Fakten und wissenschaftlich gesicherte Erkenntnisse, auf die sie ihr Lebensfundament aufbauen können. Ihr Denken ist erfahrungsgebunden-kritisch, nüchtern, realistisch und aus Übervorsicht zuweilen kleinlich, haarspalterisch und pedantisch. Sie versuchen, die Umwelt auszuleuchten in allen Einzelaspekten, gründlich, methodisch durch das Sammeln und die Systematisierung von Einzelbeobachtungen, um daraus ihr eigenes Weltbild zu gewinnen. So ist die Jungfrau auch stets bemüht, sich einen Überblick zu verschaffen, indem sie vom Detail ausgehend auf das Ganze zu schließen versucht. Doch gerade aufgrund ihres Bemühens, alle Einzelheiten zu erfassen und statistisch zu ordnen, geht zuweilen der Blick für das Wesentliche verloren, denn das Ganze ist mehr als die Summe seiner Teile. So besteht in diesem Zeichen auch immer die Gefahr der Überdifferenzierung, des Sich-Verlierens im Beiläufigen, wo der »Wald vor lauter Bäumen« nicht mehr gesehen wird, weil das Detail eine Bedeutung bekommt, die die Gesamtschau verdrängt und eine Synthese erschwert.

Kriterium für Entwicklung
Fortschritt zeigt sich in diesem Zeichen durch die Fähigkeit, Einzelheiten und kleinliche untergeordnete Gesichtspunkte in einem größeren Zusammenhang zu sehen, sowie die Bereitschaft, die eigenen Fähig-

keiten in den Dienst eines größeren überpersönlichen Ganzen zu stellen. Denn Jungfrau ist das Zeichen der Abhängigkeit, des Bemühens und der Arbeit im Dienste anderer oder einer Sache, der sie sich meist unauffällig, aber hingebungsvoll und mit ganzer Seele widmen. Sie sind sachbezogen, pflichtbewußt und werden in ihrem Verhalten stets von ihrer Aufgabenstellung bestimmt, in der sie vollkommen aufgehen, gleichgültig, ob es sich um eine sachliche oder ideelle Aufgabe handelt. Und so unterscheidet sich der entwickelte Jungfrau-Typus vom unentwickelten auch durch den Zweck, dem er dient. Dieser entscheidet darüber, ob es ein Leben der Persönlichkeit ist, in dem die materialistische Natur vorherrscht, oder ob sich allmählich eine Seelenschwingung zeigt, die den Menschen erkennen läßt, daß sein Nützlichkeitsdenken sich nicht länger auf die eigene Person beschränken sollte. Vielmehr muß er lernen, seine Mitmenschen und die gesamte Umwelt in seine Nützlichkeitserwägungen einzuschließen, deren Wohlergehen er nun genausoviel Aufmerksamkeit schenkt wie zu Beginn der Entwicklung dem eigenen Überleben.

Stärken und Schwächen der Jungfrau
Die Stärken sind große Sach- und Aufgabentreue, eine methodisch-wohldurchdachte und präzise Vorgehensweise, rasches Orientiertsein in genauer Nahbeobachtung, gedankliche Innenschau und kritische Analyse sowie die Fähigkeit, sich inneren und äußeren Notwendigkeiten durch Vernunft anzupassen.

Die Schwächen dieses Zeichens sind Mangel an Vertrauen, Existenzangst sowie Opportunismus und angepaßtes Verhalten um der Bequemlichkeit willen. Zu Beginn der Entwicklung werden materielle Fakten und Gesichtspunkte oft überbetont und machen den Menschen zu einem »Kleinkrämer«, der sich in schonungsloser Kritik, kleinlichen Sorgen und Pedanterien aller Art verliert, da das Detail eine Bedeutung bekommt, die die Wahrnehmung des Ganzen verdrängt.

Die drei Entwicklungsebenen in der Jungfrau

Persönliches Bewußtsein:	Exoterischer Herrscher	– Merkur
Seelenbewußtsein:	Esoterischer Herrscher	– Mond (Vulkan)
Geistiges Bewußtsein:	Hierarchischer Herrscher	– Jupiter

1. Stadium: Entwicklung der Persönlichkeit

***Zeichenherrscher:* Merkur   *Leitmotiv:* Menschliche Intelligenz**

Zu Beginn der Entwicklung – wenn Merkur herrscht – steht bei Jungfrau-Geborenen die Sicherung der eigenen Existenz im Vordergrund, denn das Vertrauen in die Schöpfung und seine Mitmenschen ist gering. Vorsichtig und skeptisch, eher Negatives als Positives erwartend, sind sie darauf bedacht, sich mit allem Lebensnotwendigen zu versorgen, auf alle Eventualitäten vorbereitet zu sein und Gelegenheiten zu nutzen, die ihnen Menschen und Umstände bieten. In ihrem Bemühen, sich abzusichern und die vielfältigen Aspekte des Alltags in eine überschaubare Ordnung zu bringen, neigen sie zu Pedanterie, denn ihr Nützlichkeitsdenken erlaubt ihnen nicht immer, die Dinge leicht zu nehmen. Sie sind oft kleinlich in den kleinen Dingen des Alltags, da es ihnen schwerfällt, großzügig über die Unzulänglichkeiten der anderen hinwegzusehen. Dies zeigt sich auch in einer gewissen Unduldsamkeit anderen Menschen gegenüber, im Herumnörgeln bis hin zu schonungsloser Kritik, weil das kritische Denken zunächst nach außen gerichtet wird, solange es zur Eigenanalyse noch nicht fähig ist. So erscheint ihre Welt in dieser Phase auch als ein kompakter, fest abgegrenzter Mikrokosmos. Was nicht hineinpaßt, wird abgelehnt oder nicht verstanden, und Menschen, die diese Grenzen überschreiten, erfahren harte Kritik, da über dem »Splitter im Auge des anderen häufig der Balken im eigenen« übersehen wird.

Doch mit zunehmender Persönlichkeitsentwicklung erwacht der Wissens- und Forscherdrang der Jungfrau-Geborenen. Ständig ist ihr Geist nun beschäftigt, denn es drängt sie, die eigene Existenz zu begreifen. Ihr Vorgehen ist jedoch analytisch-wissenschaftlich, und so brauchen sie viel Zeit, um ihre Einzelbeobachtungen und systematisch gesammelten Fakten zu ordnen und daraus ein Wissen über das Ganze zu erlangen. So sind sie auch pausenlos mit diesem und jenem beschäftigt, sie pflegen ihre Interessen und gehen ihren Liebhabereien nach, denen sie viel Zeit widmen. Meist werden sie dabei aber mehr von äußeren Umständen gelenkt als von inneren Beweggründen, die aufgrund der großen Geschäftigkeit und Gewissenhaftigkeit, mit der sie sich an selbst auferlegte Pflichten binden, nicht erkannt werden. Zweckorientiert und auf Nützlichkeit ausgerichtet, suchen sie daher auch weniger die freie Initiative als vielmehr die Sicherheit einer begrenzten Aufgabenstellung, der sie ihre ungeteilte Aufmerksamkeit und Sorgfalt widmen.

2. Stadium: Seelenbewußtsein

Zeichenherrscher: **Mond** *Leitmotiv:* **Wahrnehmen der**
              (Vulkan)   **Seele im Inneren**

Wenn die Seele deutlicher ins Bewußtsein tritt, beginnt der Mond als esoterischer Planet die Wirkung des Merkur zu verstärken. Nun wird sich der Jungfrau-Geborene zunehmend bewußt, daß die Materie als Medium dient, um den geistigen Willen (der hier durch den verborgenen Planeten Vulkan wirkt) zu manifestieren. In dieser Phase erlebt der Mensch eine Sinnkrise, und nicht selten versinkt er für einige Zeit in Hoffnungslosigkeit und Resignation, denn die Basis seines Weltverständnisses, das auf äußerem Wissen basiert, muß nun dem inneren Licht der Seele weichen, das aber bisher nur schwach wahrgenommen wird. So entsteht das Gefühl der Leere, das häufig durch Überbeschäftigung kompensiert wird, doch dauerhaft nur überwunden werden kann, wenn der Mensch eine Vision des größeren Ganzen erlangt.
Er muß empfänglich werden für die Tatsache, daß es zwischen allem Lebendigen ewig-währende Beziehungen, aber auch Veränderungen gibt, die klaren Gesetzmäßigkeiten unterliegen und letztendlich immer ins Licht führen, auch wenn dies sehr viel Zeit braucht. Das Erkennen des Faktors Zeit ist bedeutsam für dieses Stadium, denn Entwicklung vollzieht sich in klaren vorgezeichneten Rhythmen. Sie unterliegt dem Wechsel von Ebbe und Flut, von Höhen und Tiefen, wie sie durch den Mond – als Symbol für die Formnatur – verkörpert sind, und das Ergebnis einer Entwicklung ist daher nicht sofort sichtbar. Es muß also ein Umdenken stattfinden; der Blick muß sich von der äußeren phänomenalen Welt auf die Welt der inneren Energien verlagern, um die Ursache zu erkennen, die das Sichtbare hervorbringt.

Die Fähigkeit, Einzelfaktoren im Rahmen eines größeren Ganzen zu betrachten, entwickelt sich, wenn das *Gegensatzpaar Jungfrau-Fische* in Wechselbeziehung tritt und aufeinander einwirkt. Nun durchbricht der Jungfrau-Geborene die Grenzen seiner analytischen Wahrnehmung, und es wird ihm bewußt, daß »er säen muß, um zu ernten«, und daß sein äußeres Leben die Wirkung der Ursachen spiegelt, die er in der Vergangenheit selbst gesetzt hat. Er erkennt, daß er seine Kräfte nicht verschleudern darf, sondern haushälterisch mit ihnen umgehen muß, um Kraft zu haben für innere Reifungsprozesse, auf die sich nun sein Wille richtet. Und so entwickelt sich in dieser Phase allmählich ein immer umfassenderes Verständnis für das größere Ganze, aber auch die Erkenntnis, daß der Mensch sich auf dem »Weg nach innen reifend« verwirklichen muß, um der Welt von Nutzen zu sein, und daß alles äußere, theoretische Wissen letztlich nur Ballast ist, der abgeworfen werden muß, um im »Licht der Seele« oder der inneren Erkenntnis zu leben.

3. Stadium: **Geistiger Mensch**

Zeichenherrscher: **Jupiter**   *Leitmotiv:* **Christusbewußtsein**

Wenn Jupiter auf hierarchischer Ebene herrscht, ist das *Gegensatzpaar Jungfrau-Fische* im Bewußtsein verschmolzen. Nun bildet die Persönlichkeit keine Grenze mehr zwischen dem eigenen Erleben und dem der anderen, denn der Mensch hat die innere Verbundenheit mit allen anderen als Realität erfahren. Da er gelernt hat, mit sich selbst in Einheit zu leben, ist sein Leben nun dem Dienst in der Welt geweiht, der er Heilung zu bringen sucht durch Weisheit und die Kraft der Liebe, die allein in der Lage ist, alles Negative zu besiegen.

Die esoterische Bedeutung des Jungfrauzeichens

Symbol: ♍   Drei Bögen, die von einem vierten durchkreuzt werden.

Bedeutung: Die dreifache Formnatur, die die Seele verbirgt.

Lichtqualität: Das vereinte zweifache Licht.

> *»Die beiden Lichter sind sichtbar – hell und stark, das Licht der Form; das andere schwach und trübe, das Licht Gottes. Dieses Licht ist gekennzeichnet durch das Zunehmen des einen und das Schwinden des anderen. Es unterscheidet sich von dem Licht in den Zwillingen.«*
> Alice Bailey

Esoterisch verstanden stellt dieses Zeichen »den Mutterleib der Materie« dar, der die Seele über lange Zeit hindurch verbirgt, um sie am Ende der »geistigen Schwangerschaft« in die Welt zu gebären. Denn Jungfrau verkörpert den dritten Aspekt der göttlichen Dreiheit, den

Materie-Aspekt der Schöpfung, der dem Zweck dient, die Seele in der Natur zu offenbaren.

Auf den Menschen bezogen ist Jungfrau das Symbol seiner Formnatur oder der Persönlichkeit, die sich im Laufe der Zeit durch Evolution zum »offenbarenden Werkzeug« einer individuell denkenden und liebenden Seele entwickeln soll, denn die Geburt der Seele in einem physischen Körper ist das Ziel dieses Zeichens.

Die Bedeutung des Tierkreiszeichens Jungfrau taucht daher auch in den Mythologien unterschiedlichster Zeitalter und Kulturen in Form der »Jungfräulichen Mutter« auf. So ist die jungfräuliche Geburt Jesu auch nur ein Symbol, das auf den tieferen Sinn des Tierkreiszeichens Jungfrau verweist. Denn als vollendete Seele kann er – wie alle Welterlöser – nur von einer Jungfrau geboren werden, von einem Menschen, der rein ist, weil er sich vom Materialismus abgewandt und erkannt hat, daß die Liebe größer ist als alles Wissen und alle Macht dieser Erde.

Das Zeichen Jungfrau ist ein Doppelzeichen; es verkörpert die Mutter (als Symbol für die Materie) und das Kind (als Symbol der Seele), das im Herzen des Menschen als Liebesbewußtsein geboren werden soll. Doch dieser Prozeß braucht seine Zeit, und so stellt Jungfrau auch die Phase des verdunkelten materiellen Bewußtseins dar, in der die Seele noch »im Schoß der Zeit« verborgen ist. Es ist das »Tal der Tiefenerfahrungen«, das der Mensch durchschreitet, ehe er sein Denken nutzt, um sich seiner geistigen Identität bewußt zu werden. Denn solange er die Wahrheit in der Form sucht und seine Wahrnehmung auf das Sichtbare begrenzt, ist er unfähig, Wahrheit zu erkennen, da er vor der Fülle einzelner, sich widersprechender Fakten kapitulieren muß, die sich zu keinem übergreifenden System zusammenfügen lassen. Das Licht am Ende des Tunnels wird daher erst sichtbar, wenn Jungfrau-Geborene aufhören, ihre Welt auf sich selbst und ihr eigenes Denken zu begrenzen und Wahrheit und Sicherheit durch Anhäufung materieller Fakten und Gesichtspunkte zu suchen. Erst wenn sie sich für andere Menschen öffnen und bereit sind, für sie da zu sein und ihnen zu dienen, wird das »Herzdenken« aktiv, das sie die Wirklichkeit hinter dem Sichtbaren erkennen läßt. So beschreibt Alice Bailey Jungfrau auch als das Zeichen der *»Tiefenerfahrung, der langsamen, sanften, machtvollen Krisen«*, die im Inneren stattfinden, aber am Ende doch zum Licht führen. Denn sobald der Mensch gelernt hat, sein eigenes Leben in ein größeres Ganzes einzuordnen und sich bewußt zu werden, daß die Welt der Formen – zu der auch jeder Gedanke und jedes

Gefühl gehören – nur die äußere Hülle des innewohnenden Bewußtseins darstellt, wird er aus der Dunkelheit ins Licht treten und fähig sein, die Seele durch die entwickelte und verfeinerte Persönlichkeit in der Welt zu offenbaren.

Das Ziel der Jungfrau
ist das Wahrnehmen des verborgenen geistigen Lebens im Innern, das Erkennen der Seele in der Form und das Entfalten des Seelenprinzips oder Christusbewußtseins durch die Persönlichkeit, was die Esoterik auch als die »zweite Geburt« bezeichnet.

»Im Zeichen Jungfrau beginnt der Mensch die Absicht zu erkennen, um derentwillen das Formleben besteht, und das Verlangen nach persönlicher Befriedigung beginnt sich zu wandeln; das Verlangen des Menschen nach innerer Erkenntnis des ihm innewohnenden Christus beginnt immer mehr vorherrschend zu werden, bis schließlich die innere, geistige Realität aus der Knechtschaft der Materie befreit und in ihrem eigenen, wahren Wesen in der Welt offenbart wird.«
Alice Bailey

Die Geburt einer »denkenden Seele« vollzieht sich in drei Stufen:
1. Intelligentes, zweckorientiertes, wissenschaftliches Denken, um das Leben zu verstehen und die Lebensbedingungen zu verbessern. Das beobachtende Interesse gilt dem eigenen Körper und der umgebenden Natur. Dies ist die Zeit der Saat.
2. Das Denken wendet sich nach innen. Der Mensch versucht nun, die eigene Psyche oder die innere Realität zu erforschen, um die Persönlichkeit zu vervollkommnen, sie zu stärken und innerlich auszurichten. Dies ist die Zeit der inneren Reife.
3. Das Denken ist nun fähig, geistige wie physische Gesetzmäßigkeiten gleichermaßen zu erfassen und in Übereinstimmung zu bringen, woraus sich die höhere Vernunft entwickelt, die sich als Weisheit äußert. Dies ist die Zeit der Ernte.

Der Schlüssel zur Transformation
In der Jungfrau geht es darum, die Persönlichkeit immer stärker unter den Einfluß der Seele zu bringen. Der Mensch muß lernen, den Blick von den äußeren Dingen des Lebens auf das Innere zu lenken, und beginnen, sein detailliertes Wissen und seine individuelle Erfahrung in

einen größeren geistigen Zusammenhang zu stellen. So wird er fähig, das eigene Leben in Bezug zum größeren Ganzen zu betrachten, in dem auch die eigenen Wesensmerkmale einen tieferen Sinn ergeben, und erst dann bekommt das Wissen, das er in mühevoller Kleinarbeit gesammelt hat, eine wirkliche Bedeutung und beginnt zu leben. Deshalb sollten sich Jungfrau-Geborene auch Zeit nehmen für Eigenanalyse und kritische Innenschau, denn die Seele hat ihre eigene Zeit und kann nicht wahrgenommen werden, wenn Betriebsamkeit und die ständige Beschäftigung mit diesem und jenem den Tagesablauf bestimmen. Sie müssen lernen, eine Zeit des Tages für die Innenschau zu reservieren, in der sie keinem Gedanken an Pflichten oder drängende Erledigungen Raum geben. Nichts darf in dieser Zeit drängen, nichts muß erledigt werden, denn nur wenn Gedankenstille herrscht, ist die Seele wahrnehmbar. Wenn diese Haltung der inneren Aufmerksamkeit, der Wachsamkeit täglich trainiert wird und die ernsthafte Entschlossenheit besteht, sich Zeit zu nehmen für die inneren Dinge des Lebens, dann treten die seelischen Qualitäten an die Oberfläche, und die geschäftige, auf die eigene Sicherheit bedachte, eher pessimistisch-resignative Haltung verliert sich im Licht der Seele, die uns die Gewißheit gibt, daß alles Leben zum Licht strebt und der Erfolg letztlich unausweichlich ist.

Die beiden Schlüsselworte für die Jungfrau nach Alice Bailey
Persönlichkeit: »Materie regiere.«
Seele: »Ich bin die Mutter und das Kind. Ich bin Gott, ich bin Materie.«

Waage

23. September – 23. Oktober
180–210 Grad im Tierkreis
Element: Luft
Kardinales, männliches Zeichen

Waage-Prinzip: Ausgewogenheit, Ausgleich der Gegensätze, Harmonie

Die siebte Phase des Tierkreises
Waage leitet wiederum eine neue Ebene der Erfahrung ein, denn im III. Quadranten *Waage-Skorpion-Schütze* lernt der Mensch, die anderen in sein Denken einzubeziehen und die Umwelt als Spiegel zu benutzen, um sich selbst im Gegenüber zu erkennen. Waage stellt die Wegmitte des Tierkreises dar, den Übergang von der Erfahrung des Ich zur Entdeckung des Du, das nur im Denken wirklich erkannt werden kann.

Typische Verhaltensmerkmale
Waage-Geborene sind Menschen, die nach Ausgleich und Harmonie streben; sie sind von ruhiger Wesensart, lieben höfliche Umgangsformen und neigen zu beschaulichem Nachdenken. Anpassungsbereit und anpassungsfähig versuchen sie, allen Reibungen und Konflikten aus dem Weg zu gehen und sich emotional nicht allzu tief einzulassen. Ist ihr tiefstes Bedürfnis doch Ausgeglichenheit und eine unbeschwerte Lebensharmonie, hinter die alles Störende, Irritierende und Konfliktträchtige zurücktreten muß. Ihr Wesen ist meist freundlich und heiter, sie sind kontaktbedürftig und anregbar durch ihre Mitmenschen, denn sie brauchen die anderen, um sich in ihnen zu spiegeln und ihrem Bedürfnis nach Austausch und Präsentation gerecht zu werden. So sind sie innerlich auch immer auf die Gemeinschaft eingestimmt und stets bereit, auf das »Du« hinzuleben. Persönliches erleben sie in Beziehung zur Außenwelt, und erst durch die Begegnung, durch den Gedankenaustausch mit anderen finden sie zu sich selbst und erreichen ihre eigentliche Stärke. Bei Mangel an Kommunikation besteht die Gefahr der Stagnation, denn Problemlösungen erfolgen stets durch Eindrücke

von außen, und ohne entscheidende Anstöße aus der Umwelt neigen sie zu Bequemlichkeit und Passivität.

Liegt ihr Selbstverständnis doch nicht im Willentlich-Bestimmenden, wie im Gegenzeichen Widder, sondern in ihrer Fähigkeit, auf das einzugehen, was ihnen aus der Umwelt zufließt. Sie finden zu sich, indem sie Anregungen und Impulse anderer aufgreifen. Aufgrund ihrer Anlehnungs- und Harmoniebedürftigkeit sind sie stets bereit, ihr Eigenes zurücktreten zu lassen und sich zuweilen auch durch Überanpassung Auseinandersetzungen zu ersparen, die sie meiden, wo immer es geht. Dieses Ausweichen vor Konflikten und das Vermeiden von Reibungen kann zu Passivität und einer gewissen Lauheit führen, die den Waage-Typus, trotz einer meist vorhandenen Anmut, ein wenig langweilig und kontrastlos erscheinen läßt.

Auf unbewußter Ebene werden Waage-Geborene stets versuchen, die Richtung des geringsten Widerstandes einzuschlagen und allem Unangenehmen, Häßlichen möglichst aus dem Weg zu gehen. Sie verhalten sich abwartend, anstatt zu handeln, und wenn nötig, lassen sie andere für sich handeln oder entscheiden. So sind sie auch jederzeit bereit, ihren Standpunkt aufzugeben, und bereitwillig verzichten sie auf jede Parteinahme und eindeutige Stellungnahmen, wenn es gilt, Konflikte zu vermeiden. Nur nicht vorschnell handeln, ist ihre Devise! Schließlich regeln sich die Dinge ja meistens von selbst, wenn man nur lange genug wartet. Nur keine Einmischung in Dinge, die einen nichts angehen, und wegsehen, wo sich Häßliches zeigt. Das sind die Leitlinien ihres Verhaltens, und ihr Bemühen um Unparteilichkeit erweist sich hier zunächst als Desinteresse und Gleichgültigkeit, die ein negatives Zerrbild der Gerechtigkeit ist.

Das Hauptthema dieses Zeichens ist daher auch die Entscheidung, und hier liegt ihr größtes Problem, da jede Entscheidung eine Festlegung bedeutet, die dem vermittelnden Denken, das stets das Für und Wider einer Sache zu berücksichtigen sucht, selten gerecht wird. Gilt es, schnelle Entscheidungen zu treffen, sind sie oft schwankend und unsicher, denn alles, was sie tun, muß vorher sorgfältig abgewogen werden. Spontane Entschlüsse und Handlungen sollte man von einer Waage nicht erwarten, denn diese müssen immer reiflich überlegt sein. Bleibt einmal keine Zeit zum Abwägen, fällt ihr spontan nichts ein, dann siegt meist der Wunsch, Konflikten auf bequemste Weise aus dem Weg zu gehen, indem die Angelegenheit einfach vertagt wird. So fehlt es den Waage-Geborenen auf unbewußter Ebene oft an Konsequenz und Tatkraft, denn diese entwickelt sich erst mit zunehmender

Reife, wenn sie gelernt haben, theoretische Überlegungen, Vorstellungen und gedankliche Planspiele auch in die Tat umzusetzen. Und haben sie einmal ein ethisches Wertesystem gefunden, an dem sich ihr Standpunkt festmachen kann, so besitzen auch sie Entschlußkraft und Führungsqualitäten aufgrund ihres vorurteilslosen, offenen, dialogbereiten Verhaltens, ohne den eigenen Standpunkt wieder zu verlieren.

Charakteristisch für Waage-Geborene sind Toleranz und die Bereitschaft zu Ausgleich und Versöhnung. Da sie der äußeren Form mehr Gewicht geben als der Tiefe von Gefühlen, ist die Basis einer erfolgreichen Beziehung meist nicht Emotionalität und Leidenschaft, sondern der Austausch von Interessen und Lebensharmonie, die die Schlüsselnote dieses Zeichens darstellt. Dies zeigt sich meist schon in einem harmonischen Äußeren, aber auch im Verhalten anderen gegenüber, denn Waagen sind vermittelnd im Ausdruck, von verbindlicher Freundlichkeit im Ton und stets um Verständnis mit anderen bemüht. Nie werden sie sich hinreißen lassen, unbequeme Wahrheiten unverblümt auszusprechen, ohne einen versöhnlichen Zwischenton zu finden, denn unversöhnliche Gegensätze scheint es für sie nicht zu geben, weil ihr Denken stets bemüht ist, Gegensätze auszugleichen und das Verbindende zwischen divergierenden Meinungen zu finden. So hat ihr Leben auch meist wenig scharfe Konturen und wenig Kontraste. In ihrem Bemühen, immer den Punkt zu finden, an dem sich Widersprüche auflösen, gleichen sie harte Auseinandersetzungen so weit als möglich aus, und um des »lieben Friedens willen« sind sie auch schon mal bereit, ihre Position zu überdenken oder einfach nachzugeben. Dies mag zuweilen als mangelnde persönliche Note erscheinen, doch es entspricht ihrem Grundbedürfnis, sich situationsgerecht zu verhalten und eine Form zu suchen, die anspricht und allen Beteiligten gerecht wird, denn Waage-Geborene möchten gefallen.

Alle Verhaltensweisen dieses Typus ergeben sich daher aus seinem Bedürfnis nach Ausgeglichenheit, Ausgewogenheit und Harmonie. Waagen besitzen ein ausgeprägtes Gefühl für Ebenmaß und Stil, denn sie haben einen Blick für das Schöne. Meist legen sie großen Wert auf guten Geschmack in Kleidung und Wohnung, und ihr Sinn für Ästhetik, Symmetrie und für das harmonische Abgestimmtsein von Farben und Formen wird in jedem Lebensbereich sichtbar. Denn Schönheit, die wahrer Harmonie entspringt, gehört zu den Grundbedürfnissen ihres Lebens, und die bewußte Anordnung aller Einzelelemente zu einem harmonisch geordneten Ganzen entspricht ihrem Lebensgefühl.

Deshalb geben sie dem Formal-Geordneten, schön Arrangierten auch stets den Vorzug vor dem spontanen individuellen Lebensausdruck. Sie lieben schöne Inszenierungen, die Kunst und das Schauspiel, aber auch das gesellschaftliche Zeremoniell, das die Verhaltensweisen der Menschen untereinander harmonisch regelt und das auch bei kleinsten Anlässen immer wieder durchschimmert. Dieser Sinn für harmonisch-geregelte Beziehungen macht Waage-Geborene zu Meistern der Diplomatie, die selbst in Zeiten größter Bedrängnis stets versuchen, Haltung zu bewahren und die Regeln höflich-gesellschaftlichen Umgangs und einer gepflegten Atmosphäre beizubehalten, um Unausgewogenheiten oder Mißstimmungen weitgehend auszuschließen.

Es liegt nahe, daß dieses Bedürfnis nach Harmonie auch den Hang zum positiven Denken einschließt, das ihrem Leben meist eine heiter-unbeschwerte Note verleiht. Ihr ausgleichendes Denken, das stets die Mitte zwischen den Gegensätzen sucht, kennt keine Einseitigkeit. So sind Licht und Schatten auch untrennbar verbunden und Schwarz-Weiß-Denken eine Unmöglichkeit, weil ihnen nichts eindeutig negativ oder positiv erscheint. Werden einseitige Stellungnahmen geäußert, so wird sich die Waage veranlaßt fühlen, auch die andere Seite zu Wort kommen zu lassen, um den Ausgleich wieder herzustellen, denn sie ist immer bemüht, die relativierende Kraft ihres Denkens einzusetzen, um die Andersartigkeit eines abweichenden Standpunkts zu verstehen. Einseitigkeit und Extremlösungen werden wir bei einer Waage vergebens suchen, denn nicht Konfrontation, sondern Integration ist ihre Devise. Innere Unausgewogenheiten, Divergenzen und Disharmonien werden nicht offen ausgetragen, sondern im Denken gehalten, wo der Schwerpunkt ihres Bewußtseins liegt. Dies erklärt auch ihren Mangel an Spontaneität und ihre Unfähigkeit, Kontraste zu setzen, da jede spontane Entscheidung ein Kontrast und jede Parteinahme eine Abgrenzung der einen Seite gegen die andere ist, was dem Waage-Prinzip aus tiefster Seele widerspricht. Denn nur in der Mitte zwischen den Extremen finden sie sich selbst und gewinnen ihre Sicherheit, die weitgehend von der Umweltharmonie abhängt.

Doch wahre Harmonie entsteht nur durch gerechten Ausgleich zwischen den konkurrierenden persönlichen Interessen und den Interessen der Allgemeinheit. Im Streitfall wird die Entscheidung der Waage-Geborenen eher die Mitte der Divergenzen darstellen, nicht aber das tatsächliche Recht der einen oder anderen Partei, und das bringt ihnen vielfach Mißverständnisse und Enttäuschungen ein, weil sich keine der streitenden Parteien verstanden fühlt. Doch in ihrem Selbstverständnis muß das Recht des Einzelnen in einem ausgewogenen Verhältnis zum Ganzen stehen, was die alleinige Bewertung eines individuellen Standpunkts ausschließt und nur einen fairen Kompromiß zuläßt.

Nicht zufällig ist die Waage deshalb auch das Symbol der Justiz, die dafür Sorge tragen sollte, daß Gerechtigkeit waltet und die Rechte des Einzelnen in einem ausgewogenen Verhältnis zu den Rechten der Allgemeinheit stehen.

Kriterium für Entwicklung
Auf unbewußter Ebene erscheint das Bedürfnis nach Harmonie eher als Gleichgültigkeit und Desinteresse sowie als ein Ausweichen vor unbequemen Konflikten, und der Sinn für Schönheit bleibt meist auf Äußerlichkeiten beschränkt. Harmonie, Schönheit und Gerechtigkeit, die leitenden Prinzipien dieses Zeichens, bleiben daher zunächst nur Wunschvorstellungen bei einem Menschen, der sich noch heiter und unbeschwert durchs Leben treiben läßt, ohne viel nachzudenken und sich höherer geistiger Werte bewußt zu sein. Denn erst mit zunehmender Reife wird der Mensch fähig, den »edlen Mittelweg« zu finden, der den gerechten Ausgleich zwischen Persönlichkeits- und Allgemeininteressen darstellt, und dieser kann nur durch ein ethisches Wertesystem gefunden werden, das als eigentliches Ziel der Waage erscheint.

Stärken und Schwächen der Waage
Die Stärken liegen in der Vermittlung, in der Fähigkeit, Interessenkonflikte und Gegensätze harmonisch auszugleichen und aufgrund des ausgeprägten Sinns für Toleranz, Fairness, Ausgewogenheit und Gerechtigkeit ihre Individualität zugunsten der Gemeinschaft zurückzustellen.

Die Schwächen dieses Zeichens sind Entscheidungsschwierigkeiten und mangelnde Entschlußkraft. Aus Angst vor Sympathieverlust weicht die Waage unangenehmen Dingen und Spannungen gerne aus, und sie neigt zu abwartendem Verhalten, bis Konflikte sich von selber lösen. Das Streben nach Harmonie kann daher leicht zum Selbstzweck werden und zur reinen Förmlichkeit erstarren, woraus sich ein Mangel an echter Auseinandersetzung und Passivität ergibt.

Die drei Entwicklungsebenen in der Waage

Persönliches Bewußtsein:	Exoterischer Herrscher	– Venus
Seelenbewußtsein:	Esoterischer Herrscher	– Uranus
Geistiges Bewußtsein:	Hierarchischer Herrscher	– Saturn

1. Stadium: **Entwicklung der Persönlichkeit**

Zeichenherrscher: **Venus**   *Leitmotiv:* **Individuelles ausgeglichenes Leben**

Zu Beginn der Entwicklung – wenn Venus herrscht – zeigen Waage-Geborene die Tendenz, sich mit schönen Dingen zu umgeben und sich in Äußerlichkeiten zu verlieren. Eitelkeit, ein gewisser oberflächlicher Charme und der Wunsch, sich unbeschwert durchs Leben treiben zu lassen, sind vorherrschend, denn auf dieser Ebene nehmen sie das Leben noch von einer heiteren, problemlosen Seite. Sie lieben das Schöne sowie Zerstreuungen, Beschäftigungen und Aktivitäten, die der reinen Erbauung dienen und kein Engagement verlangen. So ist ihr Verhalten auch durch Passivität und Bequemlichkeit gekennzeichnet, was ein wenig an den unentwickelten Stier-Typus erinnert, der ja auch von Venus beherrscht wird. Doch im Unterschied zum Stier, in dem sich ihr Einfluß stärker als Verhaftung an materielle Wertvorstellungen und Lebensgenuß zeigt, bewirkt die Venus in der Waage die Tendenz, allen harten Auseinandersetzungen auszuweichen. Um Harmonie zu bewahren, geht die Waage allen Streitigkeiten aus dem Weg, nach dem Motto, von ihrem Standpunkt aus haben eben alle recht, und eine Entscheidung zugunsten des einen oder anderen Standpunkts sollte man tunlichst vermeiden. Unentschlossenheit, mangelndes Engagement und Flucht vor Auseinandersetzungen sind auf dieser Ebene daher ebenso typisch wie der Hang zum formalen Arrangement anstelle von Engagement, um keine Dissonanzen zwischen sich und der Umwelt entstehen zu lassen.

Doch mit zunehmender Persönlichkeitsentwicklung wird die Notwendigkeit erkannt, eindeutige Entscheidungen zu treffen und dem abwägenden Denken auch Taten folgen zu lassen. Waage-Geborene bewahren sich aber weiterhin die Fähigkeit, harte Konfrontationen zu vermeiden, da sie stets diplomatisch vorgehen und ihr Bemühen um

Ausgewogenheit auch inmitten von Streit und Dissonanz oberstes Ziel bleibt. Anstelle von Aggression und kämpferisch-engagiertem Handeln, das dem Gegenzeichen Widder entspricht, setzt die Waage-Persönlichkeit zur Durchsetzung ihrer Ziele Eleganz und Diplomatie ein, und sie versteht es, in kleineren Dingen nachzugeben, um größere zu erreichen. Harte Auseinandersetzungen vermeidend, stellt sie den anderen niemals vor vollendete Tatsachen, sondern sie zeigt sich immer kompromißbereit. Nicht selten übernimmt sie die Rolle des Schiedsrichters oder Vermittlers, weil sie die Gabe besitzt, durch Höflichkeit, Zurückhaltung und Abwägen der konkurrierenden Standpunkte eine Lösung zu finden, die allen Seiten gerecht wird. So sind Waagen auch leichter als andere in der Lage, Konflikte zu schlichten und ein harmonisches Miteinander zumindest auf formaler Ebene zu erreichen.

2. *Stadium:* Seelenbewußtsein

Zeichenherrscher: **Uranus**   *Leitmotiv:* **Ausgleich der Gegensatzpaare**

Wenn die Seele deutlicher ins Bewußtsein tritt, beginnt Uranus die Wirkung der Venus zu verstärken. Dies ist der Punkt der Wende, an dem der Waage-Geborene erkennt, daß innere Harmonie und Ausgewogenheit dauerhaft nur durch den Ausgleich der Gegensätze erreicht werden kann, zwischen denen er gefühlsmäßig hin- und herschwankt. Er muß sich der beiden Seiten seines Wesens bewußt werden und den Widerstreit der Interessen zwischen Seele und Persönlichkeit auflösen.

Dadurch beginnt das *Gegensatzpaar Waage-Widder* sich anzunähern, und der Mensch begreift, daß er die Mitte finden muß zwischen den geistigen Impulsen der Seele, die ausschließlich Gruppeninteressen dient, und den Zielen der Persönlichkeit, bei der das Eigeninteresse im Vordergrund steht. So lernt er durch sorgfältiges Abwägen seiner Wertvorstellungen, die sich zunehmend an der Wirklichkeit der Seele orientieren, die inneren Gegensätze auszugleichen und im Handeln zu vereinen. Denn Uranus bewirkt eine Neu-Orientierung im Leben der Waage, sobald sie sich von Äußerlichkeiten und materiellen Wünschen abwendet, um zu geistiger Erkenntnis zu gelangen. Es ist der Punkt, an dem ein Mensch zu begreifen beginnt, daß die beiden Seiten seines Wesens sich im Prinzip gleichen und daß das Niedere stets nur die Spiegelung des Höheren ist. Dadurch verliert der oberflächliche äußere Schein des Schönen seinen Glanz und seine Anziehungskraft, und der Waage-Geborene erreicht Harmonie und inneres Gleichgewicht, weil er sich entschieden hat, sein Leben an geistigen Werten zu orientieren und seine Gedanken auch in Handeln und Aktivität umzusetzen.

3. Stadium: **Geistiger Mensch**

Zeichenherrscher: **Saturn**   *Leitmotiv:* **Ausgleichende Gerechtigkeit**

Wenn Saturn auf hierarchischer Ebene herrscht, ist das *Gegensatzpaar Waage-Widder* im Bewußtsein verschmolzen. Nun erlebt sich der geistig erwachte Mensch als Teil der Menschheit und wird zum Sachwalter und Bürgen von Gesetz und Gerechtigkeit, da er weiß, daß sie allein in der Lage sind, Harmonie und Schönheit in der Welt herzustellen. Entschlossen tritt er jedem Unrecht entgegen, doch ohne die eigene Friedfertigkeit und die innere Balance wieder zu verlieren, weil sein eigenes Leben durch Selbstbeherrschung, Liebe und Selbstlosigkeit gekennzeichnet ist. Er hat erkannt, daß Gerechtigkeit ein Grundprinzip des Kosmos ist und durch das Karma-Gesetz auf die Menschheit einwirkt, die jedes Unrecht selbst wieder ausgleichen muß, bis die beiden Waagschalen vollkommen ausgeglichen sind. So ist Gerechtigkeit – das Grundprinzip des Lebens – auch nicht in einem Leben erkennbar, sondern nur, wenn man die vielen Reinkarnationen der Seele in ihrer Gesamtheit betrachtet.

Die esoterische Bedeutung des Waagezeichens

Symbol: ♎ Die Waage als Zeichen der Gerechtigkeit und des Ausgleichs.

Bedeutung: Das Ausbalancieren der beiden Kräfte Geist und Materie, die nur in der Mitte wirklich ausgeglichen sind.

Lichtqualität: Das Licht, das sich zur Ruhe begibt.

> *»Das ist das Licht, das hin und her schwankt bis ein Gleichgewichtspunkt erreicht ist. Es ist das Licht, das durch eine Auf- und Abbewegung gekennzeichnet ist.«*
>
> Alice Bailey

Die Waage beherrscht den »Pfad der Wahl«, auf dem die Entscheidung getroffen werden muß zwischen einem weiteren Leben der Persönlichkeit oder der Hinwendung zur Seele. In diesem Zeichen macht der Mensch die individuelle Erfahrung eines ausgeglichenen Lebens, in dem sich die Waagschalen in der einen oder anderen Richtung senken. Dies bedeutet die Entscheidung zwischen einem eher bequemen Leben, in dem man sich von Instinkten und Gewohnheiten leiten läßt, oder einem selbstgelenkten Leben, in dem eine Entscheidung bewußt durch kritisches Nachdenken und Abwägen der verschiedenen Wege getroffen wird, die einem Menschen in einer Inkarnation offenstehen.

Esoterisch betrachtet ist die Waage der »Ort des Gerichts«, wo der Mensch entscheidet, wohin die Waagschalen sich neigen sollen. Daraus entsteht die seltsame Schaukelerfahrung zwischen dem geistigen und dem persönlichen Ich, zwischen persönlichem Verlangen und spirituellem Streben, die er durch bewußte Wahl in der einen oder anderen Richtung zum Ruhepunkt bringen muß. Denn eine Wahl, die durch kritische Überlegung getroffen wurde, ist von grundlegendem Wert in der Entwicklung des Menschen. Bringt sie doch die Erfahrung, daß jede Entscheidung ihre Folgen hat, eine Erkenntnis, die in der Esoterik als das »Gesetz des Karma« bekannt ist. Dieses Gesetz, dem jeder Mensch unterliegt, bringt Ursache und Wirkung einer Handlung in Beziehung und sorgt auf diese Weise für Ausgleich und Gerechtigkeit.

So geht es im Waagezeichen auch um die Werte des Lebens, die der Einzelne zum Maßstab für sein Handeln macht. Er soll sich der persönlichen Verantwortung bewußt werden, die er für sich, aber auch für seine Umwelt hat, indem sein Handeln entweder von Egoismus oder von Gemeinsinn bestimmt wird. Da die Wahrheit aber im allgemeinen in der Mitte zwischen den Gegensätzen liegt, muß in diesem Zeichen jeweils der Punkt gefunden werden, an dem geistige und materielle Interessen oder persönliche und gemeinschaftliche Gesichtspunkte sich die Waage halten. Denn nur an diesem Punkt sind die Waagschalen ausgeglichen, und ein Gefühl der Sicherheit und inneren Ruhe stellt sich ein.

Das Ziel der Waage
ist es, ein Gleichgewicht herzustellen zwischen der physischen Natur des eigenen Körpers und der geistigen Natur der Seele, um so zu vollkommener Harmonie mit sich selbst und der Umwelt zu gelangen. Um wahre Harmonie zu erreichen, müssen die Gegensatzpaare auf der Gefühlsebene erkannt werden, die ihr Bewußtsein zwischen Seele und Körper hin- und herpendeln lassen und eine illusionäre Gefühlswelt schaffen, die zunächst ihre Wertvorstellungen bestimmt. Um diese Gefühlsgegensätze als Illusion zu enttarnen, ist es notwendig, ein Empfinden für echte Werte zu entwickeln und durch ein unterscheidendes, analytisches Denken die »Wogen der Emotionen« zu glätten, die den Blick für die Wirklichkeit verstellen.

Auf dem Weg zu Harmonie lassen sich drei Entwicklungsschritte erkennen:
1. Der Versuch, ein friedliches und beschauliches Leben zu führen, ohne sich auf Konflikte mit anderen Menschen einzulassen.
2. Der faire Ausgleich im Konflikt mit anderen durch Objektivierung des eigenen Standpunkts und Berücksichtigung der Gefühle und Interessen anderer.
3. Die bewußte Entscheidung für den geistigen Weg der Selbstlosigkeit, um friedliche und gerechte Beziehungen mit anderen zu erreichen.

Diese drei Schritte, die zu Ausgleich und Gerechtigkeit führen, sind esoterisch gesehen auch die Grundlage wahrer Gesetzgebung und Gerichtsbarkeit, die vom Tierkreiszeichen Waage beherrscht werden.

Der Schlüssel zur Transformation
Der Fortschritt im Zeichen Waage erfolgt durch Erkennen der Tatsache, daß die Wahrheit stets in der Mitte zwischen den Gegensätzen liegt, denn die scheinbaren Gegensätze der Welt wie Liebe und Haß, Freude und Trauer, Leben und Tod sind im Licht der Seele betrachtet nur die zwei Seiten einer Medaille, die unser Ich-Bewußtsein als Gegensätze wahrnimmt. Um Wahrheit zu erkennen, die als Maßstab für bewußte Entscheidungen im Leben dienen soll, ist es notwendig, die Gegensätze, die sich vor allem im Bereich der Gefühle und Emotionen zeigen, als Illusion zu erkennen und auszugleichen, um den goldenen

Mittelweg zu finden, der allein wahre Harmonie und Ausgeglichenheit bringen kann. Der ideale Standort der Waage ist daher stets die »sensible Mitte«, der Ort, wo Seele und Körper in vollkommenem Gleichgewicht sind und in gemeinsamem Handeln Ausdruck finden, was Extreme jeder Art ausschließt.

Die beiden Schlüsselworte für die Waage nach Alice Bailey
Persönlichkeit: »Es werde eine Wahl getroffen.«
Seele: »Ich wähle den Weg, der zwischen den beiden großen Kraftlinien dahinführt.«

Skorpion

23. Oktober – 22. November
210–240 Grad im Tierkreis
Element: Wasser
Fixes, weibliches Zeichen

Skorpion-Prinzip: Transformation, Tod des Ego, Seelenherrschaft

Die achte Phase des Tierkreises
Dem betonten Harmoniestreben der Waage folgt noch einmal ein Aufbrechen der Gegensätze zwischen dem Machtstreben der Persönlichkeit und dem Willen der Seele, die hier in einem inneren Kampf ausgetragen werden. Denn Skorpion ist das Zeichen der Wandlung und Neuorientierung, aber auch der Prüfungen, in dem die Abweichungen des persönlichen Verhaltens vom geistigen Urbild korrigiert werden müssen, um Seelenstärke und die Transformation des eigenen Wesens zu erreichen.

Typische Verhaltensmerkmale
Der Skorpion-Geborene ist ein hintergründiger, nicht leicht zu durchschauender Mensch. Hinter einem nach außen eher verhalten wirkenden Temperament verbergen sich oft intensive Leidenschaften und Spannungen, die nur eines geringen Anlasses bedürfen, um aufzubrechen. Heitere Gelassenheit ist ihm eher fremd; er ist streitbar bis umstritten und selten ausgeglichen. Sein Leben ist von einer inneren Zerrissenheit gekennzeichnet, deren Motive zunächst im Dunkeln bleiben. Denn in diesem Zeichen werden dem Ego Grenzen gesetzt, um das Bewußtsein für die geistige Dimension seines Wesens zu öffnen. So stellt Skorpion immer einen Wendepunkt im Leben dar, an dem die Losung »Umkehr« heißt. Der Lebensgenuß, die naive Daseinsfreude, die im Stier entwickelt wurden, sollen nun einem inneren seelischen Entwicklungsprozeß weichen. Weil dies einem Menschen zunächst aber nicht einsichtig ist, ist das Leben des Skorpion-Geborenen oft von inneren Auseinandersetzungen und Krisen gekennzeichnet, die ihm bewußt machen sollen, daß der persönliche Leistungsehrgeiz zugunsten einer liebevollen Verbundenheit mit anderen aufgegeben werden muß.

Doch dazu ist ein Mensch, solange er sich seiner wahren geistigen Natur noch nicht bewußt ist, natürlich nicht so ohne weiteres bereit. So gleicht das Leben des Skorpion-Typus auf unbewußter Ebene auch einem Kampfplatz der Gefühle und Leidenschaften, die er zu verbergen sucht, um nicht verletzt oder in seinem tiefsten Inneren erkannt zu werden. Der Kontakt zu seinen Mitmenschen ist meist wenig offen; er verfolgt das Geschehen um sich herum aus einer sicheren Distanz, um für jeden Angriff gewappnet zu sein. Lange Zeit hindurch versucht er, die eigenen Schwächen zu verdrängen, da sie seiner Vorstellung von sich selbst widersprechen, die Perfektion verlangt und sich zunächst nicht an der Realität, sondern an überhöhten Leitbildern orientiert.

Die nach außen gezeigte Gefaßtheit und Haltung, mit der der Skorpion versucht, sein leichtes Gekränktsein und seine Emotionen zu verbergen, ist daher nicht von Dauer, und wer von außen daran rührt, ist vor Überraschungen nicht sicher. Denn hinter dieser Fassade werden Gefühle oft zurückgehalten und verdrängt, solange er sich seines wahren Wesens noch nicht bewußt ist. Um sich der Kritik anderer nicht auszusetzen, neigt er dazu, die Zwiespältigkeiten und Unausgewogenheiten seines Gefühlslebens sowie seiner tiefen Emotionen auf seine Umgebung zu übertragen, die ihm als Projektionsfläche für seine inneren Kämpfe dient. Und diese starken inneren Spannungen und gestauten Emotionen lösen sich in periodisch auftretenden seelischen Krisen, die im Privaten ausgetragen werden, um dem eigenen Image nicht zu schaden.

Der Skorpion neigt zu Vor-Urteilen, denn er hat von allem eine feste Vorstellung, die sich meist aus der eigenen »(v)erdichteten« Welt seiner Gedanken und Gefühle gestaltet, die aus der Vergangenheit stammen. Und diese erscheinen ihm oft wirklicher und richtiger als die objektive Realität, der er gerne zu entfliehen sucht, weil sie seinem Selbstbild nicht zu entsprechen scheint. Getreu dem Motto »was nicht sein darf, kann nicht sein« unterliegt der Skorpion-Geborene auch immer wieder der Versuchung, seine Wahrnehmung der Welt an die eigenen Vorstellungen und Ideen anzupassen und sein Leitbild zum Maßstab für andere zu machen. Er hat Vorstellungen von Menschen wie von Abläufen, und wenn es im Leben zu lebendigen Abweichungen kommt, ist er irritiert. Denn jede Abweichung von gewohnheitsmäßigen rituellen Tagesabläufen rüttelt an den Grundfesten seines Weltbildes, das er eisern verteidigt, weil Gewohnheit Sicherheit gibt. Dieses Festhalten an alten liebgewordenen Gewohnheiten und gewohnten Denkstrukturen macht das Leiden dieses Zeichens aus, das Veränderung erzwingt, auch gegen den erbitterten inneren Widerstand des Menschen, der diesen »Stirb-und-Werde-Prozeß« noch nicht begreift.

So bleiben die Motive seines Handelns auch oft im Dunkeln, denn solange sein Selbstbewußtsein noch schwach ist, neigt er dazu, die »Abgründe des Lebens« zu verdrängen und vor anderen zu verbergen. Gleichzeitig stellen sie für ihn aber auch eine eigenartige Faszination dar, denn er ist ein Mensch, der »hinter die Dinge« blicken will. Es reizt ihn, alles Unentdeckte, Dunkle, in der Tiefe des eigenen Wesens Verborgene zu ergründen, weil er Macht gewinnen will über sich selbst und das Leben. Doch diese Macht, die er erstrebt, muß in diesem Zeichen durch Transformation erkämpft werden.

Das Thema seines Lebens liegt daher auch im Spannungsgefälle Macht-Ohnmacht, das deutlich empfunden wird und sein zeitweiliges Leiden ausmacht, denn die Macht, die er erstrebt, ist nur von Dauer, wenn sie von einem inneren Wachstum begleitet ist. Und weil dies Konsequenz, Kampf, Opfer und Veränderung erfordert, ist das Leben des Skorpion selten ohne Spannungen, Konflikte und Krisen, die Höhen und Tiefen, aber auch häufige Dissonanzen mit der Umwelt zur Folge haben. Führen ihn die emotionale Unausgewogenheit und die unausgesprochenen inneren Konflikte, die ständig nach Entladung drängen, doch instinktiv dorthin, wo sich Konflikte austragen lassen.  Er fordert sie unbewußt geradezu heraus, um Aggressivität oder (Sexual-)Spannungen abzureagieren, obwohl er meist das Gefühl hat, daß diese Konflikte von außen an ihn herangetragen werden. Denn äußerst empfindlich und reizbar durch Bemerkungen aus der Umwelt, sind seine Reaktionen zuweilen überscharf und unangemessen. Er fühlt sich schnell angegriffen, weil seine Neigung zu gedanklicher Fixierung innere Leitbilder und Gedankenmuster schafft, die mit der äußeren Realität nicht immer übereinstimmen. Dies erzeugt Täuschungen und Illusionen und führt zu Schwierigkeiten mit Mitmenschen und zu Projektionen eigener Vorstellungen und Handlungen auf andere, bis er erkennt, daß er selbst der Urheber seiner Konflikte ist.

Doch diese Erkenntnis braucht Zeit. Ausgeglichenheit oder Maßhalten sind daher auch lange Zeit Fremdworte für den Skorpion. Sein Prinzip ist das Alles oder Nichts, nur das Absolute befriedigt, und so pendelt sein Leben auch immer wieder zwischen den Extremen. Er neigt zu Exzessen, Übertreibungen und Überforderungen, und der Wunsch, sich auszuleben, kann unvermittelt ins Gegenteil umschlagen. Dieses immer wieder auftretende Unmaß in allen Bereichen des Lebens ist Ausdruck von einerseits verlorengegangenen und anderererseits gesuchten Maßstäben, die dem Leben eine klare Richtung geben. Er sehnt sich nach beherrschter, diszipliniener und prinzipieller Konsequenz des Handelns; er möchte sich über die Niederungen des Lebens erheben, um »vom im Staube kriechenden Skorpion zum Adler« zu werden, der sich in die Lüfte erhebt. Doch das tägliche Leben beweist ihm immer wieder, wie vieles ihn noch an die Erde bindet. So ist sein Leben auch meist recht bewegt, spannungsreich und nur selten ohne Schicksalsschläge, denn das Loslassen liebgewordener Gewohnheiten und eingefahrener Verhaltensmuster fällt gerade in diesem Zeichen schwer, das am stärksten auf die Vergangenheit ausgerichtet ist und dennoch eine Veränderung des Verhaltens erzwingt.

Der Skorpion ist ein Mensch einsamer Entschlüsse, der wenig Neigung zeigt, anderen die Beweggründe seines Handelns mitzuteilen oder sie um Rat zu fragen. Der Kampf, das Ringen um eine Entscheidung tritt nicht an die Oberfläche, er findet im Inneren statt, und wenn eine Entscheidung einmal getroffen wurde, ist sie umso grundsätzlicher und unwiderruflicher. Denn hartnäckig im Verfolgen seiner Ziele setzt er durch, was er sich vorgenommen hat, auch gegen den Widerstand aller anderen. Er hat den Hang zur Perfektion, er neigt zu Leistungsehrgeiz und Unnachgiebigkeit bis hin zu Fanatismus, und eine Idee, von der er überzeugt ist, wird er missionarisch und konsequent vertreten, ohne Rücksicht auf sich und andere. Er ist ein äußerst eigenwilliger Mensch, der unbeirrbar an seinen Vorstellungen und Meinungen festhält und diese auf seine Umwelt zu übertragen versucht. So erweist sich jeder Versuch, ihm einen neuen ungewohnten Standpunkt zu vermitteln, auch als äußerst schwierig und erfordert außergewöhnliche Geduld, um die »Mauer seiner eigenen Gedanken« zu durchbrechen, die er mit aller Kraft und Leidenschaftlichkeit verteidigt.

Die starke Eigenwilligkeit des Skorpion-Geborenen läßt aber häufig zu wenig erkennen, wie sehr die Gemeinschaft Kraftquelle und Prüffeld für ihn ist, denn die Umwandlung der egozentrischen Wünsche und Vorstellungen in ein soziales Verhalten ist die zentrale Aufgabe dieses Zeichens. Skorpione sind daher sehr empfänglich für die emotionalen Energien ihrer Mitwelt, sie saugen sie förmlich auf, um sie, je nach Entwicklungsstufe, verwandelt oder durch eigene Emotionen verstärkt zurückzugeben. Ihre Emotionen müssen sich in Liebe und Mitgefühl verwandeln, und solange dies nicht erreicht wurde, ist der Skorpion-Typus ein in sich gespaltener, wenig ausgeglichener Mensch.

Überdies wird wohl in keinem anderen Prinzip die Sexualität so ambivalent erfahren wie in diesem, da trotz starker sexueller Triebkraft unterschwellig oft der Wunsch vorhanden ist, sich durch Verzicht aus ihrem Bann zu lösen. Denn die Transformation des Menschen vollzieht sich ja primär durch die Umwandlung seiner Triebkräfte in geistige Energien. Und dies ist es, was den Skorpion häufig unbewußt veranlaßt, sich Lebenssituationen oder Partner zu suchen, die ihm das Ausleben der Sexualität erschweren, um auf diese Weise offener zu werden für die transzendentalen Ebenen des Seins, die sein eigentliches Ziel sind.

Da diese Transformation aber nicht leicht zu erreichen ist und meist nicht freiwillig erfolgt, bedarf es nicht selten einer Krankheit oder anderer dramatischer Lebenskrisen, um den Eigensinn des Skorpion-Geborenen zu erschüttern und ihn in seine »karmisch-bedingten Schranken« zu verweisen. Das Gefühl, ein ohnmächtiges Opfer von widrigen Umständen zu sein, wird deshalb häufig erlebt und erlitten, und gegen dieses Leiden lehnt er sich mit ganzer Kraft und Leidenschaftlichkeit auf bis hin zur Selbstzerstörung, wenn Triebkräfte nicht transformiert wurden und sich durch Unterdrückung gegen die eigene Person richten.

Kriterium für Entwicklung

Die emotionale Destruktivität, die auf unbewußter Ebene häufig aus Unzufriedenheit und Frustration entsteht, verliert sich, wenn der Skorpion-Geborene erkennt, daß sein Kampf gegen sich und andere ein Scheingefecht ist. Denn in Wahrheit ist es ja nur der Kampf mit den eigenen Triebkräften und mit den »Abgründen des eigenen Unterbewußtseins«, der nur endet, wenn er sich der Eigenverantwortung bewußt wird, die er für seine Lebensgestaltung hat.

Erst wenn er ein gewisses Maß an Demut und Liebe, aber auch an Opferbereitschaft gewonnen hat, verliert sich das Gefühl, ein Gefangener im Leben zu sein, und er wird empfänglich für die Einsicht, daß Transformation nur durch Loslösung möglich ist. Und wenn er schließlich die schöpferische Kraft des Denkens entdeckt, mit der er sich entweder sein eigenes Gefängnis baut oder aber Befreiung erlangt, erreicht er Ruhe und Gelassenheit. Denn wer nur Entladung von Spannungen, nur ein »Abreagieren« von Emotionen sucht, wird stets das Gefühl haben, ein Opfer von Umständen zu sein. Doch sobald er gelernt hat, das Denken in positiver und konstruktiver Weise für die schöpferische Gestaltung seines Alltags einzusetzen, anstatt sich durch destruktives Denken immer wieder selbst Steine in den Weg zu legen, tritt eine entscheidende Wende in seinem Leben ein, die ihm die Kraft und Stärke verleiht, all seine Schwierigkeiten zu meistern.

Stärken und Schwächen des Skorpion
Seine Stärken liegen in der Konsequenz, dem eigenen Willen und der Unnachgiebigkeit, mit der er seine Grundsätze und Überzeugungen verfolgt. Er zeigt große Beharrlichkeit bei schwierigen Aufgaben, denn Zähigkeit und Unbeirrbarkeit sind seine hervorstechendsten Eigenschaften. Überdies besitzt er eine unübertroffene Regenerationskraft sowie Kampfgeist, mit dem er allen Widerständen trotzt, die sich ihm entgegenstellen und seine Entwicklung hemmen.

Die Schwächen dieses Zeichens sind mangelnde Flexibilität, ein Bedürfnis nach Macht sowie große Verletzlichkeit, Trotz und Selbstmitleid, was Skorpione lange Zeit hindert, sich mit den eigenen Schwächen und Unzulänglichkeiten zu konfrontieren. Sie neigen dazu, Gefühle zu verdrängen und sind daher äußerst empfindlich und leicht gekränkt. Sind sie ernsthaft verletzt, fordern sie Vergeltung oder reagieren mit Härte und Sarkasmus, da es ihnen schwerfällt zu vergessen und zu verzeihen. Gefangen in ihren eigenen Vorstellungen, sind sie oft intolerant und fanatisch, denn sie haben große Schwierigkeiten, sich in andere Menschen einzufühlen und sie zu verstehen.

Die drei Entwicklungsebenen im Skorpion

Persönliches Bewußtsein:	Exoterischer Herrscher	– Mars (Pluto)
Seelenbewußtsein:	Esoterischer Herrscher	– Mars
Geistiges Bewußtsein:	Hierarchischer Herrscher	– Merkur

1. Stadium: **Entwicklung der Persönlichkeit**

Zeichenherrscher: **Mars**   *Leitmotiv:* **Vorstellungsgebundenheit**
           (Pluto)

Zu Beginn der Entwicklung ist der Skorpion-Typus ein Gefangener seiner eigenen Vorstellungswelt. Seine Selbstwahrnehmung ist noch nicht sehr zuverlässig, und so gleicht er oft dem Don Quichote, der gegen Windmühlen kämpft, die er in seiner Selbsttäuschung für Feinde hält. Denn Mars, der Stärke, Mut und Kampfgeist verleiht, wird auf unbewußter Ebene nach außen gerichtet auf ein selbstgeschaffenes Feindbild, auf das die inneren Konflikte projiziert werden können, um die eigenen Schwächen zu verdrängen. So ist das Verhalten des Skorpion auch meist gekennzeichnet durch (fanatisches) Festhalten an den eigenen Überzeugungen, Intoleranz und mangelndes Verständnis für die Ansichten und das Selbstverständnis anderer. Harmonische Beziehungen sind auf dieser Ebene schwer zu erreichen, denn die eigenen Probleme werden meist unter den Teppich gekehrt oder auf Mitmenschen projiziert, die der Skorpion-Typus in seiner mangelnden Selbstwahrnehmung für seine Konflikte und Probleme verantwortlich macht. So fühlt er sich auch häufig angegriffen und vom Leben betrogen, denn während er sich abmüht und unablässig kämpft, um nur ja nicht den sicheren Boden unter den Füßen zu verlieren, muß er ohnmächtig zuschauen, wie andere sich leichtfüßig durchs Leben treiben lassen. Diese scheinbare Ohnmacht und anfängliche Unfähigkeit, aus Fehlern zu lernen, bewirkt Mißstimmungen bis hin zu Zeiten tiefster Depression sowie Selbstmitleid, da er in seiner Umwelt immer wieder an Grenzen stößt, die er nicht akzeptieren will und die seinen Eigenwert und seinen Stolz empfindlich treffen. Und ist er verletzt, sinnt er in seiner Hilflosigkeit und mangelnden Liebesfähigkeit, die durch Ehrgeiz und Egoismus überlagert sind, nicht selten auf Rache, um sich für die empfundenen Kränkungen und Verletzungen zu entschädigen.

Doch mit zunehmender Persönlichkeitsentwicklung wird die Macht des Denkens verspürt, die die Gefühle in den Hintergrund drängt. Nun wird die Wirkung des Pluto stärker wahrnehmbar, der den Menschen in seine Schranken verweist und ihn spüren läßt, wie vergeblich es ist, sich gegen das Schicksal aufzulehnen. Auf diese Weise lernt er, Grenzen zu akzeptieren, doch gleichzeitig seine mentale Kraft zu nutzen, um über die eigenen Grenzen zu gehen und diese zu erweitern. Er beginnt, sich den Herausforderungen des Lebens zu stellen, seine Macht zu erproben und immer wieder Grenzsituationen zu suchen, die ihm die Möglichkeit geben, seine Widerstandskraft, seinen Mut und seine innere Stärke zu testen. So erweist sich die Skorpion-Persönlichkeit als zäher, ausdauernder Kämpfer, der keine Schwierigkeiten scheut, um die eigene Leistung und Stärke unter Beweis zu stellen und allen Widerständen zum Trotz das zu erreichen, was er will.

2. Stadium: Seelenbewußtsein

Zeichenherrscher: **Mars**   *Leitmotiv:* **Tod des »kleinen Ich« zugunsten des Selbst**

Wenn die Seele deutlicher ins Bewußtsein tritt, verlagert sich die Wirkung des Mars nach innen. Sein Kampf, seine Leidenschaft und seine erworbene Stärke richten sich nun darauf, die alten Gefühlsmuster und trennenden, auf die eigenen Interessen begrenzten Gedanken zu zerstören. Er erkennt die Sinnlosigkeit egoistischen Handelns und ist bereit, aktiv zu kämpfen, um seine niedere emotionale Natur zu beherrschen und die Begierde zu überwinden, die ihn abhängig macht.

In diesem Stadium beginnt das *Gegensatzpaar Skorpion-Stier* sich anzunähern, und damit fällt Licht auf die Probleme des Lebens. Nun wird sich der Skorpion bewußt, daß er sein Denken nutzen muß, um die eigenen Schwächen und Unzulänglichkeiten durch selbstkritische Reflexion zu erkennen und zu überwinden. Er begreift, daß sein Leben nicht durch äußere Umstände bestimmt wird, sondern daß er mit seinen Gedanken die Situationen seines eigenen Lebens selbst erschafft. Mit zunehmender Deutlichkeit erkennt er, daß sich seine Befreiung nur im Denken vollziehen kann, da es die Kraft des Denkens ist, die ihn entweder in Abhängigkeit von Begierden, Wünschen und Emotionen festhält oder aber die Befreiung von diesen irdischen Fesseln ermöglicht. Seine Hingabe und sein Streben richten sich nun darauf, die Transformation der emotionalen Triebkräfte in geistige Kräfte zu erreichen, um innerlich frei zu werden. Und in dem Maße, wie ihm dies gelingt, betritt er den »Geistigen Pfad«, der ihn in seiner Entwicklung vorantreibt und sein ganzes Streben bestimmt. Dadurch wird ihm die seelische Verbundenheit mit seinen Mitmenschen bewußt, und er erkennt, daß er einer von vielen ist, die sich abmühen und kämpfen wie er, um ins Licht zu kommen und das eigene Wesen zu transformieren.

3. Stadium: Geistiger Mensch

Zeichenherrscher: **Merkur**   *Leitmotiv:* **Jüngerschaft**

Wenn Merkur auf hierarchischer Ebene herrscht, hat der geistig erwachte Mensch das *Gegensatzpaar Skorpion-Stier* im Bewußtsein verschmolzen. Mars, der den äußeren Kampf und das innere Ringen um die Vorherrschaft der Seele lange Zeit bestimmt hat, ist nun dem erleuchteten Denken gewichen, das den Menschen mit seinem wahren geistigen Ich verbindet. Nun haben materielle und emotionale Bedürfnisse keine Anziehungskraft mehr für den, der die Begierde der niederen Persönlichkeit überwunden hat und das »Licht des Geistigen Pfades« erblickt. Ungeachtet der Schwierigkeiten und Mühen, die es dem Menschen abverlangt, ist er nun entschlossen, diesem Pfad zu folgen und den Menschen als Vorbild und Führung zu dienen, die noch nicht in der Lage sind, dieses Licht zu sehen. Denn wer sich seines Höheren Selbst wirklich bewußt ist, läßt sich von den vielfältigen Formen materiellen Lebens nicht mehr blenden, die nichts als ein Schatten des Wirklichen sind.

Die esoterische Bedeutung des Skorpionzeichens

Symbol: ♏ Der Stachel des Skorpion.

Bedeutung: Dieses Zeichen weist auf die dreifache Persönlichkeit hin und zeigt die gefährliche Natur des Menschen, die sich nicht gewandelt hat und verletzt. Der geläuterte geistige Skorpion wird als Adler dargestellt.

Lichtqualität: Das Licht des Tages.

> *»Dies ist der Ort, wo drei Lichter sich begegnen – das Licht der Form, das Licht der Seele und das Licht des Lebens. Sie begegnen sich; sie verschmelzen; sie nehmen zu an Intensität.«*
>
> Alice Bailey

Skorpion stellt immer einen Wendepunkt im Leben eines Menschen dar. Es ist das Zeichen der Erprobungen und Prüfungen, denn bevor der Mensch eine »Einweihung« erreichen kann, muß er sich von seiner »alten Persönlichkeit« trennen, die ihn lange Zeit hindurch gefangenhielt und blind machte für die eigene innere Wirklichkeit der Seele. Skorpion ist daher das Zeichen heftiger innerer Kämpfe zwischen Seele und Persönlichkeit.

»In diesem Zeichen wird die Persönlichkeit erniedrigt und muß sich mit der Seele auseinandersetzen; sie wird okkult ›getötet‹, um wiedererweckt zu werden als Diener der Seele.«
Alice Bailey

Dieser Kampf ist hart und langwierig, und solange die Persönlichkeit eigenmächtigen Zielen folgt, wird das Gefühl der Ohnmacht schmerzhaft empfunden, denn der Skorpion lebt ständig aus der Erinnerung, und diese ist – verbunden mit der Fähigkeit der Imagination – eine schöpferische Kraft. So schafft er sich kraft seiner eigenen Gedanken die Situationen vergangener Leben immer wieder neu, um daran zu überprüfen, wie stark er noch an persönliche Wünsche und vergangene Erlebnisinhalte gebunden ist, die in diesem Zeichen aufgegeben werden müssen, obwohl er sie mit aller Kraft festzuhalten versucht. Die Angst, vor dem Nichts zu stehen, ist groß, und sie wird meist erst in dramatischen Krisen überwunden, wenn der Skorpion-Geborene mit dem Rücken zur Wand steht und es wirklich keinen anderen Ausweg mehr gibt. Krisen sind daher unvermeidlich, und sie sind umso heftiger, je weiter das eigene Denken und Verhalten sich von der inneren Wirklichkeit entfernt hat. So scheint das Leben bei unbewußten Menschen auch von häufigen Schicksalsschlägen bestimmt zu sein, denen sie als wehrloses Opfer gegenüberstehen. Denn erst auf fortgeschrittener Stufe gelangt der Skorpion allmählich zu der Erkenntnis, daß seine Lebenskrisen in ständigen Wiederholungen bestehen, die so lange anhalten, bis er die Ursache seiner Konflikte erkannt hat und sein Verhalten den Zielen der Seele anpaßt.

Das Ziel des Skorpion
ist die Befreiung von der illusionären Wahrnehmung, mit der er lange Zeit hindurch die eigene Bedeutung überschätzt. So sind die Prüfungen auch nichts anderes als »karmisch-bedingte« Lebensumstände, die den Menschen zwingen, sich durch ständige Wiederholung und Neuorientierung von einer falschen Persönlichkeitsorientierung, dem »Hüter der Schwelle«, zu befreien, der dem Menschen lange Zeit den Weg ins Licht der Seele versperrt.

Diese Prüfungen erstrecken sich über viele Inkarnationen, und in jedem Skorpion-Leben wird ein Mensch erneut mit seinem »Hüter der Schwelle« konfrontiert. Dieser umfaßt die Summe aller negativen Persönlichkeitsmerkmale, die er in der Vergangenheit erworben hat und die ihn hindern, die Wirklichkeit zu erkennen, so wie sie ist.

Es sind jeweils drei Prüfungen auf den drei Ebenen der materiellen Existenz, die eine Entsprechung zu den drei Aspekten des Menschen haben:
- Auf der *physischen Ebene* zeigt sich der »Hüter der Schwelle« in einer übertriebenen Betonung der Sexualität, einem auf egoistische Weise erreichten Lebenskomfort und einem Horten von Geld für eigene materielle Bedürfnisse.
- Auf der *Astralebene* sind Furcht, Haß und Ehrgeiz das größte Hindernis für Seelenentwicklung, die alle Aktivitäten, Beziehungen und Ziele des Lebens bestimmen.
- Auf der *Mentalebene* sind Stolz, Egozentrik und Hartherzigkeit als Verhärtungen des Intellekts die letzten zu überwindenden Hindernisse, weil sie wahre Gruppenbeziehungen verhindern.

Es sind also neun Charakterfehler, die überwunden und als nichtexistent bewiesen werden müssen, bevor ein Mensch zum »Tor der Einweihung« gelangt, denn 9 ist die Zahl des Eingeweihten oder des vollkommenen Menschen. Um diese Hindernisse zu überwinden, muß das Denken im Skorpion zur höchsten Wirksamkeit gebracht werden, denn nur ein geschultes klares Denken kann den Menschen aus der Unwirklichkeit seiner Gefühlswelt und seiner machtvollen emotionalen Natur in die Lichtwelt der Seele führen und ihn aus seiner illusionären Vorstellung vom eigenen Selbst befreien.

Die »Ent-Täuschung« ist daher zugleich der Weg und das Ziel dieses Zeichens. Diese erfolgt in drei Stufen:
1. Durch Entwicklung des Intellekts lernt der Skorpion, seine machtvolle emotionale Natur, seine niederen Wünsche und seine Aggressivität zu beherrschen und sich auf der physischen Ebene zu behaupten.
2. Der Intellekt wird erleuchtet durch das Licht der Seele, das wie ein »Scheinwerfer auf die Welt der Gefühle« gerichtet wird, um Verblendung und Illusion zu zerstreuen, die das Wesen der Astralebene sind.
3. Das Bewußtsein ist nun auf der Mentalebene zentriert, und das Denken wird genutzt, um richtige und harmonische Beziehungen mit der Seele und der Umwelt herzustellen, denn diese Fähigkeit bildet die Voraussetzung für eine geistige Entwicklung.

Der Schlüssel zur Transformation
Das Hauptproblem des Skorpion-Menschen ist seine Eigenwilligkeit, seine Egozentrik und sein Bedürfnis nach Macht, die aufgegeben werden müssen, bevor die Seele ihren Einfluß geltend machen kann. Er muß sein Denken grundlegend ändern, um seine Verblendungen und irrationalen Vorstellungen zu zerstreuen. Erst wenn er erkennt, daß die Ursachen für seine Schwierigkeiten und sein zeitweiliges Versagen bei ihm selbst liegen, und er aufhört, äußere Umstände dafür verantwortlich zu machen, wird er auch die nötige Stärke besitzen, um sich endgültig aus dem Bann und der Herrschaft seines »kleinen Ich« zu befreien, das allein sein Leiden und seine Ohnmacht bewirkt.

Und so lautet das Motto dieses Zeichens auch:

»Wir erheben uns durch Niederknien, wir siegen, wenn wir uns ergeben!«

Denn nur durch Demut und bedingungslose Hingabe an ein geistiges Ziel kann der Kampf im Skorpion endgültig gewonnen werden.

Die beiden Schlüsselworte für den Skorpion nach Alice Bailey
Persönlichkeit: »Maya gedeihe und Täuschung herrsche.«
Seele: »Krieger bin ich, und aus dem Kampf gehe ich siegreich hervor!«

Schütze

22. November – 22. Dezember
240–270 Grad im Tierkreis
Element: Feuer
Veränderliches, männliches Zeichen

Schütze-Prinzip: Zielstrebigkeit, Gedankenlenkung, Intuition

Die neunte Phase des Tierkreises
Auf das Stadium des »Stirb und Werde« im Skorpion folgt im Schützen die Ausrichtung des Bewußtseins auf ein jeweils höheres Ziel, das durch Konzentration und Zielstrebigkeit erreicht wird. Der Blick ist nicht mehr auf die Vergangenheit, sondern auf die Zukunft gerichtet, die intuitiv erfaßt und durch gedankliche Projektionskraft zur greifbaren Realität wird.

Typische Verhaltensmerkmale
Schütze-Geborene sind zielstrebige Menschen von großer Eigendynamik. Sie sind lebhaft-impulsiv und lieben Aufgaben, die sie herausfordern, denn ihre Leistungsspannung braucht hochgesteckte, herausragende Ziele. Wie alle Feuerzeichen werden sie von starken Willensimpulsen geleitet, sie sind selbstbestimmt, sicher im Auftreten und oft von mitreißender Beredsamkeit, denn das Selbstverständnis ihres Ziels erfüllt ihre ganze Person. Um ihre Kraft voll auszuschöpfen, brauchen sie etwas, das sie erfüllt, für das sie sich begeistern können und das ihrem Leben eine Richtung gibt. So sind sie auch immer auf der Suche nach neuen Möglichkeiten, neuen Projekten oder neuen Visionen, denn die Kraft der Expansion ist ihr Prinzip. Der Drang nach Freiheit und die Sehnsucht nach Weite und nach fernen unbekannten Horizonten ist ein Wesenszug dieses Zeichens, das den Schütze-Typus in seinem Entwicklungsdrang niemals innehalten läßt, denn Gegenwart ohne Bewegung wird als Beengung empfunden. Vergleichbar einem Rad, das sein Gleichgewicht nur in der Bewegung halten kann, fühlen Schützen in sich ein Vorwärtsdrängen, das ein Festhalten am Bestehenden unmöglich macht. Mit Dynamik und Intensität suchen sie Herausforderungen, die sie nicht in der Routine erstarren lassen und ihnen das

Gefühl geben, sich über sich selbst zu erheben. Um ihre Begeisterung zu erhalten, brauchen sie Motive der Eroberung, ein Ideal, eine übergeordnete Idee oder eine Vision der Zukunft, die ihr ganzes Leben erfüllt. Überzeugend sind sie vor allem im Verfolgen zukunftsträchtiger Ziele, die ihren vollen Einsatz fordern, denn ohne Zukunftsperspektive verlieren sie ihr inneres Gleichgewicht und werden unsicher bis zur Lethargie. Dies weiß der Schütze-Geborene ganz instinktiv, und so ist er innerlich auch immer auf ein Ziel ausgerichtet, das ihn anzieht und ihm eine Richtung gibt.

Diese innere Zielorientierung und der Lebensschwung machen den Schütze-Geborenen zu einem lebendigen, kraftvollen Menschen von großer Bewegungsfreude, dessen Hauptproblem darin liegt, wie sich seine hochgesteckten Ziele und sein großer Enthusiasmus mit den Aufgaben des täglichen Lebens vereinbaren lassen, die ja nur selten wirklich großartig und erhebend sind. Folglich ist er nur dort am richtigen Platz, wo selbständige Aufgaben und weitreichende Pläne zu verwirklichen sind. Er braucht Freizügigkeit und eine selbstgewählte, in ihrem Wert unbestrittene Aufgabe, und wo diese nicht gegeben ist, behält er bei den ihm anvertrauten Aufgaben stets das Gefühl der Vorläufigkeit mit der Erwartung, daß das Richtige schon noch kommen wird. Denn in gleichbleibend geordneten Verhältnissen fühlt er sich eingesperrt, und festgefügte Lebenspläne lehnt er ab. Um seine volle Leistung, seine Dynamik, seine Wendigkeit und Geschicklichkeit zu entfalten, braucht er Entscheidungsfreiheit und einen großen Handlungsspielraum. Auch die finanziellen Ressourcen sollten nicht zu knapp bemessen sein, denn der Schütze will stets aus dem vollen schöpfen und zeigt im allgemeinen wenig Neigung, sich einzuschränken. Zum Haushalten mit knappen Mitteln ist er daher wenig geeignet, zumal er sich ungern mit Kleinigkeiten abgibt. Ihn interessiert das Ganze, der große Wurf, nicht der Kleinkrieg täglicher Unzulänglichkeiten, über die er sich einfach hinwegzusetzen versucht, und so stolpert er auch zuweilen über Hindernisse, die ihm nicht der Beachtung wert schienen. Solche Enttäuschungen können ihn für kurze Zeit vollkommen zu Boden werfen, aber schnell rafft er sich wieder auf und gewinnt seinen Lebensschwung zurück, mit dem er sich auf neue Herausforderungen einläßt. Denn Optimismus ist ein Wesenszug des Schützen, der auf Einschränkungen und Rückschläge zwar mit großem Unmut reagiert, aber nie lange in einem Zustand verharrt und immer wieder zum Neuanfang bereit ist.

Zielstrebigkeit und der ständige Drang, sich zu entwickeln, sind daher auch die markantesten Eigenschaften dieses Zeichens. Diese machen den Schützen zu einem Menschen, der stets aufgeschlossen ist für neue Erfahrungen und Eindrücke, die seinen Gesichtskreis erweitern. Er liebt den geselligen Kontakt zu seinen Mitmenschen, denn erst im Austausch mit anderen gewinnt er seinen eigenen Standort und seine Weltsicht, die fremdes Leben einschließt. Sein Selbstverständnis beruht auf der Vielfalt und Unterschiedlichkeit menschlicher Lebensformen und Verhaltensweisen, deren innerer Zusammenhang sich erst in der Begegnung mit Andersdenkenden erschließt. So hat er auch meist ein lebhaftes Interesse an Bildung und Kultur, aber auch an weltanschaulich-religiösen oder psychologischen Themen, die den Hintergrund und Sinn menschlichen Lebens berühren.

Weltzugewandt und voller Verständnis für andere Weltsichten besitzt er meist eine intuitive Offenheit für die größeren Zusammenhänge des Lebens, was ihn vor allzu dogmatischen Festlegungen bewahrt. Sein Denken ist positiv-aufbauend, sein Lebensgefühl und Selbstverständnis sind von großem Optimismus und Vertrauen in die Zukunft geprägt, das ihn stets aufwärtszieht, auch wenn es hin und wieder einmal Rückschläge geben mag, weil er seine eigenen Fähigkeiten nicht selten überschätzt.

So wirken Schützen auf unbewußter Ebene auch meist etwas großspurig und prahlerisch, denn sie versuchen, stets den Eindruck zu erwecken, als ob sie über alles Bescheid wüßten. Ihr Wissen und die eigene Erfahrung stehen aber oft im Widerspruch zu ihrer unerschütterlichen Selbstüberzeugung, die mehr oder weniger deutlich bei allen Schützen zum Ausdruck kommt. Dies läßt sie manchmal etwas überheblich und arrogant erscheinen, denn sie neigen zu einem pathetisch erlebten Gefühl der eigenen Bedeutung, das sich zunächst nur auf große Gesten und Äußerlichkeiten stützt, mit denen sie Popularität und Anerkennung zu erreichen suchen. Es besteht daher oft eine Kluft zwischen Sein und Schein, weil angestrebte Erfolge in schwärmerischer Übertreibung vorweggenommen und unbedeutende Ereignisse durch Überschätzung der eigenen Bedeutung aufgebauscht werden.

Doch mit zunehmender Reife treten Einsicht, Toleranz, Großzügigkeit und ein Sinn für Humor an die Stelle von Unechtheit und Selbstüberschätzung, und nun erweist sich der Schütze-Geborene als ein Mensch von heiter-beschwingter Lebensart, der seinen Mitmenschen mit großer Aufmerksamkeit und Sympathie begegnet. Dies macht ihn allgemein zu einem anregenden Gesprächspartner, dem man gerne zuhört, da ihm der Gesprächsstoff niemals auszugehen scheint. Er redet über Gott und die Welt, ohne wirklich dogmatisch zu sein, obwohl er seine Wahrheiten zuweilen schonungslos vertritt und kaum Zweifel daran aufkommen läßt, daß er auf jeden Fall Recht hat. Aber die Art, in der er sich vermittelt, wirkt oft sehr überzeugend und löst nur wenig Widerstand bei anderen aus. So ist er auch ein Mensch, der andere leicht in seinen Bann zieht, sie mitreißt oder verführt, je nach Entwicklungsstufe. Auf jeden Fall aber wirkt seine Art auf viele motivierend, und nicht selten wird er zum Hoffnungsträger für andere, da er es versteht, ihnen Lebensmut und Zuversicht zu geben, zumal es für ihn, der sich der großen Zusammenhänge des Lebens intuitiv bewußt ist, hoffnungslose Situationen überhaupt nicht zu geben scheint und nichts, für das es bei reiflicher Überlegung keine Lösung gäbe. Überdies hat man stets den Eindruck, daß ihm vieles einfach zufällt, was andere mühsam zu erkämpfen suchen, weil es ihm natürlich scheint, auf der Sonnenseite des Lebens zu stehen und er deshalb auch nur Gutes erwartet.

Diese positive Grundeinstellung des Schützen ergibt sich aus seiner tief verwurzelten Glaubensbereitschaft. Es ist die im tiefsten Innern gefühlte Ich-Verbundenheit mit einem größeren Ganzen oder einem übergeordneten Prinzip, in dem sich das Leben stets zum Höheren und Besseren hin entwickelt, und dies ist es, was dem Schützen Vertrauen in das Leben und Selbstsicherheit gibt. Diese Glaubensbereitschaft zeigt sich auf unentwickelter Ebene in einem Übermaß an Eifer, Aberglauben und Schwärmerei, denn durch ihr leichtes Angesprochensein für Religiös-Weltanschauliches lassen sich Schützen schnell zu einer Begeisterung hinreißen, die kritischen Fragen wenig Raum läßt. Sie spüren in sich den unwiderstehlichen Drang, die jeweils erkannte Wahrheit am liebsten der ganzen Menschheit zu verkünden, auch wenn ihre Wahrheiten zunächst noch sehr persönlich sind und nur Teilwahrheiten darstellen, die sich erst später in eine umfassende Weltsicht erweitern. Doch dies kümmert den Schützen wenig. Wenn er eine Berufung in sich spürt, ist er kaum noch zu bremsen, da seine Zuversicht und sein Selbstvertrauen Selbstzweifel gar nicht erst aufkommen lassen. So kommt es auf unbewußter Ebene auch des öfteren zu Verblendung und Selbstüberschätzung, die sich im Extremfall bis zum Gefühl der Auserwähltheit steigern kann, das den eifernden Missionar hervorbringt, erfüllt von einem Sendungsbewußtsein, das weder Demut noch Selbstkritik kennt.

Mit zunehmender mentaler Entwicklung verstärkt sich jedoch die intuitive Wahrnehmung, und dadurch entwickelt der Schütze ein wirkliches Verständnis für geistige Zusammenhänge. Sein Interesse gilt nun verstärkt den philosophischen und ethischen Fragen des Menschseins und allem, was dem Leben in der Welt eine Bedeutung und einen tieferen Sinn verleiht. Dadurch treten geistige Ziele an die Stelle persönlicher Bestrebungen, Religionen werden als zeitgebundene Offenbarungen erkannt, und es beginnt die Suche nach einem Lebensziel, das einem höheren ethischen Anspruch gerecht wird.

Kriterium für Entwicklung
Fortschritt zeigt sich beim Schützen an der Art der Ziele. Je sinntragender die Ziele, umso mehr werden die Aufgaben als Berufung erlebt; je sinnentleerter, umso äußerlicher wird Wirkung und Persönlichkeitserfolg gesucht. Zunächst geht es um Erfolg, um das Erreichen ehrgeiziger persönlicher Ziele und um Popularität, und der Hang, nach Höhe-rem zu streben, zeigt sich im Wunsch nach Statussymbolen, nach äußerem Glanz und prestigeträchtigen Posten. Doch auf entwickelter Ebene verlieren sich allmählich die großartigen, auf Wirkung bedachten Gesten. Nun treten geistige Ideale an die Stelle persönlicher Ziele, und die Suche nach den letzten Sinnfragen des Lebens, nach Ethik und tiefer Menschlichkeit beginnt, das Bewußtsein des Schützen zu verändern. Und so ist das Ziel seines Strebens nun die geistige Höherentwicklung, die Erhebung über seine niedere Natur, da er intuitiv die hierarchische Ordnung des Kosmos spürt, in der jedes Lebewesen die Aufgabe hat, voranzustreben und sich nach dem jeweils Höheren auszurichten.

Stärken und Schwächen des Schützen
Seine Stärken sind Zielgerichtetheit, Streben nach Bewußtseinserweiterung und ein Bemühen, andere und Andersdenkende zu verstehen. Er besitzt Großzügigkeit, Toleranz und die Bereitschaft zur Versöhnung, die seinem Verständnis der menschlichen Würde, aber auch der menschlichen Schwächen und Unvollkommenheiten entspringt. Ausgeprägt sind auch sein Sinn für Gerechtigkeit, sein Streben nach Freiheit und die Fähigkeit, alles aus einer übergeordneten Perspektive und in einem größeren Zusammenhang zu sehen.

Die Schwächen dieses Zeichens sind Selbstgefälligkeit, Jovialität sowie Selbstüberschätzung und geistige Überheblichkeit. Ein Hang, im Überfluß zu leben bis hin zu Gigantomanie, Großspurigkeit und unechtes Pathos sind bei mangelnder Entwicklung ebenfalls vorhanden, da den Ansichten und Meinungen, die er mit großer Überzeugung vertritt, oft die wirkliche Erfahrung fehlt.

Die drei Entwicklungsebenen im Schützen

Persönliches Bewußtsein:	Exoterischer Herrscher	– Jupiter
Seelenbewußtsein:	Esoterischer Herrscher	– Erde
Geistiges Bewußtsein:	Hierarchischer Herrscher	– Mars

1. Stadium: **Entwicklung der Persönlichkeit**

Zeichenherrscher: **Jupiter**   *Leitmotiv:* **Wohlstand und Expansion**

Zu Beginn der Entwicklung – wenn Jupiter herrscht – steht beim Schütze-Typus die Suche nach Wunschbefriedigung im Vordergrund. Erfolg, Wohlstand und Popularität sind die Triebfedern seines Handelns. Sie spornen ihn an, die Welt zu erleben und an ihrer Fülle teilzuhaben. Heiter, selbstsicher, voller Lebensoptimismus sucht er den Kontakt zu seinen Mitmenschen, denn er liebt es, sich und andere zu unterhalten. Überzeugt von sich und den eigenen Fähigkeiten, die er niemals in Frage stellt, fühlt er sich meist überlegen und wirkt ein wenig selbstgefällig, da Bescheidenheit nicht zu seinen Tugenden gehört. Seine Ansprüche sind hoch, und so versucht er, seinem Leben eine besondere Note zu geben, indem er sich mit Statussymbolen und äußeren Dingen umgibt, die ihm Respekt und Ansehen verschaffen, denn er möchte sich auf jeden Fall über das Mittelmaß erheben. Und solange sich das Prinzip der Expansion auf Materielles richtet, sind seine Ansprüche wenig bescheiden und zuweilen überdimensioniert, weil Maßhalten ein Fremdwort für ihn ist.

Doch mit zunehmender Persönlichkeitsentwicklung verlagert sich sein Drang nach Expansion, der ihn bisher veranlaßte, nach der Fülle des Lebens zu suchen, zunehmend in den Bereich der Bildung und Kultur, um sein Wissen zu vergrößern und sein Selbstverständnis auf eine andere Ebene zu heben. Er ist nun aufgeschlossen für alles, was seiner Bewußtseinsentwicklung dient und sein Weltverständnis erweitert. Er ist aber nicht nur ein williger Lernender, sondern auch ein begabter Lehrer, der es liebt, anderen seine Weltsicht zu verkünden und sie an seiner Erfahrung teilhaben zu lassen. So wird er auch bevorzugt Tätigkeiten suchen, bei denen es um die Förderung der menschlichen Entwicklung und um eine bessere Verständigung zwischen unterschiedlichen Lebensformen und Denkweisen geht. Denn von seinem inneren Wesen her ist der Schütze ein Kosmopolit, dessen Lebenseinstellung vom Verständnis für andere und Andersdenkende geprägt ist, die für ihn erst den Reichtum und den Reiz seines eigenen Lebens ausmachen.

2. Stadium: **Seelenbewußtsein**

Zeichenherrscher: **Erde**   *Leitmotiv:* **Streben nach Licht**

Wenn die Seele deutlicher ins Bewußtsein tritt, beginnt der esoterische Planet Erde die Wirkung des Jupiter zu verstärken. In dieser Phase gewinnt die Suche nach dem Sinn des Lebens eine größere Bedeutung, der sich jetzt nicht mehr im Streben nach Wunschbefriedigung und Leistungsehrgeiz erschöpft. Nun konzentriert er sich darauf, das eigene Wesen zu verstehen und das geistige Wissen der Menschheit wiederzuentdecken, das durch das Vorherrschen intellektuell-wissenschaftlichen Denkens in den Hintergrund gedrängt wurde. Und in dem Maße, wie sich sein Denken ins Geistige richtet, erwacht seine Intuition, die ihn erkennen läßt, daß die Erde ein Schulungsfeld ist, in dem der Mensch lernen muß, zwei große Lebensströme (Geist/Materie) zu einer Einheit zu verbinden.

Dadurch tritt das *Gegensatzpaar Schütze-Zwillinge* in Wechselbeziehung und ermöglicht dem Schützen, Intellekt (eine Eigenschaft der entwickelten Persönlichkeit) und Intuition (eine Eigenschaft der Seele) zu verbinden. Dies befähigt ihn zu ganzheitlichem Denken und einem Verstehen der geistigen Lebensgesetze, denen jedes individuelle Leben unterliegt. Auf diese Weise gewinnt er eine globale Weltsicht, die ihn erkennen läßt, daß unser Globus ein Ganzes ist und das Leben jedes Einzelnen eine Auswirkung auf das Ganze hat. Denn die schöpferische Intelligenz des Menschen ist untrennbar mit der kosmischen Intelligenz verbunden. Diese steuert alle Lebensvorgänge in der Natur, die sich durch Evolution immer höher entwickelt. Und weil der Mensch Teil des Evolutionsplans der Erde ist, hat auch er die Aufgabe, seinen Körper durch schöpferische Gedankenkraft zu lenken, zu kontrollieren und immer mehr zu vergeistigen.

Die Durchlichtung der Materie durch Evolution wird durch den Planeten Erde bewirkt, der kein exoterischer Planet ist. Sie erscheint nur zweimal: im Zeichen Zwillinge auf hierarchischer und im Schützen auf esoterischer Ebene. Denn ihr Prinzip der kosmischen Intelligenz kann erst bei einem mental entwickelten Menschen zum Ausdruck kommen, der beginnt, sich seines geistigen Seins bewußt zu werden. Ihre Wirkung wird folglich nur von jenen gespürt, die seelisch erwacht sind, weil ihr Intellekt entwickelt ist und die intuitive Wahrnehmung stetig zunimmt. Wenn dies der Fall ist, bringt der Planet Erde den Schützen unter den Einfluß irdisch-planetarischer Erfahrung, die etwas anderes ist als die individuelle Erfahrung, denn nun beginnt der Mensch, global zu denken und zu handeln und seine Zielsetzungen bewußt mit den Notwendigkeiten der Menschheit und der ganzen beseelten Natur der Erde in Einklang zu bringen.

3. Stadium: **Geistiger Mensch**

Zeichenherrscher: **Mars** *Leitmotiv:* **Idealismus**

Wenn Mars als hierarchischer Herrscher des Schützen wirkt, hat der geistig erwachte Mensch das *Gegensatzpaar Schütze-Zwillinge* im Bewußtsein verschmolzen. Das Streben nach Erfahrung und Bewußtseinserweiterung, die intuitive und konzentrierte Haltung des suchenden Jüngers haben ihre Früchte getragen. Nun bestimmt Idealismus die Zielsetzungen des Schützen, der intuitiv das geistige Zukunftsbild der Welt erschaut und sein ganzes Leben darauf ausrichtet, der Menschheit zu helfen, diese Vision gedanklich zu erfassen. Er wird sich nun berufen fühlen, ein Lehrer der Menschheit zu sein, um die intuitiv erfaßte Wahrheit und Weisheit an andere weiterzugeben, ohne sich an bestimmte religiöse Formen zu binden, da er erkannt hat, daß Wahrheit universell ist und über allen Religionen und Weltanschauungen steht. Dennoch wird er Verständnis für jene zeigen, die sich noch einer bestimmten Religion und Weltanschauung zugehörig fühlen, weil er weiß, daß der Mensch Formen der Verehrung braucht, bevor er sich abstraktem geistigem Wissen zuwenden kann. Denn das materielle Wissen muß dem geistigen Wissen stets vorausgehen, weil die Form Zeit braucht, um sich durch Evolution an die geistigen Energien anzupassen.

Die esoterische Bedeutung des Schützezeichens

Symbol: ♐ Der Pfeil, der nach oben gerichtet ist.

Bedeutung: Zielgerichtetes Verlangen sowie intuitives Streben und geistige Zielsetzung.

Lichtqualität: Ein Strahl gelenkten, konzentrierten Lichtes.

>»Hier wird der Lichtpunkt zum Strahl; er offenbart ein größeres Licht in der Ferne und erleuchtet den Weg zum Zentrum des Lichtes.«
>
> Alice Bailey

Das Symbol des Schützezeichens hat eine Veränderung erfahren, vom *Zentauren* (altes archaisches Symbol) über den *Bogenschützen auf einem weißen Pferd* bis zum heutigen abstrakten Symbol des *Pfeils mit einem Bruchstück des Bogens*. In dieser Veränderung läßt sich das Thema des Schützen gut erkennen.

Auf unbewußter Ebene bewirkt die Energie des Schützen die Entwicklung der menschlichen Seele mit ihren menschlichen Zielen, ihrer Selbstsucht, ihrer Identifikation mit der Formnatur, ihrem Verlangen und ihrem Streben. In diesem Stadium ist die Befriedigung des persönlichen Verlangens und der animalischen Triebe das Ziel. Das Leitmotiv des Zentauren – das Symbol der Persönlichkeit – ist Ehrgeiz.

Doch in dem Maße, wie das Denken des Menschen sich entwickelt, wird der Zentaur zum Bogenschützen, der sich auf ein bestimmtes Ziel konzentriert. Die Einheit mit dem »Tier im Menschen« wird gelöst, und als Zeichen der geläuterten Persönlichkeit wird das Pferd nun weiß. Das Leitmotiv des Bogenschützen – das Symbol der Seele – ist geistiges Streben und Gedankenlenkung.

Im heutigen Stadium der Entwicklung drückt der Pfeil die Energie des Schützen am besten aus, denn der Brennpunkt des menschlichen Bewußtseins liegt nicht mehr nur auf den äußeren Aspekten des Lebens. Er hat sich auf innere Ziele verlagert, die vom emotionalen Ehrgeiz bis zum geistigen Streben reichen oder vom konkreten Denken, das auf persönliche Interessen gerichtet ist, bis hin zum erleuchteten Denken, das durch Konzentration auf die Seele erreicht wird.

Schütze ist daher das Zeichen, in dem der Mensch Konzentration und Zielgerichtetheit beweisen muß. So ist der Schütze-Geborene auch immer auf ein höheres Ziel ausgerichtet, durch das er sich eine neue Art von Sinneserfahrung oder Bewußtseinserweiterung erhofft. Er konzentriert sich auf dieses Ziel und verfolgt eine ganz bestimmte, klar erkannte Absicht. Diese Absicht reicht vom körperlichen Verlangen über persönlichen Ehrgeiz bis hin zum geistigen Streben des Menschen, der durch Konzentration auf die Seele zur Erleuchtung gelangt. Zielstrebigkeit ist daher auf jeder Ebene des Bewußtseins das Leitmotiv dieses Zeichens.

Das Ziel des Schützen
ist Gedankenlenkung und die Konzentration auf die Seele, um die Voraussetzung zu schaffen für eine höhere Art mentaler Wahrnehmung, die die Esoterik als Intuition bezeichnet. Diese höhere mentale Wahrnehmung erwacht, wenn der Intellekt entwickelt und angewandt wurde und der Mensch für das Licht der Seele (den wahren Denker) empfänglich geworden ist, weil er gelernt hat, seine Gedanken zu konzentrieren und auf ein geistiges Ziel zu richten. Erst wenn die ständige Bewegung der Gedanken aufhört, die das persönliche Denken kennzeichnet, wird der Mensch empfänglich für das Wissen der Seele, das uns die eigene Zukunft offenbart. Nun fällt Licht auf alle weltlichen Probleme, und er erkennt den Sinn des Lebens, der eben in der Entwicklung zum Licht besteht, das die Evolution der gesamten Schöpfung bestimmt.

In der Entwicklung vom emotionalen Ehrgeiz zum konzentrierten intuitiven Bewußtsein lassen sich drei Stadien erkennen:
1. Zielstrebige Wunschbefriedigung und Ehrgeiz bestimmen die Richtung des Lebens.
2. An die Stelle der äußeren Lebensziele tritt die Suche nach dem Sinn des Lebens. Der Mensch wird ein geistig Strebender, und seine konzentrierte innere Haltung läßt schließlich eine intuitive Wahrnehmung entstehen, die den Zusammenhang zwischen geistigem und physischem Leben offenbart.
3. Der Schöpfungsplan wird intuitiv erkannt, und das Ideal wahren Menschseins bestimmt die Zielsetzungen und Handlungen des Lebens.

Der Schlüssel zur Transformation
Die wichtigste Aufgabe des Schützen ist die Beherrschung der Formnatur durch Gedankenkraft. Dies geschieht durch gezielte Gedankenlenkung, die sich meist erst durch Meditation und ernsthafte Beschäftigung mit geistig-esoterischen Wissensbereichen einstellt. Dem Studium von Symbolik und dem Erlernen von Astrologie kommt in diesem Zeichen daher eine besondere Bedeutung zu, weil dies die Intuition weckt und den geistigen Hintergrund des Lebens erkennbar macht. Die Grundlage für Fortschritt bildet ein geistig-spirituelles Verständnis des Lebens, das die materielle Zielorientierung ablöst und den Schützen veranlaßt, sein Leben durch bewußte Lenkung seiner Gedanken der jeweils intuitiv erkannten Wahrheit anzupassen. Auf diese Weise lernt er, sein Denken zu nutzen, um seinem Leben eine selbstbestimmte Richtung zu geben. Dies ist ein notwendiger Schritt in der Entwicklung, denn wir bestimmen die Zielrichtung unseres Lebens durch die Kraft unserer Gedanken selbst, die uns entweder an die Materie binden oder uns frei werden lassen für ein höheres gedanklich-schöpferisches Leben. Folglich gibt es auch keine schöpferische Lebensgestaltung und keine persönliche Freiheit außer durch Gedankenkraft. Und diese gilt es in diesem Zeichen konzentriert und gezielt ins Geistige zu richten, um schließlich an das »Tor der Einweihung« zu gelangen, das symbolisch dem Steinbock zugeordnet wird.

Die beiden Schlüsselworte für den Schützen nach Alice Bailey

Persönlichkeit: »Es werde Nahrung gesucht.«
Seele: »Ich sehe das Ziel. Ich erreiche das Ziel und sehe dann ein weiteres.«

Steinbock

22. Dezember – 20. Januar
270–300 Grad im Tierkreis
Element: Erde
Kardinales, weibliches Zeichen

Steinbock-Prinzip: Ehrgeiz, Aufstieg, Unpersönlichkeit

Die zehnte Phase des Tierkreises
Mit Steinbock beginnt wiederum eine neue Ebene der Erfahrung, denn im IV. Quadranten *Steinbock-Wassermann-Fische* lernt der Einzelne, sich als Teil eines größeren Ganzen wahrzunehmen. So stellt Steinbock auch den ersten Schritt zur Entpersönlichung dar, die den Menschen veranlaßt, sich bewußt einer höheren Ordnung zu unterstellen und seine Individualität den Normen, Maßstäben und Gesetzen einer Gemeinschaft unterzuordnen.

Typische Verhaltensmerkmale
Der Steinbock-Typus ist ein Mensch, bei dem Leistung und Disziplin an erster Stelle stehen, denn er fühlt in sich den unaufhaltsamen Drang, den »Gipfel« zu erreichen. Motiviert durch großen Leistungswillen liebt er Verantwortung und wird – wo immer sein Platz im Leben ist – mit Ausdauer und Beharrlichkeit versuchen, nach oben zu kommen. Sein Bedürfnis nach beruflichem Aufstieg oder öffentlichem Wirken ist groß, sein Lebensstil jedoch eher bescheiden, denn er liebt keinen Luxus und ist meist äußerst sparsam bis hin zum Geiz. Er spart eisern, vor allem für Notzeiten, denn er möchte auf jeden Fall selbständig bleiben und auch im Alter niemandem zur Last fallen. Bescheiden und genügsam in seinen Bedürfnissen, aber beharrlich und zäh im Verfolgen seiner Absichten, trotzt er allen Widerständen, die sich ihm in den Weg stellen, da er aus Erfahrung weiß, daß das »Füllhorn des Lebens« über ihm nicht ausgegossen wird. Was er besitzt, hat er durch Arbeit erreicht; Mäßigkeit und Verzicht sind die Merkmale seiner Lebensführung, Ordnung, Pünktlichkeit und Zuverlässigkeit seine selbstverständlichen Grundsätze. Denn in diesem Zeichen geht es um die Konzentration auf das Wesentliche, um die Zusammenziehung aller

Kräfte zugunsten eines Zieles, das zu einer bestimmten Zeit als erstrebenswert erscheint und dem alle anderen Wünsche und Bestrebungen untergeordnet werden.

Zu Beginn der Entwicklung geht es natürlich primär um persönliche materielle Bestrebungen, die sein Leben erfüllen und für deren Erreichen er keine Mühe scheut, denn stark sind sein Ehrgeiz und das Bedürfnis nach geachteter Stellung und öffentlichem Ansehen, die für ihn Zeichen seines persönlichen Wertes sind. Zuverlässig, gewissenhaft und korrekt im Einhalten von Vorschriften und zäh an seinen Zielen festhaltend, erreicht er das, was er sich vorgenommen hat, allerdings nicht ohne Einsatz seiner ganzen Kraft, denn Steinbock ist das Zeichen des Lebenskampfes. Seine Verdienste und Erfolge werden nicht leicht errungen; sie sind von langer Hand geplant, und nicht selten schlägt er ungewöhnliche Wege ein, nimmt Umwege und Entbehrungen in Kauf, um sein erstrebtes Ziel zu erreichen. Geduldig klettert er auf der Stufenleiter des Erfolges nach oben, nicht gerade raketenartig, aber mit langsamem, konsequentem Gleichschritt. Er versteht es gut, mit seinen Kräften umzugehen, sie werden nicht vergeudet, aber auch nicht gespart, und so gibt es wohl kaum einen Charakter, der den Widrigkeiten und Hindernissen des Lebens so gelassen und zäh begegnet wie er, denn das Ziel immer vor Augen, versucht er keiner Hürde auszuweichen, sondern sie zu übersteigen.

So muß in seinem Leben auch alles in den Hintergrund treten, was sich hindernd vor die Verwirklichung seiner Lebensaufgabe stellt. Er ist stets darauf bedacht, Gefühle, die vor allem im Gegenzeichen Krebs in Form von Launen und Stimmungen eine überragende Rolle spielen, in Schranken zu halten, damit sie keinen Einfluß auf sein Handeln gewinnen. Betrachtet er sie doch eher als seine Privatsache, die niemanden etwas angehen und im Stillen ausgetragen werden sollten. So bleibt das, was er eigentlich denkt, auch meist verborgen hinter dem, was zu sagen üblich ist. Seine persönlichen Neigungen wird er bereitwillig zurückstellen, wenn sie geltenden Maßstäben der Gemeinschaft oder seiner Auffassung von Pflichterfüllung und Verantwortlichkeit widersprechen. Denn Pflichterfüllung ist ihm ein grundlegendes Bedürfnis, und diese rangiert im allgemeinen vor dem Privatleben. Auch der Beruf oder die geachtete gesellschaftliche Stellung sind ihm häufig wichtiger als die Familie, die nur allzu leicht dem Ehrgeiz geopfert wird, der das Leben dominiert und seine hauptsächlichen Zielsetzungen bestimmt.

Denn Steinbock stellt den ersten Schritt zur Entpersönlichung dar, und dazu bedarf es der Einschränkung des Individuellen überall dort, wo ausufernde, individuelle Freiheiten den geordneten Ablauf des Gemeinschaftslebens stören könnten. Steinböcke verstehen sich daher oft als »Hüter der öffentlichen Ordnung«. Häufig sind ihnen Gesetze wichtiger als persönliche Gefühle, und sie sind im allgemeinen auch bereit, herrschende Autoritäten und geltende Normen der Gesellschaft zu akzeptieren, die für sie zur Richtschnur ihres Handelns werden. Ihre Grundhaltung im Leben ist bewahrend-konservativ, und sie halten sich gerne an traditionelle Werte, die ihrem Wunsch nach Kontinuität entgegenkommen. Alle Neuerungen werden sie lange prüfen und erst dann übernehmen, wenn sie schon einen breiteren Bekanntheitsgrad erreicht haben. Denn sie brauchen ein System der Ordnung, nach dem sie ihr Leben ausrichten, und dieses sollte fest und unerschütterlich sein.

So hat der Steinbock im allgemeinen auch eine unpersönliche Rechtsauffassung. Geltendem Recht wird er sich ohne weiteres unterwerfen und dieses auch dann mit Eifer vertreten, wenn er selbst dabei den Kürzeren zieht. Denn Recht, Ordnung, Pflichterfüllung und die Verantwortung des einzelnen gegenüber der Gesellschaft sind die Werte, die der Steinbock als gemeinschaftserhaltende Prinzipien bereitwillig akzeptiert. Oft übersieht er dabei allerdings, daß diese Eigenschaften nicht ohne weiteres auf andere zu übertragen sind. Nicht selten hat er etwas Schulmeisterliches, Belehrendes oder Erzieherisches, was Menschen, für die emotionale Spontaneität und Unabhängigkeit wesenstypisch sind, als Einschränkung ihrer Freiheit empfinden und mit Unmut reagieren läßt. In Extremfällen zeigt er sich überbürokratisch und dogmatisch in seiner Rechtsauffassung, die er als allgemeingültig und unumstößlich vertritt. Im Regelfall wird er aber auch von anderen nichts erwarten, was er selbst nicht zu tun bereit wäre, denn Konsequenz des Handelns und Einschränkung der individuellen Bedürfnisse zugunsten eines höheren Ordnungsprinzips sind wesenstypisch für dieses Zeichen. Diese Lebensauffassung, die aus der instinktiv empfundenen Verantwortung für die Allgemeinheit resultiert, zeigt sich oft schon im Kindesalter, denn Steinbock-Kinder sind schon früh ernst, fleißig und strebsam. Sie sind meist vernünftiger als andere, ordnen sich freiwillig Pflichten unter und übernehmen auch schon in jungen Jahren die Rolle des Erziehenden, indem sie sich berechtigt fühlen, anderen zu sagen, was »man« tun oder lassen sollte.

Der Weg des Steinbock-Menschen ist nicht selten ein einsamer Weg. Er setzt nicht auf die Hilfe anderer, sondern alles, was er erreicht, möchte er sich selbst verdanken. Seine Erwartung richtet sich vor allem auf sich selbst und die eigene Leistung, die den Angelpunkt seines Lebens bildet. Als verstandesbetonter Mensch ist sein Denken gründlich und pragmatisch, seine Lebenshaltung nüchterner Realismus bis hin zu Pessimismus, denn, so wird er gerne argumentieren, »wer nichts Gutes erwartet, kann auch nicht enttäuscht werden«. Diese Grundhaltung, die sein ganzes Leben durchzieht, läßt die Erdenschwere nur erahnen, die das Grundgefühl seines Wesens ausmacht. Weiß er doch um den langen Weg, den er gehen muß, um es zu etwas Dauerhaftem zu bringen, und darauf ist er schon von klein auf eingestellt. So ist das Leben des Steinbock-Geborenen auch vor allem der Arbeit gewidmet, und er arbeitet hart, entweder an seiner Karriere oder aber an sich selbst. Er scheut keine Mühen, Schwierigkeiten spornen ihn eher an, denn er erwartet nicht, daß man ihm ein Königreich zu Füßen legt. Vielmehr spürt er in sich den intensiven Drang, alles aus eigener Kraft zu schaffen und allein und ungeteilt die Verantwortung für sein Tun zu tragen, da diese die Quelle seiner Selbstachtung und das Bewußtsein des eigenen Wertes bildet. So ist es dem Steinbock-Geborenen auch fast unmöglich, das Leben leicht zu nehmen. Er fühlt in sich die Schwere der Verpflichtung, den Zwang, sich durch Leistung zu beweisen und für die Konsequenzen seines Tuns auch einzustehen. Diese Form des Verantwortungsbewußtseins – das so bei keinem anderen Zeichen vorhanden ist – läßt ihn meist als nachdenklichen, ernsten Menschen erscheinen, zuweilen mit hintergründigem Humor, aber wohl niemals ganz unbeschwert-heiter. Er hat sich stets unter Kontrolle und wird niemals spontan oder absichtslos handeln, denn er will im Leben etwas erreichen, und dafür ist er bereit, auf manche Annehmlichkeit zu verzichten. Ausgangspunkt seines beruflichen Erfolges sind daher auch nicht Beziehungen oder Popularität, sondern Selbstdisziplin, Gründlichkeit, große Tüchtigkeit, Fleiß, Ausdauer und Konsequenz, mit der er das Ziel seines Lebens verfolgt, das der Arbeit gewidmet ist.

Kriterium für Entwicklung
Auf unreifer Ebene ist das Ziel des Ehrgeizes rein materiell und persönlich. Doch mit zunehmender geistiger Entwicklung verlagert sich das Interesse des Steinbock-Geborenen vom äußeren Erfolg auf die innere Seite des Lebens und ihm wird bewußt, daß die wahre Arbeit des Menschen im sinnvollen Dienst an anderen besteht. Dadurch tritt der Ehrgeiz in den Hintergrund, und er setzt nun seine ganze Kraft für gemeinschaftserhaltende Aufgaben ein, in deren Erfüllung er allen Widerständen trotzt. Und so erweisen sich die erworbene Selbstdiszi-

plin, sein Verantwortungsgefühl, aber auch seine Ausdauer und Zuverlässigkeit nun als unverzichtbare Qualitäten des Steinbock-Menschen, der sich entschlossen hat, sein Leben und seine Arbeitskraft in den Dienst der Allgemeinheit zu stellen und hierin seine Erfüllung zu sehen.

Stärken und Schwächen des Steinbock
Die Stärke liegt im Erfassen des Wesentlichen. Sein Handeln ist klar und übersichtlich, seine Sprache präzise, kurz und bündig, ohne überflüssige Worte. Er ist pflichtbewußt, belastungsfähig, zäh, ausdauernd und besitzt eine ausgezeichnete Konzentrationsfähigkeit mit dem Drang nach tieferen Erkenntnissen.

Die Schwäche dieses Zeichens ist ein zu starker Ehrgeiz, der Empfindungen und liebevolle Mitmenschlichkeit verkümmern läßt, solange der Kopf das Herz verdrängt. Wenn dies eintritt, neigt der Steinbock zu Schwermut und Melancholie, und er wird trotz äußerlichem Erfolg und Ansehen innerlich vereinsamen, was eine spürbare Verhärtung seines Wesens zur Folge hat und sich in einer starren Haltung, in Unnachgiebigkeit, Geiz und Dogmatismus äußern kann.

Die drei Entwicklungsebenen im Steinbock

Persönliches Bewußtsein:	Exoterischer Herrscher	– Saturn
Seelenbewußtsein:	Esoterischer Herrscher	– Saturn
Geistiges Bewußtsein:	Hierarchischer Herrscher	– Venus

1. Stadium: **Entwicklung der Persönlichkeit**

Zeichenherrscher: **Saturn**   *Leitmotiv:* **Ehrgeiz**

Zu Beginn der Entwicklung begegnen wir im Steinbock einem Menschen, der ernst, fleißig und strebsam ist, denn er will es im Leben zu etwas bringen. Ausgelassenheit oder zweckfreies spontanes Handeln sind ihm wesensfremd, denn stets fühlt er in sich ein inneres Vorwärtsdrängen, einen inneren Aufruf zur Pflicht, der sich in Sätzen wie »ich sollte eigentlich« oder »das tut man nicht« oder »das darfst du nicht« manifestiert. Meist hat er etwas Schulmeisterliches bis Zwingendes, das nur selten entspannte Heiterkeit aufkommen läßt. Starr und dogmatisch in seinen Auffassungen, orientiert er sich an Traditionen und kollektiven Normen, denen er seine persönlichen Empfindungen unterordnet. So fühlt er sich auch immer wieder aufgerufen und berechtigt, andere zu disziplinieren und zu ermahnen, Vorschriften einzuhalten oder Hinweisschilder nicht zu ignorieren, da er sich selbst an diese Ordnung gebunden fühlt. Dabei legt er sich und anderen zuweilen »Steine in den Weg«, weil es ihm schwerfällt, sich über bürokratische Vorschriften einfach hinwegzusetzen, auch wenn deren Sinn nicht klar erkennbar ist. Denn auf dieser Entwicklungsebene wird das Prinzip der »Ent-Persönlichung« des Steinbock noch unbewußt erlebt, als ein unreflektiertes Akzeptieren übergeordneter Gesetze und Ordnungsprinzipien eines Gemeinwesens, in dessen Rahmen sich der Einzelne einfügt, ohne sie zu hinterfragen.

Doch mit zunehmender Persönlichkeitsentwicklung wird das Denken des Steinbock-Geborenen klarer und individueller, und nun gilt sein ganzes Streben dem persönlichen Erfolg, denn er will nach oben kommen und sich durch Leistung beweisen. Er achtet darauf, sich nicht von Gefühlen bestimmen zu lassen, weder von den eigenen noch von denen der anderen. Er strebt nach einer angesehenen Stellung, nach Einfluß und Macht, und weil dieser Weg nach oben steinig und schwierig für ihn ist, kann er nur wenig Rücksicht nehmen auf die, die seinen Weg kreuzen oder jene, die am Rande seines Weges zurückbleiben. Streng gegen sich selbst und andere, versucht er durch Arbeit, Fleiß und Strebsamkeit eine geachtete Stellung zu erringen, da sein Selbstwertgefühl sich an dem mißt, was er durch eigene Leistung erreicht hat. In dieser Phase erschöpft sich sein Leben meist in Arbeit und beruflicher Karriere, die sein Leben dominieren. Er ist bereit, sein Privatleben diesem Ziel zu opfern, und so geschieht es nicht selten, daß er auf dem Höhepunkt seines Erfolges und seiner Macht erkennen muß, daß er zwar alles erreicht hat, aber dennoch nicht wirklich glücklich geworden ist.

2. *Stadium:* Seelenbewußtsein

Zeichenherrscher: **Saturn**   *Leitmotiv:* **Geistiges Streben**

Wenn die Seele deutlicher ins Bewußtsein tritt, verlagert sich der Einfluß des Saturn von der äußeren Ebene auf die innere Entwicklung des

Menschen, und nun wird sich der Steinbock-Geborene zunehmend der Verhärtung des eigenen Wesens bewußt. Er erkennt, daß weiterer Fortschritt nur möglich ist, wenn er sich seinen Mitmenschen wieder zuwendet, die er auf dem Weg nach oben aus den Augen verloren hat. Er beginnt, die Einsamkeit und Getrenntheit von anderen zu spüren und wird sich der Tatsache bewußt, daß die Menschheit ein Ganzes ist und der Einzelne Verantwortung für seine Mitmenschen trägt, in dem Maße, wie seine eigene Entwicklung zunimmt.

Dadurch tritt das *Gegensatzpaar Steinbock-Krebs* in Wechselbeziehung, und das strebende Bemühen richtet sich nun darauf, geistiges Wissen und innere charakterliche Qualitäten zu erwerben, die die Integration der Persönlichkeit fördern und sich nicht mehr am äußeren Erfolg orientieren. So wandelt sich durch Einsicht und Selbstdisziplin langsam sein Charakter. Er ist jetzt mehr für andere da und beginnt, das eigentliche Wesen des Menschseins zu erahnen, das nicht im materiellen Erfolg liegt, sondern in der Fähigkeit, sich selbst als Teil eines größeren Ganzen wahrzunehmen, in dem jeder Einzelne die Verantwortung für sein individuelles Leben hat. Und indem er diese Verantwortung lebt und ernst nimmt, entdeckt er den Sinn des »Karma-Gesetzes«, das die Seele von Leben zu Leben zur Wiedergeburt zwingt, um ihr die Chance zu geben, die durch den menschlichen Eigenwillen hervorgerufenen Verirrungen und Abweichungen vom »Lichtpfad der Seele« zu korrigieren.

3. Stadium: **Geistiger Mensch**

Zeichenherrscher: **Venus**   *Leitmotiv:* **Spirituelle Liebe**

Wenn Venus auf hierarchischer Ebene herrscht, ist das *Gegensatzpaar Steinbock-Krebs* im Bewußtsein verschmolzen, und der geistig erwachte Mensch ist sich seiner wahren Berufung bewußt. Durch Vollendung seiner Persönlichkeit hat er Unpersönlichkeit erreicht, die eine Erweiterung der persönlichen Liebe ist. Nun gilt seine Liebe nicht mehr nur einem Einzelwesen, seiner Familie oder einem persönlichen Freund, vielmehr ist er fähig geworden, die ganze Menschheit zu lieben, obwohl er ihre Unzulänglichkeiten und Schwächen klar erkennt. Denn Unpersönlichkeit bedeutet nicht ein Sich-Abschließen von anderen, sondern andere zu sehen, wie sie wirklich sind und sie dennoch zu lieben.

Diese Fähigkeit zur unpersönlichen oder spirituellen Liebe ist ein Merkmal der vollendeten Persönlichkeit, die zum vollkommenen Ausdrucksmittel der Seele geworden ist. Nun gilt sein Bemühen und Wirken nicht mehr der eigenen Entwicklung, sondern er versucht, die Entwicklung der anderen zu fördern. Vom »Tod in der Form« zum Leben erwacht, ist er nun bereit, sich selbst zu erniedrigen, um die anderen zu erhöhen. Dieses Stadium läßt sich am besten durch die Worte Jesu verdeutlichen, der ein im Steinbock geborener Eingeweihter war:

»Da rief Jesus seine Jünger zu sich und sprach zu ihnen: Ihr wisset, daß die weltlichen Fürsten ihre Völker niederhalten, und ihre Mächtigen tun ihnen Gewalt an. Aber so soll es nicht sein unter euch; sondern wer groß sein will unter euch, der sei euer Diener; und wer unter euch der Erste sein will, der sei aller Knecht. Denn auch des Menschen Sohn ist nicht gekommen, daß er sich dienen lasse, sondern daß er diene und gebe sein Leben zu einer Erlösung für viele.«
Markus 10, 42-45

Die esoterische Bedeutung des Steinbockzeichens

Symbol: ♑ Das Steinbock-Symbol kann nicht erklärt werden; seine Bedeutung muß durch Meditation selbst herausgefunden werden.

Lichtqualität: Das Licht der Einweihung.

»Dies ist das Licht, das den Weg zum Berggipfel erhellt und die Verklärung (Transfiguration) bringt; so offenbart es die aufgehende Sonne.«
Alice Bailey

Steinbock ist das Tor zur »geistigen Geburt«, so wie der Krebs das Tor ist, durch das die Seele geht, um in der physischen Welt eine Form anzunehmen.

»Durch das Tor des Krebs strömt ›das magnetisch-magische Licht‹, das die Seele an den dunklen Ort der Erfahrung geleitet. In ähnlicher Weise ist es der magnetische Zug der Steinbock-Energie, der die Seele auf dem zurückkehrenden Rade (...) der Jüngerschaft stetig vom Formleben und dessen Erfahrungen hinwegzieht und jenes ›strahlende Licht‹ bildet, ›das die Seele sicher zum Berggipfel führt‹.«
Alice Bailey

Als schwierigstes und geheimnisvollstes Zeichen ist Steinbock nicht leicht zu beschreiben, denn er bereitet den Menschen auf das vor, was die Esoterik als »Einweihung« bezeichnet. Diese Einweihung, von der wir meist nur eine unklare oder gar keine Vorstellung haben, findet – symbolisch betrachtet – stets auf dem Gipfel eines Berges statt, und alle großen Gipfelerfahrungen, wie sie uns die Bibel vermittelt, sind ein Hinweis auf einen Einweihungsvorgang. So empfing Moses die zehn Gebote auf dem Berg Sinai, und Jesus wurde auf einem Berg verklärt und empfing vor den Augen seiner Jünger die »Vision des höheren Schöpfungsplanes«, durch den er wußte, was er zu tun hatte. Auch viele andere Mystiker haben von Gipfelerfahrungen berichtet, durch die sie die Einswerdung ihres Wesens erlebt haben, und diese »Einswerdung« ist es, die stets mit dem Zeichen Steinbock verbunden ist.

Steinbock ist daher immer ein Zeichen relativer Vollendung; es kennzeichnet den Höhepunkt der individuellen Entwicklung, aber auch den Punkt der stärksten materiellen Verdichtung, zu der die menschliche Seele fähig ist. Denn in diesem »Zeichen der Kristallisation« erreicht der Mensch die größte Eigenwilligkeit im Denken, und so wird hier auch ein »Grad an Härte« erreicht, über den hinaus keine Steigerung möglich ist. Der Mensch ist nun am Endpunkt seiner Persönlichkeitsentwicklung angekommen, die ihn entweder an den Höhepunkt weltlichen Ehrgeizes führt oder den Beginn eines neuen Entwicklungszyklus darstellt, an dem der Steinbock-Geborene sich seinen Mitmenschen wieder zuwendet und beginnt, seinen Willen und seine Leistungsfähigkeit für das Wohl des Ganzen einzusetzen, anstatt nur an den eigenen persönlichen Aufstieg zu denken.

Doch die Erkenntnis, daß alles irdische Streben nach Macht wertlos ist, reift nur langsam und durch eigene schmerzhafte Erfahrungen. So bewirkt der Steinbock-Geborene auch von Zeit zu Zeit unbewußt »*seine eigene Vernichtung durch Schicksalsschläge, die ihn aufgrund des Karma-Gesetzes treffen, wenn die Kristallisation zu stark geworden ist*« (Alice Bailey). Immer wieder wird in diesem Zeichen ein gewisses Maß an Verdichtung erreicht, nur um wieder zerstört zu werden, damit das innewohnende Leben befreit wird und in einer neuen Form erscheinen kann. Esoterisch wird dieses Zeichen daher als »*ein periodisches Anhalten oder Unterbrechen*« bezeichnet, da in der bestehenden Form ein weiterer Fortschritt nicht mehr möglich ist. Der Mensch muß erst wieder vom Gipfel einsamer Macht heruntersteigen, er muß demütig werden und in das »*Tal der Schmerzen, der Verzweiflung und des Todes*« hinabsteigen, um danach wieder einen neuen Aufstieg zu wagen. Bemühung, Anstrengung, Ringen um Fortschritt kennzeichnen deshalb auch die Erfahrung im Steinbock. Denn erst wenn die »Kräfte der Unterwelt« besiegt sind, die die eigene Vergangenheit des Menschen symbolisieren, gelangt er in das »verklärende Licht der Einweihung«, in dem er das Geheimnis der Seele entdeckt.

So ist Steinbock immer ein Zeichen der Extreme. Hier erreicht die Seele die stärkste materielle Verdichtung, aber auch die größten geistigen Möglichkeiten, da es sich entweder als Höhepunkt weltlichen Ehrgeizes erweist oder aber – auf hoher Entwicklungsstufe – als höchste geistige Klarheit, die den Menschen sein geistiges Ziel erschauen läßt. Es ist das Zeichen, in dem sich die Willensnatur des Menschen erfüllt, die im Widder ihren Anfang nimmt. Im Steinbock wird deshalb stets ein neuer »Zyklus des Bemühens« eingeleitet, entweder des individuellen Bemühens der Persönlichkeit, bei der Ehrgeiz die antreibende Kraft ist, oder aber des Eingeweihten, der die Vision des Göttlichen Schöpfungsplans zu erreichen sucht, in die er sich aus Liebe zur Menschheit als bescheidener Diener einordnet.

Das Ziel des Steinbock
ist es, den Schöpfungsplan zu erkennen, der aller Manifestation zugrunde liegt und der das Geheimnis der Seele bewahrt. Zu diesem Zweck muß der Mensch durch praktische Lebenserfahrung sein Gehirn in einen immer höheren Lichtzustand bringen. Durch eine wachsende Anzahl von Licht-Verbindungen im Gehirn (Synapsen) wird er fähig, in immer größeren Zusammenhängen zu denken, bis schließlich der Zusammenhang des größeren Ganzen erkennbar wird, aus dem der Mensch sein Leben bezieht.

»Der Schöpfungsplan wird Stufe um Stufe nach dem Gesetz und durch die Methode der in der Manifestation gewonnenen Erfahrung im Bewußtsein realisiert. Dies ist Einweihung.« *Alice Bailey*

Die Erkenntnis des »Großen Plans«, der hinter der sichtbaren Schöpfung wirkt, erfolgt nur langsam und vollzieht sich über viele Leben, in denen der Mensch durch Versuch und Irrtum immer wieder in den Schmerz gehen muß, ehe er neue Höhen erreichen kann. Denn die Form, die zu Verdichtung und Kristallisation neigt, muß immer wieder zerstört werden, um dem größeren geistigen Fassungsvermögen angepaßt zu werden.

In der Entwicklung vom ehrgeizigen Wollen zum bescheidenen Dienst an der Menschheit lassen sich drei Stadien erkennen:
1. Ehrgeiz drängt den Menschen von Leben zu Leben durch das »Tor des Krebses«, bis er die Wertlosigkeit aller irdischen Befriedigung erkennt.
2. Geistiges Streben und das Verlangen nach Befreiung tritt an die Stelle weltlichen Ehrgeizes, und sie werden die antreibenden Impulse seines Lebens.
3. Ein echtes Gefühl für die Wirklichkeit löst das irdische wie auch das geistige Streben ab, und der Mensch wird – durch spirituelle Liebe – zum bescheidenen Diener der Menschen.

Der Schlüssel zur Transformation
Das Problem dieses Zeichens ist der Ehrgeiz und die starke materielle Verdichtung, die die Energie des Steinbock bewirkt, weil sie diesen Typus oft materialistisch, stolz und egoistisch werden läßt, solange der Kopf das Herz beherrscht. Geistiger Fortschritt kann in diesem Zeichen daher nur durch Demut erreicht werden, denn nur so werden wir fähig, wirklich zu lieben. Sinnigerweise haben sehr viele Steinbock-Geborene Probleme mit den Knien, die symbolisch auf das »Niederknien« hindeuten, das allgemein als ein Akt der Demut gilt und deshalb auch in vielen Religionen zum Ritual geworden ist. Symbolisch betrachtet kann der Mensch nur auf seinen Knien durch das »Tor der Einweihung« gehen. Solange er anmaßend dort steht, kann ihm das Wissen eines Eingeweihten nicht gefahrlos anvertraut werden. So ist es auch die Demut und die Bereitschaft zu dienen anstatt zu herrschen, die in diesem Zeichen erreicht werden müssen und die allein den Weg in das Leben des Geistes öffnen. Denn am »Tor der Einweihung« begegnet der Mensch der Dualität wieder in Form des eigenen »Hüters der Schwelle«, den er Kraft seiner eigenen Gedanken erschaffen hat, sowie der Gegenwart der Seele, deren Licht er in sich trägt. Sie versperren ihm so lange den Zugang, bis er begreift, daß allein die Macht der Liebe in der Lage ist, diese beiden widerstreitenden Teile seines eigenen Wesens zu vereinen und ihm den Weg ins Licht zu öffnen, der das Geheimnis der Seele offenbart.

Die beiden Schlüsselworte für den Steinbock nach Alice Bailey
Persönlichkeit: »Ehrgeiz herrsche, und das Tor stehe weit offen.«
Seele: »Versunken bin ich in überirdischem Licht, doch diesem Licht wende ich den Rücken zu.«

Wassermann

20. Januar – 19. Februar
300–330 Grad im Tierkreis
Element: Luft
Fixes, männliches Zeichen

Wassermann-Prinzip: Aufhebung der Dualität, Gruppenbewußtsein, Universalität

Die elfte Phase des Tierkreises
Der Unterordnung des persönlichen Lebens unter ein gemeinschaftliches Ordnungsprinzip, das den Steinbock kennzeichnet, folgt die Phase universellen Denkens, in der die globalen Zusammenhänge des Lebens erfaßt werden. Der Mensch erlebt sich nicht mehr als Einzelwesen, sondern als Teil einer Gruppe, der er sich zugehörig fühlt und in deren Dienst er seine Erfüllung findet.

Typische Verhaltensmerkmale
Der Wassermann-Geborene ist ein Mensch von großer Freiheitsliebe und Unabhängigkeit, der stets versucht, sich nicht in ausgetretenen Pfaden zu bewegen, die neue Entwicklungen hemmen. Sein Bewußtsein ist auf Veränderung angelegt, und so verläuft sein Leben im allgemeinen auch nicht gleichmäßig und in vorgezeichneten Bahnen. Unfähig, sich im Gegenwärtigen zu verankern, liebt er das Überraschende und Unvorhergesehene, das seinem Leben Schwung und Spannung verleiht. Er will den Fluß des Lebens spüren und braucht Abwechslung in Beruf und Privatleben. So ist man bei ihm vor Überraschungen auch nie sicher, denn der ständige Drang nach Veränderung der Verhältnisse führt zu häufigen »Verwandlungen«, entweder innerlich oder äußerlich. Äußerlich zeigt sich der Drang nach Veränderung in einer großen Aufgeschlossenheit für neueste menschliche Errungenschaften oder technischen Fortschritt, was sich bis zur Aktualitätssucht steigern kann, aber auch als Tendenz zu wechselnden Partnerschaften, häufigem Ortswechsel oder als Wunsch, den unmittelbaren Lebensraum durch Umbau oder häufiges Umstellen der Wohnungseinrichtung immer wieder zu verändern. Der Wassermann braucht diesen Wechsel,

denn nichts ist ihm unerträglicher als ein Zustand der Unbeweglichkeit und Stagnation, wo nichts geschieht und alles in den Bahnen einer eingefahrenen Routine verbleibt.

Das Bedürfnis nach Veränderung bezieht sich aber nicht nur auf äußere Ereignisse des Lebens, es prägt auch sein Weltverständnis. Als progressiver, individueller, freiheitsliebender Mensch, der keine äußere Autorität anerkennt, verspürt der Wassermann-Geborene stets den Wunsch, sich von traditionellen Werten zu lösen, und wenn nötig, auch alle Brücken hinter sich abzubrechen, um einen Neuanfang zu wagen. Er ist aufgeschlossen für Reformen und Zukunftsweisendes, und so wird er auch stets der Avantgarde angehören, die für neue Ideen empfänglich ist, bevor die Masse sie aufgreift.

Er denkt nicht analytisch, sondern intuitiv, was zu Beginn der Entwicklung in einer großen Sprunghaftigkeit des Denkens zum Ausdruck kommt. Auf höherer Entwicklungsstufe wandelt sich dieses sprunghafte Denken jedoch in eine intuitive Offenheit für übergreifende Zusammenhänge des Lebens, die jenseits des rationalen Denkens liegen. Dies erklärt auch seine Unvoreingenommenheit gegenüber grenzüberschreitenden Wissenschaften wie Esoterik, Parapsychologie und Astrologie, die seinem intuitiven Verständnis von der Universalität des Lebens entsprechen, was ihn davor bewahrt, Lebensvorgänge nur rational-wissenschaftlich zu betrachten.

Der Wassermann besitzt ein instinktives Empfinden für die Gleichheit aller Menschen, und so gilt sein Interesse auch meist allem, was die Verbundenheit zwischen ihnen fördert. Die Grundlage seiner Lebensphilosophie ist Freiheit und die Emanzipation des Menschen, was sich nicht selten in einer sozialistischen Weltanschauung niederschlägt, in der das Prinzip der Chancengleichheit oberste Priorität hat. Er zeigt daher auch große Aufgeschlossenheit für sozialen Fortschritt und die Grundideen wahrer Demokratie, in der der Einzelne sich frei und ungebunden je nach Veranlagung entfalten kann und niemand benachteiligt wird, denn er spürt in sich den Wunsch, Gegensätze zu überbrücken und in einer lebendigen Synthese zu vereinen.

Doch seltsam kontrastierend zu dieser egalitären, demokratischen Grundauffassung steht zu Beginn der Entwicklung oft der persönliche Lebensstil, der eher Distanz zu anderen und eine gewisse Abgehobenheit der Gedankenwelt erkennen läßt. Um jeden Preis versucht der Wassermann-Geborene, seine Eigenart und Originalität zu erhalten, denn niemals würde er in die Fußstapfen eines anderen treten wollen. Zwar ist er offen für Anregungen von außen, und unvoreingenommen hört er sich an, was andere zu sagen haben, doch nur, um daraus seine eigenen Schlüsse zu ziehen, die sich nicht auf Konventionen oder traditionelle Wertvorstellungen stützen. Es drängt ihn, sich von allen einschränkenden Bindungen der Familie, der Tradition oder Gesellschaft zu befreien, um seine eigene, ganz persönliche Meinung und seinen eigenen Lebensstil zu finden, in dem die persönliche Note stets überwiegt. So wird er auch darauf achten, sich nicht zu stark in emotionale Abhängigkeiten zu verstricken, und er reagiert empfindlich auf den Versuch, seine persönliche Freiheit und Eigenständigkeit einzuschränken, die er unter allen Umständen verteidigt. Bereitwillig wird er Hilfe leisten, solange er das Gefühl hat, daß er es freiwillig tut. Fordert man aber diese Hilfe oder versucht man gar, ihn zu verpflichten, wird er dies als Einengung empfinden und schnellstens versuchen, sich der Vereinnahmung zu entziehen. Gerne hält er sich am Rande eines Geschehens auf, denn es sollte emotional nicht zu eng werden und die eigene Entscheidungsfreiheit immer gewahrt bleiben. Aufgrund seiner Neigung, sich stets alle Türen offen zu halten, fällt es ihm oft schwer, verbindliche Zusagen für die Zukunft zu machen. Seine Entscheidungen gelten meist nur für den Augenblick, und was morgen kommt, wagt er heute noch nicht zu sagen, um für neue Möglichkeiten weiter offen zu bleiben.

Diese Unverbindlichkeit und der Versuch, sich von allen einengenden Bindungen freizuhalten, veranlassen ihn, sich zwar in Gruppen zu bewegen, aber stets eine gewisse innere Distanz zu bewahren, die enge emotionale Beziehungen erschwert. So ist der Bereich der emotionalen Beziehungen auch zuweilen ein Problem dieses Zeichens, in dem Freundschaften oder eine Ehe auf partnerschaftlicher Basis meist einen höheren Stellenwert haben als enge Liebesbeziehungen, durch die er sich nur allzu leicht seiner inneren Unabhängigkeit beraubt fühlt.

Doch der Wassermann-Geborene braucht Gleichgesinnte, Freunde und Bekannte, um sich selbst zu finden, weil sein Bewußtsein nicht in der eigenen Person zentriert ist. So wirkt er auch nicht primär durch die physische Unmittelbarkeit seiner Person, wie das Gegenzeichen Löwe, in dem einzig das unmittelbare Erleben und die persönliche Erfahrung zählen, sondern durch das, was er an Überpersönlichem in sein Leben integriert hat. Denn das Prinzip des Wassermann ist die Universalität des Lebens, wodurch der Einzelne sich – mit zunehmender Entwicklung – immer deutlicher als Teil eines größeren überpersönlichen Ganzen begreift, in dem das eigene Leben erst einen Sinn und eine Bedeutung bekommt. Sein Selbstverständnis und seine

Sicherheit erreicht er daher durch Engagement für andere, für eine überpersönliche Idee oder ein Gemeinschaftsprojekt, aus dem er das Gefühl der eigenen Bedeutung gewinnt, denn er bezieht sein Selbstwertgefühl aus dem Umfeld, in dem er lebt und arbeitet. Um eine Richtung zu bekommen, braucht er einen geistigen Hintergrund oder einen größeren Zusammenhang, in den er sein Leben einordnen kann. Hat er ihn gefunden, tritt das Persönliche dahinter zurück, und er wird bereit sein, seine ganze Kraft einzubringen und in den Dienst einer Gemeinschaft zu stellen, der er sich zugehörig fühlt. Denn der Wassermann besitzt kein individuelles, sondern ein auf die Gruppe ausgerichtetes Bewußtsein. Seine wahre Erfüllung erreicht er im Dienst an der Menschheit und in der Verpflichtung an seine Mitmenschen. Auf persönlicher Ebene kann sich dies in der Zugehörigkeit zu einem Verein, im loyalen Dienst in einer Firma, der Zugehörigkeit zu einer Interessengruppe oder der Sorge für die Familie äußern. Auf hoher Entwicklungsstufe zeigt es sich in einer liebevollen Mitmenschlichkeit und einer wahrhaft brüderlichen Gesinnung anderen Menschen gegenüber.

Kriterium für Entwicklung
Auf unreifer Ebene ist der Wassermann ein Mensch, der das Leben gewohnheitsmäßig aus einer etwas abgehobenen Position betrachtet. Er ist freundlich, offen, aber innerlich distanziert und unverbindlich, denn er empfindet sich anders als andere, bis hin zum Außenseiter. Bewußt bewegt er sich zwar als »Gleicher unter Gleichen«, doch innerlich bewahrt er sich meist das heimliche Gefühl, etwas Besonderes zu sein und nicht selten auch über den anderen zu stehen. So ist es auch seine wichtigste Aufgabe, sich durch Begreifen universeller Zusammenhänge vom Gefühl des Besonderen zu befreien. Er muß sich der »Seelenverwandtschaft« mit seinen Mitmenschen bewußt werden, um die innere Distanz zum Erleben und Erleiden anderer zu überwinden, mit der er gerne versucht, sich aus allem herauszuhalten, was emotional verbindlich oder einengend ist.

Stärken und Schwächen des Wassermann
Die Stärke des Wassermann ist die Fähigkeit zur Synthese, zu ganzheitlicher Betrachtung der Lebensvorgänge. Er besitzt die Bereitschaft zur Veränderung, ist progressiv, freiheitsliebend und aufgeschlossen für alles Zukunftsweisende, für soziale Gerechtigkeit und menschlichen Fortschritt. Seine Erfüllung erreicht er im Dienst für eine Grup-

pe, in der er mitverantwortlich handelt.

Die Schwächen dieses Zeichens sind Sprunghaftigkeit des Denkens, mangelnde Kontinuität und Instabilität sowie eine anfänglich oberflächliche Selbstwahrnehmung. Überheblichkeit und das Gefühl des Sonderseins oder des Besonderen gehören daher zum Erscheinungsbild dieses Typus, solange das persönliche Leben hinter dem Höhenflug der eigenen Gedanken zurückbleibt und die mentale Entwicklung noch schwach ist.

Die drei Entwicklungsebenen im Wassermann

Persönliches Bewußtsein:	Exoterischer Herrscher	– Uranus
Seelenbewußtsein:	Esoterischer Herrscher	– Jupiter
Geistiges Bewußtsein:	Hierarchischer Herrscher	– Mond (Neptun)

1. Stadium: **Entwicklung der Persönlichkeit**

Zeichenherrscher: **Uranus**   *Leitmotiv:* **Freiheit und Veränderung**

Zu Beginn der Entwicklung – wenn Uranus herrscht – ist der Wassermann ein Mensch von oberflächlicher Selbstwahrnehmung, der gewohnheitsmäßig einer gewissen Überheblichkeit unterliegt, denn er nimmt sich als »über den Dingen stehend« wahr. So betrachtet er die Welt auch meist aus einer Art Vogelperspektive, und nicht selten entsteht dadurch das Gefühl der Überlegenheit, das eine gewisse Distanz zu anderen aufbaut und emotionale Nähe erschwert. Zwar lebt und arbeitet er bevorzugt mit anderen Menschen zusammen, da er die Gesellschaft seiner Mitmenschen braucht, doch innerlich bleibt er gerne unverbindlich. Sein Lebensstil ist meist unkonventionell und zuweilen extravagant. Auf keinen Fall will er sich einfach an das anlehnen, was andere vor ihm getan haben, oder einfach Dinge übernehmen, die traditionell immer gegolten haben. Denn er versucht, Traditionen zu durchbrechen, ist offen und aufgeschlossen für alles Moderne, für neue Trends und alles, was den Lebensstandard des Menschen hebt, doch es fehlt ihm noch das tiefere Verständnis für andere und für sich selbst.

Mit zunehmender Persönlichkeitsentwicklung wird das Denken jedoch stärker und tiefgründiger, und nun wird der Wassermann-Geborene empfänglich für ganzheitliche Ideen und alles, was der Menschheit Fortschritt und Entwicklung bringt. So sehen wir ihn auch meist auf der Seite der Reformkräfte einer Gesellschaft. Er tritt ein für gedankliche Freiheit, Emanzipation und Menschenrechte, denn das Prinzip der Gleichheit aller Menschen und der Humanität ist tief in ihm verwurzelt. Doch der Wunsch nach Eigenständigkeit, Unabhängigkeit und persönlicher Lebensgestaltung, die ihm als unverzichtbares Gut erscheinen, halten ihn oft noch davon ab, sich aktiv für die Freiheiten anderer einzusetzen. Denn solange das persönliche Interesse im Vordergrund steht, fehlt ihm die innerlich erlebte Verbundenheit mit seinen Mitmenschen, die schließlich die Kraft mobilisiert, sich für konkrete Veränderungen und Fortschritt in der Welt stark zu machen. Und so ist die Wassermann-Persönlichkeit auch nicht selten ein Schöngeist, der die eigene Utopie einer besseren humaneren Welt pflegt, aber noch nicht genug Liebe besitzt, um das eigene Leben wirklich in den Dienst der Gesellschaft zu stellen.

2. *Stadium:* Seelenbewußtsein

Zeichenherrscher: **Jupiter**   *Leitmotiv:* **Tätige Nächstenliebe**

Wenn die Seele stärker ins Bewußtsein tritt, beginnt der esoterische Planet Jupiter die Wirkung des Uranus zu verstärken. Nun wird sich der Wassermann zunehmend der universellen Zusammenhänge des Lebens sowie der geistigen Verbindung aller Menschen bewußt. Dadurch verliert sich das Interesse an seiner persönlichen Entwicklung, und er erkennt, daß er Teil einer Gruppe von Menschen ist, die bewußtseinsmäßig auf der gleichen Stufe stehen wie er. Intuitiv fühlt er sich zu ihnen hingezogen, und hinter der trennenden Fassade des Äußeren nimmt er die Seele oder das Bewußtsein wahr, das alle Menschen miteinander verbindet. Er begreift, daß sich jeder Mensch zwar zu einer unabhängigen, einzigartigen Persönlichkeit entwickeln soll, doch nur, um diese dann wieder in den Dienst der Menschheit zu stellen, die auf der Seelenebene ein untrennbares Ganzes bildet.

So tritt das *Gegensatzpaar Wassermann-Löwe* in intensive Wechselbeziehung, und der Wunsch nach Freiheit und persönlicher Unabhängigkeit wandelt sich in den Wunsch, etwas Nützliches für die

Menschheit zu tun. Die Individualität und Eigenständigkeit des Wassermann, die durch den Einfluß des Gegenzeichens Löwe gestärkt wurden, bleiben zwar bestehen, doch er setzt diese Fähigkeiten nun ein, um seinen Mitmenschen zu dienen und sie in ihrer geistigen Entwicklung voranzubringen. Dadurch wird die Illusion eines einzelnen, abgetrennten Lebens offensichtlich, und er erkennt die Schönheit des Gruppenlebens, des Gruppeninteresses sowie seine individuelle Verantwortlichkeit für das größere Ganze.

3. Stadium: **Geistiger Mensch**

Zeichenherrscher: **Mond**   *Leitmotiv:* **Universelles Mitgefühl (Neptun)**

Wenn der Mond (der Neptun verhüllt) auf hierarchischer Ebene herrscht, ist das *Gegensatzpaar Wassermann-Löwe* im Bewußtsein verschmolzen. Das Individuelle ist zum Universalen geworden, denn der Wassermann hat die Dualität seines Bewußtseins überschritten und ist so zur lebendigen Seele geworden. Sein Denken ist nun universal, und er hat die Bindung, die alle Dinge zu einem wirksamen synthetischen Ganzen vereinigt, als die Kraft der Liebe erkannt und in seinem Leben verwirklicht.

Dies ist das Endziel der menschlichen Entwicklung. Der Einzelne gibt seine persönliche Identität zugunsten des Ganzen auf, doch er behält seine geistige Identität. Das im Löwen erworbene Eigenbewußtsein ist zu allgemeiner Menschenliebe geworden, und so ist das Kennzeichen des vollendeten Wassermann auch die Universalität seines Bewußtseins, die ihn die Synthese allen Lebens erkennen läßt, und die universale Liebe, die ihn am Endziel der Seelenentwicklung zum Weltdiener macht.

Die esoterische Bedeutung des Wassermannzeichens

Symbol: ♒ Zwei parallele wellenförmige Kraftlinien.

Bedeutung: Diese beiden Linien stellen die beiden großen Lebensströme dar, die ständige Bewegung, wechselnde

Aktivität und immer wiederkehrende Veränderung erzeugen.

Lichtqualität: Das Licht, das auf Erden über das Meer scheint.

»Es ist das Licht, das immer in der Dunkelheit scheint und mit seinen heilenden Strahlen alles reinigt, was geläutert werden muß, bis einmal das Dunkel gewichen ist.« Alice Bailey

Wassermann ist das Zeichen der Universalität oder des geistigen Bewußtseins, in dem die Dualität überschritten wird. Diese Universalität des Denkens erreicht der Mensch durch Erkennen der Tatsache, daß Geist und Materie nur zwei Schwingungszustände des »Einen Großen Lebens« sind, das den Ursprung alles Lebendigen bildet. In diesem Zeichen gilt es, die Seele oder die Liebe als das verbindende Bewußtsein zu entdecken, das Geist und Materie in lebendiger Wechselbeziehung hält, um sie im Laufe der Evolution einander anzunähern.

Denn das Bewußtsein der Welt, wie auch des Menschen, entwickelt sich durch das ständige Einwirken des Geistes (Aktion) auf die Materie (Reaktion) und das Wechselwirken zwischen beiden. Dies bewirkt die Evolution der physischen Formen, aber auch die Entwicklung des Seelenbewußtseins, und dies ist es, was der Mensch im Denken erkennen muß, um sich selbst als Seele zu entdecken.

Im Wassermann geht es darum, sich durch Entwicklung eines ganzheitlichen spirituellen Denkens und einer intuitiven Wahrnehmung aus der Begrenzung des menschlichen Verstandesdenkens zu befreien und die universellen geistigen Zusammenhänge zu erkennen, die die physische Welt und das geistige Sein verbinden. So ist der Mensch dieses Zeichens auch ständigen Veränderungen und Entwicklungskrisen ausgesetzt, bis er sich durch Entdecken des »Gesetzes des Wechselwirkens« als Teil eines größeren Lebens begreift, das ihm Höhen und Tiefen, Geburt, Tod und Wiedergeburt bringt, die nur eine Spiegelung des kosmischen Gesetzes der Periodizität oder der zyklischen Entwicklung sind. Durch Verstehen dieses übergeordneten Lebensgesetzes überschreitet der Mensch sein persönliches Bewußtsein, und er erkennt, daß er – wie jede Zelle im Körper – Teil eines übergeordneten Gruppenlebens ist, mit dem er untrennbar verbunden ist.

Um dies zu verstehen, muß er die persönliche Perspektive seines Lebens überschreiten und versuchen, gedanklich in das größere Leben einzudringen, das »ihn atmet« und sein Leben lenkt. So wird er durch ständige Erweiterung seines Denkens und Erkennen immer übergreifender kosmischer Zusammenhänge eins mit dem Bewußtsein des größeren Ganzen und fähig, das eigene Selbst als das verbindende Bewußtsein zwischen Geist und Materie zu erkennen. Und hat er schließlich das vollkommene Einssein mit dem höheren Selbst erreicht – was erst auf einer hohen Entwicklungsstufe möglich ist – wird ihm bewußt, daß es allein die Kraft der Liebe ist, die alle Formen des Lebens zu einer Einheit verbindet. Er erkennt Geburt, Tod und Wiedergeburt nun als wechselnde Erscheinungsformen des »Einen Großen Lebens«, dessen Wesen Liebe ist, und wenn er selbst schließlich fähig wird, wirklich zu lieben, entdeckt er sein eigenes göttliches Selbst.

Das Ziel des Wassermann
ist das Eindringen in das Geheimwissen, das unter dem Begriff des Okkulten oft mißverstanden wird. Denn es geht hier nicht um Magie oder Macht, sondern um das Erkennen des inneren Zusammenhangs alles Lebendigen und der geistigen Gesetze, denen die Evolution der Natur und die Bewußtseinsentwicklung des Menschen unterliegt. Sind Tod und Leben doch nur zwei Erscheinungsformen des »Einen Großen Lebens«, das auf beiden Ebenen wirkt, und diese Tatsache gilt es zu erkennen, um sich der Ewigkeit oder des geistigen Seins bewußt zu werden. Dies kann jedoch nicht durch den Intellekt erreicht werden, sondern nur durch Intuition oder das »Denken im Herzen«, das sich durch Dienen und tätige Nächstenliebe entwickelt. Aus diesem Grund ist das Hauptmotiv des Wassermann der (Gruppen-)Dienst, der sich wie ein roter Faden durch alle Stadien der Entwicklung zieht, denn Dienen ist die wissenschaftliche Methode, die die Seele anwendet, um sich in der Liebe zum Nächsten selbst zu entdecken.

In der Entwicklung des Dienens lassen sich drei Stufen erkennen:
1. Der Dienst an sich selbst, der in einer oberflächlichen Denkweise und einer egoistischen Tätigkeit Ausdruck findet.
2. Die äußere, auf persönlichen Erfolg gerichtete Tätigkeit wandelt sich in den Wunsch, der Seele zu dienen.
3. Eigenbewußtes Leben wandelt sich in allgemeine Menschenliebe, die ihren Ausdruck im Weltdienst findet.

Der Schlüssel zur Transformation
Das Problem des Wassermann-Geborenen ist das gedankliche Abgehobensein und das Sich-Heraushalten aus allen bindenden Verpflichtungen, die seine Freiheit und Eigenständigkeit beeinträchtigen könnten. Lange Zeit zieht er es vor, im Kreis von Freunden und Gleichgesinnten seine ganzheitlich-fortschrittliche Weltsicht zu diskutieren, anstatt Hand anzulegen und sich in die »Niederungen des Lebens« zu begeben, um konkret etwas zu verändern. So wird Fortschritt in diesem Zeichen auch erst erreicht, wenn der Wassermann sein inneres geistiges Refugium verläßt und sich wirklich engagiert. Seine Aufgabe ist es, denen aktiv und tatkräftig zu helfen, die kraft ihres eigenen Denkens nicht in der Lage sind, sich aus dem »Sumpf der Emotionen« zu ziehen, der die Weltverblendung bewirkt. Der Wassermann-Geborene ist daher aufgerufen, seine intuitive Offenheit für ganzheitliche Ideen zu nutzen, um mitzuhelfen, eine bessere Welt zu schaffen, in der der Mensch im Mittelpunkt steht und nicht die Maschine oder Sachzwänge. Nur wenn die innerlich gefühlte Verbundenheit mit seinen Mitmenschen auch im konkreten Handeln ihren Ausdruck findet, wird der Wassermann zu sich selbst finden und ein Selbstbewußtsein erreichen, das in der Seele zentriert ist.

So wird er sein wahres Wesen, das Nächstenliebe und Mitmenschlichkeit ist, auch erst auf einer relativ hohen Entwicklungsstufe voll zum Ausdruck bringen, wenn er sich der geistigen Verbundenheit mit seinen Mitmenschen wirklich bewußt wird. Erst wenn er sich als Teil der Menschheit versteht und den Wunsch verspürt, anderen selbstlos zu dienen, wird er zum wahren Menschen erwachen. Und dieses Erwachen zu Humanität und Mitmenschlichkeit – das eigentliche Ziel des Wassermann – nennen wir Gruppenbewußtsein.

Die beiden Schlüsselworte für den Wassermann nach Alice Bailey
Persönlichkeit: »Begierde sei Herrscher in der Form.«
Seele: »Wasser des Lebens bin ich, ausgegossen für dürstende Menschen.«

Fische

19. Februar – 20. März
330–360 Grad im Tierkreis
Element: Wasser
Veränderliches, weibliches Zeichen

Fische-Prinzip: Passive Empfänglichkeit, Einheitsempfinden, »Selbst«-Losigkeit

Die zwölfte Phase des Tierkreises
Das letzte Zeichen des Tierkreises symbolisiert die Vollendung der Einzelseele, die im Menschheitsbewußtsein aufgeht. So folgt dem Gruppenbewußtsein im Wassermann die Auflösung der Persönlichkeitsgrenzen zugunsten eines Einheitsempfindens, in dem das persönliche Selbst seine Bedeutung verliert.

Typische Verhaltensmerkmale
Fische-Geborene sind weiche, empfindsame, eher introvertierte und friedfertige Menschen, die nicht durch äußere Stärke imponieren. Ihre Grundhaltung im Leben ist passiv-empfänglich, ein sensibles Mitschwingen mit anderen, denn die Grenzen zwischen dem eigenen Erleben und den Erlebnisformen ihrer Mitmenschen sind fließend. Von Stimmungen und Atmosphärischem stark beeinflußbar, sind sie oft unbeständig und auf unreifer Ebene wenig zielbewußt. Ihre Reaktionen sind abwartend und indirekt; sie sehnen sich nach Kontinuität und Stabilität, doch diese sind aufgrund ihres fließenden Temperaments nur schwer zu erreichen. So können ihre Absichten, Ansichten und Interessen auch in kürzester Zeit wechseln, abhängig von der jeweiligen Stimmungslage der Umgebung, die sie feinfühlig aufnehmen. Häufig schwanken sie zwischen Hingabe und Abwehr, denn ihre Entscheidungen sind beeinflußt durch das, was ihnen aus der Umwelt zufließt, ohne daß es eines Wortes bedarf.

Auf unentwickelter Ebene sind Fische daher häufig fremdbestimmt, sie leben unbewußt fremdes Leben mit, und so sind sie meist schillernde, schwer zu durchschauende Menschen, die immer wieder seltsam gewandelt erscheinen und sich jeder Festlegung entziehen. Fast

könnte man sie als »unbewußte Schauspieler« des Lebens bezeichnen, die Hintergründigem, aber auch den Stimmungen und Empfindungen ihrer Umgebung Ausdruck verleihen. Denn das eigentliche Wesen der Fische ist »Ich-Losigkeit«, was natürlich nicht bedeutet, daß sie sich von Anfang an durch Selbstlosigkeit auszeichnen, sondern vielmehr, daß sie nicht die Fähigkeit besitzen, sich von anderen vollständig abzugrenzen. Offen für alle Schwingungen und Eindrücke, die ihnen aus der Umwelt zufließen, können sie sich leicht in die Erleidens- und Erlebensform der Umwelt einfühlen. Andere Menschen suchen deshalb gerne ihre Gesellschaft, um ihnen ihre Sorgen und Nöte anzuvertrauen, da sie sich stets als geduldige Zuhörer erweisen und bereit sind, anderen in seelischer Not zu helfen. Sie sind von Natur aus hilfsbereit, aufopfernd und voller Hingabe, und das Gebrauchtwerden bildet den stärksten Antrieb ihres Handelns, da ihr Bewußtsein den Mitmenschen und die gesamte kreatürliche Schöpfung mit einschließt. Andererseits führen die mangelnde Abgrenzung und ihre Feinfühligkeit zu einer gewissen Lebensuntüchtigkeit in einer leistungsorientierten Welt, in der sie nur schwer mithalten können, da ihre Entwicklung sich weitgehend im Inneren vollzieht.

So hat der Fische-Mensch auch oft Schwierigkeiten, sich in die reale Umwelt einzufügen, denn seine eigentliche Welt ist die Grenzenlosigkeit wahrnehmenden Empfindens, das umfassender ist als die begrenzte Realität, in der nüchterne Tatsachen, konkrete Fähigkeiten und Durchsetzungskraft zählen. Fische leiden deshalb – vor allem zu Beginn der Entwicklung – unter einem sich selbst nur selten eingestandenen Gefühl der eigenen Minderwertigkeit gegenüber den robusteren Menschen, die für den Existenzkampf im Dschungel des Lebens besser ausgerüstet scheinen. Um dies zu kompensieren, können sie zuweilen zu ausgeprägten Materialisten werden, die sich aus Passivität und Weltenangst an die üblichen Sicherungen klammern oder einen Halt in Beruf und Familie suchen. Doch die innere Elastizität und die Weite ihrer Empfindungen läßt sie nie ganz in Absicherungen und Gewohnheiten erstarren. Um sich der Enge und der Begrenzung irdischer Spielräume zu entziehen, greifen sie gerne auf ihre Phantasie zurück, mit der sie das Gefühl unbegrenzter Möglichkeiten wachzuhalten versuchen, wenn die Realität zu bedrückend zu werden droht oder das Leben ihnen vorenthält, was sie sich in ihren Träumen ausmalen. So gilt ihnen die Möglichkeit zu etwas auch meist mehr als reale Gegebenheiten, und sie unterscheiden häufig nicht klar genug zwischen Phantasie und Realität. Fische neigen daher zu Selbsttäuschung und falscher Einschätzung der eigenen Möglichkeiten, die in ihrer Phantasie oft phantastischer erscheinen als sie in Wirklichkeit sind.

Im bürokratischen Wettlauf des Alltags, im Gerangel um Spitzenpositionen ziehen Fische-Geborene leicht den kürzeren, weil die äußere Realität ihnen eher lästig ist und sie bei ihrer komplizierten Selbstfindung stört. Der Kampf mit dem Alltag kann für sie mitunter sehr nervenaufreibend sein und zum Problem werden, denn sie neigen dazu, die lästigen täglichen Anforderungen der Realität einfach zu ignorieren oder aufzuschieben, bis sie zur Bedrängnis werden, oder sie einfach dem Zufall zu überlassen. Abwartend-passiv, voller Zuversicht auf die Selbstregulierung der Natur vertrauend, schauen sie zu, wie sich die Dinge entwickeln, anstatt zu handeln und regelnd einzugreifen. Und so bewahrheitet sich für sie nur allzu oft der legendäre Satz eines prominenten Fische-Geborenen: *»Wer zu spät kommt, den bestraft das Leben.«*

Dies bedeutet natürlich nicht, daß Fische generell Träumer und Phantasten wären. Doch der Sinn für das Praktische und die Fähigkeit ökonomischen, sich an den Bedingungen der Existenz orientierenden Verhaltens – das dem Gegenzeichen Jungfrau zugeordnet wird – ist hier zunächst schwach ausgeprägt. So versuchen sie sich dem Druck wirtschaftlich-ökonomischen Verhaltens und den Zwängen des Alltags durch Nicht-Anpassung und Nachlässigkeit einfach zu entziehen. Mit Vorliebe halten sie sich im Hintergrund, um in gepflegter Unauffälligkeit am Geschehen der Umwelt teilzunehmen, deren Hektik und vordergründige Bedeutung ihnen nicht immer nachvollziehbar erscheint, da ihr eigener Rhythmus und ihr Zeitempfinden viel langsamer und weitreichender sind, als es unsere schnellebige Zeit verlangt. Dies zeigt sich vor allem bei Kindern, die schon sehr früh durch ihre Verträumtheit auffallen. Sie sind langsamer als andere, denn ihre Welt ist die grenzenlose Weite der Phantasie und des Unterbewußten. Sie sind Tagträumer und daher häufig Problemkinder und Spätentwickler, die irgendwie hilflos wirken, doch andererseits gerade dadurch den Schutz und die Fürsorge der Umwelt herausfordern.

Dennoch sollte man die Fische-Geborenen in ihrer Zähigkeit und Durchsetzungskraft nicht unterschätzen. Sie sind Meister der Tarnung, die sich mit Vorliebe im Hintergrund halten und nicht erkannt sein wollen, doch hinter der Maske ihrer Sanftmut entwickelt sich mit zunehmender Reife ein starker Eigenwille, der ihnen Richtkraft und Stärke verleiht. Zwar neigen sie nicht dazu, direkt Widerstand zu leisten, denn sie vermeiden direkte Konfrontationen. Wenn sie Druck spüren, weichen sie aus und versuchen, sich jeder Festlegung zu entziehen bis hin zur Notlüge, die ihnen zuweilen durchaus legitim erscheint, wenn sie ihnen hilft, sich vor zu großen Anforderungen oder vor Termindruck zu schützen. Typisch ist der Zick-Zack-Kurs, das Lavieren und Taktieren, mit dem sie versuchen, ihre Vorstellungen durchzubringen, ohne sich eindeutig festzulegen. Bietet sich Widerstand, weichen sie zurück, und sie werden erst wieder aktiv, wenn dieser nachläßt. Doch gewöhnlich erreichen sie trotzdem, was sie wollen, vielleicht nicht sofort, aber am Ende siegen ihre Langmut und ihr ungebrochener Wille, den sie fast immer durchsetzen, auch wenn es dabei gewisser Umwege bedarf.

Fische wirken im Stillen, sie scheuen alles Laute und Demonstrative, das sie ihrer Besinnlichkeit beraubt. Ihre Gefühlsäußerungen sind stets verhalten; Schmerz und Freude äußern sie nicht laut, denn nichts scheuen sie mehr als anderen ihre Seele zu offenbaren. Vielmehr erwarten sie, daß man ihre wortlosen Impulse versteht, und wenn dies nicht geschieht, sind sie enttäuscht. Aber zugeben würden sie das niemals; lieber bleiben sie unerkannt im Hintergrund, als einem Außenstehenden ihre geheimsten Wünsche anzuvertrauen. Einer eventuellen Enttäuschung beugen sie vor, indem sie schon vorher freiwillig verzichten, doch darüber reden wollen sie nicht. Denn nicht jede Atmosphäre verträgt die Berührung mit dem Wort, das ihnen oft eher unangemessen erscheint, um auszudrücken, was sie empfindend wahrnehmen. Fische leiden daher häufig unter dem Gefühl des Nicht-Verstandenseins, da sie im allgemeinen mehr wahrnehmen als sie ausdrücken können. So haben sie auch zuweilen Schwierigkeiten, ihre Eindrücke konkret zu formulieren und verständlich zu machen, was sie innerlich bewegt. Dies führt nicht selten zu Mißverständnissen und Verständigungsschwierigkeiten, weil nicht die Logik im Vordergrund steht, sondern die psychische Wahrnehmung, die die Wirklichkeit anderer Menschen deutlich erfühlt, aber nicht unbedingt rational erklären und ausdrücken kann. Oft sind sie Eindrücken ausgeliefert, die sich mehr bildhaft-beschreibend wiedergeben lassen als logisch-argumentativ. Ihre Erklärungen scheinen daher nicht selten weitschweifig, unpräzise und zum Teil irrational oder weit hergeholt, und solange das Denken nicht dominiert, liegt ihr Eigentliches hinter dem verborgen, was begrifflich faßbar ist. Denn sie besitzen feine Antennen für das Nicht-Sichtbare, sie sind hochsensibel und empfindsam gegenüber Situationen und Prozessen, die sie von der reinen Anschauung her begreifen. So können sie auch ohne zu sprechen befruchtend auf ihre

Umgebung wirken, indem sie zu Übermittlern von Stimmungen, Einfällen oder Ideen werden und zuweilen auch von Übersinnlichem, das sie feinfühlig wahrnehmen.

In diesem Zeichen finden sich deshalb häufiger Trance-Medien oder medial begabte Menschen, deren Wahrnehmung in die subtilen Daseinsebenen eindringt. Diese Begabung kann aber erst dann positiv genutzt werden, wenn das Denken entwickelt ist und genügend Unterscheidungsfähigkeit erworben wurde, um das Wahrgenommene auch richtig zu deuten. Ist dies nicht der Fall und überwiegt die passive Empfänglichkeit, kann diese Medialität zu Selbsttäuschungen und Verblendungen führen, die die Persönlichkeitsentwicklung gefährden. Es bedarf daher gerade in diesem Zeichen sehr stark der Qualitäten des Gegenzeichens, denn das analytische Denken ist dringend notwendig, um der Grenzenlosigkeit des Empfindens eine ordnende Kraft entgegenzusetzen.

Zwar werden Fische auch dann nicht durch kalte Rhetorik, argumentative Spitzfindigkeit oder Schlagfertigkeit hervortreten, die den rein intellektuellen Denkern eigen ist. Doch in dem Maße, wie sich das Denken zur dominierenden Kraft entwickelt und das passive Geschehenlassen von vernünftigem Handeln abgelöst wird, sind Fische immer besser in der Lage, ihre feinfühligen Wahrnehmungen auch richtig zu deuten und Grenzen zu ziehen zwischen dem eigenen Erleben und dem ihrer Mitmenschen. So werden sie eigenständig, und ihre anfänglich demonstrative Opferbereitschaft, mit der sie Anerkennung und Selbstbestätigung suchen und ihre Schwäche tarnen, wird nun zunehmend zu bewußter Mitmenschlichkeit, die sie offen macht für die Sorgen und Nöte anderer, ohne dabei ihr Eigenes zu verlieren.

Kriterium für Entwicklung
Fortschritt zeigt sich in diesem Zeichen nicht an der Hingabefähigkeit und Opferbereitschaft an sich, die allen Fischen eigen ist, denn sie neigen dazu, für einen geliebten Menschen alles zu tun bis zu unterwürfiger Selbstaufgabe. Doch mit zunehmender Entwicklung wird die Unterscheidung zwischen persönlicher Hingabe und selbstloser Menschenliebe deutlicher. Die seelische Reife der Fische zeigt sich deshalb auch an der Motivation und dem Grad an Bewußtheit, der die Bereitschaft zum Dienen bewirkt, denn sie erreichen ihre Bewußtwerdung durch vollkommene Identifikation mit dem, was sie lieben.

Stärken und Schwächen der Fische
Die Stärken der Fische sind ihre Hingabefähigkeit sowie ihre Bereitschaft zu Opfer und Verzicht. Durch ihre Feinfühligkeit sind sie mitunter in der Lage, die Probleme der anderen besser zu erkennen als ihre eigenen, und so bildet das seelische Gebrauchtwerden auch die Voraussetzung für eine tiefere menschliche Bindung und die Erfüllung im Berufsleben. Ihre Größe erreichen sie durch Verzicht und hingebungsvolles Dienen, ihr Grundmotiv ist Hilfsbereitschaft und liebevolle Mitmenschlichkeit.

Die Schwäche dieses Zeichens ist die Flucht in die Hilflosigkeit, hinter der sie sich verstecken und mit der sie Eigenverantwortung und Eigeninitiative verweigern. Die Grenzenlosigkeit ihrer Empfindungen führt häufig zu Illusionen und Selbsttäuschung, solange kein klares Denken, keine Unterscheidungsfähigkeit und keine Selbstanalyse erreicht wurden. Typisch sind zu Beginn Entscheidungsschwäche, Passivität, Flucht in Phantasiewelten und Hinhaltetaktik, mit der sie versuchen, Konfrontationen zu vermeiden, sowie mangelnde Konsequenz und Geradlinigkeit.

Die drei Entwicklungsebenen in den Fischen

Persönliches Bewußtsein:	Exoterischer Herrscher	– Jupiter
	Kollektiver Herrscher	– Neptun
Seelenbewußtsein:	Esoterischer Herrscher	– Pluto
Geistiges Bewußtsein:	Hierarchischer Herrscher	– Pluto

1. Stadium: **Entwicklung der Persönlichkeit**

Zeichenherrscher: **Jupiter**   *Leitmotiv:* **Passive Empfänglichkeit (Neptun)**

Zu Beginn der Entwicklung – wenn Jupiter herrscht – ist der Fische-Typus geprägt von großer Passivität und einem psychischen Empfinden, das ihn auf alle Kontakte aus der Umwelt sensitiv reagieren läßt. Im Grenzbereich der Realität und des Unbewußten lebend, hat er Schwierigkeiten, sich in die Umwelt einzufügen. Er ist unsicher und meist wenig geneigt, sich energisch im Leben zu behaupten, denn dies widerspricht seiner Vorstellung vom natürlichen Fluß des Lebens, von dem er sich einfach treiben läßt, ohne aktiv einzugreifen. Im Vordergrund steht eine Art »Gefühlsmedialität«, das Sich-Einfühlen in andere, und solange das Denken nicht genügend entwickelt ist, fällt es dem Fische-Typus schwer, sich von seiner Umgebung ausreichend abzugrenzen. Daraus resultiert eine gewisse Labilität und Verführbarkeit, aber auch das Gefühl der Schutzlosigkeit gegen das Leid der anderen, das Fische mitzufühlen gezwungen sind, so als wäre es das eigene. Ihre Opferbereitschaft, die meist instinktiv vorhanden ist, hat daher durchaus egoistische Motive, denn sie können sich dem Leid der anderen nicht entziehen. Dies erklärt auch ihr zuweilen missionarisches Sendungsbewußtsein, mit dem sie in eindringlicher Weise versuchen, anderen zum Heil zu verhelfen, ob diese das nun wollen oder nicht. In deutlichem Kontrast dazu steht auf der anderen Seite ihre fast naive Kindlichkeit, die sie lange zu behalten suchen, um sich jeder Verantwortung zu entziehen, da dies ein aktives Eingreifen erfordern würde. Denn im Grunde ihres Wesens sind Fische beschauliche, verträumte Menschen, die nur allzu gerne der rauhen Wirklichkeit entfliehen. Sie lieben die gleichmäßige, fließende Bewegung und halten sich jederzeit den Hintergrund als Fluchtrevier offen, in den sie bis zur Ungreifbarkeit entschwinden, sobald die Forderungen nach mehr Eigeninitiative oder schnellen Entscheidungen sie bedrängen.

Doch mit zunehmender Persönlichkeitsentwicklung verliert sich die anfängliche Gefühlsmedialität und die Flucht vor Verantwortung und Festlegungen. Nun suchen Fische-Geborene Selbstbestätigung und Anerkennung in Beruf oder Familie, wobei sie kreativ-künstlerischen Interessen, aber auch sozialen oder im weitesten Sinne helfenden Berufen den Vorzug geben, da sie wenig Neigung haben, sich mit reinen Fakten zu beschäftigen oder sich sachlich-funktionalen Aufgaben zuzuwenden. Fische sind daher überall dort am richtigen Platz, wo sie das Gefühl haben, gebraucht zu werden, wobei sie allerdings großen Wert darauf legen, daß ihre Leistung auch gewürdigt und anerkannt wird. Denn in dieser Phase treten sie aus dem Hintergrund hervor und stellen sich mit Fleiß und Ehrgeiz den lästigen, aber als notwendig erkannten Anforderungen der Realität. Zeitweise wird die materielle Absicherung aus Angst vor Versagen und Unsicherheit dabei überbetont, denn nun versuchen sie, ihren Platz im Leben zu finden und sich gegenüber den anderen robusteren Menschen zu behaupten durch ein wechselhaftes, aber selbstbestimmtes Verhalten, das den eigenen unabhängigen Standort betont. Daraus resultiert eine starke Willensbetonung, die in diesem Zeichen aber nicht direkt und offensiv zum Ausdruck kommt, sondern sich meist als unterschwellig-zwingende Emotionalität hinter der Weichheit und Sanftheit ihres Wesens verbirgt. Nicht selten führt dies dazu, daß Fische ihre Umgebung in erstaunlichem Maße beherrschen und kontrollieren, ohne daß dies auf den ersten Blick erkennbar ist.

2. *Stadium:* Seelenbewußtsein

Zeichenherrscher: **Pluto**   *Leitmotiv:* **Loslösung**

Wenn die Seele deutlicher ins Bewußtsein tritt, verstärken sich der Wille sowie die innere Richtkraft der Fische, und die schwankende Beweglichkeit weicht einer klar erkennbaren geistigen Zielsetzung. Nun wird sich der Mensch der Begrenztheit emotionaler Beziehungen bewußt, denn Pluto hat die Aufgabe, die einengenden emotionalen Bindungen zu zerstören, die den Menschen davon abhalten, sich höheren geistigen Ebenen zu öffnen. Dadurch entsteht der Wunsch, sich Aufgaben zuzuwenden, die über den Bereich persönlicher Beziehungen und das Streben nach Selbstbestätigung und Anerkennung hinausgehen. So tritt die betonte Emotionalität der Fische-Geborenen in den Hintergrund, und sie verstehen es jetzt zunehmend besser, ihre feinfühligen Wahrnehmungen auch intellektuell zu deuten und zu analysieren, um zu einer objektivierbaren Erkenntnis zu gelangen.

In dieser Phase beginnt das *Gegensatzpaar Fische-Jungfrau* sich anzunähern, und aus dem medial-veranlagten, emotionalen Menschen wird der mental betonte Mittler, der seine Feinfühligkeit nutzt, um die von ihm erfaßte Wirklichkeit mit der physischen Realität zu verbinden. Deutlich spürbar wird nun der Wunsch, anderen auf selbstlose Weise zu dienen. Der bewußte Verzicht auf ausschließliche persönliche Bindungen zugunsten allgemeiner Menschenliebe ist daher ein Merkmal dieser Entwicklungsstufe, auf der Fische versuchen, sich von allem zu befreien, was sie emotional an die Welt der Formen bindet, sie abhängig macht und ihre innere Freiheit einschränkt.

3. Stadium: **Geistiges Bewußtsein**

Zeichenherrscher: **Pluto**   *Leitmotiv:* **Einheitsbewußtsein**

Wenn Pluto auf hierarchischer Ebene herrscht, bringt er den Tod oder das Ende aller persönlichen Bindungen an die Welt, weil das Bewußtsein des Fische-Geborenen nun eins geworden ist mit dem, was wir als »Göttlichen Willen« umschreiben. In dieser Phase ist das *Gegensatzpaar Fische-Jungfrau* im Bewußtsein verschmolzen. So bilden Intellekt, menschliche Intelligenz und höhere Inspiration auch keinen Gegensatz mehr, sondern sie sind sich ergänzende Ebenen der Wahrnehmung. Die Dualität Seele-Körper hat aufgehört zu existieren, denn der Mensch lebt nun im vollen Bewußtsein der Einheit mit allem Lebendigen auf den unterschiedlichen Ebenen menschlicher Existenz.

Diese Stufe kennzeichnet das Bewußtsein aller großen Welterlöser oder »Avatare«, wie Christus, Buddha, Krishna u.a., die in regelmäßigen Abständen auf die Erde kommen, um ihre Entwicklung zu beschleunigen. Für uns normal Sterbliche stellt dieses Bewußtseinsstadium daher keine gelebte Realität dar, sondern nur das Ideal menschlicher Vervollkommnung und des höchsten Opferwillens zugunsten der Menschheit, das nur wenige Auserwählte berufen sind, wirklich zu leben.

Die esoterische Bedeutung des Fischezeichens

Symbol: ♓   Zwei gebundene Fische, die in Gegenrichtung schwimmen.

Bedeutung: Seele und Persönlichkeit, die durch ein Band – den Lebensfaden – miteinander verbunden sind. Dies ist ein Sinnbild für das Gebundensein der Seele an die Materie.

Lichtqualität: Das Licht der Welt.

»Dies ist das Licht, welches das Licht des Lebens selbst offenbart. Es macht der Dunkelheit der Materie für immer ein Ende.«
                                                                Alice Bailey

Die Fische sind ein duales Zeichen, in dem die Doppelnatur Seele-Form zum Ausdruck kommt. Durch die Verschmelzung dieser beiden entsteht im Laufe einer langen Entwicklung die vollendete Einzelseele, der »Gott-Mensch«. Fische ist daher – wie Widder – ein Anfangs- und Endzeichen, denn die Seele muß sich zunächst für die Materie empfänglich machen, sich ihrer Schwingung anpassen, um sich später erneut daraus zu lösen und sich dem Geist wieder anzunähern. Dieser Vorgang ist in der biblischen Geschichte des verlorenen Sohnes symbolisch dargestellt, die auch auf den Widder bezogen ist. Doch im Widder liegt die Betonung im Geist, während Fische die Doppelnatur Seele-Körper ausdrücken.

Fische sind daher das Zeichen eines zweifachen Verzichts, denn zunächst verzichtet die Seele auf das Leben des Geistes. Sie steigt in die Materie herab und schafft sich aus ihrem eigenen Zentrum heraus ihre eigene Persönlichkeit, über die sie sich auf der Erde materiell verankert. Dies ist die »Gefangenschaft der Seele« in der Substanz, denn solange sich die Seele mit der Form identifiziert, sind die Seelenkräfte verborgen, und die Kräfte der Persönlichkeit gewinnen immer mehr an Einfluß, weil die naturgemäßen geistigen Bestrebungen des Menschen behindert sind. Die persönlichen, besonders aber die emotionellen Kräfte sind deutliche Qualitäten der Fische auf dieser Entwicklungsebene wie auch ihre psychische Empfindungsfähigkeit und Medialität, die Ausdruck des Massenbewußtseins sind. Später, wenn die verborgene Seele innerlich aktiv wird und der Intellekt sich entwickelt, muß die Seele erneut einen Verzicht leisten, denn nun löst sie sich wieder vom Persönlichkeitszentrum oder vom Leben in der Form, um sich erneut auf das Leben des Geistes hin zu orientieren und im Dienst am Mitmenschen ihre Erfüllung zu finden.

Das Ziel der Fische
ist es, sich aus der Abhängigkeit und Versklavung durch die Materie zu befreien, in die sich die menschliche Seele durch Identifikation mit materiellen Wünschen und Zielsetzungen begeben hat. Denn durch die magnetische Wirkungskraft der Fische-Energie entwickeln sich im einzelnen Menschen Empfindsamkeit und Empfänglichkeit für höhere Eindrücke, die ihn die inneren subjektiven Ebenen des Seins wahrnehmen lassen und ihn mit zunehmender Reife veranlassen, sich von der Formseite des Lebens zurückzuziehen. Diese Empfindsamkeit äußert sich zunächst in Form von niederen psychischen Fähigkeiten, die erst durch mentale Entwicklung in höhere spirituelle Fähigkeiten umge-

wandelt werden müssen. Fische sind daher ein Zeichen der Hemmnisse, Behinderungen und des zeitweiligen Leidens, denn durch die Erfahrung materieller Begrenzungen wird der Mensch offen für höhere Wahrnehmungen und für die »Durchdringungsfähigkeit der Weisheit«. Nur so wird der Materialismus überwunden, und der Mensch wird sich wieder des geistigen Ursprungs bewußt, der die eigentliche Heimat des Menschen ist.

> Die Entwicklung von psychischer Empfindsamkeit zu geistiger Wahrnehmung erfolgt in drei Stufen:
> 1. Völlige Identifikation der Seele mit der Formnatur. Psychisches Empfinden und mediale Empfänglichkeit.
> 2. Verzicht und Loslösung vom Persönlichkeitszentrum, um eine mentale Empfänglichkeit für das Bewußtsein der Seele zu entwickeln, das in gelebter Mitmenschlichkeit zum Ausdruck kommt.
> 3. Opfer und Tod des trennenden Begehrens, das die Seele an die Erde bindet. Der Mensch befreit sich aus persönlichen (Liebes-) Beziehungen und persönlichen Bindungen, um sich in selbstloser Liebe für die Menschheit zu opfern.
>
> Dies ist das Ziel der Seelenentwicklung des Menschen, das natürlich erst im Endstadium erreicht werden kann.

Der Schlüssel zur Transformation
Fische neigen zu mystischer Wahrnehmung und Empfindsamkeit, die in mentale Empfänglichkeit umgewandelt werden muß. Fortschritt wird in diesem Zeichen dadurch erreicht, daß Fische die Qualitäten des Gegenzeichens Jungfrau erwerben und sich durch kritische Eigenanalyse vom Astralen befreien. Gerade Fische sollten sich um gedankliche Klarheit bemühen und die Kraft des Intellekts einsetzen, um sich aus der emotionalen Abhängigkeit von anderen zu lösen, aber dennoch offen und empfänglich zu bleiben für die Nöte ihrer Mitmenschen.

Und so ist es auch die liebende, aufopfernde Hingabe an andere, die sie stufenweise von der anfänglichen Identifizierung mit persönlichen Beziehungen – über die Hingabe an ein erahntes höheres Ideal – schließlich zu sich selbst finden läßt, indem sie sich durch selbstlosen Dienst am Nächsten aus der Abhängigkeit materieller und persönlicher Bindungen befreien. Denn nur durch selbstloses Dienen und Verzicht auf persönliche Anerkennung wird die Seele fähig, wirklich zu lieben und so an der Erlösung der Welt mitzuwirken. Dieses Wissen bildet auch den esoterischen Hintergrund des christlichen Gebotes »Liebe deinen Nächsten wie dich selbst«, das wohl als die zentrale Idee des Ur-Christentums angesehen werden kann, dessen Symbol das Fischezeichen war.

Die beiden Schlüsselworte für die Fische nach Alice Bailey
Persönlichkeit: »Geh hinaus in die Materie.«
Seele: »Ich verlasse des Vaters Haus, und indem ich zurückkehre, errette ich.«

V

Die Planeten als Vermittler der Tierkreisenergien

Die Grundsymbole der Planeten und ihre Bedeutung

Die Planeten sind die beweglichen Prinzipien des Tierkreises. Sie wirken als Vermittler der Tierkreisenergien, aber auch der Energien der *Sieben Strahlen*. Bildlich gesprochen könnten wir sie als die Zeiger der »Weltenuhr des Tierkreises« sehen, die die Zeitqualität einer Epoche anzeigen, indem sie sich zyklisch durch die Tierkreiszeichen bewegen. Auf diese Weise entsteht auf der Erde eine ganz bestimmte Energiequalität, die sich je nach der Stellung der Planeten ändert.

Um dies leichter zu verstehen, wollen wir zunächst die Energiequalitäten der einzelnen Planeten besprechen, um sie dann in Verbindung zu den Tierkreiszeichen zu betrachten, denen sie zugeordnet werden. Denn die Beziehung zwischen den Tierkreis-Sternbildern und den Planeten gründet auf dem Gesetz der Affinität oder Verwandtschaft, das die magnetische Anziehung und die dynamische Reaktion zwischen Sternbildern und Planeten im Sonnensystem bewirkt. Und beide erhalten ihre Qualität wiederum von den *Sieben Strahlen*, die die Grundlage aller Manifestation in Raum und Zeit bilden, soweit es unsere Lebenssphäre betrifft.

Jeder Planet läßt sich daher auch einem Strahl zuordnen, der seinen Charakter und seine Wirkung im Physischen bestimmt, und dieser Charakter wird im Symbol sichtbar, das Ausdruck der spezifischen Qualität eines Planeten ist.

Alle Planetenzeichen enthalten folgende Grundsymbole, aus denen die Grundenergie eines Planeten ersichtlich ist:

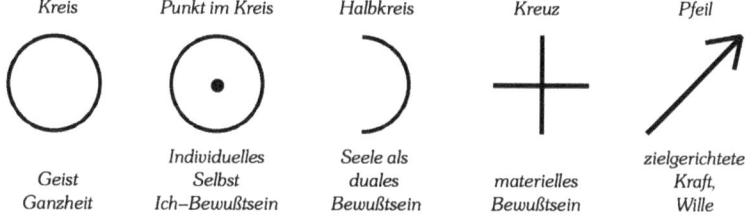

Die exoterische Astrologie arbeitet mit zehn Planeten: *Sonne und Mond* als Symbol der beiden großen Urprinzipien des Männlichen und Weiblichen in der Natur sowie *Merkur, Venus, Mars, Jupiter, Saturn, Uranus, Neptun und Pluto.*

In der esoterischen Astrologie kommen noch zwei weitere Planeten hinzu: *Erde und Vulkan,* die allerdings nur auf esoterischer Ebene eine Bedeutung haben, denn ihre Wirkung wird erst spürbar, wenn ein Mensch ein gewisses Maß an Seelenbewußtsein erreicht hat.

Sonne — *Kreis mit zentralem Punkt*
Das individuelle Selbst
Ich-Bewußtsein

Mond — *Doppelter Halbkreis*
Die Formnatur als Spiegel des Selbst
Das Nicht-Selbst oder die körpergebundene Seele

Mars — *Schräg nach oben gerichteter Pfeil auf dem Kreis*
Männlich-dynamische Kraft
Geistiger Impuls, der der materiellen Entwicklung eine Richtung gibt
Zielgerichtete Kraft
Persönlicher Wille

Venus — *Kreis über dem Kreuz*
Das geistige Selbst, das sich über die Materie erhebt
Weiblich-harmonisierende Kraft
Menschliche Liebe

Merkur — *Der Kreis steht über dem Kreuz und der Halbkreis über dem Kreis*
Das dreifache Denkvermögen:
• Konkretes Denken (+)
• Abstraktes Denken (○)
• Intuition (∪)
Das Denken als Mittler zwischen Seele und Persönlichkeit

Die Grundsymbole der Planeten und ihre Bedeutung

Jupiter — *Halbkreis über dem Kreuz*
Die Seele beherrscht die Materie
Liebe-Weisheit

Saturn — *Kreuz über dem Halbkreis*
Die durch die Materie begrenzte Seele
»Karmische« Verantwortlichkeit

Neptun — *Zwei verbundene Halbkreise über dem Kreuz*
Der Dreizack als Symbol der »göttlichen Trinität« oder des Christusbewußtseins, das die Begrenzung der Materie auflöst.
Allumfassende selbstlose Liebe

Uranus — *Nach oben gerichteter Pfeil über dem Sonnensymbol*
Der Wille ist ins Überpersönliche gerichtet und bewirkt die geistige Entwicklung. Das in sich selbst zentrierte Bewußtsein () wird überschritten.
Höheres geistiges Selbst

Pluto — Für Pluto gibt es kein bekanntes archaisches Symbol. Deshalb werden unterschiedliche Symbole verwendet, wie ♀, ☽, ♇, ⚹, ♇ und  (Ephemeride).
Das esoterische Symbol des Pluto ist jedoch der senkrechte Pfeil, der Wille zur Transformation, der aus der Tiefe des Unterbewußtseins an die Oberfläche drängt. Denn Pluto ist die Kraft des Todes oder der Zerstörung, die die Ego-Schale sprengt, um eine höhere geistige Entwicklung zu ermöglichen.
Tod als Befreiung zum Leben

 Vulkan Auch für den Vulkan gibt es kein archaisches Symbol. Intuitiv scheint mir das nebenstehende Symbol – das bisher auch für Pluto verwendet wird – die Idee dieses Planeten am besten auszudrücken. Denn Vulkan steht für den Willen der Seele, die Vereinigung von Körper und Seele in der Materie, der am stärksten verdichteten Erscheinungsform, zu erreichen.
Geistiger Wille als »Gestalter des Seelenkörpers«

 Erde *Das Kreuz im Kreis*
Die Begrenzung des Geistes durch Raum und Zeit
Irdisch-planetarisches Bewußtsein

In der Esoterischen Astrologie wirken die Planeten auf unterschiedlichen Bewußtseinsebenen:
- als exoterische Planeten – Persönlichkeitsebene
- als esoterische Planeten – Seelenebene
- als hierarchische Planeten – Geistige Ebene

Dies hat zur Folge, daß ein Planet einem bestimmten Tierkreiszeichen exoterisch zugeordnet wird, gleichzeitig aber auch einem anderen Tierkreiszeichen als esoterischer Planet, um die Seelenentwicklung zu fördern.

Diese dreifache Zuordnung der Planeten zu unterschiedlichen Tierkreiszeichen ist eine Besonderheit der Esoterischen Astrologie und wird in ihrer praktischen Bedeutung in Kap. VIII nochmals erläutert.

Sonne als Quelle des Bewußtseins

Das individuelle Selbst
Schöpferische Lebenskraft,
Persönlichkeitskern.
Persönliche Identität, Selbst-Bewußtsein.

Die Sonne, das Leben, Licht und Wärme spendende Zentralgestirn unserer Lebenssphäre hält die Planeten durch Gravitationskräfte in ihren Bahnen und bestimmt ihre Bewegungen. Sie ist die Quelle der Lebensenergie für die sie umgebenden Planeten und schafft die Voraussetzungen für Bewußtsein und das Entstehen von Leben auf der Erde und auf den übrigen Planeten ihres Systems.

Die Sonne nimmt in der Astrologie zusammen mit dem Mond eine Sonderstellung ein, denn sie ist das Symbol des Ur-Männlichen oder des Geistes im Gegensatz zum Ur-Weiblichen oder der Materie, die durch den Mond symbolisiert wird. Diese beiden Planeten sind das »Große Licht« und das »Kleine Licht« der Genesis des Alten Testaments. Die Sonne regiert den Tag oder das Bewußtsein, der Mond die Nacht oder das Unbewußte. Die Sonne verkörpert das Selbst, das gebende, aktiv-formende Prinzip, der Mond die Spiegelung oder das reflektierende, passiv-empfangende Prinzip. Am Bild des Himmels wird dies deutlich durch das von der Sonne abhängige Erscheinungsbild des Mondes. Überdies erscheinen beide von der Erde aus betrachtet viel größer als alle anderen Himmelskörper, und miteinander verglichen wirken sie gleich groß, was ihren wirklichen Maßen nicht entspricht. So zeigt uns der Himmel wiederum ein Symbol, denn der Mond ist ja der Spiegel des Sonnenlichtes. Durch seine Wanderung erzeugt er ständig wechselnde Winkel mit der Sonne, wodurch das Sonnenlicht in unterschiedlicher Intensität und Helligkeit auf die Erde reflektiert wird. Beide Planeten – Sonne und Mond – haben die Funktion eines Impulsgebers für die übrigen Planeten, denn ihre Rhythmen wirken für diese oft als auslösende Faktoren.

Im Horoskop stellt die Sonne unsere Wesensmitte oder unseren Persönlichkeitskern dar, der die Aufgabe hat, alle übrigen Teilkomponenten oder »Teil-Ichs« unseres Wesens, die durch die anderen Planetenkräfte symbolisiert werden, zu vereinen und im zentralen Ich-

Bewußtsein zum Ausdruck zu bringen. Sie ist die zentrierende und integrierende Lebenskraft, die uns nach der Ganzheit unseres Wesens streben läßt, und so ist das Sonnenhafte in uns auch das Prinzip, das uns nach Art des Tierkreiszeichens, in dem wir geboren wurden, zu unserer persönlichen Identität finden läßt.

Zusammenfassend können wir sagen, die Sonne zielt im Gesamtorganismus des Menschen auf Integration und auf das Bewußtmachen unbewußter Wesensanteile hin. Im Gegensatz zum Unbewußt-Reflektierenden des Mondes, ist sie die positive, lebensschöpferische Kraft, die das Streben nach Selbstverwirklichung, Selbstbewußtsein und nach Vollendung der Persönlichkeit bewirkt.

Die esoterische Bedeutung der Sonne

Esoterisch betrachtet ist die Sonne dreifach, denn für unsere Lebenssphäre ist sie die Verkörperung der »göttlichen Trinität«. In Analogie zur menschlichen Dreiheit – Geist · Seele · Körper – gibt es daher drei Aspekte der Sonne:

Die physische Sonne
Durch die Energie der physischen Sonne wird unser Persönlichkeitsbewußtsein entwickelt, und dieser Aspekt der Sonne ist es, der in der Astrologie als Planet betrachtet wird.

Das »Herz der Sonne«
Der Seelen- oder Bewußtseinsaspekt der Sonne bildet den Brennpunkt für die Konzentration der *Sieben Kosmischen Strahlen* auf die Erde und den Menschen. Diese Strahlen pulsieren in sieben großen Energieströmen durch unser Sonnensystem und bringen so jenes feinfühlige Bewußtsein hervor, das wir als Seelenbewußtsein bezeichnen. Auf diese Weise entstehen sieben Energiequalitäten, die mithilfe der übrigen Planeten auf das Bewußtsein des Menschen einwirken und so den Hintergrund jeglicher Entwicklung bilden.

Die zentrale Geistessonne
Der Geistaspekt der Sonne enthält den großen Schöpfungsplan oder den »Willen Gottes«. Er entspricht der Ebene der Monade oder der schöpferischen Urbilder, die über das »Herz der Sonne« in Form der Sieben Strahlen auf unsere Erde gestrahlt werden, um dann – belebt

durch die Energie der physischen Sonne – als die Vielfalt von Formen zu erscheinen, die das irdische Leben hervorbringt.

In der Mythologie, die uns esoterische Tatsachen oft leichter verstehen läßt, finden wir eine Entsprechung zu den drei Aspekten der Sonne. Der griechische Mythos kennt beispielsweise drei Göttergestalten für das Sonnenprinzip:

Dionysos, der Gott des Weines und der rauschhaften Lebensfreude. Er symbolisiert die niedere Persönlichkeit des Menschen, dessen Lebenssinn sich in Sinnlichkeit und irdischen Freuden erschöpft.

Apollon gilt als Sonnengott, aber auch als Gott der Weissagung und der Künste, vor allem der Musik. Er herrscht über das Orakel von Delphi, das die Inschrift trägt: »Mensch, erkenne dich selbst.« Apollon symbolisiert die seelenbewußte Persönlichkeit, die nach Selbsterkenntnis strebt und sich der Kultur oder geistigen Interessen zuwendet, anstatt sich dem Rausch der Sinne hinzugeben.

Helios, der den Beinamen Hyperion trug, ist der Gott, »der alles sieht und hört«. Am Tag überquert er den Himmel von Osten nach Westen in einem Wagen, der von vier feurigen Pferden gezogen wird. Nachts segelt er auf dem Strom Okeanos wieder zurück nach Osten, um am Morgen dort wieder aufzusteigen. Helios symbolisiert den Geistaspekt der Sonne, der den kosmischen Rhythmus bedingt.

Strahlqualität: 2. Strahl

Durch die Sonne wirkt die Qualität des *2. Strahls der Liebe-Weisheit*, die als Bewußtseinsqualität unseres Sonnensystems gilt. Liebe kann daher als die grundlegende Seelenqualität angesehen werden, die im »Herzen der Sonne«, aber auch im Herzen jedes Menschen verborgen ist. Liebe ist die Kraft, die alle Lebensformen in Verbindung hält und die Einheit des Bewußtseins bewirkt. Doch diese Liebe manifestiert sich im Menschen auf drei Ebenen:
1. *Persönliche Liebe*, die als magnetische Kraft durch den Solarplexus zum Ausdruck kommt.
2. *Seelenliebe*, die sich als magnetische Kraft durch das Herzzentrum manifestiert.
3. *Geistige Liebe*, die als Liebe-Weisheit durch das Kopf- und Herzzentrum wirkt.

Die Zuordnung der Sonne zu den Tierkreiszeichen

Die Sonne wird exoterisch, esoterisch und hierarchisch als Herrscher des Löwen betrachtet, dessen Ziel Selbstbewußtsein ist. Doch dieses Selbstbewußtsein entwickelt sich in drei Stufen:
Eigenbewußtsein – Seelenbewußtsein – Geistiges Bewußtsein

Diese drei Bewußtseinsstufen, die jeder Mensch im Zuge seiner Entwicklung durchläuft, werden im Horoskop von der Sonne symbolisiert, die die Quelle jeglichen Bewußtseins darstellt. Durch sie hindurch wirken esoterisch aber zwei andere Planeten, nämlich Neptun und Uranus, die ihren Einfluß durch die Sonne konzentrieren.

Es gibt daher drei Stufen von Selbst-Bewußtsein, die der Mensch im Zuge seiner Individuation durchläuft:
1. Persönliches Bewußtsein: ☉   Identifikation mit dem niederen Selbst, Eigenbewußtsein.
2. Seelenbewußtsein: ☉ (♆)   Mystisches Empfinden höherer geistiger Ebenen des Seins durch Transzendierung des persönlichen Bewußtseins.
3. Geistiges Bewußtsein: ☉ (♅)   Geistige Erkenntnis kosmischer Zusammenhänge durch Identifikation mit dem größeren Ganzen.

Mond als Nicht-Selbst

Die Formnatur,
die das Selbst reflektiert.
Die »körpergebundene Seele«.

Das Unbewußte: Instinkt, Gemüt, Gefühl.
Körperbewußtsein, psychische Wahrnehmung.
Angeborene Reaktionen auf Umweltreize.
Einbildungskraft, Phantasie,
Nachahmungsfähigkeit.

Der Mond, das reflektierende Prinzip der Sonne, symbolisiert die »Intelligenz der Materie« oder das verborgene Licht, das den physischen Informationsaustausch von Zelle zu Zelle ermöglicht. Er verkörpert die Intelligenz der Natur und bewirkt bei Mensch und Tier das Instinkt-Bewußtsein, das alle unbewußten Lebensvorgänge steuert und an den Rhythmus der Natur anpaßt.

Der Mond kann deshalb als der »Mutteraspekt der Schöpfung« betrachtet werden, als der materielle weibliche Aspekt. So gilt er allgemein auch als das Prinzip der Fruchtbarkeit, das alle Wachstumsvorgänge in der Natur regelt. Seine Bewegungen wirken sich auf die Fruchtbarkeitszyklen und das Paarungsverhalten von Tieren aus, aber auch auf das Wachstum und Keimen von Pflanzen. Diese Erkenntnis hat sich seit alters her in den Mondkalendern für die Aussaat niedergeschlagen, die der Tatsache Rechnung tragen, daß sich die Strahlungsqualität der Sonne auf die Erde mit zunehmendem und abnehmendem Mond verändert. Der Rhythmus des Mondes, seine Zu- und Abnahme, bewirkt ein zyklisches Werden und Vergehen, ein Wachsen und ein Innehalten, das sich auf die gesamte physische Natur auswirkt. Er ist der Auslöser für Ebbe und Flut des Meeres, für jahreszeitliche Überschwemmungen der Flüsse, und er beeinflußt auch den menschlichen Körper, der ein Teil der Natur ist. Dies zeigt sich deutlich am Menstruationszyklus der Frau, der mit seinen durchschnittlich 28 Tagen dem Mondrhythmus entspricht. Doch auch die menschliche Psyche reagiert auf den Zyklus des Mondes, und solange Gefühle und Emotionen das Leben bestimmen, erleben wir Stimmungsschwankungen, die durch die Stellung des Mondes bestimmt werden.

Der Mond regiert den unbewußten Teil unseres Wesens, unser Formbewußtsein oder unsere Psyche, die die Esoterik auch als die »körpergebundene Seele« bezeichnet. Er bewirkt unsere emotionale Beeindruckbarkeit und unsere angeborene Fähigkeit, auf Eindrücke und Umweltreize instinktiv-empfindend zu reagieren. Das Mondhafte in uns entspricht daher der tiefsten unbewußten Seelenschicht unseres Wesens, in der Empfindungen reflektiert werden, die stets von Stimmungen und Gefühlen begleitet sind. Diese Empfindungen, emotionalen Eindrücke und Erlebnisse schaffen das Reservoir unserer Erinnerungen, und die Spuren, die sie hinterlassen, bilden das »persönliche Unbewußte«, das unsere Handlungen von der Vergangenheit her bestimmt, solange wir es nicht bewußter gedanklicher Kontrolle unterwerfen.

Der Mond als Herrscher des Unbewußten oder des instinktiven Formbewußtseins, das wir mit dem Tierreich gemeinsam haben, verkörpert das Nicht-Selbst des Menschen im Gegensatz zum Selbst, das die Sonne repräsentiert. Sein Einfluß ist besonders ausgeprägt zu Beginn der menschlichen (Verstandes-)Entwicklung, wo Handlungen noch weitgehend unbewußt verlaufen und instinktiv gesteuert werden. So hat der Mond auch eine besondere Beziehung zur frühen Kindheit, zum emotionalen Berührtsein durch Bezugspersonen dieser Phase sowie zu den Bildern und Erlebnissen, die sich uns eingeprägt haben und die unsere unbewußten Handlungen und gefühlsmäßigen Reaktionen bestimmen, solange die eigenständige Persönlichkeit (☉) nicht ausreichend entwickelt ist. Denn er beeinflußt den passiv-empfangenden Teil unseres Verstandes, der Eindrücke aus der Umwelt in Form von Bildern empfängt, registriert und als Erfahrung im Gedächtnis speichert. Aufgrund dieser Speicherfähigkeit herrscht er über die uralten Gedankenformen, die uns gefangenhalten, bis wir uns durch Entwicklung von Eigenbewußtsein (☉) und Realitätssinn (♄) aus der Vergangenheit lösen, um uns der Seele zu öffnen, die unser eigentliches Selbst darstellt. Folglich ist der Mond auch das Symbol für die sich ständig wandelnde Psyche mit ihren unbewußten, aus dem Unterbewußtsein gesteuerten Reaktionen, ihren Stimmungen, Launen und Verstimmungen, die durch seinen Rhythmus verursacht werden. Er bewirkt die psychischen Hochs und Tiefs, die wie das Meer durch Ebbe und Flut gekennzeichnet sind und die sich eindeutig auf die Stellung des Mondes zurückführen lassen, denn psychische Krisen treten verstärkt bei Vollmond auf, während sie bei Neumond am unauffälligsten sind.

Doch mit zunehmender mentaler Entwicklung tritt der Einfluß des

Mondes in den Hintergrund, und Merkur (Denkvermögen) und Saturn, als die höhere Oktave des Mondes, gewinnen immer mehr an Bedeutung. Durch sie grenzt sich der Mensch allmählich von den mondhaften Ebenen instinktiver, psychischer Wahrnehmung ab, um zu individueller gedanklicher Erkenntnis der Welt zu gelangen.

Zusammenfassend können wir sagen, der Mond schafft die Bedingungen und Voraussetzungen dafür, daß sich unsere psychische Empfindung oder der Instinkt, der im Menschen als sein tierisches Erbe weiterlebt, in gedankliches Wahrnehmen (☿) und menschlichen Verstand (♄) verwandeln kann.

Die esoterische Bedeutung des Mondes

Der Mond symbolisiert den materiellen weiblichen Aspekt der Schöpfung und somit auch die Formnatur des Menschen. Diese Formnatur, die ihre eigene Bewußtheit hat, bezieht sich esoterisch aber nicht nur auf den physischen Körper, sondern auch auf die drei feinstofflichen Körper: Ätherkörper, Astralkörper und Mentalkörper, die das Nicht-Selbst bilden.

Eine Entsprechung zur vierfältigen materiellen Natur finden wir wiederum in der Mythologie. Der griechische Mythos kennt vier Mond-Göttinnen, die traditionell den vier Mondphasen zugeordnet werden: Artemis – Persephone – Selene – Hekate. Und diese finden ihre Synthese in der Persönlichkeit, die durch Demeter als der höchsten Muttergöttin symbolisiert ist.

Strahlqualität: 4. Strahl

Der Mond gilt als Überträger des *4. Strahls der Harmonie durch Konflikt*. Dieser bewirkt im Menschen einen grundsätzlichen Konflikt zwischen den konkurrierenden Kräften der vier Körper, bis diese durch die sich entwickelnde Persönlichkeit schließlich zur Harmonie gebracht werden. Denn die menschliche Bewußtseinsentwicklung, die mit dem instinktiven Mond-Bewußtsein beginnt, vollzieht sich durch einen grundlegenden Konflikt zwischen den lunaren Kräften (dem Bewußtsein des Körpers) und der solaren Kraft (dem individuellen Selbst), die sich mit zunehmender Entwicklung gegen die Mondkräfte behaupten muß.

Der Mond symbolisiert das Nicht-Selbst, den Schatten des Selbst. Er hat kein eigenes Licht, sondern er enthält sein Licht dadurch, daß er ein höheres Licht reflektiert. So betrachtet die Esoterik den Mond auch als einen Planeten ohne eigene Energiewirkung. Er stellt nur noch die Gedankenhülle für drei von ihm verhüllte Planeten dar, die durch seine Form hindurch auf den Menschen einwirken.

Die drei vom Mond verhüllten Planeten sind:
- Vulkan für den physischen Körper
- Neptun für den Astralkörper
- Uranus für den Mentalkörper

Der Mond bildet also nur einen Konzentrationspunkt für höhere Energien (⚹, ♆, ⛢), die sich je nach Entwicklungsstufe ändern. Identifiziert sich ein Mensch noch sehr stark mit seiner Körpernatur, so setzen wir Vulkan an die Stelle des Mondes, der unmittelbar auf den physischen Körper einwirkt und die Erfahrungen des Lebens in die Zellstruktur einbringt. Alice Bailey umschreibt die Wirkung des Vulkan deshalb als »Amboßschläge der Zeit«, durch die sich die physische Natur des Menschen langsam, aber stetig wandelt.

Bei einem emotional betonten Menschen wirkt Neptun durch den Mond auf den Astralkörper ein, um das Empfinden des Menschen allmählich vom körperlichen Fühlen auf das Empfinden feinerer Ebenen der Existenz auszuweiten.

Identifiziert sich ein Mensch aber schon stärker mit dem Geistigen, dann wird sich die Wirkung des Uranus über die Stellung des Mondes verstärken und durch die Verfeinerung des Nervensystems eine stärkere Verbindung zwischen geistigem Sein und körperlicher Existenz bewirken.

Unser Körperbewußtsein, das vom Mond symbolisiert wird, entwickelt sich in drei Stufen:

1. Physischer Körper: ☾ (⚹) Unbewußte, instinktive Gefühlsreaktion auf Umweltreize.

2. Astralkörper: ☾ (♆) Reaktion auf Impulse der Seele, die psychisch-empfindend wahrgenommen werden.

3. Mentalkörper: ☾ (⛢) Reaktion auf geistige Inspirationen der Seele, die intuitiv wahrgenommen werden.

Das Thema der verhüllten Planeten, das zutiefst esoterisch ist, kann nur verstanden werden, wenn wir uns bewußt machen, daß die Wirkung des Mondes auf unsere Psyche und unseren Verstand von uns nur indirekt wahrgenommen wird. Es ist das Reagieren der Zellen unserer Körper auf innere Impulse und Außenreize, die sich unserem Bewußtsein als Gefühle, Stimmungen und Empfindungen vermitteln, dessen Ursachen meist unbewußt bleiben, weil unsere bewußte Wahrnehmung nicht auf die atomare Ebene herunterreicht.

Die Ursachen unserer Stimmungen liegen daher meist unter der Schwelle unseres Bewußtseins und werden uns allgemein nur durch Traumbilder oder Erinnerungs- und Erfahrungsmuster bewußt, die in den Körperzellen gespeichert sind und unsere Handlungen, unsere Gefühle und unser Denken unbewußt von der Instinktebene her beeinflussen. Denn im Zellgefüge unseres Körpers ist die Erfahrung früherer Leben gespeichert, und so verfällt ein Mensch, der sich auf seine Instinkte verläßt und gedanklich wenig zielgerichtet ist, auch immer wieder in alte Gewohnheiten, die ihn in die Vergangenheit zurückziehen und die Seelenentwicklung hemmen.

Der Mond wird in der Esoterischen Astrologie deshalb als das »Gefängnis der Seele« betrachtet, weil er unser Bewußtsein an die Form bindet und den Menschen veranlaßt, sich mit den vielfältigen Gefühlsregungen und Körperempfindungen zu identifizieren, die das wahre Selbst verschleiern.

Die Zuordnung des Mondes zu den Tierkreiszeichen

Exoterischer Planet:	Krebs
Esoterischer Planet:	Jungfrau
Hierarchischer Planet:	Wassermann

Mond als exoterischer Herrscher: **Krebs**

Prinzip: **Intelligentes Körperbewußtsein**
                 Instinkt

Als exoterischer Herrscher des Krebs stellt Mond den Zustand der Selbst-Wahrnehmung dar, in dem sich die Seele noch vollkommen mit dem Körper identifiziert. Dies verleiht dem Menschen ein ausgeprägtes Gefühlsbewußtsein sowie eine instinktive psychische Wahrnehmung, die auch dem Tierreich eigen ist. Diese Wahrnehmung ist der Instinkt oder das intelligente Körperbewußtsein, das als das »Wissen aus dem Bauch« erlebt wird. Durch diese instinktive Intelligenz des Körpers sind wir in der Lage, die meisten unserer täglichen Handlungen auszuführen, ohne daß es eines bewußten Nachdenkens bedarf. Der Mond steuert aber auch unsere unbewußten automatischen Reaktionen und Gefühlsmuster, die die meisten unserer psychischen Probleme erzeugen und auf unbewußter Ebene die Grundlage unserer emotionalen Beziehungen bilden.

Auf persönlicher Ebene wird der Mond als Herrscher des Krebs betrachtet, weil er die Wahrnehmung der »körpergebundenen Seele« symbolisiert, die im Massenbewußtsein zum Ausdruck kommt. Dieses Bewußtsein äußert sich als empfindende Reaktion auf Umweltreize und innere Impulse sowie als Mutterliebe und sensitives Erfühlen der umgebenden Natur und des eigenen Körpers.

Mond als esoterischer Herrscher: Jungfrau

Prinzip: Wahrnehmen der Seele im Körper

Als esoterischer Herrscher der Jungfrau stellt Mond (der Vulkan verhüllt) den Zustand beginnenden Seelenbewußtseins dar. Nun wird sich der Mensch seiner Psyche bewußt, die einen unmittelbaren Einfluß auf den Körper und seine Befindlichkeit hat. Er beginnt zu erkennen, daß er eine Verantwortung für diesen Körper trägt, der gereinigt und verwandelt werden muß, um der Seele als Ausdrucksmittel zu dienen. Diese notwendige Reinigung, die ein wichtiges Thema der Jungfrau ist, bezieht sich aber nicht nur auf Hygiene, Fasten, Diät oder körperliche Gesundheit. Sie bezieht sich auch auf die Reinigung des Astralkörpers von niederen Emotionen, Wünschen und Begierden sowie des Mentalkörpers von negativen Gedanken, die die Ursache für die meisten Krankheiten und psychischen Probleme sind, weil sie die Seele daran hindern, sich ihrer Natur gemäß zu äußern.

Auf der Seelenebene wird der Mond nur noch als verhüllender Planet des Vulkan betrachtet. Durch ihn lernt der Mensch, seinen Willen einzusetzen (⚥), um sein Leben langsam von Egoismen zu befreien und dadurch mit den Zielen der Seele in Einklang zu bringen. Denn der Körper ist kein unabhängiger und eigenständiger Organismus, über den wir nach Lust und Laune verfügen können, sondern ein Ausdrucksmittel der Seele, die sich durch ihn mit zunehmender Entwicklung als ein immer stärker nach außen strahlendes Licht offenbart.

Mond als hierarchischer Herrscher: Wassermann

Prinzip: Wahrnehmen des »Menschheitskörpers«

Als hierarchischer Herrscher des Wassermann gilt der Mond nur noch als »verhüllender Planet des Neptun«, der uns wahrnehmen läßt, daß es die Liebe ist, die alle Formen miteinander in Beziehung hält und zu einer Einheit verbindet. Dies kennzeichnet das letzte Stadium unseres Formbewußtseins, in dem ein Mensch erkennt, daß sein Selbst weit über die eigene körperliche Form hinausreicht und er in der Lage ist, sein Bewußtsein in den Kosmos auszudehnen und alles menschliche Leben einzuschließen. Er erlebt sich nun als Teil der Menschheit und erkennt, daß sein eigener Verstand Teil einer kosmischen Intelligenz ist, die als »Weltseele« die ganze Natur steuert und die Evolution der Formen, aber auch die Entwicklung seines Bewußtseins bedingt.

Mars als dynamische Lebenskraft

Persönlicher Willensimpuls,
der das Handeln motiviert.

Antriebskraft, Triebkraft, Durchsetzungskraft,
Aktivitätsenergie, zielgerichtete Kraft.
Kampfgeist, kraftvolle Dynamik, Sexualität.
Angriffslust, Leidenschaft, Aggression.

Mars verkörpert die männliche Seite unseres Wesens, die Kraft der Selbstbehauptung und Selbstdurchsetzung, mit der wir unseren individuellen Lebensraum erobern. Er ist die elementare, unbewußt erlebte Lebenskraft, die Aktivität zur Folge hat, der dynamische Antrieb, der uns drängt, unsere Ideale und Vorstellungen ins Leben einzubringen und in die Tat umzusetzen. Diese Energie, die uns zum Handeln drängt, ist dabei zunächst völlig wertfrei; es ist die Antriebsenergie oder Triebkraft, der reine Betätigungsdrang, ohne aggressive oder zerstörerische Tendenzen, solange sie nicht auf Hindernisse stößt. Die marsische Energie an sich ist weder konstruktiv noch destruktiv, sie ist der Trieb oder die Kraft an sich, die ihre jeweilige Wertigkeit durch die Motivation erhält, die eine Handlung auslöst oder ihre Zielsetzung bedingt. So kann das »Marsische« unseres Wesens sich als Bewegungsfreude, persönlicher Willensimpuls und Leistungswillen äußern, aber auch als Wille zur Eroberung und Kraft der Durchsetzung im Konkurrenzkampf mit anderen.

Mars spielt zu Beginn der Entwicklung daher eine besonders dominierende Rolle, wenn der Mensch lernt, sich gegen andere durchzusetzen und seine Eigenständigkeit zu behaupten. Nicht zufällig ist er das Symbol des männlichen Geschlechts, denn er verkörpert eine dynamische, nach außen gerichtete Kraft. So steht er auch für männliche Sexualität, die auf einer gewissen Ebene der Entwicklung durch (aggressive) Eroberungstendenzen, primäre Triebhaftigkeit und Leidenschaftlichkeit der Gefühle gekennzeichnet ist, bis Venus als ergänzende, weiblich-harmonisierende Kraft das Bewußtsein des Menschen über die Körperlichkeit hinaushebt. Wenn beide Planeten vereint wirken, wird Sexualität nicht mehr rein körperlich erlebt, sondern als ein Geschehen wahrgenommen, in das die Seele einbezogen ist. Dieser

Entwicklungsvorgang gilt natürlich für beide Geschlechter, wobei die Dominanz des Mars beim Mann jedoch allgemein überwiegt.

Auf unentwickelter Ebene, wenn das »Mond-Bewußtsein« noch vorherrschend ist, bewirkt Mars ein kämpferisches, hitziges Temperament, aber auch heftige Affekte, Wut und Jähzorn und bei anhaltender Destruktivität Zerstörungslust, Gewalt und Brutalität, solange aggressive Tendenzen nicht durch das Denken beherrscht werden.

Doch sobald das Leben eines Menschen stärker vom Denken (☿) bestimmt wird und seine Gefühlslabilität (☾) nachläßt, wirkt die Mars-Energie als Mut zum Wagnis, zum Risiko und zur Initiative sowie als Impuls, Bestehendes nach dem eigenen Willen zu verändern. Sie ist Ausdruck unseres Selbsterhaltungstriebes, der durch Angriff und Verteidigung wirkt und in Kampfinstinkten und Eroberungstendenzen zum Ausdruck kommt, die darauf abzielen, den persönlichen Lebensraum zu erweitern. Sie zeigt sich aber auch als Wunsch, einem innerlich erkannten Ideal im Physischen zum Durchbruch zu verhelfen durch Kampfgeist, Mut und Durchsetzungskraft und das unerschrockene Eintreten für eine Überzeugung, selbst unter Aufopferung des eigenen Lebens.

Zusammenfassend läßt sich sagen, Mars verkörpert auf allen Entwicklungsebenen die Kraft, sich frei auszudrücken, sich durchzusetzen und für die eigenen Überzeugungen zu kämpfen, aber auch die Kraft, etwas mit Entschiedenheit zurückzuweisen und keine Kompromisse einzugehen. Solange seine Energie rein und unverbunden zum Ausdruck kommt, bewirkt er den Existenzkampf des Menschen, der sich in Konkurrenz zu anderen erlebt, weil er sich seiner seelischen Verbundenheit mit anderen Menschen noch nicht bewußt ist. Mars verleiht uns Stärke, Mut und Opferbereitschaft, um für eine Überzeugung einzutreten, und die Kraft, schwierige Situationen durchzustehen, aber auch Fanatismus bis hin zu Märtyrertum sowie konsequentes bis rücksichtsloses Vorgehen, wenn das eigene Ziel zu stark im Mittelpunkt steht und die anderen in ihrer Sensibilität nicht wahrgenommen werden. Denn er ist die Kraft, die uns anspornt, uns durchzusetzen und gegen andere zu kämpfen, bis wir durch den Einfluß der Venus gelernt haben, unsere Mitmenschen als wesensverwandt zu erleben und unser Konkurrenzverhalten zugunsten einer partnerschaftlichen Verbundenheit mit unseren Mitmenschen aufgeben. Ist dieses Stadium erreicht, so verlagert sich der Kampf von der physischen Ebene auf die inneren Ebenen unseres Wesens, denn nun geht es nicht mehr um die eigene

Vorherrschaft über andere, sondern um die Vorherrschaft der Seele über die Persönlichkeit.

Die esoterische Bedeutung des Mars

Mars verkörpert das Gesetz des Kampfes durch Hingabe an ein höheres Ideal, das als Leitbild unserer Bestrebungen dient und sich durch Krieg, Streit und Konflikt mit den Beharrungskräften des Physischen entwickeln muß.

> *»Mars bringt den Krieg herab bis in die Tiefen von Umständen, Umwelt und Dasein und verleiht gleichzeitig eine solche Hingabe an das jeweils auf dem Pfade erschaute Ziel, daß zuletzt ein Mißlingen unmöglich wird.«* Alice Bailey

In der Mythologie erscheint Mars, der dem griechischen Ares entspricht, als Gott des Krieges. Er herrscht über den Lebenskampf, der durch die Gegensätze Geist und Materie auf unserem Planeten entsteht und eigentlich ein Kampf um Entwicklung ist.

Mars hat daher nicht nur eine physische Aufgabe, sondern er beherrscht auch den spirituellen Lebenskampf, der ein Kampf um Einheit und Ganzheit ist. Diese Einheit kann aber nur erreicht werden, wenn wir uns der geistigen Zielsetzung unseres Wesens zunehmend bewußt werden und beginnen, unsere Ideale auch zu leben. Mars gibt uns daher die dynamische Kraft und den Willen, auf dem Pfad des Bewußtseins voranzukommen, indem sich unsere gelebten und erkämpften Ideale oder Vorbilder ständig wandeln, bis wir schließlich den geistigen Entwicklungsweg als unser eigentliches Lebensziel und unser »inneres Kampfgebiet« erkennen.

Strahlqualität: 6. Strahl

Durch den Planeten Mars wirkt der *6. Strahl der Hingabe oder Devotion*. Diese Fähigkeit zur Hingabe bewirkt den latenten Idealismus im Menschen, der jedoch durch falsche Propaganda oder Ideologien, aber auch durch mediale Einflußnahme fehlgelenkt werden kann. Daraus ergibt sich die Hingabe des materiell orientierten Menschen an äußere materielle Dinge wie auch die Hingabe eines religiös motivierten Kriegers, der im Extremfall Menschenleben opfert, um einem Ideal zu folgen. Denn jeder Mensch trägt unbewußt ein »geistiges Vorbild«

in sich, nach dem sich das Leben ausrichtet und das die Zielrichtung seines Willens bestimmt.

> Die Entwicklung des Mars-Prinzips zeigt sich an der Art des Vorbildes, das auf den drei Bewußtseinsebenen unterschiedlich wahrgenommen wird:
> 1. Als Idol oder Vorbild durch eine Person sowie als persönliche Hingabe an eine Leitfigur oder eine Führergestalt.
> 2. Als Ideal, das sich hinter einer Religion, einer Ideologie oder einer Weltanschauung verbirgt, die das Handeln motiviert, und als idealistisch-motivierter Kampf für eine Weltanschauung.
> 3. Als geistige Idee oder reines Prinzip, das schließlich intuitiv wahrgenommen wird und keines Denksystems mehr bedarf, sowie als Kampf für eine Menschheitsidee.

Durch dieses stufenweise Erleben idealistisch-motivierten Handelns lernen wir, geistige Prinzipien in die Welt zu bringen und mit den physischen Kräften zu verbinden. Zu diesem Zweck verleiht Mars uns Stärke, Kraft und den Mut, kompromißlos für die eigenen Überzeugungen einzutreten, und die Bereitschaft zu persönlichen Opfern, wenn sie der Durchsetzung eines ideellen Ziels dienen.

Die Zuordnung des Mars zu den Tierkreiszeichen

Exoterischer Planet:	Widder/Skorpion
Esoterischer Planet:	Skorpion
Hierarchischer Planet:	Schütze

Mars als exoterischer Herrscher: Widder

Prinzip: **Persönliche Durchsetzungskraft**

Als exoterischer Herrscher des Widder stellt Mars die persönliche Durchsetzungskraft dar, denn im Widder werden die Gegensätze Geist und Materie zum erstenmal zusammengebracht. Kampf, Aggression und Konflikt sind also vorprogrammiert, weil die eigene Lebenskraft mit ihrer Dynamik auf physische Kräfte trifft, die dem Prinzip der Trägheit unterliegen und auf Bewahrung des Bestehenden ausgerichtet sind. Mars verleiht uns daher die Kraft der Selbstbehauptung sowie die Tendenz, uns gegen äußere Widerstände durchzusetzen. Dies führt zu einem konsequenten, unbeirrbaren, zuweilen unbewußt rücksichtslosen und wenig einfühlsamen Verhalten, solange das eigene Wollen im Vordergrund steht. Denn die Energie des Mars manifestiert sich als starker Willensimpuls, der nicht kalkuliert oder berechnet ist. Er entsteht vielmehr unmittelbar aus der spontanen Begeisterung für ein Lebensziel, ein Ideal, eine Führungsgestalt oder ein Idol, das als Vorbild der eigenen Handlungen dient und dem Leben eine Richtung gibt.

Mars als exoterischer Herrscher: **Skorpion**

Prinzip: **Machtkampf**

Als exoterischer Herrscher des Skorpion symbolisiert Mars den Kampf um Macht, der sich von der Ebene des Handelns auf die gedankliche Ebene verlagert hat. Denn durch die Erfahrung der dazwischenliegenden Zeichen wurden die spontanen geistigen Impulse und Ideale, für die der Widder noch offen war, zu einer persönlichen festgefügten Gedanken- und Vorstellungswelt verdichtet, die die Persönlichkeit umschließt und ihr Selbstverständnis ausmacht. Der Kampf wird jetzt ausgetragen zwischen der selbstgeschaffenen gedanklichen Vorstellungswelt, die als Realität empfunden wird, und den abweichenden Vorstellungen der anderen, die diese eigene Realität in Frage stellen. Als persönlicher Herrscher des Skorpion bewirkt Mars daher den Willen, für die eigenen Denkkonzepte zu kämpfen und zu versuchen, sie auf andere zu übertragen, um darüber Macht und Einfluß zu gewinnen. So verlagert sich der anfängliche Gegensatz zwischen Geist und Materie oder zwischen Idee und Handeln, der den Kampf im Widder motiviert, nun auf den Gegensatz zwischen der persönlichen Vorstellungswelt und dem Selbstverständnis der anderen. Kampf und Konflikt sind im Skorpion daher härter und unerbittlicher als im Widder, in dem Mars eher auf physische Erfahrungen und die Eroberung von unbekannten Lebensbereichen ausgerichtet ist als auf die Verteidigung festgefügter gedanklicher Bastionen.

Auf persönlicher Ebene stimuliert Mars den Kampf um Eigenständigkeit und die persönliche Durchsetzungskraft, die ein Mensch entwickeln muß, um sich aus dem Massenbewußtsein und der Abhängigkeit von anderen zu lösen. Er bewirkt Kampfgeist, Mut und Risikobereitschaft, die Kraft zum Handeln und den unbeirrbaren Willen, sich den vielfältigen Herausforderungen des physischen wie auch des geistigen Lebens zu stellen.

Mars als esoterischer Herrscher: Skorpion

Prinzip: Kampf um Seelenherrschaft

Mars wird auch als esoterischer Herrscher des Skorpion betrachtet. Dies verweist auf die Tatsache, daß der innere Zwiespalt zwischen Seele und Persönlichkeit, den jeder Mensch erlebt, sobald er die Seele im Inneren deutlich wahrzunehmen beginnt, nur durch Kampf überwunden werden kann. Der Kampf des Mars ist nun vor allem ein Kampf mit den eigenen Triebkräften der niederen Natur, die sich den Zielen der Seele unterwerfen müssen. Er richtet sich gegen (Denk-)Gewohnheiten, psychische Muster und Verhaltensweisen, die nicht mehr zeitgemäß sind, und gegen die Begierde, die es zu überwinden gilt, um für das Licht der Seele offen und empfänglich zu werden.

Auf der Seelenebene bewirkt Mars den inneren Kampf eines Menschen, der beginnt, das geistige Ideal menschlichen Lebens zu erschauen und seine Lebensweise darauf einzustellen.

Mars als hierarchischer Herrscher: Schütze

Prinzip: Unpersönlicher Kampf für ein Menschheitsideal

Als hierarchischer Herrscher des Schützen symbolisiert Mars die Fähigkeit zu idealistisch-motiviertem Handeln, bei dem persönliche Motive keine Rolle mehr spielen, weil es keine persönliche Identifikation mehr gibt. Der Zwiespalt zwischen den Motiven der Persönlichkeit und der Seele existiert nicht mehr, denn der geistig erwachte Mensch identifiziert sich mit der Menschheit als Ganzes. Dies veranlaßt ihn, seine Willenskraft unpersönlich einzusetzen, um einer geistigen Idee im Physischen zum Durchbruch zu verhelfen. Der Kampf findet nun auf einer höheren Ebene statt, um die Materie durch die gezielte Kraft des Willens dem Ideal der Seele unterzuordnen und gemäß dem geistigen Urbild zu gestalten.

Merkur als intellektuelles Verstehen

Denken als Vermittler
zwischen höherem und niederem Selbst.

Denkvermögen, Intellekt, Sprachbegabung.
Vermittlung, Kommunikation.

Symbolisierte der Mond das empfangende Geöffnetsein für Eindrücke aus der Umwelt und deren Verarbeitung im Gefühl, so wird durch Merkur die Fähigkeit entwickelt, Erlebnisse verstandesmäßig zu ordnen, zu bewerten und zu unterscheiden, was wichtig oder nicht wichtig, richtig oder falsch, zweckmäßig oder unzweckmäßig ist. Durch ihn lernen wir, zwischen Ich und Umwelt zu unterscheiden und uns aus der symbiotischen Verschmelzung mit der Natur zu lösen, die uns der instinktive »Mond-Verstand« zu Beginn der Entwicklung ermöglichte.

Merkur verkörpert also eine höhere Art der Wahrnehmung als der Mond, ein intellektuelles Verstehen, bei dem Erkenntnisse gewonnen werden durch unterscheidendes Denken, vergleichende Beobachtung und kritische gedankliche Bewertung des Erlebten. Durch ihn lernen wir, Situationen gedanklich zu beurteilen, zwischen »Gut und Böse« zu unterscheiden, um eigenständige verstandesmäßige Entscheidungen treffen zu können. So stellt Merkur den entscheidenden Schritt in der Entwicklung des Menschseins dar, denn er ist der Planet, der uns zu einem denkenden Wesen werden läßt und uns die Fähigkeit verleiht, gedankliche Wahrnehmungen sprachlich auszudrücken. Diese Fähigkeit zum sprachlichen Ausdruck und zur gedanklichen Interpretation von Lebenssituationen gibt dem Menschen – im Gegensatz zum Tier – die Freiheit der Entscheidung zwischen einem egozentrischen, zweckmäßigen und profitorientierten Handeln, bei dem der eigene Vorteil im Vordergrund steht, und einem Verhalten, das sich am Wohl der Gemeinschaft orientiert.

Die reine Merkur-Energie ist daher völlig wertfrei; es ist die Denkfunktion an sich, die sich durch Entwicklung erweitert. Sie umfaßt das Wissen um des Wissens willen, die neugierige Wißbegier dessen, der die Welt in all ihren Einzelerscheinungen entdecken, begreifen, begrifflich fassen (Zwillinge) und nach Maß und Zahl benennen will, aber auch das mehr zweckgebundene, ökonomisch-orientierte Denken, das kritisch-skeptischer Beobachtung entspringt und bei dem die eigene Person stets im Mittelpunkt des Erfahrenen steht (Jungfrau).

Auf einer höheren Entwicklungsebene führt Merkur uns aber auch in den Bereich des abstrakten Denkens, denn durch die Erfahrung methodischen Nachdenkens, gezielter Fragestellungen und statistischer Auswertungen des Beobachteten, die die Basis unseres Erfahrungswissens bilden, gelangt der Mensch schließlich schrittweise zum Begreifen abstrakterer Bereiche der Existenz, die Erkenntnisse über das bringen, was hinter der sichtbaren Welt liegt und ihre Gesetzmäßigkeiten erklärt.

Zusammenfassend können wir sagen, daß Merkur die zweifache Denkfunktion verkörpert:
– das *konkrete Denken,* das durch zweckmäßige Bewertungen und Nützlichkeitserwägungen gekennzeichnet ist bis hin zu schlauem, auf den eigenen Vorteil bedachtem, betrügerischem Verhalten, das sich ein Mensch durch Entwicklung seiner Intelligenz und eines eigenständigen opportunistischen Denkens erwerben mag;
– aber auch ein *methodisch-abstrahierendes Denken,* das sich unabhängig von der eigenen Person und von persönlichem Vorteil um das Erkennen von logischen geistigen Zusammenhängen bemüht durch aufmerksames, waches, beobachtendes Interesse an allem, was die Welt bewegt und deren innere Struktur bedingt.

Mit Merkur verbinden wir daher sowohl die Fähigkeit, zu wesentlichen Erkenntnissen über die Schöpfung zu gelangen und diese in sprachliche Begriffe zu übersetzen, als auch die Versuchung, durch bloßes begriffliches Erfassen und Beschreiben der Dinge, unverbindlich und an der Oberfläche zu bleiben, was tiefere Erkenntnisse verhindert, solange das Erfassen von Sinnzusammenhängen durch Jupiter noch nicht entwickelt wurde.

Die esoterische Bedeutung des Merkur

Merkur verkörpert das menschliche Denkvermögen, das uns die Dualität unseres eigenen Wesens wahrnehmen läßt. Dieses Denken kann sich auf zwei Ebenen bewegen: im Konkreten oder im Abstrakten. Und wenn wir diese beiden Ebenen verbinden und als analog erkennen, wird es zu einem dreifachen Denken:

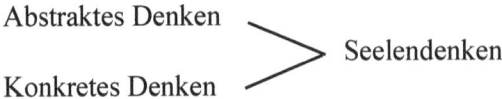

Dieses dreifache Denkvermögen verleiht uns die Fähigkeit, die unterschiedlichen Ebenen unseres Bewußtseins zu erkennen und uns gedanklich zwischen ihnen zu bewegen.

So ist Merkur auch das vermittelnde Prinzip zwischen dem höheren und niederen Selbst oder der *»göttliche Vermittler«*, wie Alice Bailey ihn nennt, *»der Botschaften zwischen den Polen schnell und mit Licht hin- und herträgt«*. Diese Pole sind die Wesensteile unseres Selbst, die wir durch gedankliche Entwicklung miteinander in Beziehung bringen müssen.

In der Mythologie finden wir wiederum einen Hinweis auf diese esoterische Tatsache. Merkur, der dem griechischen Gott Hermes entspricht, ist der Götterbote, der als einziger Zugang zu allen drei Welten hat: der Welt der Götter oder dem Olymp, der Welt der Menschen, aber auch dem Hades oder der Unterwelt. Diese Fähigkeit verweist auf die drei Ebenen unseres Bewußtseins, die sich uns nur im Denken erschließen.

Und so kann Merkur – als Symbol unseres Denkens – in der Tat als Götterbote bezeichnet werden. Denn er führt uns durch stufenweise Entwicklung vom konkreten Denken – über symbolisch-abstraktes Denken – zur Intuition, die uns in die Welt der Ursachen eindringen läßt. Durch Verbindung von Seele und Gehirn bringt er zunehmend Licht in unser Bewußtsein, bis wir uns am Ende selbst als Licht erkennen und uns nicht mehr mit der Form identifizieren.

Strahlqualität: 4. Strahl

Durch den Planeten Merkur wirkt der *4. Strahl der Harmonie durch Konflikt*, der auch den Mond beherrscht. Mit Merkur ist daher ein grundlegender Konflikt verbunden. Doch im Unterschied zum Mond, wo sich dieser Konflikt zwischen den unterschiedlichen Energien der Körper auswirkt, trägt Merkur – als Verkörperung des gleichen Strahls – den Konflikt auf die Ebene des Denkens.

Menschwerdung bedeutet also denken lernen, um konfliktfähig zu werden. Denn Harmonie ist für den Menschen nur durch vorausgehenden Konflikt zu erreichen, den Merkur auslöst, um uns zu lehren, die

Ursachen unserer Konflikte gedanklich zu erfassen und zu verstehen. Durch Merkur erreichen wir daher die Fähigkeit, Konflikte von der emotionalen Ebene auf die Mentalebene zu heben, um sie vernünftig und verständnisvoll auszutragen und zu lösen. Denn er gibt uns die Möglichkeit, Gefühlen und Empfindungen durch die Sprache eine Form zu geben, um sie auch anderen verständlich zu machen. Und indem wir lernen, uns unseren Mitmenschen zu erklären und unsere Handlungen zu analysieren und zu begründen, entwickeln wir die Fähigkeit zur verständnisvollen Kommunikation, die eine Grundlage für Seelenentwicklung ist.

In der Entfaltung des Denkprinzips, das unsere Seelenentwicklung einleitet, sind drei Stufen erkennbar:
1. Das Denken ist persönlichkeitsorientiert und schafft Konflikte zwischen unterschiedlichen Auffassungen und konkurrierenden Interessenlagen einzelner, die als Gegensätze wahrgenommen werden.
2. Der Zwiespalt zwischen Seele und Persönlichkeit wird im Denken erfaßt. Dies bringt innere und äußere Konflikte mit sich, aber auch die Erfahrung von Harmonie, die aus bestandenen Konflikten erwächst. Dadurch wird eine positive Konfliktfähigkeit erreicht.
3. Das Denken reicht über das Physische hinaus und bewirkt die Abstraktion von der eigenen Person. Der Mensch ist nun fähig, in die Welt geistiger Ideen und Urbilder einzudringen, die die Ursachen physischen Lebens bilden.

Die Zuordnung des Merkur zu den Tierkreiszeichen

Exoterischer Planet:	Zwillinge/Jungfrau
Esoterischer Planet:	Widder
Hierarchischer Planet:	Skorpion

Merkur als exoterischer Herrscher: **Zwillinge**

Prinzip: **Analytisches, unterscheidendes Denken**

Als exoterischer Herrscher der Zwillinge erweckt Merkur vor allem einen Sinn für die Polarität irdischen Lebens, aus der sich uns die Bedeutung der Welt erschließt. So hat das Männliche für uns ja nur eine Bedeutung, weil ihm das Weibliche als Gegenkraft gegenübersteht, die Nacht ist nur erklärbar, weil es den Gegensatz zum Tag gibt, das Licht nur, weil ihm die Dunkelheit gegenübersteht. Durch Wahrnehmen dieser Gegensätze und Erfassen ihrer Bedeutung wird der Mensch empfänglich für das dualistische Prinzip der Welt, das sich auch im Gegensatz zwischen der objektiven Erscheinungswelt und dem subjektiven Erleben der eigenen Person spiegelt. So wird die Neugier, die auch dem Tier eigen ist, auf das Erkennen von Ursachen und Naturgesetzlichkeiten gerichtet, denn das sich entwickelnde Denken treibt den Menschen, die äußere Welt in ihrer Vielfalt zu entdecken, erklärbar zu machen und mit der eigenen subjektiven Wirklichkeit in Beziehung zu setzen. Das Erkennen dieses Gegensatzes, der im instinktiven Gefühlsbewußtsein noch nicht wahrgenommen wird, leitet die intellektuelle Entwicklung des Menschen ein. Dadurch wird er sich zunehmend seiner selbst bewußt, gemäß der Erkenntnis Descartes: *»Ich denke, also bin ich.«*

Merkur als exoterischer Herrscher: **Jungfrau**

Prinzip: **Ökonomisches, zweckorientiertes Denken**

Wenn Merkur als Herrscher der Jungfrau wirkt, dann geht es im Denken weniger um die wertneutrale Feststellung einer Sache oder um Gegensätzlichkeiten, als vielmehr um die analytische Bewertung eines Sachverhalts in seiner praktischen Anwendung für den Menschen. Daraus resultiert eine persönlichere Bewertung von Fakten sowie der Versuch, die persönliche Erfahrung zu nutzen, um eine immer bessere Anpassung an äußere Existenzbedingungen zu erreichen. Die Gesetzmäßigkeiten und Mechanismen der Welt werden erforscht, um sie für das eigene Leben besser zu nutzen und verfügbar zu machen. Das intellektuelle Bemühen ist hier nicht mehr objektiv-neutral, sondern es dient dem Zweck der eigenen Lebenssicherung und der besseren Nutzung wissenschaftlicher Erkenntnisse, um die Lebensbedingungen zu verbessern.

Auf persönlicher Ebene stimuliert Merkur die Entwicklung des intellektuellen Denkens. Als Herrscher der Zwillinge bewirkt er ein sachlich-neutrales Denken, das objektive Erkenntnisse ermöglicht. Als Herrscher der Jungfrau verleiht Merkur dem Menschen eine eher praktische Intelligenz, die auf die optimale Anpassung des eigenen Lebens an die Umweltbedingungen gerichtet ist.

Merkur als esoterischer Herrscher: Widder

Prinzip: Ausgleichendes, abwägendes Denken

Als esoterischer Herrscher kennzeichnet Merkur die Phase beginnenden Seelenbewußtseins, in der ein Widder sein impulsives Vorwärtsdrängen und seine spontanen Eingebungen einer gedanklichen Kontrolle unterworfen hat. Er wirkt ausgleichend auf die dynamischen Willensimpulse sowie den Taten- und Bewegungsdrang des Mars ein und läßt den Menschen zurückhaltend, abwägend und ausgleichend auf Konflikte reagieren, die sich aus der Unterschiedlichkeit menschlicher Interessen ergeben. Denn Merkur wirkt hier als Vermittler zwischen Seele und Gehirn, um das Bewußtsein zu erleuchten und die spontanen, heftigen Willensimpulse des Mars in wohldurchdachte, konstruktive Bahnen zu lenken. Dadurch fällt Licht auf alle menschlichen Probleme und Konflikte, die sich friedlich lösen lassen, sobald ein Verstehen entwickelt wurde, das alle Standpunkte als entwicklungsbedingt respektiert und versucht, sie harmonisch aufeinander abzustimmen.

Auf der Seelenebene verleiht Merkur dem Menschen die Fähigkeit, Konflikte gedanklich auszutragen, ohne sich in Emotionen hineinziehen zu lassen, weil stets ein sachlich-neutraler Standpunkt gewahrt bleibt und die Lösung im fairen Kompromiß gesucht wird.

Merkur als hierarchischer Herrscher: Skorpion

Prinzip: Erleuchtetes Denken

Als hierarchischer Herrscher des Skorpion kennzeichnet Merkur das Denken des geistig erwachten Menschen, bei dem der Konflikt zwischen Seele und Persönlichkeit nicht mehr existiert. Er zeigt an, daß ein Mensch mit Hilfe des Mars durch Kampf und innere Auseinandersetzungen gegangen ist, die Begierde überwunden hat und nun durch ein entwickeltes Denken fähig wird, die eigene Persönlichkeit und ihre Zielsetzungen im Sinne des größeren Ganzen zu sehen und zu verstehen. Der hierarchische Herrscher kommt deshalb erst in der Endphase der mentalen Entwicklung zum Tragen, wenn der Intellekt in der Intuition aufgegangen ist. Nun wirkt er als Prinzip der Erleuchtung, das den geistigen Weg erhellt und den Menschen zum gedanklichen Schöpfer seines Lebens macht.

Venus als Liebesfähigkeit

Intelligente Liebe,
die uns beziehungsfähig macht.

Liebesfähigkeit, liebevolle Zuneigung,
Sinn für Schönheit und Harmonie, Ästhetik.
Künstlerisches Empfinden, Stil.
Wertebewußtsein, Empfinden für Qualität.
Farb- und Formempfinden,
Sinn für Proportionen.

Während Mars die männlich-dynamische Kraft symbolisiert, die nach außen gerichtet ist und uns ein aktives kämpferisches Temperament verleiht, läßt Venus die weibliche Seite unseres Wesens anklingen, denn sie steht für Anmut, Schönheit und Liebe. Ihr Prinzip ist es, das uns über das rein Ökonomisch-Zweckmäßige hinaus das erkennen läßt, was schön oder häßlich, harmonisch oder disharmonisch und folglich gut oder nicht gut ist, denn sie verleiht uns ein ästhetisches Wertebewußtsein, an dem sich unser seelisches Empfinden orientiert. Venus kann deshalb als das Gegenprinzip des Mars betrachtet werden; sie ist die Kraft der Anziehung oder des »*Ewig-Weiblichen*«, das uns »*hinanzieht*«, wie Goethe es nennt, da sie unsere niedere Natur über das Irdische erhebt. Sie macht uns empfänglich für das Schöne und Wahre, denn sie läßt uns nach ästhetischer Vollkommenheit streben. Dies zeigt sich im Bereich schöpferischer Kunst, im Kunsthandwerk, aber auch in der harmonischen Gestaltung unseres Lebens oder im Dienst am Schönen, der dem Alltag seine lähmende Routine nimmt und das Bewußtsein über das Materielle erhebt. Durch sie entwickeln wir einen sicheren Geschmack und ein Gefühl für Takt im täglichen Umgang mit unseren Mitmenschen, ein ästhetisches Empfinden und ein Wertebewußtsein, das der Liebe und unseren Beziehungen zu anderen den Vorrang gibt vor ökonomischen Interessen.

Venus verleiht uns die Fähigkeit zu Liebe und liebender Zuneigung zu anderen. Sie läßt uns das Verbindende zwischen den Menschen erkennen, im Gegensatz zum Trennenden, Konkurrierenden, das im Mars betont ist. Sie ist die Kraft der Verbindung zwischen den Menschen, die unsere Beziehungsfähigkeit bedingt, und so ist sie auch von jeher das Symbol der Liebenden gewesen. Dadurch wurde sie jedoch fälschlicherweise mit Sexualität in Beziehung gebracht, was esoterisch nicht richtig ist, denn Venus ist eine mentale Kraft. Ihr Prinzip ist *»das Liebesprinzip durch die lenkende Macht des Denkens«* (Alice Bailey). Dieses Prinzip findet seinen Ausdruck zunächst im Verlangen nach körperlicher Liebe und Liebe zu äußerer Schönheit. Doch in seiner Vollkommenheit kann es sich erst entfalten, wenn unser Denken entwickelt ist und wir Schönheit als Ergebnis harmonischer innerer Ordnung erkennen und Liebe als wahrnehmendes Verstehen des anderen.

Im gegenwärtigen Zustand der Evolution ist das Prinzip der Venus aber noch nicht voll entwickelt. Unsere Liebe ist selten frei von Emotionen (♂) und trennenden, egoistischen Motiven, und ein sicheres Stilempfinden ist bei den wenigsten vorhanden. So ist unsere Umgebung auch gerade in jüngster Zeit immer stärker geprägt von Häßlichkeit, Dissonanz, und die Beziehungen der Menschen untereinander sind gekennzeichnet durch einen Mangel an Takt und Feingefühl, da Konkurrenz und das kommerzielle Denken im Vordergrund stehen. Denn Mars, Mond und die niedere Ebene des Merkur sind noch die vorherrschenden Prinzipien, und sie prägen unsere momentane, wenig fortgeschrittene Zivilisation, die durch rein ökonomisches, profitorientiertes Handeln und Denken gekennzeichnet ist. Der Schlüssel zu einer humaneren Gesellschaft, die schließlich durch die seelische Entwicklung des Menschen erreicht werden wird, liegt folglich auch in der Liebe zur Schönheit, denn wahre Schönheit beruht auf Harmonie und bewirkt die Transformation unserer Ur-Triebe und Verhaltensweisen. Dies können wir immer wieder erleben, wenn durch den Anblick einer schönen Frau, die spontan den Ausdruck von Bewunderung und Verehrung auslöst, selbst der ungehobeltste Mann zu ungewohnter Höflichkeit, Zuvorkommenheit und zivilisiertem Verhalten veranlaßt wird. Schönheit wirkt also verfeinernd auf den Menschen, und gäbe es in unserer Umwelt mehr Schönheit und Harmonie, so hätte dies automatisch eine Verfeinerung und Veredelung der menschlichen Natur zur Folge.

Die eigentliche Aufgabe der Venus ist daher die Sublimierung von Triebreaktionen und zweckgebundenem, profitorientiertem Handeln und Denken durch Entwicklung eines ästhetischen Sinns und eines Harmoniebewußtseins, das ein Merkmal der Seele ist. Ist der Kosmos doch auf dem Prinzip der Harmonie aufgebaut, und in dem Maße, wie wir empfänglich werden für Harmonie und Schönheit, werden wir auch empfänglich für die Seele, weil diese sich durch die harmonische

Ordnung der Formen zum Ausdruck bringt. Wahrheit ist deshalb immer zugleich Harmonie, und so liegt das Erzieherische dieses Prinzips auch in der Sensibilisierung für wahre innere Schönheit, die uns nur das Bewußtsein der Liebe erschließen kann.

Doch zu Beginn der Entwicklung dominiert der Kampf ums Überleben (♂), der uns mit dem Tierreich verbindet. Auf dieser Ebene ist das bewußte Wahrnehmen von Schönheit als einer erhebenden Kraft noch nicht vorhanden. Schönheit bleibt daher äußerlich, und Liebe ist häufig noch eine Reaktion auf sichtbare, an physische Formen gebundene Schönheit. Doch wenn sich Merkur im Evolutionsprozeß mit Venus verbindet, wird Schönheit auch auf mentalen Ebenen wahrnehmbar. Dies äußert sich in einem sicheren Form- und Stilempfinden sowie einem zunehmenden Interesse für Kunst und Geisteswissenschaften. Die Sprache wird über die reine Zweckmäßigkeit (☿) auf eine Ebene gehoben, auf der sie durch harmonischen Klang und Rhythmus der Schönheit des Seelischen Ausdruck verleiht, was in der Poesie ihren vollkommensten Ausdruck findet. So wird sie zum wichtigsten Medium der Seele, denn sie dient dazu, die Schönheit und Vollkommenheit einer Idee oder eines Gedankens durch Sprache auf der physischen Ebene sichtbar zu machen. Die Fähigkeit, Schönheit ohne Form zu erfassen, zeigt daher die Stufe beginnenden Seelenbewußtseins an. Sie dient aber auch dazu, die Beziehung zu anderen Menschen durch ein liebevolles Verstehen und eine verbindliche Sprache auf eine höhere Ebene zu heben, um so ein harmonisches Miteinander zu erreichen.

Zusammenfassend können wir sagen, Venus ist der Planet, der uns Schönheit wahrnehmen läßt und uns lehrt, harmonische Beziehungen zu anderen aufzubauen. Sie hilft uns, unsere Liebesfähigkeit über die emotionale Ebene zu erheben und als »liebende Intelligenz« zum Ausdruck zu bringen. Auf einer höheren Stufe der Entwicklung verleiht sie uns aber auch ein sicheres Empfinden für harmonische Formen und für die Schönheit geistiger Prinzipien.

Die esoterische Bedeutung der Venus

Das Prinzip der Venus stellt esoterisch betrachtet die Seele der Erde dar. Als *»Quelle intelligenten Denkvermögens«* ist sie das *»Liebesprinzip als Verbindendes auf allen Ebenen«* (Alice Bailey), das den

Geist und die physische Natur in eine sinnvolle Beziehung bringt. Sie verbindet die allgegenwärtige Seele oder das »Solare« in uns mit dem Stofflichen durch Entwicklung einer mentalen Liebesfähigkeit, die uns über die Begierde und das materielle Verlangen erhebt.

In der Mythologie erscheint Venus, die der griechischen Aphrodite entspricht, als Göttin der Schönheit und Liebe. Sie sollte daher nicht mit Eros, dem Sohn der Aphrodite und des Ares, verwechselt werden, der ja nur einen Teilaspekt ihres Wesens darstellt. Venus verkörpert das Mentale, das die menschliche Natur allmählich vergeistigt und uns befähigt, das Geschlecht zu transzendieren, indem wir Sexualität als ein kosmisches Prinzip erkennen. Denn auf allen Ebenen der Existenz wird das Männliche als Symbol des Geistes und das Weibliche als Symbol der Materie durch Liebe in Beziehung gebracht und schließlich zur Einheit verschmolzen. Dies wird deutlich in der mythischen Vorstellung der Himmelshochzeit oder der »unio mystica«, die das Stadium symbolisiert, in dem Seele und Körper eines Menschen eins werden.

Venus symbolisiert also die Liebe als verbindende und bewußtseinserhebende Kraft, die zusammen mit Merkur darauf einwirkt, daß wir uns als Seele erkennen und uns durch ein liebevoll-verbindendes Denken über das Formbewußtsein zu mentalem Bewußtsein erheben. Dies wird deutlich am Bild des Hermaphroditen, dem Symbol des wahren Menschen, der mythologisch aus der Verbindung von Hermes (☿) und Aphrodite (♀) entsteht.

So zeigt sich die Wirkung der Venus auch unterschiedlich, je nachdem ob das Bewußtsein eher materiell oder geistig ausgerichtet ist. Mythologisch ist dies erkennbar an der Doppelverbindung von Aphrodite. Sie ist die Geliebte des Ares (Mars), dem Gott des Krieges und dem Symbol von Leidenschaft und Aggression, aber auch die Gattin des Hephaistos (Vulkan), der die Geist-Seele symbolisiert. In diesen beiden Verbindungen der Venus (Aphrodite) kommt die Polarität von sinnesbetonter und geistiger Liebe zum Ausdruck.

Strahlqualität: 5. Strahl

Durch Venus wirkt der *5. Strahl des Konkreten Wissens*, durch den sich die menschliche »denkende Seele« entwickelt. Denn es ist die Energie des Denkens, die zu Lichtausstrahlung führt und dem Menschen die Fähigkeit verleiht, sich selbst zu erkennen.

Venus, die uns befähigt, Schönheit und Harmonie in unser Leben und unsere Beziehungen zu bringen, ist also eine mentale Kraft, die als intelligente Liebe zum Ausdruck kommt, sobald unser Denken stark genug ist, um sich über die emotionale Ebene zu erheben.

> In der Entwicklung unserer Liebesfähigkeit und unseres Schönheitssinns lassen sich drei Bewußtseinsstufen erkennen:
> 1. Der Körper steht im Mittelpunkt des Verlangens. Liebe zur äußeren Schönheit.
> 2. Schönheit wird als erhebende Kraft im Alltag wahrgenommen. Liebe äußert sich als wahrnehmendes Verstehen des anderen und als Harmonieempfinden, das in Beziehungen und in der Gestaltung des Lebens Ausdruck findet.
> 3. Liebe wird als Schönheit erkannt und zeigt sich im Verstehen geistiger Gesetzmäßigkeiten, deren innere Ordnung sich durch Schönheit, Wahrheit und Harmonie offenbart.

Die Zuordnung der Venus zu den Tierkreiszeichen

Exoterischer Planet:	Stier/Waage
Esoterischer Planet:	Zwillinge
Hierarchischer Planet:	Steinbock

Venus als exoterischer Herrscher: Stier

Prinzip: Persönliche Liebe

Als exoterischer Herrscher des Stier stellt Venus unsere persönliche Liebesfähigkeit dar, die uns nach geselliger Verbindung mit anderen Menschen suchen läßt. Sie ist der Planet, der uns wahrnehmen läßt, daß wir nur durch Liebe und Verbindung mit anderen über uns hinauswachsen und die eigene Begrenztheit überschreiten.

Weil die Liebe auf dieser Ebene aber noch an das körperliche Erleben gebunden ist und Schönheit ohne Form noch nicht wahrgenommen wird, äußert sich die Kraft der Venus zunächst als Verlangen nach Liebe und Besitz, nach einem genußvollen Leben, aber auch als Wunsch, Schönes zu besitzen und anzusammeln, um die Sinne zu erfreuen und das eigene Wohlbefinden zu erhöhen.

Venus als exoterischer Herrscher: **Waage**

Prinzip: **Wunsch nach Harmonie**

Als exoterischer Herrscher der Waage bewirkt Venus einen Sinn für Harmonie und Ausgewogenheit, der in der äußeren Lebensgestaltung, aber auch im Umgang mit anderen zum Ausdruck kommt. Durch sie fühlen sich Waage-Geborene veranlaßt, Konflikte und Dissonanzen in mitmenschlichen Kontakten zu vermeiden und stets nach Ausgleich divergierender Interessen zu suchen. Daraus resultiert ein harmonisch geregelter, höflich-respektvoller Umgang mit anderen, aber auch der Versuch, alles Häßliche, Disharmonische, Konfliktträchtige zu vermeiden, um die eigene Harmonie nicht zu stören bis hin zur Schein-Harmonie, mit der Konflikte einfach ausgeblendet oder »unter den Teppich gekehrt werden«.

Auf persönlicher Ebene verleiht uns Venus ein Empfinden für formschöne Dinge und eine Vorliebe für verbindliche, harmonische Beziehungen. Als Herrscher des Stier bewirkt sie eine Vorliebe für gesellige Kontakte, Gemütlichkeit, aber auch für die schönen Dinge des Lebens, die unser Bewußtsein über das Nützliche und Praktische erheben. Als Herrscher der Waage symbolisiert Venus ein ästhetisches Empfinden sowie die Fähigkeit, Harmonie in menschlichen Beziehungen zu erreichen, indem das Gemeinsame überwiegt und die Unterschiede im Kompromiß ausgeglichen werden.

Venus als esoterischer Herrscher: **Zwillinge**

Prinzip: **Liebevolles, verbindendes Denken**

Als esoterischer Herrscher der Zwillinge kennzeichnet Venus das Stadium beginnenden Seelenbewußtseins, in dem das Denken des Menschen sich wandelt. Das Bewußtsein, das durch Merkur vor allem auf das Wahrnehmen von Unterschieden und Gegensätzen ausgerichtet war und sich durch intellektuell-kritische Analyse auszeichnete, wird nun auf das Gemeinsame, die Menschen Verbindende gerichtet, um hinter den vielfältigen Formen menschlichen Denkens gemeinsame Grundprinzipien zu entdecken. Sprachliche Formulierungen werden verbindlicher und differenzierter, Kritik wird konstruktiv, da stets der

Konsens gesucht wird und nicht mehr die Dissonanz.

Auf der Seelenebene bewirkt Venus ein qualitatives, wertebewußtes Denken und ein liebendes Verstehen, das zwischen materiellen und geistigen Gesichtspunkten klar unterscheidet, aber dennoch das Gemeinsame und Verbindende betont. Denn gegensätzliche Positionen, die sich aus der Identifikation eines Menschen mit seiner Formnatur oder mit der Seele ergeben, werden im Denken erkannt und als Merkmal einer bestimmten Entwicklungsstufe verstanden. Dadurch gewinnt das Denken eine Seelenqualität, die Wirkliches von Unwirklichem, Wahrheit von Unwahrheit und persönliche Qualitäten von Seelenqualitäten unterscheidet.

Venus als hierarchischer Herrscher: **Steinbock**

Prinzip: **Spirituelle Liebe**

Als hierarchischer Planet des Steinbock symbolisiert Venus die spirituelle Liebe, deren Merkmal Unpersönlichkeit, Selbstlosigkeit und die Bereitschaft zum Dienen ist. Diese Ebene des Venus-Prinzips stellt das Endziel der Menschheitsentwicklung dar, wo die Persönlichkeit zum vollkommenen Spiegel der Seele wird, weil sie sich durch »intelligente Liebe« zum Ausdruck bringt, die vollkommen frei ist von Verblendung, Begehren und persönlicher Begrenzung.

Jupiter als ganzheitliches Verstehen

Liebe-Weisheit,
die durch einen Sinn für das Ganze zum Ausdruck kommt.

Sinngebung, Glaube, Vertrauen.
Streben nach Ganzheit.
Ethik, Toleranz, Respekt.
Begreifen von Sinnzusammenhängen,
Zusammenschau, ganzheitliches Denken.
Drang nach Fülle und Wohlstand, Maßlosigkeit.

Jupiter, das Prinzip weisen Verstehens, erweitert unser Denken ins Metaphysische, das allein den Sinn menschlichen Lebens zu erklären vermag. Er läßt uns ein übergreifendes Ordnungsgefüge und geistige Zusammenhänge erkennen und öffnet unser Bewußtsein für das Überpersönliche, sei es im sozialen, religiösen, ethischen oder philosophischen Sinne, denn er verleiht uns einen Sinn für das Ganze und ein Verständnis dafür, daß der Sinn des Lebens in der menschlichen Entwicklung liegt. Wir erleben seine Wirkung daher als ein gläubiges Vertrauen in die Zukunft und das Leben, das unsere Entwicklungschancen und unseren Zukunftsentwurf schon in sich trägt. So ist Jupiter auch der Planet, der uns zu mehr Ganzheit führt, denn er stimuliert in uns den Drang nach Entwicklung sowie die Fähigkeit, über uns hinauszustreben und uns aus einer engstirnigen, an Zweckmäßigkeit und Nützlichkeit orientierten Weltsicht zu befreien. Aufgrund dieser expansiven, stets nach Erweiterung des Bewußtseins strebenden Kraft liegt die Gefahr dieses Prinzips auch nicht in der Begrenztheit, sondern in seiner Weite. Denn Jupiter kann zu Maßlosigkeit und Verschwendungssucht führen, wenn das Interesse des Einzelnen noch zu stark auf sich selbst bezogen ist und er noch nicht das größere Ganze sehen kann, in dessen Bewußtseinsfeld er als ein Teil funktioniert.

Zu Beginn der Entwicklung, solange Mond, Mars und die niedere Ebene des Merkur als Kräfte des Lebens dominieren, verstärkt Jupiter in uns den Drang nach Fülle, nach weltlichem Wohlstand und einem Leben im Überfluß. In der Persönlichkeits-Astrologie hat er deshalb zu Recht die Bedeutung eines Glücksplaneten, da er weltlichen Reichtum vermehrt. So liegt die Gefahr dieses Planeten auch in einer zu starken Ausrichtung auf Wunschbefriedigung, und wird dieses Prinzip zu sehr ausgelebt und das Materielle überbetont, kann sich der Drang nach Erweiterung auf der körperlichen Ebene auch als Gewichtszunahme oder bei besonderer Konstellation als unkontrolliertes Wachsen und Wuchern von Zellen auswirken, die sich der Kontrolle eines übergeordneten Gegenregulativs (♄) entzogen haben. Wucherungen von Zellen entsprechen symbolisch daher der Umkehrung des Jupiter-Prinzips, wobei sich der Wunsch nach Entwicklung und Erweiterung nicht ins Geistige richtet, sondern nur im Materiellen gesehen wird. Dadurch findet eine Loslösung vom Ganzen statt, der Teil reagiert autonom, ohne Rücksicht auf den Gesamtorganismus, und bewirkt so die Zerstörung des Ganzen. Der »Glücksplanet« hat also auch seine negative Seite, obwohl bei diesem Prinzip im allgemeinen das Positive überwiegt, denn die Kraft der Erweiterung und des inneren Wachstums ist es, die uns zur Ganzheit unseres Wesens führt.

Auf entwickelter Ebene wirkt Jupiter nicht mehr als Glücksbringer, der weltlichen Reichtum beschert, sondern als die Kraft, die uns Weisheit und Erkenntnis bringt. Sie bewirkt in uns ein Streben nach lebendiger Ganzheit und nach Vollkommenheit, aber auch ein liebevolles Verständnis für die menschlichen Schwächen, die notwendigerweise mit unserer Entwicklung verbunden sind. Denn sobald wir beginnen, über uns hinauszublicken und uns als Teil eines größeren Ganzen und eines globalen Entwicklungsplanes zu begreifen, wird unser Denken – trotz Erkennens der eigenen Schwächen wie auch der Mängel und Untugenden anderer – menschlicher und umfassender, da wir den Menschen als »in Entwicklung befindlich« begreifen. So läßt Jupiter in uns auch ein mitfühlendes Verstehen für das »Menschlich-allzu-Menschliche« entstehen, aus dem ein liebevolles Miteinander, Respekt, Achtung und Toleranz erwachsen, durch die der andere als »Bruder auf dem Pfade des Lebens« betrachtet wird und nicht mehr als Gegner oder Konkurrent. Jupiter ist folglich auch der Planet, der uns schließlich bei entsprechender mentaler Entwicklung (☿+♀) einen geistigen Lebenshintergrund finden läßt. Durch ihn wird uns der Sinn des Lebens verständlich und begreifbar, sobald unser Denken in der Lage ist, globale Zusammenhänge zu verstehen, weil die Vielschichtigkeit des persönlichen Bewußtseins mit dem innewohnenden, vereinenden und überpersönlichen Seelenbewußtsein verbunden ist. Daraus entsteht eine ethische Grundhaltung, frei von Dogmen, einengenden weltanschaulichen Festlegungen und Ideologien, denn Jupiter gibt uns die Fähigkeit, Einzelphänomene in einen sinnvollen Gesamtzusammenhang zu stellen.

Zusammenfassend können wir sagen, Jupiter ist das Prinzip, das uns auf jeder Ebene des Bewußtseins nach Erweiterung und Vervollkommnung streben läßt. Aufgrund seiner ganzheitlichen Sicht, läßt er uns den Lebenssinn an die Stelle des Zweckmäßigen, das gläubige Vertrauen an die Stelle der Lebensangst, Zusammenschau an die Stelle des Detailwissens sowie ethisches Handeln und Gerechtigkeit an die Stelle von Zügellosigkeit und Ungerechtigkeit setzen. So wirkt er als Gegenkraft zu dogmatischem, konzeptionellem Handeln und Denken (♄), denn er verleiht uns die Fähigkeit zur Zusammenschau und zu intuitiv erkannter Wahrheit, wenn der Intellekt (☿) entwickelt ist und das Denken des Menschen ins Metaphysische hinausgreift.

Die esoterische Bedeutung des Jupiter

Jupiter verkörpert das Prinzip weisen Verstehens, das uns die Liebe als innere Beziehung zwischen allen Lebensformen begreifen läßt, wenn wir beginnen, die Welt nicht mehr mit dem Verstand, sondern mit dem Herzen wahrzunehmen. So ist Jupiter auch der Planet, der unserem Denken die trennende Kraft nimmt und uns erkennen läßt, daß wir in einen höheren Schöpfungsplan eingebunden sind, in dessen Rahmen das eigene Leben erst seine wahre Bedeutung erhält.

In der Mythologie erscheint Jupiter, der dem griechischen Zeus entspricht, als höchster Gott, der als Himmelsvater oder Lichtvater bezeichnet wurde. Denn Zeus hatte seinen Vater Chronos vom Thron gestürzt, um sich die Weltherrschaft mit seinen Brüdern Poseidon und Hades zu teilen. Zeus bekam den Himmel, Poseidon das Meer und Hades die Unterwelt. Der Olymp und die Erde waren gemeinsamer Besitz, doch hier ließ sich Hades nur selten sehen. Homer nennt Zeus den »Vater der Götter und der Menschen«, denn er verkörpert beide Facetten des Menschlichen: das Übermenschliche und das Allzu-Menschliche. Er ist gleichzeitig der souveräne, unparteiische Herrscher, der eine höhere Ordnung, Ethik und Moral vertritt, aber auch der ausschweifende Gott, ständig auf der Suche nach neuen Liebschaften und Freiheiten, die für ihn eine große Faszination darstellen. So hatte Zeus auch mehrere Frauen, bevor Hera seine letzte Ehefrau wurde. Er war auch mit der Okeanide Metis vermählt, deren Name »Gedanke« bedeutet. Und aus dieser Verbindung wurde Athene, die »Göttin der Weisheit« geboren, die aber in Zeus selbst heranwuchs und seinem Kopf entsprang.

Strahlqualität: 2. Strahl

Jupiter ist der Überträger des *2. Strahls der Liebe-Weisheit*. Durch seine magnetische Kraft bringt er Kopf und Herz zu einem vereinten Wechselwirken, wodurch die Trennung zwischen Verstand und Liebe aufgehoben wird. Denn der 2. Strahl ist ein Doppelstrahl, der Weisheit als eine Qualität der Liebe zum Ausdruck bringt.

Weisheit kann sich jedoch erst entwickeln, wenn ein Mensch beginnt, sein Denken auf die wesenhaften Dinge zu richten, die größeren Zusammenhänge des Lebens zu verstehen und sich als Teil eines größeren Ganzen zu sehen. Dadurch wird das Denken vom Kopf ins Herz verlagert, und ein Mensch wird fähig, die Welt mit den »Augen der Liebe« zu sehen.

Jupiter ist also der Planet, der uns weise, liebevoll, verständnisvoll und tolerant werden läßt, weil er das »Denken im Herzen« verkörpert. Dieses Herzdenken sollte aber nicht mit dem Fühlen im Herzen verwechselt werden. Es entwickelt sich erst, wenn ein Mensch ein gewisses Maß an mentaler Entwicklung erreicht hat (☿) und Emotionalität in liebevolles Verstehen (♀) umgewandelt wurde. Ist dies der Fall, so wird ein Mensch offen und empfänglich für eine ganzheitliche Sicht der Welt, die uns die Verbundenheit unseres eigenen Lebens mit dem unserer Mitmenschen bewußt macht. So stellt Jupiter auch die Vollendung des menschlichen Denkens dar, das uns schließlich ein wirkliches Verstehen des Zusammenhangs zwischen physischem und geistigem Leben ermöglicht, weil Kopf und Herz eins geworden sind und der intellektuelle Verstand die innere Wahrnehmung nicht mehr verdrängt.

In der Entwicklung von Liebe-Weisheit lassen sich drei Bewußtseinsstufen unterscheiden:
1. Suche nach einem erfüllten Leben durch Ausschöpfen des eigenen Entwicklungspotentials und der eigenen Lebenschancen.
2. Suche nach dem tieferen Sinn menschlichen Lebens, in dem das eigene Leben in einem größeren kosmischen Zusammenhang gesehen wird.
3. Weisheit erweist sich als »Liebe zum Ganzen«, und der Sinn des Lebens liegt im Erkennen der Ganzheit, die sich in jedem Teil offenbart.

Die Zuordnung des Jupiter zu den Tierkreiszeichen

Exoterischer Planet: Schütze/Fische
Esoterischer Planet: Wassermann
Hierarchischer Planet: Jungfrau

Jupiter als exoterischer Herrscher: Schütze

Prinzip: Suche nach Erfüllung

Als exoterischer Herrscher des Schützen stimuliert Jupiter das Streben des Menschen nach Fülle und Expansion. Er motiviert die Persönlichkeit, ihre Möglichkeiten und Chancen ständig zu erweitern, um dem eigenen Leben eine größere Bedeutung zu geben und nicht in der Routine zu erstarren. Er gibt Selbstvertrauen und Optimismus, denn Jupiter ist das Prinzip, das Glauben und Zuversicht verleiht und den Menschen veranlaßt, sich strebend zu bemühen, das zu erreichen, was er sich wünscht und als Ziel seines Lebens begreift.

Jupiter als exoterischer Herrscher: Fische
(Neptun gilt nur auf kollektiver Ebene)

Prinzip: Anteilnahme am Leben anderer

In den Fischen gibt Jupiter dem Menschen ein Empfinden für die Einheit des Lebens, das sich als Anteilnahme am Leben anderer zeigt. Daraus erwächst das Bedürfnis zu helfen, denn Jupiter bewirkt hier ein ausgeprägtes mitmenschliches Empfinden mit den Hilfsbedürftigen und Leidenden dieser Welt. Dies findet seinen Ausdruck in überwiegend helfenden, sozialen oder sozialpolitischen Aktivitäten, in denen ein Fische-Geborener die Erfüllung des eigenen Lebens sieht.

Auf persönlicher Ebene fördert Jupiter das Streben nach Fülle, Glück und einem reichen, erfüllten Leben. Als Herrscher des Schützen veranlaßt er den Einzelnen, nach dem zu suchen, was sein Leben bereichert und ihm das Gefühl gibt, die eigenen Grenzen ständig zu erweitern und über sich selbst hinauszuwachsen. Als Herrscher der Fische zeigt er sich als tief verwurzeltes Bedürfnis, für andere da zu sein und ihnen zu helfen bis hin zu einem missionarischen Bewußtsein.

Jupiter als esoterischer Herrscher: **Wassermann**

Prinzip: **Erkennen der Seelenverwandtschaft**

Als esoterischer Herrscher des Wassermann kennzeichnet Jupiter das Stadium beginnenden Seelenbewußtseins, in dem ein Mensch sich der Seelenverwandtschaft mit seinen Mitmenschen wirklich bewußt wird. Er begreift nun, daß sich der Sinn des eigenen Lebens aus der Beziehung zum Leben der anderen ergibt und das eigene Handeln stets einen Einfluß auf das Ganze hat, weil alles untrennbar miteinander verbunden ist. So entwickelt sich eine ethische Grundhaltung, die den Einzelnen veranlaßt, seinen Mitmenschen mit Respekt, Achtung und Liebe zu begegnen und die eigenen Entfaltungsmöglichkeiten stets unter dem Gesichtspunkt der Auswirkung auf das Ganze zu betrachten.

Auf der Seelenebene bewirkt Jupiter ein Bewußtsein liebevoller Verbundenheit mit anderen und den Wunsch, die eigene geistige Entwicklung zu vervollkommnen, um der Menschheit in tätiger Liebe zu dienen.

Jupiter als hierarchischer Herrscher: **Jungfrau**

Prinzip: **Liebe-Weisheit**

Wenn Jupiter als hierarchischer Herrscher der Jungfrau gilt, so kennzeichnet dies das Endziel der Seelenentwicklung. Durch Verstehen des Zusammenhangs zwischen geistigem Sein und dem Sinn physischer Existenz ist der Mensch zu Weisheit gelangt, denn Herz und Verstand sind eins geworden. Auf dieser Ebene stellt Jupiter das Bewußtsein des geistig erwachten Menschen dar, der es geschafft hat, sich in einem physischen Körper zu inkarnieren und diesen so zu verändern und zu entwickeln, daß er die Liebe und Weisheit der Seele in vollendeter Weise zum Ausdruck bringt.

Saturn als »Hüter der Schwelle«

Individuelle Verantwortlichkeit
im Sinne des Karma-Gesetzes.
Das »soziale Gewissen«.

Realitätssinn, Pflichtbewußtsein, Verstand.
Eigenverantwortlichkeit, Ich-Begrenzung,
Selbst-Beschränkung, (Selbst-)Disziplin.
Begrenzung, Verlangsamung, Verfestigung,
Festhalten an Formen und Traditionen,
Starrsinn, Dogmatismus, Kristallisation.

Saturn, der letzte in der Reihe der persönlichen Planeten, bildet die Grenze zwischen dem Individuellen und dem Überbewußten. Als Grenzplanet oder »Hüter der Schwelle«, wie die Alten ihn nannten, wirkt er deshalb auf zwei Ebenen:
- als persönlicher Planet, der unsere Wahrnehmung auf unser Ich begrenzt,
- als unpersönlicher Planet im Sinne des »Karma-Gesetzes«, indem er den Menschen zwingt, sich mit der eigenen Vergangenheit auseinanderzusetzen und aus ihr zu lernen, um die eigene Zukunft immer bewußter im Sinne der Seele zu gestalten.

Doch dieser Prozeß braucht Zeit und vollzieht sich über viele Leben, und so bewirkt Saturn, in Verbindung mit der Sonne, zunächst die Individualisierung des menschlichen Bewußtseins. Er ist der Planet, der die Grenzen unseres Ego-Feldes – einem Komplex aus Bildern, Vorstellungen und Gedanken – bildet, die unser persönliches Bewußtseinsfeld schaffen. Dieses »Ego-Feld«, innerhalb dessen wir uns als Ich empfinden, stellt in Beziehung zum Allbewußtsein der Seele natürlich eine Begrenzung dar, doch diese zeitweilige Begrenzung auf uns selbst ist notwendig, um zu lernen, selbständig, eigenbewußt und schließlich auch eigenverantwortlich zu handeln.

Saturn gilt als die höhere Oktave des Mondes, denn er symbolisiert den menschlichen Verstand, mit dem die Persönlichkeit sich als ein »Ich« begreift. Durch Trennung des eigenen Bewußtseins vom Bewußtsein anderer führt er uns aus der instinktiven, psychischen

Wahrnehmung (☾) des größeren Ganzen – wie sie auf kindhafter Entwicklungsstufe geschieht – zu einer intelligenten, eigenbewußten und eigenverantwortlichen Lebensführung, indem er den Einzelnen veranlaßt, freie individuelle Entscheidungen zu treffen und sich nicht vom Massenbewußtsein beeinflussen zu lassen.

Da Eigenverantwortung und die Begrenzung des Eigenwillens aber erst mit zunehmender geistiger Reife als sinnvoll und notwendig erkannt werden, wird Saturn zu Beginn der Entwicklung meist als Einschränkung der persönlichen Freiheit erlebt, was ihm in der traditionellen Astrologie zu Unrecht den Ruf eines Übeltäters eingebracht hat. Doch in Wahrheit ist er der Planet, der uns durch notwendige Phasen des Leidens, der Begrenzung und Einschränkung führt, um unser Bewußtsein für unsere innere Realität und die Wahrheit geistigen Lebens zu öffnen. Er bewirkt eine Verlangsamung des Lebensflusses und begrenzt uns auf uns selbst, damit wir erkennen, daß wir immer nur das *»ernten, was wir gesät haben«*. Denn der Mensch besitzt die Freiheit des Willens, und diese Freiheit ist eine Chance, aber auch ein Fallstrick, weil sie uns die Möglichkeit gibt, uns falsch zu entscheiden und unsere Aktivitäten gegen die Seelenabsicht zu richten und damit Leid zu erzeugen.

Saturn bewirkt die Entwicklung einer auf sich selbst begrenzten Persönlichkeit, die im Gegensatz zur Seele endlich und vergänglich ist. Denn er stattet uns mit einem relativen Zeitsinn aus, der uns Vergangenheit, Gegenwart und Zukunft als getrennt wahrnehmen läßt, obwohl sie in Wahrheit nur drei Aspekte des »Ewigen Jetzt« darstellen. Auf diese Weise entsteht eine zeitlich-chronologische Wahrnehmung der Ereignisse unseres Lebens – die in Wirklichkeit gleichzeitig ablaufen –, um uns Ursache und Wirkung von eigenen Handlungen erkennbar zu machen. So lernen wir, Eigenverantwortung für unser Handeln zu übernehmen und unser Leben langsam durch bewußte Entscheidungen selbständig zu gestalten.

Mit Saturn ist deshalb immer ein inneres Wachstum zu mehr Eigenverantwortung verbunden, denn er ist der Planet, der uns Grenzen setzt, innerhalb derer wir durch Versuch und Irrtum zu uns selbst finden müssen. Er hilft uns, unser Bewußtsein für die Realität des Lebens zu öffnen, die wir aufgrund unseres Zeitempfindens in zwei Zuständen wahrnehmen:
1. wie es ist
2. wie es wird

Der erste Zustand ist im zweiten verborgen und kann von uns nur als Gleichnis erfahren werden, denn das »ewige Jetzt« wird von unserem Bewußtsein noch nicht erfaßt. Der zweite Zustand, das Werden, existiert als notwendige Begrenzung für die Entscheidungen unseres individuellen Selbst und ist im Prinzip des Saturn verkörpert, der uns das Werden der Dinge wahrnehmen läßt, nicht aber ihr Sein, das erst durch Transzendierung der verstandesmäßigen Grenzen möglich wird. So ist die von uns durch unseren Verstand wahrgenommene Realität auch eine Realität »*so wie sie uns erscheint*«, aber nicht unbedingt »*so wie sie ist*«. Was wir als Wahrheit erkennen, ist unser eigener relativer Standpunkt der Wahrheit, der sich aufgrund unserer Bewußtseinsbegrenzung ergibt. Diese ist notwendig, um Eigenbewußtsein zu entwickeln, denn wenn wir von Anfang an alles gleichzeitig und miteinander verbunden sehen würden, wie es in Wahrheit ist, wären wir unfähig, uns von anderen zu unterscheiden.

Die Entwicklung zu einer eigenständigen Persönlichkeit bedingt also eine zeitweilige verstandesmäßige Abgrenzung vom größeren gemeinsamen Ursprung des Lebens, und so ist Saturn auch der Planet, der uns – in der Phase intellektueller Entwicklung – vom Überbewußten, aber auch vom Unterbewußten trennt, um uns die Möglichkeit zu geben, uns kraft unseres eigenen Denkens eine eigene Realität zu schaffen. In diesem Sinne kann Saturn als der »Grenzring unseres Bewußtseins« betrachtet werden, der uns von höherer Wahrnehmung (☉) trennt, aber auch einen Schutzwall gegen die psychische Wahrnehmung (☽) oder die Instinktebene unseres Bewußtseins bildet, die wir verlassen müssen, um ein eigenverantwortliches Denken zu entwickeln.

Als Planet der Individuation stellt Saturn – im Gegensatz zu Uranus, der die Universalität geistigen Seins symbolisiert – die Begrenzung unseres Persönlichkeitsbewußtseins dar. Er wird daher zu Recht als »Hüter der Schwelle« bezeichnet, der uns den Weg ins größere Dasein so lange versperrt, bis wir uns durch gedankliche Entwicklung als Teil eines größeren Ganzen erkennen. Denn die Art unseres Denkens – seine Begrenztheit oder Weitsicht – entscheidet darüber, ob es eine Barriere zu den höheren Ebenen des Bewußtseins bildet oder nicht. Realitätssinn im Sinne des Saturn bedeutet folglich auch ein zunehmendes Verstehen der Schöpfungsgesetze und ein Erkennen der Schöpfung »wie sie ist«. Nur so können wir den »Hüter der Schwelle« bezwingen und über unsere saturnische Natur der Trennung, Isolation und mentalen Begrenztheit hinauswachsen, indem wir unser Leben und unsere Freiheit der Entscheidung mit den universellen Schöpfungsgesetzen in Einklang bringen. Doch dazu sind wir freiwillig meist nicht bereit, denn die individuelle Vorstellung von persönlicher Freiheit sowie dem grenzenlosen Sich-Verausgaben und Sich-Ausleben (☉) ist dem Saturn-Prinzip diametral entgegengesetzt. Die Wirkung des Saturn wird daher zunächst als eine äußere Kraft erlebt, die das persönliche Lebensgefühl einschränkt und uns hindert, das zu tun, was wir persönlich wollen.

So liegt seine erzieherische, positive Aufgabe vor allem darin, uns begreiflich zu machen, daß das menschliche Leben in einen größeren Zusammenhang eingeordnet ist, in dem jeder seine Pflichten und Aufgaben hat, die sich nicht auf das Eigenerleben beschränken, und daß Freiheit nur durch Verantwortung erreicht werden kann. Durch Begrenzung, Einschränkung und Beschneiden egozentrischer Antriebe und Willensimpulse bietet er uns die Gelegenheit, das Leben so zu erfahren, wie es wirklich ist, und unsere subjektiven Vorstellungen – wenn nötig durch Mißerfolg, Leid und Enttäuschung – mit dem größeren sozialen Ganzen in Einklang zu bringen. Auf diese Weise erkennen wir mit der Zeit, daß sich unsere Erwartungen und unsere Ziele oft nicht nach dem richten, »wie es ist«, sondern nach dem, wie wir glauben, daß »es sein sollte«. Und wenn wir schließlich begreifen, daß die Diskrepanz zwischen Erfolg und Mißerfolg unsere eigene Schöpfung ist, dann sind wir der Realität unseres Lebens schon ein wesentliches Stück näher gekommen. Denn Leid, Enttäuschung, Behinderung und Frustration, die auf unentwickelter Ebene durch Saturn hervorgerufen werden, sind unsere eigenen Schöpfungen. Sie entstehen dadurch, daß wir etwas erwarten, was unserer inneren Wirklichkeit nicht entspricht. Saturn lehrt uns daher, unsere Erwartungen der eigenen inneren Realität anzupassen und unsere emotionalen Lebensantriebe zurückzuhalten, um der Vernunft mehr Raum zu geben. Er wirkt als disziplinierende Kraft auf unsere spontanen Lebensantriebe ein, um unsere Nachdenklichkeit und unsere Vernunft zu stärken. So fördert er die Integration und Integrität der Persönlichkeit und stärkt unser »soziales Gewissen«.

Bei mental noch wenig entwickelten Menschen bewirkt er in Übersteigerung seines Prinzips aber auch eine zu große Selbstbeschränkung, Starrheit und Dogmatismus, solange die Liebe und Weisheit des Jupiter als Gegenkraft noch nicht genügend Ausdruck finden. Die schwierige Aufgabe des Saturn liegt also darin, eine Balance zu finden zwischen individueller Freiheit und dem Sich-Beugen unter lebensbedingte Notwendigkeiten, die erst mit zunehmender Reife im Denken erkannt werden und uns befähigen, das goldene Mittelmaß zu wählen, das »Freiheit durch Begrenzung« ist.

Zusammenfassend können wir sagen, Saturn ist die Kraft, die uns lehrt, im Sinne einer Gemeinschaft oder eines größeren Ganzen verantwortlich zu handeln, indem er unsere Tendenz zu ungebremster, nur der eigenen Person verpflichteten, freien Entfaltung da einschränkt und hemmt, wo sie dem sozialen Ganzen schadet. So ist er der eigentliche große Erzieher und Gesetzgeber unseres Lebens, aber auch der Schicksalsvollstrecker, wenn wir noch nicht gelernt haben, uns den höheren Gesetzmäßigkeiten und Verpflichtungen des Menschseins zu beugen.

Die esoterische Bedeutung des Saturn

Esoterisch betrachtet verkörpert Saturn das *»Gesetz des Karma«*, das dafür Sorge trägt, daß absolute Gerechtigkeit herrscht. Dieses zwingt den Menschen, sich immer wieder in physischer Form zu inkarnieren, bis er sich durch Bewußtwerdung vom Rad der Wiedergeburt befreit hat.

In der Mythologie erscheint Saturn, der dem griechischen Chronos entspricht, als Gott der Zeit und des Schicksals. Er gewinnt seine Herrschaft dadurch, daß er seinen Vater Uranos, den Gott des Himmels oder der Zeitlosigkeit, entmannt, um ihm seine Zeugungskraft zu nehmen und sich selbst, als Symbol der irdischen Zeit, an seine Stelle zu setzen. Doch Uranos wirkt weiter als Bewußtsein der Zeitlosigkeit durch die Liebe, denn als seine Geschlechtsteile ins Meer des Poseidon (♆) fielen, entstand daraus die schaumgeborene Aphrodite, die Göttin der Schönheit und Liebe (♀), die allein fähig ist, unser Zeitbewußtsein aufzuheben.

Die Herrschaft des Chronos, das Ordnungsprinzip der irdischen Zeit, ist also endlich und begrenzt, denn alles, was in der materiellen Welt existiert, geht einem zeitlichen Ende entgegen und unterliegt einer ausgleichenden Gerechtigkeit. Und so erleidet Chronos, der oft mit dem Stundenglas in der Hand dargestellt wird, ein ähnliches Schicksal wie sein Vater. Denn auch er wird durch seinen Sohn Zeus entmachtet, der nun als höchster Gott an seiner Stelle die Herrschaft über die Welt antritt.

Strahlqualität: 3. Strahl

Durch Saturn wirkt der *3. Strahl der Aktiven Intelligenz*, die formgebende Kraft des Denkens, die jeder materiellen Schöpfung zugrunde liegt. Dieser Strahl offenbart uns das Wesen der »intelligenten Substanz«, in der sich physisches Leben entwickelt, das klaren Naturgesetzlichkeiten unterliegt. Zu diesen Naturgesetzlichkeiten gehört im geistigen Sinne auch das »Gesetz des Karma«, das dem Saturn untersteht und den Menschen zur physischen Wiedergeburt zwingt, bis er sich durch Bewußtwerdung vom Rad der Wiedergeburt befreit hat.

So kann Saturn als das Prinzip betrachtet werden, das uns mit den Gedanken unserer eigenen Vergangenheit konfrontiert, die in Form und Struktur unseres Körpers Gestalt angenommen haben. Auf diese Weise erleben und erleiden wir – in der Begrenzung unserer körperlichen Existenz – die Begrenztheit unseres gegenwärtigen Denkens. Saturn ist also die Kraft, die uns Gelegenheit bietet, Irrtümer und Fehler vergangener Leben zu korrigieren, denn *»er zwingt den Menschen, sich mit der Vergangenheit auseinanderzusetzen und sich in der Gegenwart auf die Zukunft vorzubereiten«* (Alice Bailey). So begegnen wir im Leben auch immer wieder nur uns selbst, denn unser momentanes Leben ist das Ergebnis vergangenen Denkens, und wenn uns dies bewußt wird, gewinnt Saturn seine volle positive Kraft. Erst wenn wir begreifen, daß wir selbst der Schöpfer unserer Lebensumstände sind, können wir die einschränkende, grenzensetzende Kraft dieses Prinzips als entwicklungsfördernd und richtungsweisend erfahren. Denn sie erschwert nur das, was der Wesensäußerung der Seele entgegengesetzt ist, und zeigt uns durch Ängste und Mißerfolg, welche Ziele unseren Lebensvorstellungen und unserer eigenen Realität widersprechen.

Die Wirkung des Saturn wird auf den drei Bewußtseinsebenen unterschiedlich erlebt:
1. Als blindes Erleiden des Schicksals, das von außen zu kommen scheint und die freie Entfaltung einschränkt.
2. Als Wille, dem Schicksal nicht auszuweichen, sondern ihm mit Stärke zu begegnen.
3. Als Bereitschaft, ein Schicksal als Wissender zu erfüllen, um höheren Notwendigkeiten zu dienen.

Die Zuordnung des Saturn zu den Tierkreiszeichen

Exoterischer Planet:	Steinbock
Esoterischer Planet:	Steinbock
Hierarchischer Planet:	Waage

Saturn als exoterischer Herrscher: Steinbock

Prinzip: Selbstbeschränkung, Pflichtgefühl

Als exoterischer Herrscher des Steinbock bewirkt Saturn die Bereitschaft, Pflichten und Verantwortung für das eigene Leben zu übernehmen. Die disziplinierende Kraft dieses Planeten, die den Einzelnen zu maßvollem Handeln, Augenmaß und einem Gemeinschaftsbewußtsein erziehen soll, wird zunächst als eine schicksalhafte, von außen auferlegte Selbstbeschränkung und Einengung erlebt, deren tieferer Sinn unverständlich bleibt. Denn das »Gesetz des Karma«, das dem Saturn untersteht und uns zwingt, vergangene Fehler zu korrigieren, wird in dieser Phase noch nicht verstanden.

Auf persönlicher Ebene wird Saturn daher als ein unbewußt verspürter Aufruf zur Pflicht erlebt, der den Menschen veranlaßt, sich den Normen, Traditionen und Gebräuchen einer Autorität oder eines übergeordneten größeren Ganzen (Eltern, Staat, Firma, Behörde, Verwaltung) zu unterwerfen, ohne deren Sinn zu hinterfragen. Diese bilden die sogenannte Realität des Lebens, der sich der Einzelne aus Unsicherheit und Pflichtgefühl beugt.

Saturn als esoterischer Herrscher: Steinbock

Prinzip: Verantwortungsbewußtsein

Wenn Saturn auch als esoterischer Herrscher des Steinbock gilt, so symbolisiert dies das Stadium beginnenden Seelenbewußtseins, in dem ein Mensch seine persönliche Verantwortung für das eigene Leben akzeptiert, weil er erkennt, daß er sich die Realität seines Lebens selbst erschafft. Durch Krisen, Leid und Schmerz hat er gelernt, seine persönlichen Vorstellungen vom Leben zu korrigieren. Er ist sich bewußt geworden, daß er das auf die physische Realität beschränkte Denken überschreiten muß, um sich als Teil eines größeren Organismus zu begreifen, in dem er als Einzelner Mitverantwortung trägt.

Auf der Seelenebene bewirkt Saturn, daß der Einzelne Selbstbeherrschung und Selbstdisziplin als notwendige Schritte auf dem geistigen Pfad akzeptiert. Nur so wird er für die spirituelle Liebe empfänglich, die ihn schließlich die geistige Wirklichkeit hinter der sogenannten Realität des Lebens erkennen läßt.

Saturn als hierarchischer Herrscher: **Waage**

Prinzip: **Karmische Verantwortlichkeit**

Als hierarchischer Herrscher der Waage kennzeichnet Saturn das Verantwortungsgefühl des geistig erwachten Menschen. Dieser ist sich der Lebensgesetze bewußt, denen die Evolution der Natur und die Bewußtseinsentwicklung des Menschen unterliegt. Er weiß, daß alle Handlungen vergangener Leben ihren Niederschlag in den folgenden Leben finden und daß ein kosmisches Gesetz den Menschen zur wiederholten Reinkarnation zwingt, bis er alle »Schulden aus vergangenen Leben« abgetragen hat und die Waagschalen wieder ausgeglichen sind. Mit vollem Wissen entschließt er sich daher zur Wiedergeburt, um das »Gesetz des Karma« zu erfüllen und der Menschheit zu helfen, die Gegensätze zwischen Geist und Materie auf der Erde harmonisch auszugleichen. Dadurch entsteht Gerechtigkeit, die niemals in einem Leben erreicht werden kann, die aber dennoch das Grundprinzip menschlichen Lebens darstellt.

Neptun als mystisches Einheitsempfinden

All-umfassendes Bewußtsein
im Sinne allgemeiner Menschenliebe.

Auflösung der Persönlichkeitsgrenzen,
Sehnsucht nach Einheit, mystisches Bewußtsein.
Idealismus, Hingabe an ein geistiges Ideal.
Psychische Feinfühligkeit, Feinsinnigkeit.
Transzendentale Wahrnehmung.
Seelisches Einfühlungsvermögen, Musikalität.
Verblendung, mangelnder Realitätssinn,
Suchtanfälligkeit.

Die bisher beschriebenen sieben Planeten sind die Prinzipien, die den Menschen zu einer »integrierten Persönlichkeit« werden lassen. Sie schaffen die Grundlage für die Entwicklung des instinktiven, unbewußten Menschen zu einer eigenständigen und eigenverantwortlichen Persönlichkeit, und in diesem Sinne bilden sie ein geschlossenes Ganzes.

Mit Neptun betreten wir nun eine neue, höhere Ebene des Bewußtseins, die der überpersönlichen oder transformatorischen Planeten, zu denen auch Uranus und Pluto gehören. Diese transsaturnischen Planeten bilden das sogenannte Überbewußte des Menschen, das aus höherer Warte auf das saturnische Bewußtsein einwirkt, um die Begrenztheit des menschlichen Denkens zu durchbrechen und sein Bewußtsein zu transzendieren.

Der erste dieser transformatorischen Planeten ist Neptun, der als höhere Oktave der Venus gilt, denn er verkörpert das Prinzip der Hingabe und grenzenlosen Liebe, die schließlich einmal an die Stelle menschlicher Begierde und besitzergreifender Liebe treten wird. Er ist das Prinzip, das uns ermöglicht, Einheit zu empfinden, da er die Grenzen unseres Ich-Bewußtseins auflöst, um uns aus der Begrenztheit des Ich-Standpunktes zu befreien.

So gilt er allgemein als der Planet, der uns »durchlässig« und feinfühlig macht für Eindrücke aus höheren Ebenen der Existenz. Er läßt uns feinste Schwingungen erspüren und öffnet unser Empfinden für die Ganzheit unseres Wesens, bis hin zu einer Allverbundenheit, die in

Augenblicken der Zeitlosigkeit wahrnehmbar wird. Daraus resultiert auch eine Fähigkeit zu visionären Ahnungen und zu Erlebnissen, die uns die gewohnte Realität des Irdischen überschreiten lassen, bis hin zu außersinnlichen Wahrnehmungen höherer Realitäten. Diese Fähigkeit bietet die Chance, uns in grenzenloser Verbundenheit mit allem Lebendigen zu erleben, aber auch die Gefahr der Verblendung, Selbsttäuschung und Illusion, wenn der Persönlichkeitskern schwach ist und die Denkfähigkeit und Urteilskraft noch mangelhaft entwickelt sind.

Um Neptun als positive, bewußtseinstranszendierende Kraft zu erleben, bedarf es daher eines gut entwickelten Denkens (☿) und eines verläßlichen Realitätssinns (♄), die eine Garantie dafür bieten, daß ein Mensch sich nicht in visionäre Traumwelten hineinziehen läßt, in denen die eigene Realität verschwimmt. Ist dies der Fall, so kann die grenzenauflösende Kraft des Neptun eine Selbstentfremdung durch wehrloses Überflutetwerden von Fremdeinflüssen zur Folge haben, die den Persönlichkeitszusammenhang gefährden und in Extremfällen den Boden schaffen für Massenpsychosen, religiöse Verblendungen und die Suche nach tranceartigen Bewußtseinszuständen, bis hin zu rauschhafter Süchtigkeit. Die Grenze zwischen höherer Inspiration und leichtgläubiger Täuschung ist gerade bei diesem Prinzip besonders schmal, denn die hohe Schwingung des Neptun, als feinstofflichstem Planeten unserer Sphäre, kann erst dann zuverlässig wahrgenommen werden, wenn die Empfindungen eines Menschen nicht mehr durch persönliche Gefühle und Emotionen getrübt sind. Die Grenze zwischen mystischer Wahrnehmung höherer Existenzebenen und Einbildungen oder wahnhaften Verblendungen ist daher fließend, und auf unentwickelter Ebene bringt Neptun nicht selten die Gefahr der Selbsttäuschung und eines mangelnden Realitätssinns mit sich, da die Grenzenlosigkeit des empfindenden Wahrnehmens die Selbsterkenntnis erschwert. So ist seine Wirkung auch immer abhängig von der Ebene des Bewußtseins, die darüber entscheidet, ob uns Neptun als grenzenauflösende Kraft zu Inspirationen und visionären Eingebungen verhilft oder ob er weltfremde Phantasien, Selbsttäuschungen und Verblendungen, aber auch Unredlichkeit, Lügen und Ausflüchte jeder Art bewirkt, mit denen ein Mensch der Realität des Lebens zu entfliehen sucht.

Dennoch ist seine Wirkung immer als transformatorisch und bewußtseinserweiternd anzusehen, auch wenn er uns auf unbewußter Ebene zuweilen »den Boden unter den Füßen wegzuziehen« scheint und uns zur Flucht vor Verantwortung veranlaßt. Denn er steigert unser wahrnehmendes Empfinden bis ins Übersinnliche, unser ästhetisches Wertebewußtsein (♀) zu einem Empfinden feinster Schwingungen und unser Einfühlungsvermögen (☾) zu einem wahrnehmenden Empfinden der Einheit allen Lebens. Dieses Auflösen von Grenzen bringt jedoch vorübergehend die Gefahr der Persönlichkeitsüberfremdung mit sich, denn ein dominierender Neptuneinfluß macht einen Menschen offen für Umwelteinflüsse, aber auch für unbewußte Seelenschichten und für das Überbewußte. Doch gerade durch dieses Auflösen von Begrenzungen ist er der Garant dafür, daß wir mit unserer Seele in Verbindung bleiben und stets eine tiefe Sehnsucht nach Einheit und Ganzheit bewahren, die uns nach liebevoller Verbundenheit mit allem Lebendigen streben läßt.

Die wesentliche Aufgabe des Neptun ist es daher, unser seelisches Empfinden mit der Einheit kosmischen Geschehens in Verbindung zu bringen. Im Gegensatz zu Saturn, der dem Bewußtsein Grenzen setzt und uns zwingt, uns mit uns selbst und unseren eigenen Fähigkeiten und Möglichkeiten zu konfrontieren, erzeugt Neptun die Sehnsucht nach Befreiung aus den Grenzen des Ich durch Versenkung und Meditation bis hin zur Suche nach mystischer Ekstase, in der das Göttliche erfahrbar wird. Er öffnet uns das Tor zu einer höheren Wirklichkeit, die wir nur durch selbstvergessene Hingabe erfahren können.

Zusammenfassend können wir sagen, Neptun steigert unsere Empfindung durch Transzendierung des Persönlichkeitsbewußtseins zu höchster Feinsinnigkeit bis hin zu mystischer Schau, und so ist er auch ein wesentliches Element des religiösen Erlebens, das uns aus dem Alleinsein zum »All-Ein-Sein« führt. In diesem Sinne kann er als die höhere Oktave der Venus betrachtet werden, da er die menschliche Liebe der Venus zur allgemeinen Menschenliebe wandelt, indem er die Grenzen unseres Ich-Bewußtseins auflöst. So führt er uns durch Sublimierung unseres persönlichen Empfindens zum Empfinden der Seele, deren Wesen allumfassende Liebe ist.

Die esoterische Bedeutung des Neptun

Esoterisch betrachtet ist der Dreizack als Zeichen des Neptun das Symbol des »welteneinweihenden Christus« oder der manifestierten Göttlichen Trinität. So ist mit Neptun auch stets das Ideal Göttlicher Liebe verbunden, das in uns allen als tiefe Sehnsucht nach Liebe und

Glück vorhanden ist, aber so lange unerfüllt bleibt, wie wir dieses Glück im Materiellen zu erreichen suchen.

In der Mythologie erscheint Neptun, der dem griechischen Poseidon entspricht, als Gott des Meeres. Er ist der Bruder des Zeus und des Hades, die sich die Weltherrschaft teilen. Während Zeus und Hades die Urpolarität von Licht und Finsternis oder Leben und Tod symbolisieren, verkörpert Poseidon die mächtige Naturgewalt des Wassers oder den nie zur Ruhe kommenden Fluß des Lebens. Mit seiner göttlichen Kraft beruhigt er die entfesselten aufgebrachten Wogen des Meeres, doch immer wieder erhebt sich dieses Element, die gewaltige Gefühlsnatur, gegen seinen Meister.

Strahlqualität: 6. Strahl

Neptun erhält seine Eigenschaft – wie der Planet Mars – durch den *6. Strahl der Hingabe oder Devotion*. Doch im Unterschied zu Mars, der seine Ideale durch physischen Kampf zu verwirklichen sucht, bewirkt Neptun die Fähigkeit zur Hingabe an ein höheres (göttliches) Ideal, das sich als tiefes religiöses Einheitsgefühl zum Ausdruck bringt.

Neptun hat daher stets einen Bezug zum Jenseitigen, Transzendentalen, denn er ist der Planet, der uns ein *»mystisches Bewußtsein oder jene angeborene Feinfühligkeit verleiht, die unbeirrbar zur höheren Schau führt und zur Erkenntnis der Wechselbeziehung, die sich aus der wesensmäßigen Dualität des Menschen während der Manifestationszeit ergibt«* (Alice Bailey). Er erweitert unsere Liebesfähigkeit vom egoistischen Wunsch, etwas zu besitzen und Befriedigung zu erlangen, zur inneren Verbundenheit mit anderen bis hin zur Allverbundenheit.

Während Mars die Mentalität der religiös motivierten Kreuzzüge symbolisiert, die trotz des idealistischen Motivs Blutvergießen und Leid mit sich bringen, bewirkt Neptun als Überträger des gleichen Strahls die Erweiterung unserer persönlichen Hingabe und Liebesfähigkeit zur selbstlosen, allumfassenden Liebe. Denn Neptun wirkt vor allem auf unseren Astralkörper ein und veranlaßt uns, durch Idealismus und selbstlose Hingabe an andere, unsere emotionale Natur zu verwandeln. Er ist der mythologische »Gott der Gewässer«, der unsere Gefühlsnatur sublimiert, die beherrscht und von niederen Emotionen befreit werden muß, um zum Spiegel der Seele zu werden. Neptun hat daher stets eine verfeinernde Wirkung, indem er uns durch subtile Umwandlung des emotionalen Verlangens in Liebe vom Ego befreit.

Er wirkt auf das »Meer unserer Gefühle« ein, um die Wogen zu glätten, die unsere Emotionen und negativen Gefühle erzeugen und die uns hindern, die Liebe unserer Seele wahrzunehmen, die allein fähig ist, unsere Sehnsucht nach Einheit zu erfüllen.

Die transzendierende Kraft des Neptun wird auf den drei Ebenen des Bewußtseins unterschiedlich erlebt:
1. Als Chaos verursachende, auflösende Kraft, die zu Mystifikationen, Lügen, Illusion, Selbsttäuschung und Verschleierung führt bis hin zu parasitärer Lebenshaltung.
2. Als Sehnsucht nach grenzüberschreitenden Erfahrungen durch Meditation, Versenkung bis hin zu mystischer Ekstase, aber auch als Idealismus, der dem Leben mehr Selbstlosigkeit verleiht.
3. Als Empfinden der inneren Einheit allen Lebens, in dem sich die persönliche Liebe – die immer noch eine Begrenzung darstellt – zur allumfassenden Liebe wandelt.

Die Zuordnung des Neptun zu den Tierkreiszeichen

Exoterischer Planet: Fische
Esoterischer Planet: Krebs
Hierarchischer Planet: Krebs

Neptun als kollektiver Herrscher: Fische

Prinzip: **Mystisches (Einheits-)Empfinden**

Im Unterschied zur psychologischen Astrologie betrachtet die esoterische Astrologie den Neptun noch nicht als persönlichen Herrscher der Fische, weil unser Bewußtsein noch nicht fein genug ist, um auf seine hohe Schwingung bewußt zu reagieren.

Doch auf kollektiver Ebene wirkt Neptun auf das Bewußtsein der Menschheit ein und erzeugt ein tiefes religiöses Urgefühl, das den Einzelnen veranlaßt, sich an ein unerkanntes höheres Prinzip hinzugeben, das für ihn der Inbegriff Göttlicher Liebe ist. So findet Neptun seinen reinsten Ausdruck auch im Ideal christlicher Nächstenliebe (unabhängig von jeder Konfession), doch weil dieses Ideal bis heute noch weitgehend unerreicht ist, zeigt sich seine Wirkung meist als tiefe unerfüllbare Liebessehnsucht, die fast jeder Mensch im Grunde seines Herzens spürt und die uns veranlaßt, nach unterschiedlichen Wegen zu suchen, um sie zu erfüllen.

Auf persönlicher Ebene bewirkt Neptun eine tiefe Religiosität und Hingabe an das Ideal selbstloser Liebe, aber auch Verblendung, Täuschung und Illusion, solange das Ideal göttlicher Liebe durch die eigene Wunschkraft umgestaltet und auf ein menschliches Maß reduziert wird.

Neptun als esoterischer Herrscher: Krebs

Prinzip: Seelische Feinfühligkeit

Als esoterischer Herrscher des Krebs verweist Neptun auf die Entwicklung feinfühliger Wahrnehmung, die den Menschen mit zunehmender Bewußtwerdung immer deutlicher empfinden läßt, was die Seele wahrnimmt. Er entwickelt in uns ein tiefes Mitgefühl für andere und eine mystische Schau höherer Existenzwelten, die üblicherweise als nicht-existent oder visionär betrachtet werden.

Auf der Seelenebene bewirkt Neptun eine zunehmende Feinfühligkeit, die uns wahrnehmen läßt, daß die Trennung zwischen den Menschen nur im eigenen Bewußtsein besteht. Dadurch werden wir fähig, unsere Mitmenschen als wesensverwandt zu empfinden und sie um ihrer selbst willen zu lieben, ohne daß diese Liebe eines äußeren Beweises oder einer Erwiderung bedarf.

Neptun als hierarchischer Herrscher: Krebs

Prinzip: Allumfassendes Bewußtsein

Wenn Neptun auch als hierarchischer Herrscher des Krebs betrachtet wird, so kennzeichnet dies die Vollendung menschlichen Empfindens, die im instinktiven Gefühlsbewußtsein ihren Anfang nahm. Der Mensch hat seine Feinfühligkeit so weit entwickelt, daß er fähig ist, den Klang der Sphären zu hören und sich musikalisch in ihr Bewußtsein einzustimmen. Auf dieser Stufe feinfühligen Wahrnehmens lebt der geistig erwachte Mensch im vollen Einklang mit seiner Seelengruppe und versucht, die Schwingung der Welt durch innere Einstimmung auf geistige Ebenen zu erhöhen.

Uranus als bewußtseinserweiternde Kraft

Entwicklung zum »höheren Selbst«
durch geistige Erkenntnis.

Okkultes Bewußtsein, esoterisches Denken.
Erkennen kosmischer Zusammenhänge.
Drang, Verborgenes zu entdecken.
Erfindergeist, intuitives Erfassen neuer Ideen.
Wille zur Veränderung, Freiheitsdrang,
Unabhängigkeitsstreben, Emanzipation,
Revolution.

Der zweite transformatorische Planet Uranus, der als höhere Oktave des Merkur gilt, bewirkt die geistige Höherentwicklung eines Menschen durch den ständigen Drang zur Veränderung. Er hebt Bindungen auf, die die Entwicklung geistigen Lebens hemmen, und wirkt allen taditionellen, festgefahrenen Lebensgewohnheiten entgegen, die den lebendigen Lebensfluß blockieren. Durch Streben nach Unabhängigkeit, Freiheit und unkonventionellen Lösungen veranlaßt er uns zur Auflehnung gegen veraltete, überholte Maßstäbe, die der Zeit nicht mehr entsprechen. Seine Wirkung ist daher stets in die Zukunft gerichtet, denn er drängt uns beständig zur Verbesserung unserer Lebensumstände, aber auch zur Erweiterung unseres geistigen Horizonts durch Befreiung aus einengenden Bindungen, traditionellen Strukturen und ideologisch-fixierten Weltanschauungen. Diese Verbesserung der Lebensumstände kann sich im Sinne einer revolutionären Grundhaltung, in Form von radikalen Umwälzungen zeigen, aber auch als evolutionäre Veränderung, die eine sinnvolle zeitliche Komponente einschließt. So ist Uranus der Planet, der uns veranlaßt, das eigene Leben dem universellen Rhythmus anzupassen, indem er uns notwendige Veränderungen erkennen läßt oder diese erzwingt, je nachdem, ob unser Leben mit den Zielen der Seele in Einklang steht oder nicht. Er fördert unsere geistig-seelische Entwicklung durch ständige Erweiterung unseres Bewußtseins, bis wir schließlich den Drang verspüren, hinter die Kulissen zu schauen, um Verborgenes zu entdecken und nach dem zu suchen, was die Welt im Innersten bewegt und erklärbar macht.

In diesem Sinne ist er der Planet der »okkulten« Wissenschaften wie Astrologie, Parapsychologie oder Esoterik, denn er verhilft uns zur Erkenntnis des untrennbaren Zusammenhangs zwischen Geist und Stoff durch höhere Eingebungen oder innere Impulse der Seele, die aber nur verständnisvoll und einsichtig umgesetzt werden können, wenn das Denken entwickelt ist und das Bewußtsein eines Menschen die Intuition der Seele einschließt. Ist dieses Stadium erreicht, so läßt er uns in äußerster Abstraktion komplexe Zusammenhänge erkennen, die dem Intellekt nicht erfahrbar sind. Doch dazu bedarf es der Vorbereitung durch Merkur, denn ohne mentale Entwicklung sind wir nicht in der Lage, diese höheren Eingebungen gedanklich zu interpretieren und dem Gehirn zu vermitteln.

Zu Beginn der Entwicklung erfahren wir die Wirkung dieses Planeten – ähnlich wie die von Saturn – als eine von außen kommende, unverstandene Kraft. Diese scheint plötzlich und völlig unerwartet in Form von schicksalhaften Einbrüchen in unser Leben einzugreifen und Neuorientierungen zu bewirken, was nicht selten Unfälle oder nervliche Zusammenbrüche mit sich bringt, wenn der Körper nicht durch gedankliche Entwicklung auf die extrem hohe Spannung vorbereitet ist. Seine Wirkung ist deshalb meist blitzartig, wie aus heiterem Himmel, um uns aus inneren Erstarrungen, Fixierungen und einschränkenden Bindungen herauszureißen, die unsere seelische Entwicklung blockieren, ohne daß uns dies bewußt ist. So bringt er sprunghafte, übergangslose Veränderungen, die einen Menschen völlig aus der Bahn werfen können, aber auch die Neigung zu schnellem Wechsel in schwierigen Lebenssituationen, die Flucht vor Auseinandersetzungen, Kurzschlußhandlungen, Sprunghaftigkeit des Denkens, mangelnde Kontinuität und unüberlegte Entscheidungen. Da er den Willen fördert, sich aus allen Beschränkungen, Einengungen zu befreien, besteht zu Beginn der Entwicklung auch die Tendenz, sich unangenehmen Pflichten zu entziehen, und solange das Aktuelle und Neue im Vordergrund stehen, wird sich der Drang zur Veränderung primär auf Materielles erstrecken.

Uranus kann seine bewußtseinserweiternde Wirkung daher erst voll entfalten, wenn
- die Sonne als zentrierende, integrierende Kraft,
- der Merkur als logisch-kritisches Denken und
- der Saturn als realistisch-begrenzendes Prinzip

eine Persönlichkeitsbasis geschaffen haben, auf der größere geistige Zusammenhänge erfaßt werden können. Erst wenn unser Denken sich aus der materiellen Begrenztheit löst und in abstrakte Regionen hinausgreift, die die begrenzte Zeit in eine Zeitlosigkeit auflösen, wird uns die höhere Ebene unserer Existenz wirklich bewußt. So verkörpert Uranus – im Unterschied zu Saturn, der ein auf der Vergangenheit beruhendes, zu Gedankensystemen verdichtetes Erfahrungswissen darstellt – das geistig-intuitive Wissen der Seele, das wir durch Konzentration des Bewußtseins in blitzartig erkennender Zusammenschau erlangen können. Er ist der schöpferische Gedankenblitz, der Einzelbeobachtungen wie in einem Zeitraffer in ganzheitlicher Schau zusammenfaßt und uns so Wahrheit unmittelbar erkennen läßt, ohne daß es logischer gedanklicher Überlegungen (☿) bedarf. Uranus ist daher die »höhere Oktave« des Merkur, denn er transzendiert das Denken und gibt uns die Fähigkeit der höheren Schau oder der Intuition, die uns den tieferen Sinn und den Bedeutungszusammenhang zwischen geistiger und materieller Entwicklung erkennen läßt. So gewinnen wir ein spirituelles Verständnis der Welt, das über das materiell-wissenschaftliche Begreifen weit hinausgeht.

Auf entwickelter Ebene bewirkt Uranus deshalb auch die Fähigkeit zu geisteswissenschaftlicher Erkenntnis, die uns die wirklichen Ursachen der Formwelt verstehen läßt. Er aktiviert das höhere Denkvermögen und fördert – durch Verwandlung des Intellekts in Intuition – die Verbindung zwischen dem Überbewußten und dem Bewußten oder die Synthese zwischen dem höheren und niederen Selbst.

Zusammenfassend können wir sagen, Uranus ist der Planet, der uns zu einer höheren Ebene des Bewußtseins führt und uns die geistige Dimension unseres Seins verstehen läßt. Doch diese Entwicklung braucht viel Zeit, und so wird er zunächst als eine Kraft erfahren, die als plötzlicher Wechsel der Lebensstruktur in Erscheinung tritt. Er zeigt sich aber auch als ein schnelles Aufblitzen von Einsichten (Geistesblitze) und ein schnelles Erfassen neuer Ideen oder zukunftsweisender origineller Gedanken bis hin zu genialen Erfindungen, die plötzlich erkannt werden, wenn das Bewußtsein sich kurzfristig für höhere Ebenen öffnet.

Die esoterische Bedeutung des Uranus

Uranus ist der Planet, der die Dualität Geist-Materie zur Synthese bringt, indem er die materiellen Formen veranlaßt, sich durch ständige Höherentwicklung dem geistigen Urbild immer genauer anzupassen.

Um diesen Vorgang leichter zu verstehen, hilft uns wiederum der Mythos. In der Überlieferung der Griechen gilt Uranos als Gott des Himmels, der zugleich Sohn und Gemahl von Gaia, der Erde, ist. Mit ihr zeugt er viele Nachkommen, die Titanen, Zyklopen, aber auch viele unvollkommene Wesen, die er häßlich und abstoßend fand. Deshalb schiebt er sie immer wieder in den Leib der Gaia zurück, um eine größere Vollkommenheit zu erreichen. Dies ist eine bildliche Umschreibung der Wiedergeburt, die genau diesem Zweck dient. Doch Gaia empört sich gegen dieses Vorgehen und veranlaßt Chronos, einen ihrer gemeinsamen Söhne, seinen Vater Uranos zu entmannen und an seiner Stelle die Herrschaft über die Welt anzutreten.

Damit verliert der Himmel die Herrschaft über die Erde, und an seine Stelle tritt der »Gott der Zeit« oder der Vergänglichkeit, der alle materiellen Lebensformen unterliegen. Dies ist ein Hinweis dafür, daß die Menschheit sich vom Geistigen entfernt hat und ihre Identifikation weitgehend im materiellen, vergänglichen Leben sucht. Doch auch Chronos kann sich nicht lange an der Macht halten, denn er wird wiederum von einem seiner Söhne, Zeus, entmachtet, der nun zusammen mit seinen Brüdern Poseidon und Hades über die Welt herrscht.

Esoterisch betrachtet symbolisiert Uranus den Geistaspekt, Neptun den Seelenaspekt und Saturn den Formaspekt des Lebens, die erst zur vollen Reife gelangen, wenn auch der Mensch den Zyklus seiner Entwicklung als »denkende Seele« beendet hat.

Strahlqualität: 7. Strahl

Als Übermittler des *7. Strahls der Zeremoniellen Ordnung* ist Uranus das Prinzip, das Geist und Materie verbindet, indem er in uns ein »*okkultes Bewußtsein oder jenen intelligenten Zustand erzeugt, der durch den einsichtsvollen Gebrauch des Denkvermögens das systematische Einswerden des höheren und des niederen Selbstes bewirkt*« (Alice Bailey). Denn Uranus symbolisiert unser »höheres Selbst«, das den Rhythmus und den Zweck unseres momentanen Lebens bestimmt. Seine Wirkung zielt darauf ab, unser kleines persönliches Leben durch Erkennen und Verstehen geistiger Zusammenhänge und kosmischer Beziehungen harmonisch in den größeren Rhythmus des »Einen Göttlichen Lebens« einzufügen. Da dies aber erst auf weit fortgeschrittener Ebene möglich wird, ist Uranus der Planet des Okkultismus oder des Verborgenen, das sich dem Menschen erst enthüllt, wenn der Intellekt voll entwickelt ist, seine Möglichkeiten sich erschöpft haben und ein Mensch sein Leben bewußt als Teil eines größeren zusammenhängenden Organismus erkennt. Für die Masse der Menschen gibt es daher keinen Okkultismus, und so ist Uranus auch der Planet, der das »*Wesentliche verhüllt*« und der »*zum rechten Zeitpunkt das Wissen vom verborgenen Geheimnis göttlichen Lebens*« (Alice Bailey) übermittelt, das mit zunehmender geistiger Entwicklung von jedem Menschen intuitiv erfahren und entdeckt werden kann.

Das Entdecken des geistigen Lebenszwecks muß aber dem jeweiligen Entwicklungsstand des physischen Körpers und des Gehirns entsprechen, und so bestimmt Uranus auch »das im Bewußtsein jeweils neu zu Entdeckende«. Er öffnet unser Bewußtsein für das nächste unmittelbare Entwicklungsziel, das Veränderung unserer bisherigen Lebensgewohnheiten erfordert und das wir erst auf einer fortgeschrittenen Entwicklungsstufe intuitiv wahrnehmen können. In diesem Sinne ist er der »innere Meister«, der uns auf dem Entwicklungspfad vorantreibt und uns drängt, das eigene Leben ständig zu verändern, um es dem Zeitfluß anzupassen, bis wir schließlich die Einheit alles Lebendigen im Bewußtsein erfahren. Dadurch lernen wir zu verstehen, daß wir Teil des »Einen Großen Lebens« sind, dessen Wesen durch Evolution und ständige Weiterentwicklung der Formen immer vollkommener zum Ausdruck kommt, bis Geist und Form schließlich in einem einheitlichen Rhythmus schwingen.

Die bewußtseinserweiternde Kraft des Uranus wird auf den drei Entwicklungsebenen unterschiedlich erlebt:
1. Als Wunsch nach Freiheit, Unabhängigkeit und Veränderung, der alle Lebensaktivitäten bestimmt.
2. Als Drang nach geistiger Entwicklung durch Erkennen größerer Lebenszusammenhänge und Einordnen des eigenen Lebens in ein Gruppenbemühen und in Gruppendienst.
3. Als intuitives Erkennen der Einheit allen Lebens, die durch das Gesetz des Rhythmus wirkt. Auf dieser Stufe bringt der Mensch die innere Kraft der Seele durch magisches Wirken mit der äußeren Form in Übereinstimmung.

Die Zuordnung des Uranus zu den Tierkreiszeichen

Exoterischer Planet: Wassermann
Esoterischer Planet: Waage
Hierarchischer Planet: Widder

Uranus als exoterischer Herrscher: Wassermann

Prinzip: Wille zur Veränderung

Als exoterischer Planet des Wassermann verweist Uranus auf die Tatsache, daß sich Entwicklung stets durch Vereinigung zweier gegensätzlicher Kräfte vollzieht. Geist als männliche Kraft und Materie als weibliche Kraft müssen im Bewußtsein verschmolzen werden. Dies ist auf persönlicher Ebene aber noch nicht erkennbar, und so kommt der instinktiv erlebte Drang zur Vereinigung der kosmischen Gegensätze, der unbewußt all unsere Aktivitäten bestimmt, auch zunächst im Verlangen nach sexueller Vereinigung zum Ausdruck, solange das Bewußtsein im Physischen verankert ist. Er zeigt sich aber auch als Wunsch nach Abwechslung und Neuerung, weil Uranus in uns einen ständigen Drang erzeugt, Gegenwärtiges zu verändern.

Auf persönlicher Ebene bewirkt Uranus die Tendenz zu häufigem Wechsel sowohl im Beruf wie im Privatleben und eine Offenheit für Fortschritt und neue Entwicklungen, die sich aber zunächst auf äußere materielle Dinge bezieht. Er erzeugt den Drang nach Freiheit und Unabhängigkeit von konventionellen Normen, denn er veranlaßt den Einzelnen, einen Weg zu suchen, der sich nicht an traditionellen Werten orientiert.

Uranus als esoterischer Herrscher: Waage

Prinzip: Neuorientierung

Als esoterischer Herrscher der Waage kennzeichnet Uranus die Phase beginnenden Seelenbewußtseins, in der ein Mensch versucht, die Gegensätze Seele und Persönlichkeit zu vereinen und harmonisch aufeinander abzustimmen. Sein Interesse verlagert sich von der äußeren

Erfahrung auf die Ebene geistiger Erkenntnis, die nun weit wichtiger wird als sinnliche Erlebnisse oder äußere Beschäftigungen und Zerstreuungen. Denn Uranus bewirkt stets eine Neuorientierung und den Drang, den Hintergrund des Lebens zu verstehen, um die widerstreitenden Tendenzen des eigenen Wesens im Bewußtsein zu vereinen. So hört das Hin- und Herpendeln zwischen Persönlichkeit und Seele auf. Die anfängliche Unentschlossenheit weicht einer bewußten Orientierung ins Geistige, das Denken wird empfänglich für die Seele, und dadurch verliert der niedere Pol (Persönlichkeit) seine beherrschende Anziehungskraft.

Auf der Seelenebene bewirkt Uranus eine Offenheit für esoterisches Denken, das uns die Werte unseres Lebens in einer neuen Perspektive sehen läßt. Durch Einswerden von Seele und Körper verlagert sich das Interesse zunehmend ins Geistige und läßt uns nach geisteswissenschaftlicher Erkenntnis streben, die uns den Sinn des Lebens offenbart.

Uranus als hierarchischer Herrscher: Widder

Prinzip: Identifikation mit dem »höheren Selbst«

Wenn Uranus hierarchisch als Herrscher des Widder betrachtet wird, so kennzeichnet dies ein Bewußtsein, in dem Geist und Materie keinen Gegensatz mehr bilden. Eingeweiht in das Geheimnis der Lebensgesetze, hat der geistig erwachte Mensch das kosmische Harmonieprinzip entdeckt, das uns der gestirnte Himmel in seiner rituellen Ordnung offenbart, und er hat gelernt, sein individuelles Leben mit der »Zeremoniellen Ordnung« des Ganzen in Einklang zu bringen. So bewirkt Uranus auf dieser Ebene ein universelles Bewußtsein, das den Menschen zur Einheit mit sich selbst führt, wenn er es geschafft hat, den Rhythmus des eigenen Körpers auf den größeren, universellen Rhythmus des Kosmos anzuheben.

Pluto als atomare Urkraft des Lebens

Wille zur Zerstörung,
der als Tod oder »höhere Gewalt« in Erscheinung tritt.

Persönlich: Tiefgreifende Wandlung durch Zerstörung alter, kristallisierter Gedankenformen und unterbewußter psychischer Strukturen, die die Seelenentwicklung behindern.
Kollektiv: »Höhere Gewalt« in Form von Katastrophen, Kriegen oder anderen gewaltsamen Veränderungen, aber auch zeitbedingte Bewußtseinsänderungen der Masse.

Pluto, die höhere Oktave des Mars, ist der am wenigsten verstandene Planet, denn er betrifft die unsichtbare Seite des Lebens, den Tod, den wir nur allzu gerne aus unserem Bewußtsein verdrängen. Doch Tod und Leben sind untrennbar verbunden, weil das Bewußtsein sich nur weiterentwickeln kann, wenn alte, nicht mehr zeitgemäße, kristallisierte Formen immer wieder zerstört werden, um neuen Lebensformen Platz zu machen. In diesem Sinne ist Pluto der »Zerstöreraspekt des Lebens«, der darüber wacht, daß kollektive Gedankenformen nicht bis in alle Ewigkeit fortbestehen und die Menschheit in ihrer Entwicklung behindern.

Die Macht des Todes, die Pluto verkörpert, ist eine unpersönlich wirkende, kollektive Kraft, die stets auf das Wohl des Ganzen gerichtet ist, dem der Teil geopfert werden muß, wenn er dem Zweck des Ganzen entgegenwirkt. Doch weil der Tod für uns noch immer ein großes Geheimnis darstellt und in seiner positiven Bedeutung nur selten erfaßt wird, empfinden wir Pluto meist als unbewußte Bedrohung des Bestehenden, an dem wir mangels größerer Weitsicht mit aller Gewalt festzuhalten versuchen. Doch gerade dieses krampfhafte, zuweilen zwanghafte Festhalten an Vorstellungen und Lebensstrukturen, aber auch das Verdrängen von Schuld und weit zurückliegenden Fehlern, die sich zu psychischen Komplexen verdichtet haben und das bewußte Leben unbewußt beeinflussen, fordert das Eingreifen der plutonischen Kraft heraus, die unerbittlich zerstört, was den universellen Lebensfluß hemmt. Denn Pluto verkörpert die Urkraft des Lebens, die aus dem inneren Kern jeder Form heraus zu gegebener Zeit die persönliche Schale sprengt, um eine höhere Entwicklung zu ermöglichen.

Da unsere Sicht der Dinge aber zunächst rein subjektiv ist, wird die positive Wirkung des Pluto erst auf hochentwickelter Bewußtseinsstufe erkennbar, wenn ein Mensch aus eigenem Antrieb zu Opfern bereit ist und seinen persönlichen Willen einsetzt, um durch Überwindung von Machtstreben und Begierden eine grundlegende Transformation seiner Persönlichkeit und seines Charakters zu erreichen. Dadurch wird eine tiefgreifende Wandlung möglich, und die Wertigkeit menschlichen Lebens erfährt eine Umkehrung. Der Mensch ändert die Perspektive, aus der er sein Leben betrachtet, sein Blick ist nicht mehr nach außen, sondern nach innen gerichtet. In diesem Sinne kann Pluto als die höhere Oktave des Mars betrachtet werden, als der Wille zur Unterwerfung der Persönlichkeit unter eine höhere geistige Zielsetzung. Dies erfordert notwendigerweise Machtverzicht, und um die Notwendigkeit von Opfern und Verzicht einzusehen, die stets mit der geistigen Entwicklung verbunden sind, bedarf es natürlich eines klaren unterscheidenden Denkens (☿) und ganzheitlicher intuitiver Erkenntnis (♃, ☉).

Da dies jedoch erst auf hochentwickelter Ebene möglich wird, hat Pluto auf unbewußter Ebene nur eine kollektive Wirkung als Impulsgeber für zeitbedingte Veränderungen im Bewußtsein der Masse, indem er darauf einwirkt, daß alte, nicht mehr zeitgemäße kollektive Gedankenformen der Menschheit ans Licht gebracht und zerstört werden. Dies zeigt sich nicht selten in Form von Naturkatastrophen, Kriegen und anderen Zerstörungen, die den physischen Tod bringen, aber auch als Zerstörung traditioneller, nicht mehr zeitgemäßer Lebensstrukturen, Weltanschauungen und Illusionen, die den Einzelnen als Teil der Menschheit natürlich auch treffen, aber eben nur mittelbar als Teil eines Kollektivs. Eine persönlich-verantwortliche Reaktion auf die Wirkung des Pluto wird jedoch erst möglich, wenn ein Mensch ein gewisses Maß an geistiger Entwicklung erreicht hat und bereit ist, bewußt an sich zu arbeiten und seinen eigenen Willen einzusetzen, um sich aus der Abhängigkeit unterbewußt gesteuerter Verhaltensstrukturen zu lösen. Dann wirkt Pluto vor allem auf das Gehirn und den Mentalkörper eines Menschen ein, durch den sich der Wille der Seele Ausdruck verschafft.

Zusammenfassend können wir sagen, Pluto verkörpert den Willensaspekt der Schöpfung, der die Zerstörung alter Formen erzwingt, um neuen besseren Formen Platz zu machen. Er wirkt bis jetzt noch vorwiegend als »höhere Gewalt« oder unbewußte Kraft der Zerstörung, weil wir die schöpferisch-aufbauende, erneuernde Kraft des Lebens, die sich dahinter verbirgt, nur selten bewußt wahrnehmen. Die eliminierenden Prozesse des Pluto lassen sich daher am besten am Bild des Samens erklären, der unter der Erde im Verborgenen neues Leben zur Entfaltung bringt, indem das Samenkorn aufgebrochen und zerstört wird. Doch das Lebensprinzip, das im Samen verborgen ist, kann nicht zerstört werden.

Das gleiche gilt für den Menschen; auch in ihm werden die Gedankenformen der Vergangenheit zerstört, die das innere keimende Leben an seiner Entfaltung hindern. So schafft Pluto durch Zerstörung die Voraussetzung für neues Leben. Er wirkt auf die inneren seelischen Loslösungsprozesse ein, indem er alles Unbewußte, Negative und Verdrängte aus den tiefsten Tiefen unseres Unterbewußtseins an die Oberfläche bringt, damit wir die Schatten unserer Vergangenheit erkennen und verstehen lernen, was unser Bewußtsein an die Erde bindet und was uns hindert, uns als Teil eines größeren umfassenden Schöpfungsplanes zu erkennen. Durch Trennung, Tod und Zerstörung liebgewordener, unbewußter, gedankenloser Gewohnheiten und Traditionen, die den Blick für das größere Ganze verstellen, zwingt er uns, unsere instinktive separatistische Natur aufzugeben. Doch Pluto zerstört niemals den Bewußtseinsaspekt, und deshalb ist seine drastische, unerbittliche Wirkung, der wir persönlich nichts entgegenzusetzen haben, im Sinne der Seelenentwicklung stets ein Gewinn, auch wenn uns dies auf den ersten Blick nicht so erscheint.

Die esoterische Bedeutung des Pluto

Esoterisch betrachtet ist Pluto der »Zerstörer-Aspekt des Lebens«. Er bewirkt den Tod alter Formen und die Auflösung alter Gedankenstrukturen und Weltanschauungen, in denen sich überholte Ideen, Ideale und Glaubensvorstellungen verkörpern, die mit der Wirklichkeit nicht mehr in Einklang stehen.

In der Mythologie erscheint Pluto, der dem griechischen Hades entspricht, als Gott der Unterwelt, der – im Gegensatz zum sichtbaren

Leben der Sonne – das Unsichtbare regiert. Er ist der Herr des Schattenreiches, und nicht zufällig wird er mit rückwärts gewandtem Kopf dargestellt, denn er herrscht über die Vergangenheit oder das kollektive Unterbewußtsein der Menschheit, das uns so lange im Reich der Toten festhält, bis wir uns durch Zerstörung aller alten Gedankenformen und Begierden vom Tod zum Leben befreit haben.

Als Hinweis auf seine Macht über Leben und Tod, in der sich die Dualität unseres Bewußtseins spiegelt, ist der Zweizack das Symbol des Hades. Diese Dualität, die das Wesen unseres Menschseins kennzeichnet, spiegelt sich auch in den beiden Flüssen der Unterwelt, aus dem die Toten trinken mußten: der rechtsfließenden Quelle Mnemosyne, dem Gedächtnis, und der linksfließenden Lethe, dem Vergessen. Diese mythologische Vorstellung deckt sich mit den neuesten Erkenntnissen über die Funktion unserer beiden Gehirnhälften:
- Rechte Gehirnhälfte: ganzheitliches, spirituelles Denken
- Linke Gehirnhälfte: konkretes, rationales Denken

Die linke Gehirnhälfte, die rationale Seite unseres Denkens, entspricht dem Fluß des Vergessens. Wer also betont linksseitig denkt, trinkt aus der Quelle des Vergessens und lebt damit im Bewußtsein des Todes oder der Vergänglichkeit. Um aber Sieger über den Tod zu werden und das Reich der Schatten zu verlassen, muß der Mensch durch ganzheitliches, spirituelles Denken die rechte Hirnhälfte aktivieren, die ihn wieder mit dem übergreifenden Ganzen verbindet und ihm das Gedächtnis an sein eigentliches Wesen zurückgibt.

Psychologisch entspricht die Unterwelt also einem Teilaspekt unseres Bewußtseins. Das Reich der Toten lebt in uns; es ist unsere eigene Vergangenheit, die uns in Form von alten, längst überholten Gedankenmustern, Lebensstrukturen und Verhaltensweisen in der Unterwelt festhält. Diese alten Strukturen, unsere unsichtbaren Schatten, müssen durch Bewußtwerdung zerstört werden, damit wir vom Tod zum Leben erwachen. Denn Tod ist ja nur Unbewußtheit, die Identifikation des Menschen mit der Welt der Formen, und so existiert der Tod für uns auch nur so lange, bis wir die Kontinuität des Bewußtseins erlangt haben.

Strahlqualität: 1. Strahl

Als Überträger des 1. Strahls verkörpert Pluto das Prinzip des höheren Willens, der als unpersönliche Zerstörermacht in Erscheinung tritt, damit die höhere Ordnung gewahrt bleibt. Durch ihn kommt der Mensch

»unter die zerstörende Macht des Todes, des Todes des Begehrens, der Persönlichkeit und all dessen, was ihn zwischen den Gegensatzpaaren festhält, damit die endgültige Freiheit erreicht werden kann« (Alice Bailey). In diesem Sinne stellt Pluto den »Tod als Befreier« dar. Er ist ein Garant dafür, daß alte kollektive Gedankenformen immer wieder aus dem Unterbewußtsein ins Tagesbewußtsein gebracht werden, um im Licht der Erkenntnis zerstört zu werden und nicht ewig als Schatten weiterzuleben und die Menschheit im »Reich der Toten« festzuhalten.

Sein Prinzip entspricht daher dem Prozeß der Psychoanalyse, und vielleicht ist es kein Zufall, daß seine Entdeckung (1930) mit der Entwicklung der Psychoanalyse durch Freud zeitlich zusammenfällt, der erstmals erkannt hat, wie stark das Unterbewußtsein auf gegenwärtige Verhaltensweisen einwirkt. Die Psychoanalyse kann aber nur dann eine bewußtseinsverwandelnde positive Wirkung haben, wenn ein Mensch genügend Urteilskraft (☿), Einsichtsfähigkeit (♃) und persönliche Integration (☉) besitzt, um der Dunkelheit des Unbewußten so viel Licht entgegenzusetzen, daß ihn die Schatten der Vergangenheit nicht überwältigen. Ist dies nicht der Fall, besteht die Gefahr, daß die Dunkelheit des Unbewußten das Bewußtsein überschwemmt und den Blick in die Zukunft verhüllt. Um dies zu verhindern, hat die Natur den seelisch unbewußten Menschen mit der Gnade des Vergessens ausgestattet, so daß eine bewußte Reaktion auf die Wirkung des Pluto erst mit zunehmender mentaler Entwicklung erfolgt.

Die transformatorische Kraft des Pluto wird auf den drei Bewußtseinsebenen unterschiedlich erlebt:
1. Ausschließlich als Massenwirkung, die je nach Stellung des Pluto im Tierkreis zeitbedingte Veränderungen im Bewußtsein der Menschheit erzwingt. In diesem Sinne kann er als »Zeitgeist« betrachtet werden, der die Masse unbewußt prägt.
2. Als Prüfungen des Lebens, sobald ein Mensch seelenbewußt wird und sich auf den »Pfad der Jüngerschaft« begibt. In diesem Stadium bewirkt er eine starke Willenshaltung, mit der ein Mensch versucht, sich aus der Abhängigkeit seines Unterbewußtseins zu befreien und sich einem höheren Willen unterzuordnen.
3. Als »Wille-zum-Guten«, der sich als starke dynamische Kraft den Kräften des Materialismus entgegenstellt und durch Licht die Dunkelheit zerstört.

Die Zuordnung des Pluto zu den Tierkreiszeichen

Exoterischer Planet:	Skorpion (als Massenwirkung und auf hochentwickelter Persönlichkeitsstufe)
Esoterischer Planet:	Fische
Hierarchischer Planet:	Fische

Pluto als exoterischer (kollektiver) Herrscher: Skorpion

Prinzip: **Zerstörung alter Gedankenformen und psychischer Strukturen**

Auf persönlicher Ebene wirkt Pluto als kollektiver Planet, der den Zeitgeist einer Epoche bestimmt und den Einzelnen durch Veränderung der äußeren Lebensbedingungen zwingt, sich von alten überholten Denkmustern und psychischen Verhaltensweisen zu trennen. Pluto wird vom Einzelnen bewußt erst verspürt, wenn ein gewisses Maß an mentaler Entwicklung erreicht wurde.

Die Wirkung des Pluto zeigt sich zunächst in Form von schicksalhaften Ereignissen, die das Leben eines Menschen zum Teil radikal verändern. Denn er wirkt hier im Sinne einer höheren, unpersönlichen Schicksalsmacht oder als »höhere Gewalt«, der der Einzelne nichts entgegenzusetzen hat und der er sich meist nur widerstrebend beugt, da es keine Alternative gibt.

Pluto als esoterischer Herrscher: Fische

Prinzip: **Befreiung aus materieller und emotionaler Abhängigkeit**

Wenn Pluto als esoterischer Herrscher der Fische gilt, so beschreibt dies die Phase beginnenden Seelenbewußtseins, in der ein Mensch den Willen verspürt, sich aus der Abhängigkeit der Formwelt und der physischen Begrenztheit zu lösen. Dadurch entsteht eine stärkere innere Richtkraft und die Entschlossenheit, die Fesseln zu sprengen, die ihn an die Materie binden, bis er sich durch das Licht der eigenen Seele von ihnen befreit. Dies bedeutet eine Loslösung von Schuldgefühlen, aber auch von Ausreden und Entschuldigungen für alles und jedes, was uns nicht gelingt und was so oft den Umständen angelastet wird, nicht aber der eigenen Trägheit und Unvollkommenheit, die wir gerne verdrängen.

Auf der Seelenebene bewirkt Pluto als Herrscher der Fische den Willen, sich aus emotionaler Abhängigkeit und Verblendung durch materielle Gebundenheit zu befreien, um für die Liebe empfänglich zu werden, die das Wesen der Seele ist. Dies erzeugt die Stärke und die zuweilen fast unnachgiebige Willenskraft, die ab einem gewissen Entwicklungsgrad bei allen Fischen zu spüren ist, trotz ihrer vordergründigen Sanftheit.

Pluto als hierarchischer Herrscher: Fische

Prinzip: Vollkommene Freiheit von persönlichen Bindungen

Wenn Pluto als hierarchischer Planet der Fische gilt, so beschreibt dies die Endstufe menschlicher Erfahrung auf Erden, auf der ein Mensch sich von allen persönlichen Bindungen – auch der persönlichen Liebe – befreit hat, weil auch diese noch eine Begrenzung darstellt.

Diese Stufe kennzeichnet das Bewußtsein eines Welterlösers, wie Christus, Buddha u.a., die von Zeit zu Zeit wieder auf der Erde inkarnieren, um die Welt auf eine neue Stufe des Bewußtseins zu heben. Für uns stellt diese Ebene daher keine gelebte Realität dar.

Vulkan als »Gestalter der Seele«

Geistiger Wille,
der die Formbildung der Seele leitet.

Wille-zum-Guten als dynamische Kraft.
Ausdauer, Stärke und Beharrlichkeit auf dem Weg zum Licht.
Zeitbedingte Erfahrung von Einsamkeit und Isolierung durch Loslösung vom materiellen Bewußtsein.

Der bis heute noch unentdeckte Planet Vulkan (der sich nach Alice Bailey im intermerkurialen Bereich befinden soll), hat keine Bedeutung in der Persönlichkeitsastrologie, denn er bewirkt den Aufbau des Seelenkörpers, sobald die Seele es geschafft hat, diesen nach ihrem Willen neu zu gestalten.

Dieser Gedanke ist für uns nicht leicht zu verstehen. Denn gerade im Westen besitzen wir wenig Wissen über den Zusammenhang zwischen dem Körper und dem Energiegeschehen auf feinstofflichen Ebenen, durch die unser Körper sein Leben erhält und die seine Eigenart und Qualität bestimmen.

Ich möchte deshalb versuchen, die Wirkung des Vulkan anhand der mythologischen Gestalt des Hephaistos zu beschreiben, dem Magier, Waffen- und Kunstschmied der Griechen, der als Sohn des höchsten Götterpaares Zeus und Hera (Liebe-Weisheit) gilt. Für seine Kunst bedient er sich der Macht des Feuers (Mentalebene) als zerstörende und formende Kraft, die alles schmilzt, aber zugleich in eine neue Form bringt. Unter den olympischen Göttern ist er der Handwerker, dessen Kunst von außergewöhnlicher Schönheit und Kunstfertigkeit ist, die jedoch in krassem Gegensatz zu seiner äußerlichen Gestalt steht, die als bärtig, häßlich, lahm oder mit hinkendem Gang beschrieben wird.

Hephaistos verkörpert daher die Phase der Seelenentwicklung, in der ein Mensch sich von der äußeren Ebene des Bewußtseins zurückzieht, um sich seiner inneren magischen Kräfte bewußt zu werden, deren sich die Seele bedient, um einen neuen, der Seele entsprechenden Körper zu bauen. Bei diesem Vorgang wird die Energie aus dem unteren

Teil des Körpers in den Kopf gezogen[32], weshalb Hephaistos als lahm oder hinkend beschrieben wird. Dies bedeutet nichts anderes, als daß der Schwerpunkt des Bewußtseins sich von der physischen Ebene auf die inneren Ebenen verlagert hat und vorübergehend eine entwicklungsbedingte Schwäche im unteren Teil des Körpers entstehen kann.

In den Waffen von erlesener Schönheit, die er schmiedet, ist symbolisch die Idee der magischen Kraft angesprochen, die in Vorzeiten allen Waffen zugesprochen wurde, und so bezieht sich die Kunst des Hephaistos (Vulkan) auch auf die geheimnisvollen Transformationsvorgänge, die sich mit Hilfe des Kundalini-Feuers im Körper vollziehen und die dem Uneingeweihten unerklärlich bleiben müssen.

Seine Verbindung mit Aphrodite, der Göttin der Schönheit und Liebe, – die gleichzeitig mit Ares, dem Kriegsgott (Mars) liiert ist – weist gleichermaßen auf das Prinzip erkannter Schönheit hin, die stets mit der Seelenentwicklung verbunden ist, aber auch der Liebe, die die Grundlage des geistigen Willens bildet.

Die esoterische Bedeutung des Vulkan

Vulkan hat die Aufgabe, das tief Verborgene (die Seele) zu enthüllen und ans Licht zu bringen. Am tiefsten Punkt materieller Verdichtung muß er das Material suchen, an dem er seine Kunst zeigen kann, das zu formen, was im Sinne der Seelenentwicklung schön und nützlich ist. Deshalb herrscht er auch über die am stärksten verdichtete Form der natürlichen Welt (das Mineralreich) und über den Menschen, der *»auf der ewigen Runde des Lebensrades an dem Punkt geistiger Entwicklung steht, wo sich der Wille der Seele als Sieger über das materielle Verlangen und die Begierde erweisen muß«* (Alice Bailey), denn diese bindet den Menschen an die materielle Welt und verhindert das Erwachen zu Seelenbewußtsein.

Strahlqualität: 1. Strahl

Vulkan gilt als Vermittler des *1. Strahls des Willens und der Macht* wie Pluto. Er bewirkt jedoch nicht den Tod der Form, sondern den Aufbau eines neuen Körpers, der den Bedürfnissen der Seele besser entspricht.

---

[32] Vgl. Kap. II »Transformationsvorgänge in den Energiezentren«

Seine Wirkung ist daher nicht nur zerstörend, sondern gleichzeitig umwandelnd und aufbauend, so wie dies in der Schmiedekunst zum Ausdruck kommt. Ein Metall, als Symbol des verdichtetsten Aspektes der Materie, wird verflüssigt oder beweglich gemacht, um in eine neue Form gegossen zu werden.

Vulkan hat phasenweise aber auch eine isolierende Wirkung, denn er bereitet den Menschen auf eine Entwicklungsstufe vor, auf der er sich willentlich vom Bewußtsein materiellen Lebens löst, um sich mit dem höheren Schöpfungsplan in Übereinstimmung zu bringen. Dies bringt eine Zeit der Einsamkeit und Isolierung mit sich, durch die jeder »Jünger auf dem Pfade« irgendwann einmal gehen muß, wenn er sich konsequent für eine neue geistige Lebensorientierung entschieden hat und die Vergangenheit vollständig hinter sich läßt. Dieser Vorgang der Loslösung von dem, was unten ist (Unbewußtes oder Vergangenheit), aber auch von dem, was oben ist (Zukunft oder Überbewußtes), bewirkt den Zustand vollständiger Geistesgegenwart. In diesem Stadium ist der Mensch allein und auf sich gestellt; einzig angewiesen auf die innewohnende Kraft der Seele, die ihm Ausdauer, innere Festigkeit und den unzerstörbaren, dynamischen »Willen-zum-Guten« verleiht, der einzigen Waffe des geistigen Menschen, die sicher zum Sieg führt.

Daraus erwächst ein starker innerer Wille, der den Menschen Härten, Entbehrungen und physische Beeinträchtigungen ertragen und innerlich akzeptieren läßt. Weiß er doch, daß die Verwandlung des Körpers eine Voraussetzung für Seelenentwicklung ist, weil dieser auf eine feinere und höhere Schwingungsfrequenz gebracht werden muß, damit die verbindende und heilende Kraft der Liebe nach außen strahlen kann. Vulkan bewirkt im seelisch erwachten Menschen daher den unbeirrbaren Willen zur Transformation des eigenen Wesens und zur Verwandlung des Körpers durch eine Neuorientierung des Lebens, die Verzicht auf gewohnte Bequemlichkeiten und liebgewordene Gewohnheiten mit sich bringt.

Die Zuordnung des Vulkan zu den Tierkreiszeichen

Esoterischer Planet:	Stier
Hierarchischer Planet:	Stier

Vulkan hat keine Wirkung auf die Persönlichkeit, denn der geistige Wille erwacht erst, wenn ein Mensch bewußten Seelenkontakt erlangt hat.

In der esoterischen und hierarchischen Zuordnung des Vulkan zum Stier wird der Gedanke der Erleuchtung sichtbar, die nur durch Überwinden der Begierde erreicht werden kann, die, wie Buddha lehrte, die Wurzel allen Leidens ist. Und um dieser Begierde Herr zu werden, bedarf es eines entwickelten geistigen Willens, der uns die Stärke gibt, den Einflüssen unserer Wunschnatur dort zu widerstehen, wo sie die eigene Entwicklung hemmt.

Vulkan als esoterischer Herrscher: Stier

Prinzip: Wille zur Erleuchtung

Als esoterischer Herrscher des Stier bewirkt Vulkan die Verwandlung der Begierde – die eine Verzerrung der kosmischen Willensenergie ist – in den Willen, das eigene Leben mit all seinen Wünschen und Bestrebungen mit den Zielen der Seele in Übereinstimmung zu bringen. Dieser Wille, sich durch Charakterbildung zu wandeln und die eigene Persönlichkeit zu formen, der auf unbewußter Ebene noch nicht vorhanden ist, bewirkt ein anhaltendes Bemühen um Entwicklung und geistige Erkenntnis, durch die das innere Licht verstärkt und die Schönheit innerer Harmonie sichtbar wird.

Vulkan als hierarchischer Herrscher: Stier

Prinzip: Wille-zum-Guten als dynamische Kraft

Auf hierarchischer Ebene stellt Vulkan das Prinzip der zeitweiligen Isolierung dar, das den höheren Eingeweihten von allen Bindungen befreit, um ihn auf die 4. Einweihung[33] vorzubereiten, bei der er sich auf den »Pfad der höheren geistigen Evolution« begibt. Auf dieser Ebene wirkt Vulkan als dynamisch angewandter Wille-zum-Guten, der auf die Erde gerichtet wird, um der Menschheit zu helfen, den Weg ins Licht zu gehen und sich vom Materialismus zu lösen.

---

[33] Ein Hinweis auf diesen Vorgang sind die Worte Jesu Christi am Kreuz: »Mein Gott, mein Gott, warum hast Du mich verlassen?« Sie verweisen nach Alice Bailey auf die kurze Phase der inneren Isolierung, die der 4. Einweihung vorausgeht.

Erde als Ort der Erfahrung

Schöpferische Intelligenz,
die durch Erfahrung in der Materie entsteht.

Irdisch-planetarische Erfahrung.
Intelligentes Licht-Bewußtsein.
Das Licht der Materie

Die Erde nimmt eine Sonderstellung in der Planetenwelt ein, denn sie ist der Lebensraum, der uns als Erfahrung materieller Verdichtung dient. So kann sie aus esoterischer Sicht auch nicht wie die anderen Planeten betrachtet und – wie es in jüngster Zeit immer häufiger geschieht – in das Radixhoroskop eingezeichnet werden. Vielmehr hat sie für uns eine Vermittlerfunktion, denn sie ist der Empfangsplanet für die Energien der übrigen Planeten, deren Wirkung durch ihr Ätherfeld übermittelt wird.

Die Erde stellt daher die Basis unserer materiellen Entwicklung dar. Sie ist der Ort der Reinkarnation, auf dem die Seele sich mit einer physischen Hülle aus irdischen Atomen umgibt, um die Erfahrung materieller Existenz zu machen, die einen Gegensatz zum geistigen Leben bildet. Diese Erfahrung dient der Evolution der Materie, denn der Mensch hat auf der Erde die Aufgabe, die Körperzellen durch Bewußtwerdung in ihrer Schwingung ständig zu erhöhen, damit der Körper ein immer besserer Leiter für das Licht der Seele wird und ihr Wesen zum Ausdruck kommen kann. Dieser Vorgang der Verwandlung oder des Gestaltwandels der physischen Körper geschieht in der gesamten belebten Natur in Form eines evolutionären Anpassungsprozesses der physischen Formen an sich verändernde Umweltbedingungen. Er beruht auf dem der Natur innewohnenden Prinzip der Intelligenz, das die Esoterik als »Weltseele« bezeichnet.

Doch der Mensch muß diesen Vorgang der Anpassung seines Körpers an die Bedürfnisse der Seele kraft seiner eigenen Intelligenz leisten. Zu diesem Zweck inkarniert die Seele immer wieder auf diesem Planeten, um sich in der Begrenzung durch Raum und Zeit schließlich des größeren Lebewesens bewußt zu werden, das die Quelle seiner physischen Existenz ist. Denn die Erfahrung irdischen Lebens hat das Ziel, unseren Körper, aber vor allem unser Gehirn durch Evolution so weit zu entwickeln, daß es in seiner Wahrnehmung immer umfassender wird, bis sich der Mensch schließlich als lebendigen Teil der Erde begreift und wahrnimmt, daß sein individuelles, physisches Leben untrennbar mit dem größeren Leben der Erde verbunden ist. So verliert sich die Trennung, die der Einzelne im Zuge seiner materiellen Entwicklung zwischen sich und der Natur aufgebaut hat, und er findet zurück zur Einheit, indem er die Erde als ein lebendiges Wesen begreift, das Teil seiner selbst ist.

Zusammenfassend können wir sagen, die Erde dient der Erfahrung der Verdichtung, die die Seele macht, um sich durch mentale Entwicklung wieder der Einheit allen Lebens und der persönlichen Verantwortung für die Entwicklung der Erde bewußt zu werden. Dadurch werden die Zellen des Gehirns, die heute zum größten Teil noch inaktiv sind, aktiviert, und es werden Lichtverbindungen zwischen den einzelnen Gehirnzellen (Synapsen) geschaffen, die den Menschen schließlich zu umfassender Wahrnehmung des Ganzen befähigen, sobald das Gehirn voll entwickelt ist.

Die esoterische Bedeutung der Erde

Die Erde, die der mythologischen Gaia entspricht, ist die Mutter unserer physischen Existenz. Sie ist der Planet, der die »intelligente Schöpferkraft« in uns anregt, um uns aus der Dunkelheit materiellen Lebens zu befreien und den Weg ins Licht zu finden, der uns zur Einheit zurückführt. Dieses Wissen bildet den Hintergrund der mythologischen Überlieferungen der Erde als einer Muttergottheit, die noch in den religiösen Vorstellungen der Indianer und anderer Eingeborenen-Völker lebendig ist, deren Lebensstil und Kultur von tiefer Weisheit geprägt ist.

Strahlqualität: 3. Strahl

Die Erde übermittelt den *3. Strahl der Aktiven Intelligenz* wie Saturn, der unsere Individuation durch gedankliche Abgrenzung vom größeren Ganzen bewirkt, damit wir uns zu Eigenständigkeit und Eigenverantwortlichkeit entwickeln.

Bei der Erde, die den gleichen Strahl verkörpert, bezieht sich die Intelligenz auf unser Körperbewußtsein. Dieses ist zunächst getrennt vom Bewußtsein der Erde, in deren Schwingungsfeld wir leben und deren Leben untrennbar mit unserer körperlichen Existenz verbunden ist. Denn esoterisch betrachtet stellt die Menschheit in ihrem materiellen Aspekt das »Gehirn der Erde« dar, dessen Zellen erst durch Erfahrung durchlichtet und entwickelt werden müssen, bis es als Ganzheit funktionieren kann, so wie das Gehirn des Einzelnen auch erst durch Entwicklung aller Zellen zur Ganzheit entwickelt wird.

Die Aufgabe des Menschen auf der Erde ist deshalb ungewöhnlich und fordert in der Tat seine Intelligenz (3. Strahl) heraus, denn auf ihr *»findet ein großer Ausgleichsprozeß zwischen zwei großen kosmischen Energieströmen statt«* (Alice Bailey). Der Gegensatz zwischen diesen beiden Energien – Geist und Materie –, die ihren symbolischen Ausdruck in den Kräften des Lichtes und der Dunkelheit oder des Materialismus finden, müssen durch jeden Einzelnen von uns dadurch ausgeglichen werden, daß wir uns aus freiem Willen für das Licht entscheiden und so die Kräfte der Dunkelheit auf der Erde und in uns selbst besiegen.

Doch dies ist ein langsamer, evolutionärer Prozeß, der mit viel Leid, Konflikten und Entwicklungskrisen verbunden ist. Denn die Kräfte des Lichtes und die Kräfte des Materialismus treffen im Bewußtsein des Menschen kämpferisch aufeinander, bis er sich seiner selbst als Seele bewußt wird und sich durch zielgerichteten Willen, Entschlossenheit und Mut aus den Fesseln materiellen Bewußtseins befreit und für den »Weg des Lichtes« entscheidet. Ist dies der Fall, so wird der im Körper gebundene, innere Lichtfunke, der unser wahres Ich darstellt, aus seinem »materiellen Gefängnis« befreit, und ein Mensch ist nun fähig, dieses Licht auf alle Körperzellen und auf die Umgebung zu übertragen, um diese in ein höheres Bewußtsein zu heben.

Die Zuordnung der Erde zu den Tierkreiszeichen

Esoterischer Planet:	Schütze
Hierarchischer Planet:	Zwillinge

Die Erde ist kein exoterischer Planet, und ihre Wirkung wird bewußt erst dann verspürt, wenn konkretes und abstraktes Denken (☿) sowie ein Verstehen der größeren Zusammenhänge des Lebens (♃) bis zu einem gewissen Grad entwickelt sind. Dies spiegelt sich in der Zuordnung der Erde zum Gegensatzpaar Zwillinge-Schütze, mit dessen Hilfe der Mensch lernt, die Gegensätze irdischen Lebens durch weises Denken und Verstehen der Ganzheit aufzulösen und sich der organischen Einordnung in ein größeres Leben bewußt zu werden.

Erde als esoterischer Herrscher: Schütze

Prinzip: Weltumspannendes, planetarisches Bewußtsein

Wenn die Erde esoterisch als Herrscher des Schützen gilt, so beschreibt dies die Phase erwachenden Seelenbewußtseins, in der ein Mensch sein individuelles Bewußtsein überschreitet und sich als Teil der Erdenmenschheit begreift. Sein Interesse und seine schöpferischen Aktivitäten werden nun weltumspannend-planetarisch, denn er wird sich seiner Verantwortung für die Erde bewußt. Er begreift, daß er Teil der Erde ist und daß sein Schicksal und Karma untrennbar mit ihrem Schicksal verbunden ist. Diese Erkenntnis führt zu einem ökologischen Bewußtsein und einem selbstlosen Engagement für den Schutz unseres Planeten, der uns anvertraut wurde und an dessen Entwicklung jeder Einzelne durch sein eigenes Leben Anteil hat.

Erde als hierarchischer Herrscher: Zwillinge

Prinzip: Geistig-schöpferische Aktivität

In der hierarchischen Zuordnung der Erde zu den Zwillingen wird das dualistische Prinzip menschlicher Erfahrung auf diesem Planeten deutlich. Denn die beiden großen Lebensströme Geist und Materie, die das irdische Leben bestimmen, führen dazu, daß ein Mensch sich im Laufe vieler Reinkarnationen zunächst vollkommen mit dem Körper identifiziert, dann zunehmend mit dem Geist, um schließlich zu entdecken, daß beide Ebenen sich im Prinzip gleichen und durch Liebe miteinander verbunden sind. Durch diese Erkenntnis, die das Ziel menschlicher Erfahrung auf der Erde ist, entsteht die »denkende menschliche Seele«, die Geist und Körper zu einer Einheit verbindet, sobald sie im Physischen zur Liebe erwacht. Ist dies der Fall, dann wird das innere Lebenslicht aus der Begrenzung des Körpers befreit und seine Strahlkraft bewirkt die Durchlichtung aller Körperzellen.

Dieser Vorgang, der den Eingeweihten kennzeichnet, bringt Licht in das Dunkel der Welt und wird in Zukunft, wenn immer mehr Menschen dieses Stadium erreichen, die Erde zu einer »Lichtstation« machen, auf der wahrhaft menschliches Leben möglich ist.

DAS PSYCHOLOGISCHE GRUNDMODELL DER PLANETEN

------------------ DAS ÜBERBEWUSSTE – ZUKUNFT ------------------

	♇	Gesetz des Rhythmus Intuition
Geistiges Bewußtsein	♆	Gesetz der Liebe Höhere Inspiration
	♄	Gesetz des Karma Verantwortungsbewußtsein

------------------ DAS BEWUSSTE – GEGENWART ------------------

Seelenentwicklung	♃	Ganzheitliches Denken Erkennen von Zusammenhängen
	♀	Liebesfähigkeit Harmonie- und Schönheits- empfinden Beziehungsfähigkeit
Persönlichkeit mit oder ohne bewußtem Seelenkontakt	☉ _{mittleres, integrie- rendes Prinzip}	Ich–Gefühl Selbstbewußtsein Eigenbewußtsein Persönliche Schöpferkraft
	☿	Unterscheidendes Denken Intellekt, Logik
Beginn der Persönlichkeitsentwicklung	♂	Antriebsenergie, Sexualität, Aggression Persönlicher Willensimpuls Zielgerichtete, dynamische Kraft

------------------ DAS UNBEWUSSTE – VERGANGENHEIT ------------------

Persönliches Unterbewußtsein	☽	Tier–Seele, emotionales Empfinden Instinkt, Gefühl, Gemüt Niederer Verstand
Kollektives Unterbewußtsein	⯝	Tod der (Gedanken-)Formen, die die Entwicklung der Seele behindern Zerstörung alter psychischer Strukturen

Die Planeten als bewußtseinsgestaltende Kräfte

Wie im Grundmodell gezeigt, lassen sich die Planetenkräfte den drei Ebenen unseres Bewußtseins zuordnen: dem Unterbewußtsein, dem Wachbewußtsein und dem Überbewußtsein. Die Planeten wirken daher auf die verschiedenen Schichten unserer Wahrnehmungsfähigkeit ein, die sich im Laufe vieler Leben erweitert und mit zunehmender Entwicklung immer umfassender wird. Anhand der Bewußtseinsstufen[34] der Menschheit, die sich in der Kindheitsentwicklung wiederholen, soll dies nochmal etwas detaillierter aufgezeigt werden.

1. Instinktives Massenbewußtsein – Mond und Mars

Die Stufe kindhaften Menschseins mit ihrer instinktiven Wahrnehmung und ihrer durch Triebreaktionen und unbewußte Impulse geleitete Tätigkeit.

Die Entwicklung des menschlichen Bewußtseins, wie auch der Kindheit, beginnt mit der instinktiven Wahrnehmung, die auch jedem Tierkörper eigen ist. Durch Sinneswahrnehmungen, Empfindungen und instinkthafte Handlungen erfährt der Mensch die Welt. Nahrungsaufnahme und der Wunsch nach Schutz und Geborgenheit bilden die Triebfedern des Handelns. Das Leben verläuft weitgehend unbewußt. In dieser Phase sind *Mond* (als Phantasie, Traumbewußtsein, instinkthafte Reaktionen, emotionales Berührtsein und Wunsch nach Geborgenheit) und *Mars* (als Betätigungs- und Entdeckungsdrang, frühkindliche Sexualität, Aggression und Spieltrieb) die herrschenden Energien, die das Bewußtsein des Menschen über das *Sakralzentrum und Solarplexuszentrum* am stärksten beeinflussen.

2. Individuelles Bewußtsein – Merkur, Sonne, Saturn

Die Stufe der Persönlichkeitsentwicklung mit ihrer zunehmenden Denktätigkeit und dem Versuch, die eigene Identität zu finden.

---

[34] Vgl. Kap. II »Die Stufen menschlicher Bewußtseinsentwicklung« und »Die vier wesentlichen Entwicklungsstadien in bezug zu den Chakras«

Wenn das Denken an Stärke zunimmt und individueller wird, beginnt die Persönlichkeit sich herauszubilden (☉), die den Menschen seine eigene Bedeutung fühlen läßt. Nun beginnt er, bewußt in die Gestaltung seines Lebens einzugreifen, indem er versucht, die eigenen Wünsche, Zielsetzungen und Träume zu verwirklichen. Gefühle und Gedanken vermischen sich jetzt; der Mensch setzt seine persönliche Intelligenz (♄) und seine intellektuellen Fähigkeiten (☿) ein, um etwas zu erreichen, doch er denkt in diesem Stadium noch ausschließlich in Ich-Kategorien, ohne die Fähigkeit, sich als Teil eines größeren Ganzen zu empfinden.

Die vorherrschenden Energien, die diese Entwicklungsphase bestimmen, sind die persönlichkeitsbildenden Kräfte *Sonne* als Eigenbewußtsein, *Saturn* als begrenzender Verstand und *Merkur* als intellektuelle Unterscheidungskraft. Natürlich bleiben auch Mond und Mars weiterhin wirksam, doch sie werden jetzt bewußter eingesetzt.

Mond, der im Kleinkindalter die symbiotische Mutter-Kind-Beziehung bewirkt und das Kind befähigt, durch Nachahmung zu lernen, beeinflußt den heranwachsenden Menschen weiter in Form von Phantasien, Gefühlen sowie (Wunsch-)Träumen, die als alte Gefühlsmuster Handlungen und Ziele vom Unbewußten her bestimmen. Er bewirkt unsere unbewußten, instinktiven Reaktionen und unser unmittelbares Berührtsein durch andere. Doch mit zunehmender Verstandesentwicklung tritt er stärker in den Hintergrund des Bewußtseins und wirkt als Empfänglichkeit und Offenheit für Eindrücke aus der Umwelt wie aus dem Unterbewußten, die auch im Traumgeschehen ihren Ausdruck finden.

Mars, der beim Kleinkind und auf kindhafter Menschheitsstufe als Betätigungsdrang, Aggression und Spieltrieb zum Ausdruck kommt, tritt nun – verändert durch die entwickelte Verstandestätigkeit – als Durchsetzungskraft eines Menschen in Erscheinung, der um seine Rangordnung in der Gesellschaft kämpft. Er bewirkt den unbewußt ausgetragenen Kampf zwischen den Geschlechtern, das stärkere Interesse an Sexualität und den Kampf um eine Vorrangstellung sowie die Beziehung zwischen Persönlichkeiten, die auf Konkurrenz basiert.

Natürlich tritt auch *Venus* in dieser Phase schon in Erscheinung, wenn ein Mensch die Erotik und die Liebe entdeckt. Doch sie wird zunächst noch in Verbindung mit Mars auf emotionaler Ebene gelebt, als persönliche Liebe, als Liebe zum Besitz, als Hang zum Genießen oder als Wunsch, eine Familie zu haben und sich äußerer

Schönheit zu erfreuen. Ihre eigentliche Bedeutung als »intelligente Liebe« wird aber erst erfahrbar, wenn ein Mensch sich als Seele erkannt hat und fähig ist, den anderen um seiner selbst willen zu lieben.

In dieser Phase der »Ich-betonten« Persönlichkeit, die auch den heranwachsenden Jungendlichen kennzeichnet, ist das Bewußtsein vorwiegend im *Solarplexus* und *Kehlzentrum* konzentriert.

3. Seelenbewußtsein – Venus und Jupiter

Die Stufe der Seelenentwicklung mit ihrer Fähigkeit, zunehmend selbstlos zu sein und zu lieben.

Wenn der Mensch sich im Zuge seiner Entwicklung der Seele bewußt wird, beginnt der persönliche Ehrgeiz nachzulassen und die innere seelische Beziehung zu anderen Menschen wird wichtiger als persönliche Erfolge und Macht. In diesem Stadium verlieren die unteren Energiezentren (Sakralzentrum und Solarplexus) ihre Dominanz, und so verlagert sich das Bewußtsein von der Persönlichkeitsebene (Solarplexus als Ich-Zentrum) zur Seelenebene (Herzzentrum), die den Menschen seine innere Beziehung zu seinen Mitmenschen deutlicher wahrnehmen läßt. Nun verlieren sich persönliche Wünsche und Zielsetzungen als bestimmende Motive des Lebens, und der Intellekt wird von persönlichen Motiven frei.

Auf dieser Ebene zeigt der Mensch eine bewußte Reaktion auf **Venus** und **Jupiter**. Er beginnt nun, seine seelische Beziehung zu anderen zu erkennen und sein Leben in einem größeren kosmischen Zusammenhang zu sehen.

Venus als »Prinzip intelligenter Liebe« bewirkt beim seelisch erwachten Menschen, daß Liebe nicht mehr als Emotion ($☽ + ♂$) erlebt wird, sondern als eine innere Verbundenheit. Denn Venus befähigt uns, in das Bewußtsein eines anderen einzutreten und ihn als wesensgleich oder wesensverwandt zu erkennen. Das bewußte Wahrnehmen des Venus-Prinzips stellt daher einen entscheidenden Wendepunkt in unserer Entwicklung dar. Es kennzeichnet den Kontakt mit der eigenen Seele, die sich nun zunehmend durch ein Denken ausdrückt, das nicht mehr auf Zweckmäßigkeit, Nützlichkeit und materiellen Profit ausgerichtet ist, sondern auf das Wesen von Schönheit, Harmonie und die innere seelische Übereinstimmung mit anderen. So entstehen andere Prioritäten im Leben, denn die Qualität von menschlichen Beziehungen ist nun weit wichtiger als persönliche Profilierung und ehrgeizige persönliche Erfolge.

Durch *Jupiter*, dem Prinzip »weisen Verstehens«, wird der Mensch fähig, ganzheitlich zu denken. Dadurch wird die Aufmerksamkeit auf tiefere sinnhafte Erkenntnisse gelenkt, die uns die größeren Zusammenhänge zwischen geistigem und physischem Leben erkennen lassen. In dieser Phase zeigt sich auch ein Interesse an geistigem Wissen, das sich hinter der universellen Sprache der Symbole verbirgt, die allein in der Lage sind, Ganzheit im Denken zu vermitteln. So wird das Denken umfassender, denn es bezieht sich nicht mehr ausschließlich auf die äußere phänomenale Welt, sondern schließt das geistige Erfassen von Wirklichkeit ein. Auf diese Weise werden Jupiter und Merkur verbunden, und der Intellekt verliert seine trennende, isolierende Kraft. Nun wird der Mensch empfänglich für umfassende geisteswissenschaftliche Erkenntnisse und für die Weisheit, die das Geschehen in der gesamten Natur lenkt.

In dieser Phase des reifen, bewußt lebenden Erwachsenen, die nur der seelenbewußte Mensch schon erreicht hat, ist das Bewußtsein im *Herzzentrum* konzentriert, weil er gelernt hat, im »Herzen zu denken« und Herz und Verstand zu verbinden.

Der seelisch erwachte Mensch unterscheidet sich vom seelisch noch schlafenden also vor allem dadurch, daß er die Energien von *Mond, Mars, Merkur, Sonne* sowie *Saturn, Venus* und *Jupiter* nicht nur für die Zwecke der eigenen Persönlichkeit, sondern auch für das Wohl eines größeren Ganzen nutzt, weil er sich seiner inneren Verbundenheit mit der Erde und seinen Mitmenschen bewußt ist. Dies ist das Stadium beginnenden Gruppenbewußtseins, in dem ein Mensch versucht, seine Ziele und Aktivitäten mit dem größeren Ganzen in Einklang zu bringen. Er beginnt, die Energien der Planeten bewußt wahrzunehmen, sie positiv zu verändern und aktiv für die eigene Entwicklung einzusetzen, weil er weiß, daß sein Bewußtsein die Ebene bestimmt, auf der sie wirken, und sein Wille ihre Absicht lenkt. So entsteht ein Gefühl von Verantwortung für die eigene Entwicklung und ein Verstehen darüber, daß kosmische Energien und Kräfte zu lenken und zu transformieren sind, um sie schließlich einmal zu beherrschen.

4. Geistiges Bewußtsein – Neptun, Uranus, Pluto

Die transsaturnischen Planeten bilden das Überbewußtsein und wirken zunächst unbewußt auf das persönliche Bewußtsein ein, um den Menschen langsam mit der größeren Wirklichkeit vertraut zu machen. *Uranus*, *Neptun* und *Pluto* wirken daher zunächst als »Schicksalsplaneten«, die die Zielrichtung des Lebens bestimmen und korrigierend eingreifen. Denn der Sinn ihrer Einflußnahme bleibt der Persönlichkeit so lange verborgen, wie sie ihr Leben noch nicht in einem größeren kosmischen Zusammenhang sehen kann. Das Überbewußtsein erscheint uns auf der Persönlichkeitsebene daher als eine Macht, die außerhalb des eigenen Bewußtseins liegt, weil die persönliche Erfahrung diesen Bereich des Lebens noch nicht einschließt.

Doch wenn ein Mensch geistig erwacht ist und sein Bewußtsein sich im höchsten *Kopfzentrum* konzentriert (das Stadium des Meisters oder Eingeweihten), dann sind diese drei transsaturnischen Planeten ebenfalls Teil des persönlichen Bewußtseins, weil die Persönlichkeit nun nicht mehr durch Saturn begrenzt wird. Denn der Eingeweihte hat die Persönlichkeitsgrenzen transzendiert, indem er gelernt hat, die Persönlichkeit zum Ausdrucksmittel der Seele zu machen, anstatt sie zu nutzen, um sich von anderen abzugrenzen. In diesem Stadium erkennt ein Mensch sich als Zelle eines größeren Organismus, in dem jedes Einzelbewußtsein eine ganz bestimmte Aufgabe hat. Er hat das Zeitbewußtsein (♄) transzendiert und begreift, daß Vergangenheit, Gegenwart und Zukunft nur drei Aspekte des ewigen Jetzt sind.

Weil dieses Entwicklungsstadium aber noch in der Zukunft der meisten Menschen liegt, wirken die bewußtseinserweiternden Energien von Neptun, Uranus und Pluto so lange unbewußt auf das persönliche Bewußtsein ein, bis wir nach unzähligen Reinkarnationen schließlich den tieferen Sinn unseres irdischen Lebens erkennen und uns als Teil einer größeren lebendigen Ganzheit begreifen.

Die transsaturnischen Planeten werden allgemein dem Kollektiven Unbewußten zugeordnet. Mir scheint eine zusätzliche Unterscheidung zwischen dem Unterbewußten und dem Überbewußten jedoch sinnvoll zu sein, weil das Überbewußte unsere Zukunft enthält und das Unterbewußte unsere eigene Vergangenheit darstellt, aus der sich die Zukunft gestaltet.

Pluto verkörpert das *kollektive Unterbewußtsein* der Menschheit, das mythologische Reich der Schatten oder des Todes. Er bewirkt den Tod von alten psychischen Strukturen, Vor-Urteilen und vorgefaßten Meinungen, die die seelische Entwicklung behindern. Der Tod bezieht sich aber nur auf die vom Menschen geschaffenen (Gedanken-)Formen, nicht auf das Bewußtsein, das niemals zerstört werden kann.

Neptun als allumfassende Liebe, der Ich-Begrenzungen auflöst und den menschlichen Verstand für die nicht-sichtbaren Ebenen der Existenz durchlässig macht, sowie
Uranus als geistige Erkenntnis, der durch seelische Entwicklung und Transformation noch in unser Persönlichkeits-Bewußtsein integriert werden muß, verkörpern dagegen das *Überbewußte*.

# VI

Die zwölf astrologischen Häuser

Die Problematik der unterschiedlichen Häusersysteme

Die Häuser sind eines der schwierigsten und umstrittensten Kapitel der Astrologie, da es viele unterschiedliche Systeme gibt und unter den Astrologen keine Einigkeit darüber herrscht, welches das richtige ist. So sucht sich jeder die für ihn passende Methode heraus und ist nach längerer Praxis meist auch überzeugt, daß sie die einzig richtige ist, obwohl andere Häusersysteme ebenfalls Verwendung finden und von anderen Astrologen als genauso richtig empfunden werden. Einige kombinieren sogar verschiedene Methoden, und andere wechseln im Laufe ihrer Berufserfahrung von einem System zum anderen.

Diese Situation scheint mir sehr unbefriedigend zu sein, denn durch die Differenz der Systeme fallen Planeten und Tierkreiszeichen in verschiedene Häuser und müssen daher zwangsläufig unterschiedliche Deutungen ergeben. Hinzu kommt, daß eigentlich niemand so richtig weiß, was da genau berechnet wird, denn die Begründung der unterschiedlichen Berechnungsmethoden der Häuser sind für die meisten kaum nachvollziehbar. Sind sie doch teilweise so akademisch und komplex, daß es höherer mathematischer Kenntnisse bedarf, um überhaupt zu verstehen, welche mathematisch-trigonometrischen Hilfskonstruktionen bemüht werden, um ein jeweils neues, angeblich noch richtigeres Häusersystem zu begründen. Und da heute der Computer die Berechnung der Häuser weitgehend übernommen hat, verläßt sich der astrologisch interessierte Laie im allgemeinen darauf, daß das, was traditionell verbürgt zu sein scheint und vom allgemeinen Konsens der Mehrheit der modernen Astrologen getragen wird, auch richtig sein muß. Ein verwirrendes Szenario, das mich persönlich nicht ruhen läßt, denn wenn die Astrologie eine esoterische Wissenschaft ist, dann muß es auch einen esoterisch begründbaren Weg geben, die Häuser zu berechnen und nicht viele verschiedene, voneinander abweichende Wege, die sich ja alle erst im Laufe der letzten Jahrhunderte entwickelt und etabliert haben. Ich werde deshalb auch nicht auf die Unterschiede der verschiedenen Berechnungsmethoden eingehen, weil dies nicht zum Kern des Problems führt. Meines Erachtens kann die Richtigkeit eines Systems nicht mathematisch bewiesen werden, sondern sie muß sich aus der Sache selbst ergeben, aus der esoterischen Bedeutung der

Häuser, die ja nur das Symbol eines inneren Energiegeschehens sind.

In diesem Zusammenhang scheint mir die Tatsache bedeutsam zu sein, daß in der Antike bis etwa ins zweite Jahrhundert n.Chr. aufgrund des überlieferten hermetischen Wissens zunächst gleiche Häuser verwendet wurden. Dies läßt sich durch wiederentdeckte bruchstückhaft überlieferte Texte des »Liber Hermetis Trismegistos« eindeutig nachweisen.[35]

Diese uns erhaltenen Texte machen auch deutlich, daß das moderne astrologische Wissen sich auf der Grundlage dieses Urtextes entwickelt hat. Er wurde ständig überarbeitet und ging durch viele Hände, bevor er in zum Teil stark abgewandelter Form als Quelle astrologischen Wissens des Altertums Verwendung fand. Denn die moderne Astrologie beruht auf dem in Babylon und Ägypten von Priestern gehüteten Geheimwissen. Dieses war der Allgemeinheit zunächst nicht zugänglich und konnte im westlichen Abendland erst Fuß fassen, nachdem es auf der Grundlage hermetischer Quellen von griechischen und römischen Astrologen entsprechend ihres Verständnisses verändert und abgewandelt wurde. Daraus resultieren auch die vielen unterschiedlichen Lehren, Deutungselemente und in der Folge neu entwickelten Häusersysteme, die sich vom Kern des alten hermetischen Wissens immer mehr entfernten, bis der esoterische Hintergrund dieser Lehren nicht mehr erkennbar war. Die frühesten Nachweise der Sternenwissenschaft liegen, soweit es sich anhand von schriftlichen Quellen zurückverfolgen läßt, in Sumer und gelangten über Babylon und Ägypten schließlich aufgrund von Übersetzungen der »Bücher des Hermes« in den griechisch-römischen Kulturraum. Doch schon zu dieser Zeit gab es viele verschiedene Interpretationen der ursprünglichen Lehre, weil jeder sie nach eigenem Gutdünken und Verständnis abwandelte.

Erhalten geblieben und damit eindeutig nachweisbar ist aber das Vier-Quadranten-System, das auf einem 90°-Winkel zwischen Aszendent und MC beruht, und das sich darauf stützende System zwölf gleicher Häuser von je 30°, das zumindest ab dem ersten Jahrhundert v.Chr. belegt ist und als Offenbarung des Gottes Thot (Hermes) galt.[36] Es muß allerdings angenommen werden, daß es weitaus älter ist und schon auf babylonische Quellen zurückgeht.

---

[35] Wilhelm Gundel, *Neue astrologische Texte des Hermes Trismegistos*
[36] Walter Koch und Wilhelm Knappich, *Horoskop und Himmelskörper, Grundlagen und Altertum*

Grundlage des antiken Deutungssystems war also der 90°-Winkel zwischen AC und MC, dessen wichtige und hervorgehobene Bedeutung in babylonischer und ägyptischer Zeit allgemein anerkannt war. Die esoterische Begründung für diesen rechten Winkel liegt im Wissen, daß sich alles Leben bis in die Mikrowelt hinein nach geometrischen Mustern vollzieht[37] und das Leben auf der Erde gekennzeichnet ist durch zwei sich kreuzende Energieströme aus Raum und Zeit, die senkrecht aufeinander stehen und das »Kreuz der Materie« bilden.

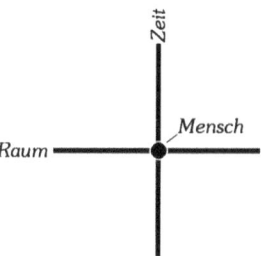

Dieses Kreuz ist das Ursymbol der Menschheit, das schon lange vor dem Christentum existierte, denn es stellt das »Koordinatensystem des menschlichen Bewußtseins« dar, das durch Verbindung dieser beiden Energieströme entsteht. Und deshalb bildet das Kreuz, als Symbol materieller Existenz, auch den Ursprung der Häuser- und Quadrantenlehre des Hermes Trismegistos. Es ist das »Lebensrad«, das in späteren abgewandelten Überlieferungen in der Vorstellung des Glücksrades wieder auftaucht.

Der 90°-Winkel der vier Quadranten und der MC als höchster Punkt des Horoskops stehen also nicht zufällig im Zentrum antiker Lehren, sondern sie spielen eine zentrale Rolle in der Deutung eines Horoskops. Und so gilt die sogenannte »äquale Manier«, wie sie später genannt wird, auch bis etwa ins zweite Jahrhundert als unumstrittenes System, bis die antike Lehre vom energetischen Kreuz des Lebens allmählich verblaßt und nicht mehr erkannt wird, daß sie ein integraler Bestandteil antiker Deutung war.

---

[37] Alle Kristalle haben geometrische Strukturen. Auch die Elektronen ordnen sich in bestimmten Winkelbeziehungen um den Atomkern an und bilden damit eine geometrische Form. Denn die Geometrie ist die Grundlage für alle Energiebeziehungen, die auf feinstofflichen Ebenen stattfinden. (Vgl. Kap. I)

In der babylonischen und ägyptischen Astrologie, die zunächst eine von Priestern ausgeübte Mundanastrologie war, wurde der Kreis – als Symbol des Lebens – in vier gleiche Teile geteilt, wobei der höchste Punkt dem Widder zugeordnet war. Er symbolisierte das »Haupt des Kosmos«, den Geist oder den höchsten Punkt des Lebens (MC), und Krebs, als Zeichen der physischen Geburt, galt als das aufsteigende Zeichen (AC). Dies ist die Darstellung des Ur-Lebenskreises (der noch in der indischen Astrologie erhalten ist) oder der Menschheit, die, wie Alice Bailey schreibt, im Widder den Abstieg in die Materie beginnt und im Krebs zum ersten Mal physisch in Erscheinung tritt. Das Jahr beginnt hier noch mit der Sommersonnenwende.

Doch im Zuge der Entwicklung einer individuellen Astrologie, die vor allem im ägyptisch-griechischen Kulturraum entstand, wird der Beginn des Tierkreises auf die Frühlings-Tagundnachtgleiche gelegt, die zeitlich mit dem Tierkreiszeichen Widder zusammenfällt. Damit wurde der Widder mit dem Beginn des tropischen Tierkreises gleichgesetzt, dessen vier Kardinalzeichen *Widder, Krebs, Waage* und *Steinbock* den vier markanten Zeitpunkten des Sonnenjahres entsprechen: Frühlings- und Herbst-Tagundnachtgleiche sowie Sommer- und Wintersonnenwende. Der tropische Tierkreis, auf dem jede astrologische Deutung aufbaut, stellt somit eine Analogie zum jährlichen Lauf der Sonne dar, die uns zwölf Zeitqualitäten erleben läßt, auf die unser Bewußtsein reagiert, weil alles Geschehen auf der Erde in die Raum-Zeit eingebunden ist.

Es gibt aber noch einen weiteren kleineren Rhythmus, der ebenfalls auf das Bewußtsein des Menschen einwirkt, und das ist der Rhythmus des Tages, der eine Analogie zum Jahresrhythmus bildet. Dieser kleinere Rhythmus, der mit seinen zwölf Doppelstunden die Grundlage babylonischer Zeitrechnung bildete, wird durch die Eigendrehung der Erde hervorgerufen, die den Menschen nochmals in ein zwölffach abgestuftes Energiefeld stellt, das uns im Laufe eines Tages wiederum zwölf Energiequalitäten erleben läßt. Diese Zwölf-Teilung des Tages ist die Grundlage des Zwölf-Häuser-Systems.

Der Zwölf-Häuser-Kreis entsteht also durch die Zwölf-Teilung des Tages, während sich der tropische Tierkreis durch die Zwölf-Teilung des Jahres ergibt. Dadurch erhalten wir auf zwei Ebenen des Bewußtseins jeweils zwölf analoge Energiefelder, in die ein Mensch eingebunden ist. Denn sowohl im Rhythmus des Jahres wie auch im Rhythmus des Tages entstehen energetisch zwölf Zeitabschnitte, die uns die Energien der zwölf Tierkreiszeichen reflektieren. Und der Anfangspunkt dieses individuellen Zwölf-Häuser-Kreises wird durch das zum Zeitpunkt der Geburt am Osthorizont aufsteigende Tierkreiszeichen (Aszendent) bestimmt, das je nach Geburtszeit eines der zwölf Zeichen sein kann, weil sie im Laufe eines Tages der Reihe nach im Osten aufzusteigen scheinen und im Westen untergehen.

Aufgrund der geneigten Erdachse, die einen Winkel von etwa 23° zum Himmelsäquator bildet, scheinen die zwölf Tierkreiszeichen im Laufe eines Tages aber in unterschiedlicher Geschwindigkeit aufzusteigen. Daher haben sie auch unterschiedliche Zeitlängen, so daß sich die Zeichen, die zu einer bestimmten Tageszeit am Osthorizont aufsteigen, mit der Jahreszeit verändern. Diese Tatsache wird bei der Berechnung des Aszendenten berücksichtigt, denn das Horoskop basiert auf den drei Faktoren: *Geburtstag, Geburtszeit* und *Geburtsort.* Der Schiefe der Ekliptik wird beim Aszendenten also Rechnung getragen, und so gibt es aus esoterischer Sicht keinen Grund für die Einführung eines neuen äußeren MC, der dem Höchststand der Ekliptik an diesem Tag entspricht, aber nicht der individuellen Lebenszeit eines Menschen, die mit dem Augenblick der Geburt beginnt. Denn der Aszendent stellt den Zeitpunkt dar (Zeit der Geburt), an dem die Seele die Erde (Ort der Geburt) berührt und damit in ein Raum-Zeit-Kontinuum eintritt, das ihren individuellen Rhythmus für ein Leben festlegt. Und MC ergibt sich, wie IC und DC, automatisch durch den jeweiligen rechten Winkel, weil sie das »Kreuz der Materie« bilden, das im Horoskop sichtbar in Erscheinung treten muß.

Die Erkenntnis, daß die Qualität jeden Lebens vom Anfang her bestimmt wird, bildet die Grundlage der Astrologie und ist deshalb in astrologischen Kreisen auch unwidersprochen. Wenn das aber so ist, dann muß dieser Punkt auch alleine für das gesamte Horoskop ausschlaggebend sein. Aus diesem Grund bezeichnete man ursprünglich den Aszendenten als »Horoskopos« und nicht das gesamte Geburtsschema, wie es heute der Fall ist. Denn in der Antike war man sich der Bedeutung des Aszendenten als dem einzig bestimmenden Punkt im 360°-Kreis noch bewußt, aus dem sich die vier Kardinalpunkte des Kreises – als Spiegelungen der vier Zeitmarken des Jahres – automatisch ergeben. Man betrachtete den individuellen Zwölf-Häuser-Kreis als individuelle Spiegelung der zwölf Tierkreiszeichen, die die zwölf grundlegenden Resonanzfelder erzeugen, auf die der Mensch potentiell reagieren kann. Und da der tropische Tierkreis zwölf gleiche Abschnitte von 30° hat, muß der individuelle Zwölf-Häuser-Kreis logischerweise auch zwölf gleiche Abschnitte von 30° haben, denn alles im Kosmos vollzieht sich nach analogen Prinzipien. *»Wie oben, so unten«* ist das von allen Astrologen als Grundlage esoterischer Wissenschaften akzeptierte Prinzip des Hermes Trismegistos. Und dieses bildete auch den Hintergrund für das ursprüngliche System der gleichen Häuser, bei dem der MC immer 90° vom Aszendenten entfernt ist.

Doch beginnend mit der Römerzeit, die den Niedergang geistigen Wissens besiegelt, richtet sich der Blick der Astrologen stärker auf die äußere Welt, und das antike Priester-Wissen wird immer weniger in seiner esoterischen Dimension verstanden. Dadurch gerät die Bedeutung des 90°-Winkels zwischen AC und MC ebenfalls in Vergessenheit, und man beginnt nun, darüber zu spekulieren, ob der MC nicht dem Höchststand der Sonne entsprechen müßte. Zwar arbeitete man immer noch mit zwölf gleichen Häusern von 30°, denn andere Häusersysteme gab es ja nicht! Doch der MC wurde jetzt nicht mehr als Spitze des 10. Hauses betrachtet, sondern ein neu errechneter MC (Höchststand der Ekliptik) kommt als zweiter Schnittpunkt des Lebenskreises hinzu, was zu großer Verunsicherung unter den Astrologen jener Zeit führt. Denn mit Erstaunen stellen sie fest, daß der neue mathematische MC, der ins Horoskop eingezeichnet wird, nicht mehr den höchsten Punkt des Horoskops markiert (das 10. Haus), sondern einmal ins 9. Haus und dann wieder ins 11. Haus fallen kann, und wenn man in nördlichen Ländern lebt, sogar ins 12. oder 8. Haus. So wurde diese Neuerung zunächst auch nicht in die Deutung übernommen, weil man, wie es beispielsweise vom sizilianischen Astrologen Firmicus Maternus (4. Jh.) überliefert ist, mit diesem neu in Mode gekommenen MC nichts anfangen kann.

Die wirkliche Einführung und Etablierung des mathematischen MC blieb also späteren Jahrhunderten überlassen. Denn sie beruht auf der intellektuellen Bewertung äußerer Faktoren, die zu einer Abkehr vom antiken Priester-Wissen führt, in dessen Kern das Wissen um die Geometrie des Lebens steht. Zwar blieb die Bedeutung der antiken Häuser im wesentlichen bestehen, doch es ändert sich im Laufe der Jahrhunderte – angeregt durch neuzeitliche Mathematiker – die Berechnung der Häuser, wodurch ihre Größen nicht mehr gleich sind. Mit kompliziertesten mathematisch-trigonometrischen Berechnungen wird versucht, der Tatsache Rechnung zu tragen, daß die Erde eine Kugel und die Erdachse gekippt ist und damit unterschiedliche Sonnenstandsverhältnisse auf der Erde entstehen, wodurch der höchste Punkt der sichtbaren Ekliptik (= Sonnenstandsbahn) sich je nach Polhöhe und nach Jahres- und Tageszeit verändert. Und weil man inzwischen – in Abweichung zur antiken Lehre – glaubte, dieser höchste Punkt der Ekliptik entspräche dem MC, wurde er als zweiter Schnittpunkt in das Horoskop eingeführt, der den symbolischen Lebenskreis eines Menschen nun in vier ungleiche Teile teilt. Altes überliefertes Priester-Wissen wurde also verändert, weil man glaubte, das Wissen unserer antiken Vorväter korrigieren zu müssen, die angeblich so wenig über die äußeren physikalischen Phänomene der Welt wußten. So erlebt die Astrologie nun eine Abkehr von der alten Lehre des 90°-Winkels zwischen AC und MC. Dadurch entstanden unterschiedliche Häuser, die mit zunehmender Polhöhe immer unterschiedlicher werden, und der 90°-Winkel zwischen AC und MC verschwand, weil sich der MC nach rechts oder links verschiebt und dadurch unterschiedlich große Winkel mit dem Aszendenten bildet.

Die ungleichen Häusersysteme sind also alle Entwicklungen der modernen Zeit, hervorgerufen durch die zunehmende Bedeutung der Astronomie und Mathematik, die glaubte, ein altes integral überliefertes Wissenssystem korrigieren zu müssen. Doch die Berechnungen basieren auf einer Hilfskonstruktion (einem Himmelsäquator), der keinerlei Begründung in realen Tatsachen hat. Es muß daher auch nicht verwundern, daß über die Jahrhunderte ständig neue Berechnungssysteme erfunden wurden, weil keines wirklich zufriedenstellend sein kann. Und so sehen wir uns heute einer Vielzahl von verschieden berechneten Häusersystemen gegenüber. Zwar war man sich über die Einführung des mathematischen MC mehrheitlich einig, doch die neuen ungleich großen vier Quadranten wurden von verschiedenen Astrologen nun nochmals unterschiedlich unterteilt, weil bis heute keinerlei Konsens darüber erzielt werden konnte, welche Einteilung der Quadranten wirklich richtig ist. Es scheint mir deshalb auch wenig erhellend zu sein, auf die Unterschiede der allgemein verwendeten ungleichen Häusersysteme einzugehen, und so möchte ich mich darauf beschränken, ihre Entstehungszeit zu erwähnen, die deutlich macht, daß sie erst im Laufe der letzten Jahrhunderte entwickelt wurden, in einer Zeit, als das Eingeweihten-Wissen nur noch von wenigen verstanden wurde.

Die bekanntesten sind Campanus (1233-1296), Regiomontanus (1436-1476), Placidus (1603-1668) und Dr. Walter Koch (1895-1970), wobei Placidus- und Koch-Häuser am häufigsten verwendet werden. Allen gemeinsam ist die Zählung der Häuser ab Aszendent als Spitze des ersten Hauses in umgekehrter Uhrzeigerrichtung und die Ungleichheit der Häuser, die sich je nach Tages- und Jahreszeit in ihrer Größe verändern und mit zunehmender Polhöhe immer ungleicher werden. In den verschiedenen Systemen werden die beiden Hauptachsen AC und MC gleich berechnet, doch sie unterscheiden sich in der Größe der Zwischenhäuser.

Auf die mathematischen Begründungen für diese Unterschiede möchte ich hier nicht näher eingehen, da sie selbst erfahrenen Astrologen so komplex erscheinen, daß sie nicht zur Aufhellung des grundlegenden Problems unterschiedlicher Häusersysteme beitragen würden. Was sie alle kennzeichnet, ist die Abkehr vom antiken Verständnis des MC – als dem höchsten Punkt des Horoskops – zugunsten des äußerlich sichtbaren höchsten Punktes der Ekliptik. Dadurch werden die Häuser nun je nach Jahreszeit oder Tageszeit der Geburt und mit zunehmender Polhöhe immer ungleicher. Und ab dem 66. Breitengrad können diese Systeme überhaupt keine Anwendung mehr finden, weil die Häuser bei dieser geographischen Breite so ungleich geworden sind, daß Aszendent und MC zusammenfallen. Allein diese Tatsache müßte uns aufhorchen lassen. Kann ein System richtig sein, das Menschen jenseits des 66. Breitengrades nicht mehr erfaßt? Das widerspricht der Astrologie als einer universellen Wissenschaft vom Wesen des Menschen, die für alle Bewohner dieses Planeten gleichermaßen Gültigkeit hat und sich nicht auf eine bestimmte Lebenssphäre beschränken kann. Doch selbst wenn wir unterhalb des 66. Breitengrades bleiben und uns anschauen, wie unterschiedlich der Häuserplan eines Horoskops aussieht, je nachdem ob ein Mensch im Süden oder Norden, um Mitternacht oder am Mittag geboren wurde, dann scheinen mir ungleiche Häusersysteme nicht mehr nachvollziehbar zu sein.

Ich möchte dies anhand von acht Horoskopen zeigen, die nach der Placidus-Methode berechnet wurden. Der Geburtstag ist bei allen gleich, doch Geburtsort und Geburtszeit variieren. Und dadurch ergeben sich extrem unterschiedliche astrologische Häuser.

Die Problematik der unterschiedlichen Häusersysteme 381

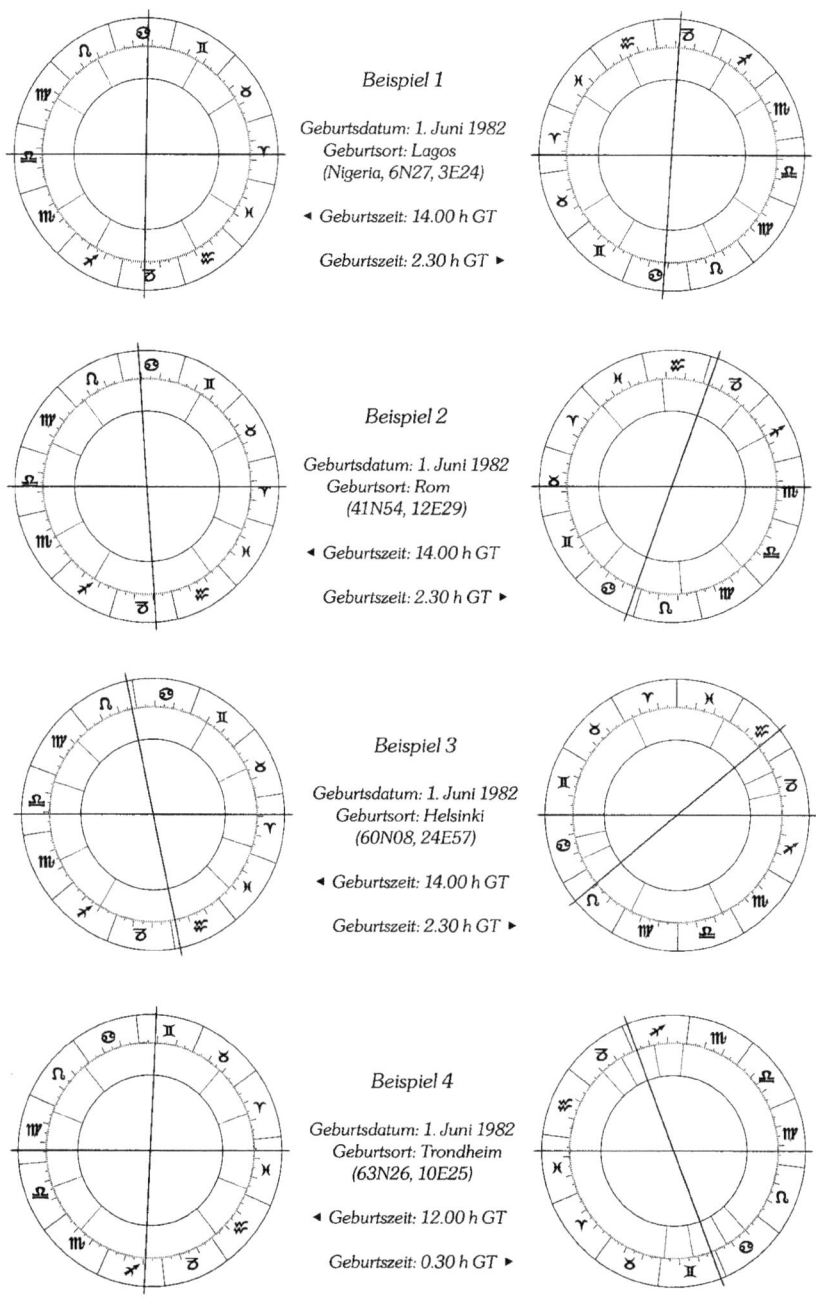

Beispiel 1

Geburtsdatum: 1. Juni 1982
Geburtsort: Lagos
(Nigeria, 6N27, 3E24)

◄ Geburtszeit: 14.00 h GT

Geburtszeit: 2.30 h GT ►

Beispiel 2

Geburtsdatum: 1. Juni 1982
Geburtsort: Rom
(41N54, 12E29)

◄ Geburtszeit: 14.00 h GT

Geburtszeit: 2.30 h GT ►

Beispiel 3

Geburtsdatum: 1. Juni 1982
Geburtsort: Helsinki
(60N08, 24E57)

◄ Geburtszeit: 14.00 h GT

Geburtszeit: 2.30 h GT ►

Beispiel 4

Geburtsdatum: 1. Juni 1982
Geburtsort: Trondheim
(63N26, 10E25)

◄ Geburtszeit: 12.00 h GT

Geburtszeit: 0.30 h GT ►

Auf der geographischen Breite von Lagos sind die Häuser noch annähernd gleich. Wenn wir aber die beiden Horoskope von Rom vergleichen, so fällt auf, daß am gleichen Tag auf gleicher geographischer Position sehr unterschiedliche Situationen für einen Menschen entstehen. Und bei einer Polhöhe von Helsinki ergeben sich um die Mittagszeit und um Mitternacht vollkommen unterschiedliche Häusergrößen.

Am Äquator sind die Häuser also noch gleich, doch mit zunehmender Polhöhe werden sie immer ungleicher, so daß es beispielsweise für einen Ort wie Hammerfest (Norwegen) keine Möglichkeit mehr gibt, zwölf Häuser zu berechnen. Häufig wird von Verfechtern ungleicher Häuser dann gesagt, daß man hier eben gleiche Häuser verwenden müsse, doch warum nur hier? Welch nachvollziehbares logisches Argument gibt es für die ungleiche Betrachtung von Menschen an verschiedenen Orten der Welt?

Durch Verwendung von ungleichen Häusern sind die zwölf grundlegenden Lebensbereiche, auf die ein Mensch bewußtseinsmäßig reagieren kann, so extrem ungleich, daß ein Haus mehrere Tierkreiszeichen umfassen kann und andere so klein sind, daß mehrere Häuser von gleichen Tierkreiszeichen bestimmt werden. Aus meiner Sicht könnte man in diesen Fällen von keiner ausgewogenen Entwicklung mehr ausgehen. Und so ungleich sollten die »Gaben des Schicksals« verteilt sein? Dies zu glauben, fällt mir schwer. Denn aufgrund der extrem unterschiedlichen Größe der Häuser würde ein Mensch, je nachdem, ob er zur Mittagszeit oder um Mitternacht, im Süden oder im Norden geboren wurde, vollkommen ungleiche Bedingungen vorfinden. Ich denke, das kann so nicht sein. Vielmehr scheint mir im Zuge der Verbreitung der ungleichen Häuser eine ganz wichtige, unseren antiken Vorfahren noch vertraute Tatsache verloren gegangen zu sein, nämlich die, daß die Astrologie sich nicht auf äußere physikalische Phänomene gründet, sondern daß diese nur eine innere Tatsache symbolisch widerspiegeln.

Ich möchte die Argumentation deshalb auf einer anderen Ebene weiterführen und versuchen, das Horoskopschema als das »Koordinatensystem aus Raum und Zeit« zu erklären, aus dem das Bewußtsein eines Menschen entsteht. Denn im Zuge der zunehmenden Verwissenschaftlichung unseres Denkens, der sich auch die Astrologie nicht entziehen konnte, wurde offensichtlich die Tatsache übersehen, daß unsere antiken Vorfahren, zumindest aber die Eingeweihten und Wissenden dieser Zeit, die Erde sehr wohl als Globus betrachteten und ihre

Beschaffenheit kannten. Aber trotzdem verwendeten sie ein gleiches Häusersystem, weil sie sich eben der Tatsache bewußt waren, daß die zwölf Felder des Horoskops »symbolische Häuser der Seele« sind und daß der MC nicht den höchsten Punkt der Ekliptik des Geburtstages darstellt, sondern den höchsten Punkt oder den Zenit des Lebens eines Menschen, der zeitlich durch den Augenblick der Geburt bestimmt wird und stets im 90°-Winkel zum Aszendenten stehen muß.

Im Grundschema des Horoskops, dem viergeteilten Kreis, wird eine Grundlebenssituation ausgedrückt: Es ist die Darstellung der vier Ebenen der Existenz, die auf der Erde dadurch entstehen, daß ein senkrechter oder geistiger Lebensstrom einen horizontalen oder physischen kreuzt. Dies ist das »Kreuz der Materie«, das jeder Erfahrung im Physischen zugrunde liegt und die Basis unserer Entwicklung bildet.

Dieses esoterische Wissen führte in der Antike zur Verwendung von gleichen Quadranten und gleichen Häusern. Auch war man sich immer bewußt, daß im 360°-Kreis des Horoskops nicht das äußerlich sichtbare Phänomen eines Erdentages abgebildet ist, sondern daß es sich hier um die Darstellung des »Lebenskreises eines Menschen« handelt, der analog dem Jahres- und Tagesrhythmus der Sonne seinen eigenen Lebensrhythmus aufweist.

Symbolisch betrachtet gibt es einen Sonnenaufgang (Aszendent), einen Sonnenhöchststand (Medium Coeli = MC) der Seele und die entsprechenden gegenüberliegenden Punkte Sonnenuntergang (Deszendent) und Sonnentiefststand (Immum Coeli = IC). Dieser Lebenskreis, der das »Kreuz der Materie« einschließt, bildet die Grundlage für den Empfang von kosmischen Energien, die auf ein durch »Raum und Zeit gekreuztes Bewußtsein« einwirken, das den Menschen in Inkarnation darstellt. Das im Kreis eingeschriebene Kreuz stellt also das grundlegende »Koordinatensystem unseres Bewußtseins« dar, das gleichermaßen eine räumliche wie auch eine zeitliche Komponente beinhaltet.

Räumlich betrachtet symbolisieren die vier Quadranten die vier Ebenen des Bewußtseins[38], auf denen ein Mensch in der materiellen Welt lebt: die physische Ebene, die Astralebene, die Mentalebene und die Kausalebene, auf der sich der Kausalkörper der Seele befindet.

---

[38] Vgl. Kap. VIII

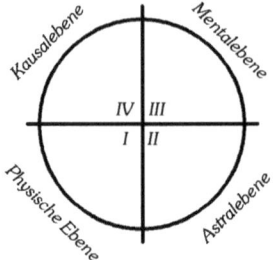

Zeitlich kann der viergeteilte Kreis aber auch als Lebensuhr betrachtet werden, die, in Analogie zum scheinbaren Jahreslauf der Sonne, den Frühling des Lebens, den Sommer, den Herbst und den Winter anzeigt. Die vier Quadranten spiegeln also auch den Sonnenlauf eines Jahres oder eines Tages (bezogen auf den Äquator) wider.

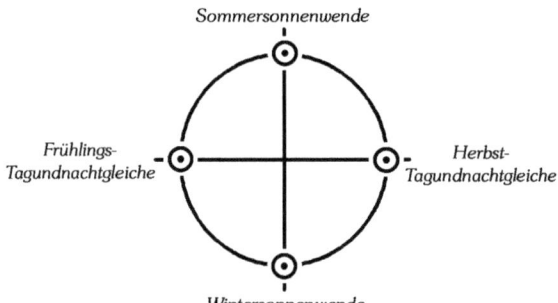

Aus diesem Grund beschrieben indische Weise die Sonne als einen »Körper mit vier Seiten«, ein Bild, das noch in den vier Himmelsrichtungen enthalten ist, die auch von Vertretern ungleicher Häuser den vier Kardinalpunkten des Horoskops zugeordnet werden, obwohl ihre Achsen keine 90°-Winkel mehr aufweisen. Eine Ungereimtheit, die wiederum ein Beweis dafür ist, daß altes Wissen von modernen Auffassungen überlagert wurde, weil seine ganzheitliche Bedeutung verlorenging.

Die Problematik der unterschiedlichen Häusersysteme

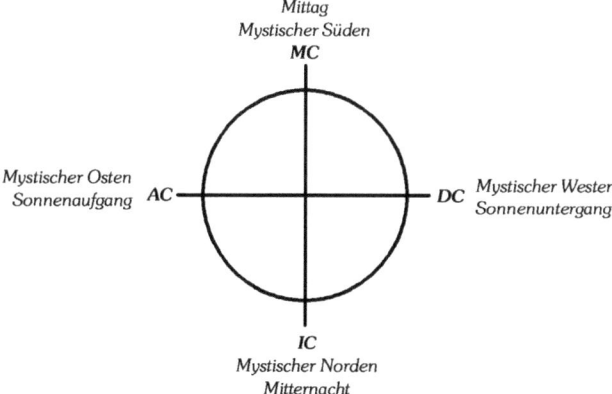

Nehmen wir nun die Analogie des Sonnenlaufs, so entspricht der Sonnenaufgang, der mystische Osten, dem Aszendenten und stellt die Geburt der Seele dar.

Der Höchststand der Sonne, der mystische Süden, wird mit dem MC gleichgesetzt, denn dieser stellt den Zenit oder den Höhepunkt des menschlichen Lebens dar.

Die beiden gegenüberliegenden Punkte DC und IC symbolisieren den Untergang der Sonne und den tiefsten Punkt der Seele, was zeitlich betrachtet einem langsamen Abnehmen der Lebensenergie oder dem Lebensabend entspricht.

So kann man das Horoskop mit seinen vier Quadranten und zwölf Häusern auch als eine Art Lebensuhr betrachten, die natürlich stets gleiche Zeitabstände aufweisen muß, wenn sie als Zeitmeßinstrument verstanden wird. Dieses Verständnis führte in der Antike zur Zuordnung der vier Quadranten des Horoskops zu den vier Lebensaltern des Menschen: Kindheit, Jugend, Reife und Alter, wobei wir esoterisch betrachtet die Zeit in zwei Richtungen ablesen können, im Uhrzeigersinn und gegen den Uhrzeigersinn.

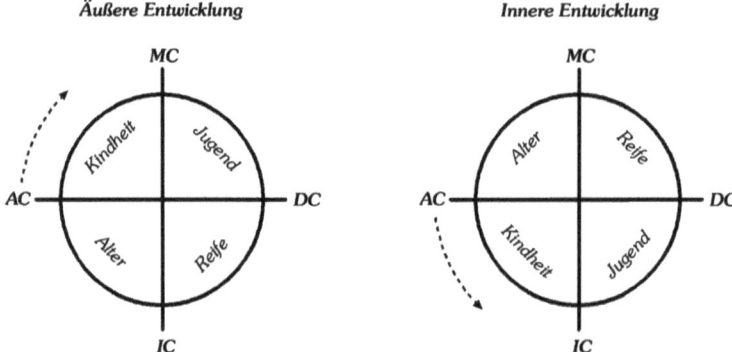

Die vier Quadranten des Horoskops, die das »Kreuz der Materie« symbolisieren, haben also sowohl eine räumliche Komponente, die sich auf die vier Ebenen der materiellen Erfahrung bezieht, wie auch eine zeitliche Komponente, die eine symbolische Darstellung der »Seelenzeit« des Menschen ist, nicht aber die Abbildung der physischen Gegebenheit eines Tages.

Deshalb ist das ursprüngliche Häusersystem auch das gleiche Zwölf-Häuser-System, das eine Erweiterung des Vier-Quadranten-Systems darstellt. Dabei teilte man den Lebenskreis vom Aszendenten beginnend linksläufig, also gegen den Uhrzeigersinn, in zwölf gleiche Abschnitte zu je 30°, so daß der AC und MC einen Winkel von 90° bildeten und der MC stets den Beginn des zehnten Hauses darstellte. Dieses System galt als Offenbarung des Weisen Hermes Trismegistos und wurde deshalb als »hermetisches Zwölf-Häuser-System« bezeichnet.

In der Mitte des Häuserkreises stand nach antiker Auffassung nicht die Erde, sondern der Mensch, denn das Horoskop ist die symbolische Darstellung des menschlichen Bewußtseinsfeldes. Es spiegelt die Verbindung aus Raum und Zeit und stellt sowohl eine Lebensuhr wie auch die zwölf Resonanzfelder des menschlichen Bewußtseins dar, die der Seele die Möglichkeit geben, auf zwölf Schwingungsebenen mit der Umwelt in Kontakt zu treten. Diese zwölf Resonanzfelder, durch die ein Mensch Umwelteindrücke verarbeiten kann, müßten aber für alle Menschen gleich sein, egal ob sie am Nordpol oder in der Südsee geboren wurden.

Aus esoterischer Sicht lassen sich für die ungleichen Häuser deshalb auch keinerlei argumentative Grundlagen finden, und so bin ich nach eingehendem Studium hermetischer Schriften zu der Überzeugung gelangt, daß das System gleicher Häuser ganz offensichtlich nicht entstanden ist, weil man so unwissend war und die äußeren physikalischen Gegebenheiten der Erde noch nicht kannte, sondern weil man sich noch bewußt war, daß die Häuser einen inneren Tatbestand des menschlichen Lebens symbolisch ausdrücken. Außerdem bliebe noch auf die Tatsache zu verweisen, daß die Astrologie zwar die Grundbedeutung der Häuser aus der Antike vollkommen übernommen hat, sich aber angeregt durch neuzeitliche Mathematiker davon hat überzeugen lassen, daß die Berechnung der Häuser falsch war. Dies scheint mir angesichts der zunehmenden Tontafelfunde aus Sumer, die eindeutig belegen, daß der technische und geistige Wissensstand der Sumerer weitaus höher war als der moderne Mensch anzunehmen bereit ist, nicht mehr glaubhaft zu sein.

Ich möchte deshalb versuchen, den Blick nochmals auf die Geometrie zu richten, die wir schon zu Beginn als Wesensmerkmal kosmischer Schöpfungstätigkeit erkannt haben. Denn wie unsere antiken Vorfahren noch wußten, wirkt Gott als »der große Geometer des Universums« Und weil alles Leben im Kosmos dem Gesetz der Symmetrie unterliegt, muß sich auch das Horoskop – die Darstellung des menschlichen Bewußtseinsfeldes – als geometrisch-symmetrische Form erweisen, denn es basiert auf dem gleichen Zahlenschlüssel, der allem kosmischen Geschehen zugrunde liegt und der jede Entwicklung im Physischen bestimmt.

VII

Das Horoskop als Bewusstseinsraum des Menschen

Die Geometrie des Horoskops

Esoterisch betrachtet ist das Horoskop die graphische Darstellung des Bewußtseinsraumes eines Menschen. Wie jedes Lebewesen im Kosmos wird er durch eine Dreiheit von Energien bestimmt, die auf seine vierfältige Formnatur einwirken, um im Laufe der Evolution eine bewußte Reaktion hervorzurufen. Die Geburt eines Menschen ist daher dem großen Schöpfungsakt vergleichbar, denn sie stellt die Entstehung seiner individuellen Bewußtseinssphäre dar, seines ganz persönlichen Universums, das ein Miniaturabbild des eigentlichen Universums ist.

So wird es uns nicht überraschen, daß wir im Grundschema des Horoskops wiederum den Zahlen 1–4 begegnen, die wir im Kap. I als die Symbole der Weltentstehung kennengelernt haben.

Die Eins *Die Einheit des Lebens*

Die Grundform des Horoskops bildet der (Tier-)Kreis, in dessen Zentrum der Mensch steht. Der zentrale Punkt symbolisiert den in sich zentrierten lebendigen Geist, das »Ich Bin«, das latent die Fähigkeit besitzt, sich selbst zu erkennen.

Der Tierkreis stellt das »Lebensrad« oder die Bewußtseinssphäre dar, innerhalb derer wir lernen, uns als Ich wahrzunehmen. Doch weil dieser Lebenskreis endlos ist und weder Anfang noch Ende aufweist, ist eine Individualisierung nur möglich, wenn der Lebenskreis einen Anfangspunkt hat. Und dieser Anfangspunkt ist der Aszendent (der Zeitpunkt der Geburt), der den Tierkreis in eine obere und eine untere Hälfte teilt und so ein duales Bewußtsein entstehen läßt.

Die Zwei *Die Dualität physischen Lebens*

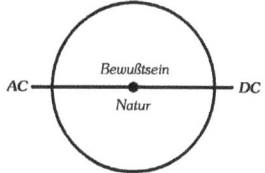

Der Aszendent, der Anfangspunkt des Lebens, teilt das Bewußtseinsfeld des Menschen in eine bewußte und eine unbewußte Hälfte. Die Aszendentenachse entspricht dem physischen Lebensstrom.

Die obere Hälfte symbolisiert das bewußte Erleben, die noch zu gestaltende Zukunft, die untere Hälfte das Unbewußte oder Ererbte, das als Vergangenheit in die Gegenwart hineinreicht und die Zukunft beeinflußt.

Die Vier *Die vier Quadranten oder das »Kreuz der Materie«*

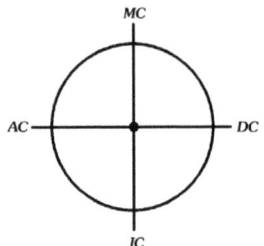

Die vertikale Achse teilt das Bewußtseinsfeld des Menschen außerdem in eine Ich-Hälfte und eine Du-Hälfte oder in das, was als Innenwelt (AC) und Außenwelt (DC) erlebt wird.
Die MC-Achse entspricht dem geistigen Lebensstrom.

So entstehen die vier Quadranten, die wir als die vier Ebenen der Erfahrung betrachten können, die ein Mensch mittels seiner vier Körper macht.

Die Zwölf (3 x 4) *Die zwölf Häuser als irdisches Resonanzfeld des Tierkreises*

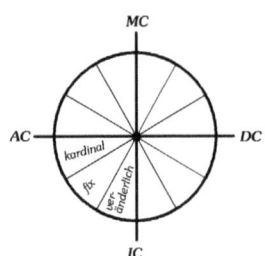

Jeder Quadrant enthält wiederum drei Häuser: ein *kardinales*, ein *fixes* und ein *veränderliches*, die eine symbolische Entsprechung zur Urdreiheit *Geist, Seele, Körper* haben. So entstehen die zwölf Häuser oder zwölf grundlegende Erfahrungsbereiche des Lebens, auf die ein Mensch bewußtseinsmäßig reagieren kann. Diese bilden die Grundlage für den Empfang der Tierkreisenergien und der planetarischen Energien.

Das Horoskop eines Menschen ist also nichts anderes als der Plan seiner gegenwärtigen Bewußtseinssphäre. Es ist eine Momentaufnahme seiner Reise durch Raum und Zeit, wobei Raum und Zeit die Koordinaten seines Bewußtseins sind. Diese stehen senkrecht aufeinander, denn sie bilden das »Kreuz des Lebensrades«, an das der Einzelne gebunden ist, bis er sich durch Bewußtwerdung vom Rad der Wiedergeburt befreit und damit symbolisch vom Kreuz der Materie herabsteigt. Dies ist die esoterische Bedeutung der »Quadratur des Kreises«, die der Mensch dadurch lösen muß, daß er lernt, sein Bewußtsein im Zentrum des Kreises zu konzentrieren und sich wieder als Einheit wahrzunehmen, die die *Dreiheit* und *Vierheit* durchdringt und sich in der *Zwölf* offenbart.

Die Ebenen des Horoskops

Die Basis des Horoskops bildet das *»Kreuz des Lebens«*, das den Menschen in eine vierdimensionale Welt stellt, die die Astrologie als die vier Quadranten bezeichnet.

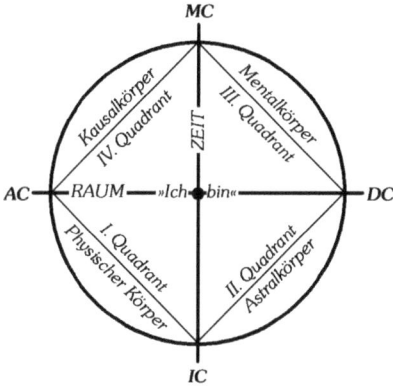

Und auf dieses vierdimensionale Bewußtseinsfeld werden nun nochmals drei Energieebenen projiziert, die den drei Aspekten *Geist, Seele* und *Körper* entsprechen.

1. Der Tierkreis
   Die Bewußtseinssphäre des Menschen wird begrenzt durch den Tierkreis, der die Einheit des Seins in ein zwölffach abgestuftes Energiefeld aufspaltet, das die Stufen unserer Bewußtwerdung symbolisiert.
   Der Tierkreis spiegelt den Geist oder den *Willensaspekt der Schöpfung*.

2. Die Häuser

Das Resonanzfeld des Tierkreises bilden die zwölf Häuser. Sie stellen die zwölf Bereiche des physischen Lebens dar, auf die ein Mensch bewußtseinsmäßig reagieren kann.

Die Häuser symbolisieren den Körper oder den *Materie-Aspekt der Schöpfung.*

3. Die Planeten

Als Mittler zwischen den Tierkreisenergien und den zwölf Wahrnehmungsbereichen physischen Lebens wirken die Planeten, die die Energiequalität und die Absicht der Tierkreiszeichen auf die Häuser übertragen.

Die Planeten symbolisieren den *Seelen-Aspekt der Schöpfung,* sie formen Bewußtsein.

Das Grundhoroskop

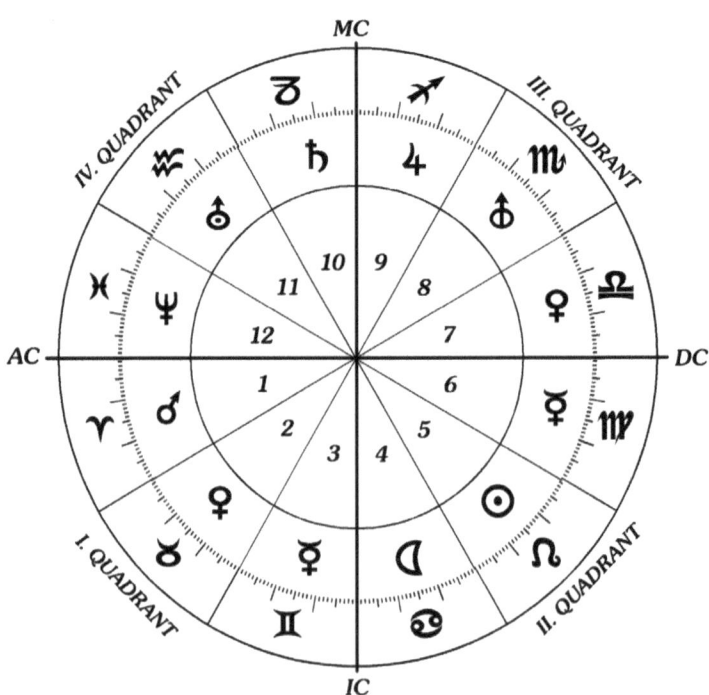

Die Bedeutung der vier Quadranten

I. Quadrant: **Die physische Welt – Das Ich**
Der I. Quadrant dient der Selbsterfahrung im Physischen. Diese gründet auf unserer physischen Veranlagung, die wir in Form unseres Körpers mit ins Leben gebracht haben. Er beinhaltet das, was wir im letzten Leben gedanklich geschaffen haben und das nun in unserer physischen Konstitution, unseren Wertvorstellungen und unserer Kontaktfähigkeit zu unserer Umwelt in Erscheinung tritt.

II. Quadrant: **Die emotionale Welt – Die Psyche**
Der Il. Quadrant verkörpert die Psyche eines Menschen oder das, was die »körpergebundene Seele« an subjektivem, innerem Erleben gespeichert hat. Er prägt unsere emotionalen Bindungen und Beziehungen und die Art, wie wir auf das emotionale Erleben unserer Mitwelt reagieren.

III. Quadrant: **Die Welt der Gedanken – Der Andere**
Der III. Quadrant verkörpert die Welt der Gedanken und Ideen, über die wir andere Menschen gedanklich wahrnehmen und erkennen. Er schafft die Möglichkeit weltanschaulicher Orientierung und schöpferischen Denkens, mit dem wir gestalterisch oder zerstörerisch in das Geschehen der Welt eingreifen können. Er ermöglicht uns, Beziehungen zu unseren Mitmenschen herzustellen, uns mit den »Selbstverständnissen« anderer auseinanderzusetzen und unser Ich in Bezug auf andere zu reflektieren.

IV. Quadrant: **Die Welt der Seele – Die Menschheit als Ganzes**
Im IV. Quadranten findet das Ausdruck, was an Gemeinschaftssinn oder persönlichkeitsübergreifendem Denken vom Menschen erfaßt werden kann. Es ist der Bereich der Seele oder der Gruppenzugehörigkeit, der uns in das »Kollektiv Menschheit« einbindet und uns die Universalität menschlichen Lebens wahrnehmen läßt, sobald wir für diesen Bereich bewußtseinsmäßig empfänglich geworden sind. Dieser Quadrant ist daher überpersönlich, dem Menschen in seiner umfassenden Bedeutung nicht unmittelbar zugänglich, denn er betrifft die Gruppenbeziehungen der Seele, die außerhalb der persönlichen Wahrnehmung liegen.

Die Bedeutung der zwölf Häuser

I. Quadrant: **Physische Ebene — Die objektive Welt**

1. Haus: Physische Erscheinung, physische Konstitution
Tätigsein im physischen Körper
Selbstbehauptung, Durchsetzung im Raum

2. Haus: Physischer Besitz, Werte, Geld
Kapital im physischen und geistigen Sinne
Selbstbewertung, Selbstwert durch Schaffung von Werten
Sammeln und Sammlung von Kräften
Abgrenzung des Eigenen

3. Haus: Kommunikation mit der Umwelt
Nähere Umweltbeziehungen
Kommunikation durch Sprache und Gebärden
Selbstausdruck, Selbstdarstellung

II. Quadrant: **Astralebene — Die subjektive Gefühlswelt**

4. Haus: Seelische Verwurzelung in der Menschheit
Verinnerlichung, Gefühlsleben, seelisches Empfinden
Familie, Herkunft, Tradition
Privatsphäre, das »Zuhause«

5. Haus: Individueller Lebensausdruck
Persönliche Kreativität, individuelle Schöpferkraft
Spiel, Erotik, Kinder (auch geistige)
Persönliche (Selbst-)Verwirklichung

6. Haus: Seelische Anpassung an Umweltbedingungen
Existenzsicherung, Arbeit (Job), Abhängigkeit, Dienst
Seelische Krisen, Krankheit

III. Quadrant: **Mentalebene — Die Welt der Gedanken und Ideale**

7. Haus: Gedankliche Begegnung mit anderen
Partnerschaft, Ehe, Beziehungen

8. Haus: Transformation
»Stirb-und-Werde« durch Änderung des Denkens
Umpolung des Ich-Standpunkts auf Gemeinschaftsinteressen
Loslassen von (emotionalen) Bindungen und Begierden
Loslösung vom Verhaftetsein an die Materie (Erbschaftsangelegenheiten)
Tod (des Ego), Trennung, Verzicht

9. Haus: Weltanschauung/Welterkenntnis
Gedankliche Orientierung, Ideale, Lebensziele
Religiöse oder philosophisch-weltanschauliche Orientierung

IV. Quadrant: **Kausalebene – Der Mensch als Teil des Kollektivs Menschheit**

10. Haus: Öffentlichkeit
Persönlichkeitsintegration, persönliche Autorität
Überpersönliche Bedeutung für andere
Öffentliches Wirken, Berufung, Beruf

11. Haus: Gruppenzugehörigkeit (»Seelenverwandtschaft«)
Seelische Verbindung zu anderen, geistige Freunde
Gemeinschaft von Gleichgesinnten, Orden, Parteien, Verbände, gesellschaftliche Gruppierungen
Religiöse oder esoterische Gruppen
Gruppenbeziehungen und Gruppenaktivität, Team-Geist

12. Haus: Die Einheit hinter dem Individuellen
Verwirklichung im Dienst der Allgemeinheit
Persönliche Anonymität: »Selbst«-Aufgabe
Ego- und Identitätskrisen sowie Phasen äußerer oder innerer Isolation, wenn die Identifikation mit einem größeren Ganzen nicht erfolgt und nur persönliche Profilierung gesucht wird.
Offenheit für mystische und transzendentale Erfahrungen, aber auch: Realitätsferne und innere Isolation durch Entferntsein von anderen.

Der esoterische Hintergrund der Quadranten und Häuser

Esoterisch betrachtet sind die zwölf Häuser nichts Äußerliches. Vielmehr symbolisieren sie das zwölffach abgestufte Lichtfeld, das unseren physischen Körper umgibt und uns in Resonanz mit der Umwelt versetzt. Die Häuser sind also in uns; sie sind die Widerspiegelung des Tierkreises, der sich im Augenblick unserer Geburt unserem Energiekörper als Lichtinformation aufprägt und ihm seine zwölffach abgestufte atomare Substanzqualität verleiht. Ist jede Substanz doch festgewordenes Licht, und alles kosmische Wirken gestaltet sich nach Urbildern, die auf allen Ebenen ihre Entsprechung haben. So nehmen wir die zwölf astrologischen Häuser auch nur deshalb wahr, weil sie als zwölf Schwingungszustände in uns sind. Denn wir können außen nichts wahrnehmen, was nicht schon in uns vorhanden ist, weil jede Wahrnehmung auf dem Prinzip der Resonanz beruht:

>»Wär nicht das Auge sonnenhaft,
> es könnt die Sonne nicht erblicken.«
> (Goethe)

So können die zwölf Häuser und die vier Quadranten esoterisch als eine Realität betrachtet werden, die in uns schwingt und sich in verschiedenen Lichtzuständen manifestiert, die von Hellsichtigen wahrgenommen werden können. Energetisch betrachtet bilden die vier Quadranten ein vierfach abgestuftes Lichtfeld, das unseren physischen Körper als Aura umgibt und uns befähigt, die äußere Welt auf unterschiedlichen Wirklichkeitsebenen wahrzunehmen und unterschiedlich auf sie zu reagieren.

Betrachten wir die Ebenen unseres Bewußtseins also unter dem Aspekt ihrer unterschiedlichen Lichtqualität, so erscheint der I. Quadrant mit seinen drei Häusern in einem festen Zustand, denn er bedingt unsere körperliche Existenz, die durch Verdichtung von Licht entsteht.

Das 1. Haus enthält die Grundqualität physischer Existenz, die sich karmisch für dieses Leben durch den Zeitpunkt der Geburt ergeben hat. Es ist das für das ganze Leben wichtigste und bestimmende Haus, weil es das Haus ist, in dem die Seele sich körperlich verankert und das die Grundlebensenergie bestimmt.

Im 2. Haus wird dieser Körper empfindungsmäßig beeindruckbar, woraus sich ein Bewußtsein für die Werte und die Qualität des eigenen Lebens entwickelt. Dieses Empfinden von Qualität, aus dem ein persönliches Lebensgefühl entsteht, findet seine Entsprechung im II. Quadranten, der als eine Erweiterung des körperlichen Empfindens des 2. Hauses betrachtet werden kann.

Das 3. Haus betrifft die gedankliche Reaktion auf die Umwelt, die ihre Entsprechung im III. Quadranten findet, der wiederum eine Art Erweiterung des 3. Hauses darstellt. Es bezieht sich auf unsere Fähigkeit zur Kommunikation und zum sprachlichen Selbstausdruck, die sich aus der Erfahrung gedanklichen Austausches mit anderen ergibt.

Der I. Quadrant stellt bildlich gesprochen das »Fundament unseres körperlichen Hauses« dar, das die Seele beherbergt und das uns im Physischen zur Verfügung steht. Denn der Mensch baut sich von Inkarnation zu Inkarnation durch die gefühlsmäßige Beeindruckbarkeit (II. Quadrant), die sich als Ergebnis im 2. Haus niederschlägt und die gedankliche Gestaltungsfähigkeit (III. Quadrant), die sich als Fähigkeit zur Kommunikation und zum Selbstausdruck im 3. Haus niederschlägt, einen für die Seele immer besser geeigneten Körper, der mit jedem Leben feinsinniger und sensibler auf innere und äußere Eindrücke reagiert. Die ins Leben mitgebrachte körperliche Konstitution ist also das Ergebnis vergangener gedanklicher Tätigkeit (III. Quadrant) und emotionalen Erlebens (II. Quadrant), die im festen Lichtzustand des physischen Körpers im jetzigen Leben in Erscheinung treten.

Der II. Quadrant erscheint – wenn wir beim Bild des Lichtes bleiben – in einem fast flüssigen, sehr beweglichen Zustand, der gefühlsmäßig beeindruckbar und veränderbar ist, denn er entspricht dem wässrigen Element des Lebens, das sich in unserem Gefühlsbewußtsein und Wunschleben manifestiert.

Im III. Quadranten, der mit dem Mentalkörper gleichgesetzt wird, richtet sich die Qualität des Lichtes nach der Art des Denkens. Es ist heller oder dunkler, fester oder beweglicher, je nachdem wie ein Mensch mit seinen eigenen Gedanken formend auf den eigenen Mentalkörper und den Gefühlskörper einwirkt. Aufgrund des Prinzips der Resonanz entscheidet die Art des Denkens auch darüber, was ein Mensch in seiner Umwelt vorfindet und wie er sie erlebt, denn wir sehen außen immer nur das, was wir auch innerlich in uns tragen.

Zusammengefaßt entsprechen die ersten drei Quadranten mit ihren neun Häusern den »drei Welten« des Menschen, der physischen, astralen und mentalen Welt, in der wir uns als körperliche Wesen normalerweise erleben und bewegen. Sie finden ihre symbolische Entsprechung in den neun Monaten der Schwangerschaft, die der physischen Geburt vorausgehen, wobei das zehnte Haus in der Analogie aber nicht als die physische, sondern als die geistige Geburt verstanden werden muß.

Mit dem IV. Quadranten beginnt eine neue Ebene des Bewußtseins, denn er entspricht dem Kausalkörper, in dem all das gespeichert wird, was wir zum Menschheitsbewußtsein beigetragen haben. Er bezieht sich auf das Allgemein-Menschliche oder das Überpersönliche, das unsere physische Existenz überdauert.

Das 10. Haus, das mit dem MC beginnt, gibt Auskunft über die zu erreichende Persönlichkeitsintegration, die die Basis für die Seelenentwicklung ist. Es enthält die Essenz des persönlichen Lebens, also das, was wir als Summe unserer Erfahrungen an innerer Bedeutung und Autorität erreichen können und das, was ein Mensch (auch unbewußt oder unbeabsichtigt) zur Entwicklung des menschlichen Bewußtseins beiträgt. Das 10. Haus kann deshalb als die »Ernte des Lebens« betrachtet werden, als das, was wir – auf der Basis der mit ins Leben gebrachten drei Körper (I., II. und III. Quadrant) – durch Arbeit an uns selbst an persönlicher Integration erreichen.

Und weil sich der IV. Quadrant auf die Menschheit als Ganzes bezieht, enthält das 10. Haus auch das, was ein Mensch durch Persönlichkeitsentwicklung an überpersönlicher Bedeutung erreicht und was als allgemeine Erfahrung in das Menschheitsbewußtsein eingeht. Denn jeder Mensch hat als Einzelner durch sein individuelles Leben Teil an der Entwicklung des Menschheitsbewußtseins, das – wie alles Leben im Kosmos – durch Evolution zu immer umfassenderer Wahrnehmung gelangt.

Betrachten wir den IV. Quadranten nun wiederum unter dem Aspekt seiner Lichtqualität, so erscheinen besonders das 11. und 12. Haus in einer fast transparenten Helligkeit, die dem Lichtzustand der Seele entspricht. Doch weil ein Mensch nur das wahrnehmen kann, was er auch schon in sich entwickelt hat, wirkt sich diese Helligkeit nicht selten als »Verblendung« aus, vergleichbar einem gleißenden Sonnenlicht, das uns blendet und uns unsere klare Sicht nimmt. Der IV. Quadrant stellt deshalb für viele lange Zeit einen Bereich des Lebens dar, der sich der bewußten Wahrnehmung und Einflußnahme entzieht, weil er der Seele entspricht, die stets in Gruppenbeziehungen denkt, und persönliche Gesichtspunkte somit keine Berücksichtigung finden. So werden

Planetenstellungen, die die letzten beiden Häuser betreffen (vor allem aber das 12. Haus) auf unbewußter Ebene auch meist passiv erlebt, als etwas, das sich im Leben ereignet, ohne eigene Gestaltungsmöglichkeiten, solange der Wille der Seele oder die Zielrichtung des Lebens bewußtseinsmäßig noch nicht erfaßt wird.

Zusammenfassend können wir also sagen, der I. Quadrant enthält das, was für den Menschen unmittelbar selbst wichtig ist, weil es sein »physisches Gebäude« darstellt. In dieses wird im Laufe des Lebens das als Substanzqualität eingebaut, was wir im II. Quadranten gefühlsmäßig-empfindend wahrnehmen, und das, was wir im Kontakt mit unseren Mitmenschen gedanklich erkennen (III. Quadrant) und als gestaltende Kraft in unser Leben übernehmen.

Und der IV. Quadrant enthält das, was wir geistig erwirken, also das, was über unsere persönliche Bedeutung hinausgeht. So kann der IV. Quadrant mit seinen drei Häusern auch als die Zusammenfassung der ersten drei Quadranten betrachtet werden, denn in ihn wird die Erfahrung des I., II. und III. Quadranten im Sinne einer zunehmenden persönlichen, seelischen und geistigen Entwicklung eingebracht und im Kausalkörper gespeichert. Dieser bewahrt die Erfahrung aller Inkarnationen und überträgt sie als Schwingung auf die atomare Struktur des zukünftigen Körpers.

VIII

DIE PRAXIS
DER HOROSKOPDEUTUNG

Wie erstelle ich ein persönliches Horoskop?

Um das Horoskop eines Menschen zu erstellen, brauchen wir sein Geburtsdatum, seine Geburtszeit und seinen Geburtsort. Aus diesen drei Daten wird der Aszendent berechnet, der den wichtigsten Punkt des Horoskops bildet, da er den Anfang des individuellen Häuserkreises bestimmt und damit alle weiteren Häuserspitzen festlegt.[39]

Beispiel: Geburtstag: 13.11.1949
Geburtszeit: 2:15 Uhr MEZ
Geburtsort: Parsberg

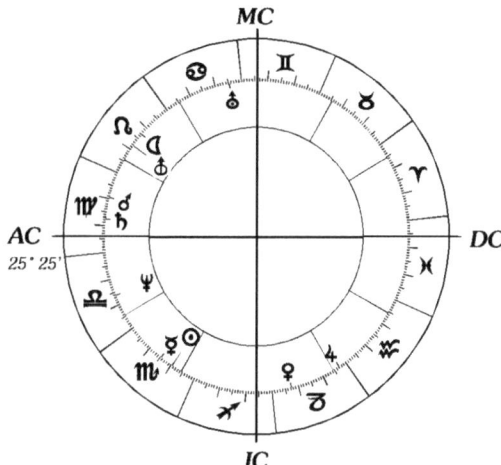

Dieses Radixhoroskop druckt der Computer aufgrund der drei Daten aus. Doch was sagt uns dieses Diagramm, das einfach aussieht und doch sehr komplexe Informationen enthält?

---

[39] Ich möchte auf die Berechnung eines Horoskops in diesem Buch nicht näher eingehen, weil diese in jedem Astrologie-Buch für Anfänger sowie in den deutschen Häusertabellen ausführlich beschrieben wird. Zu beachten ist allerdings, daß für die esoterische Deutung eines Horoskops gleiche Häuser verwendet werden, so daß der MC sich automatisch aus dem 90°-Abstand zum Aszendenten ergibt. Überdies gibt es heute Computerprogramme, die diese Berechnung übernehmen.

1. Die Aszendentenachse

Die Aszendentenachse, die je nach Geburtszeit in jedes der zwölf Tierkreiszeichen fallen kann, teilt den Bewußtseinsraum eines Menschen in eine obere und eine untere Hälfte, in Bewußtes und Unbewußtes. Sie legt die Grundlebensenergie fest, die ein Mensch in diesem Leben zur Verfügung hat und die sein inneres, seelisches Selbstverständnis ausmacht.

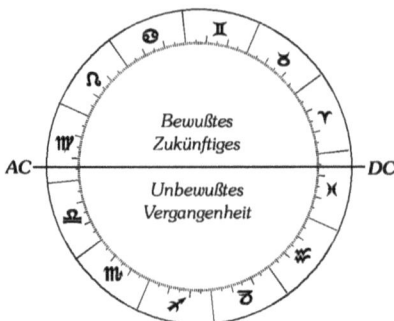

Im Beispielhoroskop haben wir einen Jungfrau-Aszendenten. Er bewirkt bei dem Horoskop-Eigner eine grundlegende Jungfrau-Betonung, die als zentrale innere Lebensqualität empfunden wird.

2. Die MC-Achse

Die vertikale Achse, die den Aszendenten im 90°-Winkel schneidet, bestimmt den MC oder den höchsten Punkt des Horoskops, der das Entwicklungsziel oder die Berufung eines Menschen enthält.

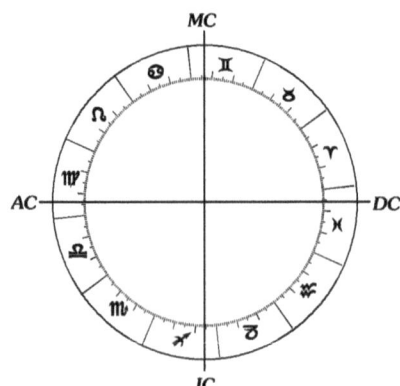

Das Beispielhoroskop zeigt einen Zwillinge-MC, der auf das Lebensziel der Persönlichkeit hinweist.

3. Die vier Quadranten

Die beiden Hauptachsen des Horoskops, die sich im 90°-Winkel schneiden, bilden das Kreuz des Lebens oder die vier Quadranten. Sie symbolisieren die vier Ebenen materieller Existenz, in denen ein Mensch sein Bewußtsein entwickelt. Die Esoterik bezeichnet diese vier Ebenen, die den vier Körpern des Menschen entsprechen, als *physische Ebene, Astralebene, Mentalebene und Kausalebene*.

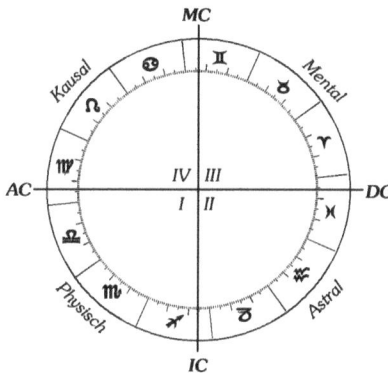

Der Aszendent – der Anfangspunkt im Lebenskreis des Menschen – bestimmt also die vier Kardinalpunkte des Horoskops, aus denen sich die vier Quadranten ergeben. Sie stellen die Bewußtseinssphären dar, in denen das Ich dem Du begegnet und die emotionelle Psyche ihr Gegenüber in der Geist-Seele findet.

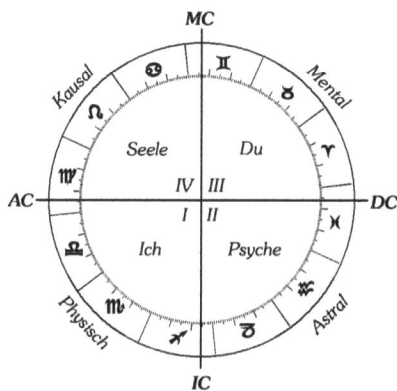

Die vier Kardinalpunkte – AC, IC, MC, DC – bestimmen die Qualität der vier Quadranten.

Bezogen auf unser Beispielhoroskop bedeutet dies folgendes:

Der erste Quadrant – der physisch-sichtbare Bereich des Lebens – erhält seine Grundschwingung durch das Zeichen Jungfrau.

Der zweite Quadrant – der psychisch-emotionale Bereich – wird grundlegend geprägt durch das Zeichen Schütze.

Der dritte Quadrant – der Bereich des Denkens und der Begegnung – erhält seine Grundschwingung durch das Zeichen Fische.

Der vierte Quadrant – der Bereich des Überpersönlichen – erhält seine Grundschwingung durch das Zeichen Zwillinge.

4. Die Dreiteilung der Quadranten – Die zwölf Häuser

Durch Dreiteilung jedes Quadranten entstehen die zwölf Häuser des Horoskops. Sie sind die zwölf Resonanzfelder des Menschen, die es ihm ermöglichen, auf zwölf Wahrnehmungsbereiche in seiner Umwelt zu reagieren.

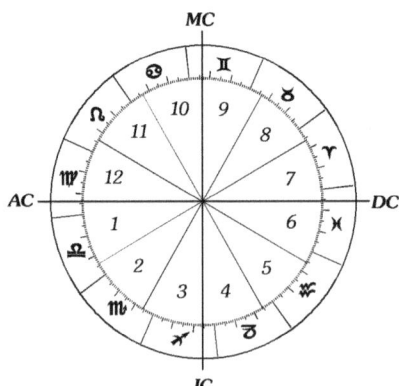

Die Häuser des individuellen Horoskops erhalten ihre Grundqualität durch die Tierkreiszeichen, die ihren Anfang (gegen den Uhrzeigersinn) kennzeichnen. Auf unser Horoskopbeispiel übertragen, haben die jeweiligen Häuser also folgende Grundfärbung:

1. Haus = Jungfrau 7. Haus = Fische
2. Haus = Waage 8. Haus = Widder
3. Haus = Skorpion 9. Haus = Stier
4. Haus = Schütze 10. Haus = Zwillinge
5. Haus = Steinbock 11. Haus = Krebs
6. Haus = Wassermann 12. Haus = Löwe

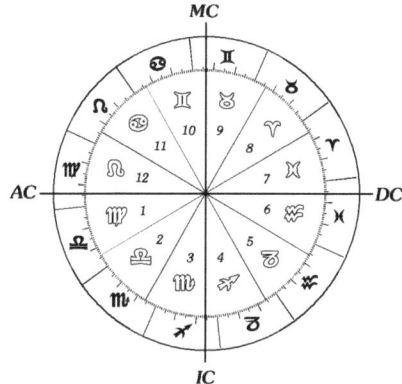

Durch diese Verbindung der Tierkreisenergien mit dem individuellen Häuserplan eines Menschen (der sich aus dem Aszendenten ergibt), gewinnen wir wichtige Informationen über die Art, wie ein Mensch die Welt und sich selbst wahrnimmt.

In unserem Fall wird das 1. Haus – als Bereich der Ich-Durchsetzung und Selbstbehauptung – durch das Zeichen Jungfrau bestimmt. Der Horoskop-Eigner wird also generell vorsichtig, bedächtig, eher vorausschauend und berechnend vorgehen, wenn es gilt, den eigenen Lebensraum zu erobern.

Das 2. Haus – das Haus der Werte, der Sicherung und des persönlichen Kapitals – wird von der Waage angeschnitten, und so sind sein Streben nach Besitz und sein Wertebewußtsein durch den Wunsch nach Ausgewogenheit und Harmonie bestimmt. Die Lebenssicherung wird also nicht offensiv betrieben, sondern eher zurückhaltend, immer darauf wartend, daß sich etwas anbietet, anstatt dynamisch-fordernd vorzugehen.

Das 3. Haus wird vom Skorpion angeschnitten. Damit ist der Selbstausdruck und die Kommunikation mit der Umwelt wenig offen und möglicherweise konfliktträchtig, solange das Mißtrauen anderen gegenüber, das durch die Skepsis der Jungfrau (1. Haus) genährt wird, aufrechterhalten wird. Ein skorpionisch-geprägtes 3. Haus bewirkt daher eine gewisse innere Zurückhaltung und Vorsicht im Kontakt und Umgang mit anderen.

Das gleiche Verfahren kann nun analog auf alle anderen Häuser übertragen werden. Dadurch erfahren wir die Grundfärbung oder Grundenergierichtung aller Häuser und wissen, wie ein Mensch auf die zwölf grundlegenden Erfahrungsbereiche seines Lebens eingestimmt ist.

5. Die Planeten im Horoskop

Die Geburtszeit eines Menschen, aus der sich der Aszendent ergibt, bestimmt also die Grundqualität der zwölf Lebensbereiche, auf die ein Mensch reagiert. Auf welche Weise diese aber erlebt werden und welche Bereiche eine besondere Betonung haben, das ergibt sich aus der Stellung der Planeten in den Tierkreiszeichen und Häusern. So erhalten wir das Geburtsschema oder das Radixhoroskop, aus dem der Lebensplan eines Menschen ersichtlich ist, wenn wir es in all seinen Dimensionen erfassen und deuten können.

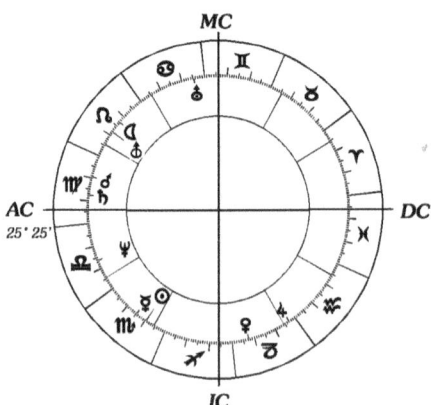

Im Horoskop sind also mehrere Ebenen in einem Schaubild verbunden. Und die Kunst der astrologischen Deutung besteht nun darin, diese zunächst zu unterscheiden und dann wieder miteinander in Beziehung zu bringen, um so die Gesamtsituation eines Menschen zu erkennen.

Die Dreiheit Aszendent, Sonne und Mond im Horoskop

Die drei Kräfte Aszendent, Sonnenzeichen und Mond haben im Horoskop eine hervorgehobene Bedeutung, denn
– der *Aszendent* zeigt die Qualität der *Seele* an,
– das *Sonnenzeichen* verkörpert die Art der *Persönlichkeit,* durch die die Seele sich zum Ausdruck bringt,
– der *Mond* bestimmt die Energiequalität des *Körpergefüges,* durch das die Persönlichkeit wirken muß.

Der Aszendent oder das aufsteigende Zeichen – Die Seele

Der Aszendent, der durch den *Zeitpunkt der Geburt* bestimmt wird, verkörpert die Energie der Seele. Er weist auf die Lebensabsicht oder das unmittelbare Seelenziel für diese Inkarnation hin, denn er betrifft die Absicht der Seele und das Bemühen des geistigen Menschen, von seiner augenblicklichen Stufe aus weiter voranzukommen. In der Zielrichtung des Aszendenten liegt der Schlüssel unseres gegenwärtigen Lebensproblems und ein Hinweis darauf, was wir erreichen können, wenn wir es richtig anpacken. Er zeigt an, was wir unserem innersten Wesen nach sind und gibt Auskunft darüber, wie wir in unserem Leben Harmonie erreichen können, denn nur wenn die Energie des Aszendenten erkannt und nutzbar gemacht wird, führt dies zur Harmonie mit dem Willen der Seele in der jeweiligen Inkarnation.

Der Aszendent ist daher der wichtigste Punkt des ganzen Horoskops. Er macht die Persönlichkeit für die Energie der Seele empfänglich, sobald wir ihn als unser eigentliches inneres Wesen erkennen und zum Ausdruck bringen.

Im Aszendenten liegt also unsere Zukunft; er enthält unsere Entwicklungsmöglichkeiten, das geistige Ziel und den Zweck der jeweiligen Inkarnation und stellt die Kraft dar, die uns zum Erfolg führt, wenn wir sie richtig einsetzen.

Das Sonnenzeichen – Die Persönlichkeit

Das Sonnenzeichen wird durch den *Tag der Geburt* bestimmt und ist ebenfalls von zentraler Bedeutung im Horoskop. Es zeigt die Persönlichkeitskräfte an, durch die sich die Seele in dieser Inkarnation zum Ausdruck bringen muß, sowie die augenblickliche Lebensqualität.

Die Esoterik lehrt, daß das Sonnenzeichen in jedem Leben ein anderes ist, denn die Seele wählt jeweils den Monat zur Inkarnation, in dem sie im letzten Leben gestorben ist. So kann sie den Faden der Erfahrung dort wieder aufnehmen, wo sie ihn zurückgelassen hat. Bildlich gesprochen wandert der Mensch also durch den Tierkreis, indem seine Sonne in jedem Leben eine andere Tierkreis-Qualität hat, mit der die Seele ihre Aufgabe und Absicht erfüllen muß.

Das Sonnenzeichen bestimmt die Lebensumstände des Menschen, denn *»es zeigt die vererbten Kräfte auf und zwingt die Umwelt, sich in bestimmter Weise über die betreffenden Menschen zu äußern«* (Alice Bailey). Es wirkt bestimmend auf die Qualität, das Temperament und die Lebenstendenzen, die in der gegenwärtigen Inkarnation Ausdruck finden, und weist grundsätzlich auf *»die Linie des geringsten Widerstandes«* hin.

Im Sonnenzeichen liegen also die Möglichkeiten der Gegenwart. Es bezieht sich auf das Problem unseres augenblicklichen Lebens und weist auf den Typus der Persönlichkeitskräfte hin, durch die sich die Seele in diesem Leben ausdrücken muß.

Der Mond – Die Formnatur

Die Stellung des Mondes wird durch den *Aszendenten der Zeugung* bestimmt. Dies ist ein astrologisches Gesetz, das die Ägypter noch als »Regel des Hermes« kannten. Es lautet: Der Punkt des Tierkreises, an dem im Moment der Empfängnis der Mond steht, wird zum Aszendenten (manchmal auch zum Deszendenten) der Geburt. Und der Aszendent der Empfängnis bestimmt die Stellung des Mondes im Geburtshoroskop. Der Mond schafft also die Verbindung zwischen dem Zeitpunkt der Zeugung und dem Zeitpunkt der Geburt, denn er verkörpert das Geheimnis unserer Vergangenheit, die in der Schwingung unseres Körpers ihren Niederschlag findet.

Der Einfluß des Mondes ist vor allem physischer Natur. Er zeigt das *»Gefängnis der Seele«* (Alice Bailey) an, denn er bestimmt den Typ des Körpers bzw. der Körper (der lunaren Form), durch die sich die Persönlichkeit auf der physischen Ebene zum Ausdruck bringen muß, und die jeweiligen Begrenzungen und Hindernisse, die diese Körper der Entfaltung der Seelenkräfte bieten.

Das Haus, in dem der Mond steht, weist folglich auf jenen Bereich unseres Lebens hin, der weniger Beachtung finden sollte, denn – als Verkörperung des Trägheitsaspektes der Materie – ist der Mond die Kraft, die »zurückhält« und die zur Untätigkeit führt, wenn wir ihr zu viel Einfluß geben.[40]

Der Mond enthält die Erfahrung früherer Inkarnationen, die in unserem Körper gespeichert sind, und er bezieht sich daher auf unsere Vergangenheit oder unsere unterbewußte Instinktnatur. So ist seine Bedeutung auch nur zu Beginn der Entwicklung stark, und sie nimmt ab, wenn die Persönlichkeit (☉) sich entwickelt und ein Mensch zunehmend eigenbewußt wird. Dies erklärt die Beobachtung, daß Kinder oder seelisch unbewußte Menschen zunächst stärker auf Transite ihres Geburtsmondes reagieren als auf Transite, die den Aszendenten betreffen. Doch mit zunehmender Entwicklung, wenn der höhere Verstand (☿) das instinktive Körperbewußtsein oder den niederen Verstand (☾) ablöst, gewinnt der Aszendent an Bedeutung und der Einfluß des Mondes schwindet bis zur Bedeutungslosigkeit.

Die Grundregeln der esoterischen Horoskopdeutung

1. Aszendent

Als Grundlebensenergie enthält er die Qualität und Absicht der Seele, die die Zielrichtung des Lebens bestimmt.

2. Aszendentenherrscher

a) Wir schauen, in welchem Tierkreiszeichen der exoterische Planet steht, der dem Zeichen des Aszendenten zugeordnet wird, denn dadurch erkennen wir die Qualität, die er angenommen hat und überträgt.

b) Wir schauen, in welchem Haus der AC-Herrscher steht, um zu erfahren, in welchem Bereich des Lebens sich die Absicht der Seele (AC) verwirklichen soll.

---

[40] Dies gilt nicht für den Krebs-Aszendenten und Krebs-MC. Natürlich ist in diesem Fall der Mond als Herrscher des Aszendenten der wichtigste Planet im Horoskop, und das Haus, in dem er steht, weist auf die Zielrichtung der Seele hin. Und beim Krebs-MC zeigt die Mondstellung das Haus an, in dem die berufliche Wirkungsmöglichkeit liegt. Doch durch den Mond wirken esoterisch andere Planeten. (s. S. 298)

Die Stellung des Aszendentenherrschers im jeweiligen Haus zeigt an, welcher der zwölf Bereiche in diesem Leben die größte Priorität hat. Und das Tierkreiszeichen, in dem er steht, bestimmt die Art und Weise seines Vorgehens.

3. Sonnenzeichen

a) Das Tierkreiszeichen, in dem die Sonne steht, gibt Auskunft über die Qualität der Persönlichkeit und die Art und Weise, wie die Seele ihre Persönlichkeitskräfte einsetzt, um ihr inneres Ziel zu erreichen.
b) Das Haus, in dem die Sonne steht, zeigt uns den Bereich des Lebens, in dem die Persönlichkeitskräfte konzentriert sind, über die sich die Seelenabsicht verwirklichen muß.

4. MC (Medium Coeli) oder der höchste Punkt des Lebenskreises

In der Esoterischen Astrologie bildet der MC immer einen 90°-Winkel zum Aszendenten. Er ist der höchste Punkt im Horoskop, der uns zeigt, auf welche Weise sich unsere innere Berufung im äußeren gesellschaftlichen Ganzen verwirklichen soll. Der MC, der das 10. Haus anschneidet, weist also über unsere persönliche Bedeutung hinaus, und er gibt Auskunft darüber, wo unser Beitrag zur Gesamtentwicklung des Menschheitsbewußtseins liegt.

Im Quadrat, das AC (I. Quadrant) und MC (IV. Quadrant) bilden, liegt deshalb auch die Grundspannung eines Lebens, denn hier trifft das Individuelle auf kollektive Notwendigkeiten und Verantwortlichkeiten. Um eine integrierte Persönlichkeit zu werden, müssen wir lernen, beide in Einklang zu bringen, und in dem Maße, wie wir unser persönliches Leben in den Rahmen eines größeren Ganzen einordnen, gewinnen wir auch eine überpersönliche Bedeutung.

Auf unbewußter oder kindhafter Ebene wird der überpersönliche, kollektive Bereich des Lebens durch väterliche Autorität oder äußere (staatliche) Autoritäten repräsentiert. Auf bewußter Ebene ist es unsere innere Berufung, die uns drängt, uns durch zunehmende »Entpersönlichung« unserer Zielsetzungen zu einer dem Allgemeinwohl verpflichteten Persönlichkeit zu entwickeln. Das Spannungsgefüge Ich – Kollektiv bildet die Basis für die Entwicklung einer seelenbewußten Persönlichkeit, und dies ist auch die esoterische Begründung dafür, daß AC und MC stets einen Quadrataspekt miteinander bilden.

Symbolisch bezieht sich der MC auf das Kopfzentrum oder den Geistaspekt des Lebens, während der AC das Herzzentrum oder den Seelenaspekt verkörpert. Die beiden Achsen gehören also zusammen. Sie bilden das »Kreuz unseres Bewußtseins«, das stets im Unbewußten wirkt und unser Leben in Spannung hält. Der MC kann deshalb auch als das »unbewußt Erwirkte« des Lebens betrachtet werden, das als Zielsetzung von Anfang an feststeht, aber erst im Laufe des Lebens und mit zunehmender Reife als innere Berufung wahrgenommen werden kann.

5. *Der Herrscher des MC*

a) Wir schauen, in welchem Tierkreiszeichen der Planet steht, der dem Zeichen des MC zugeordnet ist, denn dadurch erkennen wir die Qualität der Energie, die er überträgt.
b) Durch das Haus, in dem der MC-Herrscher steht, erfahren wir, in welchem Bereich des Lebens unsere innere Berufung sich im Äußeren manifestieren soll, d.h. wo wir uns im Leben (beruflich) engagieren sollten.

Zusammengefaßt bilden diese drei wichtigsten Punkte des Horoskops den Ausgangspunkt jeder Deutung:

Der *Aszendent* bestimmt die Grundqualität unserer Lebensenergie, unser inneres Wesen. Und der Aszendentenherrscher ist der stärkste Planet des Horoskops, weil er durch seine Stellung in Tierkreis und Haus das Ziel der Seele in diesem Leben anzeigt.

Das *Sonnenzeichen* legt durch seine Stellung im Haus den Bereich des Lebens fest, in dem die Persönlichkeit diese Seelenabsicht zum Ausdruck bringen muß.

Das *Medium Coeli* (MC) verkörpert die Synthese dieser beiden Kräfte, denn es stellt das Ziel unserer Persönlichkeitsentwicklung dar, die sich – entsprechend der Zielsetzung der Seele – im Rahmen eines gesellschaftlichen Ganzen vollzieht. Die Hausstellung des MC-Herrschers zeigt uns deshalb den Bereich des Lebens an, in dem unser Engagement für die Welt oder unser berufliches Wirken erfolgen sollte.

Ist diese Grundstruktur klar erkannt, dann können wir die Betrachtung des Horoskops auf die übrigen Elemente erweitern.

6. Mond

a) Der Mond als Hüter unserer Vergangenheit zeigt uns – durch seine Stellung im Tierkreis – die Begrenzungen und Hindernisse an, die unsere Körpernatur der Entfaltung der Seelenkräfte bietet.
b) Durch seine Hausposition verweist er auf den Bereich des Lebens, zu dem wir uns instinktiv hingezogen fühlen, weil er uns vertraut und am leichtesten zugänglich ist. Im Laufe des Lebens sollten wir ihm aber immer weniger Beachtung schenken, da er uns in die Vergangenheit zurückzieht und uns zu Trägheit veranlaßt, wenn wir ihm zu viel Raum geben. (Beim Krebs-AC oder Krebs-MC gilt dies natürlich nicht, denn hier hat der Mond eine hervorgehobene Betonung.)

7. Die übrigen fünf persönlichen Planeten (♂, ♀, ☿, ♃, ♄[41])

Diese persönlichen Planeten werden nun in der gleichen Weise nach ihrer Stellung in den Tierkreiszeichen und Häusern betrachtet, um zu erfahren, in welchen Bereichen des Lebens sich beispielsweise unsere persönlichen Fähigkeiten wie Denken (☿), unsere Liebesfähigkeit (♀) oder unser persönlicher Wille (♂) bevorzugt auswirken.

8. Die unpersönlichen oder transsaturnischen Planeten (♄, ♆, ♅, ♇)

Die unpersönlichen Planeten bewirken Transformation und die Veränderung unseres Bewußtseins. Sie sind die Schicksalsplaneten, die sich unserer bewußten Wahrnehmung weitgehend entziehen.
a) Durch ihre Stellung in Zeichen und Häusern können wir sehen, in welchem Bereich unseres Lebens Veränderungen notwendig sind.
b) Durch ihre Stellung in den vier Quadranten erfahren wir, in welchen Körpern Transformation erfolgen muß.

9. Die Aspekte

Die Planeten bilden entsprechend ihrer Stellung im Tierkreis Winkelbeziehungen (z.B. 60°, 90°, 120°, 180°). Sie haben eine besondere Wirkung, weil sie musikalischen Akkorden entsprechen, die, wie alle Klänge des Kosmos, auf das menschliche Bewußtsein einwirken. Die-

---

[41] Saturn wirkt sowohl als persönlicher wie auch als unpersönlicher, schicksalhafter Planet.

se Winkelbeziehungen, die musikalische Harmonien oder Disharmonien hervorbringen, bezeichnet die Astrologie als »Aspekte«, und sie müssen bei der Deutung eines Horoskops neben den Grundelementen berücksichtigt werden. Denn Aspekte geben Auskunft darüber, welche Schwierigkeiten ein Mensch bei der Bewältigung seiner Lebensaufgabe hat, welche Kräfte sich während seines Lebens als fördernd oder hemmend erweisen, ob die mit den Planeten verbundenen Kräfte harmonisch oder disharmonisch aufeinander einwirken oder ob sie ohne direkte Beziehung zueinander sind.

10. Die Transite

Schließlich kann das Geburtshoroskop, das alle Fähigkeiten und Entwicklungsmöglichkeiten eines bestimmten Lebens in einer Gesamtübersicht enthält, auch noch in seiner zeitlichen Dimension betrachtet werden. Dazu setzen wir es in Beziehung zu den sich ständig bewegenden aktuellen Planeten, den »Transiten«.

Es gibt noch eine Reihe anderer Prognoseverfahren, wie Primär-, Sekundär-, Tertiärdirektionen, Solare, Lunare, Alterspunkte und anderes mehr. Doch ich möchte mich auf die Transite beschränken, weil es mir darum geht, die Astrologie wieder auf wenige, klar verständliche Elemente zurückzuführen und der Tendenz zu immer mehr Detailanalysen entgegenzuwirken. Denn durch die zunehmende Betonung unterschiedlicher prognostischer Systeme scheint mir das Wesentliche und Wesensbestimmende ein wenig in den Hintergrund zu treten.

Außerdem bieten Transite den Vorteil, daß sie nicht konstruiert sind, wie alle anderen Systeme. Sie ergeben sich aus dem natürlichen Rhythmus der Gestirne, der für jeden Tag einfach aus der Ephemeride (Gestirnstandstabelle) ablesbar ist und der das individuelle Horoskop in einen größeren übergeordneten Lebensrhythmus stellt, in den jedes kleinere Leben eingebunden ist. (Vgl. Kap. X)

Arbeitsblätter für die Praxis

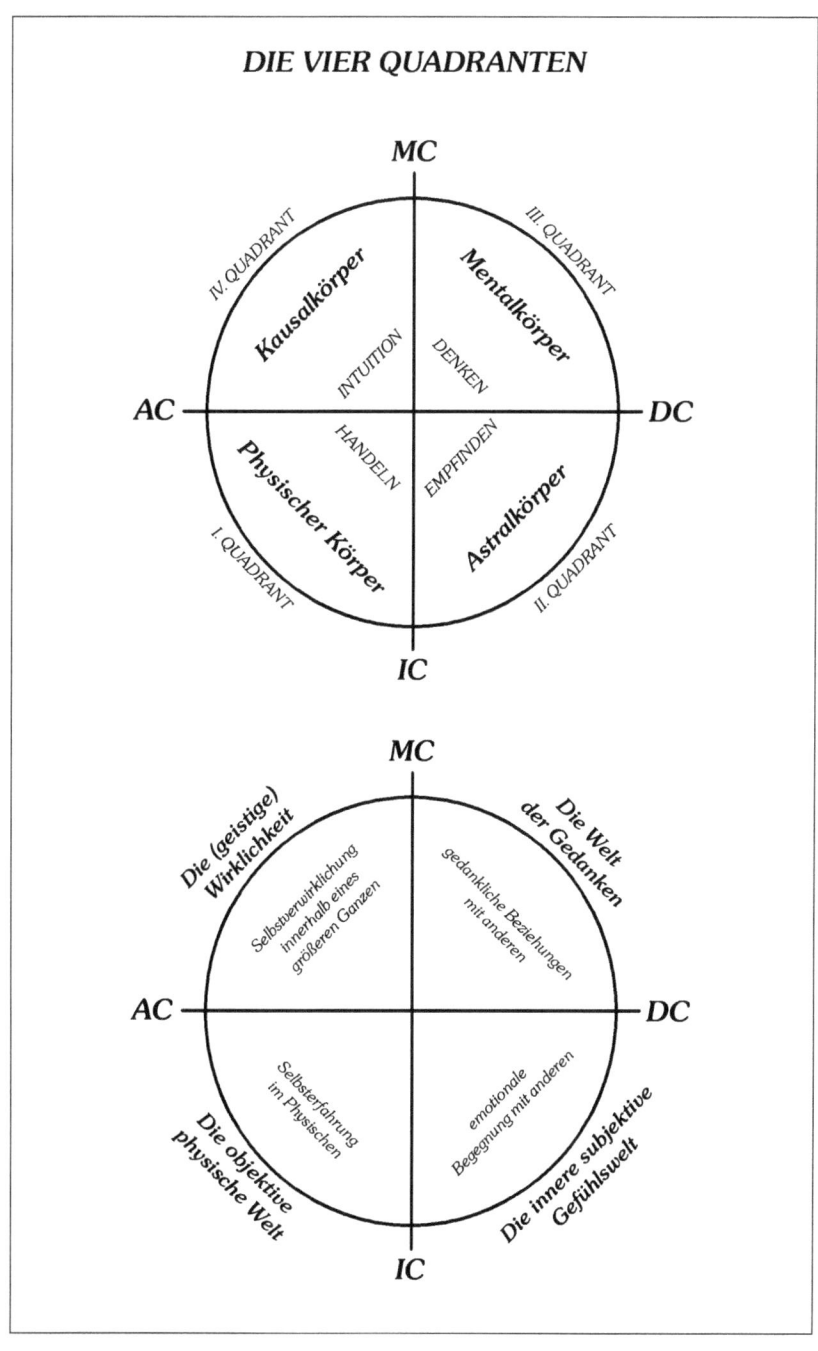

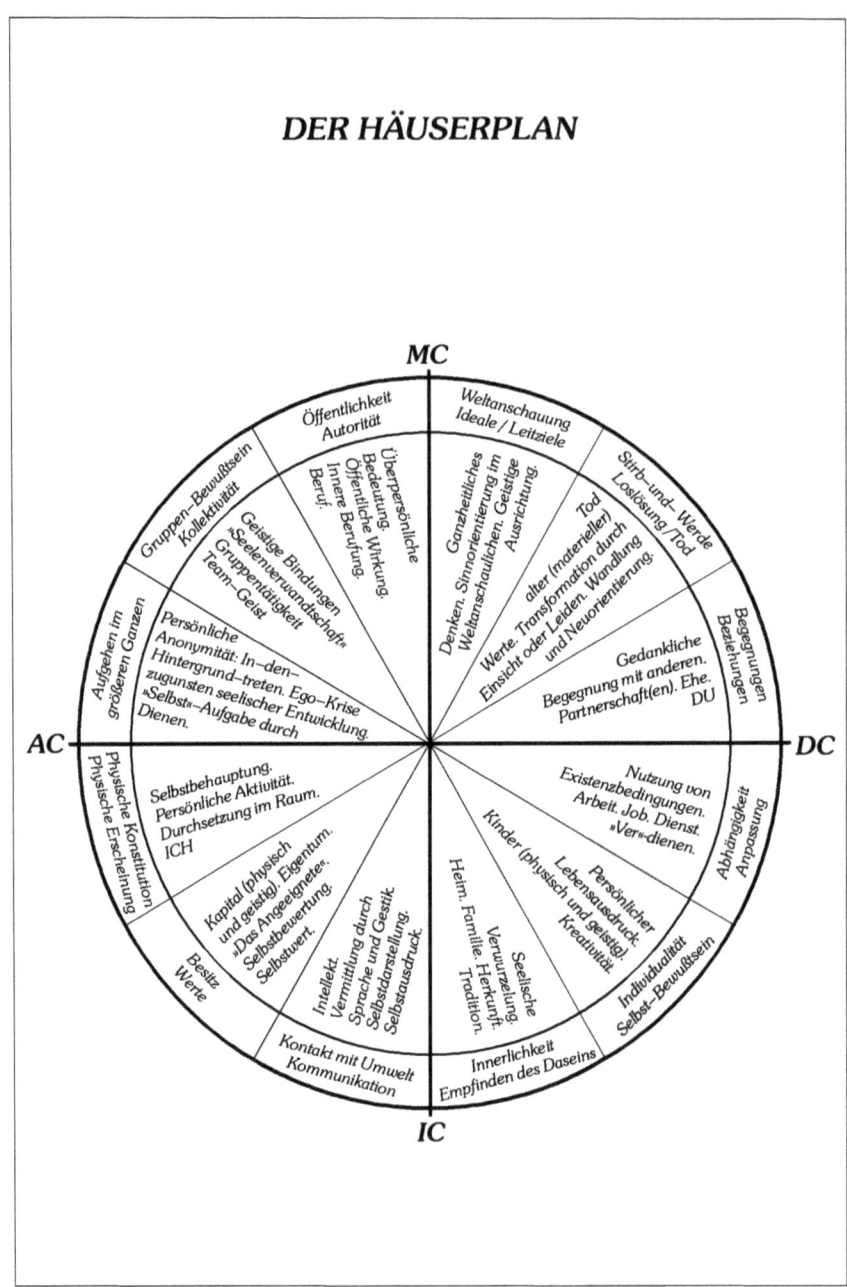

TIERKREISZEICHEN
EXOTERISCHE UND ESOTERISCHE HERRSCHER

♈	Widder	Initialkraft Wille–zu–sein	♂ ☿	Mars Merkur	Persönlicher Wille Ausgleichendes Denken
♉	Stier	Verlangen (zu wissen) Abgrenzung	♀ ⚡	Venus Vulkan	Persönliche Liebe Geistiger Wille
♊	Zwillinge	Dualität Unterscheidung	☿ ♀	Merkur Venus	Denkvermögen Verbindendes Denken
♋	Krebs	Gefühlsbewußtsein »Massen–Bewußtsein«	☽ ♆	Mond Neptun	Instinktive Wahrnehmung Feinfühligkeit
♌	Löwe	Individualität Selbst–Bewußtsein	☉ ☉(♆)	Sonne Sonne	Lebenskraft Seelenbewußtsein
♍	Jungfrau	Intelligenz Anpassung	☿ ☽(⚡)	Merkur Vulkan	Zweckmäßiges Denken Reinheit im Denken
♎	Waage	Ausgleich der Gegen- sätze, Harmonie	♀ ♅	Venus Uranus	Beziehungsfähigkeit Geistige Orientierung
♏	Skorpion	Tod des Ego Seelenherrschaft	♂ ♇ ♂	Mars Pluto Mars	Kampf / Konflikt Wille–zur–Zerstörung Innerer Kampf
♐	Schütze	Zielstrebigkeit Gedankenlenkung	♃ ⊕	Jupiter Erde	Erweiterung / Verstehen Schöpferische Intelligenz
♑	Steinbock	Ehrgeiz Höherstreben	♄ ♄	Saturn Saturn	Begrenzung Verantwortungsbewußtsein
♒	Wasser- mann	Gruppen–Bewußtsein Universalität	♅ ♃	Uranus Jupiter	Veränderung Liebendes Verstehen
♓	Fische	Einheitsbewußtsein »Selbst«–Losigkeit	♃ ♆ ♇	Jupiter Neptun Pluto	Mitgefühl Liebende Hingabe Willensstärke

KURZREGELN FÜR DIE ESOTERISCHE DEUTUNG

1. Aszendent (Seelenqualität)
2. Aszendentenherrscher (Zielrichtung der Seele)
3. Sonnenzeichen (Qualität der Persönlichkeit)
4. MC (Berufsziel / Berufung, Ziel persönlicher Integration)
5. MC–Herrscher (Bereich der persönlichen Berufung)
6. Mond (Vergangenheit), instinktives Gefühl (Körperbewußtsein)
7. Persönliche Planeten in Zeichen und Haus
8. Transformatorische Planeten in Quadrant, Zeichen und Haus
9. Aspekte (Karma / Schwierigkeiten / Chancen / Entwicklungsschritte)
10. Synthese (Persönlichkeitsprofil, Lebensaufgabe, Sinn, notwendige Transformation)
11. Zeitliche Dimension: Transite

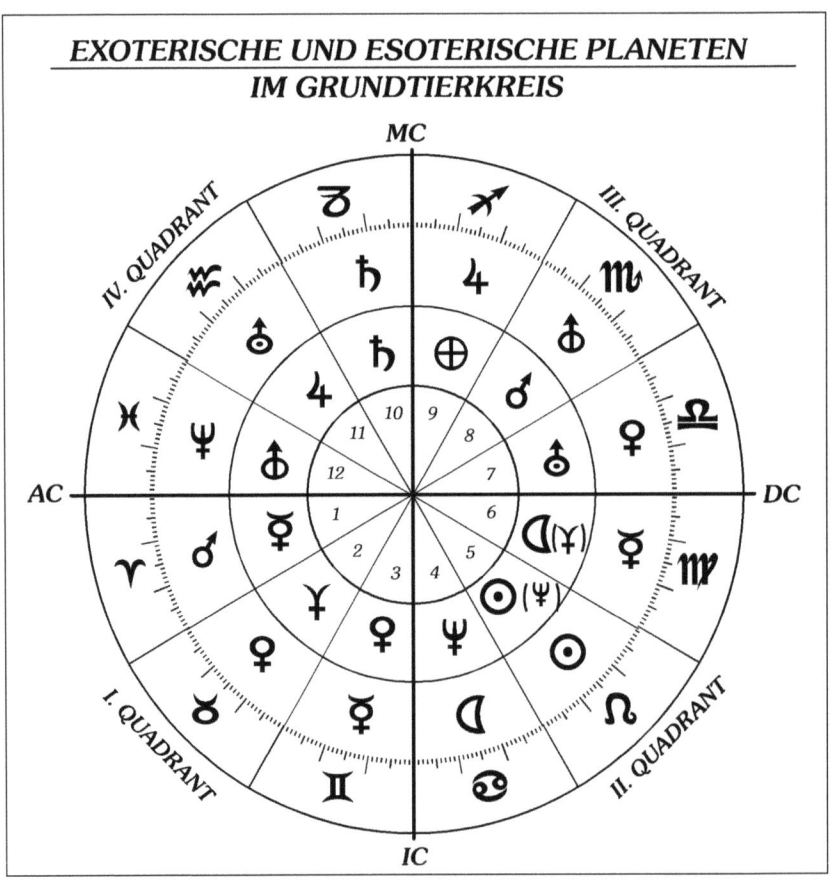

EXOTERISCHE UND ESOTERISCHE PLANETEN IM GRUNDTIERKREIS

Die esoterische Deutung eines Beispielhoroskops

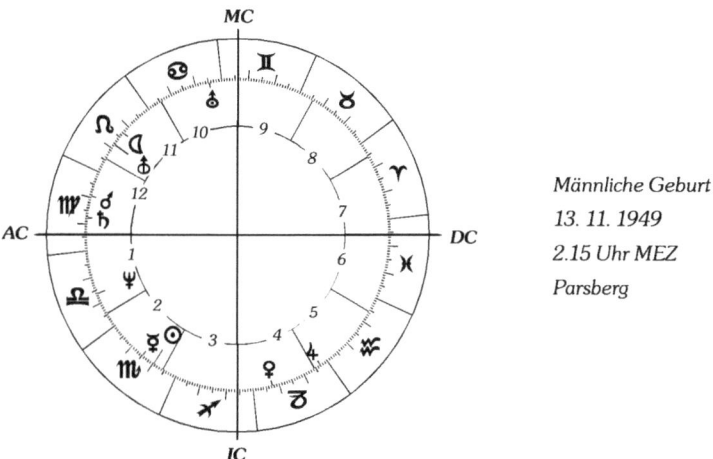

Männliche Geburt
13. 11. 1949
2.15 Uhr MEZ
Parsberg

1. Aszendent

Die esoterische Deutung eines Horoskops beginnt grundsätzlich mit dem Aszendenten, der die Grundlebensenergie bestimmt, die ein Mensch im Leben zur Verfügung hat. Er zeigt die Qualität, die ihn zur Ganzheit seines Wesens führt und die sein seelisches Entwicklungspotential enthält.

In unserem Fall haben wir einen Jungfrau-Aszendenten errechnet. Die Qualität der Jungfrau bestimmt hier also die Grundlebensenergie und die geistige Absicht des Lebens. Und was ist das Ziel des Jungfrau-Zeichens?

Aus esoterischer Sicht ist es das Ziel der Jungfrau, den Menschen auf die »Seele im Inneren« aufmerksam zu machen, die sich durch eine entwickelte Persönlichkeit zum Ausdruck bringen soll. Da dieses Entwicklungsziel aber nicht in einem Leben erreicht wird, müssen wir bei der esoterischen Deutung eines Horoskops zunächst einmal feststellen, wo ein Mensch bewußtseinsmäßig steht. Betrachtet er sich als Ich-bezogene Persönlichkeit, die ihre Zielsetzung, ihre Sicherheit und ihr Selbstverständnis in der Sicherung des materiellen Lebens und im materiellen Erfolg sucht, oder reichen seine Wünsche und Absichten schon über das Materielle hinaus? Der Unterschied zwischen einem seelisch unbewußten und einem seelisch erwachten Menschen – mit dem wir keinerlei Wertung verbinden – ist für die zuverlässige Deutung wichtig, denn die Bewußtseinsebene ist nicht im Horoskop ersichtlich. Und wie kann ich die Ebene erkennen, auf der ein Horoskop gelebt wird?

Vor jeder Horoskopdeutung sollte in einem kurzen Gespräch geklärt werden, was ein Mensch in seinem Leben für wichtig hält, welche Vorstellungen, Wünsche, Zielsetzungen und Träume er hat. Was will er im Leben erreichen? Beruflichen Erfolg, Geld, Wohlstand, Ansehen oder inneres geistiges Wachstum und Selbsterkenntnis? Aus dieser grundlegenden Betrachtung des eigenen Lebens läßt sich die seelische Entwicklung erkennen. Dies soll an einem Beispiel deutlich werden:

1. Fall: **Ich-bezogenes Bewußtsein**
Ein Mensch gibt als Ziel seiner Wünsche an: Materielle Sicherheit, Erfolg, Geld, berufliches Vorwärtskommen, Lebensgenuß, Sport, Hobbies. Die Seele schläft also noch, denn die Identifikation des Bewußtseins bezieht sich weitgehend auf ein körperlich-emotionales Erleben.

In diesem Fall gilt die *erste Entwicklungsstufe des Tierkreiszeichens Jungfrau*. Der Jungfrau-Aszendent zeigt sich auf dieser Ebene in einem eher materialistisch-orientierten Leben, in dem die Existenzsicherung und der materielle Erfolg des Persönlichkeitslebens im Vordergrund stehen. Die Verbindung zwischen Seele und Körper wird noch nicht bewußt wahrgenommen, und so wird es sich hier von der Grundveranlagung her um einen Menschen handeln, der dem Leben mit Vorsicht und Skepsis begegnet. Existenzangst bildet das wichtigste Motiv seines Handelns, und er wird alles tun, um das eigene Leben gegen latente Bedrohungen und Gefahren abzusichern. Er wird viel Zeit damit verbringen, alles zu ordnen und zu systematisieren, um das Leben überschaubar zu machen, weil es ihm aufgrund seiner Konzentration auf Details eher kompliziert erscheint. Er bemüht sich, für Notzeiten Vorsorge zu treffen, denn er möchte auf die Wechselfälle des Lebens vorbereitet sein. So wird er auch keine Risiken eingehen, da seine Anpassung eher langsam ist, und stets darauf achten, den Weg des »geringsten Widerstands« zu gehen. Seine Aufmerksamkeit und Vorsorge gelten dem Körper und der eigenen Gesundheit, deren geringste Beeinträchtigung mit großer Sorge beobachtet wird, was in Extremfällen bis zur Hypochondrie gehen kann. Denn er will nichts riskieren und die Reibung des Lebens so gering wie möglich halten, um bequem und mit dem geringstmöglichen Kräfteverlust durchs Leben zu gehen.

Wenn das Denken mit zunehmender Persönlichkeitsreife stärker wird, versucht der Jungfrau-betonte Mensch, sich systematisch Wissen anzueignen, um die Funktion des Körpers und der physischen Umwelt besser zu verstehen und noch angemessener auf sie zu reagieren. Im Vordergrund des Interesses stehen häufig Gesundheit, Umweltfragen, Psychologie und wissenschaftliche Erkenntnisse über die Welt, kurz alles, was der Erhöhung der Sicherheit dient und die intelligente Nutzung von sich bietenden Gelegenheiten erleichtert. Diese Fähigkeit der Anpassung an wechselnde Lebensumstände und ein Denken und Handeln, das Bedingungen für die eigene Existenzsicherung nutzt – was bis zum Opportunismus gehen kann –, dient der Vorbereitung für ein späteres, seelenbewußtes Leben und ist durchaus als Seelenabsicht zu betrachten, denn Körper und Persönlichkeit müssen entwickelt sein, bevor die Seele durch sie wirken kann.

2. Fall: Erwachtes Seelenbewußtsein
Der Horoskop-Eigner gibt als Ziel seines Lebens an, sich entwickeln zu wollen und zu Selbst-Erkenntnis zu gelangen. Er nutzt seine Intelligenz also nicht nur im materiellen Sinne und für persönliche oder berufliche Zwecke, sondern es drängt ihn, mehr über die inneren geistigen Zusammenhänge des Lebens zu erfahren, um ein Wissen zu erlangen, das über den Bereich wissenschaftlichen Denkens hinausgeht. Überdies akzeptiert er die Verantwortung, die er für das eigene Leben hat. Dies zeigt einen Menschen, der beginnt, sich als Seele zu erkennen, und der mehr Bewußtheit über sich selbst gewinnen möchte.

Nun gilt die *zweite Entwicklungsebene der Jungfrau*, und damit verändert sich der Lebensausdruck dieses Zeichens. Denn bei einem seelisch erwachten Menschen mit Jungfrau-AC wird es nicht mehr primär darum gehen, sich materiell abzusichern und die eigene Intelligenz einzusetzen, um aus der Welt persönlichen Nutzen zu ziehen. Vielmehr beginnt er zu begreifen, daß das physische Leben einem höheren Zweck dient und daß der Körper zum »Werkzeug der Seele« werden muß. So verlieren egoistische Motive und profitorientiertes Zweckdenken an Attraktivität, und die Motivation des Lebens ändert sich. Der Mensch nimmt die inneren Impulse der Seele immer deutlicher wahr, die ihn drängen, selbstloser zu werden und sich vom Ich-Standpunkt zu lösen. Dadurch werden die Interessen der anderen auch wahrgenommen und zunehmend in die eigenen Entscheidungen einbezogen. Auf diese Weise werden Egoismus und Opportunismus, die dieses Zeichen zu Beginn der Entwicklung kennzeichnen, schwächer und das Nützlichkeitsdenken erweitert sich zu einem Wahrnehmen dessen, was der Gemeinschaft nützt.

Der Unterschied zwischen einem seelisch unbewußten und einem seelenbewußten Menschen wird deutlich an einem zunehmenden Verantwortungsbewußtsein und einem Mitgefühl für andere. Es ist das Maß an Idealismus, Selbstlosigkeit und Nächstenliebe, denn dieses zeigt an, ob ein Mensch sich noch als Ich-bezogene Persönlichkeit erlebt oder ob er schon in Gruppenbeziehungen denkt und sich stärker für die innere seelische Entwicklung interessiert als für äußeren materiellen Erfolg.

Natürlich lassen sich diese beiden Ebenen nicht immer ganz klar voneinander trennen. Wenn ein Mensch beginnt, sich der Seele bewußt zu werden, dann ist er großen Schwankungen unterworfen, und sein Bewußtsein pendelt zwischen Eigeninteresse und Gruppeninteresse hin und her. Es ist also durchaus möglich, daß jemand in beiden Ebenen etwas findet, das ihn betrifft. Dies bedeutet, daß er sich in einer Umbruchsituation oder einer Phase der Wandlung befindet, in der er nach einem neuen Lebensverständnis sucht, das aber noch nicht ganz klar erkennbar ist.

2. Aszendentenherrscher

In unserem Beispielhoroskop steht der AC-Herrscher Merkur auf 15° Skorpion und im 2. Haus. Der Horoskop-Eigner wird sein Denken also einsetzen, um Besitz, Kapital oder Werte im Leben zu erreichen, die seinem Leben Sicherheit und eine verläßliche Basis geben. Er wird bemüht sein, sein Denken möglichst gewinnbringend und nutzbringend einzusetzen, um materielle Vorsorge zu treffen.

Doch Merkur steht auch im Zeichen Skorpion und bekommt dadurch eine skorpionische Zielrichtung. Und weil Skorpion das Zeichen der Transformation ist, muß sich das Denken ändern, indem sich das Wertebewußtsein (2. Haus) im Sinne der Seele vom materiellen Kapital zu einem geistigen Kapital wandelt. Also entscheidet wieder die Entwicklungsebene eines Menschen über die Auswirkung dieser Konstellation.

Der Entwicklungsebene, die bestimmt, auf welche Weise ein Tierkreiszeichen gelebt wird, trägt die Esoterische Astrologie Rechnung, indem sie jedem Tierkreiszeichen drei Planeten zuordnet, einen *exoterischen, esoterischen und hierarchischen* Herrscher, die die drei Ebenen des Bewußtseins symbolisch ausdrücken.

Die exoterischen und esoterischen Herrscher
In der esoterischen Deutung unterscheiden wir daher zwischen exoterischen und esoterischen Herrschern, die sich auf die Persönlichkeit und die Seele beziehen. Die hierarchischen Herrscher[42], die den geistig erwachten Menschen betreffen, werden bei der praktischen Deutung nicht berücksichtigt. Denn sie stellen die Endstufe der Entwicklung dar, die nur wenige Weise und Meister dieser Welt erreicht haben und die uns in unserem persönlichen Umfeld im allgemeinen nicht begegnen.

Bezogen auf unser Beispielhoroskop bedeutet dies folgendes:
Der Aszendent ist Jungfrau, der exoterische Aszendentenherrscher ist Merkur, und er steht im Skorpion. Dadurch erkennen wir die Qualität, die dieser Planet überträgt (♏), und durch die Stellung im 2. Haus erfahren wir den Bereich des Lebens, in dem sich die Zielrichtung des Aszendenten verwirklichen soll. Doch bei einem seelisch bewußten Menschen tritt nun die Energie des esoterischen Planeten hinzu und verändert die Qualität des exoterischen Herrschers. Um dies anschaulich zu machen, betrachten wir wieder das gleiche Horoskop:

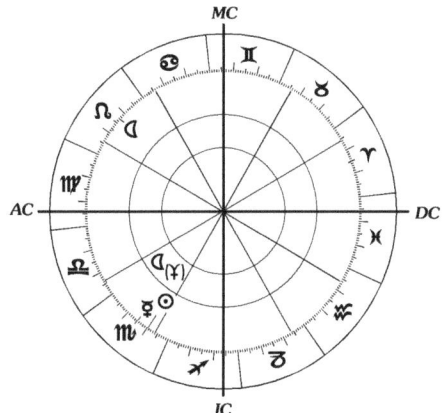

---

[42] Die dritte Stufe der Tierkreiszeichen und Planeten

Der Aszendent ist Jungfrau, und der exoterische Herrscher Merkur steht im 2. Haus im Skorpion. Dadurch erfahren wir, daß der Intellekt oder das Denken des Horoskop-Eigners skorpionisch gefärbt ist und im 2. Haus der Werte zum Ausdruck gebracht werden muß.

An dieser Grundtatsache ändert sich auch bei der esoterischen Deutung nichts, weil die Persönlichkeit die Basis der Seelenentwicklung bildet, und diese wird durch die exoterischen Herrscher der Zeichen bestimmt. Doch nun tritt der Mond (der Vulkan verhüllt)[43] hinzu, und dadurch gewinnt Merkur eine neue höhere Qualität, die sich in diesem Fall als »Wille zur Veränderung« (⚥) zeigt. Wird der Jungfrau-Aszendent also auf der Seelenebene gelebt, so entwickelt sich allmählich ein geistiger Wille, der über das Denken (☿) wirkt und die Persönlichkeit drängt, sich durch innere Willenskraft von Egoismen zu befreien und sich zu bemühen, die Körper (☾) zu reinigen, um sie in eine höhere Schwingung zu bringen.

Wenn im Zuge der Seelenentwicklung der Mond (Vulkan) also an die Stelle des Merkur gesetzt wird, dann bedeutet dies, daß ein Mensch seine innere geistige Willensstärke entdeckt und über sein Denken zu einer Kraft gestaltet, die dem Leben eine neue Richtung gibt. Diese Erkenntnis bewirkt notwendigerweise eine Krise im Leben, die eigentlich eine »Krise des Denkens« ist, das sich von seiner Skepsis, seinem Zaudern und seiner Kritik lösen muß, um für das Licht der Seele empfänglich zu werden. Dadurch verliert das Denken seine Ausrichtung auf die eigene Person, und ein Mensch beginnt, sich für andere zu öffnen und die eigenen Interessen nicht mehr über die Interessen der anderen zu stellen. So entsteht Licht im Denken und dieses »*im Licht gehaltene Denken*« (Alice Bailey) ist die Kraft, die den Körper verändert und ihm die Reinheit zurückgibt, die er im Zuge der materialistischen Orientierung der Persönlichkeit verloren hat. Dies ist die Reinheit, die im Symbol der Jungfrau verborgen ist. Sie bezieht sich jetzt nicht mehr ausschließlich auf den physischen Körper (in Form von Gesundheitsvorsorge, Hygiene, Ordnung und Umweltbewußtsein), sondern sie schließt das eigene Denken und die Gefühle ein, die einen entscheidenden Einfluß auf die Gesundheit oder Krankheit des Körpers haben.

Um zu wissen, was sich nun in der Grundeinstellung des Menschen verändert, schauen wir uns die zweite Entwicklungsstufe des Tierkreiszeichens Jungfrau an. Das Leitmotiv dieser Ebene ist das »Wahr-

---

[43] Die zweite Entwicklungsstufe der Tierkreiszeichen

nehmen der Seele im Inneren«. Deshalb wird der seelenbewußte Mensch mit Jungfrau-Aszendent sein Interesse und seine Intelligenz weniger äußeren materiellen Lebenszielen widmen. Vielmehr wird er seinen ganzen Willen (Vulkan, der durch Mond wirkt) einsetzen, um die Persönlichkeit so zu verändern, daß sie den Zielen der Seele dient und nicht durch Egoismen und persönlichen Ehrgeiz dem Zustrom von Licht entgegenwirkt.

Der Unterschied zwischen dem exoterischen AC-Herrscher Merkur (Persönlichkeitsebene) und Merkur + Mond/Vulkan (Seelenebene) zeigt sich also wie folgt:

Auf seelisch unbewußter Ebene begnügt sich der Mensch damit, seine Intelligenz für eine optimale Anpassung an die jeweiligen Umweltbedingungen zu nutzen und sein Leben in einer Weise zu gestalten, daß es wenig Risiken und wenig Reibung erzeugt. Und mit zunehmender intellektueller Entwicklung wird es darum gehen, faktisches Wissen zu sammeln, um das Leben überschaubarer, erklärbar und sicherer zu machen.

Dem seelisch erwachenden Menschen reicht dies aber nicht mehr. Er ist sich bereits bewußt geworden, daß er Willensstärke (⚥) entwickeln und einsetzen muß, um sich selbst charakterlich zu verändern, und daß ein theoretisches Wissen über die Zusammenhänge der Welt, das auch spirituelles Wissen einschließt, ihm nur dann wirklich etwas nützt (♍), wenn er es als Persönlichkeit auch im täglichen Leben umsetzt.

Was ändert sich also beim Jungfrau-Aszendenten mit zunehmender Entwicklung?
Zu Beginn der Entwicklung, wenn Merkur alleine wirkt, ist das Denken zweckorientiert und das Wissen oft rein theoretisch, eine intellektuelle Intelligenz ohne die notwendige persönlichkeitsvertiefende Wirkung. Der Mensch dieser Ebene sammelt konkretes Wissen über die Welt, indem er Fakten lernt, analysiert und kritisiert, aber er besitzt noch nicht die Kraft und Konsequenz, um dem Denken auch Taten folgen zu lassen.

Wirkt der esoterische Planet aber schon, so wird es darum gehen, dem »Wahrnehmen seiner Seele im Inneren« (♍) dadurch näher zu kommen, daß sich sein Wertebewußtsein (2. Haus) durch unterscheidendes Denken (☿) zugunsten der Seele verändert. Die intelligente Anpassung (♍) wird sich nicht mehr auf die äußere Umwelt in Form eines opportunistischen Denkens beschränken, das ausschließlich der persönlichen Lebenssicherung dient. Denn im Skorpion geht es um

Transformation, um die Änderung des Denkens (☿ im ♏) im Sinne einer intelligenten Anpassung an die Zielsetzungen der Seele, was bei einer gleichzeitigen Skorpion-Persönlichkeit (☉ im ♏) ohne Krisen kaum zu erwarten ist.

Weil der praktische Umgang mit den exoterischen und esoterischen Herrschern am Beginn eher verwirrend ist, empfehle ich den Anfängern, die esoterischen Herrscher zunächst unbeachtet zu lassen.

Für die esoterische Deutung eines Horoskops reicht es völlig aus, die Unterscheidung zwischen einem seelisch unbewußten und seelisch bewußten Menschen zu treffen, um zu erkennen, ob die Persönlichkeits- oder Seelenebene der Tierkreiszeichen zutrifft, was sich aus den Wünschen und Lebenszielen ergibt, wie auf S. 426 beschrieben.

Diese Unterscheidung zwischen einer persönlichkeitsbezogenen oder einer seelenbezogenen Selbstidentifikation ist allerdings notwendig, um einem Ratsuchenden eine Entscheidungshilfe für sein Leben zu geben, die von ihm praktisch umsetzbar ist, weil sie seinem Selbstverständnis entspricht. Mit dieser Unterscheidung ist jedoch keine Wertung verbunden, denn Geist und Materie sind nur die zwei Seiten des »Einen Großen Lebens«, das durch Evolution (Entwicklung in Zeit und Raum) zur Bewußtwerdung gelangt. Wenn hier die Unterscheidung der Bewußtseinsstufen betont wird, so dient dies nur dazu, einen Menschen in seinen Möglichkeiten und Chancen genauer zu erfassen und auch seine Grenzen zu verstehen, die er noch nicht durchbrechen kann. Denn niemand macht Entwicklungssprünge; alles entwickelt sich evolutionär, und jeder durchläuft im Laufe vieler Inkarnationen die gleichen Entwicklungsphasen. Deshalb ist es auch wenig sinnvoll, Selbstlosigkeit von einem Menschen zu verlangen, der gerade dabei ist, sein Ich zu entdecken und dieses bewußter zum Ausdruck zu bringen. Genausowenig macht es Sinn, einem seelisch erwachten Menschen die Vorzüge von Macht, Reichtum und Geld zu erläutern, die ihm weit weniger attraktiv erscheinen, als innerer Reichtum, Harmonie und ein Gefühl der Verbundenheit mit seinen Mitmenschen.

3. Sonnenzeichen

Das Sonnenzeichen verkörpert die Persönlichkeitskräfte, durch die sich die Seele (AC) im physischen Leben zum Ausdruck bringen muß. Es ist daher von elementarer Bedeutung im Horoskop, denn es zeigt die Art und Weise, wie ein Mensch sich im Leben zu verwirklichen sucht, aber auch die Grundspannung zwischen Seelen- und Persönlichkeitskräften, die sich aus dem jeweiligen Aszendenten und Sonnenzeichen ergeben.

In unserem Fall steht die Sonne auf 20° Skorpion. Daraus ergibt sich eine gewisse Übereinstimmung zwischen der Zielrichtung des AC-Herrschers und der Sonne, die beide im Skorpion stehen. Das Thema des Lebens ist also klar: »Stirb-und-Werde« oder Transformation. Der »Saulus« muß zum »Paulus« werden, oder die Persönlichkeit soll sich den Zielen der Seele unterwerfen. Da ein Mensch dies im allgemeinen aber nicht freiwillig tut, sind Lebenskrisen zu erwarten, die sein Bewußtsein langsam und zuweilen gegen starke innere Widerstände auf den Willen der Seele lenken. Und so müssen wir auch hier wieder die Ebene des Bewußtseins beachten.

1. Fall: **Ich-bezogene Persönlichkeit**
Die Skorpion-Persönlichkeit geht von einem egozentrischen Standpunkt aus und versucht, sich dem inneren Druck der Seele zu widersetzen. Dadurch entsteht eine permanente Spannung, denn Jungfrau und Skorpion sind beides Zeichen innerer Krisen, die eine Transformation bewirken sollen. Weigert sich ein Mensch also, sein Leben höheren geistigen Gesetzmäßigkeiten anzupassen und seine gewohnten persönlichen, subjektiven Lebensvorstellungen aufzugeben, an denen der Skorpion so lange es geht festhält, wird er sich ständig an Widerständen reiben und dadurch die eigene Energie und Stärke blockieren, weil seine Gedanken nicht mit dem permanenten Wandel in Einklang stehen, der in diesen beiden Zeichen stattfinden muß.

Folglich wird das Leben als eher anstrengend empfunden und Beziehungen werden sich als schwierig erweisen, weil sowohl Jungfrau wie auch Skorpion auf persönlicher Ebene sehr ich-bezogene Menschen sind, die wenig Neigung zeigen, sich anderen zu öffnen und ihnen zu vertrauen. Zurückhaltung und Skepsis sind deshalb dominierend, denn der innere Widerstand gegen tiefgreifende Veränderungen bindet Kräfte und begrenzt die Offenheit für andere, die sich nur durch Vertrauen, Liebe und den Willen zur Veränderung ergeben kann.

2. Fall: **Seelenbewußte Persönlichkeit**
Auf dieser Ebene hat die Skorpion-Persönlichkeit die Notwendigkeit tiefgreifender Veränderungen ihres Wesens und Charakters erkannt und ist bereit, den »Weg der Krise und der Schmerzen« bewußt zu gehen, um zurückgehaltene, tief verborgene Gefühle zu befreien. Die-

ser Weg ist mit zeitweiligem Leiden verbunden, aber effektiv, denn in dem Maße, wie ein Mensch sich der eigenen Unvollkommenheit stellt und diese akzeptiert, verliert sich die Skepsis und das Mißtrauen gegenüber anderen, und wo es nichts Verborgenes, Zurückgehaltenes, Geheimgehaltenes mehr gibt, ist auch kein Grund mehr vorhanden, sich vor anderen zu verstecken.

Auf der Seelenebene beginnt die Skorpion-Persönlichkeit also zu verstehen, daß sie durch ihr Denken Verantwortung für das eigene Leben trägt. So wird eine grundlegende Wandlung und die Änderung des Verhaltens anderen gegenüber auch erst möglich, wenn der Skorpion-Geborene begreift, daß Gedanken Realität erzeugen und er sich seine Umwelt und die Art seines inneren Erlebens durch seine eigenen Gedanken selber erschafft. Denn sein Leiden entsteht ja ursächlich durch die Diskrepanz zwischen seinen Vorstellungen und der Realität des eigenen Lebens, das seinen perfektionistischen Vorstellungen nicht immer entspricht.

Auf unbewußter Ebene werden die eigenen Mängel gerne übersehen oder auf andere projiziert. Die Ohnmacht, die der Skorpion-Geborene häufig erlebt, wenn er sich bewußt wird, daß seine Ideale und Vorstellungen mit der Realität seines eigenen Lebens nicht in Deckung zu bringen sind, kann nur überwunden werden, wenn die eigenen Mängel nicht mehr verdrängt oder in Tugenden »umgedichtet« werden. Vielmehr muß er lernen, seinen Hang zum Perfektionismus zu mäßigen und die Unvollkommenheit des eigenen Charakters zum Anlaß zu nehmen, um sich konsequent und hartnäckig den »Versuchungen des Lebens« entgegenzustellen, die ihn immer wieder daran hindern, dem eigenen Ideal von sich selbst zu entsprechen.

Der seelenbewußte Skorpion unterscheidet sich vom seelisch unbewußten also dadurch, daß er den Mut hat, sich der eigenen Wirklichkeit zu stellen und dieser schonungslos ins Auge zu blicken, während der unentwickelte die eigene unvollkommene Wirklichkeit verdrängt und auf die Umwelt projiziert, die dann als Spiegel auf ihn zurückwirkt. Überdies besitzt der seelisch entwickelte Skorpion genügend Willen und Stärke, um sich tatsächlich zu verändern und das im Leben zurückzuweisen, was die eigene Entwicklung hemmt, während die kleine Persönlichkeit die Kraft und Konsequenz zur Veränderung noch nicht entwickelt hat und die Schuld am eigenen Versagen stets bei anderen sucht. Diese Projektion der eigenen Schwächen auf die Mitwelt und die ständige Suche nach einem »Sündenbock« kann zu periodisch wiederkehrenden Krisen und zeitweiligen Depressionen führen, wenn das »Bild der eigenen Wirklichkeit« sich zu weit von der Realität entfernt hat.

Die beiden hervorgehobenen Energien *Jungfrau-Aszendent* und *Skorpion-Sonne* weisen also auf ein wechselhaftes, durch Seelenkrisen gekennzeichnetes Leben hin, dessen Sinn darin besteht, dem Menschen ein neues geistiges Wertebewußtsein zu erschließen (2. Haus), das ihn befähigt, das physische Leben (I. Quadrant) aus einer höheren geistigen Perspektive zu betrachten und sich von der Identifikation mit dem Körper und der materiellen Sicht des Lebens zunehmend zu befreien. Verstärkt wird dies noch durch Neptun, der aufgrund seiner Stellung im 1. Haus als Mitherrscher des Aszendenten betrachtet werden muß, sowie den Quadrataspekt zwischen Sonne und Pluto. Dieser Aspekt fordert einen permanenten Persönlichkeitswandel im Sinne höherer kollektiver Notwendigkeiten, was auf unbewußter Ebene einen Perfektionsdrang bewirkt, der die persönliche Freiheit einzuschränken scheint.

4. MC oder das Ergebnis des Lebens

Der MC unseres Beispielhoroskops liegt im Zeichen Zwillinge und zeigt, was sich aus der Verbindung von AC und Sonnenzeichen (sowie den übrigen Horoskopfaktoren) als Ergebnis im Laufe des Lebens entwickeln soll.

Zwillinge ist das Zeichen der Dualität, mit dem Ziel, den Unterschied zwischen Seele und Körper im Denken zu erkennen. Der Horoskop-Eigner hat daher die Aufgabe, sein Bewußtsein durch analytisches Denken und kritische Innenschau immer mehr von den Gefühlen zu lösen, die beim Skorpion-Geborenen stark und festgehalten sind, um neutraler und objektiver zu werden. Nur so kann der Unterschied zwischen Seele und Körper wahrgenommen werden. Das Ziel des Lebens ist es daher, ein Denken zu entwickeln, das fähig ist, die Realität wertfrei zu betrachten, ohne sie an der eigenen subjektiven Erfahrung zu messen, was die Jungfrau auszeichnet.

MC und AC bilden also auch inhaltlich eine echte »Quadratur des Kreises«, die nur dadurch gelöst werden kann, daß ein Mensch sich immer deutlicher als Seele oder Bewußtsein erkennt, das den Körper lenkt, aber nicht mit ihm identisch ist. Erst wenn dies wahrnehmbar ist, wird das Denken objektiv und er kann, unabhängig von subjektiver Erfahrung, in abstrakte Bereiche der Wirklichkeit eindringen und Erkenntnisse erlangen, die über das persönliche Erleben hinausgehen. ☊ im 10. Haus verstärkt und erweitert diese Möglichkeit, da er offen macht für intuitive Wahrnehmungen.

5. MC-Herrscher

Der Herrscher des MC ist Merkur, und dieser steht wiederum im Skorpion und im 2. Haus, so daß das Ziel der Seele (AC-Herrscher) und das Ziel der Persönlichkeitsentwicklung (☉) dieses Lebens identisch sind. Beide sind auf eine Veränderung des Wertebewußtseins (2. Haus) gerichtet, das in unserem Fall nur durch Entwicklung und Anwendung des Denkens (☿) erreicht werden kann. AC-Herrscher, Sonne und MC-Herrscher liegen im gleichen Zeichen und im gleichen Haus.

Jungfrau, Skorpion und 2. Haus sind die hervorgehobenen Bereiche des Lebens. Die wesentliche Aufgabe oder Berufung dieser Inkarnation besteht also darin, ein neues (geistiges) Wertebewußtsein zu erreichen, um sich dadurch ein Lebenskapital (2. Haus) zu schaffen, das nicht auf das Materielle beschränkt ist.

Und dies geschieht entweder
– unbewußt durch Leiden (seelisch unerwachter Mensch) oder
– bewußt durch ein verändertes, sich an geistigen Werten orientierendes Denken, aus dem der Sinn des Lebens erkennbar wird (seelenbewußter Mensch).

6. Persönliche Planeten

a) Mond im 11. Haus (in Verbindung mit Pluto) im Zeichen Löwe
Der Mond, der die Vergangenheit symbolisiert, steht im Haus der intuitiven Wahrnehmung und der Gruppenzugehörigkeit. Dies zeigt die instinktive Neigung, sich aus dem »Dschungel persönlicher Gefühle« herauszuhalten und diese Verstrickungen aus überhöhter abgehobener Position zu betrachten. Doch weil der Mond gleichzeitig im Gegenzeichen Löwe steht, der sehr Ich-bezogen ist, wird dies nicht so ohne weiteres zu erreichen sein. Außerdem steht der Mond in Konjunktion zu Pluto (Unterbewußtes), und so ist zu vermuten, daß Gefühle (karmisch-bedingt) verdrängt sind und versucht wurde, sie in einer Art Scheinneutralität zu überhöhen, ohne daß sie bereits durch seelische Auseinandersetzung transformiert und auf die Ebene der Intuition gehoben wurden.

Das Denken sollte also eine stärkere Betonung erhalten, denn es ist die Basis für die Persönlichkeitsentwicklung auf der Grundlage eines neuen Wertebewußtseins (2. Haus). Es geht darum, sich ein sicheres und verläßliches Kapital anzueignen, das als Basis der Persönlichkeitsentwicklung dienen kann. Und weil Merkur und Sonne die Waage-Qualität des 2. Hauses skorpionisch färben, geht es nicht nur um ein physisches, sondern auch um ein geistiges Kapital.

b) Mars und Saturn im 12. Haus im Zeichen Jungfrau

Die Zielrichtung des Mars – als Symbol der Selbstbehauptung, des Kampfes und der Durchsetzung – ist auf den Bereich der Transzendenz, des Hintergründigen oder Nicht-Sichtbaren gerichtet. Dies deutet unter Umständen auf verdrängte Aggressionen hin, weil spontane Impulse nicht ausgelebt werden können. Es besteht überdies eine gebremste Dynamik sowie eine zurückgehaltene Reaktionsbereitschaft und mangelnde Aktivität im Handeln, was durch Neptun im 1. Haus noch verstärkt wird. Die Durchsetzung im Physischen und die spontane Reaktion auf Umweltreize (bei einem Jungfrau-Aszendenten sowieso verhalten), sind also erschwert und im Extremfall gelähmt und außer Kraft gesetzt, so daß der Horoskop-Eigner oft eine verzögerte Reaktion zeigen wird und nicht immer unmittelbar oder schnell auf wechselnde Umweltbedingungen reagieren kann.

Saturn im 12. Haus (♍) zeigt an, daß Denkkonzepte und gedankliche Begrenzungen, die ein Mensch sich selbst setzt, einer Erweiterung bedürfen, um die Realität der Seele wahrnehmen zu können. Saturn im 12. Haus (entspricht sinngemäß ♄ ♆) deutet also darauf hin, daß Denkkonzepte zu starr sind und eine Loslösung von einengenden, festgelegten gedanklichen Strukturen in diesem Leben erforderlich ist.

Mars (persönliche dynamische Durchsetzung) und Saturn (konzeptionelles, an Formen gebundenes Denken) sind in den Hintergrund des Lebens (12. Haus) getreten, um im Licht der Seele transformiert zu werden und im Rahmen eines größeren umfassenderen Ganzen zu wirken, das nicht auf die eigene Persönlichkeit begrenzt ist. Denn Planeten im 12. Haus können nur im Rahmen eines größeren Ganzen voll aktiviert und eingesetzt werden, indem ein Mensch seine entsprechenden Fähigkeiten in eine Gemeinschaft einbringt. Tut er dies nicht und bleibt sein Selbstverständnis auf die eigene Persönlichkeit begrenzt, dann wird er Schwierigkeiten haben, die

Planeten im 12. Haus willentlich zu nutzen und ihre Möglichkeiten voll auszuschöpfen.

c) Venus im 4. Haus im Zeichen Steinbock

Liebe und Beziehungen werden vor allem im Bereich der Familie und traditioneller familiärer Bindungen erfahren, und Schönheit wird durch die Steinbock-Betonung eher in klaren, geordneten Strukturen erkannt als in üppigen, lebendigen und lebensfrohen Formen. Beziehungen werden stärker auf emotionaler Ebene erlebt als im Denken, wobei die Gefühle aber durch Steinbock diszipliniert und dem Erfolg im Leben untergeordnet werden und daher nicht in den Vordergrund treten.

Verstärkt wird diese Tendenz noch durch die Opposition ♀♂, die den Horoskop-Eigner veranlaßt, Menschen auf Distanz zu halten und keine zu engen emotionalen Beziehungen einzugehen.

d) Jupiter im 5. Haus im Zeichen Steinbock

Jupiter als Symbol des ganzheitlichen Verstehens, der uns nach Entwicklung, aber auch nach Wohlstand und (Macht-)Fülle streben läßt, steht ebenfalls im Steinbock, aber im 5. Haus. Dadurch wird der persönliche Lebensausdruck, die Art, wie dieser Mensch sich der Welt darbietet, überzeugender und beeindruckender sein als es der Jungfrau eigen ist, denn Jupiter im 5. Haus gibt Selbstvertrauen und Selbstüberzeugtheit. Der Horoskop-Eigner wird es also verstehen, nach außen überzeugender und selbstbewußter aufzutreten als er in Wirklichkeit ist, weil Jupiter den persönlichen Lebensausdruck färbt. Verstärkt wird diese Tendenz noch durch den Mond im Löwen, der einem Menschen auf emotionaler Ebene das Grundgefühl von Größe, Bedeutung und eine Eigenbewußtheit verleiht, die nicht mit der Persönlichkeitsentwicklung (☉) in Einklang stehen muß.

7. Transsaturnische Planeten

Die transsaturnischen Planeten sind transformatorische Kräfte, die durch ihre Stellung in den Quadranten und Häusern auf die Bereiche des Lebens hinweisen, in denen Transformation erfolgen soll.

a) Neptun im 1. Haus im Zeichen Waage

Neptun als Planet der selbstlosen Liebe und Hingabe löst persönliche Begrenzungen auf, um uns aus der Illusion des Getrenntseins und der physischen Isolierung zu befreien.

Wenn Neptun im 1. Haus steht, löst er die persönliche Durchsetzungskraft und die dynamische Selbstbehauptung auf, solange sie im Physischen gesucht wird. Er bewirkt zunächst eine passive Lebenshaltung (verbunden mit Mars im 12. Haus) und mangelnde Standfestigkeit, bis sich der Ich-Standpunkt in ein »verbindendes Wir« gewandelt hat. Unterstrichen wird dies noch dadurch, daß Neptun in der Waage steht, dem Zeichen des Ausgleichs und der harmonischen Beziehungen. Es geht hier also darum, die eigene Durchsetzungskraft auf Gruppenziele zu richten, denn Neptun löst nur das auf, was seiner Schwingung der Liebe und All-Verbundenheit entgegenwirkt.

Neptun bewirkt hier folglich eine Schwächung des Ego zugunsten der Seelenentwicklung. Es geht darum, dienen zu lernen und die eigene persönliche Durchsetzungskraft für andere und für unpersönliche Ziele einzusetzen. Solange ein Mensch dies aber nicht kann, weil das Ego noch zu stark ist, wird er unter mangelnder Durchsetzungskraft leiden und oft das Gefühl haben, ohnmächtig zuschauen zu müssen, wie sich Dinge entwickeln, ohne eingreifen zu können, weil er sich wie gelähmt fühlt. Dieses Gefühl der »Handlungslähme« wird aber enden, wenn Motivation und Zielsetzung des eigenen Handelns zunehmend unpersönlich und von Liebe und Mitgefühl für andere gekennzeichnet sind.

b) *Uranus im 10. Haus im Zeichen Krebs*

Uranus ist der Planet der Intuition, der uns geistige Zusammenhänge erkennen läßt. Im 10. Haus wird er sich als intuitive Empfänglichkeit für höhere Bereiche des Lebens zeigen, die – gedanklich bewußt oder unbewußt – als innere Impulse wahrgenommen werden und das Berufsziel des Lebens beeinflussen können. Durch seine Stellung im Krebs werden diese höheren Impulse der Seele jedoch stärker über den Gefühlsbereich empfangen als über das Denken. Uranus wird also eine intuitive Offenheit des Empfindens für Eindrücke aus nicht-sichtbaren Bereichen bewirken. Vermutlich liegt eine psychische Feinfühligkeit und eine hohe Sensibilität vor, die das Bewußtsein des Menschen intuitiv auf außersinnliche Phänomene reagieren und in höhere Wahrnehmungsebenen eindringen läßt.

Und weil Uranus im 10. Haus steht, befähigt er den Horoskop-Eigner, bei entsprechender Persönlichkeitsentwicklung, seine intuitive Offenheit auch beruflich zu nutzen und als persönliches Kapital einzusetzen (Herrscher des 10. Hauses steht im 2. Haus).

c) Pluto im 11. Haus im Zeichen Löwe

Pluto bewirkt eine tiefgreifende Transformation unseres Wesens, die gewöhnlich mit Leiden verbunden ist, da wir sein unpersönliches höheres Entwicklungsziel nicht wahrnehmen können. Er bezieht sich auf die Vergangenheit und bringt alte Gedanken und Gefühlsmuster ins Tagesbewußtsein, um uns mit uns selbst und unserer eigenen Vergangenheit zu konfrontieren.

In diesem Fall steht Pluto im 11. Haus in Konjunktion mit dem Mond. Die Auseinandersetzung mit verdrängten Gefühlen ist also notwendig, bevor Seelenbewußtsein oder ein intuitives Bewußtsein erreicht werden können. Erfolgt diese bewußte Auseinandersetzung und die Aufarbeitung der Gefühle nicht, könnte Pluto in dieser Konstellation Gefühlskrisen, Jähzorn und die latente Gefahr von heftigen Gefühlsausbrüchen bewirken, zumal der Mond im Löwen ein instinktives Gefühl von Größe, Einmaligkeit und Selbstherrlichkeit erzeugt, das auf jede Kritik von außen empfindlich und verletzt reagiert, solange wirkliches Selbstbewußtsein nicht erreicht ist.

Natürlich ließen sich noch weitergehende Aussagen machen anhand der Elemente, der unterschiedlichen Bewertung kardinaler, fixer und veränderlicher Häuser und anderer analytischer Details. Weil diese aber ausreichend in der Persönlichkeitsastrologie beschrieben sind, wurde bewußt darauf verzichtet, um die synthetische Sicht und den Einstieg in die esoterische Deutung nicht zu erschweren.

Synthese

Dieses Horoskop zeigt einen Menschen, der das Leben aus einer eher vorsichtigen, bedächtigen und kritischen Grundhaltung betrachtet und dem es nicht immer leicht fällt, dem Leben und anderen spontan zu vertrauen. Sein Sicherheitsgefühl und Selbstverständnis gewinnt er aus kritischer Distanz zu anderen und vorsorglicher Planung, mit der er versucht, die Lebensangst und die Risiken eigener Entscheidungen zu minimieren.

Die Verbindung des Aszendenten Jungfrau (Erdelement) mit dem Sonnenzeichen Skorpion (Wasserelement) bringt eine gewisse Erdenschwere und eine resignative Lebensgrundhaltung mit sich, die eine heitere Beschwingtheit, Begeisterung und bedingungslose Lebensfreude nur schwer aufkommen lassen. Das Leben wird also eher passiv-erleidend als aktiv-schöpferisch erlebt. Überdies besteht eine Neigung zu Vorstellungsgebundenheit und Vor-Urteilen (♏), die es schwer machen, Lebenshaltungen schnell zu ändern und aus spontanen Eingebungen und Begegnungen Inspirationen und Anregungen zu beziehen.

Wo liegt also die *Chance* und *Aufgabe* dieses Lebens?
Jungfrau und Skorpion sind Zeichen der Krise der Persönlichkeit, die sich der Seele öffnen muß. So besteht die geistige Aufgabe dieses Lebens auch darin, die eigene Intelligenz (♍) zu nutzen, um die Seele wahrzunehmen, und sich ihr unterzuordnen. Das Ego muß sich einem höheren Willen beugen, was die Skorpion-Persönlichkeit häufig als Ohnmacht gegenüber der Schöpfung erlebt.

Das Grundproblem des Lebens und die wichtigste Aufgabe sind also: Loslassen lernen, um neue Erfahrungen zu machen, sowie negative Erfahrungen nutzen, um aus Fehlern zu lernen. Aufgrund der Betonung des 2. Hauses, das sinngemäß dem Prinzip Stier entspricht, werden festhaltende Tendenzen noch verstärkt, und das Loslassen von Besitz und alten, festgefahrenen Gewohnheiten fällt nicht leicht. Um den Effekt des Loslassens und Geschehenlassens noch zu verstärken, stehen Neptun im 1. und Mars im 12. Haus.

Die karmische Absicht ist also klar:
Dynamisches Handeln, der Kampf ums Überleben und die Durchsetzung im Physischen treten zurück, um der Erfahrung des Transzendentalen und Hintergründigen mehr Raum zu geben. Es geht um die Schwächung der persönlichen Macht und Ich-Durchsetzung, um das Erreichen eines neuen Wertebewußtseins (☿ und ☉ im Skorpion und im 2. Haus). Diese Tendenz wird noch verstärkt durch den Quadrat-Aspekt zwischen Sonne und Pluto, der ebenfalls auf die notwendige Wandlung der Persönlichkeit hinweist, denn Pluto, als unpersönliche transformierende Kraft, beeinträchtigt die spontane Lebensfreude und das nur sich selbst verpflichtete Lebensgefühl eines Menschen.

Das Gefühl der Ohnmacht, Passivität und des zeitweiligen Lebensverdrusses kann daher erst überwunden werden, wenn der Horoskop-Eigner begreift, daß seine Initiativen, Gedanken, Vorstellungen und Wünsche nur dann Aussicht auf Erfolg und Realisierung haben, wenn sie nicht auf die eigene Person begrenzt sind. Vielmehr sollte er sich an idealistischen Motiven orientieren und die eigene Selbstentfaltung im Rahmen eines größeren Ganzen sehen, an das sich die persönlichen

Ziele anpassen. Die Lebensrichtung muß sich folglich ändern: Das Ich-Bewußtsein muß zum Wir-Bewußtsein werden, ohne die eigene Identität zu verlieren.

Kein leichtes und problemloses Leben, aber sicher eines, das eine wichtige Umbruchsituation und Wegmarke in der Kette der Inkarnationen darstellt, wenn ein Mensch lernt, Begrenzung als notwendiges Prinzip der Entwicklung zu akzeptieren und Ohnmacht in Macht zu verwandeln, indem er sich durch die Veränderung der eigenen Einstellung über das Leiden erhebt.

Diese Erkenntnis wird besonders deutlich im »Mythos des Sisyphos« von Albert Camus, der das Überwinden des unabänderlichen Leidens der Welt im Erkennen der eigenen Situation sieht. Sisyphos wächst über sich selbst hinaus, weil er seine Begrenzung erkennt und akzeptiert und dadurch im Denken eine Freiheit erlangt, die ihn über sein Schicksal erhebt. In einem anderen Werk, *Die Pest*, sieht Camus die Überwindung des Leidens im Dienen und in der Solidarität mit den Leidenden. Auch Camus hatte eine Skorpion-Sonne und einen Jungfrau-AC, und er brachte die pessimistische Grundstimmung dieser beiden Zeichen in seinen Büchern deutlich zum Ausdruck.

Im Hinblick auf die spirituelle Entwicklung ist das *Schlüsselthema* unseres Horoskops also:
Das Erreichen innerer Freiheit durch Akzeptieren der karmischen Begrenzungen und Überwinden des eigenen Leidens durch Solidarität mit den Leidenden dieser Welt, trotz zeitweilig empfundener Absurdität des Lebens. Dies ist der erste Schritt zu einer spirituellen Weltsicht, in der »Dienen aus Liebe« den Grundantrieb des Handelns bildet.

Soweit in wenigen angedeuteten Gedanken die esoterische Grunddeutung des Horoskops, aus der sich das Lebensthema und die Lebensaufgabe ergibt. Ob diese nun leicht oder schwer zu erreichen ist, und welche karmischen Hindernisse ein Mensch zu überwinden hat, das wird deutlich anhand der Aspekte eines Horoskops, die im folgenden Kapitel besprochen werden.

IX

Astrologische Aspekte

Die Geometrie der Aspekte
und ihr musikalisches Intervall

Unter einem Aspekt versteht man in der Astrologie bestimmte Winkelbeziehungen von Planeten untereinander, die sich durch ihre Stellung innerhalb des 360°-Tierkreises aus der Erdperspektive ergeben.

Dies läßt sich am einfachsten am Beispiel des Mondes illustrieren, der im Laufe eines Monats vier entscheidende Winkelbeziehungen mit der Sonne bildet, die sich aus der Zweiteilung und Vierteilung eines Kreises ergeben.

Bei *Vollmond,* der am deutlichsten zu sehen ist, stehen Sonne und Mond in Opposition, d.h. die Erde befindet sich zwischen Sonne und Mond.

Astronomische Darstellung

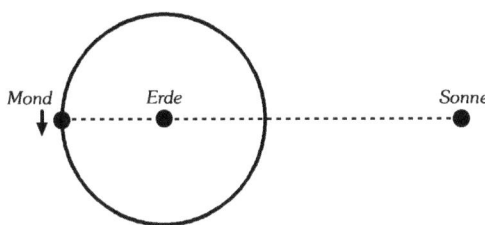

Diese Konstellation bezeichnet die Astrologie als Opposition.

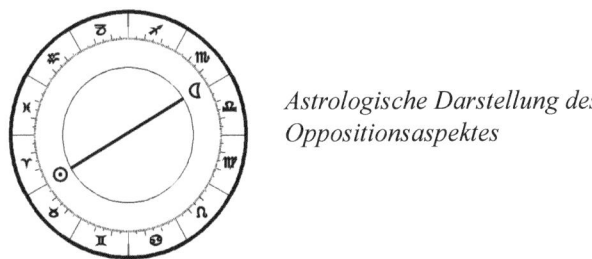

Astrologische Darstellung des Oppositionsaspektes

Nach etwa sieben Tagen stehen Sonne und (abnehmender Mond) von der Erde aus betrachtet in einem 90°-Winkel zueinander. Diese Konstellation bezeichnen wir in der Astrologie als Quadrat.

Astrologische Darstellung des Quadrataspektes

Wiederum etwa sieben Tage später haben wir *Neumond,* d.h. astrologisch betrachtet stehen Sonne und Mond in Konjunktion, denn sie befinden sich an der gleichen Stelle.

Astrologische Darstellung des Konjunktionsaspektes

Etwa sieben Tage später haben wir dann wiederum eine Winkelbeziehung von 90° bei zunehmendem Mond. Also wieder einen Quadrataspekt.

Astrologische Darstellung des Quadrataspektes

Diese Winkelbeziehungen, die die im Tierkreis wandernden Planeten immer wieder miteinander bilden, bezeichnet die Astrologie als Aspekte, und diese haben eine besondere Wirkung auf das Erdgesche-

Die Geometrie der Aspekte und ihr musikalisches Intervall

hen, denn sie entsprechen musikalischen Intervallen, die als »Sphärenklang« auf die gesamte Natur und auf das menschliche Bewußtsein einwirken.

Das Wissen über den esoterischen Hintergrund astrologischer Aspekte, der sich aus dem Zusammenhang zwischen Klang und sphärischer Geometrie ergibt, war bereits den Babyloniern bekannt und wurde durch Johannes Kepler gründlich erforscht. Er hat die Zusammenhänge zwischen Geometrie, Astrologie und Musik in seinem Buch *Weltharmonik* ausführlich beschrieben, denn er entdeckte, daß alle wirksamen astrologischen Aspekte sich aus regelmäßigen geometrischen Figuren ergeben, die einen Kreis in gleichmäßige Sektoren teilen. Er war sich bewußt, daß die Grundlage des Formaufbaus in der physischen Welt die Geometrie ist, die sich aus bestimmten Zahlenverhältnissen ergibt, die wiederum musikalischen Intervallen entsprechen. Zahl, Musik und Geometrie gehören für Kepler daher zusammen. Sie bilden die Ursache für die Entstehung physischer Formen in der Welt, und die Wirksamkeit der Aspekte beruht auf ihrer Geometrie, die ein Schwingungsmuster und einen Klang hervorbringt, der auf das Bewußtsein und den Körper des Menschen einwirkt und ihn zu einer Resonanz bewegt. Wir können die Wirkung der Aspekte leichter verstehen, wenn wir uns die Welt – der Raum unserer Erfahrungen – als einen Klangkörper vorstellen, dessen musikalische Intervalle sich aus den Abstandsverhältnissen der Planeten im Tierkreis ergeben. Und diese Intervalle, die für uns zwar unhörbar sind, uns aber dennoch ständig zu Resonanzen veranlassen, lassen sich im Horoskop anhand ihrer Zahlenverhältnisse errechnen und in Form von geometrischen Figuren sichtbar machen.

Dies wird anschaulicher, wenn wir uns den Tierkreis, unser Bewußtseinsfeld, als eine zum Kreis gebogene Tonsaite eines Monochords vorstellen.

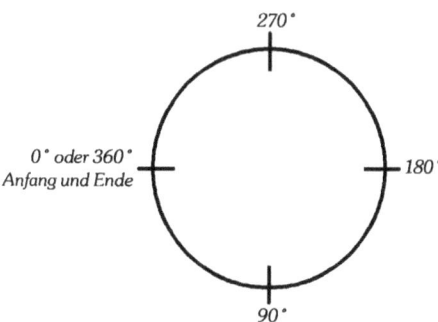

Der Tierkreis von 360° enthält das Ganze oder den Grundton des Lebens, der sich aus dem Aszendenten ergibt. Wenn ein Planet auf 0° und ein anderer auf 180° steht, dann bilden sie eine Opposition, denn sie stehen im Kreis 180° entfernt. Betrachten wir diesen Abstand nun als Maß einer gespannten Saite eines Instruments, dann erhalten wir ein Intervall, das sich aus dem Längenverhältnis des Saitenabschnitts zur ganzen Saite ergibt. So erklingt die Oktave des Grundtons beispielsweise bei der Hälfte der Saitenlänge, die Quinte bei 2/3, die Quart bei 3/4. Dieses Thema wurde in Kap. I kurz angedeutet und soll an dieser Stelle nicht weiter vertieft werden. Wer sich ausführlich damit beschäftigen will, sei auf das Buch *Weltharmonik* von Johannes Kepler verwiesen, der sich eingehend mit dieser Thematik befaßt hat, denn er war sich bewußt, daß der gesamte Kosmos zahlenmäßig-geometrisch und damit musikalisch-harmonisch geordnet ist.[44]

Zur Unterscheidung der wirksamen und unwirksamen Aspekte orientierte er sich an der Geometrie. Wirksam waren für ihn nur Aspekte aus regelmäßigen Figuren, die mit Zirkel und Lineal alleine konstruierbar sind.[45] Gemäß Satz IX, Kap. 5 des 3. Buches der Weltharmonik sind deshalb folgende Winkelbeziehungen oder Aspekte für die Astrologie bedeutsam:

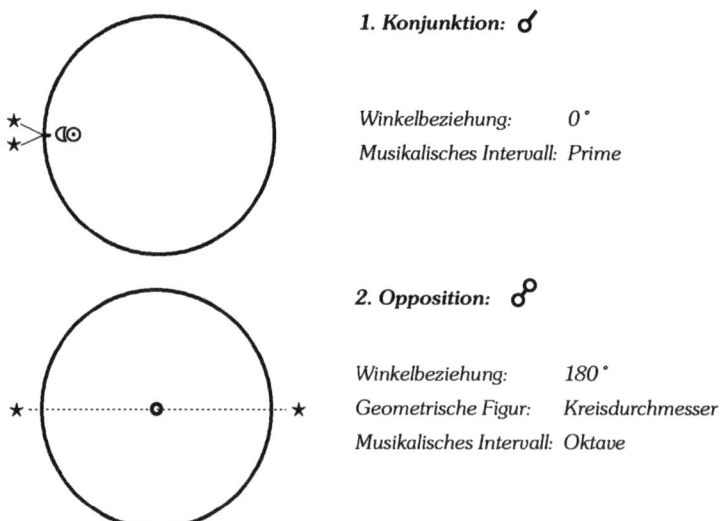

---

[44] Cousto hat dieses Thema wieder aufgegriffen und auf musikalischer Ebene erweitert. Cousto, *»Die Kosmische Oktave«*.

[45] Zirkel und Lineal sind auch zentrale Symbole der Freimaurer, worin das Wissen um den geometrischen Aufbau des Kosmos zum Ausdruck kommt.

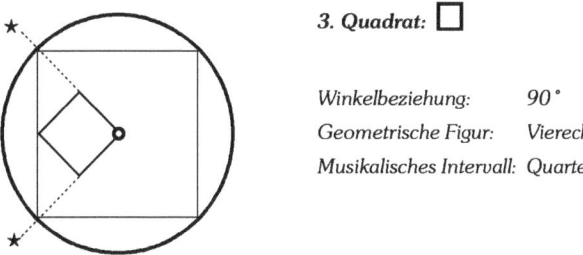

3. Quadrat: ☐

Winkelbeziehung: 90°
Geometrische Figur: Viereck
Musikalisches Intervall: Quarte

Opposition und Quadrat ergeben sich aus der Grundzahl 2 und gelten deshalb als disharmonischer oder als Spannungsaspekt.

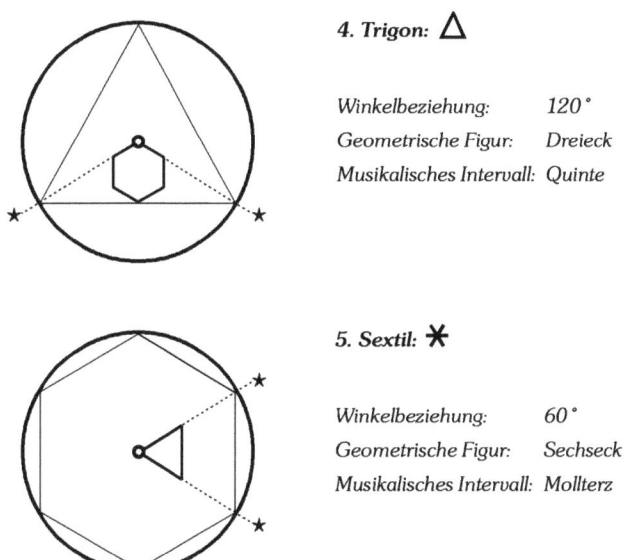

4. Trigon: △

Winkelbeziehung: 120°
Geometrische Figur: Dreieck
Musikalisches Intervall: Quinte

5. Sextil: ✶

Winkelbeziehung: 60°
Geometrische Figur: Sechseck
Musikalisches Intervall: Mollterz

Trigon und Sextil ergeben sich aus der Grundzahl 3 und gelten deshalb als harmonische Aspekte.

Alle Aspekte lassen sich wiederum in Zahlen ausdrücken, denn sie sind die Ergebnisse ganzzahliger Divisionen, auf denen die gesamte Schöpfung aufbaut.

360 : 1 = Konjunktion   0°   ☌
360 : 2 = Opposition   180°   ☍
360 : 3 = Trigon   120°   △
360 : 4 = Quadrat   90°   ☐

360 : 5 = Quintil   72°   ⊥
360 : 6 = Sextil   60°   ✶
360 : 8 = Halbquadrat   45°   ∟
360 : 10 = Halbquintil   36°   ↓
360 : 12 = Halbsextil   30°   ⋎

Und aus diesen Grundzahlen ergibt sich auch die Wirksamkeit der Aspekte, die Kepler wie folgt angibt:[46]

> *»Wirksame Konfigurationen sind jene, die vom Tierkreis folgende Bögen abschneiden:*
> *180°   die Opposition, vom Kreisdurchmesser her,*
> *90°   die Quadratur, vom Viereck her,*
> *120°   das Trigon, und 60° der Sextil, vom Dreieck und Sechseck her,*
> *45°   der Oktil, und 135°, der Trioktil, vom Achteck und dessen Stern her,*
> *30°   der Halbsextil, und 150°, der Quincunx, vom Zwölfeck und dessen Stern her,*
> *72°   der Quintil, und 108°, der Tridezil, vom Fünfeck und vom Zehneckstern her,*
> *144°   der Biquintil, und 36°, der Halbquintil oder Dezil, vom Fünfeckstern und vom Zehneck her.«*
>
> *»Der erste und stärkste Grad der Wirksamkeit unter den Aspekten ist die Konjunktion und die Opposition.*
> *Der zweite Grad der Wirksamkeit unter den Aspekten ist das Quadrat.*
> *Der dritte Grad der Wirksamkeit unter den Aspekten ist das Trigon, der Sextil, und der Semisextil. Hierbei haben Dreieck (Trigon) und Sechseck (Sextil) einen Vorrang.*
> *Der vierte Grad der Wirksamkeit der Konfigurationen ist der Quintil, der Biquintil, und der Quincunx. Die beiden ersten Aspekte haben einen Vorrang, da die Figuren, das Fünfeck und sein Stern, auch im Raum kongruieren und zwei reguläre Körper bilden.*
> *Der fünfte, letzte und schwächste Grad der Aspekte ist der Dezil, der Tridezil, der Oktil (Halbquadrat) und der Trioktil (Anderthalbquadrat), wobei Dezil und Tridezil ein wenig stärker sind als Oktil und Trioktil.«*

---

[46] Weltharmonik, IV. Buch, Satz IX-XIV, Kap. 5

Diese Bewertung der Aspekte hat sich bis in die heutige Zeit erhalten. In der Praxis haben deshalb Konjunktion, Opposition, Quadrat, Trigon und Sextil die größte Bedeutung; die übrigen werden im allgemeinen zwar nicht als unwichtig, aber als untergeordnet betrachtet.

Der Orbis der Aspekte

Aspekte sind also geometrisch sichtbare Energiebeziehungen zwischen Planeten, die nach überliefertem esoterischem Wissen immer dann am wirksamsten sind, wenn sie an Endpunkten einer in den Kreis eingeschriebenen geometrischen Figur stehen. Die Grade der Aspekte müssen aber nicht genau sein, sondern man hat in der Astrologie empirisch einen Orbis (= Wirkungsbereich) von mehreren Graden bestimmt, der von Planet zu Planet, Aspekt zu Aspekt, aber auch von Mensch zu Mensch variiert und zwischen 5°-10° liegen kann. Einige Astrologen gehen sogar bis 15°.

Als allgemeine Richtlinie kann gelten, daß schnell laufende Planeten einen größeren Orbis haben (etwa 10°) und langsam laufende einen geringeren (etwa 5°). Überdies gilt, daß der Orbis bei größeren Winkeln wie der Opposition größer sein kann als bei kleinen Winkeln wie dem Halbsextil, das nur 30° beträgt.

Spannungsaspekte

Opposition ☍ − *180°*
Eigenschaft: Spannung, Polarisation
potentielle Energie durch Verschmelzung der Gegensätze

Quadrat □ − *90°*
Eigenschaft: Konfliktaspekt, dauerhafte Spannung
anregend, Ansporn zur Entwicklung

Konjunktion ☌ − *0°*
Eigenschaft: Verschmelzungsaspekt
harmonisches oder disharmonisches Zusammenwirken zweier Prinzipien (je nach Qualität der Planeten)

Harmonische Aspekte

Trigon △ – 120°
Eigenschaft: Größte Harmonie
harmonische Stabilität, erreichte Integration

Sextil ✶ – 60°
Eigenschaft: Innere harmonische Festigkeit, Stabilität
angenehme Verbindung

Herausfordernde schöpferische Aspekte

Halbsextil ⊻ – 30°
Eigenschaft: Anregung, Wechselbeziehung,
Möglichkeit

Quincunx ⊼ – 150°
Eigenschaft: Grenzsituation, scheinbar Unvereinbares
wirkt aufeinander ein, Zwischensituation,
Weder-Noch, Sehnsuchtsaspekt
Lösung durch Verzicht: Hinweis auf geistigen Weg

Quintil ⊥ – 72°
Eigenschaft: Schöpferische Herausforderung
Kreativität

Der 72°-Winkel mit dem Ergänzungswinkel (Biquintil) von 144° entspricht dem »Goldenen Schnitt« und muß deshalb als Schlüssel für die verborgene innere Wesensstruktur eines Menschen betrachtet werden.

Da diese Winkel aber nicht auf Anhieb festzustellen sind, werden sie wenig beachtet und sind noch weitgehend unerforscht.

Die Wirkung der Aspekte

Wenn wir uns nun der Bedeutung der Aspekte zuwenden, sollten wir uns zunächst die Tatsache bewußt machen, daß es aus esoterischer Sicht keine negativen oder positiven Aspekte gibt. Vielmehr sind Aspekte ihrem Wesen nach Tonschwingungen, die entweder harmonisch und leicht faßbar sind, wenn es sich um angenehme Zusammenklänge handelt, oder aber beunruhigend und schwer faßbar, wenn es sich um Intervalle handelt, die disharmonisch zusammenklingen. Und diese Tonschwingungen beeinflussen uns auf seelischer Ebene bewußt oder unbewußt, denn die Seele hat ein natürliches Empfinden für den harmonikalen Aufbau des Kosmos.

Auf die Energieebene der Planeten übertragen bedeutet dies folgendes: Quadrate, Oppositionen und Konjunktionen (je nach Planet) werden als Spannungsaspekte betrachtet, weil sie Tierkreiszeichen betreffen, die in ihrer Thematik und Zielsetzung scheinbar unvereinbar oder entgegengesetzt sind. Deshalb erzeugen sie zunächst einmal eine innere Spannung, die wir durch Bewußtmachen der Ursachen in uns beseitigen müssen. Gelingt dies nicht, lösen die Spannungsaspekte auch Ereignisse im Leben aus, die uns Probleme machen, damit wir diesem Bereich des Lebens Aufmerksamkeit schenken und die entgegengesetzten oder sich widersprechenden Tendenzen unseres Wesens stärker miteinander in Einklang bringen.

Oppositionen zeigen beispielsweise die Aufgabe, mehr Bewußtsein über die Gegensatzpaare der Natur zu entwickeln. Sie bewirken, daß wir uns nicht nur auf eine Seite unserer Wahrnehmung konzentrieren, sondern auch das Gegenteil in unser Bewußtsein integrieren, um daraus zu lernen, daß die Welt aus Gegensätzen besteht, die im Prinzip eins sind. Oppositionen zwingen uns, einen grundlegenden Zwiespalt unseres Wesens wahrzunehmen und wenn möglich aufzuheben, der durch die beiden gegenüberliegenden Tierkreiszeichen, in denen die Oppositionsplaneten stehen, symbolisiert wird. Sie veranlassen uns zu begreifen, daß ein Ganzes stets zwei scheinbar entgegengesetzte Seiten hat, die es wahrzunehmen gilt, um sie schließlich als sich entsprechende und ergänzende Prinzipien des Gleichen zu erkennen.

Quadrate symbolisieren Kräfte in uns, die der Grundspannung zwischen Geist und Materie entsprechen. Sie sind im allgemeinen konfliktreicher als Oppositionen, weil diese gegenläufigen Kräfte nicht wechselseitig erlebt werden, sondern immer gleichzeitig als innere Spannung aufeinander einwirken. Deshalb können sie nicht auf der Ebene der Entstehung gelöst werden, sondern nur auf einer höheren Ebene des Bewußtseins, auf der die scheinbaren Widersprüche der Welt sich ausgleichen und als Teile eines gemeinsamen Entwicklungsplans erweisen.

Quadraturen und Oppositionen können immer als Entwicklungsaspekte betrachtet werden, die den Menschen durch Schwierigkeiten herausfordern, die eigene Bewußtwerdung zu beschleunigen. So gibt es aus esoterischer Sicht auch keinen Grund, die Quadrate des eigenen Geburtsschemas zu beklagen, denn wer gar keine Spannungsaspekte in seinem Horoskop hat, erlebt in diesem Leben auch weniger Ansporn zur Entwicklung.

Harmonische Aspekte, die im allgemeinen weniger auffallen, weil sie als eine selbstverständliche Begabung empfunden werden, zeigen dagegen an, welche Energien schon ausgeglichen und aufeinander abgestimmt sind, was ebenfalls als eine karmische Entwicklung betrachtet werden kann.

Trigon, Sextil und *Konjunktionen* von Planeten, die sich harmonisch ergänzen, sind beispielsweise Aspekte, die wir meist als angenehm erleben, die aber andererseits nur wenig Anreiz zur Entwicklung bieten, weil sie nicht als ständiger »Dorn im Fleisch« wirken und damit auch keine Dynamik auslösen.

Es gibt zwei Arten von Aspekten:

1. Aspekte, die persönliche Planeten miteinander bilden:
   ☽, ♂, ☿, ♀, ☉, ♃, ♄.
   Diese stellen Eigenschaften, Fähigkeiten und Schwächen dar, die durch die Persönlichkeitsastrologie ausreichend beschrieben sind und deshalb nicht Gegenstand dieses Buches sein werden.

2. Aspekte von persönlichen Planeten mit transformatorischen Planeten:
   ♄, ♅, ♆, ♇.
   Die transformatorischen Aspekte unterscheiden sich in ihrer Wirkung von den persönlichen Aspekten dadurch, daß ein höherer, unpersönlich wirkender Planet sich mit einem persönlichen Planeten verbindet und diesen dadurch veranlaßt, sich einer höheren Schwingung anzupassen.
   Saturn nimmt in dieser Hinsicht eine Sonderrolle ein. Er wirkt sowohl auf persönlicher als auch auf unpersönlicher Ebene, indem er

Begrenzungen setzt, die karmisch bedingt sind und uns vom Unbewußten her beeinflussen.

Neptun, Uranus und *Pluto* verkörpern das Überbewußte bzw. das Unterbewußte, das auf kollektiver Ebene auf uns einwirkt und das wir durch Ausdehnung unseres Bewußtseins auf überpersönliche, transzendentale Ebenen in unser Bewußtsein eingliedern müssen.

Die transformatorischen Aspekte

Der Sinn der Aspekte zwischen »Planeten des Überbewußten« und persönlichen Planeten besteht darin, Überbewußtes allmählich in das persönliche Bewußtsein zu integrieren. Dies geschieht meist dadurch, daß physische Ereignisse, die die Aspekte mit sich bringen, uns zeigen, wo wir im Sinne der Seele richtig oder falsch handeln. Die Wirkung von Aspekten mit Saturn (karmische Verbindlichkeit), Neptun (selbstlose Liebe), Uranus (Intuition) und Pluto (Zerstörung von Formen, die die Entwicklung der Seele behindern) ist daher auch immer bewußtseinserweiternd im geistigen Sinne. Dies schließt aber persönliche Veränderungen bis hin zu katastrophalen Einbrüchen in den normalen Alltag des Lebens nicht aus, wenn das Leben, das wir führen, zu stark von unserer inneren Wirklichkeit abweicht. Wenn sich bei Auslösung von Aspekten schwierige Lebenssituationen ereignen, die der Symbolik eines Aspekts entsprechen, so zeigt dies einfach nur an, daß wir den tieferen Sinn einer Aufgabe noch nicht verstanden haben und die Ereignisse des Lebens uns einen Anschauungsunterricht bieten, der uns die mit einem Aspekt verbundene Problematik sichtbar vor Augen führen soll.

Die transformatorischen Aspekte können deshalb als Wegweiser für uns dienen, indem sie uns zeigen, welche größeren Veränderungen oder Entwicklungen sich die Seele in diesem Leben vorgenommen hat und ob wir diese Lektionen bereits verstanden und umgesetzt haben oder nicht. So scheint es aus esoterischer Sicht auch wenig sinnvoll zu sein, die Ursachen und die Verantwortung für unsere Probleme, die durch die Aspekte angezeigt werden, auf unsere Eltern oder unsere Kindheit abzuwälzen, wie es uns durch die Psychologie häufig erklärt wird. Denn die Seele sucht sich ja eine Umwelt aus, die den Bedingungen und Gegebenheiten des Horoskops entspricht, damit sie ihr Lernprogramm für dieses Leben erfüllen kann. Die Familiensituation, in die wir hineingeboren werden, ist folglich nicht zufällig, sondern sie bildet das notwendige Umfeld, in dem wir das lernen können, was wir zu lernen haben. Eltern oder Geschwister können daher als die »Erfüllungsgehilfen unseres Schicksals« betrachtet werden, mit denen wir eine karmische Beziehung haben und die uns helfen, schwierige Situationen zu erleben, aber auch zu meistern. Wie anders ließe sich sonst erklären, daß sich die Familiensituation sehr oft anhand des Horoskops erahnen läßt, das ja den Eindrücken der Kindheit vorausgeht und schon bei der Geburt feststeht?

In diesem Zusammenhang möchte ich an Edgar Cayce, den wohl bedeutendsten sensitiven Seher unseres Jahrhunderts erinnern. In seinen Trance-Sitzungen, in denen er sich auf das kollektive Unbewußte einstimmen konnte, hob er immer wieder hervor, daß jede Lebenszeit die gesamte Summe aller früheren Lebenszeiten ist und jeder von uns in allen Erfahrungen seines Lebens immer wieder nur *»sich selbst trifft«*. *»Was wir jetzt sind, ist eine Zusammensetzung dessen, was wir waren; und alles, was früher aufgebaut wurde, das Gute wie das Schlechte, ist in den Situationen dieses Lebens enthalten.«* Die Seele wird, wie Cayce sich ausdrückt, *»von den Einflüssen angezogen, die man von oben sehen kann«*[47], was bedeutet, daß jeder Mensch in seinem Horoskop die Aspekte hat, die seiner eigenen Schwingung und Entwicklungsstufe am genauesten entsprechen.

Alle Aspekte, ganz gleich, ob es sich um Spannungsaspekte oder harmonische Aspekte handelt, sollten also nicht als negativ, zerstörerisch oder gar schicksalserzwingend betrachtet werden, denn jedes Problem unseres Lebens birgt gleichzeitig seine Lösung in sich, so wie die Natur die Lösung für alle unsere Probleme bereithält, die wir aber nur dann finden können, wenn wir im Einklang mit ihr leben und sie nicht ausbeuten oder gar als Feind unserer egozentrischen Bestrebungen betrachten. Quadrate oder Oppositionen zeigen folglich nur an, daß gewisse Bestrebungen unseres Wesens sich noch widersprechen und gegeneinander arbeiten als Resultat unserer Einstellung aus früheren Leben, in denen unsere Handlungen möglicherweise mit den Idealen oder geistigen Zielen unserer inneren Wirklichkeit nicht in Einklang standen. Und die Lösung dieser Aspekte besteht nun darin, daß wir die sich widersprechenden Tendenzen unseres Wesens durch die immer stärker werdende Ganzheit und Einheitlichkeit unserer Persönlichkeit

---

[47] zitiert aus: Stephen Arroyo, *Astrologie, Karma und Transformation*

schließlich miteinander verbinden. Dies kann ein oder mehrere Leben in Anspruch nehmen, je nachdem, ob wir uns unserer Lebensaufgabe stellen oder ihr auszuweichen versuchen.

Aspekte können deshalb als die Saat betrachtet werden, die wir in der Vergangenheit gesät haben und die in diesem Leben zu gewissen Zeiten aufgehen wird, um uns den Stand unserer eigenen Entwicklung bewußt zu machen. Und die Zeiten, zu denen sie aufgeht, werden zuverlässig durch die Transite (Kap. X) angezeigt, die unser ganzes Leben von Anfang an in einen größeren Zeitrahmen stellen, in dem wir innerlich wachsen und uns entwickeln können. Doch weil wir die Ganzheit dieses größeren Zeitrahmens noch nicht erfassen und im allgemeinen nur unsere kleine, sehr begrenzte Zeitperspektive wahrnehmen, wirken sich vor allem die transformatorischen Aspekte oder Transite in vielen Fällen als gesundheitliche Probleme, psychische und seelische Krisen oder in Form anderer Konflikte und Schwierigkeiten des Lebens aus. Diese Schwierigkeiten und Krisen sind jedoch nur Ausdruck unseres inneren Seelenzustands; sie fordern uns auf, loszulassen und uns den notwendigen inneren Veränderungen nicht länger zu widersetzen.

Bei einer auffallenden Betonung von *Saturn-Aspekten* steht beispielsweise die Entwicklung einer eigenständigen und verantwortlichen Persönlichkeit im Vordergrund, während wir bei Überwiegen von *Neptun-Aspekten* davon ausgehen können, daß das Ich in der gegenwärtigen Entwicklungsphase zu stark geworden ist und der Mensch die Aufgabe hat, sich für die Impulse der Seele, für liebende Mitmenschlichkeit und Idealismus zu öffnen. Bei Betonung von *Uranus- oder Pluto-Aspekten* geht es um die Veränderung des Denkens im Sinne einer intuitiven Wahrnehmung und die Erweiterung des mentalen Bewußtseins. Dabei wirken Uranus-Aspekte vor allem darauf hin, daß wir uns aus einengenden Lebensbedingungen befreien und uns der eigenen Zukunftschancen bewußt werden, während die Wandlung des Pluto sich auf die Vergangenheit bezieht und durch zum Teil gewaltsame Zerstörung alter kollektiver Gedankenformen und Lebensstrukturen die Veränderung unserer Denkhaltung erzwingt.

Aspekte geben also Auskunft über die Lernschritte, die die Seele sich in einem Leben vorgenommen hat und über das, was sie als Karma mit ins Leben bringt, denn in der Esoterischen Astrologie gehen wir davon aus, daß alle Aspekte karmisch bedingt sind. Aus dieser Sicht kann es keine negativen Aspekte geben, sondern allenfalls schwierig zu lebende, noch ungelöste Aufgaben, die aus der Vergangenheit eines Menschen resultieren. Diese ungelösten Aufgaben werden durch die Aspekte angezeigt, die Auskunft darüber geben, welche Energien schon integriert sind und welche Teile der Persönlichkeit noch im Widerspruch miteinander liegen und deshalb möglicherweise Konflikte mit sich selbst und der Umwelt auslösen. Denn alles, was wir erleben, ist ja nur eine Projektion innerer Kräfte und Energien, die sich im Äußeren widerspiegeln. So scheinen mir die vielen Bücher über Aspekte, die zum Teil an ein Kochbuch mit Rezepten erinnern, auch nur bedingt anwendbar zu sein. Sie verschleiern nicht selten den Blick für das, was ein Aspekt einem Menschen zu sagen hat und was er durch ihn lernen kann. Werden die Probleme doch meist in den Vordergrund gestellt und auf der Symptom-Ebene behandelt, anstatt sich mit der Ursache zu beschäftigen.

Das gleiche gilt natürlich auch für die prognostische Astrologie, auf die ich später noch kurz eingehen werde. Auch im Hinblick auf Transite erlebe ich immer wieder, daß Menschen wie gebannt auf ihre Wirkung warten und das Gefühl haben, nichts machen zu können, weil sie ja schicksalsbestimmend sind. Diese Haltung ist nach meinem Verständnis wenig hilfreich, denn dadurch verpassen wir die Chance zu verstehen, welcher Entwicklungsschritt zeitbedingt notwendig ist und diesen bewußt und aktiv zu vollziehen. Überdies dienen astrologische Konstellationen auch allzu gerne als Ausrede für den mangelnden Willen, aus ihnen zu lernen, anstatt sich von ihnen beherrschen zu lassen.

Ich möchte deshalb versuchen, ein Verständnis dafür zu wecken, daß die transformatorischen Aspekte eine Chance bieten, uns zu entwickeln. Wir wollen sie als Lebenshilfe und nicht mehr als Lebenshindernis begreifen, um offen zu werden für das, was sie an Wandlung bewirken. Denn aus esoterischer Sicht enthalten sie ein Schulungsprogramm, das sich die Seele für dieses Leben vorgenommen hat und das uns zu mehr Ganzheit führt. Es ist also wichtig, uns bewußt zu machen, daß jeder Planet eine geistige Idee (Strahl) verkörpert, die seine Qualität und Zielrichtung bestimmt. Und wenn nun zwei unterschiedliche Ideen aufeinander einwirken, ergibt sich daraus ein Spannungsfeld, das eine Information enthält, auf die der Mensch reagieren soll. Wird die Information verstanden, kann sie ins Bewußtsein integriert werden, und es ergeben sich daraus neue Möglichkeiten und Perspektiven im Leben. Wird sie aber nicht verstanden, dann müssen entsprechende Ereignisse uns begreiflich machen, was in unserem Leben nicht richtig läuft und worauf wir in Zukunft achten müssen. Die Grundidee oder Absicht eines Aspektes ist also klar und eindeutig, denn sie ergibt sich aus der Kombination zweier Energiequalitäten. Doch die möglichen Auswirkungen von Aspekten im physischen Leben sind vielfältig und unterscheiden sich entsprechend der Grundveranlagung und Entwicklungsebene eines Menschen.

So lassen sich Aspekte auch nicht zuverlässig ereignisbezogen deuten, sondern nur von ihrer geistigen Zielsetzung und dem Lernpotential her, das sie enthalten. Denn die Ereignisse, die sich in einem Leben aufgrund eines Aspektes ergeben, sind abhängig von der Gesamtkonstellation eines Menschen. Es ist entscheidend, ob der tiefere Sinn einer Aufgabe erkannt und akzeptiert wird, weil er mit den entsprechenden Energien schon vertraut ist, oder ob sie ihm in seinem Selbstverständnis so widersprechen, daß er sich innerlich dagegen wehrt. Ein Löwe wird beispielsweise mit viel mehr Widerstand auf einen Saturn-Aspekt reagieren als ein Steinbock, der ja an Einschränkung und Entbehrung gewöhnt ist und dem diese Eigenschaften natürlich erscheinen, während der Löwe gegen jede Einschränkung und Disziplinierung von außen mit allergrößter innerer Empörung reagiert. Und so werden sich Aspekte als mehr oder weniger konfliktträchtige Ereignisse zeigen, je nachdem, ob sie der Grundenergie eines Menschen entsprechen oder ihr vollkommen entgegengesetzt sind.

Die Aspekte werden im folgenden deshalb unter dem Blickwinkel der Seelenentwicklung betrachtet, um uns bewußt zu machen, daß frühkindliche frustrierende oder traumatische Ereignisse einen tieferen Sinn haben, weil sie auf eine notwendige Veränderung des eigenen Verhaltens hinweisen. Denn alle Erfahrungen in der Kindheit entsprechen einem karmisch-bedingten Entwicklungsplan, der im Licht der Seele betrachtet einem höheren Zweck dient. Alle Aspekte können sich trotz der damit möglicherweise verbundenen Leiden und Schwierigkeiten für die eigene Entwicklung als positiv erweisen, denn sie ermöglichen uns Erfahrungen, aus denen uns wichtige Fähigkeiten erwachsen, wenn wir ihren Sinn erkennen und akzeptieren.

Bei der Kürze der Betrachtung werde ich nicht zwischen Opposition, Quadrat oder Trigon differenzieren, weil diese sehr subtile Unterscheidungen darstellen, die erst bei der Deutung eines Gesamthoroskops zuverlässig bewertet werden können. Generell läßt sich aber sagen, daß Spannungsaspekte deutlicher wahrnehmbar sind und mehr Probleme verursachen, da in ihnen ein größeres Entwicklungspotential liegt. Abgeschwächt gilt das Gesagte auch für die entsprechenden harmonischen Aspekte, die sich im allgemeinen aber als weniger problematisch erweisen, weil sie eine schon erreichte Fähigkeit oder Stärke anzeigen.

Saturn-Aspekte

Saturn verkörpert die *Idee des 3. Strahls, der »Aktiven Intelligenz«*. Dieser bestimmt auch die Lebensqualität der Erde, denn er stellt die Energie der Verdichtung dar, die der Entstehung von physischen Formen zugrunde liegt. Durch diese Eigenschaft der »Verfeststofflichung« von Energie, gibt der 3. Strahl der Menschheit die Möglichkeit, in dichter Materie zu erschaffen und dadurch Erfahrungen zu machen. So wirkt er auch vor allem als *»verursachender schöpferischer Impuls«,* der uns durch seine Fähigkeit zu verlangsamen, zu hemmen und Gedankenkraft zu verdichten, ein weites Feld für Versuche und Erfahrungen schafft. Er bewirkt die Formwerdung dessen, was wir gedanklich erschaffen haben, wie beispielsweise Traditionen, Ideologien, Weltanschauungen oder menschliche Erklärungen der Wirklichkeit, die die sogenannte Realität physischen Lebens bestimmen.

Mit Saturn verbinden wir daher stets das Prinzip der Formgebung und Verdichtung, aber auch der Kristallisation, die anzeigt, daß die Form nicht mehr zeitgemäß ist und zerstört werden muß. Er steht für das Gewordene im Gegensatz zum Werdenden, das noch nicht an eine Form gebunden ist und noch freie Energie darstellt.

Saturn-Aspekte haben immer einen Bezug zur Vergangenheit, sie sind das karmische Erbe, das wir in eine Inkarnation mitbringen. Die Begrenzungen und Einschränkungen persönlicher Planeten, mit denen er einen Aspekt bildet, deuten deshalb an, daß wir uns in diesem Bereich unseres Lebens stärker konzentrieren, disziplinieren und begrenzen müssen. Doch diese notwendige Begrenzung, die ein Aspekt uns auferlegt, ist karmisch bedingt und somit unsere eigene Schöpfung, denn Saturn konfrontiert uns stets nur mit unserer eigenen gedanklichen Wirklichkeit, die die einzige Begrenzung zum größeren Leben des Kosmos darstellt.

Saturn als Symbol der Begrenzung sollte also nicht als hemmend oder hindernd an sich betrachtet werden; vielmehr verkörpert er die Struktur unseres eigenen Denkens mit seinen (Gedanken-)Mustern, Schablonen und Schubladen, die ein Mensch als »Vor-Urteile« und vorgefaßte Meinungen über sich und seine Umwelt aus früheren Inkarnationen mit ins Leben bringt. Diese wirken sich hemmend, einschränkend und behindernd auf die Freiheit der innewohnenden, verkörperten Seele aus, deren Prinzip Licht und grenzenlose Liebe ist. Nicht zufällig wird Saturn deshalb körperlich in Beziehung gebracht zu Knochen, Zähnen, Haaren und Nägeln, also den am stärksten verdichteten Teilen des Körpers, die ihm in Form des Knochengerüsts Struktur und innere Stabilität geben.

So hat Saturn auch eine wichtige Funktion für die Entwicklung einer integrierten Persönlichkeit, die wir nur durch Anstrengung, Disziplin und Verantwortung erreichen können. Er verkörpert unser Rückgrat im konkreten und übertragenen Sinne und bildet im Zusammenhang mit der Sonne die Basis für unsere Persönlichkeitsentwicklung. Er erzieht uns zu Eigenverantwortung und bewirkt die Wandlung vom instinktiv erlebenden, durch die Masse bestimmten Wesen (☾) – das wir in der Kindheitsphase unserer Entwicklung sind – zu einem Individuum, das sich selbst versteht und sich der eigenen Fähigkeiten, aber auch der eigenen Grenzen bewußt ist (♄). Und so wirkt Saturn – als höhere Oktave des Mondes – auch nur dort einschränkend und behindernd, wo das eigene Denken den Interessen der Seele zuwiderläuft, und positiv stabilisierend und strukturierend da, wo es an der Konzentration des Denkens mangelt und festere Strukturen sinnvoll und entwicklungsfördernd wären.

Wenn wir die Wirkung der Saturn-Aspekte betrachten, sollten wir uns daher immer bewußt machen, daß sie keine von außen auferlegten Strafen darstellen, sondern daß sie innere Begrenzungen sichtbar machen, die wir uns im Laufe der Zeit selbst auferlegt haben und die in diesem Leben mit Hilfe der Spannungs-Aspekte sichtbar werden.

Saturn-Aspekte mit persönlichen Planeten (☾, ♂, ♀, ☿, ☉, ♃) dienen nach meiner Erfahrung primär dazu, der Persönlichkeit mehr Festigkeit und innere Struktur zu geben, indem persönliche Wahrnehmungs- und Erfahrungsbereiche, in denen mehr mentale Kontrolle notwendig ist, eingeschränkt und diszipliniert werden. Deshalb sind diese Aspekte auch immer dann besonders zahlreich und betont, wenn ein Mensch für die Instinkt- und Gefühlsebene momentan zu offen ist und mehr Stabilität, eigene Denkkraft und Unabhängigkeit erreicht werden sollte.

Bei Saturn-Aspekten mit transformatorischen Planeten (♅, ♆, ♇) scheint mir das Gegenteil der Fall zu sein. Das Denken ist zu strukturierend, trennend und isolierend geworden, weil der Verstand überbetont ist. Es muß also wieder eine stärkere Öffnung des Ego für höhere Seinswelten und Wirklichkeiten erfolgen. Die Grenzen des Persönlichkeitsfeldes müssen also durchlässiger werden, damit ein Mensch durch Mitgefühl und Idealismus (♆), intuitive Erkenntnis (♅) und Zerstörung alter Strukturen (♄) wieder empfänglich wird für das größere Ganze, von dem er ja nur ein Teil ist.

Diese Prozesse der Persönlichkeitsverdichtung durch Abgrenzung und der erneuten Auflösung der Grenzen sind aber nicht als absolutes Entwicklungsmerkmal zu betrachten. Aspekte zeigen immer nur momentane Notwendigkeiten der Entwicklung an, den »Ist-Zustand«, der bezogen auf die Gesamtentwicklung eines Menschen immer relativ ist.

Zeigen sich im Horoskop also überwiegend Saturn-Aspekte mit persönlichen Planeten, so können wir davon ausgehen, daß sich dieser Mensch gerade an einer Wegmarke seiner Entwicklung befindet, wo sein emotionaler Lebensausdruck stärkerer gedanklicher Kontrolle und Disziplinierung bedarf. Saturn-Aspekte geben in diesem Fall einen Hinweis darauf, in welchem Bereich unseres Lebens mehr Einschränkung und Kontrolle, aber auch mehr Konzentration und gedankliche Arbeit erforderlich ist, um zu mehr Eigenständigkeit und Eigenverantwortlichkeit zu gelangen. Saturn ist daher ein wichtiger Planet in der Entwicklung, denn durch ihn müssen wir das »Prinzip des Karma« begreifen lernen, indem wir allmählich akzeptieren und schließlich immer deutlicher wahrnehmen lernen, daß unsere eigenen Gedanken unsere Erfahrung schaffen und die Begrenzungen unseres Lebens unsere eigenen Schöpfungen sind.

Allgemein können wir davon ausgehen, daß alle Aspekte den Zweck haben, uns gewisse Teilaspekte unseres Wesens bewußt zu machen, um sie harmonischer miteinander zu verbinden als sie bisher sind. So reicht es mir auch nicht, mit ihnen einfach nur gewisse Probleme, Fähigkeiten oder Unfähigkeiten zu assoziieren, weil dies nicht erkennen läßt, warum wir so sind, wie wir astrologisch geboren wurden, und welcher Sinn damit verbunden ist.

Ich möchte deshalb an einem besonders spannungsreichen Aspekt (♂♄) zeigen, wie jeder Aspekt sich letztendlich als positiv und entwicklungsfördernd erweist, auch wenn er subjektiv als nicht besonders angenehm empfunden wird. Bei den anderen transformatorischen Aspekten werde ich mich darauf beschränken, das Entwicklungsziel stichwortartig anzudeuten, weil es im Rahmen dieses Buches nicht möglich ist, alle Aspekte ausführlich zu behandeln.

Mars – Saturn

Dynamische initiale Kraft Beharrungskraft der Form
Willensimpuls Widerstand, Beschränkung
Tatendrang, Initiative Krafthemmung, Rückstau

Problemstellung: Widerstandsorientierte Energie
Spontane Willensimpulse und Initiativen (♂) treffen auf Widerstand (♄)
Bild: der Hürdenläufer; Autofahren mit angezogener Handbremse.

Entwicklungsziel

Dieser Aspekt hat das Ziel, den Menschen zu veranlassen, sich gegen Widerstände zu behaupten, und zu lernen, seine Ideen und inneren Ziele auch gegen konventionelle oder traditionelle Normen zu vertreten. Es geht um die Befreiung von der Herrschaft erstarrter Gewohnheiten und überholter gedanklicher Strukturen, um zur Wirklichkeit des eigenen Wesens zu gelangen. Es ist der Kampf um die individuelle Freiheit des Willens gegen den Widerstand traditioneller Werte und Normen, die durch Erziehung und Sozialisation verinnerlicht sind und durch diesen Aspekt im Leben bewußt werden sollen.

Auswirkung im Physischen

Das Leben bietet dem Menschen von Kindheit an Umweltbedingungen, die seine Entwicklung hemmen und nur durch einen Höchsteinsatz von Energie und Eigeninitiative überwunden werden können. Die Lebenssituationen bestehen aus Hindernissen, Widerständen und Einschränkungen, die nur durch innere Stärke durchbrochen werden können. Mars-Saturn-Aspekte sind daher schwierig und werden meist somatisiert, weil diese Prinzipien sich hart aneinander reiben. Das Leben ist konfliktreich und phasenweise auch frustrierend und voller Enttäuschungen, denn nichts wird leicht errungen, alles muß erkämpft werden, und vieles, was ein Mensch will, ist einfach nicht erreichbar, weil sich unerwartet immer wieder Hürden aufbauen.

Bei willensstarken Menschen führt dies, nach vielen Konflikten, Auseinandersetzungen und Mühen, schließlich zu einer Stärkung der persönlichen Durchsetzungskraft, aber auch zur Erkenntnis, daß persönliche Willensimpulse, Initiativen und Ideale an der Realität gemessen werden müssen und im Leben immer eine Reduzierung und Einschränkung erfahren.

Doch diese Einschränkung ist karmisch bedingt und dient der Erfahrung von Grenzen, die wir durch unser Denken in der Vergangenheit selbst gesetzt haben. So besteht die Lektion dieses Aspektes auch darin, unser inneres Wollen an karmische Begrenzungen anzupassen. Diese begegnen uns in jedem Leben in der Gestalt des Saturn wieder, um uns daran zu erinnern, daß unser Wille sich den Gesetzen des Lebens beugen muß, ohne dadurch die eigene Identität und die eigene Kraft der Entwicklung zu verlieren. Mars-Saturn lehrt uns also das Akzeptieren von Grenzen und Begrenzungen und ein wenig Demut, weil der eigene Lebensentwurf stets auf Widerstände trifft und nur schwer zu verwirklichen ist.

Unbewußt: Oppositionsgeist, streitlustig bis streitsüchtig, kampf- und aggressionsbereit auf niederer Entwicklungsebene.
Ein Mensch, der Widerstände unbewußt geradezu sucht und überall weckt, weil er diese braucht, um sich gegen sie zur Wehr zu setzen. Suche nach Herausforderungen des Lebens, die im Kampf und Wettstreit mit anderen gesehen werden (Kampfsport).

Bewußt: Der Mensch besitzt genug Willen und Stärke, um da Widerstand zu leisten und für seine Überzeugungen zu kämpfen, wo Strukturen entwicklungshemmend sind. Ansonsten hat er gelernt, Hindernisse des Lebens als notwendige Begrenzungen zu akzeptieren und über diese Akzeptanz das eigene Leben zu harmonisieren.

Gesundheitliche Komponente:
Energiestau, Muskel- und Gefäßkrämpfe, denn Antrieb und Hemmung sind gleich stark. Schwierigkeit, entspannt zu sein.

Aspekte mit Saturn in Stichworten

Der Einfluß der Saturn-Aspekte zeigt sich vor allem im *niederen Mentalbereich,* der die Persönlichkeit formt.

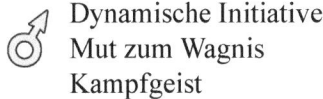 Dynamische Initiative
Mut zum Wagnis
Kampfgeist

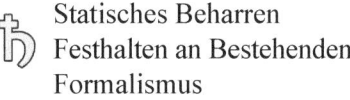 Statisches Beharren
Festhalten an Bestehendem
Formalismus

Widerstandsorientierte Energie. Antrieb und Hemmung sind gleich stark.

Problem: Oppositionsgeist. Streitlust. Mangelnde Fähigkeit zu entspannen.

Entwicklungsziel: Durchsetzung der Individualität gegen äußere und innere Widerstände. Befreiung aus der Herrschaft der Form.

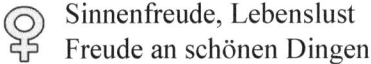 Sinnenfreude, Lebenslust
Freude an schönen Dingen

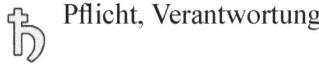 Pflicht, Verantwortung

Sinnlichkeit und Lebensfreude werden begrenzt durch das Gefühl von Pflicht und Verantwortung. Wenige tiefe Beziehungen müssen erarbeitet werden.

Problem: Beziehungsschwierigkeiten. Häufig frustrierende emotionale Erfahrungen in der Kindheit. Gefühlskälte. Verstand dominiert Gefühl.

Entwicklungsziel: Disziplinierung des Wunschlebens. Liebe und Beziehungsfähigkeit lernen. Liebe und Verantwortung in einer Beziehung leben.

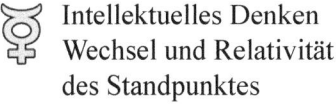 Intellektuelles Denken
Wechsel und Relativität
des Standpunktes

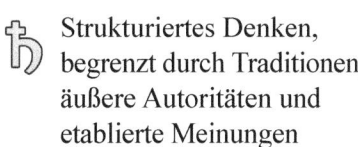 Strukturiertes Denken,
begrenzt durch Traditionen,
äußere Autoritäten und
etablierte Meinungen

Intellektuelle Skepsis. Festhalten an etablierten Lehrmeinungen und Autoritäten.

Problem: Mangelnde Flexibilität im Denken.

Entwicklungsziel: Denken strukturieren und auf das Wesentliche konzentrieren. Denken in sozialer Verantwortung.

 Kindhaft-magisches Erleben
Gefühlsdenken, Phantasie
Traumwirklichkeit
Anlehnung an andere

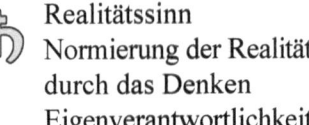

Emotionale Unsicherheit und Gefühl der Ungeborgenheit. Emotionale Bezugsperson fehlt oft oder vermittelt keine seelische Nähe.

Problem: Schwierigkeit, »nein« zu sagen, weil man aus innerer Unsicherheit Bestätigung bei anderen sucht. Nicht selten fällt es schwer, über Gefühle zu sprechen und sich anderen emotional zu öffnen.

Entwicklungsziel: Gefühl und Verstand verbinden, um zu emotionaler Eigenständigkeit zu gelangen. Sicherheit im Denken finden.

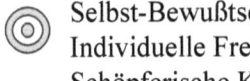 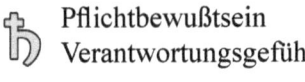

Große Arbeitskraft und großes Leistungsvermögen. Fähigkeit, über viele Stunden ohne Pause zu arbeiten.

Problem: Persönliche Freiheit und spontane Kreativität sind gehemmt. Die Arbeit wird überbetont.

Entwicklungsziel: Individuelle Freiheit in sozialer Verantwortung leben. Freiheit und Verpflichtung verbinden.

| | Vertrauen in die Zukunft Streben nach Erweiterung Toleranz und Weite des Denkens | ♄ | Vertrauen in die Vergangenheit Bindung an Tradition Konservatives Denken |

Große Konjunktion, die alle 20 Jahre stattfindet. Wandlungsphasen, die neue Entwicklungen einleiten.

Entwicklungsziel: Offenes und tolerantes Denken entwickeln bei gleichzeitiger Konzentration auf das Wesentliche.

Saturn hemmt und erschwert die Auswirkungen aller anderen persönlichen Planeten, mit denen er in einem Spannungsverhältnis steht. Er konkretisiert und konzentriert aber auch Erfahrungen, wenn ein Aspekt positiv gelebt und Eigenverantwortung übernommen wird.
In Verbindung mit transsaturnischen Planeten wirkt er als persönlicher Planet, denn er stellt die Begrenzung der Persönlichkeit dar.
(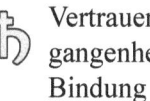 siehe Uranus- und Neptun-Aspekte)

| ♄ | Persönliche Begrenzung durch das eigene Denken | | Zerstörung von Begrenzungen, die die Seelenentwicklung hemmen |

Saturn und Pluto beziehen sich karmisch auf die Vergangenheit, die nur schwer losgelassen werden kann. Stark festhaltende Tendenzen im Denken, die aber zwangsläufig aufgegeben werden müssen, weil die Kombination dieser beiden Planeten zwingende Lebenssituationen bewirkt.

Problem: Die Vergangenheit muß in diesem Leben aufgearbeitet werden. Lange zurückliegende karmische Schulden müssen beglichen werden. »Karmische Sackgasse«: Umkehr und Neuorientierung sind notwendig. Häufig werden zwanghafte Strukturen im Leben sichtbar, die auf unbewußte, festgehaltene Probleme hinweisen.
Dieser Aspekt wird nicht selten somatisiert, u.a. als Probleme der Hüftgelenke (symbolischer Bezug des Sakralzentrums zur Vergangenheit).

Entwicklungsziel: Loslassen von der Vergangenheit. Bewußtmachen von Verdrängungen und anderen lange aufgestauten Problemen.
Zerstörung von Gewohnheiten und Gedankenstrukturen, die uns hemmen, wenn nötig durch Leiden, Krankheit oder Unfälle, die eine Neuorientierung notwendig machen.
♄ ⚷ ist ein zwingender Aspekt, der in einem Leben mit Sicherheit sichtbar wird, um gelöst zu werden.

Neptun-Aspekte

Neptun verkörpert die *Idee des 6. Strahls der »Devotion oder der liebenden Hingabe«* an ein höheres Ideal. Er ist das Symbol der allumfassenden Liebe und hat die Aufgabe, uns die Grenzenlosigkeit des Seins und die ideale Wirklichkeit hinter der Welt der Formen bewußt zu machen.

Deshalb bewirkt er in uns die Neigung zu Idealismus. Er lehrt uns, daß Liebe universell und grenzenlos ist und daß wir die Gefühle eines anderen niemals in Besitz nehmen können. Seine Lektion heißt: Loslassen von persönlichen Bindungen und begreifen, daß wahre Liebe unpersönlich und selbstlos ist und nicht auf eine Person beschränkt bleiben kann. Dadurch entsteht in uns ein Empfinden für das größere Ganze und die Sehnsucht nach Einheit, die uns aus den Grenzen des Ichs befreit.

Doch bevor wir selbstlos werden können, müssen wir mit Hilfe des Saturn ein persönliches abgegrenztes Selbst geworden sein, um im »Ozean der Gefühle« nicht unterzugehen. Durch gedankliche Entwicklung lernen wir, die Wogen unserer Emotionen zu glätten und zunächst einmal ein von anderen getrenntes Eigenbewußtsein zu entwickeln, um als entwickelte Persönlichkeit dann wieder mit dem größeren Ganzen zu verschmelzen. Neptun kann seine Persönlichkeits-transzendierende Wirkung und seine grenzenlose Liebe unserem Bewußtsein also nur dann vermitteln, wenn wir schon ein Selbst geworden sind, d.h. wenn das Stadium des Massenbewußtseins hinter uns liegt. Ist das Eigenbewußtsein aber noch schwach, dann besteht die Gefahr, daß psychische Wahrnehmungen nur auf der Astralebene erfaßt werden und sich dem Gefühlsbewußtsein einprägen, ohne gedanklich verstanden zu werden. So entstehen Verblendungen, Selbstüberschätzungen und zuweilen ein Verlust des Realitätssinns, wodurch ein Mensch dazu neigt, seine eigene Entwicklung, aber vor allem die eigene Liebesfähigkeit zu überschätzen.

Denn der Weg der selbstlosen Liebe und des praktizierten Idealismus ist ein langer und mühsamer Weg. Nicht selten versuchen gerade Neptun-betonte Menschen den leichteren Abkürzungsweg zu nehmen und durch sogenannte bewußtseinserweiternde Drogen die Transzendenz des Bewußtseins zu erreichen, ohne wie Christus und alle Weisen dieser Welt »durch die Hölle gegangen zu sein«, was ja nur ein Symbol der Läuterung des Charakters ist. Zu Recht werden Neptun-Aspekte daher mit einer Anfälligkeit für Alkohol und Drogen in Verbindung gebracht, denn Drogen stellen meist nur den Versuch dar, der Einsamkeit und Isolation zu entfliehen und ein Gefühl der Einheit und Verbundenheit mit einem größeren Ganzen zu erreichen, ohne das eigene Bewußtsein durch »gedankliche Arbeit an sich selbst« verändern zu müssen. Das gleiche gilt auch für bestimmte Meditationspraktiken oder religiöse Übungen, zu denen sich der Neptun-betonte Mensch oft hingezogen fühlt, um zeitweilig durch mystische Versenkung bis hin zur Ekstase dem Alltagsleben zu entfliehen und das Gefühl persönlicher Getrenntheit zu überwinden.

Auf unentwickelter Ebene, wenn die Persönlichkeit noch nicht gefestigt ist, führen Neptun-Aspekte oder ein betonter Neptun deshalb häufiger zu nebelartigen Bewußtseinszuständen, Verunsicherungen, Verblendungen und mangelnder Selbstwahrnehmung, weil das eigene Bewußtseinsfeld mit dem der anderen verschwimmt, so wie einzelne Wassertropfen sich in der Weite des Ozeans verlieren und nicht mehr erkennbar sind. Dadurch kann das Gefühl einer Selbstlosigkeit entstehen, die höchst selbstsüchtig ist und das Ego veranlaßt, die eigene Unsicherheit und mangelnde Persönlichkeitsentwicklung hinter einer übertriebenen Hilfsbereitschaft zu kaschieren, um darüber Selbstbestätigung zu erlangen (Helfersyndrom!). Dies erklärt auch die Psyche des »Scheinheiligen«, der über den anderen zu stehen glaubt und versucht, mit dem »Ego in den Himmel« zu kommen, ohne in seinen eigenen Gefühlen je unpersönlich, besitzlos oder gar wunschlos geworden zu sein.

Doch es gibt auf dem »Pfad des Bewußtseins« kein Überspringen von Etappen. Aus diesem Grund steht Saturn als »Hüter der Schwelle« am Tor zur Transzendenz oder zum Überbewußten, und er bewacht dieses Tor so lange, bis wir uns gedanklich entwickelt haben und die

Ebenen des Nicht-Sichtbaren nicht nur empfindungsmäßig wahrnehmen, sondern auch gelernt haben, sie gedanklich zu interpretieren. Durch Begrenzung auf sich selbst, zwingt Saturn den Menschen, sich in wiederholten Reinkarnationen immer wieder selbst zu begegnen, bis er im wahrsten Sinne des Wortes »Selbst-los« wird, weil er sich durch ständige Einwirkung von Neptun und Uranus auf das eigene Gedankenfeld schließlich als Teil eines größeren Bewußtseins erkennt.

Bei Neptun-Aspekten ist es daher besonders wichtig zu erkennen, wo ein Mensch bewußtseinsmäßig steht, weil sie in jedem Fall die Sehnsucht nach Auflösung von Grenzen bewirken. Ob ein Mensch aber wirklich transzendentale Erfahrungen macht, die das Bewußtsein richtig interpretiert, oder ob er sich in traumartigen Phantasieebenen bewegt, die nur die Gefühle erreichen und so zu Verblendungen und Vernebelungen des Bewußtseins führen, das ist abhängig von der jeweiligen Entwicklungsstufe. Denn zuerst muß ein Mensch Saturn, dem »Hüter der Schwelle«, ins Auge blicken und die eigenen Fehler und Unvollkommenheiten erkennen und akzeptieren, um zu Selbstehrlichkeit zu gelangen. Tut er dies nicht, dann werden sie ins Unbewußte verdrängt, wo Pluto als Wächter der Unterwelt sie festhält, um sie zu gegebener Zeit wieder ans Licht des Tages zu bringen und sich ihrer als Werkzeug des Todes und der Zerstörung zu bedienen.

Neptun-Aspekte mit persönlichen Planeten (☾, ♂, ♀, ☿, ☉, ♃, ♄) bewirken immer eine »Entgrenzung« persönlicher Wahrnehmungsbereiche und damit auch die Schwierigkeit, sich in dem betroffenen Bereich auf das Ich zu begrenzen. Wenn wir im Horoskop eine Betonung von Neptun-Aspekten haben, so deutet dies an, daß Ego-Standpunkte zu stark geworden sind und ein Mensch sich in bestimmten Bereichen der Erfahrung wieder für andere öffnen sollte, weil ein mitfühlendes Empfinden notwendig ist, bevor die Persönlichkeit sich weiter entwickeln kann.

Neptun-Aspekte mit transsaturnischen Planeten (⛢ und ♇) deuten dagegen auf eine gewisse Offenheit für transzendentale Ebenen des Seins hin. Da das persönliche Bewußtsein diese im allgemeinen aber noch nicht wahrnehmen kann, wirken sie auf kollektiver Ebene. Sie manifestieren sich als Empfänglichkeit der Masse für zeitbedingte Ideale und Sehnsüchte, die im Menschheitsbewußtsein entsprechend der Thematik der Aspekte auftauchen und über nationale Grenzen hinweg als allgemeine Wunschvorstellung einer Epoche spürbar sind.

Aspekte mit Neptun in Stichworten

Neptun-Aspekte bewirken ein Auflösen von Begrenzungen der Persönlichkeit, die der Entwicklung von Liebe und Idealismus entgegenstehen. Ihr Einfluß zeigt sich daher vor allem im *Astralkörper*, denn es geht um die Verwandlung von Gefühlen und Emotionen in Liebe.

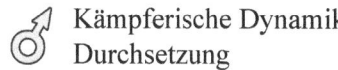

Kämpferische Dynamik
Durchsetzung

Idealismus, Hingabe
Nachgeben, Ausweichen

Persönliche Energie läuft ins Leere, wenn Handlungen nicht durch Ideale motiviert sind. Bild: »Schlag ins Wasser«.

Problem: Handlungs- und Reaktionsschwäche bis Handlungslähme. Mangelnde Kraft und Durchsetzungskraft, wenn Motive zu persönlich und egozentrisch sind. (Dies kann sich auch auf Sexualität auswirken.)

Entwicklungsziel: Idealistisch-motiviertes Handeln. Spirituelles Streben. Handeln in Einklang mit Gruppeninteressen und Partnern. Sexualität mit Spiritualität verbinden.

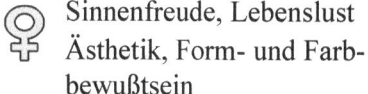

Sinnenfreude, Lebenslust
Ästhetik, Form- und Farbbewußtsein

Feinsinnigkeit
Höhere Inspiration

Persönliche Abgrenzung wird aufgelöst. Sinnlichkeit öffnet sich für den Bereich des Übersinnlichen. Künstlerische Neigungen und musische Begabungen. Feinsinnigkeit.

Problem: Mangelnde Fähigkeit, sich persönlich abzugrenzen. Geringe Stabilität und Verläßlichkeit in Beziehungen.

Entwicklungsziel: Verfeinerung der Sinne und des sinnlichen Empfindens. Offenheit für höhere Inspiration.
Lernen, Beziehungen auf idealler Basis zu leben.

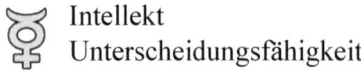 Intellekt
Unterscheidungsfähigkeit
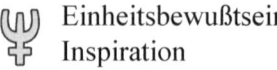 Einheitsbewußtsein
Inspiration

Die Abgrenzung des Intellekts von höheren Wahrnehmungsbereichen wird aufgelöst. Künstlerische oder musische Veranlagung. Offenheit für mystische oder psychische Wahrnehmungen.

Problem: Beeinträchtigung des unterscheidenden Intellekts. Schwierigkeit, sich mit Worten klar auszudrücken. Mangelnde Schlagfertigkeit. Mangelnde Konzentration im Denken. Mangelnde Logik. Gelähmte intellektuelle Reaktion, evtl. Schul- und Lernprobleme.

Entwicklungsziel: Öffnung des Intellekts für höhere Wahrnehmungen und geistige Inspiration. Denken in Gruppenbezügen. Ideelles Denken.

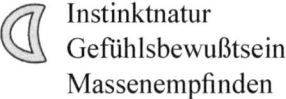 Instinktnatur
Gefühlsbewußtsein
Massenempfinden
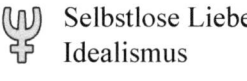 Selbstlose Liebe
Idealismus

Psychische Feinfühligkeit und großes Einfühlungsvermögen in andere. Instinktive Hilfsbereitschaft und mitempfindendes Wahrnehmen des anderen. Große Sensitivät.

Problem: Zu große Offenheit des Ätherkörpers, dadurch leichte Übernahme negativer, schädlicher Schwingungen aus der Umwelt. Mangelnde emotionale Abgrenzung und zu große Beeindruckbarkeit durch Fremdeinflüsse.
Die Empfindsamkeit des Körpers ist sehr hoch, weil eine ätherische Feinfühligkeit vorliegt. Dies führt nicht selten zu Problemen mit (Sexual-)Partnern, die diese Feinfühligkeit unterlaufen.

Entwicklungsziel: Persönliche Gefühle in Liebe verwandeln. Mitgefühl, liebende Hingabe und seelisches Einfühlungsvermögen in andere entwickeln.

 Persönlichkeit Alles einbeziehende Liebe
Selbst-Bewußtsein Auflösen von Persönlichkeitsgrenzen

Der Persönlichkeitsbereich ist nicht abgegrenzt. Es besteht eine große Offenheit für andere. Künstlerische und musische Neigungen.

Problem: Mangelnde Selbstwahrnehmung. Selbsttäuschung. Mißachtung der Persönlichkeitsgrenzen anderer, weil die eigenen Grenzen nicht wahrgenommen werden.

Entwicklungsziel: Persönliche Entwicklung und Selbstbewußtsein durch gelebte Mitmenschlichkeit erlangen. Eigenliebe in Nächstenliebe verwandeln.

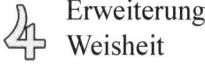 Erweiterung 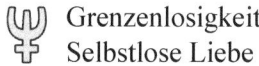 Grenzenlosigkeit
Weisheit Selbstlose Liebe

Toleranz, liebevolles und idealistisches Denken. Große Verständnisbereitschaft für andere. Weite des Verstehens. Ausgeprägter Idealismus. Musische Neigungen und Begabungen. Offenheit für höhere Inspiration.

Problem: Die idealistische Grundeinstellung stößt in einer materiell geprägten Gesellschaft auf wenig Verständnis und wird oft als Weltfremdheit und Mangel an Realismus interpretiert. Aufgrund der natürlichen Hilfsbereitschaft Neigung, sich ausnutzen zu lassen, solange die eigene Unterscheidungsfähigkeit noch wenig ausgeprägt ist und durch mangelnde Persönlichkeitsentwicklung zu wenig Abgrenzung erfolgt.

Entwicklungsziel: Liebevolle Mitmenschlichkeit, die nicht auf Gefühlen, sondern auf Verständnis für andere und auf Toleranz gründet.
Vom unbewußten Helfer, der nach Selbstbestätigung sucht, zum bewußten Helfer werden, der auch »nein« sagen kann, wenn es angebracht ist. Hilfe bewußt leisten, ohne Erwartung einer Gegenleistung (Liebe).

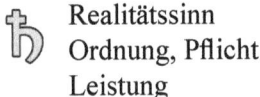

♄ Realitätssinn
Ordnung, Pflicht
Leistung

♅ Entgrenzung
Auflösung verfestigter
Gedanken

Harte Realität und höhere Empfindungsfähigkeit laufen parallel ohne bewußte Verbindung. Häufig: äußerer kühler Verstand bei gleichzeitigem musischem oder mystischem Empfinden. Zeitweilig Gefühl innerer Isolation und Einsamkeit.

Problem: Das Denken ist zu festgelegt und muß sich höheren Inspirationen wieder öffnen. »Inseldasein«: Tendenz, sich gedanklich von anderen abzugrenzen. Mangelndes Einfühlungsvermögen, weil der Verstand das Herz dominiert. »Im Leben erstarrte Menschen« (Minderheitenkonstellation), denn Traditionen bewirken eine zu starke Isolation durch (eigenwillige, ideologische, religiös-dogmatische oder weltanschauliche) Abgrenzung von anderen. Ein zu dominierender Verstand schließt die Wirklichkeit aus.

Entwicklungsziel: Der Mensch muß lernen, sich anderen mitfühlend und in größerer Offenheit zuzuwenden, um die Begrenzung des Denkens und die damit verbundene innere Isolation zu überwinden.

Lernen, der inneren Eingebung mehr zu vertrauen als dem Verstand. Das Herzzentrum muß sich öffnen, um Verstand und höheres Empfinden zu verbinden.

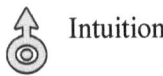 Intuition

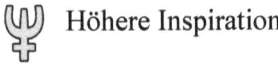 Höhere Inspiration

Große Offenheit und Empfänglichkeit für intuitive Wahrnehmungen. Überwiegend kollektive Wirkung, weil Neptun und Uranus erst auf seelisch entwickelter Ebene bewußt erlebt werden.

Entwicklungsziel: Intuition und höhere Empfindung zu einer ganzheitlichen Wahrnehmung verbinden.

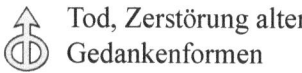 Tod, Zerstörung alter Gedankenformen   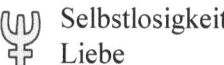 Selbstlosigkeit Liebe

Dieser Aspekt wirkt ebenfalls vor allem auf kollektiver Ebene, um die Menschheit durch (globale) Zerstörung und dem damit verbundenen kollektiv empfundenen Leid zu mehr Liebe und Selbstlosigkeit zu veranlassen.

Entwicklungsziel: Selbstlosigkeit entwickeln durch Loslassen von materiellen und emotionalen Bindungen, die die Seelenentwicklung behindern.
Durch Erfahrung von Leid zu Liebe und Mitmenschlichkeit gelangen.

Uranus-Aspekte

Uranus verkörpert die *Idee des 7. Strahls, der »zeremoniellen Ordnung oder Magie«.* Seine Aufgabe ist es, die physischen Formen zu vergeistigen und ein Einswerden von Geist und Materie zu bewirken, indem die Materie sich durch Evolution den Gesetzen des Geistigen anpaßt. So ist Uranus auch der Planet des Okkultismus oder des universellen geistigen Wissens, das positive magische Fähigkeiten beinhaltet, die uns potentiell in die Lage versetzen, unseren Körper zu beherrschen, indem wir die unterschiedliche Schwingung zwischen Seele und Persönlichkeit aufheben.

Da uns die geistigen Gesetze aber noch weitgehend unbekannt sind, wirkt er zunächst auf kollektiver Ebene verändernd auf das Bewußtsein der Masse ein. Er erreicht Fortschritt in der Menschheit, indem er den Freiheitswillen der Masse unbewußt aktiviert, so daß sie gegen Unterdrückung und Unfreiheit revoltiert.

Auf persönlicher Ebene zeigt sich Uranus als Kraft, die Befreiung bringt, indem sie den Menschen veranlaßt, sich gegen alles aufzulehnen, was seine innere Freiheit und Unabhängigkeit beeinträchtigt. Er bewirkt Entwicklung, indem er den Menschen veranlaßt, sich jeder Einengung und Beschränkung seines inneren Wesens zu widersetzen. Dies macht ihn zum Gegenspieler des Saturn, der die eigene Wahrnehmung begrenzt, damit wir uns zu einer eigenständigen Persönlichkeit entwickeln können, während Uranus diese Grenzen immer wieder einreißt, damit sich der Wahrnehmungsbereich der Persönlichkeit ständig erweitern kann.

Uranus-Aspekte haben die Aufgabe, das trennende, auf die Persönlichkeit begrenzte Denken zu durchbrechen und die Persönlichkeit für die intuitive Wahrnehmung der Ganzheit des Lebens zu öffnen. Wo dies aber noch nicht gelingt, weil der Intellekt (☿) als Basis noch nicht genügend entwickelt ist, bewirkt er oft unerwartet und plötzlich eine Änderung unserer Lebensumstände überall dort, wo sie für die eigene Entwicklung zu festgefahren sind und zu wenig innere Freiheit bieten. Uranus hilft uns, frei zu werden vom Druck äußerer Normen und Maßstäbe, um unsere Verhaltensregeln auf inneren Überzeugungen aufzubauen anstatt auf äußeren Meinungen. Er bewirkt in uns die Erkenntnis, daß menschliche Gesetze gesprengt und immer wieder verändert werden müssen, solange sie sich nicht an universellen Gesetzmäßigkeiten und geistigen Gesetzen orientieren. Er lehrt uns, unser eigenes Gesetz zu leben und Befehle nur von der höheren Natur unserer Seele intuitiv zu empfangen und sie als einzige und letzte Instanz zu akzeptieren.

Saturn und Uranus symbolisieren deshalb wichtige Meilensteine in unserer Entwicklung. Während Saturn dem Menschen hilft, sich durch eigenständiges und eigenverantwortliches Handeln und Denken aus der Masse zu lösen, bewirkt Uranus, daß wir dieses persönliche Bewußtsein schließlich überschreiten, indem wir begreifen, daß wir auf seelischer Ebene Teil einer Gruppe von Menschen sind, die im Rahmen eines größeren Ganzen (bewußt oder unbewußt) durch ihr Leben an der Entwicklung der Welt mitwirken.

Uranus-Aspekte mit persönlichen Planeten Planeten (☾, ♂, ♀, ☿, ☉, ♃, ♄) deuten darauf hin, daß in einem dieser Persönlichkeitsbereiche eine Veränderung und Erweiterung im Sinne einer geistigen Entwicklung notwendig ist. Diese Veränderungen dienen dazu, unsere Bewußtseinsgrenzen zu erweitern, und sie sind in einem Horoskop immer dann besonders zahlreich oder betont, wenn ein Mensch innerlich zu unbeweglich geworden ist oder zu stark rückwärts gewandt lebt. So muß er nun durch wechselnde Lebensumstände dazu veranlaßt werden, sich innerlich zu verändern und sich den für ihn einschränkenden Bedingungen zu widersetzen. Menschen mit betonten Uranus-Aspekten fühlen daher einen starken Drang, ihre Lebensumstände immer wieder zu verändern, und sie haben meist Schwierigkeiten, Gegebenes einfach hinzunehmen oder sich mit Einschränkungen abzufinden.

Uranus-Aspekte mit unpersönlichen Planeten (♆ und ♇) deuten auf eine intuitive Offenheit für höhere, nicht-sichtbare Bereiche des Lebens hin, die bewußt erst wahrgenommen und verstanden werden, wenn die mentale Entwicklung die Intuition einschließt. Da dies noch nicht häufig der Fall ist, wirken sie eher als eine unbewußte Resonanz auf neue Trends und epochale Veränderungen. Diese erlebt der Einzelne mit vielen anderen seines Jahrgangs auf kollektiver Ebene, sozusagen als Repräsentant eines zeitbedingten Bewußtseinswandels, in den viele eingebunden sind. Aspekte mit transsaturnischen Planeten, die stets Jahre dauern, betreffen deshalb immer eine Gruppe von Menschen, und sie prägen bestimmte Jahrgänge oder Generationen. Ihre Wirkung und Bedeutung geht über das Persönliche weit hinaus und stellt den Menschen in eine kollektive Beziehung zu seinen Mitmenschen, was es meist schwierig macht, ihre Erfahrungen auf der persönlichen Ebene zu erfassen.

Aspekte mit Uranus in Stichworten

Uranus-Aspekte wirken im *höheren Mentalbereich* in Form intuitiver Wahrnehmungen, Reaktionen und Handlungen.

 Persönlicher Wille
Tatkraft

 Höherer Wille
Innere Unabhängigkeit

Freiheitsdrang. Innere Rebellion. Drang nach neuen, aufregenden Erlebnissen. Schnelle Erregbarkeit und schnelle intuitive Reaktion. Abenteuerlust. Verfechter fortschrittlicher, revolutionärer Ideen, die ihrer Zeit voraus sind. Freiheitskämpfer.

Problem: Ständiger Drang, Neues zu erfahren. Innere Unruhe. Das Gefühl, ständig etwas zu verpassen. Die Zeit brennt einem auf den Nägeln. Wenig Geduld.

Entwicklungsziel: Kampf um äußere und innere Freiheit. Engagement und persönlicher Einsatz für neue Entwicklungen und die Befreiung des Menschen aus Abhängigkeit und Fremdbestimmung.

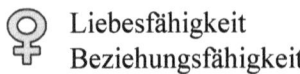 Liebesfähigkeit
Beziehungsfähigkeit
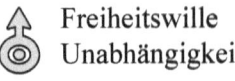 Freiheitswille
Unabhängigkeit

Liebe und Freiheit oder Liebe in Freiheit. Distanzierte, manchmal unterkühlte Haltung zu Partnern. Wechselnde lose Kontakte zu Menschen, ohne enge Bindung und Verpflichtung. Oft unkonventionelle Beziehungen.

Problem: Emotionale Nähe und enge Beziehungen werden schwer ertragen. Bedürfnis nach Freiheit in Beziehungen und Sexualität, zuweilen Exzentrik und Wunsch nach Experimenten.

Entwicklungsziel: (Liebes-)Beziehungen, die auf Toleranz, Verständnis und geistigem Austausch beruhen. Äußere Freiheit verbunden mit innerer Nähe.

 Intellekt
 Intuition
Höhere Eingebungen

Dynamischer Energiefluß. Schnelle Auffassungsgabe. Schnelle Gedankenimpulse. Intuitives Denken. Erfindungsgabe. Gutes Gedächtnis. Schnelle Assoziation oder sprunghaftes Denken. Verstand arbeitet blitzschnell. Originalität und Exzentrik im Denken (Erfinder, Ingenieure, Vorkämpfer neuer Wege). Aufgeschlossenheit für Neues.

Problem: Starke nervliche Anspannung. Große geistige Unruhe und zuweilen nervlicher Streß. Ungeduld. Man kann nicht gut zuhören. Gedankensprünge.

Entwicklungsziel: Empfänglichkeit für intuitive Erkenntnisse, die der Intellekt interpretiert. Intuitives Denken.

 Mütterlichkeit
Gefühl
 Freiheit
Unabhängigkeit

Distanz zum eigenen Gefühl, zum Mütterlichen. Befreiung vom Wunsch nach mütterlicher Geborgenheit. Über den Gefühlen stehen wollen.

Problem: In der Kindheit oft fehlende mütterliche Geborgenheit, weil die Mutter zu sehr mit sich selbst beschäftigt oder zu dominierend ist und als Über-Ich empfunden wird. Im Erwachsenwerden Ablehnung und Suche nach Distanz. Häufig wird die eigene Mutter als überfürsorglich und zu besitzergreifend erlebt. Man versucht, sie auf Distanz zu halten und sich von ihr innerlich zu befreien.

Bei Frauen: Ambivalentes Verhältnis zu Schwangerschaft und Muttersein (zuweilen Stillprobleme). Wunsch nach Mutterschaft bei gleichzeitiger Suche nach unabhängiger Entwicklung und Freiheit.

Entwicklungsziel: Instinktives Gefühl in Intuition verwandeln. Loslösen vom Mutterinstinkt zugunsten einer geistig verstandenen Elternschaft, die Kindern Freiheit und Eigenständigkeit gewährt und keine Dankbarkeit erwartet. Bindende Mutterliebe in geistige Freundschaft verwandeln.

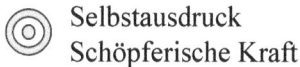 Selbstausdruck
Schöpferische Kraft

 Höheres Selbst
Fortschrittswille

Unkonventionelles Verhalten. Ständiger Drang nach Veränderung. Große Unruhe. Häufiger Wechsel (beruflich und privat). Abneigung gegen Routine.

Problem: Wenig Kontinuität. Neigung zu Beengungsgefühlen. Schwierigkeit, sich auf ein Gebiet festzulegen und darauf zu konzentrieren.

Entwicklungsziel: Ausrichtung der Persönlichkeit auf neue, erweiterte Lebensperspektiven. Eigenbewußtsein soll sich in Gruppenbewußtsein erweitern.

 Weises Verstehen

 Intuition

Intuitives Verstehen. Schnelles Erfassen von Zusammenhängen und ganzheitlichen Gesichtspunkten. Aufgeschlossenheit für esoterische Wissenschaften. Ideal für Astrologie und Philosophie.

Unproblematischer Aspekt. »Schutzengel-Konstellation«: Problemsituationen finden oft in letzter Minute ein unerwartet gutes Ende.

Entwicklungsziel: Vertrauen in die Intuition. Verstehen geistiger Zusammenhänge. Vertrauen in die innere Führung, die sich durch die sog. »Zufälle des Lebens« offenbart.

 Tradition   Fortschritt, Wandel

Veränderungswille bei gleichzeitiger Tendenz, an Gewohnheiten und bestehenden Lebenssituationen festzuhalten.
Bild: »Steckengebliebene Revolte«.

Problem: Angst vor Veränderung und vor Neuem. Nicht-Loslassen-Können aus Angst vor einer unsicheren Zukunft. »Trennungskonstellation«, die sich häufig auf Beziehungen auswirkt, wenn diese entwicklungshemmend sind und trotzdem nicht aufgegeben werden.

Entwicklungsziel: Denken öffnen für neue Wege und neue geistige Perspektiven des Lebens. Lernen, sich ohne Rückversicherung auf Neues einzulassen.
Tradition (Altes) und Fortschritt (Neues) müssen sich harmonisch verbinden. Aufgeben, was hemmt und einengt, öffnen für neue spirituelle Lebensformen.

 Freiheitsdrang
Zukunftsorientierung
 Zwang zur Veränderung durch Begegnung mit der Vergangenheit

Drang nach Unabhängigkeit und Freiheitswille werden gebremst durch alte unbewußte Strukturen und Verhaltensmuster der Vergangenheit. Auf die Zukunft gerichteter Freiheitswille und an Vergangenheit gebundene psychische Strukturen und Verhaltensmuster wirken aufeinander ein und behindern sich. Veränderung ist unausweichlich.

Problem: Man lebt in überholten Vorstellungen und Denkkonzepten, die innerlich festlegend sind und sich ändern müssen. Mangelnde Selbstwahrnehmung und Fehleinschätzungen durch alte festgehaltene, innere Bilder und Vorurteile.

Entwicklungsziel: »Ent-Täuschung« durch Erfahrungen des Lebens, die uns aus Täuschungen und Illusionen befreien. Wird häufig in Beziehungen erlebt, die zeigen, daß unser Selbstbild und unser Bild von Partnern mit der Wirklichkeit nicht übereinstimmt.

Wirkt auf kollektiver Ebene als Generationenkonstellation (1964-1968). Aus der Vergangenheit übernommene Denkkonzepte und Lebensstrukturen sind nicht mehr zeitgemäß und müssen sich ändern.

Pluto-Aspekte

Pluto verkörpert die *Idee des 1. Strahls, den »Zerstöreraspekt des Willens«*. Er zerstört (Gedanken-)Formen, die die Entwicklung der Seele hemmen und die Ganzheit der menschlichen Natur und ihre Synthese behindern.

Pluto wirkt deshalb als unpersönliche, unausweichliche Schicksalsmacht, die Zerstörung und Tod bringt, denn er hat die Aufgabe, die unterbewußten, verdrängten und nicht mehr zeitgemäßen Gedankenformen ins Licht des Bewußtseins (☉) zu bringen und zu zerstören. Auf diese Weise können wir uns von unseren Schatten befreien, die den Lebensfluß negativ beeinflussen und blockieren, weil sie nicht selten der Grund für unbewußte Schuldgefühle und Ängste sind.

Seine Wirkung ist meist unterschwellig beunruhigend und zuweilen bedrohlich, weil er uns mit einer weit zurückliegenden Vergangenheit oder der dunklen Seite unserer menschlichen Natur konfrontiert, die wir gerne unterdrücken und nicht zur Kenntnis nehmen wollen. Doch Pluto hat die Aufgabe, den Zugang zum Unterbewußtsein, zur »Welt der Schatten« zu öffnen. Er zwingt uns, dem zu begegnen, was uns niederdrückt und in das wir durch vergangene Handlungen verstrickt sind. Pluto-Aspekte haben daher immer etwas Zwanghaftes oder Zwingendes an sich, das sich meist erst im höheren Alter durch Einsicht und zunehmende Gelassenheit abschwächt, denn immer zwingen sie uns zum Loslassen von etwas über lange Zeit Festgehaltenem, das uns im Laufe des Lebens oft schmerzhaft und manchmal auch gewaltsam entrissen wird.

Pluto-Aspekte mit persönlichen Planeten (☾, ♂, ♀, ☿, ☉, ♃, ♄) deuten an, daß in den betroffenen Bereichen unseres Wesens unsere Ausdrucksmöglichkeit durch alte, festgehaltene Gedankenstrukturen und Verdrängungen eingeschränkt ist und daß wir von diesen loslassen müssen. Dies geschieht meist erst durch eine Reihe von schmerzhaften, zwanghaften und zum Teil leidvollen Erfahrungen, die aber immer eine Befreiung und Entwicklung darstellen, auch wenn uns dies oft erst viel später bewußt wird.

Pluto-Aspekte mit unpersönlichen Planeten (♅, ♆) deuten notwendige Veränderungen im Menschheitsbewußtsein an, die nicht selten mit globaler Gewalt und Zerstörungen einhergehen, in die das individuelle Bewußtsein einbezogen ist. Diese Zerstörungen beruhen auf menschlichem (Gruppen-)Karma, das von Zeit zu Zeit die alten Schatten von Gier, Gewalt und Aggression (in Form von Kriegen oder Naturgewalten) an die Oberfläche des Bewußtseins bringt. Auf diese Weise zwingt sie den Menschen, sich damit auseinanderzusetzen und diesen niederen menschlichen Eigenschaften eine positive Willenskraft entgegenzusetzen, um so an der Veränderung des Menschheitsbewußtseins mitzuwirken.

Ich bin mir bewußt, daß die Beschreibung der Aspekte in dieser Kurzform bei weitem nicht erschöpfend sein kann und vieles ungesagt und undifferenziert bleiben muß. Doch ich hoffe, daß es mir zumindest gelungen ist, einen Eindruck davon zu vermitteln, welche Entwicklungsziele mit den Aspekten verbunden sind, und die Bereitschaft dafür zu wecken, diese positiv und als Chance zu betrachten. Durch diese kurzen Hinweise auf das jeweilige Entwicklungsziel möchte ich vermeiden, daß wir mit Aspekten bestimmte Ereignisse verbinden und dadurch eine Erwartungshaltung schaffen, die unsere Entwicklungsfreiheit einschränkt. Denn das ganze Leben ist einem Fluß vergleichbar, dessen Bett sich mit Hilfe unserer Gedanken formt, das aber immer wieder umgestaltet wird, sobald sich der Lauf unserer Gedanken und unsere Lebenshaltungen ändern. Deshalb ist es so wichtig, den Lebensplan des Horoskops als Chance und Möglichkeit zu betrachten und gedanklich keine zusätzlichen Blockaden oder Hindernisse aufzubauen.

Ich möchte die LeserInnen dazu anregen, die Aspekte anhand der kurzen Hinweise über ihr geistiges Entwicklungsziel durch Beobachtung und praktische Anschauung beim Deuten vieler Horoskope von nahen Bekannten und Freunden mit der Zeit selbst zu erforschen und sich dabei immer bewußt zu sein, daß unsere Bewertung von positiv oder negativ nur dadurch entsteht, daß die Einheit für uns noch nicht erkennbar ist.

Natürlich gibt es bereits eine große Anzahl von Büchern mit Detailbeschreibungen über Aspekte, die sich in ihren Inhalten jedoch stark unterscheiden, weil sie weitgehend ereignisorientiert sind und der tiefere Sinn der Aspekte daher unberücksichtigt bleibt. Als Anregung für die esoterische Interpretation von Aspekten kann das Buch »*Astrologie, Karma und Transformation*« von Stephen Arroyo dienen, das meiner Erfahrung und Interpretation der Aspekte sehr nahe kommt. Es eignet sich auch für die ergänzende und vollständigere Betrachtung von Transiten, die im folgenden nur sehr kurz angedeutet werden können.

X

Die zeitliche Dimension des Horoskops

Transite

Unter Transiten versteht man die laufenden Planetenbewegungen, die in Beziehung zum Geburtshoroskop gesetzt werden. Denn das individuelle Leben und der eigene Entwicklungsplan sind immer Teil eines größeren Entwicklungsplans, der im natürlichen Lauf der Gestirne sichtbar wird. Das Radixhoroskop, das die planetarische Konstellation des Geburtstages wiedergibt, enthält zwar schon das Gesamtbild eines Lebens, doch die Einzelfaktoren und Lernziele werden sich erst im Laufe der Zeit entfalten, indem die Symbolik des Horoskops anhand von Ereignissen des Lebens sichtbar wird. Und dieses Sichtbarmachen von Lebensthemen geschieht im Rahmen eines größeren Zeitplans, der durch die Transite offenbart wird.

Für die esoterische Deutung, bei der es vor allem um das innere Wesen eines Menschen und um sein Entwicklungspotential geht, scheinen mir Transite am besten geeignet zu sein, den Zeitpunkt und die Art der notwendigen Veränderungen anzuzeigen. Sie stellen das Radixhoroskop in einen größeren kosmischen Zusammenhang und bestimmen die globale Zeitqualität, in die jedes kleinere Leben eingebunden ist. Überdies bieten sie den Vorteil der Einfachheit, weil sie sich aus dem natürlichen Lauf der Gestirne ergeben, deren jeweilige Position in der Ephemeride für jeden Tag oder Zeitraum einfach ablesbar ist, während alle anderen Prognosesysteme konstruiert sind und berechnet werden müssen. Die verschiedenen Systeme, wie Primär-, Sekundär-, Tertiärdirektionen, Sonnenbogen, Alterspunkte, Schwingungshoroskope u.a., sind überdies nicht unumstritten, denn es werden unterschiedliche Berechnungen verwendet, woraus sich naturgemäß Unterschiede in der zeitlichen Auslösung von Ereignissen ergeben.

Ich möchte diese unterschiedlichen Prognoseverfahren, die wie die ungleichen Häuser aus posthermetischer Tradition stammen, nicht bewerten. Mir geht es vielmehr darum, den Blick wieder auf die Ganzheit zu lenken und bewußt zu machen, daß zukünftige Ereignisse niemals unabhängig von der Grundveranlagung eines Menschen eintreten und daß der Schlüssel und Auslöser für zukünftige Ereignisse immer im Radixhoroskop zu finden ist. Dies wird bei der Vielzahl von Detailanalysen und -prognosen nicht selten vergessen. Wenn wir beispielsweise mehrere Prognoseverfahren verwenden, die von ihren Verfechtern alle als bestens geeignet und zuverlässig empfunden werden, dann erhalten wir in der Tat so viele Auslösungspunkte und Zeitmarken, daß jedes noch so unbedeutende Ereignis irgendwie erklärbar und interpretierbar wird, zugleich aber unscharf und wenig hintergründig ist.

Dies trifft auf Transite nicht zu, denn sie geben von Anfang an ganz klare Rhythmen oder Zyklen vor, in die das individuelle Leben eingeordnet ist. Sie zeigen im Rahmen eines größeren Zeitgeschehens an, für welche Erfahrungen und Lernschritte ein Mensch zu einer bestimmten Zeit reif ist. Sie bestimmen den Rhythmus einer Inkarnation und legen fest, wann karmisch bedingte Probleme – symbolisiert durch Aspekte – an die Oberfläche des Bewußtseins treten, um in Form von Ereignissen gelöst zu werden, die der Betreffende je nach Veranlagung und Ebene des Bewußtseins anzieht. Transite können deshalb wie Zeiger einer inneren Uhr des Menschen betrachtet werden, die anzeigen, womit wir uns wann und auf welche Art innerlich auseinandersetzen müssen. Sie sind Indikatoren für Loslösungs- und Wachstumsprozesse, die trotz der Schwierigkeiten, die sie zuweilen mit sich bringen, von uns begrüßt werden sollten, denn sie fördern unsere Bewußtwerdung und unser inneres Reifen.

Transite haben grundsätzlich eine Wirkung auf:

– *Planeten,*
  wenn sie mit diesen einen Aspekt bilden. Sie lösen Aspekte des Radixhoroskops aus, so daß ein Mensch sich ihrer entweder aufgrund von Ereignissen oder innerer Prozesse bewußt wird.

– *Häuser*
  Transite durch ein bestimmtes Haus bewirken, daß die Thematik dieses Hauses in der Art und Weise des transitierenden Planeten bewußt wird. Ausgeprägt ist ihre Wirkung an Häuserspitzen, weil zu dieser Zeit die Konzentration von einem Bereich des Lebens auf einen anderen wechselt. Besonders deutlich ist dies bei den Kardinalpunkten zu spüren, vor allem wenn ein Transit über AC und MC geht.

Die Umlaufzeiten der Transite*

	Umlauf	¼	½	¾	1 Revolution
Mond					
synodisch:	29,5 Tg.				
siderisch:	27,3 Tg.	7 Tg.	14 Tg.	21 Tg.	28 Tg.
Merkur	88,0 Tg.	22 Tg.	44 Tg.	66 Tg.	88 Tg.
Venus	224,7 Tg.	56 Tg.	112 Tg.	168 Tg.	225 Tg.
Mars	687,0 Tg.	172 Tg.	343 Tg.	515 Tg.	687 Tg.
Jupiter	11,9 J.	3 J.	6 J.	9 J.	12 J.
Saturn	29,5 J.	6–8 J.	13–15 J.	20–22 J.	28–30 J.
Uranus	84,0 J.	19–21 J.	39–42 J.	60–63 J.	82–84 J.
Neptun	164,8 J.	39–42 J.	79–82 J.	120–124 J.	160–165 J.
Pluto	247,7 J.	38–62 J.	90–124 J.	160–186 J.	243–248 J.

* Die Zeiten wurden auf- oder abgerundet.

Transitäre Aspektbildung mit der eigenen Radixposition*²

	Quadrat	Opposition	Quadrat	Konjunktion
Sonne	91 Tg.	182 Tg.	274 Tg.	1 J.
Mond	7 Tg.	14 Tg.	21 Tg.	28 Tg.
Merkur	22 Tg.	44 Tg.	66 Tg.	88 Tg.
Venus	56 Tg.	112 Tg.	168 Tg.	225 Tg.
Mars	172 Tg.	343 Tg.	515 Tg.	687 Tg.
Jupiter	3 J.	6 J.	9 J.	12 J.
Saturn	6–8 J.	13–15 J.	20–22 J.	28–30 J.
Uranus	19–21 J.	39–42 J.	60–63 J.	81–84 J.
Neptun	39–42 J.	79–82 J.	120–124 J.	160–165 J.
Pluto	38–62 J.	90–124 J.	160–186 J.	243–248 J.

*² Die Zeitangaben stellen Näherungswerte dar und können aufgrund von Rückläufigkeitszyklen und elliptischen Bahnverläufen gewissen Schwankungen unterliegen.

Verweildauer in den Häusern

Sonne	ca. 30,5 Tg.	Jupiter	ca. 1,0 J.
Mond	ca. 2,5 Tg.	Saturn	ca. 2,5 J.
Merkur	ca. 7,5 Tg.	Uranus	ca. 7,0 J.
Venus	ca. 19,0 Tg.	Neptun	ca. 14,0 J.
Mars	ca. 57,0 Tg.	Pluto	ca. 13–30 J.

(variiert aufgrund der elliptischen Bahn)

Die Wirkung der Transite in Stichworten

 energetisiert, drängt zum Handeln, macht dynamisch. Kann den Rhythmus des Körpers durch Überaktivität (Fieber) stören.

 harmonisiert den Ausdruck unserer Erfahrungen und unserer Energien, bezieht sich auf (Liebes-)Beziehungen.

 wenig Bedeutung als Transit, evtl. Kontakte und Begegnungen.

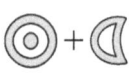 bilden eine Einheit; sie lösen durch ihre Winkel zueinander andere Transite aus. Besonders wichtig sind Vollmond und Neumond, denn sie aktivieren andere Planeten, wenn sie im Aspekt zu ihnen stehen.

 öffnet unser Bewußtsein für neue Möglichkeiten. Bringt Einsichten und eine Abstimmung auf zukünftige Erfahrungsbereiche.

 verzögert und verlangsamt den Lebensrhythmus und konzentriert unser Bewußtsein auf das, was nicht mit unserem inneren Wesen in Übereinstimmung ist.
Er konfrontiert uns mit der inneren Realität unseres Lebens und drängt uns durch Leiden und Einschränkung der äußeren Möglichkeiten zur Entscheidung für höhere (geistige) Werte. Deshalb sind Saturn-Transite im Aspekt zum Radix-Saturn (ca. alle sieben Jahre) wichtige Wegmarken und nicht selten Krisenzeiten.

 versucht, uns auf die höhere Schwingung der Liebe und eine idealistische Lebensweise einzustimmen.
Folglich löst er auf, was zu grob und zu egozentrisch ist, denn er sensibilisiert, verfeinert und spiritualisiert unsere Erfahrung. Bei mangelndem Realitätssinn und geringem Eigenbewußtsein führt dies aber auch zur Vernebelung des Bewußtseins und zu Verblendungen, wenn das Ego

zu stark ist und Bescheidenheit noch nicht zu den Tugenden eines Menschen gehört.

Neptun-Transite bewirken häufig Phasen der Verunsicherung, das Gefühl, daß einem der Boden unter den Füßen weggezogen wird. Nichts scheint klar, doch das Festhalten an Altgewohntem geht auch nicht mehr, was zu Zeiten großer Desorientierung und Verunsicherung führen kann, weil Neptun das auflöst, was der ideellen Natur und Ausrichtung des Menschen entgegenwirkt.

 beschleunigt den Lebensrhythmus und bringt Veränderungen des Lebens. Er revolutioniert und verändert das Denken, hebt heraus aus Situationen und aus der Bindung an Vergangenes, um das Bewußtsein für neue Lebensperspektiven zu öffnen.

Seine Wirkung ist überraschend, blitzartig und kann (nervliche) Zusammenbrüche und zuweilen Unfälle oder Krankheit bewirken, wenn eine Lebenssituation zu verfestigt ist. Dennoch ist sein Einfluß stets positiv, zukunftsweisend und bewußtseinserweiternd.

Besonders deutlich erleben wir den Uranus-Transit in Opposition zum Radix-Uranus mit ca. 40 Jahren, der sog. Midlife-Crisis, weil zu dieser Zeit die erste Hälfte des Lebens auf dem Prüfstand steht. In dieser Phase werden aufgrund des Uranus-Transits oft völlig neue Weichen gestellt, und in vielen Fällen ändert ein Mensch sein Leben radikal.

 zerstört alte Formen des Lebens, Denkmuster und psychische Strukturen, indem er sie an die Oberfläche des Bewußtseins bringt und uns zwingt, sie zu transformieren. Pluto-Transite wirken daher zwingend und sind oft mit Verlusten und Trennungen verbunden, die schmerzhafte Erfahrungen mit sich bringen, weil Pluto stets einen Bezug zu verdrängten Gefühlen und Erlebnissen sowie zu unaufgearbeitetem Karma hat.

Pluto-Transite bringen nachhaltige, tiefgreifende Veränderungen des Bewußtseins mit sich, deren positiver Charakter erst nach Jahren erkannt wird, weil die äußere Wirkung nicht selten mit Gewalt, Zerstörung, Tod oder

Trennung von geliebten Menschen oder Lebenssituationen verbunden ist. Und weil Pluto sehr langsam läuft und durch drei- bis fünffache Übergänge über zwei Jahre lang einen Aspekt bildet, ist seine Wirkung tiefgreifend, nachhaltig und unterschwellig. Wenn es um innere Prozesse geht, die keinerlei äußere Ereignisse auslösen, dann werden Pluto-Transite auch als ein dumpfes, unerklärliches Gefühl empfunden, daß nichts mehr so ist wie früher, obwohl man momentan noch nicht genau sagen kann, was anders ist.

Die Transite von *Mars, Venus, Merkur, Sonne* und *Mond* sind von untergeordneter Bedeutung, denn aufgrund ihrer geringen Verweildauer in einem Haus oder in einem Aspekt zu Radixplaneten können sie keine tiefgreifenden transformatorischen Wirkungen hervorrufen. Deutlich spürbar in ihrer Wirkung, weil länger anhaltend, sind also nur *Jupiter, Saturn, Uranus, Neptun* und *Pluto*.

Mond und *Sonne* haben allerdings gemeinsam eine Sonderstellung, denn sie üben eine Impulswirkung auf andere Transite aus, die sich oft zu dem Zeitpunkt auslösen, wenn Sonne und Mond sich in exaktem Aspekt mit ihnen befinden oder selbst einen Aspekt bilden.

Über Transite sind ganze Bücher geschrieben worden, und es ist unmöglich, sie im Rahmen eines Gesamtüberblicks über Esoterische Astrologie erschöpfend zu behandeln. Ich möchte mich deshalb nur auf kurze Hinweise über die wichtigsten Zyklen von Saturn, Neptun, Uranus und Pluto beschränken, die mir für die Entwicklung und Transformation eines Menschen am bedeutsamsten erscheinen.

Grundsätzlich gilt, daß Transite stets nur das bewirken können, was in einem Horoskop angelegt ist. So bringt ein transitierender Aspekt von Saturn/Uranus beispielsweise eine deutlichere Wirkung hervor, wenn dieser Aspekt im Radix-Horoskop vorhanden ist. Und ein transitierender Saturn über dem eigenen Saturn wird unangenehmer erlebt, wenn der Radix-Saturn einen Spannungsaspekt hat als wenn er einen harmonischen Aspekt mit einem anderen Planeten bildet.

Wichtig scheint mir daher zu sein, alle Transite der langsam laufenden Planeten in ihrer ganz spezifischen Art als Impulsgeber für Zyklen und Epochen zu betrachten, in denen die eigenen Aspekte und Planetenkräfte deutlicher ins Bewußtsein drängen und auf eine neue Ebene des Verstehens gehoben werden sollten.

Die wichtigsten Entwicklungszyklen

Der wichtigste Rhythmus im Leben eines Menschen ist der Siebenjahreszyklus, der physische Wachstumsprozesse[48] und die psychische Entwicklung bestimmt. Für die geistige Entwicklung ist nach Alice Bailey der Neunjahreszyklus entscheidend.

Dieser Siebenjahreszyklus wird durch den Umlauf von Saturn angezeigt, der in ca. 29 Jahren einmal um den Tierkreis wandert und daher etwa alle sieben Jahre[49] einen Transit-Aspekt (Quadrat, Opposition, Quadrat und Konjunktion mit der Radixposition) bildet. Dieser Saturn-Rhythmus entspricht in Jahren dem Mond-Zyklus in Tagen, der in ca. 29 Tagen einmal den Tierkreis umrundet. Saturn wird also zu Recht als die höhere Oktave des Mondes betrachtet.

Uranus, der in ca. 84 Jahren einmal um den Tierkreis wandert, bildet ebenfalls im Siebener-Rhythmus Halbsextil, Sextil, Quadrat und Opposition zur Radixposition. Mit 14 Jahren steht er im Sextil, zwischen 20–21 Jahren im Quadrat zur Radixposition und mit etwa 40–42 Jahren leitet er die sog. Midlife-Crisis ein, die nicht selten eine radikale Neuorientierung des Lebens mit sich bringt.

Die Transite von Saturn und Uranus scheinen mir deshalb auch die wichtigsten Integrationsprozesse auszulösen, die die Seele in jeder Inkarnation zu erreichen sucht.

Erster Siebenjahreszyklus: *Aneignung des physischen Körpers mit*
0–7 Jahre   *seinen 5 Sinnen*

Dies geschieht zwischen dem vierten und siebten Lebensjahr, wenn die Seele, die das Kleinkind bisher nur überschattete, von der physischen Hülle Besitz ergreift. Das Licht, das vorher für Hellsichtige oberhalb des Kopfes sichtbar ist, tritt in dieser Zeit in den Körper ein.

♄ bildet zwischen dem siebten und achten Lebensjahr das erste Quadrat zur Radixposition.

♅ bildet ein Halbsextil zur Radixposition.

---

[48] Jede Zelle des Körpers hat sich nach 7 Jahren erneuert, so daß ein Mensch nach jeweils 7 Jahren einen vollkommen neuen Körper hat.

[49] Durch (scheinbar) vor- und rückläufige Bahnen der Planeten wirken diese Transite über etwa ein Jahr.

Dritter Siebenjahreszyklus: *Aneignung des Astralkörpers*
14–21 Jahre Dies geschieht in der Pubertät, einer Phase, die oft große Schwierigkeiten und Gefühlsverwirrungen mit sich bringt und einen Menschen nicht selten grundlegend verändert.
Die Instabilität der Jugend.

♄ steht zwischen dem 13. und 15. Lebensjahr in Opposition zur Radixposition.
☊ bildet mit ca. 14 Jahren ein Sextil zur Radixposition.

Vierter Siebenjahreszyklus: *Aneignung des Mentalkörpers*
21–28 Jahre Dies geschieht normalerweise zwischen dem 21. und 25. Lebensjahr, und nun sollte der Mensch beginnen, auf den Einfluß der Seele zu reagieren, was beim entwickelten Menschen auch der Fall ist.

♄ steht mit ca. 20–22 Jahren im Quadrat zur Radixposition.
☊ bildet ein Anderthalbquadrat zur Radixposition.

Sechster Siebenjahreszyklus: *Bewußter Kontakt mit der Seele*
35–42 Jahre Zwischen dem 35. und 42. Lebensjahr entsteht eine Krise, in der die Seele versucht, einen bewußten Kontakt mit der Persönlichkeit herzustellen. Beim mental entwickelten Menschen beginnt die dreifache Persönlichkeit nun als Einheit zu funktionieren und auf den Seelenimpuls zu reagieren.

♄ bildet mit ca. 35–37 Jahren wieder ein Quadrat zur Radixposition.
☊ steht zwischen 39–42 Jahren in Opposition zur Radixposition (Midlife-Crisis). Die Frage nach dem tieferen Sinn des Lebens stellt sich jetzt für viele.

Neunter Siebenjahreszyklus: Krise des Alters
56–63 Jahre Die restlichen Lebensjahre sollten eine immer stärkere Verbundenheit zwischen der Seele und ihren Körpern bringen.

Dies führt zu einer letzten Seelenkrise, in der sich entscheidet, ob die Seele die Beschaffenheit ihrer Körper noch weiter für geeignet hält oder ob sie beginnt, sich langsam wieder auf ihre eigene Ebene zurückzuziehen.

♄ beendet mit etwa 56–60 Jahren seine zweite Runde und bildet wieder eine Konjunktion mit der Radixposition.

☊ steht in dieser Zeit im Quadrat zur Radixposition.

In den *drei Runden des Saturn* spiegelt sich deshalb auch unsere Entwicklung zur integrierten Persönlichkeit, die sich in drei Phasen einteilen läßt:

1. Runde:

Die ersten 28–30 Jahre, in denen Saturn das Horoskop einmal umrundet, bilden vor allem einen Bezug zu vergangenem Karma, das durch frühe Kindheitseindrücke, Elternhaus und soziale Konditionierungen seinen Ausdruck findet. Während dieser Zeit ist der Mensch normalerweise noch auf der Suche nach sich selbst und weiß nur wenig darüber, wer er ist. Dieser erste Saturn-Zyklus ist daher gekennzeichnet durch Unsicherheit und passives Erleben und Erleiden der saturnischen Kräfte.

2. Runde:

Mit Ende des ersten Saturn-Umlaufs beginnt eine neue Phase der Entwicklung. Kindheit und Jugend sind vorbei und damit auch die erste Aufarbeitung karmischer Lasten des vergangenen Lebens. Die Chakras haben in dieser Zeit, wie Alice Bailey schreibt, den Zustand des vorigen Lebens wieder erreicht, so daß ein Mensch nun wirklich beginnen kann, Neues zu schaffen. Dies erzeugt ein Gefühl ungewohnter Freiheit und eine deutlichere Vorstellung davon, was man tun oder zumindest, was man nicht tun will. Der Mensch beginnt nun langsam, eine eigenständigere Rolle im Leben zu spielen und seine Möglichkeiten und Fähigkeiten bewußter einzusetzen. In dieser zweiten Runde des Saturn trifft er im allgemeinen auch die wichtigsten Entscheidungen seines Lebens und bestimmt die Richtung, die sein Leben zukünftig nehmen soll.

3. Runde:

Der dritte Umlauf des Saturn umfaßt das Altern und den Tod. Nun entscheidet die seelische Bewußtheit oder Unbewußtheit eines Menschen darüber, ob diese Phase des Lebens, die naturgemäß mit dem Alterungs- und Abbauprozeß des Körpers einhergeht, eine Leidenszeit und ein schmerzvoller Ablösungsprozeß ist oder ob ein Mensch sich seiner Seele bewußt ist. Wird der Tod als ein absolutes Ende des Lebens betrachtet, dann wird der dritte Saturn-Umlauf als eine quälende, schmerzhafte Zeit erlebt, in der ein Mensch zusehen muß, wie sein Körper, der alles ist, was er zu haben glaubt, seine Schönheit und Elastizität langsam verliert und wie ihm Stück für Stück genommen wird, was sein persönliches Selbst ausmacht.

Ist ein Mensch sich aber bewußt, daß die Vorstellung vom Tod als einem Ende des Lebens eine menschliche Illusion ist, dann kann er dem Alterungsprozeß des Körpers mit innerer Gelassenheit, Reife und Weisheit begegnen, die ihn erkennen läßt, daß das Wesentliche des Lebens darin liegt, bewußt gelebt zu haben und diese Erfahrung als Basis mit ins nächste Leben zu nehmen.

Uranus beendet seine erste Runde mit ca. 84 Jahren. Er bestimmt damit die durchschnittliche Lebenszeit eines Menschen, denn eine zweite erleben wir nicht.

Die Zyklen von *Neptun* und *Pluto* werden nicht vollständig erlebt: Ihre Wirkung bezieht sich deshalb nur auf einige Bereiche des Lebens. So zeigt die Stellung des Neptun im Horoskop beispielsweise an, in welchen Körpern eine Verfeinerung bzw. eine Auflösung von Verfestigungen notwendig ist, um mehr Selbstlosigkeit zu erreichen.

Wenn Neptun wie in unserem Beispielhoroskop (s.S. 425) im I. Quadranten (1. Haus) steht, dann bezieht sich seine verfeinernde Wirkung auf die physische Ebene. Er wirkt also auflösend auf die persönliche Durchsetzungskraft und Selbstbehauptung mit dem Ziel, einen Menschen zu mehr Hingabe an ideelle Ziele zu bewegen. Im Laufe der Zeit läuft er im Transit auch durch das 2. Haus (Besitz, Eigentum) und das 3. Haus (Kommunikation mit der Umwelt), deren Erfahrungsebene sich ebenfalls vom persönlichen, egozentrischen Standpunkt auf eine ideellere Ebene verlagern soll. Geschieht dies nicht, dann ist eine ausgeprägte Passivität und Handlungslähmung in diesen Bereichen spürbar. Die Energie läuft ins Leere, und persönliche Zielsetzungen haben oft nicht den gewünschten Erfolg.

Da Neptun ca. 14 Jahre in einem Haus verweilt, ist allgemein zu erwarten, daß ein Mensch so lange lebt, daß Neptun auch noch den nächsten Quadranten durchwandert. In unserem Fall bedeutet dies, daß es im Laufe des Lebens auch noch um die Spiritualisierung und Verfeinerung des gesamten Gefühlsbereichs und der Psyche geht, denn Neptun im II. Quadranten hat die Aufgabe, Gefühl in Liebe zu verwandeln. Seine Wirkung bezieht sich im Fall unseres Beispiel-Horoskops daher vor allem auf den physischen Körper und den Astralkörper.

Bei einer Stellung im III. Quadranten geht es darum, Beziehungen auf eine höhere ideellere Ebene zu heben und das eigene Denken vom physisch-materiellen Blickpunkt in eine ganzheitlich-spirituelle Wahrnehmung zu erweitern. Wo dies entwicklungsmäßig noch nicht möglich ist, ist die Wahrnehmung anderer meist wenig zuverlässig und zuweilen illusionär.

Bei Ich-betonten Persönlichkeiten führt dies nicht selten dazu, daß Beziehungen sich immer wieder auflösen, daß Partner und Freunde (zufällig!) weit entfernt wohnen und daher nur gedanklich und nicht physisch nahe sind. In anderen Fällen werden Partner gesucht, die hilfsbedürftig, in irgendeiner Weise beeinträchtigt oder behindert sind, so daß die eigene Hilfsbereitschaft und eine idealistischere Grundhaltung in Beziehungen gefordert wird.

Bei einer Stellung im IV. Quadranten geht es im weitesten Sinne um das Ideal des Dienens zum Nutzen der Allgemeinheit.

Pluto durchwandert maximal vier bis fünf Häuser, und so können wir auch schon im voraus sagen, welche Bereiche des Lebens einer tiefgreifenden Transformation bedürfen und wo es vermutlich noch einige »Leichen im Keller« gibt, die ans Licht des Tages kommen werden. Deutlich spürbar ist das Pluto-Quadrat, das meist wichtige Korrekturen in der Lebensausrichtung bewirkt.

Eine genauere Betrachtung der Transite mit all ihren Aspekten und Wirkungen würde ein ganzes Buch füllen und kann deshalb im Rahmen eines Gesamtüberblicks nicht erreicht werden. Ich hoffe aber, daß es mir gelungen ist, einen Eindruck davon zu vermitteln, was man anhand von Transiten an Lebensperspektiven erfahren kann, und Sie als LeserInnen zu motivieren, dies am eigenen Horoskop zu erforschen.

XI

Schlussbetrachtungen

Spirituelle astrologische Beratung

Die Astrologie hat auf die Menschen seit Jahrtausenden eine große Faszination ausgeübt, weil man glaubte, sie sei primär dazu da, die Zukunft vorauszusagen. Diese Vorstellung hat sich bis heute hartnäckig gehalten, und sie führte auch dazu, daß sich, erleichtert durch die Erfindung des Computers, immer mehr Vorhersage-Systeme etabliert haben, die nicht selten den Blick für das Wesentliche verstellen. Doch je mehr Gewicht auf die Zukunftsdeutung gelegt wird, umso weniger Aufmerksamkeit gilt der Grunddeutung des Horoskops in seiner Tiefe der Erfahrung und seinem Blick auf das eigentliche Wesen des Menschen, seine Seele, die bis heute noch völlig unerforscht ist.

Ich möchte mich dem Trend zur zunehmenden Detailanalyse und zur progressiven Deutung des Horoskops deshalb bewußt entgegenstellen, weil mir die Grunddeutung weit wichtiger erscheint als Zukunftsprognosen, die das Denken eines Menschen nicht selten auf eine Richtung festlegen und seine Freiheit beeinträchtigen. Denn Gedanken sind schöpferische Kräfte, die jeder materiellen Manifestation vorausgehen, und so können Vorhersagen, die einen Menschen gedanklich beschäftigen, sein Leben auch nachhaltig beeinflussen.

Um dies deutlicher zu machen, möchte ich die Praxis der Prognostik einmal kurz vom energetischen Standpunkt betrachten. Allem Geschehen im Physischen geht ein Gedankenimpuls voraus, und dieser schafft eine sichtbare Realität, wenn es ihm gelingt, die Astralebene zu durchdringen und bis in die physische Ebene durchzukommen. Aus esoterischer Sicht durchläuft ein reales Ereignis von seiner Entstehung her stets drei Stufen:

1. Gedanke
2. Emotionen oder Gefühle, die eine Anziehung an das Physische erzeugen
3. Sichtbare Realität

Damit ein Ereignis stattfinden kann, wird von uns zunächst ein Urbild gedanklich geschaffen, dann verbinden wir damit ein Gefühl oder einen Wunsch, und durch diese Wunschenergie wird es an die physische Ebene herangezogen. Wird einem Menschen also ein gutes Ereignis vorausgesagt, so entsteht in ihm spontan eine emotionale Erwartungshaltung, auch wenn er als rationaler und aufgeklärter Mensch betont, daß er nicht unbedingt daran glaubt. Doch in seiner Mentalaura bilden sich Gedankenwellen, die mit dem Näherkommen des vorausgesagten Zeitpunkts unbewußt eine Hoffnung oder die Erwartung erzeugen, daß es sich so ereignen könnte. Damit wird im Laufe der Zeit ein Bild der Zukunft projiziert, das beginnt, Gestalt anzunehmen, wenn die Gedanken nur oft genug erinnert und damit energetisiert werden. Doch er ist sich ja nicht sicher, ob es geschehen wird, und so entstehen gleichzeitig auch Gedanken des Zweifels an der Voraussage, und diese Gedanken wirken verwirrend auf die projizierte Zukunft ein, denn sie erzeugen Schwingungen der Unsicherheit und der Befürchtung, daß es ja vielleicht doch nicht so geschieht. Auf diese Weise mischen sich Hoffen und Bangen, was eine klare Ausrichtung unmöglich macht. So ist die Wahrscheinlichkeit, daß das Ereignis wie vorausgesagt eintrifft, auch nicht sehr groß, denn esoterisch betrachtet ist es die Kraft des eigenen Willens, die ein Ereignis stattfinden läßt oder nicht. Wenn diese Kraft aber von zu vielen, sich widersprechenden Gedankenformen behindert wird, ist sie nicht stark genug, um eine klare Richtung anzuzeigen, und so werden selbst mögliche positive Voraussagen nicht immer eintreten.

Bei negativen Voraussagen ist häufig das Gegenteil der Fall, weil die Betroffenen aus Angst eine große Willenskraft aufbringen, um ein gefürchtetes Ereignis nicht stattfinden zu lassen. Doch die meisten können mit ihrer Willenskraft noch nicht wirklich verläßlich umgehen, und so ist die Angst vor der Zukunft meist größer als der dynamische Wille, sie zu verändern. Und diese Angst schafft, solange wir sie nicht unter Kontrolle haben, immer wieder neue Gedanken, die das Negative geradezu heraufbeschwören, anziehen und festhalten. Deshalb wird sich das negative Ereignis mit größerer Wahrscheinlichkeit auch manifestieren, aber nicht weil es unvermeidbar war, sondern weil wir es durch unsere angstbesetzten Gedanken in unserer Aura festgehalten und dadurch geholfen haben, es stattfinden zu lassen.

Diese Erkenntnis ist nicht nur theoretisch, sondern sie ist in mir im Zuge einer langjährigen Beratungspraxis gereift, in der mir bewußt geworden ist, welche Macht und welche Verantwortung mit der Astrologie verbunden sind. Ich habe immer wieder erfahren, wie stark die Wirkung astrologischer Aussagen auf Menschen sein kann, die sich selbst noch wenig kennen, und daß Aussagen, die nur so nebenbei gemacht wurden, noch nach Jahren im Gedächtnis haften bleiben. Die häufig geäußerte Kritik an der Astrologie als einer »sich selbst erfüllenden Prophezeiung« ist also nicht von der Hand zu weisen. Sie geht aber am Kern des Problems vorbei, weil sie ignoriert, daß das Wesentliche der Astrologie nicht darin besteht, Prognosen für die Zukunft zu machen, sondern darin, den Entwicklungsweg eines Menschen zu erkennen.

In der Beratung mache ich deshalb keine Zukunftsprognosen, auch wenn der Erwartungsdruck von Klienten zuweilen groß ist. Denn Sinn und Schwerpunkt meiner Beratungen ist es, einen Menschen zu sich selbst zu führen, indem ich ihm anhand seines Horoskops zeige, welche Entwicklungen, Chancen und Probleme sein Leben beinhaltet, wobei für mich Schwierigkeiten und Probleme immer nur ein Hinweis auf Lebensaufgaben sind, die gelöst und bewältigt werden müssen, um wachsen zu können. Ich versuche, im Dialog zunächst herauszufinden, auf welcher Ebene ein Mensch lebt und sein Leben begreift, um ihm zu helfen, den nächstmöglichen Entwicklungsschritt zu erkennen, den er gehen kann. Dabei ist es mir ganz wichtig zu spüren, wie weit ein Mensch gehen kann und gehen will, welche Wahrheiten er verstehen wird und welche vielleicht noch nicht angesprochen werden sollten. Dazu bedarf es einer sehr offenen und vertrauensvollen Atmosphäre, die meist schon nach kurzer Zeit entsteht und in die dann intuitiv das einfließt, was für einen Klienten zum momentanen Zeitpunkt richtig und zeitgemäß ist. Es ist mir wichtig zu vermitteln, daß sich karmischbedingte Ereignisse zwar manchmal nicht vermeiden lassen, daß es aber durchaus möglich ist, die eigene Einstellung dazu zu verändern. Und durch diese Veränderung des Blickwinkels, unter dem wir das Leben betrachten, verändert sich auch das Leben selbst.

Zukünftige Ereignisse werden folglich durch die Vergangenheit, aber auch durch unsere momentane Lebenshaltung bestimmt. Darum ist es mir wichtig, das Bewußtsein eines Menschen positiv auf die Zukunft einzustimmen und ihm zu vermitteln, daß alles, was uns begegnet, durch unsere eigene Gedankenkraft veränderbar ist. Denn wir sind es, die die Ereignisse im Rahmen eines größeren umfassenderen Entwicklungsplans gestalten, auch wenn dies in einem einzigen Leben nicht immer erkennbar ist. Wenn wir dies verstehen und akzeptieren, gewinnen wir eine Freiheit, die es uns möglich macht, bewußt an der Gestaltung unseres jetzigen Lebens mitzuwirken. Diese spirituelle Betrachtungsweise schließt negative Aussagen und Vorhersagen natürlich von vornherein aus, weil das Leben auf der Erde ein geistiges Wachsen und ein »Sich-Hinein-Entwickeln« in neue größere Erfahrungsbereiche ist, die dem Leben seine Spannung und seinen Reiz verleihen. Mein Anliegen ist es daher, einem Klienten anhand des Horoskops seinen Entwicklungsplan bewußt zu machen und ihn, wenn möglich, für die Vision seines eigenen Lebens zu begeistern, damit er beginnt, sich auf das zu freuen, was das Leben für ihn an Bewußtseinserweiterungen und neuen Erfahrungen bereithält, anstatt gebannt auf den »bösen Saturn« zu warten, der wieder einmal seine Runde macht.

Mit dieser inneren Haltung, alles, was im Horoskop ersichtlich ist, als notwendige, aber auch bereichernde Erfahrung zu sehen, möchte ich im anderen eine positive Erwartungshaltung schaffen, deren langanhaltende Wirkung meine eigenen Erwartungen nicht selten übertroffen hat. Die Erfahrung, die ich seit vielen Jahren mache, daß Menschen durch eine mitfühlende, verständnisvolle, aber bewußt positive Betrachtung von erlebten Schicksalsschlägen und unvermeidbaren Problemsituationen des Lebens, in ihrer Grundhaltung umzustimmen sind, hat die Art meines astrologischen Vorgehens grundlegend verändert. Sie hat mich auch zum Schreiben dieses Buches veranlaßt.

Denn immer wieder erlebe ich, daß Menschen, die sich astrologisch beraten ließen, mir erzählen, was sie alles nicht können, wo sie blockiert sind und welche Mißgeschicke und Hindernisse ein Planet in irgendeinem Haus angeblich erwarten läßt. Und wenn ein Mensch dies über Jahre glaubt, dann ist es auch so, denn Gedanken wirken schöpferisch auf das Leben ein. Aus diesem Grund ist es aber auch möglich, einen Menschen – bei entsprechender Entwicklung – gedanklich in den Bereich des Lichts oder der Seele zu führen und ihn durch Resonanz des eigenen Denkens intuitiv wahrnehmen zu lassen, was die Seele wahrnimmt.

Spirituelle astrologische Beratung bedeutet für mich, in Resonanz mit dem inneren Wesen eines Klienten zu treten und ihn während der Beratung spüren zu lassen, was er sein könnte, wenn er all sein Potential ausschöpfen würde. Doch wie viel seines Potentials er tatsächlich verwirklichen will und wie weit er sich dem Lichtbereich der Seele nähert, das unterliegt ganz allein seinem freien Willen, in den ich nicht eingreifen will. Deshalb beschränke ich mich darauf, Lebenssituationen auf dem Hintergrund der Astrologie verständlich zu machen und in einen größeren Sinnzusammenhang zu stellen, der sich aus der Synthese eines Horoskops als Lebens- und Entwicklungsplan ergibt. Ich zeige alternative Möglichkeiten auf und versuche, Ideen zur Lebensgestaltung anzubieten. Doch die Entscheidung über den schließlichen Weg und die Geschwindigkeit, mit der ein Mensch sich entwickeln will, die muß jeder für sich selbst treffen und in diese möchte ich nicht eingreifen. Unter einer spirituellen astrologischen Beratung verstehe ich also eine Begleitung auf dem Weg zu mehr Selbsterkenntnis, mehr

Selbstbewußtsein und mehr Selbstbestimmung, verbunden mit Hinweisen auf zukünftige Entwicklungsphasen und Lebensaufgaben, die sich für mich erschöpfend aus der Grunddeutung der Symbole und den laufenden Transiten ergeben.

Die zeitgemäße Deutung antiken zeitlosen Wissens

Die Astrologie hat sich mir, nach einem anfänglich eher verwirrenden, durch sehr vielfältige Erfahrungen gereiften Lebens, als eine Wissenschaft und Kunst offenbart, mit der das irdische Leben einen tieferen Sinn erfährt, weil persönliche Erlebnisse erklärbar werden und eine kosmische Bedeutung bekommen. So ist die Begegnung mit dieser tiefgründigen Wissenschaft für mich auch zur wichtigsten Erfahrung und zum Wendepunkt meines Lebens geworden, und diese Erfahrung möchte ich mit anderen teilen, um auch sie für die »Wissenschaft vom Wesen des Menschen« zu begeistern und zu befähigen, sich selbst besser zu verstehen.

Aufgrund des modernen Trends nach immer größerer Vielfalt und Differenzierung der Systeme ist es aber nicht leicht, die wissenschaftlich fundierten Grundlagen der Astrologie zu erklären, weil die Abweichungen in den Systemen zu groß sind. So war es auch mein Anliegen, die gemeinsame verläßliche Basis wiederzuentdecken, auf der die Astrologie entstanden ist, und zu zeigen, daß sie auf geistigen Gesetzen beruht, die einheitlich und nachprüfbar sind. Denn die astrologischen Gesetze entsprechen – wie aus der Antike überliefert – den Gesetzen der Geometrie, die der Formwelt zugrunde liegen und auch das Urbild unseres Bewußtseins sind.

In der Geometrie, der räumlichen Abbildung von Zahlen, haben wir somit eine Ordnung, an der wir unsere subjektiven Wahrheiten überprüfen können, indem wir uns bewußt machen, daß jede Abweichung von der Geometrie eine Abweichung vom Urbild ist und eine Verzerrung des Urwissens darstellt. Denn Gott ist »der Große Geometer des Universums«, wie unsere antiken Vorfahren es nannten, und die geometrische Ordnung des kosmischen Raumes wirkt analog auf jeder Ebene bis ins kleinste Atom.

Eine Verbindung zwischen zeitgemäßer psychologischer Deutung und antiker zeitloser Weisheit bedeutet für mich, die Klarheit und Einfachheit des astrologischen Systems aufrechtzuerhalten, die sich aus seiner geometrischen Ordnung ergibt, und die Schönheit, Symmetrie und Ästhetik zu zeigen, die sie offenbart, wenn wir ihre antiken Wurzeln bewahren und diese in ein modernes Verständnis des Lebens und eine moderne Sprache übersetzen.

So versuche ich mich auch bewußt, dem modernen Trend nach immer analytischeren Deutungsmethoden zu entziehen, um mich auf die Einfachheit und Tiefe der Grundsymbolik zu konzentrieren. Denn diese enthält einen Wissensschatz, der von der modernen Astrologie zum Teil überlagert ist und erst wieder entdeckt werden muß, um die Vielfalt der sich entwickelnden astrologischen Deutungssysteme auf eine gemeinsame Grundlage zu stellen und sie so überprüfbar zu machen.

Die Astrologie, die »älteste und größte aller Wissenschaften«, ist bereits tiefgründiger und umfassender als alle neuzeitlichen psychologischen Systeme, die das Wesen des Menschen nur im Ansatz erfaßt haben. Die noch sehr junge empirische Wissenschaft der Psychologie, die ohne Zweifel einen sehr bedeutsamen Beitrag zur Entdeckung des menschlichen Bewußtseins liefert, hat wesentlich dazu beigetragen, die Grundlagen der Astrologie in ein modernes psychologisches Verständnis zu übertragen. Denn Psychologie und Astrologie sind wesensverwandt; sie versuchen das Unbewußte des menschlichen Wesens zu ergründen, und so kann die Psychologie auch helfen, die Astrologie vom Vorurteil des Aberglaubens zu befreien. Ich denke aber, daß die Verbindung von Astrologie und Psychologie nicht dadurch geschehen sollte, daß das zeitlose, tiefgründige, in Symbolen verschlüsselte Wissen der Astrologie an das noch sehr junge Erfahrungswissen der Psychologie angepaßt wird. Vielmehr sollten die verschiedenen psychologischen Denkrichtungen und Systeme anhand des universellen Systems der Astrologie auf ihre Richtigkeit und Zuverlässigkeit überprüft werden. Damit möchte ich keinesfalls die Verdienste Freuds, Jungs, Adlers oder anderer namhafter Psychologen in Frage stellen. Doch die Astrologie als eine kosmische Wissenschaft ist umfassender, denn sie schließt die geistigen Gesetze von der Entwicklung des menschlichen Bewußtseins mit ein, die bis heute noch nicht Grundlage der Psychologie sind.

Wenn sich die Astrologie also zu einer ernstzunehmenden Wissenschaft entwickeln will, dann sollten moderne Abweichungen vom ursprünglichen System nicht nur mit subjektiven Erfahrungen begründbar sein, sondern auch eine Erklärung in fundamentalen geistigen Lebensgesetzen finden, die ja durch die Astrologie definiert werden. Die

Astrologie sollte sich wieder auf gemeinsame verläßliche Basisprinzipien stützen (die Zahlen und ihre Geometrie), die bei antiken Philosophen noch als logische Beweiskriterien galten und für das Begreifen transzendentaler Zusammenhänge als weitaus bedeutsamer angesehen wurden als äußere physikalische Phänomene, auf denen die Astrologie nicht begründet ist.

Wenn wir aber – veranlaßt durch moderne naturwissenschaftliche Entdeckungen äußerer Phänomene oder unterschiedlicher subjektiver Bewertungen psychischer Phänomene – diese Basis verlassen, verlieren wir die Verläßlichkeit und Sicherheit des ganzen Systems, und die Astrologie wird tatsächlich zu einem »Glaubenssystem«, das sie von ihrem Ursprung her niemals war.

Ich denke, daß die zukünftige Entwicklung der Astrologie zu einer verläßlichen Wissenschaft im Verstehen ihrer Einfachheit liegt, deren Komplexität bis heute noch weitgehend unerforscht und nicht ausgeschöpft ist. Deshalb glaube ich auch nicht, daß der Computer – außer für Berechnungen – besonders hilfreich ist, denn er dient nur dazu, das momentane Wissen zu standardisieren und zu verbreiten und den Blick von der Synthese abzulenken, die die eigentliche Aufgabe astrologischer Deutung ist.

Mit diesem Buch wollte ich zeigen, daß es nicht unbedingt neuer Systeme, der Entdeckung neuer Planeten oder Planetoiden bedarf, um die Vielgestaltigkeit menschlichen Lebens noch genauer zu erfassen, weil die wenigen Grundbausteine der Astrologie schon so vielfältig, tiefgehend und reichhaltig sind, daß es mir bei weitem nicht möglich war, ihre Vielschichtigkeit erschöpfend zu behandeln. Ich hoffe aber, daß es mir wenigstens gelungen ist, deutlich zu machen, daß das Leben klaren, einfachen Prinzipien folgt, die durch die persönliche Freiheit und Kreativität jedes Einzelnen sehr vielfältige Entwicklungs- und Gestaltungsmöglichkeiten bieten. Unser Leben ist folglich auch nicht festgelegt und durch genaue astrologische Vorhersagen im voraus bestimmbar. Es ist aber eingeordnet in einen größeren, übergreifenden Organismus, innerhalb dessen sich das individuelle Leben vollzieht. Und wenn wir diese Ordnung erkennen und anerkennen, wachsen wir über uns selbst hinaus, weil wir beginnen, gedanklich in einem uns übersteigenden größeren Bewußtsein zu leben.

So bewirkt Astrologie – richtig verstanden – entgegen landläufiger Auffassung auch eine größere Freiheit und keine Festlegung oder Begrenzung, wenn sie von Astrologen praktiziert wird, die die Freiheit anderer Menschen achten. Dies ist sicher in vielen Fällen noch nicht der Fall, da der Nimbus der Astrologie als einer Prophetie noch stark ist, und deshalb sollten wir jedem astrologischen Berater mißtrauen, der behauptet, genaue Voraussagen über zukünftige Ereignisse unseres Lebens machen zu können. Denn das individuelle Leben ist trotz Einbindung in eine höhere Ordnung voller Geheimnisse und Überraschungen, und ich glaube nicht – wie viele Astrologen es vorgeben –, daß jedes noch so kleinste Ereignis im Horoskop zu erkennen ist. Wo bliebe der freie Wille des Menschen, den die Esoterik als Grundprinzip irdischen Lebens zweifelsfrei anerkennt, wenn alle Ereignisse des Lebens im Horoskop ablesbar wären? Es muß also Entscheidungen und ihre Folgen geben, die nicht im voraus berechenbar sind, und so liegt die Zukunft der Astrologie für mich auch darin, den tieferen Sinn des irdischen Daseins zu erklären. Sie sollte den Menschen zu innerer Freiheit führen, indem ihm bewußt wird, daß sich sein Leben nach einem höheren Entwicklungsplan vollzieht, innerhalb dessen jedem Einzelnen zwar Grenzen gesetzt, aber auch vielfältige Gestaltungsmöglichkeiten gegeben sind, die er nutzen kann, um schöpferisch an der Gestaltung seines eigenen Lebensentwurfes mitzuwirken.

Die Autorin

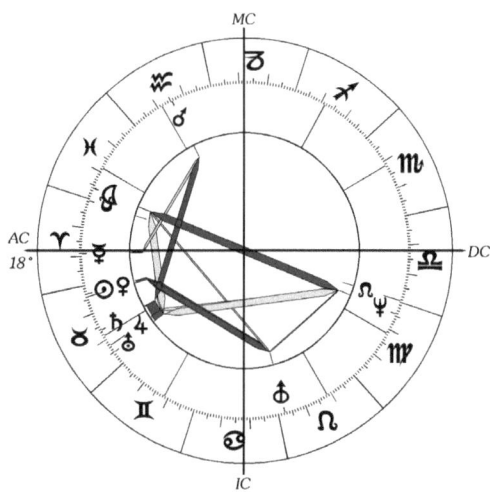

Gunda Scholdt (*23.4.1941) ist Diplom-Übersetzerin, Heilpraktikerin, Astrologin, spirituelle Lehrerin und Autorin.

Bei Interesse an einer astrologischen Beratung, einer Ausbildung in Esoterischer Astrologie und Spiritueller Psychologie:

GEISTIGES SCHULUNGSZENTRUM
www.geistiges-schulungszentrum.de

oder

GUNDA SCHOLDT
Waldstraße 23
82237 Wörthsee
Tel./Fax 08153/8100
info@gunda-scholdt.de

Literaturverzeichnis

Adler, Oskar: *Das Testament der Astrologie,* Bd. 1–3. Hugendubel, München, 1991–1993.
Aivanhov, Omraam M.: *Die geometrischen Figuren und ihre Sprache.* Prosveta, Frejus/Cedex (Frankreich), 1989.
Arroyo, Stephen: *Astrologie, Karma und Transformation.* Hugendubel, München, 1980.
Arroyo, Stephen: *Astrologie, Psychologie und die vier Elemente.* Hugendubel, München, 1982.
Arroyo, Stephen: *Astrologische Psychologie in der Praxis.* Hier & Jetzt, Hamburg, 1988.
Bailey, Alice A.: *Eine Abhandlung über die Sieben Strahlen,* Bd. I u. Bd. II. Genf, 1976 und 1973.
Bailey, Alice A.: *Esoterische Astrologie – Bd. III der Sieben Strahlen.* Lucis, Genf, 1981.
Bailey, Alice A.: *Esoterisches Heilen – Bd. IV der Sieben Strahlen.* Lucis, Genf, 1973.
Bailey, Alice A.: *Die Strahlen und die Einweihungen – Bd. V der Sieben Strahlen.* Lucis, Genf, 1973.
Bailey, Alice A.: *Die Arbeiten des Herkules.* Lucis, Genf, 1974.
Bailey, Alice A.: *Eine Abhandlung über Weiße Magie.* Lucis, Genf, 1974.
Bailey, Alice A.: *Eine Abhandlung über Kosmisches Feuer.* Lucis, Genf, 1981.
Bailey, Alice A.: *Der Yoga-Pfad.* Lucis, Genf, 1978.
Bailey, Alice A.: *Erziehung im Neuen Zeitalter.* Lucis, Genf, 1980.
Bailey, Alice A.: *Telepathie und der Ätherkörper.* Lucis, Genf, 1972.
Bailey, Alice A.: *Verblendung: Ein Weltproblem.* Lucis, Genf, 1986.
Bailey, Alice A.: *Von Bethlehem nach Golgatha.* Lucis, Genf, 1974.
Benedikt, Heinrich E.: *Die Kabbala,* Bd. 1 und 2. Bauer, Freiburg i. Br., 1986 und 1988.
Berendt, Joachim Ernst: Nada Brahma. Insel, Frankfurt, 1983.
Blavatsky, H.P.: *Die Geheimlehre,* Bd. 1–4. J.J. Couvreur, Den Haag, 1899.
Charon, Jean: *Geschichte der Kosmologie.* Kindler, München, 1970.
Cousto: *Die Kosmische Oktave.* Synthesis, Essen, 1984.
Döbereiner, Wolfgang: *Heyne Tierkreis-Bücher,* Bd. 1–12. Heyne, München, 1974.

Döbereiner, Wolfgang: *Astrologisch-homöopathische Erfahrungsbilder,* Bd. 1. Hugendubel, München, 1980.
Frankhauser, Dr. Alfred: *Das wahre Gesicht der Astrologie.* Orell Füssli, Zürich, 1980.
Greene, Liz: *Saturn.* Hugendubel, München, 1981.
Greene, Liz: *Jenseits von Saturn.* Hugendubel, München, 1984.
Greene, Liz/Arroyo, Stephen: *Saturn und Jupiter.* Hugendubel, München, 1986.
Gundel, Wilhelm: *Neue Astrologische Texte des Hermes Trismegistos.* Verlag der Bayer. Akademie der Wissenschaften, München, 1936.
Haase, Rudolf: *Keplers Weltharmonik heute.* Param, Ahlerstedt, 1989.
Huber, Louise: *Die Tierkreiszeichen.* Verlag Astrologisch-Psychologisches Institut, Adliswil/Zürich, 1983.
Hürlimann, Gertrud I.: *Astrologie.* Novalis, Schaffhausen, 1984.
Kepler, Johannes: *Weltharmonik.* Verlag R. Oldenbourg, München-Berlin, 1939.
Koch, Walter: *Horoskop und Himmelshäuser,* 1. Teil (Grundlagen und Altertum). Siriusverlag Dr. Koch, Göppingen/Fils, 1959.
Krishnamacharya, Ekkirala: *Spirituelle Astrologie.* World Teacher Trust, Edition Kulapati, Hamburg, 1985.
Krishnamacharya, Ekkirala: *Spirituelle Psychologie.* WWT e.V./ Edition Kulapati, Hamburg, 1990.
Leo, Alan: *Esoterische Astrologie.* Hier & Jetzt, Hamburg, 1989.
Lionel, Frédéric: *Das Vermächtnis des Pythagoras.* Aquamarin, 1990.
Magazin für neues Bewußtsein 2000 Nr. 93. Myrddin-Verlag, Düsseldorf, 1993.
Riemann, Fritz: *Lebenshilfe Astrologie.* Verlag J. Pfeiffer, München, 1976.
Ring, Thomas: *Astrologische Menschenkunde,* Bd. I–III. Bauer, Freiburg i. Br., 1985, 1969 (vergriffen).
Rudhyar, Dane: *Astrologie der Persönlichkeit.* Hugendubel, München, 1981.
Thomas, Hans (Hg.): *Naturherrschaft.* Verlag Busse + Seewald, Herford, 1991.
Vetter, Richard: *Lebendige Astrologie.* Sphinx Medien Verlag, Basel, 1989.
Wedemeyer, Inge von: *Pythagoras,* Bd. 1. Param/Verlag G. Koch, Ahlerstedt, 1988.

Dieses Buch ist eine Einführung in die **Psychologie der Seele**. Es bietet eine einzigartige Darstellung der Grundlagen zeitloser Weisheit, die uns den Seelenweg auf anschauliche Weise erklärt.

Das Besondere ist die synthetische Zusammenschau der Einzelelemente esoterischen Wissens, wie Monade, Seele, Persönlichkeit, die sieben Strahlen als Seelenarchetypen, die sieben Chakras, die sieben Ebenen, der Einweihungsweg des Menschen, aber auch die Praxis einer spirituellen Therapie.

Das Buch ist so geschrieben, dass es als Einstieg in die esoterische Sichtweise betrachtet werden kann, aber auch als Lehrbuch für Menschen in psychologischen, pädagogischen, beratenden und Heilberufen, die ihr Menschenbild erweitern möchten, um Ratsuchende auf ihrem seelischen Entwicklungsweg zu begleiten.

436 Seiten, mit 42 Abbildungen, Paperback
ISBN 978-3-8334-8771-2

Der Tod ist eines der letzten Tabu-Themen unserer Zeit, und die Angst davor beherrscht bewusst oder unbewusst das ganze Leben. Doch wie sicher können wir sein, dass es den Tod als Ende unseres Sein wirklich gibt?

Dieses Buch ist für Menschen aller Religionen, aber auch für die, die keiner Religion angehören. Es stützt sich auf die »Zeitlose Weisheit«, die uns lehrt, das Sterben als einen Übergang in eine andere Dimension des Lebens zu betrachten.

In diesem Buch wird das Sterben in seinen verschiedenen Stufen ausführlich beschrieben, das auch nach dem physischen Tod in anderen Sphären weitergeht, wo wir durch den Tod zum wahren Leben erwachen.

So wird uns auf eindringliche Weise bewusst, dass das physische Leben nur eine Dimension des Wirklichen ist. Und der Tod erscheint als ein Aufstieg in Lichtwelten, die unsere eigentliche Heimat sind.

140 Seiten, mit 11 Abbildungen, Paperback
ISBN 978-3-8448-0833-9